KB175952

.

아우구스티누스(354~430)

▲성 아우구스티누스의 어머니 성녀 모니카

◀《고백록》제7권 13세기 사본 이 책에서 아우구스티누스는 마니교를 비판했다.

◀◀아우구스티누스 초상화

성 아우구스티누스의 생애—성 암브로스로부터의 세례

▲마니교에서 그리스도교로 개종(387)

◀황홀경에 빠진 성 아우구스티누스

▼그리스도의 발을 씻기는 성 아우구스티누스

세계사상전집006
Aurelius Augustinus
CONFESSIONS

고백록

아우구스티누스/김희보 강경애 옮김

동서문화사

고백록

차례

제1권 어린시절

먼저 하느님을 부르며 찬양하고서, 이 세상 태어나 열다섯 살에 이르기까지 살아온 일을 돌이켜 생각한다. 유년시절과 소년시절에 지은 죄를 고백하며, 그 무렵 놀이에 빠져 학문을 게을리했음을 고백한다.

제1장 하느님의 위대하심을 찬양하다

(1) 오 주여, 당신은 위대하시오니 크게 찬양을 받으소서.[1] 당신의 능력은 위대하며, 당신의 지혜는 헤아릴 수 없나이다.[2] 그러기에 당신의 하찮은 피조물인 인간이 당신을 찬양하려는 것입니다. 인간은 자신의 유한성과[3] 자신이 지은 죄의 표지와 당신께서 교만한 자를 물리치신다[4]는 증거를 가지고 있습니다. 그러기에 인간은 당신의 하찮은 피조물이면서 당신을 찬양하려 합니다. 당신은 인간을 일깨워 당신을 찬양케 함을 기뻐하시나이다. 당신은 당신을 위해 우리를 창조하셨으므로, 우리 마음은 당신 안에서 안식을 얻기까지는 평안을 누릴 수 없습니다. 주님, 나로 하여금 알고 깨닫게 하옵소서. 당신을 부르는 일과 당신을 찬양하는 일 중 어느 것이 먼저입니까? 또한 당신을 아는 일과 당신을 부르는 일 중 어느 것이 먼저입니까? 그 누가 당신을 알지도 못하면서 당신을 부르겠습니까? 모르는 사람이라면 다른 존재를 당신으로 알고 부를지도 모릅니다. 그렇지 않다면 당신은 알려지기 위하여 불리기를 원하십니까? 그러나 당신을 믿지도 않는 사람이 어떻게 당신을 부를 수 있으며, 아무도 알려 주지도 않는데 어찌 믿을 수 있겠습니까?[5] 그러나 주님을 찾기만이라도 하는 자라면 주님을 찬양할 것입니다. 주님을 찾는 사람은 주님을 만날 것이요,[6] 주님을 만난 사람은 주님을 찬양할 것입니다. 주님, 나는 당신을 부르면서 당신을 찾고, 당신을 믿으면서 당신을 부르겠나이다. 이미 당신은 우리에게 알려져 있기 때문입니다. 주님, 나의 믿음이 당신을 끊임없이 부르고 있나이다. 나의 믿음은 당신께서 내게 주셨으며, 당신

이 친히 당신의 외아들 예수 그리스도의 성육신과 당신의 설교자*7의 사역을 통하여 내게 믿음을 불어넣어 주셨습니다.

〈주〉

*1 〈시편〉145 : 3.

*2 〈시편〉147 : 5.

*3 〈고린도후서〉4 : 10.

*4 〈베드로전서〉5 : 5, 〈야고보서〉4 : 6.

*5 〈로마서〉10 : 14.

*6 〈마태복음〉7 : 7.

*7 아우구스티누스를 회심하게 하는 데 힘쓴 밀라노의 주교 암브로시우스.

제2장 어디에나 계시는 전능하신 하느님

(2) 그러나 주님, 내가 하느님을, 나의 하느님이며 주님이신 분을 어떻게 부를 수 있겠습니까? 내가 하느님을 부를 때에는 분명히 내 안에 모셔들이는 것입니다.*1 그러나 나의 하느님이여, 내 안에 들어오실 곳이 어디에 있습니까? 하느님께서 내 안에 들어오실 자리가 없습니다. 하느님은 하늘과 땅을 창조하신 분*2이십니다. 주 나의 하느님, 당신을 모셔들일 만한 자리가 나의 어디에 있나이까? 당신께서는 하늘과 땅을 창조하시고 그 속에 나를 창조하셨습니다. 하늘과 땅은 당신을 모실 수 있습니까? 존재하는 것은 모두 당신 없이는 존재할 수 없으니, 존재하는 것 모두가 당신을 모셔들이는 일이 가능합니까? 그렇다면 나도 존재하는 것이기 때문에 당신이 내 안에 임재하심을 바랄 수 있다는 말입니까? 당신께서 내 안에 임재하시지 않는다면 나는 존재하지 않습니다. 나는 지금 지옥에 있지 않지만, 안 계신 곳이 없는 당신은 거기에도 계십니다. 기록에서 "내가 지옥에 내려갈지라도 당신은 거기 계실 것입니다" 했기 때문입니다. 그러하오니 나의 하느님이여, 당신이 내 안에 계시지 않는다면 나는 존재할 수 없으며, 존재하지 못할 것입니다. 모든 것이 주 안에 있고, 주로 말미암아 있고, 주를 통해 있으니,*3 당신 안에 있지 않았더라면 나도 존재하지 않았을 것입니다. 그렇습니다. 주님, 정말 그렇습니다. 나는 당신 안에 존재합니다. 그러니 나의 어디에 당신을 모셔들일 수 있겠습니까? 또한 당신은 어디로부터 내 안에 임재할 수 있

겠습니까? 나의 하느님께서 하늘과 땅으로부터 내 안에 임재하시려면, 나는 하늘과 땅으로부터 어디로 뛰쳐나가 있어야 합니까? 하느님은 "내가 천지에 충만하지 아니하냐"[4] 하셨습니다.

〈주〉
[1] 아우구스티누스《시편 강해》85의 3.
[2]〈창세기〉1 : 1.
[3]〈로마서〉11 : 36.
[4]〈예레미야〉23 : 24.

제3장 만물을 포용하시는 하느님

(3) 그렇다면 주님, 당신이 하늘과 땅에 충만하기 때문에 하늘과 땅이 당신을 모시고 있습니까? 그렇지 않으면 하늘과 땅이 당신을 모시지 못할 정도로 당신은 충만하여 거기에 차고 넘치십니까? 하늘과 땅에 충만하신 당신은 당신의 차고 넘침을 어디에 부으십니까? 만물을 포용하시는 당신은 다른 그 어떤 것에 의해서도 포용되실 필요가 없으십니다. 당신은 모든 것을 채우시되 그것을 포용하면서 채우시기 때문입니다. 즉, 당신에 의해 채워진 그릇은 당신을 붙들고 있지 않습니다. 그 그릇이 깨어져 버려도 당신은 쏟아져 나오지 않기 때문입니다. 그리고 당신을(성령으로서) 우리 위에 부어 주실 때에도 흘러내리기보다 우리를 일으켜주시며, 흩트리기보다 우리를 모으십니다. 그러나 당신이 모든 것을 채우실 때에 당신의 전체로써 채우고 계십니까? 아니면 만물을 가리켜 당신의 전체라고는 할 수 없으니, 만물은 당신의 한 부분이며, 더구나 그같은 부분을 만물이 동시에 수용하고 계십니까? 그것도 아니라면 낱낱의 사물이 당신의 낱낱의 부분을 수용하여, 큰 것은 당신의 큰 부분을, 작은 것은 당신의 작은 부분을 모셔들이고 있습니까? 그러면 당신의 어느 부분은 크고, 어느 부분은 작다는 말씀입니까?[1] 또는 당신은 곳곳마다 전체로 나타나시기 때문에 그 어느 하늘, 어느 땅도 당신의 전체를 모셔들이지 못하십니까?

〈주〉
[1] 아우구스티누스《하느님의 나라》11의 10.

제4장 하느님의 위대하심과 완전하심

(4) 그러하오니 나의 하느님, 당신은 어떤 분이시옵니까? 내가 묻사오니 주 하느님이 아니고 누구시옵니까? 주님 말고 나의 주가 어디 있사오며, 하느님 말고 나의 하느님이 어디 있겠사옵니까? 가장 높으시고, 가장 선하시고, 가장 강하시고, 가장 전능하시며, 가장 자비로우시고, 더구나 가장 의로우시고, 가장 신비로우시면서 가장 드러난 분이시며, 가장 아름다우면서 가장 권능 있는 분이시며, 영원하면서 불변이시고, 불변이시면서도 모든 것을 변화시키는 하느님이시여, 당신은 새로워지는 일도 없고 쇠퇴하는 일도 없으면서 모든 것을 새롭게 하셨고, 교만한 자를 쇠하게 하셨건만, 그들이 이를 깨닫지 못합니다.*¹ 당신께서는 항상 일하시되 항상 안식하십니다. 부족한 것이 없으시되 모으시며, 받쳐 주시고, 채우시고, 보호해 주십니다. 창조하고 양육하고 완성하고, 당신에게 부족이란 없는데도 늘 찾고 구하시는 분이십니다. 당신은 사랑하시면서도 뜨거워지는 일이 없고,*² 질투하시면서도 괴로워하는 일이 없고, 후회하시지만 슬퍼하는 일이 없으며,*³ 노여워하시면서도 마음이 평안하시고, 일을 변경하시면서도 그 뜻을 바꾸는 일은 없으십니다. 당신은 발견한 것을 거두되 그것을 결코 잃지 않으십니다. 당신에게는 아무 결핍이 없고 조금도 부족이 없지만 얻음을 기뻐하시고, 결코 욕심을 내는 일이 없으시지만 이자를 요구하십니다.*⁴ 당신은 채무자가 되실 정도로 당신께서 진 빚 이상으로 지불하고 계시지만, 당신의 것이 아닌 것을 소유한 사람이 그 누가 있겠습니까? 당신은 아무에게도 빚진 일이 없으시나 빚을 갚으시고, 빚을 갚으시되 아무것도 잃지 않으십니다. 그렇지만 나의 생명이시며 나의 거룩한 기쁨이신 하느님, 우리는 지금까지 대체 무엇을 말했습니까? 또한 어느 누가 당신에 대하여 무엇을 말할 수 있겠습니까? 더구나 당신에 대해 침묵하는 자는 화가 있을 것이고, 말에 능한 자라 하더라도 당신에 대하여는 벙어리와 마찬가지이기 때문입니다.*⁵

〈주〉

*1 〈욥기〉 9 : 5.

*2 〈요엘〉 2 : 18.

*3 〈창세기〉 6 : 6∼7.

＊4 〈마태복음〉 25 : 27.
＊5 아우구스티누스 《참회록》 7·2·3.

제5장 하느님의 사랑과 죄 사함에 대한 갈망

(5) 누가 당신 안에서 나를 쉬게 할 수 있겠나이까? 누가 내 안에 당신을 들어오시게 하여 내 마음을 취하게 하고, 나로 하여금 내 죄를 잊게 하며＊1 나의 유일한 선이신 당신을 포용하게 하겠나이까? 당신은 내게 어떤 분이 되십니까? 자비로써 내가 말할 수 있게 해 주옵소서. 당신이 내게 당신을 사랑하라고 명하시어, 내가 당신을 사랑하지 않으면 진노하시며, 나를 크나큰 불행으로 위협하시니, 당신에게 있어 나는 어떤 존재이옵니까? 내가 당신을 사랑하지 않는다고 그것이 무슨 불행이 되겠습니까? 주 나의 하느님, 내게 있어서 당신은 어떤 분이신가를 당신의 은총으로 내게 말씀해 주소서. 나는 너의 구원이라고 내 영혼을 향해 말씀하소서. 내가 들을 수 있게 말씀해 주소서. 주님, 보시는 바와 같이 내 마음의 귀는 당신 앞에 있나이다. 내 귀를 열어 나는 너의 구원이라고 내 영혼에 말씀하소서. 나는 그 소리를 좇아 당신을 붙들겠나이다. 당신의 얼굴을 내게서 숨기지 마옵소서. 나는 당신의 얼굴을 봄으로써 이 육체가 죽는다 해도 내가 살기 위해 당신의 얼굴을 우러러보려 하옵니다.＊2

(6) 내 영혼의 집은 당신의 영혼이 들어오시기에는 좁사오니 당신의 손으로 넓혀 주소서. 내 영혼의 집은 황폐하기 짝이 없사오니 고쳐 일으켜 세워 주소서. 당신의 눈에 거슬리는 것이 많이 있음을 알고 고백합니다. 그러나 누가 내 집을 깨끗하게 해 주겠습니까? 또한 당신이 아닌 누구에게 내가 외칠 수 있겠습니까? "주님, 내 숨은 죄로부터 나를 깨끗하게 하시고, 타인의 죄로부터 당신의 종을 지켜 주소서" 하고 말입니다. 나는 믿나이다. 때문에 나는 또한 말합니다. 주님, 당신은 알고 계십니다. 나의 하느님, 나는 나 자신을 거슬러 내가 지은 죄를 당신에게 고백하고, 당신께서는 나의 불신을 용서해 주신 것이 아닙니까? 나는 심판에 대해 진리이신 당신과 논쟁하지 않습니다.＊3 또한 나는 내 불의가 자신을 꾸며대는 일이 없도록 나 자신을 속이지 않으려 합니다. 그러므로 나는 당신과 더불어 심판에 대해 논쟁하지 못합니다. 주님이 모든 불의를 따지신다면 주님, 누가 능히 견디어낼 수 있겠습니까?

＊1 〈예레미야〉 44 : 9.

＊2 〈신명기〉 31 : 17, 32 : 20, 〈출애굽기〉 33 : 23.

＊3 〈욥기〉 9 : 3.

제6장 유년시절

(7) 그러하오나 나로 하여금 당신의 자애로운 은총 앞에서 말할 수 있게 하소서. 먼지와 재 같은＊1 나로 하여금 말할 수 있게 하소서. 보시는 대로, 내가 말하려는 것은 당신의 은총을 향해서일 따름이요, 나를 비웃는 인간을 향해서가 아닙니다. 당신도 나를 비웃으실 테지만, 또한 돌이켜 나를 긍휼히 여기실 것입니다.＊2 주님, 생각건대 내가 하려는 말은, 나는 어디로부터 이곳으로—죽어 있는 삶이라고 해야 할지, 아니면 살아 있는 죽음이라고 해야 할지—왔는지를 모른다는 것이옵니다. 그러나 나의 육신을 낳은 부모에게서 들은 바로는, 당신의 자비로우신 위로가 나를 지탱해 주셨다 하옵니다. 당신은 내 아버지에게서 어머니 안으로, 시간을 들여 나를 지으셨습니다. 나는 그 사실을 부모님에게서 들었으나, 스스로 기억하고 있지는 못합니다. 때문에 나는 사람의 젖으로 위안을 받았으나 내 어머니와 유모가 스스로 그 유방을 채운 것이 아니고, 당신께서 정하신 질서와 만물의 근원에 이르기까지 두신 주님의 풍성함이 그 여인들을 통하여서 아이를 키울 젖을 내게 주셨습니다. 뿐만 아니라 당신께서 주시는 것보다 내가 더 많이 바라는 일이 없도록 하신 분도 당신이며, 또한 당신께서 나를 양육하는 그 여인들에게 주신 것을 그녀들이 기쁜 마음으로 내게 주도록 하신 분도 당신이십니다. 그 여인들은 당신에게서 풍요로이 받은 것을 정해진 사랑에 따라 기쁘게 내게 주었습니다. 결국 내가 그 여인들로부터 받은 선은 그녀들의 선이 아니라, 그 여인들을 매개 삼아 이루어진 선입니다. 하느님이여, 실제로 모든 선은 당신으로부터 비롯되고, 나의 구원은 모두 나의 하느님으로부터 옵니다. 나는 이 사실을 당신께서 안팎으로 베풀어 주신 모든 자애를 통하여 저를 부르셨을 때 비로소 깨닫게 되었습니다. 즉, 아기였을 때는 젖을 먹고 내 육체를 기쁘게 하는 데에 만족하였고, 육체가 불편하면 울어야 함을 알고 있었을 뿐으로, 그 이외에는 아무것도 몰랐습니다.

(8) 그 뒤로 나는 웃기 시작했습니다. 처음에는 잠 속에서 웃었고, 그 다음에는 깨어나서 웃기 시작했습니다. 적어도 내가 그랬었다는 말을 다른 사람에게서 듣고 믿었습니다. 또한 그럴 수밖에 없음은 다른 아이들의 경우를 내가 보기 때문입니다. 나는 나 자신이 그랬었다는 사실을 기억하지 못합니다.

나는 점차 내가 어디 있는지 알 수 있게 되었고, 나의 욕망을 채워 줄 수 있을 만한 사람에게 나의 욕망을 나타내려 했으나 그렇게 할 수는 없었습니다. 나의 욕망은 내 안에 있었으나 사람들은 나의 밖에 있어, 그들은 어떤 감각에 의해서도 내 안에 들어올 수 없었기 때문입니다. 그래서 나는 손발을 움직여서 소리를 내어 내 욕망을 표현하였으나, 그런 표현들은 내가 할 수 있는 아주 작은 부분에 지나지 않았습니다. 그러한 표현은 욕망과 비슷하지 않았던 탓입니다. 그리고 사람들이 깨닫지 못했기 때문이었는지 아니면 내게 도움이 되지 않았기 때문이었는지는 모르나, 내 욕망이 채워지지 못했을 때 나는 화를 냈습니다. 그들이 성인이면서도 내 말을 들어 주지 않는다는 사실에 화가 났으며, 또한 그들이 자유인인데도 나를 위해 봉사하지 않는 사실에 화가 나서 울면서 그 사람들에게 보복하였습니다. 나는 아기들이 보통 그렇다는 사실을, 나도 그랬었다는 사실을 알고 있는 나의 유모를 통해서보다는 내가 실제로 본 아기를 통해 알게 되었습니다.

(9) 이제 나의 유년시절은 이미 오래전에 지나갔으나, 나는 아직도 살아 있습니다. 그러나 주님, 당신은 영원히 살아 계셔서 당신 안에서는 아무것도 사멸하지 않사옵니다. 당신께서는 우주의 시작보다도 이전에, '태초의 존재'라 부를 수 있는 모든 존재들보다도 전에 존재하였으므로, 당신이 창조하신 만물의 하느님이시며 주님이시옵니다. 그리고 당신 아래에 있는 모든 유한한 사물들의 원인은 항시 존재하고, 변화하는 모든 사물들의 근원은 변화하는 일 없이 지속되며, 모든 비이성적이고 순간적인 존재에 대한 이념은 영속적으로 살아 있습니다. 하느님이여, 탄원하는 내게 말씀해 주소서. 자애로운 긍휼로써 불쌍한 존재인 내게 말씀해 주소서. 나의 어린 시기는 이미 지나가 버린 어떤 시기를 계승하는 것이었는지요? 그리고 그 시기란 내가 모태 안에서 보낸 시기였나요? 나는 어머니의 태 안에서 보낸 시기에 대해서는 사람들에게서 들은 일도 있으며, 또한 잉태한 여성을 직접 본 일도 있습니다.

그러하오면 내 기쁨이신 하느님이시여, 그 시기보다 전에는 나는 어디에 있었나요, 또 누구였습니까? 이 사실을 내게 가르쳐 주는 사람은 아무도 없습니다. 아버지도 어머니도, 다른 사람의 경험도 나 자신의 기억도 그것을 가르쳐 줄 수는 없었습니다. 그보다도 당신께서는 나의 이러한 질문을 조소할지도 모르고, 또 명하신 나의 고백을 내가 알고 있는 바에 한정되어 있을지도 모르옵니다.

(10) 천지를 주관하시는 이여, 당신의 영광을 고백하며*3 내가 기억하지 못하는 내 존재의 처음과 유년기에 대하여 당신에게 찬양을 드리옵니다. 당신께서는 인간으로 하여금 남에게서 들어 자신에 대하여 추측하도록 하셨고, 자신의 과거에 있었던 많은 일들에 대하여는 연약한 여인들의 증언을 믿을 수 있도록 허락해 주셨습니다. 나는 그 시기에도 이미 존재하여 살아 있었기 때문에, 유년기의 마지막에는 이미 내가 느낀 것을 남에게 알려 주기 위하여 무슨 표시를 해 보려고 애썼습니다. 주님, 이러한 생명을 가진 느낌이 당신이 아닌 그 누구에게서 생겨날 수 있겠사옵니까? 그보다도 자기 자신을 만들 수 있는 자가 과연 있단 말씀입니까? 또한 존재와 생명이 우리 속에 흘러들어오는 이 맥관(脈管)은 주님, 당신이 우리를 창조한 것이 아니라면 어디서 생겨났단 말씀입니까? 주님, 당신에게 있어 존재와 생명은 별개의 것이 아니어서, 최고의 존재와 최고의 생명은 동일하기 때문입니다. 당신은 최고의 존재여서 변하는 일이 없으며,*4 당신에게서는 오늘이라는 날이 지나가지 않습니다. 그러면서 또 한편으로는 당신에게서도 오늘이라는 날이 지나가 버리게 마련입니다. 그러한 오늘 또한 당신 안에 존재하기 때문에 지나갈 수 있습니다. 그 모든 것들은 당신에 의해 포용되지 않는다면, 지나가 버릴 길이 없을 것입니다. 또 당신의 해〔年〕는 끝나는 일이 없기 때문에 당신의 해는 오늘이라는 날(日)입니다. 우리 자신과 우리 선조의 얼마나 많은 날들이 당신의 오늘을 거쳐 지나갔으며, 또한 얼마나 그 오늘로부터 그 존재의 방법을 받아 저마다의 방법으로 존재하였는지요. 이제부터 또한 얼마나 많은 날이 그 존재의 방법을 받아서 저마다의 방법으로 존재할는지요? 그러나 당신은 언제나 같은 분이시므로, 모든 내일 일과 그보다 뒤의 일을 오늘 이미 행하실 것입니다. 그리고 모든 어제 일과 그보다 전의 일을 오늘 행하실 것입니다.

이 사실을 깨닫지 못하는 사람이 있다 하더라도 나와 무슨 상관이 있겠나이까? 그 깨닫지 못하는 사람도 기쁜 마음으로 "그것이 무엇이오"*5 말하게 하소서. 그들은 당신을 구하려 애를 썼는데도 찾지 못했을 때보다, 구하지 않았는데도 뜻밖의 발견을 했을 때에 더 큰 기쁨을 누릴 것입니다.

〈주〉

＊1 〈창세기〉 18 : 27.

＊2 〈예레미야〉 12 : 15.

＊3 〈마태복음〉 11 : 25.

＊4 〈말라기〉 3 : 6.

＊5 〈출애굽기〉 16 : 15.

제7장 유년시절에도 죄가 있다

(11) 하느님, 들어주소서. 아아, 인간의 죄를 위해서 들어주소서! 인간이 이렇게 부르짖을 때 당신은 인간을 자애로 감싸며 가엾게 여기십니다. 당신께서 인간을 창조하셨기 때문입니다. 그러나 인간 안에 죄를 만들지는 않으셨습니다. 누가 내 어린시절의 죄를 기억나게 하는지요? 당신 앞에서 죄없이 깨끗한 사람은 아무도 없습니다. 지상에 태어난 지 단 하루밖에 안 된 갓난아이조차도 깨끗하지는 못한 법입니다.*1 누가 나로 하여금 그것을 생각나게 하는지요? 나는 나의 어린시절을 기억하지 못하지만, 지금 내가 갓난아이를 볼 때마다 그 아이가 내게 그 시절을 생각나게 합니다. 그렇다면 내가 아기였을 때 어떤 죄를 지었을까요? 그 죄란 울부짖고 보채며 젖을 달라고 한 일인지요? 내가 만일 지금 젖이 아니라 내 나이에 맞는 음식을 그처럼 요구한다면 마땅히 비웃음과 비난을 받을 것입니다. 그래서 나는 그 당시 비난받을 일을 했다고 보아야 합니다. 그러나 나는 사람들이 비난하는 행위가 무엇인지를 이해할 수 없는 상태였기 때문에, 세상의 관습으로 볼 때 나를 비난하는 일은 허용되지 않았고, 또한 정당한 일이라 할 수 없었을 것입니다. 나는 성장하면서 그 모든 나쁜 습관을 뿌리째 버리게 되었습니다.*2 그러나 사람이 무엇인가를 깨끗하게 하려고 선한 것을 일부러 버리는 일을 본 적이 없습니다.

그보다도 다음과 같은 일은 유아로서도 선이라 할 수는 없을 듯합니다. 소유하면 해가 되는 물건을 울며 달라고 보채는 일, 자유로운 어른들이 자기 말을 듣지 않는다고 몹시 화를 내는 일, 또한 자기를 낳은 부모나 다른 많은 생각 깊은 사람들이 자기 뜻을 따르지 않을 때, 그 욕망이 해가 되는 데도 뜻대로 되지 않는다고 원한을 품고 해를 가하려 하는 일 따위들 말입니다. 이와 같이 어린아이의 약한 지체에는 죄가 없다고 할 수 있으나, 어린아이의 마음에는 죄가 없다고 할 수 없습니다. 나는 어린이가 시샘하는 모습을 보아서 알고 있습니다. 그 어린아이는 아직 말도 할 수 없는데도 자기의 젖먹이 동생을 창백한 표정으로 원망스러운 듯이 바라보는 것이었습니다. 이 사실을 누가 모르겠습니까? 어머니나 유모들은 그것을 어떻게 해서든 고칠 수 있다고 합니다. 그러나 젖의 샘이 풍부하게 넘치고 있는데도, 그 형제가 그 젖을 찾고 또한 유일한 음식으로 삼아 생명을 이어가고 있을 때 나누어 주지 않는다면 그것은 죄가 아닐 수 없습니다.

그러나 이때의 어린아이의 질투도 어리광으로 용서되고 있습니다. 그 이유는 그 행동이 죄가 아니기 때문이 아니요, 하찮은 죄이기 때문도 아니며, 나이를 먹으면서 없어지기 때문입니다. 성숙한 나이의 사람이 그런 행동을 한다면, 우리는 가만히 참고 있지 못할 것입니다.

(12) 그러므로 주 나의 하느님, 당신은 어린이에게 생명과 신체를 주셨습니다. 그리고 그 신체에 우리가 보는 바와 같은 감각을 준비하시고 그 지체를 정비하셨으며, 아름다운 모습으로 장식하여 그 어린아이의 신체가 완전하고 부족함이 없도록 생명 있는 존재가 지닌 모든 충동을 심어 주셨습니다. 당신께서는 그 모든 것들로 하여금 당신을 찬양하라 하시고, 당신에게 고백하라 하시고, 지극히 숭고하신 주여, 당신의 이름을 찬양하라고 명하십니다. 당신께서는 단지 이 일만 행하셨다고 하더라도, 전능하시고 선하신 하느님이시여, 당신이 아니라면 그 누구도 그러한 일들을 할 수 없기에 주님께 찬양 드리옵니다. 유일한 분이시여, 당신에게서 모든 척도(尺度)가 생기게 마련입니다. 가장 아름다운 존재이신 분이여, 당신께서는 모든 것을 아름답게 만드셨고 당신의 법으로 모든 것을 다스리십니다. 그러므로 주님, 내가 기억할 수 없는 어린시절은 남들이 증언하는 대로만 믿을 수밖에 없고, 다른 어린아이들을 보고 제게도 그런 시절이 있었다는 결론을 내리게 됩니다. 하지만 그 결론이 아무리 믿을 만하다 해도, 나는 그러한 어린시절을 현재 이 세

계에서 살아가는 나의 생명에 계산해 넣고 싶지 않습니다. 이 어린시절은 내 망각의 어둠 속에 숨겨져 있다는 점에서는 내가 어머니의 태 안에서 보낸 시기와 다르지 않기 때문입니다. 그러나 내가 불의 속에서 잉태되어, 죄 속에 나의 어머니가 태 안에서 나를 양육했다고 한다면, 나의 하느님이여, 나는 어디에, 주님, 나는 어디에, 당신의 종인 나는 어디에, 그리고 언제, 죄 없는 존재로 있었는지 묻고 싶습니다. 그러나 그 시대에 대해서는 말하지 않기로 하겠습니다. 아무런 흔적도 생각해 낼 수 없는 어린 시기가 이제 나와 아무 상관이 없다고 느껴집니다.

〈주〉
＊1 〈욥기〉 14 ː 5.
＊2 〈고린도전서〉 13 ː 11.

제8장 언어를 어떻게 배웠는가

(13) 나는 유년시대에서 현재까지 이르는 도중에 소년 시대를 거쳤사옵니다. 아니면 소년 시대가 내게로 와서 유년시대를 이어받았다고 할 수 있습니다. 그러나 유년시대도 가 버리지는 않았습니다. 떠나갈 곳이 아무데도 없기 때문이옵니다. 그런데 유년시대는 이미 존재하지 않습니다. 나는 말할 줄 모르는 어린아이가 아니라, 말을 할 줄 아는 소년이었습니다. 나는 이 일을 기억하고 있습니다. 어떻게 말을 배웠는지는 뒷날에 가서야 보고 들어 알게 되었습니다. 내가 말을 배울 때에는, 뒷날 어른들이나 선생님들로부터 글을 배울 때처럼 어떤 일정한 가르침에 따라 말을 배우지는 않았습니다. 내 하느님이여, 당신이 내게 부여해 주신 능력으로 나 자신이 스스로에게 말을 가르쳤습니다. 그때 나는 온갖 신음소리와 외침소리를 내기도 하고, 여러 모양으로 손발을 움직이기도 하며, 생각하는 바를 나타내어 내가 바라는 대로 해 주기를 바랐습니다. 그러나 내가 바라는 모든 일들을, 내가 바라는 모든 사람들에게 나타낼 수는 없었습니다. 나는 기억을 더듬어 생각해 보았습니다. 사람들이 어떤 사물의 이름을 부르며 그 사물을 가리키면, 나는 그들의 음성에 따라서 몸을 움직여 보았습니다. 그때서야 나는 그들의 음성이 바로 그 물건을 표시하고 있음을 깨닫게 되었습니다. 그리고 그들이 뜻하는 바를 그들의

몸짓으로 분명히 알게 되었습니다. 이 언어는 만민 공통의 자연 언어였으며, 표정, 눈짓, 기타 팔다리의 움직임, 음성의 울림 등에서 오는 표현이었으며, 무엇을 갈망하고, 손에 넣고, 배척하여 피하려 하는 마음의 움직임을 나타내었습니다. 이와 같은 여러 가지 언어가 여러 모양의 문구에 따라 알맞은 경우에 사용되는 말들을 자주 들으면서, 나는 그 언어들이 무엇을 나타내는 부호인지 추측으로 알게 되었습니다. 그리고 내 입은 그러한 표현에 익숙해져서, 내가 생각하는 바를 그 표현들을 빌려 알릴 수 있게 되었습니다. 이리하여 나는 주위 사람들과 서로의 생각을 알리는 표시를 주고받았고, 부모의 권위와 어른들의 지도에 의지하면서 인생의 거친 물결이 굽이치는 사회 속으로 더욱더 깊이 나아가게 되었습니다.

제9장 학문을 싫어하고, 놀기를 즐김

(14) 하느님, 내 하느님이시여. 나는 인생의 거친 물결이 출렁이는 사회에서 얼마나 비참함과 조롱을 맛보았는지 모르옵니다. 이 세상에서 성공하고 인간의 명예와 헛된 부를 얻는 데 도움이 될 뿐인 웅변술에서 뛰어난 사람이 되기 위해, 또 그로 인해 학문을 배우기 위해서 학교에 다니게 되었습니다. 그러나 그것이 무슨 도움이 되는지 가엾은 우리로서는 알지 못할 일이었습니다. 소년 시대의 내게는 교사에 대한 복종이 생활 규범으로서 제시되었습니다. 더구나 학습을 게을리하면 매를 맞았습니다. 어른들은 아이들이 마땅히 그래야 한다 생각했고, 우리보다 앞서 많은 사람들이 그러한 고난의 길을 개척했기 때문에, 우리 아담의 자손들에게 노고와 고통을 몇 배나 더해주는 그 길을 싫어도 걸어야만 하게 되었습니다.[*1] 그러나 주여, 우리는 당신의 이름을 찾는 사람들을 발견하였습니다. 또한 그들로부터 당신이 위대한 분이라는 사실을 알게 되었으며, 우리의 감각에는 나타나지 않지만 우리의 기도를 들어 주시는 분이라는 사실을 알게 되었습니다. 그래서 어린 나는 나에게 도움을 주시고 피난처가 되시는 당신을 찾고 당신에게 기도하였습니다. 뻣뻣한 혀를 억지로 움직여, 학교에서 매를 맞지 않도록 해 달라고 열심히 간구했사옵니다. 당신은 내 소원을 들어 주지 않으셨으나, 그 일은 내게 아무 의미가 없지는 않았습니다.[*2] 어른들, 심지어 내게 화가 미치기를 원치 않는 부모님까지도 내가 매맞을 때 웃음거리 정도로 여기셨사옵니다. 그것

은 나에게 가장 무서운 일이었습니다.

(15) 주님, 온 세상 사람들이 아주 무서워하고, 주님께 면하게 해 달라고 기도하는 고문대와 쇠갈고리, 그와 같은 종류의 고문 기구를, 마치 부모님들이 그들의 어린아이가 스승에게 당하는 고통을 웃어넘기듯 아주 사소하게 여기며 비웃을 사람이 있습니까? 물론 무딘 사람은 그런 태도를 곧잘 보이기에 여쭙습니다. 그러나 그렇게 경건하게 당신께 결합되어, 사랑의 힘으로 충만하고 사랑의 힘으로 초월하여 당신에게 의존할 만큼 그렇게 굳센 용기가 있는 사람이 있습니까? 나의 부모는 아이들이 교사에게서 받는 고통을 웃어넘기던, 참으로 그러한 사람들이었습니다. 사실 우리도 그러한 고통을 두려워하여, 그 고통을 피하기 위해 열심히 기도했습니다. 그러나 우리는 쓰기와 읽기, 생각하는 일도 교사들이 명한 그대로 행하지 못해 죄를 지었습니다. 주님, 사실 나는 기억력이나 지능이 없었던 것도 아니요, 그러한 능력은 당신이 바라시는 바대로 내 나이 또래들보다 충분히 소유하고 있었습니다. 그러나 우리는 우리처럼 노는 일에 열중하고 있는 어른들로부터 벌을 받았습니다. "어른들의 장난은 오락"이라고 불려지고 있었기 때문입니다. 소년들이 그와 같은 장난을 치면 어른들에게 벌을 받았습니다. 소년들을 동정하는 사람도 어른들을 동정하는 사람도, 더구나 그들 모두를 동정하는 사람도 없었습니다. 아마도 세련된 중재자는 내가 소년시절에 공놀이에 빠져 학문을 등한시했다는 이유로 매를 맞은 일이 당연하다고 할지도 모릅니다. 어린 시절의 놀이 때문에 글씨 배우는 속도가 느려졌지만, 나는 자라나서 그 학문 때문에 더욱 추한 놀이를 하게 될지도 모를 일이었습니다. 사실 나를 회초리로 때린 그 당사자 또한 그다지 뛰어난 사람은 아니었습니다. 만일 그도 쓸데없는 논쟁으로 동료 교사에게 진다면, 내가 공놀이에서 친구에게 졌을 때 이상으로 노여움과 질투 때문에 마음이 들끓었을 것입니다.

〈주〉
*1 〈창세기〉 3 : 16.
*2 〈시편〉 21 : 3.

제10장 놀이와 구경에 열중하여 학습을 게을리하다

(16) 그렇지만 주님, 나는 죄를 짓고 있었사옵니다. 모든 자연의 질서를 세우신 분이며 창조주이신 분이여, 죄에 대해서 오직 그 질서를 세우신 분이여, 나의 하느님이시여, 나는 부모와 교사들의 가르침에서 벗어나 죄를 짓고 있었습니다. 어떠한 의도를 지니고 있었든, 당신이 내게 가르치려던 학문은 뒷날 유용하게 쓰였기 때문입니다.

내가 본분을 지키지 않은 것은 보다 나은 선택을 했기 때문이 아니라, 그저 놀고 싶었기 때문이었습니다. 나는 경기에서 이겨 우쭐대기를 좋아하였고, 거짓 이야기에 귀가 근질거리면 그것이 사랑스러워 더욱더 강한 자극을 구하게 되었습니다. 그와 마찬가지의 호기심은 내 눈에서도 발하여, 어른들의 오락인 극장 구경을 다니게 되었습니다. 그런데 배우들은 크게 존경을 받았으며, 거의 모든 부모들은 자기 아이들이 배우가 되기를 바랄 정도였습니다. 그러나 극장 구경 때문에 공부에 방해가 되었다면 아이가 매를 맞도록 기꺼이 받아들이는 것이었습니다. 그들은 내심 자기 아이가 공부에 열중하면서 동시에 그러한 연기를 할 수 있기를 바라고 있었습니다.

주님, 원하오니 자비로 이 모든 것을 살피소서. 이미 당신을 부르며 찾는 우리를 구해 주소서. 또한 당신을 부르지 않는 사람들도 구원하여 당신을 부르게 하시고, 당신께서 그들을 구원해 주옵소서.

제11장 세례를 연기

(17) 어렸을 때 나는 우리 하느님이 스스로를 낮추시고 교만한 우리에게 약속하신, 영원한 생명에 대하여 들었습니다. 나는 주님에게 깊이 의지하고 있던 어머니의 태 안에서 나왔을 때부터 이미 주님의 십자가로 축복을 받았고, 주님의 소금으로 절여져 있었습니다. 주님, 당신께서 보신 바와 같이 나는 어느 날 갑자기 심한 복통으로 거의 죽을 지경이 되었습니다. 나의 하느님, 나의 수호자이신 당신께서는 보신 바와 같이*1 내가 얼마나 큰 열심과 신앙으로 나의 주님이며 하느님이신 당신의 아들 그리스도에게 세례받기를 바랐는지 알고 계십니다. 내 어머니의 경건과, 우리 모두의 어머니이신 당신 교회의 경건*2에 감화되었으니까요. 내 육신의 어머니는 깨끗한 마음으로 당신을 믿고 나의 영원한 구원을 채우려고 했기에, 크게 당황하여 더욱 깊은

사랑으로 괴로워했습니다. 어머니는 내가 빨리 회복되어 구원의 기적에 참여할 수 있게 하려고, 또 당신에게 고백하여 죄의 사함을 받을 수 있게 하려고 서둘러 그 준비를 했습니다. 그러나 내가 병석에서 일어났기 때문에 내 세례 의식은 연기되었습니다. 그러고 보니 내가 살아 있는 한 앞으로 나의 삶이 더러워질*³ 것은 필연적인 일이었습니다. 세례를 받은 뒤에 내가 다시 불결한 죄를 저지르게 되면, 더욱 그 책임은 중대해지고 위험성은 높아질 것입니다.

그런데 나는 이미 그리스도를 믿었고, 나의 어머니도 가족들도 아버지를 제외하고는 모두 그렇게 믿고 있었습니다. 아버지는 그리스도를 믿지 않았지만 어머니의 신앙 권리를 짓밟는 일은 없었고, 내가 그리스도를 믿는 일을 방해하지도 않았습니다. 하느님, 내 어머니는 남편보다 오히려 당신이 아들의 아버지가 되기를 간절히 바라고 있었습니다. 당신은 내 아버지가 어머니의 그 바람을 받아들이도록 어머니를 도우셨습니다. 그렇기에 어머니는 그 일을 명하시는 당신을 따른 것입니다.

(18) 나의 하느님이여, 나는 당신에게 무슨 뜻이 있어서 내가 그때 세례를 연기하게 되었는지, 달리 말해서, 죄의 고삐가 늦추어진 것은 내게 있어서 선이었는지 악이었는지 묻고 싶습니다. 그리고 지금도 여전히 세례를 받기 전이니 하고 싶은 대로 하게 내버려 두라는 말을 여기저기서 듣게 되는 까닭은 무엇인지 묻고 싶습니다. 우리는 신체의 건강이 나쁠 때에, 아직 치료받기 전이니 상처를 받을 만큼 받으라는 말을 하지 않습니다. 그러니 내가 곧 세례를 통해 고침을 받았다면 얼마나 좋았을까요. 그렇게 해서 나 자신과 내 친구의 노력으로 내 영혼의 건강이 회복되고, 그것을 허락하신 당신의 품에서 완전히 보호받도록 일이 진전되었다면 얼마나 좋았을까요. 그랬다면 정말 좋았을 텐데, 세례를 받지 못하고 얼마나 수많은 유혹의 물결이 소년시절 뒤에도 나를 엄습해 왔었는지요. 나의 어머니는 이미 그 사실을 알고 계셨습니다. 그래서 그리스도의 형상을 이루어야 할 소재로서의 흙을, 유혹의 물결에 내맡기려 했습니다.

〈주〉
*1 〈창세기〉 28 : 15, 〈욥기〉 7 : 20.

＊2 〈갈라디아서〉 4 : 26.
＊3 〈요한계시록〉 22 : 11.

제12장 학문을 강요하였던 바 하느님께서는 그것조차 선하게 사용하시다

(19) 소년시절은 청년시절만큼 걱정스러운 시기는 아니었으나, 나는 공부하기를 좋아하지 않았고 공부하라고 강요받는 일을 싫어했습니다. 그런데도 나는 공부를 강요당했습니다. 그것은 내게 선한 일은 아니었으나 그렇다고 해서 내가 강요당한 대로 선을 행한 것은 아니었습니다. 비록 하는 일이 선(善)이라 하더라도 의지에 어긋나게 행하는 선은 선일 수 없으며, 또한 내게 강요한 사람들 역시 결코 선을 행하지 않았습니다. 그것이 내게 있어서 선이었던 것은 나의 하느님이시여, 당신에 의해서입니다. 실제로 내게 강제로 배우게 한 사실들이, 사실상 풍요로운 궁핍과 명예로운 욕망을 충족시키는 데 지나지 않음을 깨닫지 못하고 있었습니다. 그러나 우리의 머리털까지 모두 세고 계시는 당신＊1은 내게 배우도록 강요한 모든 잘못을 내게 유익해지도록 사용하셨으며, 배우지 않은 나의 잘못은 나를 벌하기 위해 사용하셨습니다. 작은 소년이면서 이렇듯 큰 죄인이었던 나는 그러한 징벌을 받아 마땅했습니다. 이리하여 당신은 선을 행하지 않은 사람들을 통하여 나를 위해 선을 행하셨고, 나 자신이 지은 죄로써 내게 올바르게 되갚으셨습니다. 모든 질서를 초월한 영혼은 그 자체가 벌이 되도록 당신께서는 정하셨습니다. 그리고 실제로 그러합니다.

〈주〉
＊1 〈마태복음〉 10 : 30.

제13장 그리스 어를 싫어하고 라틴 어를 좋아하다

(20) 그런데 내가 이미 어려서부터 배워 온 그리스 어를 왜 싫어했는지 그 이유는 지금도 알 수 없습니다. 나는 라틴 어를, 그것도 초급 교사들이 가르치기보다 문법학자라고 불리는 교사가 가르치는 라틴 어를 무척 좋아했습니다. 나는 처음 라틴 어로 읽기와 쓰기, 산수를 배울 때, 그리스 어의 여러 학과들 전체만큼 귀찮고 괴로운 학문이라고 생각했습니다. 그러나 이러한 생각도, 인간이 단지 육체일 뿐이며 지나가 버리면 다시금 돌아오지 않는 바

람일 뿐이었다고 할 수밖에 없었습니다. 이 세상의 죄와 허영에서 왔음이 틀림없었습니다. 그 초급 학과 편은 유익하고 확실한 것이었습니다. 나는 이 학과를 통해, 무엇이 쓰여 있으면 그것을 읽게 되었고, 무엇을 쓰고자 하면 쓸 수 있게 되었으며, 지금도 읽고 쓸 수 있습니다. 문학을 가르치는 학과에서는 아에네이스*¹라는 사람의 유랑 이야기를 암기하여 나 자신의 방황을 잊었습니다. 그리고 사랑 때문에 자살한 디도*²의 죽음을 슬퍼하여 울었습니다. 그러나 가련하기 짝이 없는 나는 나의 생명이신 하느님, 당신으로부터 떠나 죽게 된 나 자신을 다른 눈으로 바라보며 태연했었습니다.

(21) 자기 자신을 불쌍히 여기지 않는 사람보다 더 불쌍한 사람이 어디에 또 있을까요. 하느님이여, 아에네이스를 사랑한 나머지 자살한 디도의 죽음에 대해 눈물을 쏟으면서, 내 마음의 빛이시며 내 영혼의 내부에 있는 입에 음식이 되시며, 내 정신과 내 생각을 결부시키는 능력이신 당신을 사랑하지 않음으로써 비롯되는 자신의 죽음에 눈물을 흘리지 않는 자보다 더 불쌍한 자가 어디 있을지요. 나는 당신을 사랑하지 않을 뿐 아니라 당신을 배반하여 부정(不貞)을 저지르고 있었습니다. 그리고 그렇게 부정을 저지르고 있는 나에게 주위 사람들은 "옳지, 잘한다 잘한다" 소리치는 것이었습니다. 참으로 이 세상과 맺은 우정은, 당신으로부터 멀어져 저지르는 부정의 죄였습니다. 부정의 죄가 아니면 오히려 부끄러워해야 할 일이거나 한 듯이 "옳지, 잘한다 잘한다" 하게 마련이었습니다. 나는 그러한 사실을 탄식하지 않았지만, 손에 든 칼날에 엎드려 마지막이 되어 버린 디도*³를 위하여 눈물을 뿌렸습니다. 그리고 당신을 떠나, 가장 저급한 피조물을 따라 추구하면서 스스로가 흙이 되어 흙을 향하여 나아갔습니다. 그리고 이러한 것을 읽지 말도록 금지당하였을 때, 나를 슬프게 하는 것을 읽을 수 없는 사실을 슬퍼하였습니다. 이렇게 어리석은 짓이, 읽기 쓰기를 배우는 그 초급 학과보다도 훌륭하고 유익하다고 생각했었습니다.

(22) 그러나 나의 하느님이여, 이제 나의 영혼에 "그렇지 않다. 그렇지 않다. 그 첫 기초 교육이 과연 뛰어나다" 외쳐 주시고 당신의 진리를 보여 주소서. 왜냐하면 그 증거로 나는 쓰기와 읽기를 잊기보다, 오히려 아에네이스의 유랑과 그 외에 비슷한 모든 사건들을 잊기 바랐기 때문입니다. 문법 학교의 문 앞에는 휘장이 쳐져 있었습니다만, 그것은 신비의 상징이라기보

다는 오히려 오류의 은폐를 나타내었습니다. 내가 더 이상 두려워하지 않는 사람들이 나를 향해 반대의 말을 해서는 안 됩니다. 나의 하느님이시여, 당신에게 내 영혼이 바라는 바를 고백하고, 당신의 선한 길을 취하기 위하여 기쁘게 나의 잘못된 길을 버리겠나이다. 고전 문학을 팔고사는 자들이 나를 향해 더는 반대의 소리를 하지 말게 하여 주소서. 만일 내가 그 사람들에게, 아에네이스가 언제인가 카르타고에 왔었다고 하는 시인들의 말이 정말이냐고 묻는다면, 학식이 별로 없는 사람들은 모른다 대답할 테고, 학식이 있는 사람들은 사실이 아니라고 감히 부정할 것입니다. 그러나 아에네이스라는 이름을 어떻게 쓰느냐고 묻는다면, 사람들은 서로 기호를 정한 계약과 규칙에 따라 올바르게 대답할 것입니다. 마찬가지로, 읽고 쓰는 일과 시인의 허구적인 시들 가운데 어느 편을 잊어야 좋으냐고 묻는다면, 완전히 자신의 감각을 잊고 만 사람이 아닌 한, 어떻게 대답해야 할지 모를 사람은 없을 것입니다. 그러므로 소년 시대의 나는 이 쓸모 있는 이야기들보다 그렇듯 무익한 이야기를 좋아하였고, 오히려 쓸모 있는 일은 싫어하고 무익한 일을 좋아하여 죄를 지었습니다. 참으로 '하나 더하기 하나는 둘, 둘 더하기 둘은 넷' 같은 것은 내게 아무 관심도 없는 일이었습니다. 그리고 무장한 병사들이 가득 탄 목마와, 불타는 트로이 성과, '크레우사의 망령'*4과 같은 허황된 광경이야말로 가장 즐거운 구경거리였습니다.

〈주〉

*1 트로이의 왕 안키메스와 여신 베스스의 아들. 트로이 함락 뒤 이탈리아에 이르러 로마 민족의 조상이 되었다고 함.
*2 튜르스의 왕 베르스의 딸. 카르타고 시의 건설자. 아에네이스를 사랑했으나 그가 떠나는 것을 보고 자결하였다.
*3 베르길리우스 《아에네이스》 6·457.
*4 베르길리우스 《아에네이스》 2·772.

제14장 왜 그리스 어를 싫어하고 라틴 어를 좋아했는가

(23) 그렇다면 왜 나는 그와 같이 노래하고 있는 그리스 문학을 싫어했을까요? 실제로 호메로스도 그러한 이야기를 능숙하게 꾸며 내어, 절대적인 기쁨을 허구에 섞는데에 능란했습니다. 소년인 나는 그가 불쾌했습니다. 내

가 호메로스를 강제로 배웠던 것처럼 그리스 소년들이 베르길리우스를 강제로 배워야 했다면, 그들 역시 싫어했을 것입니다. 이것이 어렵습니다. 즉, 전혀 모르는 외국어를 배우는 일 말입니다. 그래서 말하자면 그리스 어로 된 모든 이야기의 대단한 우아함 위에 쓴맛이 뿌려지게 됩니다. 사실 나는 그리스 어를 조금도 몰랐기 때문에 그것을 암송하는 데에는 격렬한 부담이 공포스럽고 거기에 잔혹한 징벌의 방식이 내게 가해졌습니다. 어렸을 때 나는 라틴 어를 조금도 몰랐으나 그저 주의를 기울일 뿐이었고, 아무 두려움이나 고통 없이 배웠습니다. 아니, 오히려 나를 달래주는 유모들의 말로부터, 또 농담을 주고 받으며 웃는 사람들로부터, 그리고 게임을 하는 사람, 게임을 즐기는 사람들로부터 배웠습니다. 실제로 나는 사람들의 압박을 받지 않고서 라틴 어를 배웠고, 나의 마음이 그 품은 개념을 밖으로 탄생시키라고 강요했으며, 그러기 위해 결국 나는 형식적으로 언어를 내게 가르치는 사람들로부터가 아니라, 오히려 말을 주고받는 사람들에게서 언어를 배우고, 그들은 또 내 생각의 청중이 되어주었습니다.

이러한 일로 미루어 볼 때, 언어를 배우는 데는 무서운 강제보다도 자유로운 호기심이 훨씬 효과적이라는 사실은 명백합니다. 그러나 하느님이시여, 나의 자유로운 호기심은 당신의 법이 지배하는 원리의 도전을 받기도 하옵니다. 교사의 체벌에서 순교자의 시련에 이르기까지 모두 당신의 법에 따른 것이옵니다. 당신의 법은 쓰디쓴 경험의 맛을 건설적인 방법으로 완화시키는 힘을 지니고서, 당신에게서 멀어지게 하는 우리의 안일하고 해로운 인생으로부터 우리를 당신이 계신 곳으로 다시 부르시옵니다.

제15장 하느님께 드리는 기도

(24) 주여, 나의 간구를 들어 주소서. 나의 영혼이 당신의 훈련 아래 무너지지 않게 하소서. 또한 내가 들어선 모든 악의 길로부터, 나를 구원하신 당신의 은총을 당신 앞에 고백할 때에 내가 지치지 않게 하소서. 내가 추구한 모든 유혹적인 기쁨을 초월하는 달콤함을 내게 가져다 주소서. 당신의 손을 온 힘으로 온 마음으로 쥐고서 당신을 사랑할 수 있게 하소서. "나를 모든 유혹으로부터 끝까지 구해주소서."[*1] 주님, 나의 왕이여. 나의 하느님이시여. 내가 소년시절에 배운 유익한 것을 모두 당신을 위해 쓰이도록 하소서.

나의 말하는 힘, 글 쓰는 힘, 읽는 힘, 셈하는 힘까지 당신에게 바치겠나이다. 내가 헛된 것을 배웠을 때 당신께서는 나를 깨우쳐 주셨고, 내가 그 헛된 것을 배운 죄도 용서하셨나이다. 나는 그 헛된 것으로부터 많은 유익한 말을 배웠나이다. 그러나 유익한 말은 헛되지 않은 것으로부터도 배울 수 있고, 이런 배움이 곧 소년들이 걸어야 할 안전한 길이옵나이다.

〈주〉
＊1 〈예레미야〉 35 : 15, 36 : 3, 7.

제16장 음탕한 신화와 그것을 가르치는 교사들의 해독

(25) 화 있으라, 인간 습관의 흐름이여! 누가 너를 거스를 수 있겠는가? 너는 언제나 시들게 될 것인가? 저 넘실대는 물길은, 언제까지 무섭고 넓은 바다 속에 이브(Eve)의 자손들을 처넣으려는가? 그 바다를 건너기란 목선(木船)에 탄 사람조차도 어려운 노릇이다. 나는 인간의 습관 속에서 천둥을 울리는 자인 동시에, 간음을 하는 호메로스 쥬피터에 대해서 읽지 않았었는가?

아무리 생각해도 그가 이 두 가지 일을 동시에 할 수는 없었다. 그렇게 만들어진 것은 거짓 천둥을 허울 좋은 친구로 삼고, 실제의 간음 흉내를 낼 구실을 주기 위해 인간이 만들어낸 이야기다. 그러나 교사의 옷차림을 한 사람들 가운데 누가 자기와 같은 직업의 사람이 이렇게 외치는 소리를 진지하게 들을 수 있을까?

"이것은 호메로스가 만들어낸 거짓 이야기이다. 호메로스는 인간의 잘못을 신들에게 옮겨놓았다. 그렇지만, 나는 오히려 신들이 하는 일을 우리 인간에게 옮기는 편이 좋았을 걸 그랬다."＊1 그러나 "이렇게 말하는 편이 진실되다." 즉, 이것은 분명히 호메로스가 만들어낸 거짓 이야기이지만, 그는 신성한 도덕적 구속력을 악행에 부여했기 때문에, 부끄러운 행위가 더이상 부끄럽게 생각되지 않았고, 또 이렇게 행하는 자는 사실 타락한 인간의 모습이 아니라 천상의 신들의 모습이라고 생각될 것이 사실이었다.

(26) 그렇지만 너 지옥의 물줄기여, 사람의 아들들은 이러한 부끄러운 행위를 배우기 위해 수업료까지 내면서 네 속에 던져진다. 교사들이 공개 광장에서, 학생들이 내는 수업료 이외에도 법률로 정해진 공공기금으로부터의

수업료를 더 받는 공개토론은 대중의 대단한 관심사가 된다. 관습의 물줄기는 바위에 부딪치면서 이렇게 외친다. "여기에 언어를 배우는 까닭이 있다. 설득과 의견의 표명에 가장 필요한 웅변술을 배우는 까닭이 여기에 있다." 만일 테렌스(Terence)가 쓸모없는 한 젊은이를 무대에 내세우지 않았더라면, 우리는 '황금의 소나기'라든가, '여인의 품'이라든가, '농락'이라든가, '하늘의 신전(天宮)'이라든가, 기타 시구에 기록되어 있는 언어를 알지 못하는 것이나 마찬가지이다. 이 젊은이는 자신이 저지른 간통의 모델이 주피터라고 했다. 그는 주피터가 다나에의 무릎에 황금 소나기를 내리게 하고 그녀를 농락했다고 하는 그 그림이 벽에 걸려 있는 것을 바라보고, 주피터를 자기 추행의 모범으로 삼았다. 이 젊은이가 천상의 소리를 즐기듯이 강한 열망을 품으려고 얼마나 스스로를 부추겼는지 보라. 그는 이렇게 말한다.

"어떤 신이시란 말인가! 하늘의 신전을 거센 천둥으로 진동하게 하다니. 나와 같은 비천한 인간이 그 일을 흉내내서는 안 되는가? 그래, 사실 나는 그것을 기쁜 마음으로 흉내내었다."[2]

이런 지저분한 원문을 통해 그러한 가사들이 쉽게 배워질 리는 결코 없다. 이러한 가사들은, 불결한 일을 더욱 확신을 가지고 저지르는 행위를 실제적으로 부추긴다. 나는 언어를 꾸짖으려 하지 않는다. 언어는 고르고 고른 값비싼 그릇이라 할 수 있다. 내가 꾸짖는 대상은 잔뜩 취한 교사들이 그러한 그릇에 담아 나로 하여금 마시게 한 오류(誤謬)의 술이다. 그것을 마시지 않으면 우리는 매를 맞아야 했고, 분별 있는 재판관에게 호소하는 일도 허용되지 않았다.

그럼에도 나의 하느님이여, 당신 앞에서 나는 평안한 마음으로 생각해내고 있습니다만, 나는 이러한 원문들을 기쁜 마음으로 배우고서 비참하게도 그러한 원문들 속에서 기쁨을 취했기 때문에, 사람들은 나를 유망한 소년이라고 평가했습니다.

〈주〉
[1] 키케로 《투스크룸 논쟁》 1·26.
[2] 테렌티우스 《에우그크스》 585~389, 《하느님의 나라》 2·7.

제17장 학예의 허망함과 교육의 해독

(27) 나의 하느님, 당신에게서 선사받은 재능을 내가 얼마나 어리석은 일에 낭비했는지에 대하여 말하도록 내게 허락하여 주옵소서. 내게 어떤 과제가 주어졌는데, 그것이 내게 심리적 불안을 일으켰사옵니다. 그것이 칭찬받는 결과를 가져왔지만, 혹시 잘못하여 수치를 당하거나 채찍을 맞지나 않을까 두려웠습니다. 그 과제는 "트로이 사람(아에네이스)의 왕을 이탈리아 땅에서 멀리 몰아낼 수는 없는가"*¹ 하고 슬퍼하는 여신 쥬노(Juno)의 말을 서술하라는 것이었습니다. 나는 쥬노가 그렇게 하는 말을 결코 들은 일이 없습니다. 그럼에도 시인들의 허구적인 창작의 발자취를 따라, 시인이 운문으로 말한 그대로의 산문으로 서술하라는 과제를 받게 되었습니다. 그리고 묘사되어 있는 인물의 품위에 알맞게, 분노와 슬픔의 감정을 가능한 한 생생하게 떠오르게 하고, 자기 생각을 적절히 표현할수록 더욱 많은 칭찬을 받았습니다.

참 생명이신 나의 하느님이여, 이러한 일이 나의 참된 인생에 무슨 도움이 되었겠사옵니까? 나의 서술이 내 또래의 많은 독자들보다도 더 칭찬을 받았다 한들 그것이 무슨 소용이 있겠사옵니까? 그것은 모두 다 흩어져 버리는 연기와 바람이 아니겠습니까? 그렇다면 재능과 변설을 단련하는 방법이 그것 말고는 없었을까요? 주님, 당신의 성서를 통해서 내게 해주신 칭찬은 내 마음의 포도덩굴을 도와주어야만 했었사옵니다. 그렇게 하면 헛된 사소한 일에 이끌려 '나는 새의 부끄러운 희생양'*²이 되지는 않았을 것이옵니다. 타락한 천사들에게 희생양으로 바쳐지는 길은 한두 가지가 아니옵니다.

〈주〉

*1 베르길리우스 《아에네이스》 1·38.
　쥬노는 카르타고에 접근한 아에네이스 일행을 폭풍을 일으켜 쫓아버림.
*2 〈마태복음〉 13 : 4, 〈에베소서〉 2 : 2, 6 : 12.

제18장 인간은 문법학자의 규칙에 어긋나는 것을 두려워하면서 하느님의 계율은 무시한다

(28) 나의 하느님이시여, 내가 허망한 일들에 이끌려 당신에게서 떠나간 것은 조금도 이상스러울 게 없사옵니다. 당시 사람들이 내 앞에 모범으로 내

세워 놓는 인물들은, 자신들의 나쁘지 않은 행동을 표현할 때 말이나 문장 구조상으로 잘못 표현되면 마음 속 깊이 수치심을 느끼는 반면에, 또 자신들의 음탕한 이야기가, 잘된 구조의 능변으로 풍부하고 화려하게 꾸며지면, 남이 잘한다고 칭찬해 주는 게 좋아서 어쩔 줄 모르는 무리들이었기 때문입니다. 주님, '오랜 고통에도 매우 잘 참으시고 진실하신 하느님' 당신은 이러한 일들을 보면서 잠잠히 계시옵니다. 당신께서는 영원히 침묵을 지키시렵니까? 당신은 지금 이 순간에도 이 두려운 심연으로부터, 당신을 찾고 당신의 기쁨에 목말라하는 영혼을 구제하고 계십니다. 이 영혼은 당신을 향하여 이렇게 말합니다.

"내가 당신의 얼굴을 찾았나이다. 주여, 나는 당신의 얼굴을 다시금 찾으려 합니다."

당신의 얼굴로부터 멀리 있다면 그것은 정열의 어둠 속에 있는 것입니다. 우리가 당신을 떠나는 일이나 당신에게 돌아오는 일은 우리의 발걸음이나 공간의 거리 문제가 아닙니다. 젊은 이들이 먼 나라에서 생활하기 위해 아버지의 집을 떠날 때는, 말이나 수레나 배를 구할 것이 아니요, 눈에 보이는 날개로 날아갈 것도 아니며, 무릎을 움직여 걸을 것도 아닙니다. 그가 출발할 때 다정한 아버지인 당신으로부터 받은 돈을 모두 탕진하고 나서 파산자의 비참한 몸이 되어 돌아왔지만, 당신은 더욱 다정한 아버지의 모습을 보여 주셨나이다. 음탕하고 어두운 정욕 속에서 사는 일이야말로 당신의 얼굴로부터 멀어지는 일입니다.[1]

(29) 주 하느님이시여, 언제나 그러하시듯이 인내심으로 살피소서. 사람의 아들들이, 이전 사람들처럼 말하는 사람들로부터 이어받은 문자와 음절의 법칙을 얼마나 열심으로 지키고 있는지를 여느 때처럼 인내로 살피소서. 그러면서 당신에게서 받은 영원한 가르침의 길인 변하지 않는 계율에 대해서는 얼마나 가볍게 여기고 있는지를 보소서. 그리하여 예로부터의 발음 규칙을 알고 가르치는 사람이, 학교에서 가르치는 것과는 달리 '사람'이라는 말의 첫 음절 자음을 빼고 '아람'이라고 발음하기라도 하면, 사람들은 그가 당신의 교훈과는 달리 그의 동료 인간을 미워할 때보다 더 불쾌하게 생각합니다. 사람이 남을 미워할 때에 원수에 대하여 품게 되는 증오 그 자체가 원수에게보다 자신에게 더 해롭다고는 생각하지 못하는 것입니다. 누구나 적대

감을 불태우면 그로 말미암아 그 상대보다 자신의 영혼이 더 해를 입는다는 사실을 모르고 있습니다.

그러나 문자로 된 그 어떤 지식이라도, 타인이 바라지 않는 바를 타인에게 행하는*² 일을 금하는 양심만큼 중대한 지식은 없습니다. 오직 한 분이신 위대한 하느님, 고요히 높은 곳에 계시는 하느님이시여!*³ 불굴의 율법으로 불법의 정욕을 벌하여 장님이 되게 하시니, 그 얼마나 깊이가 있는지 알 수 없나이다. 웅변가의 명성을 즐기는 인간은, 많은 사람들에게 에워싸인 채 심판자인 인간 무리 앞에 서서 자기의 적을 거센 증오로 공격합니다. 그는 발음을 잘못하여 "아람과 아람 사이에서"*⁴라는 식으로 말하지 않도록 아주 세심하게 주의하면서도, 분노로 인해 한 인간을 사회로부터 말살하지 않을까 하는 염려는 하지 않습니다.

〈주〉

* 1 〈누가복음〉 15 : 12~32.
* 2 〈토비토〉 4 : 16, 〈마태복음〉 7 : 12.
* 3 〈이사야〉 33 : 5.
* 4 '사람(homo)'의 첫 자음을 빼고 발음하면 '아람(omo)'이 된다.

제19장 소년시절이라 해서 죄가 없는 것은 아니다

(30) 가엾은 소년이었던 나는, 그 시절에 이러한 습관의 문턱에 놓여 있었습니다. 그곳은 내가 씨름을 할 경기장이었습니다. 나는 야만 행위를 저지를까 봐 두려웠습니다. 내가 그런 행위를 이미 저질렀을 때에는, 그런 행위를 저지르지 않은 사람들을 부러워하지 말자고 마음을 다지는 일보다도 더 두려웠습니다. 나의 하느님이시여, 나는 이러한 사실을 당신에게 고백하나이다. 이러한 나의 기질 때문에 사람들은 나를 칭찬했습니다. 그들의 승락은 당시에 내 인생의 기준이었습니다. '나는 당신의 눈에서 벗어나' 내던져진 치욕의 심연에 빠진 사실을 깨닫지 못했습니다. 왜냐하면 그 무렵에 내가 추구하던 일은 가장 바닥이었기 때문입니다. 나는 놀기를 좋아하였고, 어리석은 구경거리를 열망하거나 연극 흉내를 내면서 침착하지 못했고, 수많은 거짓말로 가정 교사, 학교 선생, 부모를 속였기 때문에 친근한 사람들조차 나를 싫어했습니다. 나는 부모님의 식탁에서 음식을 훔치거나 무엇인가를 몰

래 가지고 나온 일까지 있었습니다. 그것은 식욕 때문이기도 했지만, 다른 소년에게 주기 위해서이기도 했습니다. 그들은 물론 그런 물건들로 하는 놀이를 즐겼고, 결국에는 얕은 꾀를 써서 내게 되팔았습니다. 나는 때때로 헛된 승리를 차지하려는 욕망에 지배되었고, 속임수에 대한 죄책감에도 종종 빠져들었습니다. 나는 그 법칙 위반을 참아낼 수 없었으며, 그 위반을 알고서는 격렬하게 비난했을 것입니다. 바로 그 행위가 내가 남에게 행하려 했던 위반적 행위였으면서도 말입니다. 그러나 누군가로부터 나 자신이 그런 비난을 받게 되면 나는 복종하기보다는 대들었습니다.

이러한 것이 소년의 유치함이고 천진난만함인가요? 그렇지 않습니다. 주님, 그렇지 않습니다. 나의 하느님, 제가 말할 수 있게 허락해 주소서. 그러한 일은 내가 성장하면서 가정 교사와 학교 교사를 떠나, 그리고 호두와 공(balls)과 참새를 떠나, 성공하여 인생의 후반 단계로 발전해서 장관과 국왕에게로, 황금과 영지와 노예에게로 옮겨간 뒤에도 행동은 변하지 않습니다. 성장하면서, 채찍질 뒤에는 좀더 무거운 형벌이 계속되듯이 말입니다. 그러니 우리의 왕이시여, 당신께서 천국은 이러한 자의 것이다*1라고 하셨을 때, 당신은 어린아이의 작은 몸집을 인간의 겸손의 상징으로 삼으셨습니다.

〈주〉
*1 〈마태복음〉 19 : 24.

제20장 소년시절에 주신 하느님의 선물에 감사함

(31) 그럼에도 주님, 가장 위대하신 분이시요 우주의 창조주이시며 지배자이신 당신의 의지에 의해, 단지 내가 어린아이에 불과했다 하더라도 우리의 하느님에게 감사*1를 드리겠나이다. 나는 그 시절에도 살고 생각하고 자기보호를 하였나이다. 또한 내가 출생하게 된 그 가장 신비스러운 존재자의 흔적으로서 내 존재의 안전에 유의할 수 있었습니다. 나의 내부 감각에 의하여 내 감각들의 전체적 조화를 보살폈고, 그 어린 생각 속에서조차도 사소한 일에 대해 진리를 즐겼나이다. 나는 속기를 바라지 않았고, 기억력은 왕성하였으며, 말재주도 뛰어났습니다. 우정이 나를 부드러워지게 했으며, 고통과 실망과 낯설음을 피했나이다. 이러한 생활을 하는 사람의 그 무엇이 놀랍지 않

겠으며 칭찬할 만하지 않겠나이까? 그러나 이러한 것들은 모두 내 하느님의 은혜로운 선물일 뿐이요, 내가 자신에게 준 것은 아닙니다. 이들은 선의 본질들이며 그들의 총체는 나 자신입니다. 따라서 나를 만든 것은 선이며 나는 그 선을 향해 높여집니다. 나는 소년시절에 혜택받은 모든 선을 위하여 찬양을 드리려 하나이다. 나는 죄를 범하고 있었나이다. 나는 주님의 안에서가 아니라, 주님의 창조물 안에, 즉 나 자신과 다른 창조물들 안에 있는 쾌락과 숭고함과 진리를 구하여 고통과 오류에 빠졌었나이다. 나의 기쁨이며 나의 명예이시며 나의 신뢰이신 내 하느님이여. 나는 당신의 선물에 대하여 감사하나이다. 당신은 그 모든 선물을 나를 위해 보존해 주소서. 그렇게 할 때 당신은 나를 보존하실 것입니다. 또한 당신께서 내게 주신 선물이 더욱 풍성해지고 완전해져서, 나 자신도 당신과 함께 존재하게 될 것입니다. 내가 존재한다는 것도 당신의 선물이기 때문입니다.

〈주〉

*1 〈고린도후서〉 2 : 14, 8 : 16.

제2권 16세 때의 일

청년기가 되어 16세 때 학업을 중단하고 방탕한 생활을 시작하게 되었으며, 특히 동료들과 함께 저지른 절도 행위를 깊이 뉘우침.

제1장 청년기와 그 죄의 회상

(1) 나는 내 과거의 더러운 행동과 육신에 사로잡힌 내 영혼의 타락을 돌이켜 생각해 보려고 합니다. 내가 그 불결한 타락 행위들을 사랑하기 때문이 아니라, 내 하느님이여, 당신을 사랑하기 위해서입니다. 나는 당신의 사랑을 사랑하기 때문에 내 과거를 회상해 보려 합니다. 나는 회상의 쓴맛을 삼키면서 나의 사악한 길을 돌이켜봅니다. 왜냐하면 주님의 감미로움, 어떤 속임수도 손대지 못한 감미로움, 고요하고 충만한 감미로움으로 내게 대해주셨으면 하고 바라기 때문입니다. 갈갈이 찢겨 분열되었을 때, 나를 모아 주셨습니다. 나는 일찍이 청년기에 천박한 정욕을 만족시키기 위해 안달이었고, 온갖 깨끗하지 못한 감각적인 쾌락에 빠져들어 갔습니다. 나의 몰골은 말이 아니었고, 당신의 눈에 나는 부패되어 보였으나,[1] 나는 자신에게 만족하면서 사람들의 눈도 만족시키려 노력했습니다.

〈주〉
*1 〈다니엘〉 10 : 8.

제2장 방종한 생활에 빠져들다

(2) 나의 즐거움을 추구하는 일을 지배한 단순한 욕망은, 단지 사랑하고 사랑받는 것 이외에 무엇이었겠습니까? 그러나 마음과 마음을 주고받는 일로 방해받은 일은 아무것도 없었으며, 환히 불밝혀진 우정의 길을 볼 수 있었습니다. 그런데 그 공기는 더러운 육신의 정욕 때문에 뿌옇게 구름이 끼어

있었습니다. 사춘기의 거품이 이는 소용돌이에서 안개가 뿜어나와 내 마음을 흐리게 했고, 나는 사랑의 밝은 빛과 정욕의 어두운 구름을 분별할 수가 없었습니다. 그리고 이들 두 가지 것이 서로 혼란스럽게 내 마음 속에 끓어올라, 젊은 나를 욕망의 늪에 내동댕이쳤습니다. 당신의 진노는 무겁게 내 위에 드리웠으나 나는 깨닫지 못하였습니다. 나는 이 유한한 육체의 구속된 연결체가 절꺽절꺽 내는 소리 때문에 이윽고 귀머거리가 되었습니다. 그것은 내 영혼의 교만함에 내려진 벌이었습니다. 이와 같이 하여 나는 당신에게서 더욱더 멀어져갔고, 나는 간음의 기쁨에 빠져들어 그 소용돌이 속에 있었으나 당신은 잠잠히 계셨습니다. 아아, 이리저리 헤매며 스스로를 낭비하고 있었지만 당신은 그때 잠잠히 계셨습니다. 나는 당신에게서 훨씬 멀어졌습니다. 낙심한 상태에서 침착할 수가 없었으며, 피곤에 지쳤으나 쉬지 못하였으며, 열매를 맺지 못하는 괴로움의 씨를 더욱더 뿌리고 있었습니다.

(3) 그 누군가가 나의 비참함에 한계를 긋고, 새로운 것이 지닌 덧없는 아름다움을 잘 이용하도록 도와주었다면, 감미로운 쾌락에 절도를 더할 수 있게 해 주는 사람이 있었다면, 그랬다면 내 청춘의 사나운 물결은 결혼생활이라는 기슭에 부서져 머물러 있었을 것입니다. 그리고 당신의 율법이 정하신 바대로 자녀를 낳는 목적에 만족했을 것입니다. 주여, 죽을 수밖에 없는 우리에게 자손을 이어가게 하신 당신*¹은 천국에서 제외된 가시 관목도 다정히 어루만지어 부드럽게 하십니다. 실제로 우리가 당신에게서 멀리 떨어져 있는 때라 하더라도 당신의 전능하신 힘은 내게서 떠나는 법이 없습니다. 그러나 나는 좀더 주의 깊게 구름 속에서 들려오는 당신의 소리*²에 귀를 기울여야만 했습니다. "결혼한 자는 육체의 고난이 있으리니 나는 너희에게 자비를 베푸노라"*³ 또는 "남자는 여자를 가까이 하지 않음이 좋으니라"*⁴ 또는 "아내가 없는 남자는 하느님의 일에 대해 생각하지만, 그가 어떻게 하느님을 기쁘게 할 수 있겠는가"*⁵라는 말씀입니다. 나는 이러한 말씀들을 좀더 열심히 주의 깊게 들었어야만 했습니다. 그리고 천국을 위해 순결한 남자가 되어,*⁶ 좀더 행복한 마음으로 당신이 품으실 때를 기다려 받아들여야만 했습니다.

(4) 그럼에도 나는 당신을 떠나 나의 격정에 몸을 맡기고, 당신의 모든 규칙을 깨뜨렸습니다. 그리고 당신의 채찍을 벗어날 수 없었습니다. 그 채찍을

벗어날 수 있는 사람이 어디 있겠습니까? 당신께서는 언제나 내게 계셔서 은총으로 진노하고, 나의 모든 위법적인 쾌락에 쓰디쓴 고통을 부으셨습니다. 내가 혐오를 느끼고 고통 없는 참된 쾌락을 구하게 하시려고 당신께서 계획하셨습니다. 그리고 내가 그 참된 쾌락을 어디에서 성취할 수 있는지 탐색해 보니, 주님, 당신 이외에 그러한 쾌락을 어디서 찾아볼 수 있겠습니까? 당신께서는 가르치기 위하여 괴로움을 주시고, 고치기 위하여 상처나게 하시며, 우리가 당신에게서 떠나 죽는 일이 없게 하기 위하여 우리를 죽게 하십니다.*7

나는 내 육신의 나이 열여섯 살 때 대체 어디에 있었습니까? 나는 당신 집의 즐거움에서 그 얼마나 멀리 떨어져 방황하고 있었는지요? 실제로 나는 정욕에 지배되어 미친 듯이 거칠었고, 완전히 욕망에 사로잡혀 있었습니다. 그것은 인간의 부끄러운 명예로서는 허용되었으나, 당신의 율법으로는 금지되는 행동이었습니다. 내 주위 사람들은 몸을 망치려 하는 나를 결혼으로 구원하려 하기보다, 그저 내가 아주 뛰어난 수사학을 습득하여 사람들을 설득하는 일을 했으면 하고 관심을 집중시키고 있었습니다.

〈주〉

*1 〈창세기〉 3 : 18, 〈마태복음〉 22 : 30.

*2 아우구스티누스 《창세기에 관하여 마니 교도를 반박함》 2·3·5 참조.

*3 〈고린도전서〉 7 : 28.

*4 〈고린도전서〉 7 : 1.

*5 〈고린도전서〉 7 : 32~33.

*6 〈마태복음〉 19 : 12.

*7 〈신명기〉 32 : 39.

제3장 학문을 중단하고 집으로 돌아가다. 부모의 배려

(5) 그해에 나는 공부를 중단하고 고향에서 가까운 마다우라 거리*1로 돌아왔습니다. 나는 문학과 수사학을 배우기 위하여 거기 머물기 시작했던 것입니다. 이윽고 먼 카르타고에 유학할 비용이 준비되었습니다. 그것은 타가스테의 가난한 시민에 지나지 않았던 아버지의 재력 덕분이라기보다는 아버지의 야심 때문이었습니다. 제가 누구에게 이 사실을 말하고 있는지요. 하느

님이시여, 당신을 향해서가 아닙니다. 당신 앞에서 내 동포에게 말하고 있는 것입니다. 이 책을 펴드는 사람이 아무리 적다 하더라도 그 몇 안 되는 이들에게 말하는 것입니다. 그렇다면 나는 무엇을 위해 이런 말을 하는지요? 그것은 나와 내 책을 읽는 사람 모두가 매우 깊은 심연에서 당신을 향해 울 수 있다는 생각에서입니다. 사실 고백하는 마음과 믿음으로 사는 생활보다도[*2] 당신의 말씀에 귀를 기울이는 생활은 없습니다. 그때 모든 사람들은, 재산이 넉넉하지 못하면서도 자식 교육을 위해 유학에 투자하신 나의 아버지를 넘치도록 칭찬했습니다. 아버지보다 부유한 사람은 많지만 그렇게까지 하는 사람은 드물었기 때문입니다. 그러나 아버지는 내가 주님, 당신 곁으로 잘 나아가고 있는지에 대해서는, 그리고 내가 세련된 혀를 지녔지만 얼마나 순결한지에 대해서는 관심이 없었습니다. 사실 나의 교양은 주님, 진정 당신이 다듬어주시지 않은 사막일 뿐이었습니다.[*3] 하느님이시여, 당신께서는 당신의 나라인 내 마음 밭의 참되고 선하신 주인이십니다.

(6) 그러나 그 열여섯 살 되던 때에 나는 가정의 어쩔 수 없는 사정 때문에 잠시 학문을 중단하고 부모 밑에서 지냈습니다. 그때 성욕의 가시가 내 머리에 무성하게 자라게 되었고, 아무도 뽑아 주는 사람이 없었습니다. 뿐만 아니라 나의 아버지는 정욕으로 내가 성숙하게 되고 젊음이 넘치는 모습을 보고, 지나치게 기뻐한 나머지 자신의 손자가 태어날지도 모른다고 기뻐하며 어머니에게 알렸습니다.

아버지는 이 세상의 창조자이신 당신을 잊고, 당신 대신 당신의 피조물을 사랑하는 비정상 상태에 기뻐했으며,[*4] 가장 보잘것없는 것에 기울어지는 자기 의지, 보이지 않는 술에 취해 있었습니다. 그러나 주님께서는 내 어머니의 가슴 안에 이미 주님의 성전을 세워 놓고, 주님께서 머물 성스러운 거처의 기초를 다지기 시작하셨습니다. 아버지는 아직 세례 지원자였고 주님, 당신을 믿게 된 것도 최근의 일이었습니다. 그리하여 내 어머니는 경건한 전율과 성스러운 두려움에 떨었고,[*5] 비록 내가 아직 세례를 받지 않았으나 당신에게 등을 돌리고 얼굴을 당신에게 향하지 않는[*6] 사람들이 가게 되는 사악한 길에 들어설까 두려워했습니다.

(7) 나는 어리석습니다. 내가 현실세계에서 당신으로부터 멀리 멀어져 있었을 때, 내 하느님이여, 당신께서 잠잠히 계셨다고 내가 감히 말할 수 있겠

나이까? 그때 당신은 내게 정말 그렇게 잠잠히 계셨나이까? 당신의 충실한 하인인 어머니를 통하여 내 귀에 들려 준 그 말씀들은 당신의 말씀이 아니고 누구의 것이었겠나이까? 그러나 한마디도 내 마음 속에는 들어오지 않았기 때문에 나는 그 말씀대로 하지 않았습니다. 어머니의 관심사는 오직 (나의 양심의 비밀 속에서, 어머니가 열성적인 걱정으로 내게 하신 훈계의 기억을 떠올립니다), 간음하지 말라, 특히 유부녀와 불의한 관계를 맺어서는 안 된다는 것이었습니다. 이 훈계는 내게 일상적이고 자질구레한 일처럼 생각되었고, 그 훈계를 따르는 것이 오히려 부끄럽다고 생각되었습니다. 그 훈계가 당신의 것이었다는 사실을 나는 몰랐습니다. 당신은 잠잠하신데 어머니가 말씀하신다고 생각하였습니다. 그러나 사실은 당신께서 내 어머니를 통하여 내게 말씀하시기를 그치지 않으신 것입니다. 당신은 내 어머니를 통하여 당신 하인의 자식이며 당신의 종인 나에게 말씀하셨으나, 나는 그 하인의 말을 듣지 않았으므로 사실 당신의 말씀을 듣지 않은 셈입니다.

그런데 나는 그 사실은 모르고 맹목적으로 돌진하여, 같은 나이 또래들에 비해 나의 추행이 적은 것을 오히려 부끄러워했습니다. 나는 동료들이 자기의 성적 추행을 자랑하는 것을 보며, 내가 그렇게 뻔뻔함을 갖지 못한 것을 오히려 부끄러워하였습니다. 그들의 자부심이 더욱 저돌적이 될수록 행동은 더욱 타락되어 갔습니다. 그들은 행위 자체뿐만 아니라, 그 행위로 친구들의 칭찬이 부추겨지는 것이 즐거워 오히려 그러한 추행에 열중하였습니다. 그러나 악보다 더 비난받아야 할 일이 있을 수 있겠습니까? 나는 소외되지 않기 위하여 도리어 죄를 거듭하였나이다. 그리고 타락한 동료들에게 주눅이 들지 않게끔, 죄가 없을 때에는 실제로 범한 일이 없는 죄를 범했다고 거짓말까지 했습니다. 그것은 나의 부족한 용기에 대한 친구들의 비난을 피하고, 나의 순결이 친구들로부터 멸시받지 않도록 하기 위해서였습니다.

(8) 지저분한 무리와 함께 바빌론 거리*7를 걸어다녔습니다. 그 흙탕 속이 흡사 값진 침대와 귀중한 향료*8 속이기나 한 듯이 뒹굴었습니다. 그리고 그 바빌론 한가운데 나를 굳게 달라붙게 하려고, 눈에 보이지 않는 원수가 나를 짓밟고 유혹하였습니다. 나는 유혹에 빠지기 쉬운 인간이었습니다. 나의 육신의 어머니는 이미 바빌론의 한가운데서 도망쳐 나왔으나*9 여전히 그곳 주변에 엉거주춤 멈추어 있었습니다. 그리하여 내 육신의 어머니는 내게 순결

해야 한다고 경고하였으나, 아버지가 나에 대해 어머니에게 한 말에는 그리 유의하지 않았습니다. 미래의 위험을 감수하게 되리라는 그녀의 느낌에 대해서도 그리 심각하게 생각지 않았습니다. 왜냐하면 나의 육신의 어머니는 순결이 철두철미하게 지켜질 수 없는 것이라면, 차라리 결혼이라는 계약을 지음으로써 성적 여행을 제한해보겠다는 그런 생각까지는 하지 않기 때문입니다. 또한 어머니가 나를 결혼시킬 마음이 생기지 않은 까닭은, 어머니의 나에 대한 희망이 나의 아내로 인해 방해받지 않을까 두려워서였습니다. 그리고 주님, 당신에게 건 내세에 대한 희망 때문이 아니라, 문학 공부에 대한 희망 때문이었습니다. 부모님은 내가 학업에 충실하기를 간절히 바랐습니다. 아버지께서는 주님에 대해서는 거의 조금도 생각하는 일이 없으셨고, 내게는 헛된 일들만 생각하고 계셨습니다. 어머니는 문학 교육의 전통적 방식이, 내가 주님께 가까이 가는 데 방해가 되지 않을 뿐 아니라 도리어 어떤 의미에서 도움이 될 것이라고 생각했습니다. 지금 내 양친의 성격을 돌이켜 보며 생각하니, 그때 양친의 추측은 적어도 잘못되어 있었습니다.

왜냐하면 나는 노는 일에 대해서도 또한 고삐가 늦추어져 마음대로 하게 되었고, 결국 방종한 생활에 빠져들어 여러 가지 괴로움을 맛보게 되었기 때문입니다. 그리고 모든 것에는 안개가 끼어서, 나의 하느님이시여, 당신 진리의 화창한 빛으로부터 차단되어, 나의 불의는 마치 나의 기름진 육체로부터 튀어나오는 듯했사옵니다.

〈주〉

＊1 마다우라는 아우구스티누스의 출생지인 타가스테에서 24킬로미터 떨어진 곳에 있는 작은 도시이다. 그의 고향 타가스테는 누미디아의 작은 도시로서 누크 아라스라고도 한다.
＊2 〈하박국〉 2 : 4.
＊3 〈고린도전서〉 3 : 9.
＊4 〈로마서〉 1 : 25.
＊5 〈고린도후서〉 7 : 15.
＊6 〈예레미야〉 2 : 27.
＊7 이교적 문화의 상징임.
＊8 〈아가〉 4 : 14.

제4장   친구와 저지른 절도 사건

(9) 주님, 정녕 도둑질한다는 것은 당신의 법에 의해서도 처벌되고 인간의 양심에 기록된 법에 의해서도 처벌됩니다. 아무리 도둑이라 할지라도 다른 도둑에게 도둑질을 당하고 태연할 수 있겠습니까? 그는 자기가 부자이고 훔친 쪽이 가난하다 해도 참지 못합니다. 나는 훔치는 행위를 하려 생각했고, 또 실제로 훔쳤습니다. 그러나 가난하기 때문에 훔친 것이 아니요, 정의를 싫어하고 불의를 좋아했기 때문에 훔쳤습니다. 실제로 내가 훔친 것은 우리 집에 많이 있었고, 더구나 내가 가지고 있는 것이 훔친 것보다는 훨씬 좋은 것이었습니다. 나는 그 물건을 탐내서 훔친 것이 아닙니다. 훔치는 일 그 자체와 죄를 즐기려 했습니다. 우리집 포도밭 근처에 열매 달린 배나무가 있었습니다. 그 모양도 맛도 마음을 움직이게 할 만한 유혹적인 것은 아니었습니다. (보통 때처럼 해로운 길거리에서) 놀이를 계속한 뒤에, 그 나무를 흔들어 열매를 따기 위해서 나와 젊은 못된 패거리들은 한밤중에 출발하였습니다. 그리고 열매를 잔뜩 따 가지고 왔습니다. 우리가 먹기 위해서는 아니었습니다. 우리도 약간 먹기는 하였으나 오히려 돼지에게 던져 주기 위해서였습니다. 우리가 그런 행위를 한 이유는 금지된 일을 하는 것이 재미있기 때문이었습니다.

하느님, 이것이 나의 마음입니다. 당신께서는 그러한 자가 깊은 늪에서 헤맬 때 가엾게 여기셨습니다. 나는 악인이 될 아무 이유도 없었습니다. 그러한 늪에서 대체 무엇을 찾고 있었는지 이제야말로 나의 마음을 당신께 말해야 합니다. 사악함 자체 이외에 악의 원인은 아무것도 없었습니다. 말하자면 나는 때묻은 자였고, 나는 그 때묻은 자를 사랑하였습니다. 나는 파멸을 사랑하였고 나의 죄를 사랑하였습니다. 나는 그 때문에 내가 죄를 범한 악을 사랑한 것이 아니라, 나의 악 자체를 사랑하였습니다. 나의 더럽혀진 영혼은 당신의 하늘로부터, 파멸을 위해 아래로 뛰어든 것입니다. 부끄러운 행위로 아무것도 얻지 않으려고, 그 부끄러움을 위해 단지 부끄러움을 얻으려고 그렇게 하였습니다.

제5장 죄의 동기에 대하여

(10) 정녕 아름다운 사물들, 즉 금과 은이나 다른 모든 사물에는 그에 합당한 아름다운 형상이 있습니다. 촉각의 경우에는 그 자체도 매력이 있어 사람을 즐겁게 해주고, 다른 감각에도 그에 상응한 사람을 유혹하는 좋은 점이 있습니다.

이 세상 명예에도 그 특유의 매력이 있습니다. 그리고 거기에서 자유의 욕구가 생깁니다. 그러나 주여, 이 모든 사물 중에서 그 어느 사물을 손에 넣는다 하더라도 당신에게서 떨어져 있어서는 안 되고, 당신의 법을 배반해서는 안 됩니다. 우리가 이 세상에서 보내는 생활에도, 또한 지상에 있는 모든 아름다운 사물들의 조화에도 어떤 특유의 매력이 있습니다. 사랑의 끈으로 맺어진 사람들의 우정도, 많은 영혼들 사이에 일치를 가져다주기 때문에 유쾌한 것입니다.

그러나 죄는 이러한 모든 매력있고 유쾌한 일들 때문에, 또 그와 비슷한 것들 때문에 범해집니다. 즉, 그들은 가장 낮은 선(善)인데, 무턱대고 애호됨으로 해서 그들보다도 좋은 것들과 더욱 좋은 것, 곧 최고의 선인 당신이, 주여, 내 하느님이여, 당신의 진리와 당신의 계율이 무시되나이다. 이러한 가장 낮은 선도 기쁨을 지니고 있지만 만물을 창조하신 나의 하느님과 같지는 못합니다. 올바른 자는 하느님으로 말미암아 기뻐하고, 하느님께서는 마음이 진실한 자의 기쁨이 되십니다.

(11) 그러므로 나쁜 일에 대하여 무슨 원인 때문에 저질렀는가, 질문을 받게 될 때, 우리가 앞에서 가장 낮은 선이라고 일컬은 그러한 선의 어느 것인가를 얻으려 하는 욕구, 또는 잃지 않으려 하는 공포가 그 원인이었다고 하는 사실이 지적되지 않는 한 우리는 보통 납득하지 못합니다. 이러한 낮은 선은 사람을 행복하게 하는 차원 높은 선과 비교해 볼 때 낮고 하등이기는 하지만, 그래도 역시 아름답고 훌륭하며 선의 수단이고 바탕입니다.

어떤 사람이 살인을 하였습니다. 왜 했습니까? 다른 사람의 아내를 사랑했기 때문입니다. 또는 그 사람이 소유한 땅이 탐났기 때문입니다. 또는 생활에 필요한 돈을 구하기 위해서입니다. 또는 그 사람 때문에 자신이 무엇을 잃게 될까 겁났기 때문입니다. 아니면 상대방 때문에 상처를 입어 복수심에 불타기 때문입니다. 아무 이유도 없이 살인 그 자체를 즐기어 사람을 죽였을까요? 누가 그런 사실을 믿겠습니까? 역사가는 광포하고 잔혹했다고 하는 사나이[1]에 대하여 평하기를, 그 악인은 아무런 이유 없이 광포했다고 말하고 있습니다.

"아무것도 하지 않고 있으면서 손과 마음이 둔해지면 안 되기 때문에"라는 동기를 부여하는 역사적 문구도 있습니다. 그 악인은 왜 그것을 원했을까요? 왜 그랬지요? 그것은 분명히 이러한 흉악스러운 행위로 로마의 도성을 손아귀에 넣은 뒤 명예와 권세와 부를 얻고, 법률의 공포와 재산의 궁핍과 그의 알려진 죄의 기록으로 인한 어려움에서 벗어나기 위해서였습니다. 따라서 카틸리나조차도 악한 일을 즐긴 것이 아니라, 그 외의 무엇인가가 그의 죄를 부추긴 것입니다.

〈주〉

[1] 로마 공화국의 타도를 꾀한 유명한 음모가 카틸리나(Catiline : BC 108~BC 62. 로마의 정치가)를 가리킴.

제6장 도둑질에서 나를 기쁘게 한 것

(12) 나는 어리석은 소년이었습니다. 나의 도둑질을, 열여섯 살 때 행한 그 밤의 나쁜 짓을 기억합니다. 가련한 나는 무엇을 사랑했나요? 나의 도둑 행위야, 너는 도둑질을 했기 때문에 아름답지 못했느니라. 너는 참말 조금이라도 나를 위해 존재하여 도둑 행위를 하려 하는가?

우리가 훔친 과일은 아름다웠습니다. 왜냐하면 모든 것 가운데 가장 아름다우신 만물의 창조자시여, 선량한 하느님이시여, 최고의 선이시며 참으로 나의 선이신 하느님이시여, 그 열매는 당신께서 만드셨기 때문에 아름다웠습니다. 그 모든 열매는 아름다웠습니다. 그러나 가련한 나의 영혼은 그 열매 자체를 동경한 것이 아닙니다. 나는 그보다 더 좋은 것을 더욱 풍부하게 가지고 있었습니다. 나는 단지 훔치기 위하여 그 열매를 땄습니다. 나는 그것을 따서 던져 버렸습니다. 나는 단지 불의만을 먹었고, 그 불의를 맛보는 일을 기뻐했습니다. 그 열매의 일부가 내 입에 들어왔을지라도 그 열매 한 입에 뿌려진 자극적인 소스는 바로 나의 악이었습니다. 그리고 나는 지금에 이르러, 나의 하느님이여, 그 도둑질에서 나를 기쁘게 한 것이 무엇이었나, 하고 물어봅니다.

도둑질에는 아무런 아름다움도 없습니다. 내가 말하는 아름다움이란 인간의 정신이나 기억, 감각, 생명력에 있는 아름다움이 아니며, 또 별들이 그 위치에 있으면서 빛나는 것 같은 아름다움이 아니며, 대지와 바다에서 죽은 생물들을 대신하여 태어나는 새 생물로 충만한 것 같은 아름다움도 아닙니다. 그렇다고 해서 금이 간 아름다움의 반영일 뿐인 하나의 허울좋은 아름다움도 아닙니다.

(13) 참으로 오로지 당신만이 만물 위에 우뚝 솟아 있는 분이시므로, 당신이야말로 모든 존재들 위에 계셔서 숭앙되고 영원히 영광을 받으실 분입니다. 그러나 야심 있는 자가 구하는 것 또한 명예와 영광이 아니고 무엇이겠나이까? 권력을 가진 자는 위엄 있게 되기를 바랍니다. 그러나 오직 한 분이신 하느님 이외에 누구를 두려워하겠습니까? 하느님의 능력을 누가 언제 어디서 무엇으로, 또는 누구에 의해서 빼앗을 수 있겠습니까? 음탕함을 좋아하는 자는 사랑받기를 원합니다. 그러나 당신의 사랑보다도 다정한 손길은 없으며, 당신의 가장 진실하고 아름답고 빛나는 진리보다 더 건전한 사랑의 대상은 없습니다.

또한 호기심을 지식에 대한 열망으로 불타는 듯이 꾸미지만, 당신이야말로 모든 것을 가장 잘 알고 계십니다. 더구나 무지와 어리석음조차도 단순과 청결한 이름에 어울리는 외관을 지니고 있습니다. 그러나 당신보다 더한 단순성을 찾을 수 없습니다. 악인들은 자기 행위에 의해 훼손되는데, 당신보다 더 순결한 존재가 어디 있겠습니까? 게으름은 안식을 바라는 듯한 동작을 취합니다. 그러나 주님 외에 분명하고 확실한 휴식은 없습니다. 사치라는 악덕은 풍요함과 신물이 난 상태라 불려지기를 바랍니다. 그러나 당신이야말로 부패되지 않는 기쁨의 충만하고 지치지 않는 보물이십니다. 낭비는 대범한 듯이 보입니다. 그러나 당신이야말로 모든 좋은 것을 아낌없이 나누어 주십니다. 탐욕은 많은 소유를 하려 합니다. 그러나 당신은 모든 것을 소유하고 계십니다. 질투는 보다 뛰어남을 차지하려고 다투지만 그 무엇이 당신보다 뛰어날 수 있겠습니까?

분노는 복수를 바라지만 누가 당신보다도 더 정당하게 복수를 합니까? 사랑하는 것들의 안전을 위협하는 예기치 않은 일이 생기면, 우리는 두려워서 움츠려들어 그들의 안전을 꾀하게 되지만, 대체 주님에게 있어 무엇이 기대

밖의 일이고 무엇이 갑작스런 일이겠습니까? 그리고 누가 주님이 사랑하는 대상을 주님으로부터 멀어지게 할 수가 있겠습니까? 또는 주님 말고 어디에 확실한 안전이 있겠습니까? 강한 소유욕의 기쁨 때문에 오히려 사물을 손실하게 되니 이런 일을 위해 낭비하게 됨을 후회합니다. 주님, 당신으로부터는 그 무엇도 덜어낼 수 없듯이, 나는 아무것도 손실하기를 원치 않습니다.

(14) 그런 이유로 영혼이 주님에게서 떠나 주님의 품으로 돌아가지 않는다면, 그리고 주님 안에서만 찾아야 하는 순수하고 깨끗한 의도들을 주님의 밖에서 구한다면 간음의 죄를 범하게 마련입니다. 주님에게서 멀어지고 주님을 거스르는 교만한 자들은 모두 사악한 방법으로 주님을 흉내냅니다. 그렇지만 그들은 주님을 사악한 방법으로 흉내내면서, 주님이 자연의 창조주라는 사실을 시인하고 있습니다. 따라서 어느 누구도 주님에게서 완전히 떠날 수가 없다는 사실을 말해 주고 있습니다. 그렇다면 그 죄 속에서 나는 무엇을 사랑하였는지요? 그리고 어떤 면에서, 나의 주여, 사악하고 잘못된 방법으로 모방했는지요? 나는 실력에 의해서는 되지 않기 때문에 굳이 속임수로 주님의 계율을 배반하려 했는지요? 나는 주님의 전능하심을 사소하게 모방하여 허락되지 않은 일을 하면서도 처벌받지 않고, 그러므로써 하느님의 전지전능을 아주 미미하게 흉내내고 스스로 확신을 가졌던가요? 이런 태도야말로 주인을 피하여 그림자를 좇는"*1 도망자 노예의 모습이 있습니다. 아아 부패여, 생의 기괴스러움과 죽음의 깊은 심연이여! 내가 정의에서 기쁨을 구하지 않고, 아무 이유없이 불의를 저지르며 기뻐할 수 있었을까요?

〈주〉
*1 〈욥기〉 7 : 1~2.

제7장 죄에 대한 용서와 하느님의 은혜

(15) 나는 주님께 어떻게 갚아야 하겠나이까? 기억은 이러한 일들을 내게 생각나게 하지만 나의 영혼은 그 기억으로부터 아무런 공포도 느끼지 않사옵니다. 주여, 나는 주님을 사랑하고 주님께 감사하며 주님의 이름을 찬양하겠나이다.

주님께서는 이와 같은 나의 수많은 악과 부정한 일을 용서해 주셨기 때문입니다. 주님께서는 나의 죄를 얼음과 같이 녹여 주셨나니, 그것은 주님의 은혜와 은총 때문임을 압니다. 또한 내가 그 밖의 많은 악한 행동을 하지 않은 것도 모두 주님의 덕분입니다. 죄이기 때문에 단순히 죄를 사랑한 내가 무슨 짓인들 저지르지 않았겠습니까? 나는 나 자신의 의지에 따라 저지른 죄도, 주님의 인도하심에 따라 범하지 않게 된 죄도 모두 용서받았음을 고백합니다.

자신의 약함을 알면서도 감히 자기의 순결과 티없음을 스스로의 힘에 의한 것이라고 생각할 사람은 없습니다. 그래서 주님을 사랑할 이유가 별로 없다고 여기며 주님을 사랑하지 않는 사람은 없습니다. 마치 당신께로 전향한 사람들의 죄를 사하시는 당신의 은총이 자기들에게는 덜 필요한 것처럼 여기는 그런 사람은 없습니다. 누군가가 주님의 부르심을 받고, 주님의 말씀을 따르며, 나의 생에서 나 자신에 대하여 하는 추억의 고백을 읽고서 그때 내가 행한 행위를 피하는 사람이 있다면, 그로하여금 의사의 치료를 받고 쾌차하는 흉내도 내지 못하게 하소서. 그 사람이 병에 걸리지 않는 것도, 또한 병이 들었을지라도 가벼운 증상으로 끝난 것도 모두 같은 의사의 덕분입니다. 따라서 그 사람은 (이 어리석었던) 나보다 조금도 덜하지 않게, 아니 나보다 더 주님을 사랑해야만 합니다. 그 사람도 역시 내가 죄의 한없는 쇠약함에서 구원받게 된 바로 그 의사의 치료를 받아, 나와 같은 쇠약에 빠지지 않게 되었기 때문입니다.

제8장 함께 모의하는 심리

(16) 내가 지금 돌이켜 생각해 보고 부끄러워하는 이 모든 일들, 특히 그 도둑질을 통하여 어떤 결과를 얻었습니까?*¹ 나는 도둑질을 하면서 도둑질 그 자체를 사랑했을 뿐, 다른 아무것도 사랑하지 않았습니다. 더구나 도둑질 그 자체가 비참한 일이었기에 나 자신은 더욱 비참하였을 것입니다. 나는 훔치기를 좋아했으나, 나 혼자서라면 결코 그런 일을 하지 않았을 것입니다. 당시 내 마음이 그랬던 사실을 기억하고 있습니다. 혼자라면 결코 훔치지 않았습니다. 그래서 그때 나는 도둑질을 하면서도 동료들과 함께 모의하기를 즐겼습니다. 내가 도둑질 이외의 다른 무엇인가도 사랑했을까요? 아니, 나는 현실에서 다른 그 어떤 일도 사랑하지 않았습니다. 왜냐하면 동료와의 사

켠도 취할 만한 것이 되지 못했기 때문입니다.

현실에 무엇이 있는지요? 하느님 이외에 누가 '내 마음에 빛을 비추고' 그 마음 속의 그림자를 없애주겠습니까? 그 무엇이 내 정신을 흔들어 내게 이 문제를 묻고 토론하고 생각하게 합니까? 그때 내가 훔친 과일 그 자체를 사랑하고 맛보기를 열망했었다면, 나는 혼자서 그 불의를 저지르고 만족했었을 테고, 공모자의 자극으로 내 욕망이 자극받는 일도 없었을 것입니다. 그러나 나의 쾌락은 과일에 있지 않았고, 악한 공범자와의 사귐으로 악한 일을 하는 그 자체에 있었던 것입니다.

〈주〉
＊1 〈로마서〉 6 : 21.

제9장 죄는 악한 동료에 의해 북돋아진다

(17) 그때 내 마음은 어떤 상태였을는지요? 한없이 더러웠을 터이고, 그때의 내 마음은 완전히 수치스러운 저주 가운데 있었습니다.＊1 그 마음의 수치는 어떤 것이었을까요? 누가 그 마음의 죄를 이해할까요? 그런 일을 우리가 저지르리라고는 생각지 않았고, 또 그런 일을 승낙하지 않았을 사람들을 우리는 속이고서 우리는 기뻐서 한없이 웃었습니다. 왜 나는 혼자서 할 수 있는 행위에서 기쁨을 찾지 않았을까요? 아무도 혼자서는 쉽사리 웃지 않기 때문입니다. 정녕 혼자서는 웃을 기분이 나지 않습니다. 때로는 아무도 없고 혼자 있을 때라도 어떤 우스운 느낌이 감각에 나타나거나 마음에 떠오를 때에는 웃지 않을 수 없는 경우가 있기도 합니다. 그러나 훔치는 일만은 나 혼자서 하지 않았을 것입니다. 절대로 하지 않았을 것입니다.

보소서, 내 하느님이여. 내 영혼의 생생한 기억은 주님 앞에 있나이다. 나 혼자서라면 훔치는 일을 하지 않았을 것입니다. 그 도둑질로 나는 훔친 물건을 즐겼다기보다, 도둑질이 즐거웠던 것입니다. 그러나 나는 혼자서 훔치기를 즐거워하지 않았습니다. 또한 혼자서라면 그 못된 일이 내게 아무런 재미도 주지 못했을 것이므로 행하지도 않았을 것입니다.

우정은 위험한 적이 될 수 있으며, 검토하기 어려운 마음의 유혹이 될 수 있습니다. 놀이와 익살로 해서, 아무 이유없이 그저 누군가에게 손해를 끼치려는 입맛의 욕구가, 나 자신의 이익과 상관 없이, 그리고 점수를 기록하는 즐거움도 없이 내 속에서 일어났습니다. "자, 가서 훔치자"고 하는 말을 들으면 우리는 단지 철면피가 되지 못함을 부끄러워합니다.

〈주〉
＊1 〈욥기〉 10 : 15.

제10장 하느님과 함께 사는 참된 휴식을 갈망함

(18) 그 누가 이 얽히고 헝클어진 매듭을 풀 수 있으리이까? 그것은 더러운 것이라서 나는 그것이 마음에 기억되기를 바라지 않고, 또한 보고 싶지도 않사옵니다. 나의 희망은 정의와 순결함, 당신이옵니다. 당신은 정직한 눈앞에서는 그리도 사랑스럽고 눈부십니다. 당신의 사랑에 신물이 나고 지치는 일은 없습니다. 당신 안에 있는 자에게만 흐트러짐 없는 평화와 생명이 존재합니다. 그 안에 들어가는 자는 '주님의 기쁨 안에 들어가'＊1 아무 두려움도 없고, 최선 속에 있으며 그 자신도 최선이 됨을 압니다. 나의 하느님, 나는 젊었을 때 주님의 품을 떠나 길을 잃었으며, 주님의 굳건한 보호하심에서 멀리 떨어져 방황했사오며, 스스로 '궁핍한 땅'＊2이 되었나이다.

〈주〉
＊1 〈마태복음〉 25 : 21.
＊2 〈누가복음〉 15 : 14.

제3권 카르타고에서의 생활

17세에서 19세까지 3년 동안 카르타고에서 유학 생활을 했다. 그 사이에 불순한 연애 관계를 맺게 되었으나, 19세 때 키케로의 저서인 《호르텐시우스》를 읽고 지혜의 사랑에 눈뜨게 되었다. 또한 마니 교도의 허망함 속에 빠졌으나, 그것이 합리적이지 못한 까닭을 밝혔다. 어머니는 아들의 타락에 매일같이 눈물을 흘렸으나, 꿈을 통해 하느님으로부터 아들이 회개하리라는 예고를 받았다.

제1장 사랑을 구하여 그 포로가 되다

(1) 나는 카르타고에 왔습니다. 여기서는 내 주위 도처에서 부끄러운 정욕으로 끓는 큰 가마가 쉿쉿거리며 야유하고 있었습니다. 나는 아직 사랑에 빠지지는 않았으나 사랑하는 일 자체를 사랑하며 은근히 바라고 있었고, 내적 결함이 너무도 없는 나의 사고를 오히려 미워했습니다. 나는 나의 사랑의 대상을 구하고, 사랑을 사랑했습니다. 그리고 안전을 싫어하여, 덫 없는 평탄한 길을 좋아하지 않았습니다.

나의 하느님, 나는 안으로 내심의 양식, 곧 주님에 굶주려 있었으나, 이 굶주림 때문에 배고픔을 느끼지는 않았고, 부패하지 않는 영양을 취하려는 욕망을 느끼지도 않았습니다. 영양이 충만해서가 아니라, 배가 고프면 고플수록 그러한 음식이 나의 입맛을 돋구지 못해서였습니다. 따라서 내 영혼은 건강을 잃고 궤양에 걸려서[*1] 스스로 그 영혼의 몸을 밖에 내던지고 감각들의 세계에 접촉되기를 열망하기 시작했습니다. 그러나 사랑은 그 감각적 세계의 밖에 있었습니다. 사랑하고 사랑받는 일은 내게 있어서 감미로웠으며, 사랑하는 자의 신체를 향락할 수 있다면 더욱 감미로웠습니다. 그리하여 우정의 샘을 정욕으로 더럽게 하고, 그 빛남을 색욕의 어둠으로 흐리게 하였습니다. 더구나 나는 추악하고 비열하면서도, 또 허영에 차 있으면서도, 우아하고 세련되기를 바라고 있었습니다. 나는 성적 사랑에 곤두박질해서, 그 포로가 되기를 바라고 있었습니다. '자비로운 사랑이신 나의 하느님' 주님께서는 호의로 나를 위해 그 감미로움에 많은 쓸개즙을 부으셨습니다. 나는 고통의 쇠사슬에 묶이게 된 것을 기뻐했으나, 결국에는 질투와 시기, 공포, 분노, 다툼 등의 불타는 쇠채찍에 맞아 쓰러지며 괴로운 포승줄에 묶였습니다.

〈주〉
*1 〈욥기〉 2 : 7 이하.

제2장 연극에 열중하다

(2) 나는 연극적 쇼의 포로가 되어 있었습니다. 그 연극은 나 자신의 비극에 대한 표현들로 가득차서 나의 열정을 활활 태우는 도화선이 되었습니다. 사람이 연극을 통해 슬프고 비극적인 사건들을 보면서 고통을 경험하려고는 하면서, 자기 자신이 직접 그런 상황에 처해지기를 원치 않는 이유는 무엇일까요? 사람들은 자기가 그런 상황에 처해지기를 바라지는 않으면서 연극을 보고 함께 슬퍼하고, 그 슬픔을 사람들은 즐깁니다. 그것은 놀라운 광기(狂氣)가 아니고 무엇이겠습니까? 그러한 광기적 장면들에 감동하면 할수록 그 광경들과 비슷한 정념에 속박되게 됩니다.

사람이 스스로 그런 비극적 상황에 처해질 때 일반적으로 비극적이라고 일컫고, 타인과 더불어 처해질 때는 불쌍하다고 일컫습니다. 하지만 가공의 무대에서 공연되는 상황의 비극성이란 도대체 무엇이겠습니까? 관객은 돕기 위하여 모아진다기보다 오직 슬퍼하는 일을 위하여 초대됩니다. 그리고 관객이 깊이 슬퍼하면 그 모습을 연기한 배우는 더욱더 박수 갈채를 받게 됩니다. 그리고 극중 인물의 재난이 옛날에 있었던 것이든 허구의 것이든, 그 연극을 보고 눈물을 흘리지 않게 된다면 관객은 싫증을 느낀 나머지 불평을 하며 극장에서 나가지만, 눈물을 흘리게 된다면 아주 기뻐하며 계속해서 감상을 하게 마련입니다.

(3) 그러니 눈물과 고통은 사랑의 대상입니다. 정녕 사람은 기뻐하기를 좋아합니다. 사람은 비참해지기를 좋아한다기보다, 자애롭다고 느끼기를 더 좋아하는 게 아닙니까? 그리고 동정은 고통 없이는 이루어질 수 없는 일이

기에, 오직 그 이유만으로 고통은 사랑의 대상인지도 모릅니다. 그리고 이러한 감정은 우정의 샘으로부터도 흐릅니다. 그러나 그 흐름은 어디로 가며, 어디로 흘러가는 것일까요? 어찌하여 우정의 샘은 끓는 역청의 급류에, 캄캄한 욕망의 괴물스런 열기 속에 흘러들어 우정을 변질시키는 걸까요? 자기 자신의 의향에 따라 천상의 맑음에서 뛰쳐나와 뒤틀리고 왜곡된 무엇인가로 변화됩니다. 이것은 은총을 배척해야 한다는 의미일까요? 결코 아닙니다. 그래서 고통도 때로는 마땅히 사랑의 대상이 될 수 있다는 뜻입니다. 그러나 나의 영혼이여, 더러운 것에 주의할지니라. 우리 하느님, 영원히 찬양 받으시고 높임을 받으실 우리 조상 하느님의 보호하심을 입어 더러운 일에 주의할지니라.

나는 지금도 동정심*¹을 지니고 있습니다. 그러나 당시는 극장에서 연인들이 부끄러운 행위 때문에 즐거워할 때 그것이 비록 무대에서 연기되는 가공적인 사건이라 하더라도 연인들과 함께 기뻐하였고, 그들이 연인을 잃게 되었을 때 진심으로 동정하며 슬퍼하였습니다. 나는 기쁘든 슬프든 무조건 즐거웠습니다. 그러나 지금 나의 동정의 대상은, 파멸에 이르는 쾌락을 얻지 못한 사람보다는, 또는 비극적인 행복의 원천을 갖지 못한 채 단지 심한 타격같은 괴로움의 느낌을 지니고 있을 뿐인 자들보다는, 차라리 악한 행동을 즐기는 자들입니다. 그것은 정녕 진실된 동정임에 틀림없는데, 그 까닭은 슬픔에는 기쁨의 요소가 들어 있지 않는 법이어서 동정받기 때문입니다.

사실 가련한 사람을 위하여 슬퍼하는 사람은 사랑의 의무를 다하여 칭찬받게 마련이지만, 진정으로 자비로운 사람은 그것보다는 슬퍼할 일이 없기를 바라기 때문입니다. 만일 모순되게도 진실과 성실을 느끼게 하는 악의에 찬 선이 있다고 한다면, 동정의 대상이 되기 위해 불쌍한 사람들이 존재하기를 바랄 수도 있을 것입니다. 인정받을 수 있는 슬픔도 있겠으나 그것은 결코 사랑할 만한 것은 되지 못합니다. 주 하느님이시여, 그러므로 주님께서는 우리들보다 훨씬 깨끗하고 순수하게 영혼을 사랑하십니다. "누가 이 일을 마땅히 할 수 있겠습니까."*²

(4) 그러나 나는 그때 불쌍하게도 슬퍼하기를 사랑하였고, 내 마음을 슬프게 해주는 것들을 찾아 돌아다녔습니다. 나는 타인의 괴로움을 보고 그 괴로움이 가공적이며 연극에 지나지 않는다는 사실을 알고 있다 하더라도, 그것

을 보고 눈물을 흘리게 되면 더욱더 그 배우의 연기에 매혹되어 강하게 끌렸습니다. 그러니 주님의 보호하심을 귀찮게 생각하는 불행한 양*³이었던 내가, 지저분한 병에 걸린다 하더라도 조금도 이상스러울 게 없습니다. 이리하여 나는 고통을 사랑하게 되었으나, 나 자신이 상처를 입는 일은 없었습니다. 나는 내가 무대에서 본 것과 같은 비극을 겪지 않기를 바랐기 때문입니다. 나는 고통에 대해 꾸며낸 상상적 이야기를 듣고 겉살이 찢기는 듯했는데도, 그런 이야기들을 듣고 원했습니다. 그 고통은 마치 살이 손톱에 긁힌 듯이, 부어 올랐고, 고름이 흘렀으며, 벌겋게 종기가 생겨났습니다. 내 생활은 그러했습니다. 나의 하느님, 이런데도 전혀 진짜 인생이 아닐까요?

〈주〉
＊1 〈다니엘〉 3 : 52, 54~15.
＊2 〈고린도후서〉 2 : 16.
＊3 〈누가복음〉 15 : 4 이하.

제3장 교만함과 난폭한 행위

(5) 더구나 주님의 신실(信實)하신 자비가 내 머리 위 높직한 곳에서 날개 치며 돌고 있었습니다. 한편 나는 큰 불의를 행하고 여위어 있었습니다. 그리고 신성모독의 호기심에 이끌려 주님을 버리고 깊은 불신의 밑바닥에까지 잠겨 버렸습니다. 악령을 섬기는 데까지 전락하여 내 천한 행동을 제물로 바쳤습니다.*¹ 그때마다 나는 주님에게 채찍질을 당하였습니다. 나는 주님의 교회 내부에서 엄숙한 의식이 행해지고 있는 동안에도, 감히 한 소녀한테 정욕이 발동하여 죽음의 열매를 맺을 인생 사건을 벌이기 시작했습니다. *² 따라서 주님은 무거운 벌로 나를 치셨으나, 내 허물을 생각한다면 그 징계는 아무것도 아니었습니다. 오오 나의 하느님, 주님은 멸망의 죄악을 피할 수 있는 나의 피난처이시었으나, 나는 주님께로 피하지 않고 죄악 속을 버젓이 헤매고 있었습니다. 주님의 길이 아니라 나의 길을 사랑하였고, 도망자의 자유를 사랑하면서 더욱더 주님에게서 멀어졌습니다.

(6) 내가 명예로운 학문이라고 일컬어지는 법학을 공부한 것도 법정 투쟁에서 두각을 드러낼 목적에서였습니다. 나는 그 방면에 뛰어난 자가 되려고 했습니다. 거기에서는 기막히게 사람을 속일수록 더욱 칭찬을 받았습니다.

인간의 맹목(盲目)은 이와 같이 심하였습니다. 인간은 스스로 이 맹점을 자랑으로 여기게 마련입니다. 나는 이미 수사학(修辭學) 학교에서 수석을 차지하였습니다. 그래서 기쁨으로 우쭐하여 허영심으로 들떠 있었습니다. 그러나 주여, 주님께서 아시는 바와 같이 동료들보다는 무척 온순했고, 난폭자들이 행하는 난폭함에서는 완전히 떠나 있었습니다. 실제로 나는 바람둥이의 상징이기도 한 그들처럼 되지는 못했기 때문에, 그들과 함께 지내면서 그들처럼 파렴치하게 되지 못하는 나 자신을 탓하면서 부끄러워했습니다. 나는 그들과 어울려 때로는 우정을 즐기는 때도 있었으나, 그들은 수줍어하는 신입생을 용서 없이 공격하고, 아무 이유도 없이 조롱하며, 악취미적인 쾌락을 맛보며 난폭하게 굴었습니다. 이는 악마의 행위라고 해야 할 것입니다. 그러니 그들을 '난폭자'라고 불러야 가장 어울릴 것입니다. 분명히 그들은 악령으로 인해 조난을 당하고 빗나가 있었습니다. 그 악령은 그들을 조롱하고 유혹했습니다. 그 조롱과 유혹 행위는, 그들이 타인을 조롱하고 속이기를 즐겼던 바로 그 행동들이었습니다.

〈주〉
＊1 〈신명기〉 32 : 17, 〈고린도전서〉 10 : 20.
＊2 〈로마서〉 7 : 5.

제4장 키케로의 《호르텐시우스》를 읽다

(7) 나는 철부지였을 때부터 이런 무리들과 사귀면서 웅변술 교과서를 배웠고, 웅변으로 사람들을 제압할 수 있기를 열망했습니다. 그러나 그것은 인간의 허영심을 채우기 위한 헛된 목적에서였습니다. 또 일반 교과서를 배우면서 나는 키케로＊1라는 사람의 글을 읽게 되었습니다. 그 사람의 마음은 별로 뛰어나 보이지 않았으나, 그 사람의 언어는 거의 모든 사람을 감탄하게 했습니다. 키케로의 저서는 철학에 대한 권고였으며, 책의 제목은 《호르텐시우스》＊2였습니다. 그 저서는 실제로 내 생각을 일변시켰고, 내 기도를 주님에게 향하게 하였으며, 나의 이상과 희망을 완전히 새롭게 하였습니다. 모든 헛된 희망은 내게 있어 갑자기 하찮게 되었습니다.

나는 믿기 어려울 만큼 크나큰 정열로 불멸의 지혜를 사모하게 되었고, 주님의 품으로 돌아가려고 일어서기 시작하였습니다.*³ 이때 나는 그 책을 나의 스타일 다듬기를 위해 읽지는 않았습니다. 그때는 내가 열아홉 살이었고, 이미 2년 전에 아버지가 작고하신 탓에,*⁴ 어머니가 보내 주는 돈으로 책을 사는 형편이었기 때문입니다. 그러나 내가 그 저서에 좋은 인상을 가진 까닭은, 나의 스타일에 영향을 주는 그 책의 세련된 효과와 문학적 표현 때문이 아니라, 그 내용 때문이었습니다.

(8) 나의 하느님, 저는 얼마나 열망했었는지 모릅니다. 이 지상에서 주님의 품으로 돌아가기 위해 얼마나 열망했었던지요. 그러나 저는 하느님께서 나를 어디에 쓰시려 하는지 전혀 알지 못하였습니다. '지혜는 주님에게 있기'*⁵ 때문입니다. '지혜에 대한 사랑'을 가리켜 그리스 어로 '필로소피아'(철학)라고 합니다. 그리고 키케로의 저서는 이 지혜의 사랑으로 내 마음을 불타게 하였습니다. 어떤 사람들은 철학이라는 이 멋지고 훌륭하며 매혹적인 이름으로 자기들의 오류에 색칠을 하여, 사람으로 하여금 길을 잃고 미혹하게 합니다. 저자인 키케로와 같은 시대의 사람도, 그 이전의 사람도 거의 모두 이런 식으로 행했으며, 거의 모두가 그 책 속에 기록됨으로써 그 정체가 폭로되어 있습니다. 또한 그 책에서는 주님의 성령이 주님의 선량하고 경건한 종(바울)을 통해 전해주신 유익한 충고도 분명히 제시되어 있습니다.

"누가 철학과 헛된 속임수로 너희를 사로잡을까 주의하라. 이것은 사람의 유전과 세상의 초등 학문을 좇음이요, 그리스도를 좇음이 아니니라."*⁶ 나는 그 무렵 주님께서 아시는 바와 같이 아직 이 전도자의 말씀을 알지 못했습니다. 그럼에도 키케로의 그 권고를 읽고 기뻐하였습니다. 그의 권고는, 특별한 하나의 학파에 구애되지 말고, 무엇을 발견하든 지혜 그 자체를 사랑하고 구하고 입수하고, 또 보존하여 강하게 지니고 있어야 한다는 것이었으며, 이에 대한 사랑이 불붙어 타오르게 되었습니다.

단 한 가지, 그와 같이 불타오르면서도 아쉽게 생각한 것은 그리스도의 이름을 찾아볼 수 없다는 사실이었습니다. 그 이름, 하느님의 성자, 나의 구주의 이름은, 주여, 주님의 자비로써 내 어린 마음이 어머니의 젖과 더불어 공손히 마시면서 마음 속 깊이 간직한 이름입니다. 그 이름을 지니지 않은 것은 그 무엇이라 하더라도, 아무리 잘 쓰여지고 다듬어지고 진실을 말하고 있다 하더라도 나를 완전히 사로잡을 수는 없었습니다.

〈주〉

＊1 키케로(전106~43)는 로마 최대의 웅변가, 그의 문장은 라틴 어 교본으로 널리 읽혔다.

＊2 《호르텐시우스》는 지금은 전하지 않는 키케로의 저작.

＊3 〈누가복음〉 15 : 18 이하.

＊4 아우구스티누스 부친의 사망은 370~371년경으로 추정됨.

＊5 〈욥기〉 12 : 13, 16.

＊6 〈골로새서〉 2 : 8 이하.

제5장 성서를 읽고서 그 문제가 단순한 데 실망함

(9) 그리하여 나는 성서에 마음을 기울이고, 성서가 어떠한 것인가를 알아보려고 결심하였습니다. 그랬더니 내가 맞부딪친 사실은 이러했습니다. 그것은 교만한 자들에게는 알려지지 않은 사실이었고,＊1 어린아이에게는 환히 드러나지 않는 사실이었습니다. 입구는 초보자가 보기에 낮지만 그 속은 높아서 더 깊이 탐구하는 자에게는 산과 같은 어려움으로 신비에 싸여 있는 그런 사실들이었습니다.

그러나 그때 나는 그 속에 들어가서는 안 되는 줄로 알았습니다. 머리를 굽히고 겸손하게 그 뒤를 따르려 하지 않았습니다. 지금 하는 나의 이 말들이 그때 성서를 읽었을 때는 내 마음에 들어오지 않았습니다. 성서는 마르쿠스, 트리우스, 키케로의 장중함과는 비교도 안 된다고 생각하였습니다. 나의 오만함은 성서의 겸손을 받아들이지 않았고, 나의 예민함도 그 안쪽 깊은 속을 모두 볼 수는 없었습니다. 성서야말로 어린아이의 성장 과정처럼 구성되어, 그 의미는 어린이와 함께 성장합니다. 그러나, 나는 어린 초심자가 되기를 멸시하였고, 교만으로 가득 차서 나 자신을 성숙한 어른이라고 생각했습니다.

〈주〉

＊1 〈야고보서〉 4 : 6, 〈베드로전서〉 5 : 5.

제6장 마니교의 헛됨에 사로잡히다

(10) 이리하여 나는 우쭐한 마음에서, 매우 세속적이고 수다스럽고 교만한

이야기꾼들과 사귀었습니다. 그들의 재잘거리는 입 속에는 '악마의 덫'*¹이 있었습니다. 주님의 이름과 주 예수 그리스도의 이름, 또 우리의 변호자요 위안자이신 성령*²의 이름을 나타내는 글자를 섞어서 인용해 놓은 유혹의 끈끈이가 들어 있었습니다. 그들은 끊임없이 그 거룩하신 이름들을 말하고 있었으나, 그것은 단지 입에 발린 말과 소리일 뿐 그들의 마음에는 성실함이 완전히 결여되어 있었습니다. 그들은 "진리, 진리" 하고 떠들며 진리에 대해 많은 것을 말했지만, 진리는 그 말 속 어디에도 없었습니다. 그들은 참된 진리가 되시는 주님에 대하여 거짓을 말했을 뿐 아니라, 주님 세계의 원소들에 관해서도 거짓을 말했습니다.

최고이며 최선이신 아버지여, 모든 아름다운 것의 미이시여. 나는 그러한 것들에 대하여 비록 진실을 말한 철학자들의 말이라 하더라도 주님을 향한 사랑으로 인해 마음에 두지 말았어야 했습니다. 진리여, 진리여. 내 존재의 깊이에서 바로 내 마음의 골수가 얼마나 당신을 통찰했는지 모릅니다! 그들(맑뉝)이 내게 자주 반복적으로 당신의 이름을 들려 주었을 때, 그들은 단순히 확신하기도 하고, 많은 무덤들을 증거로 들기도 했습니다. 굶주려 있던 나의 식탁에 그들이 가져다 준 것은 주님 대신 해와 달이었습니다. 해와 달은 주님의 아름다운 작품이기는 하지만, 주님 자신은 아니며 주님의 작품 가운데 최초의 작품도 아닙니다. 이런 물질적인 작품은 천상에서 빛나기는 하지만, 주님의 영적인 작품이 그보다 앞섭니다.

내가 굶주려 갈구한 것은 주님의 영적인 작품이 아니라 주님 자신이었습니다. 진리여, 그것은 '변화도 회전의 그림자도 없는'*³ 주님 자체에 대해서였습니다. 또한 식탁에는 눈부신 환상이 차려져 있었으나, 그보다는 태양을 사랑하는 편이 내게는 훨씬 나았습니다. 마음을 속이는 시각을 사용하는 거짓 신화들에 비하면, 태양은 적어도 우리 눈에는 진실이었습니다. 나는 그러한 환상을 주님이라고 생각했기 때문에 그것을 섭취하기는 하였습니다. 나의 입맛이 주님과는 달라서 별로 식욕이 많이 생기지는 않았지만 그래도 섭취했습니다. 주님은 그런 공허한 현상이 아니었기에, 나는 공허한 현상들로부터는 아무 영향도 취하지 않았으나 이전보다 훨씬 지친 채로 있었습니다.

꿈에 먹은 음식이 깨어 있을 때의 음식과 아무리 비슷하다 하더라도, 잠자고 있는 사람들은 그 꿈속의 음식물로 양육되지는 않고, 단지 잠자고 있을 뿐입니다. 더구나 그러한 환상들은 지금 주께서 내게 말씀하신 바와 같이 조금도 주님을 닮지 않았습니다. 그것은 물체적인 환상이고 거짓 환상이었기 때문입니다. 그에 비한다면 환상의 사물이거나 지상의 사물이거나, 우리가 육안으로 보는 이 세상의 참된 물체가 훨씬 확실한 지적 대상이게 마련입니다. 새나 짐승들도 우리와 마찬가지로 이 모든 표상들을 보며, 따라서 단순한 우리의 상상보다는 확실합니다. 그러나 더욱이 우리의 상상력이 지어내는 이러한 현실의 표상들은 존재하지 않는 무한히 큰 존재를, 현실적 대상의 이미지 메이크를 확장함으로써 현실에 존재한다고 가정하는 그러한 (서구적) 신화적 존재보다도 더 신뢰가 갑니다. 당시 나는 이런 헛된 유령들에 의해 양육되었으나, 실제로는 성장하지 못하였습니다.

그러나 내가 강해지려고 생각하며 동경하던 내 사랑이여. 주님은 하늘에서 볼 수 있는 육체적 존재도 아니요, 땅에서 볼 수 있는 물체도 아닙니다. 주님은 그 육체적 존재와 물체들을 창조하신 분이시되, 주님이 창조하신 최고 작품 속에 포함되는 분은 아니시기 때문입니다. 그래서 나의 그 환상, 바로 전혀 존재하지 않는 물체의 환상에서 얼마나 멀리 떨어져 존재하는 분인지요. 이러한 환상보다도 실제 존재하는 물체의 표상 편이 확실하며, 이들 표상보다도 물체 자체 편이 확실합니다. 그러나 주님은 물체가 아니며, 또한 영혼도 아니시며, 주님은 육체적 존재들의 생명이십니다. 이 육체적 존재의 생명은 육체적 존재 그 자체보다도 뛰어나서 한층 확실한 지적 대상입니다. 주님은 육체적 존재의 생명이시요 살아 있는 존재들의 생명이시오니, 내 영혼의 생명이시여.*4 주님은 당신 자신으로서 살아 계신 독립체이시며 결코 변하지 않는 영혼의 생명이십니다.

(11) 그때 주님은 나를 보시며 어디 계셨나요? 아주 멀리에 계셨습니다. 나는 당신에게서 떨어져 아주 멀리서, 쥐엄나무 열매로 돼지를 먹이고 있었으나 그 돼지가 먹다 남긴 찌꺼기를 얻어 먹을 기회조차 주어지지 않았습니다.*5 문법가나 시인이 말하는 우화가 그러한 현혹적인 동물의 소모품에 비한다면 한 조각이라도 얼마나 뛰어난 소유물이 되는지 모르겠습니다. 시나 노래나 '하늘을 날아가는 메디아'*6의 이야기가, '어두운 다섯 개의 동굴'에 따라 여러 모양으로 모습을 바꾸는 다섯 가지 원소보다도 훨씬 유익했기 때문입니다. 이 원소들은 현실에 전혀 존재하지 않으며 그것을 믿는 자는 죽게

됩니다. 이러한 이야기들은 영양이 되지 않지만 나는 시와 노래를 참다운 영양으로 바꿀 수 있기 때문에 뛰어납니다. 또한 '하늘을 날아가는 메디아'는 내가 언제나 노래하기는 했었지만 그것을 사실이라고 주장하지는 않았고, 다른 사람이 하는 노래를 듣고서도 나는 그것을 사실이라고 믿지 않았습니다. 그러나 나는 그 다섯 가지 원소는 믿었습니다. 어리석었던 나는, 나의 하느님, 주님을 찾아 헤맬 때 진리를 얻기 위해 고민하면서, 오히려 한 계단씩 '지옥의 밑바닥'에 끌려들어갔습니다. 나는 이 사실을 고백합니다. 내가 아직 고백하지 않을 때도 내게 자비를 베푸시는 주님께 고백합니다. 나는 짐승들보다 위에 인간이 설 수 있도록 주께서 우리에게 주신 정신의 능력이 아니라, 육체의 감각으로 주님을 찾아 헤매고 있었습니다. 그러나 주님은 내 가장 깊은 곳보다 더 깊은 곳에 계셨고, 내 가장 높은 곳보다 더 높은 곳에 계셨습니다.

나는 솔로몬의 우화에 나오는 '뻔뻔스러운 여인'과 마찬가지였습니다. 그 여인은 자신의 문 밖에 앉아서, "도둑질한 물이 달고 몰래 먹는 떡이 맛있으니 즐기라"고 말했습니다. 이 여인은 나를 유혹했습니다. 그녀는 오직 육체의 눈으로만 나를 보고서, 내가 나 자신의 밖에 살고 있다고 생각했고, 또한 그녀는 내가 그러한 육체적 시각으로 게걸스럽게 삼킨 음식을 내 안에서 되새김질하며 나를 유혹했습니다.

〈주〉
＊1〈디모데전서〉3∶7, 6∶9.
＊2〈요한복음〉14∶16, 26.
＊3〈야고보서〉1∶17.
＊4〈잠언〉3∶22.
＊5〈누가복음〉15∶11 이하.
＊6 메디아는 코르키스 왕 아이에테스의 딸로 마술을 잘 했다.

제7장 마니 교도가 가르친 여러 가지 불합리에 대하여

(12) 나는 또다른 현실이 존재한다는 사실을 알지 못했고, 또 어느 쪽이 진실인지도 몰랐습니다. 그래서 어리석은 사기꾼들이 내게 의문을 던지며 자기들에게 동의하라고 설득했을 때, 몇 가지의 예리한 지성이 그들에게 동

의하도록 나를 설득하는 듯했습니다. 그들의 질의는 이러했습니다.

"악은 어디에서 생기는가? 그리고 하느님은 신체의 형상을 하고 머리털과 손톱을 가지고 계신가? 한꺼번에 많은 아내를 거느리고 사람들을 죽였으며 짐승을 희생시킨 자를 의인으로 보아야 하는가?"

나는 이러한 일들에 대해서는 거의 아는 것이 없었기 때문에 당황했고, 진리로부터 멀리 가고 있으면서도 스스로는 진리에 접근하고 있다고 생각했습니다. 나는 악이란 선의 결핍이라는 사실과, 모두가 함께 있어도 무존재와 같은 저급의 상태임을 몰랐습니다. 나로서는 '보는 행위'가 곧 눈으로 보는 물리적 행위였고, 또한 마음 속에 영상을 형성하는 물리적 행위였던 그때에 내가 어떻게 그 사실을 눈치챘었겠습니까? 나의 하느님은 영이시고[*1] 하느님은 길이나 너비가 있는 지체를 가지지 않으셨으며, 하느님의 그 존재는 용적을 가지는 분이 아니라는 사실을 알지 못했습니다. 사실 용적이란 그 부분이 전체보다 작고, 비록 무한이라 하더라도 일정한 공간에 한정된 어느 부분은 무한한 전체보다 작게 마련입니다. 따라서 영과 같이 또는 하느님과 같이 가는 곳마다 전체적으로 있는 존재는 아닙니다. 나는 우리를 존재하게 하는 우리의 내적 존재가 무엇인지, 그리고 우리가 "하느님의 형상 안에"[*2] 있다는 성서의 말씀이 왜 옳은지 전혀 알지 못했습니다.

(13) 나는 아직 관습에 의한 것이 아닌, 전능하신 하느님의 정의로운 법에 따라 판단하는 마음의 참된 정의를 몰랐습니다. 이 법에 따라 각 지방과 각 시대의 풍습이 각각 그 지방과 그 시대에 만들어진 한편, 그 법 자체는 항상 어디서나 동일하며 때와 장소에 따라 달라지지 않습니다. 아브라함, 이삭, 야곱, 모세, 다윗 등 하느님의 입으로 칭찬을 받은 사람들은 모두 이 법에 근거하는 올바른 사람들이었습니다. 그런데 '인간의 시대'를 기준으로 하고[*3] 자기들의 도덕 규약 기준으로 인류의 온갖 습속을 평가하는 천박한 사람들은, 저 인물들을 불의한 사람이라 단정했습니다. 이런 사람은 마치 무장하려는 사람이 어디에 무엇을 입고 장비를 갖추어야 할지 몰라서, 장화를 머리에 쓰고 철모를 발에 묶어 놓고 아무것도 몸에 맞지 않는다고 불평을 하는 경우와 마찬가지입니다.

또한 오후가 휴무로 정해져 있는 날에, 오전에는 허용되었는데 오후에는 왜 장사를 할 수 없느냐고 따지는 경우와 마찬가지입니다. 또는 한 가정에서 포도주 잔을 다루는 어떤 특정 하인이 만져서는 안 될 잔을 손으로 만지는 것을 보거나, 식탁 앞에서 금지된 일이 마구간 뒤에서 행해지는 것을 보고서 그런 일이 왜 같은 집, 같은 가족인데도 모든 가족에게 허용되지 않느냐고, 즉 그들이 좋아하는 대로 장소를 택하도록 허용되지 않느냐고 화를 내는 경우와 마찬가지입니다.

현대의 의인들에게 허용되어 있지 않은 일이 당시 시대의 의인에게는 허용되었다는 말을 듣고 노여워하거나, 또는 하느님이 시대의 정세에 따라서 어느 사람에게는 이 일을 명하고 다른 사람에게는 다른 일을 명하면서, 두 사람에게 모두 동일한 의를 섬기게 한다는 말을 듣고 노여워하는 사람들도 이와 마찬가지입니다. 그들은 같은 인간이요, 같은 날이요, 같은 집이라 하더라도 각각의 지체에 따라 각각 다른 일이 적합하고, 이미 오랫동안 허용되어 있던 일도 시간이 지나면 금지됩니다. 저쪽 구석에서 허용되거나 명해진 일이 그와 비슷한 이쪽 구석에서는 금지되고 처벌되는 광경을 보게 됩니다. 그렇다면 의(義)란 동일한 것이 아니요, 여러 모양으로 변하는 것입니까? 결코 그렇지 않습니다. 다만 정의로 지배되는 여러 시간이 한결같이 흐르지 않기 때문입니다. 시간은 항상 머물러 있지 않고 변화하기 때문입니다. 그러나 이 지상에서의 인간의 삶은 짧기 때문에, 스스로 경험하지 못한 옛 시대나 여러 민족들의 사정을 자기가 경험한 모든 민족의 사정과 관련시켜 판단하지를 못합니다. 그러나 그들은 같은 신체나 같은 시간, 또는 같은 집에서 무엇이 어느 지체, 또 어느 시기, 그리고 어느 대목 또는 인물들에 적합한지를 쉽게 알 수 있습니다. 그래서 하나의 변화에 대해 그들은 화를 내면서도, 다른 변화에 대해서는 어려움을 느끼지 못합니다.

(14) 나는 그 당시에는 이러한 사실을 알지 못하였고, 또한 신경도 쓰지 않았습니다. 도처에서 그러한 점들이 내 눈에 띄었으나 나는 그것에 주의하지 않았습니다. 그런 상황에서 나는 시를 지었습니다. 시를 지을 때 내가 좋아하는 부분에 좋아하는 운율을 마음대로 놓을 수는 없었습니다. 그 운율에 따라서 각각 다른 방법으로 운율을 맞추어야 했습니다. 또한 같은 시구라도 각 시구의 위치에 똑같은 각운(脚韻)을 두어서는 안 되었습니다. 그러나 작시법은 각 위치에 따라 다른 규칙을 두지 않고, 언제나 동일한 규칙을 지니고 있었습니다. 그런데도 나는 선량하고 경건한 사람들이 복종한 정의(正

義)가, 작시법보다 훨씬 뛰어난 방법으로 자신이 항시 명하는 원칙 안에 어떻게 포용되는지는 통찰하지 못하고 있었습니다. 그리고 정의는 어떠한 점에서도 변하지 않지만, 그리고 한꺼번에 변하지 않지만, 그 시대의 상황에 맞게, 변화하는 정황이 명하는 대로 여러 시기에 걸쳐 변하기도 한다는 사실을 깨닫지 못했습니다. 이와 같이 장님이었던 나는, 경건한 조상들이 왜 하느님이 명령하시고 영감을 주셨던 시기에 따랐느냐고 비난했을 뿐만 아니라, 왜 하느님이 알려 주신 대로 미래를 예언했느냐고 비난하였습니다.

〈주〉

＊1 〈요한복음〉 4 : 24.
＊2 〈창세기〉 1 : 27.
＊3 〈고린도전서〉 4 : 3.

제8장 죄에 대한 마니 교도의 과오를 지적하다

(15) "언제 어디서나 너의 마음을 다하고 목숨을 다하고 뜻을 다하여 주 너희 하느님을 사랑하고, 또한 네 이웃을 네 몸과 같이 사랑하는 일이 잘못일 수 있겠느냐?"＊1라는 계명이 있듯이, 본성에 어긋나는 더럽혀진 행위는 어디서나, 또 어느 때나 혐오되고 처벌되어야 합니다. 소돔＊2 사람들의 행위가 실로 그러했습니다. 그러한 더럽혀진 행위는 설령 모든 민족이 행한다고 하더라도 하느님의 계율에 따라 동일한 죄의 형벌을 받아야만 합니다. 인간은 그러한 방법으로 관계를 맺도록 하느님의 법으로 창조되지는 않았습니다. 실제로 하느님에 의해 창조된 본성이 뒤집힌 정욕으로 더럽혀졌을 때에는, 하느님과 우리 사이에 있게 마련인 사회적 결합 관계가 상처받게 됩니다.

인간의 풍습에 어긋나는 악행은 피해야만 한다는 점에서 관습의 변화에 신경을 씁니다. 어느 국가나 민족의 관습 또는 율법에 따라 굳게 맺어진 협정이 그 국민이든 외국인이든 그들의 탐욕으로 인해 멋대로 파기되는 일이 없도록 하기 위해서입니다. 전체에 적합하지 않은 부분이 있다면 그것은 사회에도 적합하지 않습니다.

그러나 하느님이, 어느 국가 또는 민족의 풍습, 습관에 어긋나는 일을 명하실 때는 어떻게 할까요. 비록 그러한 일이 행해진 전례가 없다 하더라도 그 일을 행하지 않으면 안 됩니다. 만일 중지된 일이라 하더라도 부흥시키지 않으면 안 됩니다. 아직 수립되어 있지 않다면 지금 수립하지 않으면 안 됩니다. 이제까지 명해진 일이 없고 왕 자신도 명한 일이 없는 명령을 자신의 왕국 안에 있는 도시에 명하여 법으로 한다면, 그리고 그 명령에 복종하는 일이 사회 계약에 위반되지 않는다면, 또 진정 복종하지 않는 행위가 사회 계약 위반이라면(왜냐하면 왕의 복종에 따라야 한다는 의무가 인간사회의 일반적 묵약이므로), 그렇다면 자신의 모든 창조물의 지배자이신 하느님이 내리는 모든 명령을 얼마만큼이나 더 따라야 합니까? 인간 사회의 여러 권력의 경우에도 강한 권력이 작은 권력에 앞서 복종하도록 하고 있듯이, 하느님 앞에서는 무엇보다 먼저 복종하지 않으면 안 됩니다.

(16) 다음으로 모욕이나 폭행이나 타인에게 해를 끼치려 하는 사악한 행위에 대해서도 생각합니다. 이런 행위들은 모욕에 의한 행위이거나 상해에 의한 행위이거나, 원수 사이처럼 복수심이 원인이 되어 생겨나는 경우도 있습니다. 도둑이 나그네에 대해서 그러듯이, 타인의 재물을 빼앗으려는 마음 때문에 생겨나는 경우도 있으며, 두려워하는 상대에 대한 경우와 같이 악을 피하려 하는 마음이 원인이 되어 생겨나는 경우도 있습니다. 또한 불행한 자가 행복한 자에 대해서 하는 질투, 또는 어느 분야에서 번영하고 있는 자가 자기와 동등한 위치가 되지 않을까 두려워 그 번영 일로의 자에 대해 하는 질투, 아니면 이미 동등한 위치가 된 것을 탄식하는 질투가 원인이 되어 일어나는 경우도 있습니다. 검투 경기 구경꾼들이 검투사의 고통을 즐기거나, 다른 누구이든 타인을 비웃고 우롱함으로써 기쁨을 느끼기 위한 경우도 있습니다.

이런 행위들은 지배의 욕망과, 시각적 욕망과, 관능의 욕망에서 생겨나며,*3 어떤 때는 그 중의 하나에서, 또 어떤 때는 둘에서, 그리고 어떤 때는 그 모두에서 생기는 불의입니다. 가장 숭고하시고 가장 감미로우신 분이시여, 그 사악한 행위들은 세 개의 줄과 일곱 개의 줄로 된 '열 줄 거문고'*4를 거스르는 일, 곧 주님의 십계명을 어기는 사악한 생활입니다. 그러나 어떤 더럽혀진 행위가 주님을 해할 수 있겠습니까? 주님은 결코 손상될 수 없습니다. 결코 해를 받으심이 없는 주님에게 어떤 가해가 있을 수 있겠습니까? 그러나 주님은 인간이 스스로에게 범한 일도 벌하십니다. 왜냐하면 인간이 주님께 대하여 죄를 범할 때, 그들은 동시에 또한 자기 영혼에도 불경스러움을 행하는 셈이기 때문입니다. 곧 주께서 만드시고 정비하신 본성을 인간이 악용하여 타락하게 했을 때, 또는 허용된 것을 남용하거나 허용되지 않은 것을 동경하여 자연에 어긋나는 관계를 맺었을 때, "악행은 악행 자체에 있느니라.*⁵ 그 불경한 행위를 하는 자들은 마음과 언어로 주님에 대한 쓰디쓴 적대의 죄책감에 사로잡혔고, '가시 있는 채찍을 만들어'*⁶ 죄책감에 사로잡혔습니다. 또한 인간 사회의 울타리를 파괴하는데 기쁨을 느끼고 뻔뻔스럽게도 자기가 좋아하거나 싫어하는 기호에 따라, 은밀히 결합하기도 하고 분리하기도 하였습니다. 이러한 일이 행해질 때 '생명의 샘이며' 만물의 유일한 참 창조주이신 주께서 버림을 당하시며,*⁷ 개인의 교만함 때문에 만물 중에서 하나의 거짓된 것이 선택되어 사랑을 받게 됩니다. 주님에게 돌아가려면 경건하고 겸허한 길을 따라가야 합니다. 그때 주께서는 우리를 나쁜 습관에서 깨끗하게 하시고, 고백하는 자의 죄에 대해 자비로우시며, 쇠사슬에 묶인 자의 탄식에 귀를 기울이십니다. 우리가 더 이상 거짓된 자유로운 뿔을 주님을 향해 쳐들지 않으면, 주님께서는 우리가 스스로 옭아맨 속박에서 우리를 놓아 주십니다. 우리는 만물의 선이신 주님보다도 우리 자신의 것을 사랑하여 좀더 많은 것을 얻으려고 바라면서도, 도리어 모든 것을 잃었습니다.

〈주〉

*1 〈마태복음〉 22 : 37~39, 〈마가복음〉 12 : 30.

*2 소돔은 사해 근방에 있던 옛 도시임. 그곳 주민은 남색(男色)을 즐겨, 분노한 하늘이 내린 불로 멸망했다.

*3 〈요한일서〉 2 : 16.

*4 모세의 십계명 중 세 개, 일곱 개란 앞의 세 가지 계명이 하느님에 관한 것, 뒤의 일곱이 사람에 관한 것이기 때문이다.

*5 〈로마서〉 1 : 26.

*6 〈사도행전〉 9 : 5, 26 : 14.

*7 〈예레미야〉 2 : 13.

제9장 죄와 그 심판은 하느님에 의해 정해진다

(17) 그러나 이러한 추행과 악행과 다른 수많은 불의 외에도, 구원을 향해 나아가는 사람들이 범하는 죄도 있습니다. 이러한 죄들은 올바르게 심판하는 사람들로부터 완전성의 규칙에 비추어 비난받게 마련이지만, 마치 곡식의 수확을 알리는 잎사귀처럼, 열매를 맺을 수 있다는 기대로 칭찬받는 일도

있습니다. 또한 추행과 악행을 닮기는 했으나, 우리의 구주이시며 하느님이신 주님을 욕되게 하거나 사회의 질서를 손상시키거나 하지는 않기 때문에 죄가 아닌 죄도 있습니다. 사람들이 어려운 때를 대비하여 필요한 것들을 모아놓는 경우에는, 그것이 소유욕에서 비롯되었는지 어떤지 확실하지 않습니다. 또는 악한 일을 저지르는 자를 교정하기 위해 정해진 직권에 따라 처벌하는 일도, 그것이 단순히 사람들에게 해를 가하려는 욕구에서 비롯되었는지 어떤지 확실하지 않습니다.

그래서 인간의 눈에는 인정될 수 없는 행위로 보이지만 주님의 증언에 따라 옳다고 인정되는 행위가 많이 있습니다. 또한 많은 행위가 인간에게 칭찬을 받지만, 주님에게는 비난을 받습니다. 행위의 겉모습과 행위자의 내심, 그때의 숨겨진 사정은 때로 서로 다르기 때문입니다. 그러나 주께서 갑자기 어떤 관습적인 기대에서 벗어난 일을 명하실 때라면, 비록 한때 주께서 이 일을 금하셨더라도, 또 주님께서 명령하신 이유가 잠시 분명치 않다 하더라도, 그리고 그 일이 사회의 어떤 사람들의 약속에서 어긋난다 하더라도 그 명에 순종하지 않을 수 없습니다. 주님께 봉사하는 인간 사회만이 올바른 사회이기 때문입니다. 그러나 주께서 도덕적 교훈의 근원임을 알고 있는 사람은 행복합니다. 주께 복종하는 사람들이 보여주는 행동들은 모두가 현재에도 필요한 행동이든가, 또는 미래의 일을 예언합니다.

제10장 마니 교도가 주장한 땅의 열매

(18) 나는 이러한 사실을 알지 못했기 때문에 주의 거룩한 종과 예언자들을 비웃었나이다. 그들을 비웃었을 때, 결국 나는 주님을 비웃는 짓을 한 것이옵니다. 나도 모르는 사이에 속아서 불합리하고 사소한 일들을 믿게 되곤 했습니다. 무화과 열매를 딸 때 그 어머니 나무가 울부짖으며 젖과 같은 눈물을 흘린다고 하는 말을 그대로 믿게 되었사옵니다. 그러나 만일 마니교의 성도가 이 무화과 열매를 자기 죄가 아니라 타인의 죄 때문에 따 먹었다면, 그 무화과 열매는 위장에서 잘 소화되어, 그 성도가 기도를 드리며 한숨이라도 쉬게 될 때 입에서 천사들을, 아니 하느님의 부분들을 토해 낸다는 것이었습니다. 또 최고의 진실된 선인 이 주님의 부분들이, 선택받은 이 성도의 치아와 위장에 의해서 해방되지 못했다면 이 열매 속에 아직도 갇혀 있으리

라는 것이었습니다. 나는 가련하게도 이러한 일들뿐 아니라, 인간보다도 땅의 열매를 위해야 한다고 믿었사옵니다. 열매는 사람이 먹기 위해 있는 것인데도 사람보다 더 불쌍히 여겨야 한다고 믿고 있었사옵니다. 실제로, 마니교도가 아닌 한, 누구인가가 굶주려서 먹을 것을 구할 때 그에게 한 입이라도 먹을 것을 준다면, 그것은 사형에 처해야 하는 죄라고 생각하였습니다.

제11장 아들의 타락과 어머니의 눈물어린 기도

(19) 그러나 '주님은 높은 곳에서 손을 뻗으시어' 이 캄캄한 어둠에서 '내 영혼을 끌어내' 주셨사옵니다. 그때 주님의 충실한 하인이었던 어머니는 나를 위하여 우셨나이다. 세상의 어머니들이 사랑하는 자식의 죽음 앞에서 우는 것보다 더 심하게 주님을 향해 울었사옵니다. 어머니는 주님에게서 받은 '신앙과 영적 통찰력'*¹을 통해 나를 붙잡고 있는 죽음을 간파했고, 주님, 당신께서는 어머니의 탄식에 귀를 기울이셨사옵니다. 주님은 그 여인에게 귀를 기울이시어, 그 여인의 눈물이 흘러 눈 아래 대지를 적셨을 때 그 눈물을 경멸하지 않으셨사옵니다. 주님은 어머니의 기도에 귀를 기울이셨습니다. 실제로 주께서 그 여인에게 꿈을 주어 위로하시며, 어머니로 하여금 나와 함께 살고 집 안에서 같이 식사하도록 고무했습니다. 그때까지 어머니는 내가 저지르는 신성모독의 실수를 보게 될까 봐 싫어하여, 이미 그것을 허락지 않았던 일이 있습니다. 실은 어머니가 어느 나무 자막대기 위에 서 있을 때, 한 훌륭한 젊은이가 찾아와서 슬픔의 눈물로 젖고 '슬픔으로 부서져' 있는 어머니를 향해 웃음짓는 꿈을 꾸었습니다. 그는 어머니에게 왜 의기소침해서 매일 눈물로 지내느냐고 물었고, 그 물음은 꿈속의 환영이 흔히 그렇듯이 그 답을 듣기 위해서가 아니요, 실은 교훈을 주기 위해서였습니다. 그리고 내 어머니가 아들의 타락을 탄식하고 있다고 대답했을 때, 그 젊은이는 안심하라고 어머니에게 말하고, 어머니가 계신 곳에 어머니의 아들도 있지 않느냐고 위로 하였습니다. 그래서 어머니가 정신을 차려 보니, 내가 같은 자막대기 위에서 어머니 곁에 서 있었습니다. 전능하신 주여, "주께서 어머니의 간구에 귀를 기울이고 계시지 않았다면", 어찌 이런 일이 일어날 수 있겠나이까. 주께서는 한 사람을 지키듯이 모든 사람을 지키시고, 개인을 지키듯이 만인을 지키시나이다.

(20) 그뿐 아니라 다음과 같은 일도 일어났사옵니다. 어머니가 그 꿈 이야기를 내게 하실 때 나는 그 말씀에 트집을 잡아, 어머니도 나와 마찬가지로 (마니 교도가) 되어야 한다는 뜻이지 않겠느냐고 해몽하였습니다. 내가 왜 그렇게 말했을까요? 그러나 그때 어머니는 잠시도 주저함이 없이 "아니다, 젊은이는 나를 향하여 '아들이 있는 곳에 당신도 있을 것이요'라고 하지 않고, '당신이 있는 곳에 아들도 있을 것이오'라고 하였다"고 대답하셨습니다. 주여, 나는 주님께 내가 생각해 낼 수 있는 모든 것을 고백하옵니다. 이미 여러 차례 말한 바와 같이, 주께서 조심성 있는 어머니를 통하여 주신 대답이, 어머니의 꿈 그 자체보다 나를 훨씬 강하게 움직였다고 분명히 기억하고 있습니다(그리고 이 점에 대해 자주 토론했었지만). 나의 잘못된 해석은 매우 그럴듯해 보였지만, 어머니는 제멋대로의 내 해석에 조금도 미혹되지 않고, 보아야 할 바를 재빨리 꿰뚫어보았습니다. 적어도 나는 어머니가 말씀하실 때까지는 보아야 할 것을 제대로 보지 못하고 있었습니다.

당신은 이 꿈을 통해 당시 어머니의 괴로움을 위로하고, 훨씬 뒤에 주어질 기쁨을 예시한 것이옵니다. 그 뒤에도 계속 아홉 해에 가까운 세월 동안, 나는 그 '깊은 수렁'과 망상의 어둠 속을 뒹굴고 있었습니다. 일어서기 위해 자주 몸부림쳤으나 그 속에 더욱더 깊이 잠기고 말았습니다. 그러자 심지가 굳고 경건하여 주님의 사랑을 받은 영리한 과부인 나의 어머니는 이미 희망으로 위로를 받았지만, 계속해서 비탄과 탄식을 게을리하지 않고 기도할 때마다 아들을 위해 주님을 향하여 탄식하기를 그치지 않았습니다. 어머니의 '기도는 주님이 실재하신 곳에 이르렀으니', 그럼에도 주님께서는 여전히 나를 깊은 고뇌 속에 두시고 저 어둠 속에서 더 깊이 빠져 괴로워하도록 내버려 두셨습니다.

〈주〉
＊1 〈갈라디아서〉 5 : 5.

제12장 아들의 장래에 대하여 어머니를 위로함

(21) 나의 기억으로는 그 사이에 주께서 어머니에게 또 하나의 대답을 주신 일이 끈질기게 생각납니다. 왜냐하면 내가 주님께 고백하도록 특별히 독

촉을 받게 되는 여러가지 사건들에게로 나는 툭하면 달려가게 됩니다. 그러나 그러한 고백할 많은 사건들이 기억나지 않아서 자꾸 반복해서 생각하게 되기 때문입니다. 그 무렵 주님은 주의 사제 가운데 한 명, 바로 교회 안에서 자라고 주님의 책에 능통한 어느 주교를 통하여, 어머니에게 또 다른 한 가지 답을 주셨습니다. 내 어머니가 그 주교에게 부탁하기를, 나와 대화하여 내 잘못을 고쳐주고, 내 악을 중단하게 하며, 내게 선을 가르쳐달라고 했습니다. 그 주교는 지금까지 그런 일을 잘해 왔으나, 어머니의 간청을 거절했습니다. 뒷날에야 나는 알게 되었지만, 그것은 현명한 거절이었습니다.

주교는 대답하기를, 나는 아직 가르쳐 깨우칠 수 없다고 하였습니다. 왜냐하면 어머니가 주교에게 고백한 바와 같이, 나는 이단의 기괴하고 소란스런 사설에 들떠 있었기 때문이었고, 이미 수많은 사소한 질문을 하면서 미숙한 마음이 미혹된 상태였기 때문이었습니다.

주교는 이렇게 충고하였습니다.

"아드님은 잠시 그대로 내버려 두도록 하십시오. 그리고 오로지 그를 위해 기도하십시오. 그렇게 한다면 아드님은 책을 읽는 중에 자기 오류가 얼마나 큰지, 자기 자신의 불신이 얼마나 큰 죄악인지를 알게 될 것입니다."

그리고 주교는 자기가 어렸을 적의 일을 말해 주었습니다. 그 시절 주교는 길을 잃고 사교(邪敎)에 빠진 어머니 때문에 마니 교도가 되었고, 그 파의 서적을 거의 전부 읽었을 뿐 아니라 옮겨 베끼는 일까지 하였으나, 다른 누구의 논박이나 설득도 없이 자기 스스로 이 종파는 혐오할 만하다는 사실을 깨닫고 떠나게 되었다고 말했습니다.

주교가 이렇게 말했는데도 어머니는 안심하지 않고 더욱더 끈질기게 눈물을 흘리며, 나를 만나 이야기해달라고 계속 부탁을 했기 때문에 주교도 기분이 상하였습니다.

"어서 돌아 가시오. 당신이 살아 있는 한 이러한 눈물로 기도하는 아들은 결코 망하지 않습니다."

주교가 어머니에게 말했습니다. 어머니는 나와 대화할 때면 이 말을 자주 상기하면서 내게 전하곤 하였습니다. 어머니는 이 말을 마치 하늘에서 들리는 소리로 생각했습니다.

제4권　19세에서 28세까지의 일

　　19세 때부터 28세에 이르는 9년 동안의 생활을 고백한다. 그간 마니교의 헛된 망상에 빠져서, 수많은 사람들을 이 사교(邪教)로 인도하였다. 점성가의 의견을 물어본 일도 있으나 마침내 거기에서 눈을 뜨게 된다. 마니교로 인도한 친구가 죽음을 당하게 되자, 그가 죽음 직전에 회심한 것을 생각하고 마음의 큰 동요를 느낀다. 26세 때 《미와 적합에 대하여》라는 책을 저술하였으며, 또한 그에 앞서 아리스토텔레스의 《범주론》을 혼자 힘으로 이해하려고 시도한다.

제1장　스스로 미혹되어 남을 미혹하고 속임

　　(1) 그리하여 나는 이 아홉 해 동안,*¹ 곧 내 나이 열아홉 살에서 스물여덟 살까지, 유혹당하고 유혹하는 일, 속임을 당하고 속이는 일에 미혹되어서 살았습니다.*² 그리고 대단한 듯이 '자유분방'*³하다고 일컫는 학예를 내세워 가르치면서 사적으로 거짓 종교의 이름을 표방하여,*⁴ 한편으로는 자존심이 강하고 다른 한편으로는 미신이 깊은 헛된 상태에 빠져 있었습니다. 우리는 한편으로는 세상의 헛된 명예를 얻기 위해, 극장의 갈채를 얻고자 했습니다. 그래서 지푸라기 월계관을 차지하기 위해 시 창작 대회에 참가하여 경쟁하였고, 대중 오락의 어리석은 장난, 정욕의 방종에 연루되어 있었습니다.

　　그러나 다른 한편으로는 선택된 사람 또는 성자라 일컬어지는 사람들에게 음식물을 바치고 이러한 더럽혀진 행동에서 깨끗해지기를 바랐습니다. 그들이 이러한 음식물을 가지고 그 위장에서 우리를 위하여 천사들과 신들을 제조하면, 우리는 그 천사들과 신들에 의해 해방된다는 것이었습니다. 우리는 이러한 어리석은 일에 열중하였으니, 나와 함께 나를 통해 우리 모두는 속임수에 빠져 있었습니다.

　　하느님, 구원을 받기 위하여 아직 주님의 손에 거꾸러지고 분쇄되어본 일이 없는 교만한 사람은 나를 비웃을 것입니다. 그러나 나는 주님을 찬양하며 주 앞에서 내 부끄러움을 고백하려 합니다. 현재에도 기억하고 있으니 과거 내 인생의 잘못에 대한 기억 속으로 달려가게 내버려두소서. 그래서 주님께 '기쁨의 희생양'이 될 수 있도록 내게 허락하소서. 주께서 존재하지 않으신다면 나의 존재란 단지 스스로를 파멸의 늪으로 이끄는 안내자일 뿐, 다른 무엇이겠습니까? 또 나의 모든 일이 잘되고 있을 때에는, 나는 단지 주님의 젖과 주님의 '썩지 않는 음식물'*5을 먹고 있는 어린아이에 지나지 않을 것입니다. 또한 인간의 존재를 단 한 사람으로써 나타낼 수 있다면 그런 인간은 누구입니까? (좋으실 대로 이름을 불러보십시오) 강하고 힘있는 어떤 자가 우리를 비웃어 우리를 희생시키게 하소서. 우리는 약하고 궁핍할 때 비로소 주님, 당신께 고백을 할 테니까요.

〈주〉

*1 373년에서 382년까지.

*2 〈디모데후서〉 3 : 13.

*3 자유학과(liberal ideas)란 자유인이 갖추어야 할 교양을 가르치는 학문이다. 고대 말기에서 중세에 걸쳐, 문법, 수사학, 변증법(논리학), 수학, 기하학, 천문학, 음악 등 7개 과목을 가르쳤음.

*4 마니교는 372년 바렌티니아누스 1세에 의해 엄금되었다.

*5 〈요한복음〉 6 : 27.

제2장 웅변술을 가르치면서

(2) 그 세월 동안 나는 웅변술을 가르치고 욕망에 이끌리며, 사람을 굴복시키는 재주를 팔고 있었습니다. 그러면서도 나는 아시는 바와 같이 덕 있는 제자(대장들이 보통 생각하는 덕 있는 학생들)를 두고 싶다고 생각하였습니다. 나는 제자들을 속이지는 않았으나 사람을 속이는 방법을 가르쳤고, 그러한 방법은 무고한 사람의 생명을 해하기 위함이 아니요, 언젠가 죄인의 생명을 변호하는 일을 시키기 위함이었습니다. 그러나 주님, 당신께서는 내가 먼 곳의 위태로운 길에서 자주 실족하는 모습을 보았고, 짙은 연기 속에서 나의 온전함의 반짝임을 구별해내셨나이다.*1 나는 그 온전한 불꽃을, 나의 교실에서 '헛된 것을 사랑하고 거짓을 추구하는' 사람들에게 증명했습니다.

그러나 나는 그 세월 동안 한 여성과 동거 생활을 하고 있었습니다. 정식 결혼으로 맺어진 것이 아니요, 철없고 분별 없는 정열로 그녀를 만났습니다. 그러나 나는 그 여성 한 명만을 지켰고, 그 여성에게 애정을 바쳤습니다. 나는 그 여성을 알고 나서, 자녀를 얻기 위해 맺어지는 혼인 계약과 정욕적인 사랑의 결합 사이에는 크나큰 차이가 있다는 사실을 직접 몸으로 체험할 수 있었습니다. 애욕으로 맺어지는 경우 자녀는 부모의 뜻과는 상관없이 태어나게 되지만, 일단 태어난 뒤에는 사랑하지 않을 수 없게 마련입니다.

(3) 나는 또한 다음과 같은 일을 기억합니다. 무대에서 행한 시 낭송 대회에 참가하려 했을 때, 점쟁이 하나가 묻기를, 이기게 해 줄 터이니 어느 정도의 보수를 내겠느냐고 했습니다. 나는 그러한 지저분한 조작을 싫어했기 때문에 비록 대회에서의 승리의 관이 불멸의 황금으로 되어 있다 하더라도, 승리를 위하여 파리 한 마리라도 죽이고 싶지 않다고 대답하였습니다. 점쟁이는 살아 있는 것을 죽일 생각이었고, 그것을 제물로 바쳐 그 제물 덕으로 나를 도와 줄 악령을 불러 일으킬 생각인 듯했습니다. 그러나 내 마음의 하느님, 내가 이러한 악을 배척한 것은 주님을 향한 사랑 때문이 아니었습니다. 물체의 빛나는 면밖에 알지 못했던 나는 주님을 사랑할 줄 몰랐습니다. 나의 영혼은 허구를 갈구하고 있었기 때문에 주님으로부터 떠나 부정(不貞)을 범하였고, 거짓을 믿으며 바람을 폭풍으로 키운 것이 아니겠나이까.[2] 그러나 분명한 사실은 나는 나를 위하여 악령에게 희생 제물이 바쳐지기를 거절했으나, 마침내 미신에 빠져 스스로를 악령들에게 희생 제물로 바치고 말았습니다. 바람을 키운다는 것은 악령을 키우는 일입니다. 곧 잘못을 저지름으로써 악령의 기쁨과 조롱의 대상이 되는 것이 아니고 무엇이겠습니까?

〈주〉
[1] 〈마태복음〉 12 : 20.
[2] 〈잠언〉 10 : 4, 호세아 12 : 1.

제3장 점성술에 빠져 의사나 친구의 충고에도 따르지 않았다
(4) 이와 같은 입장에서 나는 점성가라 일컬어지는 저 사기꾼들을 쉽게 믿

게 되었고, 그들의 의견을 듣기를 꺼리지 않게 되었습니다. 그 점성가들은 희생 제물을 바치는 일이 전혀 없었으며, 또한 미래를 신성하게 하기 위한 목적으로 하는 기도도, 어느 영혼에게도 해주는 일이 없었습니다. 참된 그리스도교 신앙은 그 원칙에 따라서 이러한 점성가의 기교를 배척하고 비난합니다. 주님, 당신께 고백하면서 "나를 불쌍히 여기시고 내 영혼을 고쳐 주소서. 나는 주님에게 죄를 지었나이다"라고 말하는 것은 좋은 일입니다. 또한 주님의 사랑을 받으면서 주님의 관용을 죄된 일에 남용하지 않고, "보라, 너는 다 나았느니라. 네 몸에 더 악한 일이 생기지 않도록 다시는 죄를 짓지 말아라" 하고 말씀하시는 주님의 음성을 기억하는 일은 좋은 일입니다. 그러나 점성가들은 이 구원의 말씀을 모두 파기하기 위하여, "너의 죄의 원인은 하늘에서 결정한다"라든가, "이 행동은 금성, 토성, 또는 화성의 작용이다"라고 말합니다. 그들은 인간을, 피와 살, 교만 덩어리일 뿐으로 자신의 과오에 전혀 책임지지 않으려 하는 인간으로 만들며, 모든 책망을 하늘과 별의 창조자이자 지배자인 자에게 지우려 합니다. 각 사람에게 그 행한 대로 갚으시고, 죄를 깊이 뉘우치는 겸허한 사람을 멸시하지 않는 분이 주님이 아니고 누구이겠나이까?[1]

(5) 그 무렵 의술에 아주 뛰어나서 세상에 명성을 떨치는 사람이 있었습니다.[2] 그 사람은 뛰어난 의사로서가 아니라 지방 총독으로서 시 대회에서 승리의 관을 손수, 당시 건강치 못했던 내 머리에 씌워 주었습니다. 그때 나의 감염된 병을 고치는 분은 바로 '교만한 자를 낮추시고 비천한 자에게 은혜를 내리시는' 주님이십니다. 그러나 주님은 그 연로한 의사를 통해서도 내 병을 고쳐 주시지 않았고, 오직 내 가까운 곳에 계시기만 할 따름이었습니다. 나는 그 의사와 더욱 친해졌고 그의 이야기에 열심히 귀를 기울였습니다. 그의 말에는 수식이 없었으나 사상이 살아 있었습니다. 그 주장은 발랄하여 듣기에 좋았으며 의미가 깊었습니다.

의사는 나와 대화를 나누는 중에 내가 점성가의 책에 열중하고 있다는 사실을 알게 되었습니다. 그 의사는 그러한 책을 내버리라고 하며, 유익한 일에 사용해야 할 주의와 노력을 그런 쓸데없는 일에 사용하지 말라고 자애로운 아버지처럼 타일렀습니다. 그는 또 자기도 젊었을 때 점성술을 배우며 그 기술을 정식 직업으로 하여 생계를 세울 작정이었다고 했습니다. 그리고 히포크라테스*3를 이해할 수 있는 능력이라면 점성가의 책을 이해하기는 쉬운 일이었다고 말했습니다.

그러나 그는 뒤에 점성술을 버리고 의학에 전념하게 되었습니다. 그 이유는 다른 데 있지 않고, 점성술이 새빨간 거짓말이라는 사실을 깨달았기 때문이라고 했습니다. 또한 정직한 인간으로서 다른 사람을 속이면서 생계를 세울 수는 없었기 때문이라고 했습니다. 이런 이야기를 하며 그는 이렇게 말했습니다.

"그러나 자네는, 웅변술 선생으로 인간의 사회 속에서 생계를 꾸려가고 있네. 그러니 자네는 이 일을 여가 시간에 하려 할 뿐이지, 가계의 필요 때문은 아닐 거야. 자네는 이 점성술에 대해서는 내가 하는 말을 신용하지 않으면 안 되네. 나는 오로지 점성술만으로 생계를 이으려고 했을 정도로 완전히 터득하려 했었으니까."

내가 의사에게 묻기를, 왜 점성술가들의 예언이 진실로 판명되곤 하느냐고 했더니, 그것은 자연계에 두루 퍼져 있는 우연의 힘에 의한다고 그 나름대로 터득한 범위에서 대답하였습니다. 즉, 어떤 사람이 우연히 어느 시인의 글을 인용할 때, 그 시의 문구와 의도가 전혀 다른 주제와 관련되어 있는데도, 훌륭한 방식으로 토론의 결과에 짜맞추어진 듯이 시구가 밖으로 떠오르는 경우가 이따금 있습니다. 또한 인간의 본능에는 우리가 그 속사정을 알지 못하는 고차적인 본능이 있어서, 그 본능에 의해 인간의 영혼으로부터 어떤 말이 밖으로 표출되며, 이러한 말은 예술에 의해서가 아니라 '우연한 기회'에 의해 입 밖에 나옵니다. 이 우연한 기회란, 물어보는 사람의 일이나 사건들에 대한 동정심에 좌우됩니다.

(6) 주께서는 그 의사에게, 또는 그를 통하여 내게 이러한 계시를 주셨고, 내가 그 뒤 무엇을 배워야 할지를 내 기억 속에 그려 주셨습니다. 그러나 그 당시에는 이 연로한 의사도 그저 선량하다는 인상밖에는 없었고, 그러한 종류의 점에 관한 일을 모조리 비웃고 있던 내 친구 네브리디우스*4도 나를 설득하여 이런 미신을 버리게 할 수는 없었습니다. 더구나 여전히 내가 구하고 있던 확실한 증거도 찾아낼 수 없었습니다. 즉, 점성가가 질문을 받고 진실을 말하는 것은 우연이거나 요행에 의할 따름이요, 별의 관찰자로서 과학적으로 한 말이 아니라고 분명하게 증명해줄 증거를 찾아볼 수 없었습니다.

*1 〈요한복음〉 5 : 14.

*2 빈디키아누스는 발렌티아누스 1세 (재위 356~375) 시대의 명의로 유명함.

*3 히포크라테스는 그리스의 명의(서기전 460년경 출생)로서 의학의 아버지로 일컬어짐.

*4 아리피우스와 더불어 아우구스티누스의 친구.

제4장 친구의 죽음과 회심

(7) 그 세월 동안에 나는 내가 태어난 타가스테 거리에서 처음으로 웅변술을 가르치고 있었습니다.*1 그때 학문의 교제를 통해 나와 같은 연배이며 청춘의 꽃이 한창 피는 아주 친한 친구 한 명을 사귀게 되었습니다. 그는 아이 때부터 나와 함께 자라났고, 함께 학교에 다니며 함께 놀았습니다. 그러나 그 무렵에는 아직 뒷날과 같이 친한 친구가 아니었고, 또 실제로 친구가 되었을 때에도 결코 참다운 우정이라 할 만한 것은 없었습니다. 우정이란, "우리에게 내리신 '성령'에 의하여 우리 마음에 부어진 사랑"으로써 주님에게 의지하는 사람들 사이를 주께서 묶어주시지 않는 한 이루어질 수 없기 때문입니다.*2 그럼에도 우리의 우정은 같은 일에 함께 힘쓰는 열정으로 뜨거워져서 실로 감미로운 것이 되어 있었습니다. 그 친구는 나이 어린 젊은이일 뿐이어서 아직 미신이나 해로운 신화에 대해 강한 또는 깊은 신심을 가지고 있지 않았던 한편, 나는 어머니가 나로 인해 탄식하시던 그 미신적이고 파멸에 찬 이야기 속에 끌려 있었고, 친구를 진실한 신심으로부터 이 신화 속으로 끌어들였습니다. 이미 이 친구는 나와 함께 미혹하기 시작하였고, 내 영혼은 그가 없이는 살 수 없는 상태가 되어 있었습니다. 그러나 복수의 신이신 동시에 자비의 근원이신 주께서 도망쳐 가고 있는 우리 배후에서 다가오시어, 신비로운 방법으로 우리들로 하여금 주님을 돌아보게 하셨습니다. 그것은 내게 있어서 당시 생활의 온갖 감미로운 것들보다 훨씬 더 감미로웠습니다. 그와 우정을 나눈 지 1년도 채 되지 못한 때였습니다.

(8) 그 누가 단지 개인적 인생의 경험을 위해 혼자서 주님을 찬양할 수 있겠나이까? 내 하느님, 그때 주님은 무엇을 하셨나이까? 주님 심판의 심연은 불가해했나이다! 친구는 열병에 걸려 오랫동안 의식을 잃고 죽음의 땀을 흘리고 있었습니다. 모두들 절망적이라고 생각했을 때, 본인도 모르는 사이에 세례를 주었습니다. 나는 그런 일에 대해서는 신경을 쓰지 않고, 그의 영혼

은 의식이 없는 사이에 자기의 신체에 행해진 일보다 오히려 내게서 받은 것을 간직하리라고 생각했습니다. 그러나 사실은 전혀 정반대가 되었습니다. 그는 (세례로) 소생하여 건강해졌습니다. 그리고 나는 그와 이야기를 할 수 있게 되자 그의 곁을 떠나지 않았고, 우리는 서로 신뢰하는 사이였기 때문에 그와 농담을 하려고 했습니다. 그가 의식도 감각도 완전히 잃고 있었던 때에 세례를 받은 일에 대해 나와 더불어 웃으려니 했습니다. 그러나 그는 세례받은 사실을 이미 알고 있었고, 마치 원수를 대하듯이 나를 대면하였습니다. 나를 향해 부들부들 떨며 생각지도 못한 말을 하였습니다. 그는 나에게 친구이기를 바란다면 그런 말을 하지 말라고 충고했습니다. 나는 그 말을 듣고 크게 놀라고 당황했으나 내 감정의 흔들림을 꾹 누르고서, 그의 건강이 회복되어 나와 마음껏 토론을 벌일 수 있는 체력이 생길 때까지 기다리기로 마음먹었습니다. 그러나 그는 그 뒤에 나를 위로해주기 위하여 나의 미친 생각으로부터 떠나 주님 곁으로 가게 되었습니다. 그로부터 며칠 뒤 내가 없는 사이에 다시금 열병이 재발하여 그는 일생을 마치고 말았습니다.

(9) "그 슬픔 때문에 내 마음은 아주 캄캄해졌고"*³ 어디를 바라보아도 눈에 보이는 것은 오직 죽음뿐이었습니다. 내게 있어서 고향은 고뇌가 되었고, 아버지의 집은 불행하고 이상한 세계였습니다. 내가 그와 행한 모든 일들은 그 친구가 없기 때문에 무거운 고뇌로 바뀌었습니다. 내 눈은 시선이 닿는 곳곳에서 그를 찾았으나 그는 보이지 않았습니다. 나는 모든 것을 미워하였습니다. 아무것도 그를 돌아오게 하지는 못하였고, 또한 그의 생전에 잠시 만날 수 없었을 때처럼 "곧 돌아오겠지" 하고 말할 수도 없었습니다. 내 스스로가 나에게 큰 문제가 되었고, 나는 내 영혼에게 "너는 왜 슬퍼하는가, 왜 나는 이렇게 지쳐 있는가?" 하고 물었습니다. 그러나 내 영혼은 아무 대답도 할 수가 없었습니다. 내가 스스로에게, "주님께 신앙을 두도록 하라"고 명했더라도 주께 복종하지 않을 좋은 이유가 생겼을 것입니다. 왜냐하면 내가 나의 영혼에게 믿으라고 명한 그 거짓된 신보다도, 내 영혼이 잃어버린 가장 사랑했던 그 친구가 더 현실적이고 좋았기 때문입니다. 오로지 눈물만이 내게 감미로웠고, 또 '내 영혼의 기쁨' 안에서 울음이 나의 친구를 대신했습니다.

〈주〉
＊1 374년 가을, 20세 조금 지나서 문법을 가르쳤고, 후에 카르타고에서 웅변술을 가르쳤다.
＊2 〈로마서〉 5 : 5.
＊3 〈애가〉 5 : 17.

제5장 왜 눈물은 불행한 자에게 달콤한가

(10) 주여, 이제는 이미 그 모든 것이 과거가 되었고 내 상처도 시간과 더불어 고통이 덜해졌습니다. 내 마음의 귀를 주님의 입으로 가져가서 진리이신 주님으로부터＊1 말씀을 들을 수 있을까요? 주님은 우리가 불행할 때 왜 울음이 우리를 고요히 진정시켜 주는지 설명해 주실 수 있겠지요? 그보다도 주님께서는 어디에나 계시면서 우리의 불행을 주님으로부터 멀리 던져 버리시고, 그 시도가 성공적으로 되면 우리를 옆으로 밀쳐놓으시고도, 주님은 자신 안에 아무렇지 않게 머물러 계시는지요? 그러나 주님의 귀를 향해 하는 우리의 탄식이 주님의 귀에 닿지 않았다면, 우리의 희망은 아무것도 남지 않을 것입니다. 그럴진대 어떻게 인생의 고난으로부터 신음과 울음과 한숨과 탄식이 감미로운 열매로서 열릴 수 있겠습니까? 자기들의 목표에 이르기를 기대하는 기도에서는 물론 탄식도 그렇게 감미로운 열매일 수 있습니다. 그러나 내가 이미 잃어버린 것에 대한 고통과 비애에 대해서도 그와 같이 감미롭다고 말할 수 있을는지요? 나는 친구가 다시 살아나기를 기대하지 않고, 그 사실을 눈물로 기도하는 일이 없이 오직 슬퍼하고 탄식하였을 뿐입니다. 나는 불행하였고 내 기쁨을 상실했었습니다. 그보다도 울음이 진정 쓰라린 것인지요? 일찍이 즐거워했던 대상을 생각할 수 없을 때, 그리고 그러한 기억을 꺼려 하고 싫어하여 더이상 생각할 수 없을 때에는 우리의 고통을 누그러트리는 것인지요?

〈주〉
＊1 〈요한복음〉 14 : 6.

제6장 친구의 죽음을 탄식하고 죽음을 두려워함

(11) 어찌하여 나는 이런 말을 하고 있는가요? 지금은 탐구해야 할 때가 아니요, 주님에게 고백해야 할 때입니다. 나는 불행했습니다. 죽음을 면치

못한 사람들과의 우정에 사로잡혀 있는 영혼은 모두 불행합니다. 그들을 잃을 때에 마음은 갈기갈기 찢기게 마련이며, 그때 비로소 그들을 잃기 이전에도 불행했었다는 사실을 느끼게 됩니다. 나는 당시 이러한 상태에서 비통한 눈물을 흘렸고, 그 비통함 속에서 안식을 누리고 있었습니다.[1] 나는 이와 같이 불행했으나 나의 죽은 친구에 대한 애착보다도 나의 불운한 인생에 대해 더욱 애착을 느꼈습니다. 즉, 달리 생각하려 해도 친구를 잃을 바에는 오히려 생활을 잃는 편이 낫다는 생각을 가질 수는 없었습니다.

내가 오레스테스와 플라데스[2]에 대한 전해오는 이야기처럼 친구를 위해 대신 죽어도 좋다고 생각했는지는 의심스럽습니다. 전해져 오는 이야기가 사실이라면, 이 두 사람은 함께 살 수 없을 바에는 차라리 죽는 편이 덜 괴롭다고 생각하여 함께 죽으려고 생각했습니다. 그렇지만 내 마음에는 그와는 전혀 반대되는 감정이 생겨나서, 삶이 피곤하다는 느낌이 들어 의기소침한 동시에, 죽음의 공포도 그에 못지않게 두려웠습니다.

나는 친구를 사랑하면 사랑할수록 내게서 친구를 빼앗아 간 죽음을 가장 흉악한 원수로 여겨 더욱 미워하며 두려워하게 되었고, 죽음이 갑자기 내 친구를 죽게 한 일로 미루어 인간 전체도 멸하지 않을까 하고 생각하였습니다. 나는 그때 그랬었다고 기억합니다. 내 하느님, 이것이 내 마음이었습니다. 나의 희망이신 주님, 나는 기억하고 있나이다. 주님은 이같은 불순한 정념(情念)에서 나를 깨끗하게 하시고, "내 눈으로 주님을 우러르게 하시며, 덫에서 내 발을 놓아 주셨나이다." 나는 언제까지나 죽는 일이 없기를 바랐습니다. 그러면서도 사랑했던 친구가 죽었기 때문에 다른 사람들이 살아 있는 일을 이상하게 생각하였습니다. 또한 그에게 있어 '제2의 자아'였던 내가 그의 죽음 뒤에도 살아 있다는 사실을 이상하게 생각하였습니다.

어느 시인(호라티우스)이 자기 친구를 가리켜 자기 영혼의 반쪽이라고 한 말은 지당합니다. 나도 내 영혼과 친구의 영혼이 "두 신체에 있지만 오직 하나의 영혼"이라고 느꼈기 때문입니다.[3] 그래서 나는 다른 반쪽 없이 살기를 바라지 않았기 때문에, 생활은 내게 있어서 공포였습니다. 그리고 아마도 내가 죽음을 그렇게도 두려워했던 까닭은 나의 사랑하는 친구의 모든 것이(기억까지도) 나의 죽음으로 인해 죽게 되지 않을까 두려워서였는지 모릅니다.[4]

*1 〈욥기〉 3 : 20, 〈이사야〉 38 : 15.
*2 오레스테스는 아르고스 왕 아가멤논의 왕자. 플라데스는 포키스 영주 스트로피오즈의
   아들. 그들은 절친한 친구로서 서로 상대방 대신 죽으려 함.
*3 호라티우스 《시집》 1 : 2.
*4 오비디우스 《애가》 4 : 4.

제7장 고향을 떠나 다시금 카르타고로 가다

(12) 인간을 인간답게 사랑할 줄 모르는 광기여, 인간의 운명을 끈질기게
참고 견디지 못하는 어리석은 인간이여, 나는 그때 심한 혼란에 빠져 있었습니
다. 그 때문에 나는 열광하고 탄식하며, 마음이 혼란하여 안식도 생각도
잃고 있었습니다. 나는 갈갈이 찢겨 피투성이가 된 영혼을 지니고 걷고 있었
으나, 영혼은 나에 의해 운반되기를 싫어하였고, 나는 그 영혼을 내려놓아야
할 장소를 알지 못했습니다. 내 영혼은 아늑한 숲속에도, 놀이와 노래에서
도, 감미로운 향기가 감도는 장소에서도, 맛있는 음식에서도, 성애(性愛)의
쾌락에서도, 또한 책을 읽고 시를 짓는 일에서도 안식을 찾을 수 없었습니
다. 그리고 모든 대상들이 두렵게 보였고 빛조차도 두렵게 보였습니다. 나의
친구가 아닌 다른 대상들은 탄식과 눈물을 보여주었고, 내게는 모두 다 불쾌
함과 혐오의 정을 일으키게 했습니다. 오직 탄식과 눈물 속에만 약간의 안식
이 있었습니다. 그러나 내 영혼은 이 탄식과 눈물에서 억지로 멀어지게 될
때, 오히려 불행하고 무거운 짐이 되어 나를 압박하였습니다.

주님, 나는 이 무거운 짐인 영혼을 주님 앞에 올려 주님에게 고침을 받아
야 한다는 사실을 알고 있었습니다. 그러나 나는 그렇게 하기를 바라지 않았
고, 또한 바란다 하더라도 그렇게 할 수 없었나이다. 나는 주님을 신뢰할 만
한 확고한 분으로 생각지 않았기 때문에 더욱 그러했나이다. 그때 내게는,
주님은 그러한 분이 아니시고 헛된 환상이었으며, 나의 과오의 신이었습니
다. 내가 나의 교만한 영혼을 거기에서 쉬게 하려 하면, 영혼은 허공으로 사
라졌다가 다시금 내 위에 떨어져 왔습니다. 나는 내게 있어서 내가 참고 머
물러 있을 수 없는 불행한 장소였으며, 거기에서 물러날 수도 없었나이다.
내가 나의 영혼에서 떠나 어디로 도망할 수 있겠나이까? 나 자신에게서 떠
나 어디로 도망할 수 있겠나이까? 내가 나 자신을 따라갈 수 없는 곳이 어

디이겠나이까?*1

그럼에도 나는 고향에서 도망하였습니다. 내 친구의 모습이 눈에 띄지 않는 장소에서는 친구에 대한 그리움이 그리 심하지 않을 것 같아서였습니다. 이리하여 나는 타가스테의 거리에서 떠나 다시금 카르타고로 왔습니다.*2

〈주〉
＊1 〈시편〉 138 : 7, 호라티우스 《시집》 2 : 16.
＊2 376년, 그의 나이 22세 때. 어머니는 타가스테에 남았다.

제8장 시간이 흐르며 슬픔이 덜해짐

(13) 시간은 활발하게 흐르기 때문에, 우리의 감각을 반드시 건드리고 지나갑니다. 시간이 지나갈 때에는 우리의 마음에 주목할 만한 영향을 줍니다. 보소서, 시간은 그날그날 왔다가 그날그날 갔습니다. 왔다가 지나감으로써 우리 안에 새로운 희망과 기억하고 있을 경험을 심어 주었고, 상처입은 내 마음을 이전의 쾌락으로 달래 주었으며, 나의 슬픔도 이에 굴복하고 말았습니다. 그러나 그 대신 새로운 슬픔 그 자체라 할 수는 없으나, 새로운 슬픔의 원인인 이 세상의 쾌락이 나타났습니다. 그 슬픔이 그와 같이 쉽게 내 마음 속 깊이 스며든 까닭은, 죽어야만 할 운명인 사람을 마치 죽지 않고 영원할 것처럼 사랑하여 내 영혼을 모래 위에 쏟아 부었기 때문입니다.

실제로 나를 건강하게 회복시켜 준 것은 새 친구로부터 얻은 위안이었으며, 나는 그들과 함께 주님 대신 사랑하고 있던 대상을 사랑하였나이다. 그 대상이란 곧 터무니없는 허구의 이야기와 길고 긴 거짓말이었습니다. 그리고 그 간음 비슷한 접촉으로 인해 듣고 싶어 안달이 난 우리의 정신은 부패하게 되었습니다.

내 친구 중 누가 죽어도, 이 거짓 이야기는 내게서 사라지지 않았습니다. 그러나 친구와 사귐으로써 좀더 깊숙하게 내 마음을 움직이는 것이 있었습니다. 곧 우리들은 함께 말하고 함께 웃으며 서로 친절을 다하여 이야기를 나누고, 함께 재미있는 책을 읽고 농담을 주고 받았으며 서로 존경하였습니다. 때로는 적개심도 없이 마치 자기 자신과 논쟁하는 사람처럼 사이가 벌어지는 일이 있었으며, 또한 불화는 거의 없어서 늘 생기있고 자연스러운 화합을 더해주었습니다. 또 서로 가르치고 배우며, 없으면 기다리게 되고, 오면 기쁘게 맞았습니다. 그리고 이처럼 사랑을 주고받는 사람들의 마음, 입매, 말투, 눈매와 그 외의 많은 화합의 행동에 의해 우리는 마치 마음에 불꽃을 일게 하는 연료같은 사람들이 되었습니다.

제9장 하느님을 사랑하는 자는 결코 잃지 않는다

(14) 이것이 친구들 사이에서 우리가 사랑하는 일들입니다. 그것은 화려한 사랑이기 때문에, 만일 자기에게 사랑을 바치는 친구를 사랑하지 않거나, 자기를 사랑하는 사람에게 사랑으로 갚지 않고, 또 친구로부터 애정어린 선의의 표시보다는 단지 무엇이든 육체적 화답만을 요구한다면, 인간의 양심은 죄책감을 느끼게 됩니다. 그러다가 친구를 잃기라도 하면 그 비탄과 괴로움의 암흑이 생기고, 감미로움은 변하여 쓰디쓴 것이 되며, 마음은 눈물로 젖게 되어, 죽은 사람의 사라진 생명이 살아남은 자의 죽음이 됩니다.

"주님을 사랑하는 사람은 행복하고" 주님 안에 있는 친구를 사랑하는 사람도 행복하며, 주님을 위하여 원수까지 사랑하는 사람도 행복합니다.[*1] 혼자 남겨지더라도, 그러한 사람은 자기에게 소중한 것을 절대 잃지 않습니다. 결코 사라지지 않을 사람 안에서는 모두가 소중하기 마련입니다. 그리고 이 사라지지 않는 존재란 우리의 하느님이 아니고 그 누구이겠나이까? 천지를 창조하시고 천지를 가득 채우신 하느님이 아니고 누구겠나이까?[*2] 하느님을 사랑하는 자는 그 천지에 충만함으로써 천지를 번성케 했나이다. 주님을 사랑하는 사람만이 주님을 잃을 수 있지만, 만일 그가 주님을 버린다면 어디에 가서, 또는 어디로 달아나서 피난처를 찾을 수 있겠나이까? 그것은 주님, 당신의 평온함으로부터 당신의 노여움으로 피신하려는 행동일 뿐이 아닙니까?[*3] 주님을 사랑하는 사람이 자신의 형벌에 주님의 계율이 개입되어 있음을 알았을 때, 그가 어디로 달아날 수 있겠습니까? 그리고 '주님의 계율은 진리이며' 진리는 주님인데 말입니다.

〈주〉

*1 〈토비아〉 13 : 18, 〈마태복음〉 5 : 44, 〈누가복음〉 6 : 27.
*2 〈창세기〉 1 : 1, 〈예레미야〉 23 : 24.
*3 〈시편〉 138 : 7.

제10장 오직 하느님에게서만 참된 휴식을 찾을 수 있다

(15) 만물의 주인이신 하느님, 우리로 하여금 주님의 얼굴을 우러러 그 얼굴을 뵙게 하소서. 그리하면 우리는 구원을 얻으리이다. 인간의 영혼은 어디를 향한다 하더라도 주님이 아닌 다른 곳에서는 슬픔으로 못질을 당하게 마련입니다. 이 모든 아름다운 사물들도 주님으로 말미암지 않고는 결코 존재하지 못할 것입니다. 모든 사물은 발생하고 소멸됩니다. 발생에 의하여 존재하기 시작하고, 완성되기 위하여 성장하고, 성장하고서는 늙기 시작하며, 늙은 뒤에는 멸하고 맙니다. 모든 사물이 다 늙는 것은 아니지만, 모든 사물은 다 멸하게 됩니다. 그래서 모든 만물은 발생하여 존재로 떠오를 때 존재를 얻기 위하여 너무 서둘러 성장하기를 재촉하면, 마찬가지로 급히 비존재로 향하게 됩니다. 이것은 소멸되는 사물 모두가 겪는 일입니다. 그것은 주께서 모든 만물에게 부여하신 한계입니다.

주님은 만물에게 아주 많이 베푸셨으나, 모든 만물은 동시에 존재하지 않고, 지나가고 또 다음에 이어져서 모든 사물이 부분으로써 그 전체인 우주를 형성합니다. 사실 우리들의 대화 역시 같은 방법으로 의미 있는 음성을 통해 형성되나이다. 우리의 대화는, 하나의 언어가 입으로 말해진 뒤에 다른 언어가 이어질 수 있도록 사라지지 않는다면 전체적인 대화로 성립되지 못할 것입니다.

"만물을 창조하신 하느님", 이 모든 변화하는 일시적인 사물들로 하여금, 내 영혼이 주님을 찬양하는 이 땅 위에 있게 하소서.*¹ 그러나 신체적 감각의 사랑으로 이 모든 만물들에 달라붙게 하지 마소서. 왜냐하면 만물은 (신체적) 소멸을 향해 움직이는 사물들의 길을 따라 걸으며, 또한 그러한 만물은 영혼에게 사악한 욕망을 주기 때문입니다. 영혼은 사랑하는 존재 속에 들어가 그 안에서 평안을 얻으려 하기 때문입니다. 그리고 영혼은 사물들 사이에 존재하기를 좋아하며 영혼적 사랑의 대상들 사이에서 휴식을 취하기를 좋아하기 때문입니다.

그러나 이러한 사물들에게는 영원성이 부족해서 그들 사이에는 휴식할 곳이 없습니다. 그 사물들은 모두 다 머물지 않고 소멸을 향해 도망쳐 가버리기 때문에 육체의 감각으로 추적할 수는 없나이다. 그들이 눈 앞에 있을 때조차도 붙잡을 수 없나이다. 육체의 감각은 어디까지나 육체의 감각이기 때문에 느립니다. 곧 육체 감각의 속성 자체가 그 감각에 한계를 부여하기 때문입니다. 육체의 감각은 또다른 본디의 목적에도 충분하도록 되어 있습니다. 그러나 사물의 의도된 시작점에서 의도된 종착 지점까지를 파악하는 일은 적합치 않습니다. 만물을 지으신 주님의 말씀 속에서, 그러한 사물들은 "여기에서 여기까지"*²라는 당신의 말씀을 듣습니다.

〈주〉
＊1 암브로시우스 《찬미가》 본서 9 : 13 : 32 참조.
＊2 〈욥기〉 38 : 11.

제11장 오직 하느님만이 영원하시다

(16) 내 영혼아, 헛된 것이 되지 말아라. 네 헛된 소란으로 마음의 귀를 막지 말아라. 들어야 한다, 말씀은 너를 향해 돌아오라고 외치신다. 사랑 그 자체가 버림당하지 않는 곳, 거기에 아늑한 휴식의 장소가 있도다. 보라, 지상에 있는 사물은 지나가 버리고 다른 사물이 그에 뒤이어 나타나며, 이 지상 세계 전체가 얼마나 많은 부분들로 성립되는지를 보라.

하느님의 말씀은 "나는 절대로 다른 곳에는 가지 않느니라"고 하신다. 하느님의 말씀 안에 네 거처를 정하고,*¹ 네가 말씀으로부터 받은 바 모든 것을 말씀에 맡기도록 하여라. 내 영혼아, 너는 속고 또 속아 참으로 피곤에 지쳐 있다. 진리로부터 얻어진 모든 것을 진리에게 맡기도록 하라. 그럴진대 너는 아무것도 잃지 않으리라. 네 속에 있는 낡아빠진 것은 다시금 꽃을 피울 테고, 네 병은 깨끗이 나아지리라. 그리고 너의 불안정하고 사라져 가는 존재 양상은 다시금 형체가 주어지고 새롭게 되며 네게 단단히 맺어져 견고해지리라. 이러한 불안정한 것들은 자신들이 결국엔 돌아가게 될 곳으로 너를 떨구어 버리기보다는, 너와 함께 영원히 서서, 마침내 영원히 계시는 하느님을 향해 계속 똑바로 서 있게 할 것이다.

(17) 나의 영혼아, 어찌하여 너는 하느님을 배반하고 네 자신의 육체에 따르는가? 네가 육체로부터 몸을 돌리지만 육체는 너를 따를 도리밖에 없다. 그러나 또 너의 육체를 통한 감각들은 모두가 부분이며, 그 모든 감각들을 부분으로 하는 전체를 너는 알지 못한다. 더구나 이러한 부분에 너는 매혹되

어 있다. 그러나 만일 네 육체의 감각이 전체를 포착할 수 있었다면, 그리고 네가 부분만 감각하는 벌받음 없이 전체를 받아들일 수 없다면, 아마도 너는 모든 감각들이 존재했다가 지나가기를 바랄 것이고, 또 모든 사물의 총체를 즐기기를 원할 것이다. 영혼이여, 너는 우리가 하는 말도 같은 육체의 감각을 통해 듣게 마련이지만, 너는 하나의 음절이 결코 정지되어 있기를 바라지 않고, 다른 음절이 뒤에서 나타나 전체를 들을 수 있게 되기를 바라고 있다. 일반적으로 많은 부분들이 하나의 전체를 이루고, 그 많은 부분들이 모두 동시에 존재하지 않을 때에는 언제나 이와 같다. 만일 전체를 감각할 수만 있다면 낱낱의 부분보다도 더한 기쁨이다. 그러나 그 모든 사물보다 훨씬 뛰어난 존재는 그 모든 사물을 만드신 분이요, 그분은 바로 우리의 하느님이시며, 그분은 지나쳐가시지 않으며, 그분의 뒤를 잇는 존재는 없다.

〈주〉

*1 〈요한복음〉 14 : 23.

제12장 하느님 외의 것을 사랑하는 것

(18) 만일 이 세상의 사물들이 너를 기쁘게 한다면, 그 사물들을 위해서 하느님을 찬양하여라. 그 사물들을 지으신 주님에게 네 사랑을 바쳐라. 네 마음에 드는 그 사물들로 해서 창조주의 마음을 상하게 하지 말아라. 만일 영혼들이 너의 마음에 든다면 그 영혼들은 하느님 안에서 사랑받고 있다. 영혼도 변화하지만, 영혼은 하느님 안에서 확고히 자리잡고 안정을 얻기 때문이다. 그렇지 않으면 영혼은 가 버리고 사라져 버리게 마련이다. 그러니 하느님 안에서만 영혼을 사랑하여라. 그리고 가능한 대로 많은 영혼들을 하느님에게 끌고 가서 그 영혼들을 향해 말하여라.

"이분을 우리는 사랑하신다. 이분은 우리를 지으셨느니라. 이 분은 우리에게서 멀리 떨어지는 일이 없으시다."

그는 창조한 뒤에 떠나가지 않았다. 모든 피조물은 그분에게서 나와서 그분 안에 있다. 진리의 맛이 존재하는 곳마다 하느님이 존재하심을 보라. 하느님은 마음에 아주 가까이 있지만, 마음은 하느님으로부터 방황했다. "돌아오라, 죄인들이여, 너의 마음에게로."*1 그리고 너희를 지으신 분에게 매달려라. 하느님과 함께 서 있으라. 그리하면 너희들도 서게 되리라. 하느님 안에서 안식을 누리면 너희도 안식하게 되리라. 너희는 험한 길을 걸어 어디로 가는가. 그 여행의 목적이 무엇인가? 너희가 사랑하는 선은 하느님으로부터 오는데 너희는 어디로 가려는가. 그러나 그저 그분 안에 있을 때만 선이며 달콤하다. 그렇지 않으면 선이 쓰디쓰게 되는 경우도 있으니, 그 까닭은 하느님을 버린다면 하느님으로부터 온 모든 것을 부당하게 사랑하는 셈이기 때문이다. 무엇 때문에 너희의 괴로운 길을 지금도 계속해서 걷고 있는가? 너희가 휴식을 구하는 곳에 휴식은 없느니라. 너희가 구하는 바를 구하도록 하라. 그러나 그곳은 그것을 찾을 장소가 아니다. 너희는 죽음의 나라에서 행복한 생활을 찾고 있다.*² 행복한 생활은 거기에 없다. 생명조차도 없는 곳에 어떻게 행복한 생활이 있을까?

(19) 그러나 우리의 생명 그 자체이신 '예수 그리스도'께서 우리에게까지 내려오셔서*³ 죽음을 물리치셨고, 넘치는 생명에 의해 죽음을 멸하셨다. 그리고 자신이 계시던 그 신비한 곳에서 우리를 향해 예수께로 돌아오라고 천둥과 같은 소리로 외치셨다. 그분이 처음에 동정녀의 태 안으로 들어가시어, 죽을 수밖에 없는 인간성과 결합되셨다. 이는 육신이 영원히 소멸되지 않게 하시려는 까닭에서였다. 그리고 거기에서 그분은 마치 신부의 침실에서 나오는 신랑처럼, 또는 용사가 경기장에서 트랙을 달리듯이 나오셨다. 그분은 조금도 주저함이 없이 말과 행동, 죽음과 삶, 강림과 승천을 통하여 자신의 품으로 들어오라고 외치며 뛰시었다.

그리고 그분은 우리의 눈앞에서 사라지셨나니, 이는 우리가 마음으로 그에게 돌아가*⁴ 거기에서 그를 찾아보게 하시기 위함에서이다. 그분은 가셨으나 보소서, 그분은 여기에 계시나이다.*⁵ 그분은 우리들과 함께 오래 머무르시기를 바라지 않으셨으나, 우리를 버리지는 않으셨나이다. 그분은 절대로 떠난 적이 없는 곳으로 가셨으니, "이 세상이 그분에 의해 만들어졌고", 그분은 이 세상에 존재하시며,*⁶ 그리고 애초에 "죄인을 구원하기 위하여 이 세상에 오신 것이다."*⁷

내 영혼이 주님을 향해 고백하도다. "그분은 내 영혼을 고쳐 주시나이다. 내 영혼은 그분에게 죄를 지었나이다." "사람의 아들아, 언제까지 마음을 무겁게 누르고 있으려는가?" 생명이 내려와 강림한 다음에, 승천하여 살기를 바랄 수 있더란 말이냐? 그렇지만 "너희가 높은 곳에 올라가 그 입을 하늘에 맞추었을 때" 어디로 올라가려 하느냐. 올라가기 위하여, 내려와야 한다. 그리고 하느님께로 올라가라. 하느님을 거슬러 기어오름으로 해서 너는 떨어진 것이기 때문이다.

네가 사랑하는 사람들에게 이 말을 하여라. "눈물의 골짜기에서 울어야 한다"고. 그럼으로써 너와 그들을 하느님께로 이끌어 올려서, 이러한 말씀들을 성령의 이름으로 선언하라. 네가 사랑의 불길로 타오르는 말씀을 그대로 전할 수 있다며 그렇게 하라.

⟨주⟩

* 1 ⟨이사야⟩ 46 : 8.
* 2 ⟨이사야⟩ 9 : 2.
* 3 ⟨요한복음⟩ 6 : 33, 41.
* 4 ⟨이사야⟩ 46 : 8.
* 5 ⟨마태복음⟩ 24 : 23, ⟨마가복음⟩ 13 : 21.
* 6 ⟨요한복음⟩ 1 : 10.
* 7 ⟨디모데전서⟩ 1 : 15.

제13장 사랑은 어디서 생기는가

(20) 나는 당시 이러한 사실을 알지 못하고, 천하고 속된 미를 사랑하고 있었습니다. 그리고 깊은 늪에 잠겨 친구들에게 이렇게 말했습니다.

"아름다운 사물들 외에 우리가 사랑할 대상이 무엇이겠는가? 그렇다면 아름다운 사물이란 무엇인가? 또한 아름다움이란 무엇인가? 우리를 끌어당기고 우리가 사랑하는 대상에 우리를 맺어 주는 것은 무엇인가? 그들에게 적합한 미와 형상(形相)의 미가 없다면, 우리는 결코 그쪽으로 끌려가지는 않을 것이다."

나는 물체 자체에도 전체를 통한 아름다움과, 다른 사물에 적합하기 때문에 마땅한 아름다움이 있음을 관찰하여 알게 되었고, 우리의 몸이 이러한 아름다움들을 구별해야 함을 깨달았습니다. 즉, 신체의 부분이 전체에 대하여, 마치 발이 신발 전체에 잘 맞는 경우와 같았습니다. 이러한 생각이 내 마음속에서 떠오르게 되어 나는 《미와 그 적합성에 관하여》*1를 썼습니다. 그것은 두서너 권의 책이 되었습니다. 정확한 사실은 하느님, 주께서 알고 계십니다. 그 사실들은 내 기억에서 사라져 버렸습니다. 내 수중에는 지금 그 책이 없습니다. 무슨 까닭에서인지는 모르나 없어져 버리고 말았습니다.

〈주〉

*1 아우구스티누스의 처녀작임. 미(美)를 그 전체적 측면(species, 형상)과, 부분이 전체에 미치는 조화적 측면(decus, 적합)의 두 면에서 고찰하였음.

제14장 《미와 그 적합성에 관하여》를 히에리우스에게 바침

(21) 그러나 주 나의 하느님, 어찌하여 나로 하여금 이 책을 로마 시의 웅변가 히에리우스*1에게 바치게 하셨는지요? 나는 아직 그와 대면한 일이 없었으나 학문상의 명성 때문에 그를 경애하고 있었습니다. 또한 그의 학식은 세상에 널리 알려졌기 때문에 두서너 마디 말을 듣고 감동하고 있는 터였습니다. 그러나 저는 그러한 모든 것들보다도, 그가 시리아 태생으로서 처음에는 그리스 어 연설에 능통하였고, 뒤에는 라틴 어로도 놀라운 연설을 했으며, 철학에 관한 모든 문제에도 대단히 정통하다는 사실에 경탄하고 있었습니다. 이러한 사람은 그 자리에 없다 하더라도 칭찬과 사랑을 받게 마련입니다. 그렇다면 그러한 사랑은, 칭찬하는 사람의 입에서 그 칭찬을 듣는 사람의 마음 속으로 들어간다고 생각한다면 불합리합니다. 결코 그렇지 않습니다. 사랑하는 대상은 다른 사람의 마음을 불타게 합니다. 그래서 칭찬이 진실임을 믿을 수 있을 때, 곧 사랑하는 자로서 극구 칭찬할 때, 그런 칭찬받는 사람은 진정으로 모두에게서 사랑을 받게 마련입니다.

(22) 그 무렵 나는 이러한 사람들을, 아무도 속이지 않는 하느님의 판단이 아니라 사람들의 판단으로 사랑하고 있었습니다. 그런데도 나의 마음은 유명한 마부, 또는 짐승들과의 전쟁에서 사람들이 많이 따르는 어떤 사람에 대해 떠오르는 그런 종류의 느낌과는 달랐습니다. 그 느낌은 완전히 달랐습니다. 일종의 칭찬으로, 내가 받기를 좋아했을 그런 칭찬의 느낌이었습니다. 나는 배우들을 칭찬하며 사랑하였으나, 나 자신이 배우처럼 칭찬받고 사랑받기를 바라지는 않았습니다. 배우로서 유명해지기보다는 차라리 무명이기를 바랐고, 또한 그렇게 사랑을 받기보다는 오히려 미움받기를 바랐습니다.

어떻게 하나의 영혼 속에서 여러가지 다른 무게의 사랑이 나오는지요? 타인이 가진 기술을 좋아하면서 어떻게 내가 그 기술을 가지기를 싫어할 수 있겠습니까.

다른 상황이라면 그 기술을 싫어하고 거절할 수 있습니다. 더욱이 우리는 둘 다 인간입니다. 인간은 좋은 명마와는 다릅니다. 명마가 되기를 바랄 수 있더라도 바라지 않는 어떤 사람에게 있어서는, 명마는 사랑의 대상일 뿐입니다. 그러나 이런 말의 예를 우리들과 같은 본성을 지닌 연극 배우에게 적용할 수도 있을 것입니다. 그렇다면 나 자신은 그렇게 되기를 바라지 않으면서, 꼭 같은 처지에 있는 다른 사람에 대해서는 그렇게 되기를 바라고 있는가요? 인간은 크고 깊은 늪입니다.

주여, 주께서는 인간의 머리카락이 몇 올인지도 헤아릴 수 있으며,*2 그중 한 올도 잃지 않습니다. 그러나 인간의 머리카락은 인간의 정념이나 마음의 움직임을 헤기보다 훨씬 헤기가 쉽습니다.

(23) 그러나 그 웅변가는, 나 자신도 그 사람과 같이 되었으면 좋겠다고 생각했던 그러한 유형의 인물이었습니다. 나는 교만에 들떠 방황하면서 온갖 교훈의 풍조에 밀려 요동하고 있었으나,*3 아주 은밀하게 주님의 인도하심을 받고 있었습니다. 주님 앞에서 고백하는 일에 있어서, 그 웅변가에 대한 나의 사랑은 칭찬받을 만한 그의 업적에 의해서라기보다도, 오히려 그를 칭찬하는 사람들의 존경으로 인해서 생겨났음을 내가 어떻게 알고 어떻게 확신하겠습니까? 만일 사람들이 그를 칭찬하지 않고, 비난하고 경멸하며 그에 대하여 그렇게 나쁜 사실을 말했다면, 나는 그에게 열중하지도 않았고 감격하지도 않았으리라고 생각합니다. 분명히 사실은 다르지 않고 인물도 다르지 않으며, 단지 다른 것은 말하는 사람들의 기분만 달랐을 것입니다. 자, 보십시오. 아직 진리의 견고한 바위 위에 세워져 있지 않은 인간의 영혼이 얼마나 약하게 엎드려 있는지를. 여러 가지 의견을 품고 있는 사람들의 가슴에서, 또한 억측하는 사람들의 가슴에서, 언어의 드센 바람이 불게 되면 약한 영혼은 앞뒤로 밀리고 좌우로 흔들리게 마련이며, 빛은 차단되어 진리가 인식되지 않습니다. 그렇지만 보세요, 진리는 우리의 눈앞에 있지 않나이까? 만일 내 논문과 연구가 그 유명한 사람에게 알려지게 된다면, 그것은 내게 있어서 중대한 일입니다. 만일 그가 내 논문과 연구를 칭찬해 준다면

나는 더욱더 감격했을 터이지만, 칭찬해주지 않는다면 나의 마음은 주님이 나누어주신 견고함이 허망하다는 증거가 될 뿐이므로 상처를 받았을 것입니다. 그러나 그에게 써서 바친 《미와 그 적합성에 관하여》의 주제는, 결국 나 혼자 그 뒤집힘의 재미와 그 반영을 기쁘게 고찰하였을 뿐이요, 그 누구도 함께 칭찬해 주는 사람은 없었습니다.

〈주〉

＊1 히에리우스에 대해서는 알 수 없음.

＊2 〈마태복음〉 10：30.

＊3 〈에베소서〉 4：14.

제15장 감각적인 것의 포로가 되어 영적인 것을 포착하지 못함

(24) 그러나 오로지 홀로 불가사의한 일을 행하시는 전능자이시여. 나는 아직 이 모든 문제의 중심이 주님의 창조적 행동에 기인하고 있다는 사실을 몰랐나이다. 내 마음은 물체적인 형상만을 따라 그 사물 자체에 의하여 아름답게 보이는 사물을 아름다운 사물로, 그와 반대로 다른 어느 대상에 적합하여 아름답게 보이는 사물을 적합한 사물로 정의하여 구별하고 물체의 예를 들어 설명하였습니다. 그러고 나서 나는 영혼의 본성에 대해 고찰하였으나, 그 당시 영적인 존재의 본성에 대하여 그릇된 의견을 품고 있었기 때문에 진리를 인식할 수 없었나이다. 진리의 힘 자체는 내 시야에 들어왔으나 나는 내 휘청거리는 정신을 물체적이지 않은 존재에서 외형과 색채와 용적을 가지는 존재로 돌렸습니다. 이러한 존재들을 영혼 속에서 찾아볼 수 없었기 때문에, 나는 영혼 그 자체를 볼 수 없다고 생각하였습니다.

더욱이 나는 덕에 있어서 평화를 사랑했고 악덕에 있어서 불화를 미워하고 있었으며, 덕에는 통일이 있는 반면 악 속에는 일종의 분열이 있다는 사실을 알았습니다. 또한 나로서는 그 통일 속에 이성적 정신과 진리와 최고선의 본질이 있다고 생각되었습니다. 그러나 분열 속에는 어떠한 성질인지는 알 수 없으나, 이 비이성적인 생명의 실체와 최고악의 본질이 존재한다고 생각되었습니다. 그리고 이 악에 대하여 실체뿐만 아니라 또한 생명도 부여하였습니다. 그러나 그러한 악은, 만물의 근원이신 나의 하느님, 만물을 낳으시는 주님에게서 나오지 않는다면 존재하지 않는다[*1]고 불쌍한 나는 생각했었습니다. 그리고 나는 전자, 즉 통일을 아무런 성 차별이 없는 정신이라는 의미로 단자(單子)라 불렀고, 이 분열을 양자라 불렀습니다.[*2] 그리고 사람을 해치는 분노나 파렴치한 행위의 욕정 따위는 후자에 의한다고 주장했으나, 사실 나는 스스로가 말하는 바를 알지 못했습니다. 당시의 나는 악이 어떠한 실체도 아니요, 또한 우리의 정신 그 자체도 최고 불변의 선은 아니라는 사실을 알지 못했고 배우지도 않았던 것입니다.

(25) 거센 충동을 포함한 영혼의 움직임이 사악하게 되어 무질서하게 설치면 사람을 해치게 되듯이, 또 영혼의 욕정이 억제되지 않고 육체의 쾌락에 잠기면 파렴치한 행위가 행해지듯이, 이성적 정신 그 자체가 사악해질 때 오류와 그릇된 견해가 생명을 더럽히게 됩니다. 그 당시 내 정신은 바로 이러했습니다. 나는 정신 그 자체는 진리의 본성을 갖추고 있지 않기 때문에 진리에 동참하기 위하여 다른 빛으로 조명되어야만 한다는 사실을 알지 못했습니다.

주여, 실로 주께서는 내 등불을 켜시고, 나의 어둠을 비추시나이다. 우리는 넘치는 은총을 주님에게서 받았나이다.[*3] 주님은 이 세상에 앞으로 올 모든 사람을 비추는 참 빛이십니다.[*4] 왜냐하면 주님에게는 돌아서심으로 인한 변함도, 그림자도 없기 때문입니다.[*5]

(26) 그런데 나는 주님께 가까이 가려 하다가 쫓겨나 죽음을 맛보아야 했습니다. 주께서는 교만한 자를 물리치시기 때문입니다. 그러나 내가 본질적으로 주님과 동일하다고 주장하는 일보다 더한 교만이 있을는지요. 나는 변하기 쉬우며, 그 사실은 나로서도 분명히 알 수 있었습니다. 내가 지혜를 구한 연유는, 낮고 천함으로부터 높고 존귀함으로 가기 위함이었습니다. 더구나 나는 내가 주님과 다른 존재라고 생각할 바에는 차라리 주님이 변화하는 존재라고 생각하려 했었습니다. 그리하여 나는 쫓겨나게 되었고, 주님은 내 교만한 목을 누르셨으며, 나는 물체의 형체를 상상하여 고깃덩어리인 내 육체를 비난하였습니다. 나는 방황하는 성질이라서 주님에게는 다시금 돌아가지 않았나이다. 나는 계속 방황하면서 주님 안에도, 내 속에도, 물체 속에도 존재하지 않는 사물들 사이를 헤매었습니다. 그 사물들은 주님의 진리로써 나를 위해 만들어진 것이 아니라, 나의 공상에 의하여 물체로부터 만들어진

허구의 사물이었습니다.

그리고 나는 주님의 어린 신자들*6에게, 나의 시민들에게—그들의 동료들로부터 나는 알지 못하는 사이에 추방되어 있었지만—떠들썩하고 어리석게도 "하느님이 영혼을 지으셨다면 어찌하여 영혼은 잘못을 저지르는가?" 하고 물었습니다. 그러면서 나는 "그렇다면 어찌하여 하느님은 잘못을 저지르는가?" 하는 반문을 듣기는 원하지 않았습니다. 나는 잘못을 저지르기 쉬운 나의 본성이 스스로의 선택에 의해 곁길로 빗나가게 되었고, 그 실수는 그 잘못된 본성에 대한 벌이라고 고백하기보다는, 주님의 변함없는 본성이 잘못을 저지르도록 강제된 탓이라고 주장하고 있었습니다.

(27) 내가 그《미와 그 적합성에 관하여》를 쓴 것은 스물예닐곱 살 무렵의 일이었습니다. 그 당시 나는 물체에 관한 현상에 빠져 있어 내 마음의 귀는 막혀 있었습니다. 내 마음의 귀는 주님의 내적인 선율에 기울어졌습니다. 아름다움과 그 적합성에 관하여 생각하며 멈추어 서서 주님의 음성을 듣고, 신랑의 목소리를 듣고서 크게 기뻐하려고 생각했습니다.*7 그러나 나는 그러지를 못했나이다. 나는 자신의 그릇된 소리에 의해 자기 밖으로 끌려나오게 되었고, 내 교만의 무게 때문에 깊은 늪에 잠겨 있었나이다. 실로 주님은 내게 기쁨과 즐거움을 들려주시지 않았고, 내 뼈들은 즐겁게 움직이지 않았습니다. 그 까닭은 우리의 기쁨과 즐거움이 겸손함을 모르고 있었기 때문입니다.

〈주〉

＊1 〈로마서〉 11 : 36, 〈고린도전서〉 8 : 6.

＊2 단자(monas)와 양자(duas)는 피타고라스 철학의 기본 개념임.

＊3 〈요한복음〉 1 : 16.

＊4 〈요한복음〉 1 : 9.

＊5 〈야고보서〉 1 : 17.

＊6 〈마태복음〉 18 : 6.

＊7 〈요한복음〉 3 : 29.

제16장 아리스토텔레스의 《범주론(範疇論)》을 읽다

(28) 내 나이 스무 살이 될 무렵*1 아리스토텔레스의 《열 개의 범주》라는 책을 손에 넣었습니다. 그것을 나 혼자 읽고 이해했으나, 그것이 내게 무슨

유익함이 있었는지요. 나의 선생이었던 카르타고의 웅변가와 그 밖의 학자라고 생각되던 사람들이 열을 내어 이 책 이름을 거론할 때마다, 나는 그 어떤 위대한 대상을 대하듯이 이 책을 동경했습니다. 나는 이 책에 관하여 친구들의 의견을 구했으나, 그들의 답은, 가장 박학한 교사들이 구두 설명뿐 아니라 모래 위에 많은 그림을 그려가면서 설명했어도 전혀 이해할 수 없었다고 하는 것이었습니다. 또한 그들은, 내가 혼자서 읽고 아무 설명해줄 사람 없이 스스로 이해하려 했으나 이해할 수 없었던 것에 대해서도 내게 아무런 설명도 해주지 못했습니다.

이 책은 내가 보기에, 인간과 같은 실체에 대해 극도로 분명한 사실들을 기술하고 있었습니다. 곧 인간 형태의 본질은 무엇인가, 그 신장은 몇 피트인가, 그 혈연 관계, 곧 누구의 형제인가, 또한 어디에 살고 있는가, 언제 태어났는가, 서 있는가 앉아 있는가, 구두를 신고 있는가, 무장하고 있는가, 무엇을 하고 있는가, 무엇을 해야만 하는가. 방금 열거한 이 아홉 가지 범주에 속하거나 실체 그 자체에 속하는 무수한 사항에 관하여 아주 명료하게 설명하고 있는 것으로 내게는 생각되었습니다.

(29) 그 책 자체가 나의 삶에는 방해물이었습니다. 그러니 이러한 사실이 내게 무슨 유익함이 있었겠습니까? 나는 존재들이 모두, 그 사물의 실체가 어떠한지에 대한 열 개의 범주에 완전히 대응하여 포괄된다고 생각하였습니다. 나의 하느님, 그리하여 놀라우리만큼 단순하고 결코 변치 않는 주님까지도 그 범주에 맞추어 생각하려 하였습니다. 그리하여 주님은 그 위대함과 아름운 속성 자체라고 여겼던 한편, 인간에 있어서는 그 위대함과 아름다움의 속성들이 주님 말씀의 주제 안에 있듯이 주님 안에 있다고 생각했나이다. 그러나 사실은 주님 자체가 주님의 위대함과 아름다움이십니다.

이와 반대로 물체는 물체이기 때문에 위대하고 아름다운 것은 아닙니다. 물체는 위대하고 아름답지 않더라도 물체임에는 변함이 없습니다. 곧 내가 주님께 대하여 하는 생각은 허위일 뿐 진실이 아니었으며, 나의 가소로운 조작이었습니다. 주님의 행복을 터득하는 확실한 인식이 아니었습니다. 주님께서는 대지의 흙으로 하여금 가시나무와 검은 딸기 관목을 솟아나게 하도록 명하신 동시에, 내가 고된 노동으로 거기에서 빵을 얻어야 한다고 명하셨습니다.[*2]

(30) 또한 그 외의 모든 것이 내게 무슨 유익함이 있었는지요? 나는 그 무렵 사악한 욕망의 가장 천박한 노예였으면서, 자유인이 지녀야 한다는 학문 전반에 걸친 책을 혼자 읽고 독파한 한도 안에서 이해했지만, 내가 얻은 것이 무엇이었는지요? 나는 그 모든 책을 즐겼으나 그 속에 있는 진실되고 확실한 모든 것이 어디서 오는지를 몰랐습니다. 나는 빛을 등지고 내 눈을 빛이 비치는 반대쪽으로 향하고 있었습니다. 그리고 나의 얼굴은 빛이 비추어진 사물들을 바라볼 수 있었으나, 나의 얼굴 자체는 빛을 받지 못했습니다. 내가 웅변술에 대하여, 또한 기하와 음악과 산술에 대하여 그 누구에게도 배우지 않고 쉽게 이해했다는 사실은, 나의 하느님 주께서 아시는 대로입니다. 이해가 빠른 재능도, 직관이 날카로운 재능도 주님의 선물이기 때문입니다. 그러나 나는 그 때문에 주님께 희생을 바치지 않았으니, 그것은 내게 있어 유익함이 되지 못하고 오히려 파멸을 초래하게 되었습니다. 나는 내 재산의 이렇듯 귀중한 부분을 자신의 힘 속에 수렴하려고 노력하였으나, 내 힘을 주님을 위해 비축해 두지 않고 주님을 배반하여 먼 나라에 가서 재산을 방탕한 데 모두 써버렸습니다.*³ 좋은 재산을 제대로 쓰지 못한 내게 있어 그것이 무슨 유익함이 되었겠습니까? 내가 그들에게 설명하려고 시도했을 때, 그 모든 학문은 가장 근면하고 가장 재능 있는 학생조차도 좀처럼 이해하지 못한다는 사실을 나는 깨닫지 못했습니다. 실제로 내 설명에 뒤떨어지지 않고 좇아온 학생은 그들 가운데 가장 우수한 학생이었습니다.

(31) 그러나 이 학문이 이해된들 내게 무슨 유익함이 되었겠습니까? 진리이신 주 하느님, 나는 주님께서 빛나는 거대한 몸체이시며, 나는 그 몸체의 한 조각이라고 생각하고 있었습니다. 정말 심하게 냉소적인 의미에서였습니다! 그러나 그것이 나의 본모습이었습니다. 주님, 당신의 은총을 스스로에게 고백하며 주님을 부르려 하는데도 얼굴이 붉어지지 않았습니다. 그 당시 나는 사람들 앞에서 모독의 말을 멋대로 지껄였고, 주님께 욕스러운 말을 퍼붓기를 부끄러워하지 않았습니다. 그러니 이러한 학문을 아무 어려움 없이 터득한 나의 이해력도, 아무에게서도 가르침 받은 일 없이 내가 설명했던 이러한 극히 난해한 서적도 당시의 내게 무슨 유익함이었겠습니까?

나는 잘못되고 왜곡된 신앙과 하느님을 모독하는 죄 안에서 방황하고 있었으니 말입니다. 또한 나보다 이해력이 훨씬 둔한 주님의 어린 심령들에게는 어떤 심각한 해가 있었을까요? 그들은 주님으로부터 멀어지지 않았습니다. 주님 교회의 보금자리 안에서 안전하게 보호되고, 깃털이 났으며, 굳건한 신앙의 양식으로 사랑의 날개를 키웠습니다.

오오, 나의 주 하느님, 주님의 날개 그늘에서 희망을 품게 하소서. 우리를 지키시고 우리를 맡아 주소서. 주께서 우리를 맡으셨나이다. 우리가 어릴 때에도 맡으셨거니와 우리가 백발이 될 때까지 맡으시나이다.[4] 주께서 우리의 힘이실 때에 진정 주께서는 강력하시며, 우리가 우리 자신의 힘에 의지할 때에 주께서는 무력해지시나이다. 우리의 선이란 언제나 주님과 함께하는 삶입니다. 거기서 우리는 주님을 배반함으로써 그릇된 길에 빠졌나이다.

주여, 우리는 이제 쓰러지지 않기 위하여 주님에게 돌아가겠나이다. 우리의 선은 조금도 결함이 없이 주님 안에 살아 있습니다. 주님이 바로 우리의 선이기 때문입니다. 우리가 주님 품에서 멀어졌다 하더라도 돌아갈 곳이 없음을 두려워하지 않나이다. 우리가 없다 하더라도 우리의 집, 곧 영원이신 주님은 결코 무너져 떨어지는 일이 없기 때문입니다.

〈주〉

*1 374년, 타가스테에 있던 때로서, 《미와 그 적합성에 관하여》 보다 먼저임.

*2 〈창세기〉 3 : 18.

*3 〈누가복음〉 15 : 13.

*4 〈이사야〉 46 : 4.

제5권 29세 때의 일

29세 때의 체험을 말함. 마니교의 유명한 주교 파우스투스를 만나 그의 무지함을 알고, 그 종파에서 성공하려 했던 의도를 버림. 어머니의 뜻을 거스르면서 로마에 가서 웅변술을 가르쳤고, 또한 웅변술 교사로서 밀라노에 가게 됨. 거기서 암브로시우스를 만나게 되고, 점차 그리스도교 신앙에 대한 자신의 오해를 깨닫게 됨.

제1장 하느님을 찬미하고 하느님에게 고백함은 영혼에게 타당한 일이다

(1) 주님, '내 혀의 솜씨'가 당신의 이름을 고백하도록 꾸며 부추겨서 하게 된 나의 희생적 고백을 받아 주소서.*1 또한 "모든 뼈들을 치료해 주시고" "주여, 그 누가 주님과 비교될 수 있사오리까?" 하고 말할 수 있게 하소서.*2 주님께 고백하는 자는 자기 속에 일어나는 생각을 주님께 아뢰지는 않습니다. 닫힌 마음도 주님의 눈길을 가릴 수는 없고, 완고한 인간도 주님의 손길을 물리칠 수 없습니다. 주님은 그 비뚤어진 마음을 뜻대로 자비롭게 여기시거나 징계하시면서 돌이키게 하여, 누구든지 주님의 사랑을 받게 하십니다.*3 그러나 내 영혼으로 하여금 주님을 사랑하기 위하여 그 이름을 찬미하게 하소서. 또한 주님을 찬미하기 위하여 그 자비에 대해 감사하게 하소서.*4 주께서 창조하신 만물은 그 이름을 찬미하는 일을 멈추지도 않으며 또한 숨기지도 않습니다. 모든 영들은 그 입을 주님에게 향하고 있으며, 또한 생물들과 물체들은 자신들을 바라보고 생각하는 자의 입을 통해 주님을 기리나이다. 이리하여 우리의 영혼은 그 피로함에서 벗어나 주님을 향하여 일어서며, 그 모든 만물을 창조하신*5 주님께 가까이 가려 합니다. 소생된 힘과 참된 용기가 주님과 함께 있나이다.

〈주〉

*1 〈시편〉 50 : 21, 〈지혜서〉 18 : 21.

*2 〈시편〉 6 : 3, 14 : 10.

*3 〈시편〉 18 : 7.

*4 〈시편〉 118 : 175, 145 : 2, 106 : 8, 15, 21, 31.

*5 〈시편〉 71 : 18, 135 : 4.

제2장 불의도 하느님 앞에서는 피할 수 없다

(2) 침착하지 못하고 사악한 자들은 주님에게서 떠나 멀리 도망가게 하소서.*1 그러나 주님은 그들을 보시고 그 그림자의 존재조차도 분별하시나이다.*2 보소서, 그들은 추하지만, 모든 사물 전체는 추한 그들과 함께 있어도 아름답습니다.*3 그들이 주님에게 어떤 해를 끼쳤나이까?*4 또한 그들은 어떤 일을 저질러 천상에서 가장 아래쪽인 대지에 이르기까지 정의롭고 완전한 주님의 나라를 더럽혔는지요? 그들은 주님 앞에서 도망칠 때 도대체 어디로 도망갈 수 있는지요? 주님께서 그들을 발견할 수 없는 곳이라도 있다는 말씀인가요? 그들은 도망쳤기 때문에 주님을 잃게 되었고, 눈이 멀어 주님 앞에 무릎 꿇게 되었습니다. 주님은 자신이 창조한 존재들을 하나도 내버리지 않으시나이다. 곁길로 빗나간 그들은 주님 앞에 꿇어앉아 당연한 괴로움을 받았습니다.*5 그들은 주님의 온유하심에서 벗어나 그 엄정하심에 무릎을 꿇게 되었고 그 준엄하심에 쓰러지게 되었나이다. 그들은 주님께서 어디에나 존재하심을 모릅니다.

주님께는 테두리가 없습니다. 오직 주님만이 항상 존재하시며, 주님은 주님에게서 멀리 떠나는 자들까지도 지켜보신다는 사실을 알지 못하나이다. 그들이 돌아와 주님을 찾게 하소서. 그들은 자기의 창조주를 버렸으나, 주님은 자신의 창조물을 버리지 않으셨나이다.*6 그들이 돌아오게 하시고, 곧 그들의 마음 안에 드소서.*7 주님을 향해 고백하고, 주님의 품안에 자기 몸을 내던지며, 스스로 험준한 길을 방황한 뒤에 주님의 품에서 우는 자의 마음속에 주님은 계시나이다.*8 그리고 주님께서는 그들의 눈물을 친히 닦아 주시며,*9 그들은 심히 울고 울면서 기뻐하게 되나이다. 주여, 주님은 피와 살을 가진 한 인간은 아니시오나, 주여, 그들을 지으신 주께서 그들을 새로 지으시고 위로하십니다. 주님을 찾아 구하고 있을 때에 나는 어디 있었는지요? 주님은 내 눈앞에 계셨으나 나는 내 자신에게서 떠나 나조차도 보지 못하였나이다. 하물며 주님을 볼 수 있었겠나이까?

〈주〉
*1 〈시편〉 138 : 7.
*2 〈창세기〉 1 : 4, 본서 13 : 14·15 참조.
*3 《하느님의 나라》 11 : 23.
*4 《하느님의 나라》 12 : 3.
*5 〈로마서〉 11 : 7~11.
*6 〈지혜서〉 11 : 25.
*7 〈이사야〉 46 : 8.
*8 〈지혜서〉 5 : 7.
*9 〈요한계시록〉 7 : 17, 21 : 4.

제3장 마니교의 주교 파우스투스도 피조물을 통하여 창조주를 인식하지 못하였다

(3) 나는 내 하느님 앞에서 내 나이 스물아홉 살 때의 일*¹을 그대로 아뢰려 하나이다. 그 무렵 파우스투스라는 이름의 마니교 주교가 카르타고에 와 있었습니다. 파우스투스는 '악마의 큰 덫'*²이었습니다. 많은 사람들이 그의 달콤한 말에 미혹되어 그 덫에 걸렸습니다. 나도 그의 산뜻한 웅변을 예찬하였습니다. 그러나 내가 열심히 배우려 하고 있던 그때의 진리와 그 달콤한 말을 혼동하지는 않았습니다. 나는 세상의 평판에 따라 그의 설교가 어떤 그릇에 담겨 나오는가 하는 데에 대해서가 아니라, 마니 교도 사이에서 유명한 그 파우스투스가 내게 어떤 지식을 먹이는가 하는 사실에 주목하였습니다. 실제로 나는 파우스투스가 그 명성만큼이나 존경할 만한 학문에 두루 통달하여 있고, 자유인에게 어울리는 학문에도 아주 조예가 깊다는 사실을 이미 알고 있었습니다. 나는 철학자들의 많은 책을 읽고 그 주장을 기억하고 있었기 때문에, 그 중 어느 한 구절을 그 마니 교도의 장황한 말과 비교해 보았습니다. 그리고 철학자들의 학설 쪽이 더 진실되다고 생각하였습니다. 그러나 철학자들도 "이 세상을 존중하는 정도의 차원은 되었으나, 결코 주님을 찾아내지는 못하였습니다."*³ "주여, 주님은 위대하시어 천한 자를 돌보시

고, 교만한 자를 멀리서 지켜보십니다." "회개한 마음"이 아니고는 주님께 가까이 갈 수 없고, 교만한 자는 주님을 볼 수 없기 때문입니다. 비록 그들이 호기심에 찬 술수로 별과 모래를 가르치고 별의 세계를 헤아리며, 별들의 궤도를 더듬는다 하더라도 주님은 결코 그들에게 발견되지 않습니다.

(4) 실제로 철학자들은, 주님께서 자신들에게 주신 정신과 재능에 따라 그 모든 사물들을 탐구하여 많은 사실들을 발견하였습니다. 일식과 월식이 어느 날 몇 시에 어느 정도 생기는가를 훨씬 미리 예언하였으며, 그들의 계산에는 착오가 없었습니다. 그리고 그들이 예언한 대로 그 일들이 발생하였습니다. 또한 탐구에 의해 발견한 규칙을 기록하여서, 사람들은 오늘날 그것을 읽음으로써 어느 해, 어느 달, 어느 날, 어느 시에 어떤 정도의 일식과 월식이 생기는가를 예언합니다. 그리고 그들이 예언한 바대로 실제로 그 일이 발생합니다. 그것을 보고 그 사정을 모르는 사람들은 이상하게 생각하며 경탄합니다. 그리고 그 사정을 아는 자들은 자만으로 우쭐해지며, 찬탄도 받습니다. 그들은 비종교적인 (지
적) 자만심으로 인해 주님에게서 떠나 주님의 빛을 잃게 되고, 미래에 일식이 일어나리라는 예견을 하면서도 자기들이 속해 있는 현재의 일식은 보지 못합니다. 그 이유는 그들이 이러한 사물의 현상들을 탐구하는 지적 능력의 근원을 종교적인 정신에서 조사하지 않기 때문입니다.

그들은 주께서 자신들을 지으신 사실을 느끼면서도 주님의 보호를 받기를 거부하며, 그들이 스스로 이룬 자신의 것을 주님께 희생하여 바치려 하지도 않습니다. 그리고 '하늘의 새'와 같은 자만심을 결코 없애려 하지 않고, 또한 '바다의 물고기'와 같은 호기심을 억제하지 않으며, '들의 짐승' 같은 그들의 방종을 억제하지 않습니다. 무엇이든 삼켜버리시는 하느님, 죽음 같은 그들의 걱정스러운 일들을 모두 소진시키시고, 그들을 새로이 불사(不死)의 몸으로 고쳐 만드소서.

(5) 그러나 철학자는 주님의 '말씀'인 그 '방법'을 알지 못했습니다.*⁴ 주님의 말씀에 따라야만 그들이 만들 수 있는 계산할 사물과 그 계산을 할 수 있는 사람들이 생기는데, 그들은 이 방법을 몰랐습니다. 그리고 그들이 계산할 사물들과 계산할 수 있는 정신능력 덕분에 그러한 감각들이 생기지만 그것도 주님의 말씀을 통해서라는 사실을 모르고 있었습니다. 그러므로 "주님의 지혜에는 번호를 매길 수 없나이다."*⁵ 자식을 낳으신 유일한 분이신 주님은

스스로 우리를 위해, 지혜이자 정의가 되셨으며 신성화되셨습니다.*6 또 우리 가운데 하나가 되시어, 카이사르(Caesar)에게 세금을 바치셨습니다. 그들은 이 길을 몰랐습니다. 곧 교만한 그들 자신으로부터 그분 아래로 내려가서 그분을 통하여 그분에게 올라가는 길을 몰랐습니다. 그들은 이 길을 알지 못하고 그들 자신이 별과 더불어 하늘 위에서 빛나는 줄로 생각하고 있었습니다. 그러나 보소서, 그들은 땅에 떨어져 부서졌나이다.*7 그리고 "그들의 어리석은 마음은 음울해졌나이다."*8 그들은 피조물에 관한 많은 진실을 말하면서 피조물의 창조주인 진리 그 자체에 대해서는 경건한 정신으로 물으려 하지 않습니다. 따라서 그들은 그 진리를 발견하지 못합니다. 또한 진리를 발견한다면, 하느님을 아는 진리라도 그 진리를 하느님으로서 경배하지 않고 감사하지 않으며, 그들 자신의 생각 속에서 길을 잃고 헤매며 지혜를 달라고 불평합니다. 주님께서 행하신 일을 자기의 공으로 돌리고서 그들은 헤매는 것입니다. 그러므로 그들은 자신이 가장 사악한 맹목성으로 하여 저지르는 일을 주님 탓으로 돌리려 합니다. 곧 그들은 진리이신 주님 안에 허위를 넣어, "불후한 하느님의 영광을, 부패할 인간과 새와 짐승과 뱀의 모습처럼 바꾸어" "주님의 진리를 허위가 되게 하고, 창조주보다는 창조물을 숭배하고 섬깁니다."*9

(6) 그럼에도 나는 철학자들에게서 피조물에 대한 많은 진리를 들었습니다. 나는 사물의 합리적이고 수학적인 질서와 계절의 질서, 성좌의 눈에 보이는 증거에 주목하였습니다. 나는 이 철학자들의 주장을 마니의 교설과 비교해 보았습니다. 마니는 이러한 문제에 대하여 많은 것을 썼습니다. 그러나 내가 통속적인 학문 서적에서 읽을 만한 유사한 사항들, 즉 하지나 동지, 춘분과 추분, 일식과 월식에 관해서 정상적인 정신을 가진 이라면 생각할 수 없는 억측을 제멋대로 하고 있었습니다. 마니의 주장은 올바른 근거가 있다고 생각되지 않았습니다. 그런데도 나는 그러한 주장들을 믿으라는 명령을 받았습니다. 그러나 그것은 내가 계산하여 확인하고 내 눈으로 직접 관찰한 합리적인 설명과 일치하지 않을 뿐 아니라 전혀 달랐습니다.

〈주〉

*1 383년의 일.

＊2 〈디모데전서〉 3 : 7, 6 : 9.

＊3 〈지혜서〉 13 : 9.

＊4 〈요한복음〉 1 : 3, 14 : 6.

＊5 〈시편〉 146 : 5.

＊6 〈고린도전서〉 1 : 30.

＊7 〈이사야〉 14 : 12.

＊8 〈로마서〉 1 : 21.

＊9 〈로마서〉 1 : 21~25.

제4장　하느님을 인식하는 것만으로도 인간은 행복해진다

(7) 진리이신 하느님, 이러한 자연 과학적 지식을 지닌 사람은, 그러한 지식에서만은 주님의 뜻에 반갑지 않은 자이리라 생각됩니다. 이러한 자연 과학에 무지하더라도 주님을 알고 있다면 그 사람은 행복합니다. 더구나 주님과 자연을 둘 다 아는 자는, 이러한 까닭으로 해서 더욱 행복하지는 않고, 오로지 주님을 알기 때문에 행복한 것입니다. 그가 주님을 안다면, 그는 주님이 누구이신지를 알고서 찬양하고 감사하며, 그가 상상한 생각 속에서 길을 잃을 염려가 없습니다.＊1 가령 어떤 자가 자신이 나무를 소유하고 있는 사실에 대하여 주님께 감사하고 있다면, 그는 비록 그 나무의 높이가 얼마나 되며 그 굵기가 얼마나 되는지 모른다 하더라도, 그 나무를 측량하고 그 가지를 전부 다 헤면서 그 나무를 소유하고 있지 못한 사람보다 더 낫습니다. 또한 그 창조주를 알지 못하고 사랑하지도 않는 자보다 낫습니다. 그와 마찬가지로 만물이 모두 섬기는 주님께 의지함으로써, 이 믿는 자는 온 세계의 부를 소유하고, "그가 아무것도 가진 게 없는 것과 마찬가지로 또한 모든 것을 소유합니다."＊2 그는 북두성의 궤도조차 모른다 하더라도, 하늘을 측량하고 별을 헤며 원소의 양을 재면서 더구나 만물을 도량(度量)과 수와 무게로 파악하시는 주님을 알려고 하지 않는 자보다 훨씬 낫게 마련입니다. 그리고 무지하지만 이렇게 주님에 대해 스스로가 더 잘 앎으로써 자신이 더 나은 사람임을 의심하는 사람은 어리석습니다.

〈주〉

＊1 〈로마서〉 1 : 21.

제5장 마니는 신용할 수 없다

(8) 이러한 과학적 사실들을 알지 못하더라도 경건함은 배울 수 있건만, 그 불분명한 마니라는 사람에게 누가 그러한 사실에 관하여 쓰라고 요구했는지요? 주님은 인간을 향하여 "보라, 하느님을 공경하는 일이 지혜니라"＊¹ 고 말씀하셨나이다. 그 마니는 그러한(과학적) 사실에 대하여는 완전히 알고 있었다 하더라도 이 경건에 대해서는 무지했는지도 모릅니다. 그 사람은 그러한 사실에 대하여 무지하면서도 뻔뻔스럽게 그것을 가르치는 일을 했기 때문에 경건을 알기는 불가능했을 것입니다. 실제로 그러한 세속 세계에 속하는 일은 비록 그에 대해 알고 있다 하더라도 그 일에 대해 떠들어대는 행위는 허영이며, 주님을 향해 고백하는 행위는 경건이기 때문입니다. 그는 이 원리로부터 곁길로 빠져나가 세속 세계에 속하는 일을 중언부언하고 말했던 것입니다. 진실을 아는 사람들에 의해 무지가 탄로나고, 훨씬 이해하기 어려운 다른 신비적인 사항들에 대한 그의 이해의 정도가 어떠한가를 사람들은 분명히 인식하게 됩니다. 그는 자기의 의견 피력 능력이 하찮게 보이는 것을 좋아하지 않았습니다. 그래서 주님을 믿는 사람들을 위로하시며 그들에게 풍요를 분배해주시는 성령이 권위를 지니고 자기 안에 깃들어 있다고 사람들이 납득하게 하려 했습니다. 이리하여 그가 하늘과 별에 대하여, 또한 태양과 달의 운행에 대하여 거짓을 말한 사실이 폭로될 때마다, 비록 그러한 일들이 종교적 교설(敎說)과 관계없다 하더라도 그가 꾸며댄 일들이 신을 모독하는 행위였음이 분명하게 드러났습니다. 그는 알지 못하는 사실뿐 아니라 허위의 사실도 미친 듯한 허망함과 교만스러움으로 말하였고, 자기의 주장을 마치 하느님의 말씀처럼 믿게 하려 했었습니다.

(9) 나는 어떤 그리스도교인이 이러한 사실에 대하여 알지 못하고 오해하고 있음을 듣게 되어도, 그 사람의 의견을 말없이 꾹 참고 들어줍니다. 만물의 창조자이신＊² 주님, 나는 또한 그 사람이 주님에 대하여 터무니없는 것을 믿지 않는 한, 비록 물체적인 피조물의 위치와 상태에 대하여 무지하다 하더라도 그에게 신앙의 장애가 되지는 않는다는 사실을 압니다. 그러나 만일 그 그리스도교인이, 자신은 자연을 정통신앙에 따라 바라보고 있다고 생각하면

서, 자신이 이해하지 못하는 무엇인가에 대해 감히 완고하게 단언하거나 한다면, 그것은 장애가 됩니다. 그러나 신앙의 요람기에는 이와 같은 약점도 어머니와 같은 사랑으로 지탱됩니다. 새로운 사람이 "완전한 인간이 되어, 더이상 온갖 교훈의 바람에 떠돌아다니지 않게 됩니다."*3 그러나 그가 만일 자신의 생각을 설파하려 하는 교사, 지도자, 권위를 가진 수령이 되려 하였고, 이렇게 해서 그를 따르게 된 사람들은 단 한사람으로서의 그 지도자를 따른다기보다 주님의 성령을 따른다고 스스로 생각하기에 이르렀을 경우에, 만일 이 지도자라는 사람이 거짓 사실을 유포했다고 일단 판명되면, 누구라도 그 어리석은 믿음이 혐오되어야 하고 유포가 중단되어야 한다고 판정할 것입니다.

그러나 그 무렵 나는 낮과 밤의 길고 짧음의 변동과, 밤과 낮 그 자체의 변동, 일식과 월식 등, 내가 다른 책에서 읽은 이런 종류의 현상이 그 마니의 말로써 설명되는지 아직 분명하게 알지 못했었습니다. 또한 비록 그것으로 설명될 수 있다 하더라도 다른 책과 마니의 말 양자 가운데 어느 쪽이 진실인지는 나로서 분명치 못했을 것입니다. 그렇게 불확실한데도, 나는 그 마니의 신성에 대한 믿음을 근거로, 나의 믿음에 대한 뒷받침으로서 그의 권위를 여전히 내세울 수 있었습니다.

〈주〉
＊1 〈욥기〉 28 : 28.
＊2 〈마카베오후서〉 1 : 24.
＊3 〈에베소서〉 4 : 13.

제6장 파우스투스에 대한 실망

(10) 이리하여 꼬박 9년 동안 나는 안정을 찾지 못하고 마니 교도의 가르침을 들으면서 파우스투스가 오기를 애타게 기다리고 있었습니다. 내가 만난 다른 마니 교도들은 이러한 일에 대하여 내가 제기한 문제를 풀지 못하여, 그저 내게 파우스투스가 오기만 기다리게 했습니다. 그들은 말하기를 파우스투스가 오면 그와 교제하며 말할 때에 그 모든 의문이 단번에 풀리게 되고, 또한 좀더 어려운 문제가 있을지라도 그것 역시 명쾌하게 풀리리라고 말하는 것이었습니다. 이윽고 그가 왔습니다. 그는 유쾌하고 연설에 뛰어난 사

람이며, 마니교의 다른 교사들이 언제나 말하고 있는 바를 훨씬 교묘하게 잘 말한다는 사실을 알게 되었습니다. 그러나 좀더 값비싼 잔을 기대하고 있던 내게 있어 말하는 이의 외양이 좋은들 무슨 유익함이 있겠나이까? 내 귀는 이미 그런 말을 듣는 데 신물이 납니다. 교묘하게 말한다고 해서 뛰어나다고는 생각되지 않고, 웅변적이라고 해서 진실되다고는 생각되지 않으며, 용모가 훌륭하다고 해서 무언가를 진실로 보이게 하지는 못하며, 표현이 적절하다고 해서 그 영혼이 진실하다고 생각되지는 않았습니다. 내게 파우스투스가 오기를 기대하게 한 사람들은, 사물의 바른 판단자들이 아니었습니다. 그들은 파우스투스의 연설에 기쁨을 느끼었기 때문에 그를 생각이 깊고 현명한 사람이라고 여겼던 것입니다. 그러나 나는 그들과 반대로, 미사여구를 늘어놓을 때면 진리도 의심스럽다고 생각하여 그 말에 동의하지 않는 사람이 있음을 알고 있었습니다. 그러나 나의 하느님, 주님은 이미 신비롭고 은밀한 방법으로 다음 사실을 내게 가르쳐 주셨습니다. 나는 그것을 주께서 내게 가르치셨다고 믿고 있으므로, 바로 주께서 가르치는 바가 진리이며, 진리는 또한 언제 어디서 나타난다 하더라도 그것을 가르치는 분은 주님밖에 없습니다. 그 때문에 나는 이미 주님에게서 다음 사실을 배운 바 있습니다. 곧 "웅변이라고 해서 그것이 진실이라고 생각해서는 안 된다. 말을 더듬거린다고 해서 허위일 리도 없다. 또한 반대로 표현이 조잡하다고 해서 진실인 것도 아니요, 화술이 고상하다고 해서 허위도 아니다. 그렇지 않고, 지혜와 우둔함이란 각각 건전한 음식과 불건전한 음식과도 같은 한편, 언어란 장식적이든 아니든 주제를 결정하지는 못한다. 그러나 두 가지 종류의 음식은 각각 시골 식기와 도시의 식기에 담을 수 있다"는 사실입니다.

(11) 따라서 내가 파우스투스를 오랫동안 기다린 열망은 그가 대화할 때의 태도와 열정으로, 또한 그의 적절한 사상의 표현으로, 입에서 터져 나오는 말로 크게 채워졌습니다. 나는 만족을 느껴 많은 사람들과 더불어 그들보다 한층 더 파우스투스를 칭찬하였습니다. 그러나 나는 청중들의 집회에서 그와 친근하게 말하고 문답을 나눌 기회가 없어, 나를 괴롭히고 있던 의문을 그에게 말하여 전할 수 없는 일이 무엇보다 유감스러웠습니다. 그러나 뒤에 그 일이 허용되어서, 그가 담론하기에 좋은 분위기에서 그의 의견을 구하여, 나를 괴롭히고 있던 두서너 가지 문제를 말할 수 있게 되었습니다. 나는 곧

그가 문법학을 제외하고는 자유인이 터득해야 할 학문에 통달하지 못했다는 사실과, 그의 문법학 역시 보통의 정도에서 벗어나지 못했다는 사실을 간파하였습니다. 그는 키케로의 두서너 개 연설과 극히 약간이기는 하지만 세네카[*1]의 저서, 그리고 시인들의 작품 몇 편과 자기가 속한 파의 라틴 어 명문으로 쓰인 약간의 저술을 읽었을 뿐입니다. 그러나 매일 행하는 설교에 숙달되어 있었기 때문에 말재주를 갖추고 있었습니다. 그 말재주는 그의 재치있는 교묘한 구사와 타고난 우아함으로 더욱더 쾌적하고 매력 있는 설이 되어 있었습니다.

나의 주 하느님, 내 양심의 심판자여, 나의 기억이 맞나이까? 나의 생각과 추억을 '주님 앞에'[*2] 내어 놓나이다. 주님은 그때 그 숨겨진 섭리로 나를 인도하셔서, 나 자신의 수치스러운 잘못을 내 눈앞에 내밀어 혐오감을 느끼도록 하셨나이다.

〈주〉

＊1 로마의 스토아파 철학자. 황제 네로의 스승. 뒷날 네로의 노여움을 사 65년에 처형됨.

＊2 〈민수기〉 10 : 9.

제7장 마니교에서 멀어지다

(12) 나는 파우스투스가 학문에 뛰어나다고 생각하고 있었습니다. 그러다가 그가 그 방면에 무식하다는 사실을 알게 되자 무척이나 실망했습니다. 나는 나 자신을 괴롭히고 있던 의문을, 파우스투스가 나를 위해 규명하여 해결해 주지 못한다는 것에 절망하기 시작하였습니다. 하기야 마니 교도만 아니라면, 자유분방한 기예를 무시하는 태도야말로 확실한 신앙과 통하는 태도입니다. 실제로 마니 교도의 서적은 하늘과 별과 해와 달에 관한 기나긴 조작된 말로 가득 차 있습니다. 그것이야말로 파우스투스가 설명해주기를 내가 바라던 바로서, 내가 다른 서적에서 읽은 수학적 설명과 비교하여 마니의 서적에 기록되어 있는 쪽이 진실한지, 또는 적어도 그에 뒤떨어지지 않는 합리적인 설명을 마니의 서적에서도 얻을 수 있는지에 관하여 알고 싶었습니다. 그럼에도 내가 이러한 문제를 제기하여 파우스투스의 고찰과 검토를 구

했을 때, 그는 아주 겸손한 태도로 이런 무거운 짐을 지려 하지 않았습니다. 파우스투스는 이러한 사항을 알지 못하고 있음을 자각하고 있었고, 그것을 고백하기를 부끄러워하지 않았습니다. 파우스투스는 내가 그때까지 참아온, 그 모든 것을 내게 가르치려 하면서 사실은 아무것도 가르쳐 주지 못하던 사람들과는 달랐습니다. 정녕 파우스투스의 마음은 "주님에게 바로 향해 있지 않았습니다"만, 자기에 대해서 부주의스럽지는 않았습니다. 파우스투스는 자기의 무지에 대하여 전혀 무지했던 것은 아니었고, 경솔한 논쟁으로 거기에서 벗어나려 하지도 않았으며, 물러나기 힘든 궁지에 빠지기를 바라지도 않았습니다. 이 점에 있어서도 파우스투스는 더욱더 내 마음에 들었습니다. 내가 알고 싶어 갈구하는 문제들에 대해 한계를 받아들이는 그의 통제된 겸허함이 아름다워 보였습니다. 그리고 나는 파우스투스의 이런 처신에 의해 가장 어렵고 미묘한 문제들을 판단할 수 있을 뿐이었습니다.

(13) 이리하여 내가 마니의 문서에 대해 품고 있던 열망은 식고 말았습니다. 나를 괴롭히고 있던 많은 문제에 대하여 유명한 파우스투스조차 대답할 수 없다는 사실이 명백해졌습니다. 그러므로 그 종파에 속하는 교사들로부터 배워야 하겠다는 희망까지 잃었습니다. 그리고 나는 파우스투스와 더불어 그의 흥미에 따라 문학의 영역에서 함께 시간을 보내게 되었습니다. 당시 내가 이미 웅변술 교사로서 가르치고 있던 문학은 그도 아주 열심이었습니다. 파우스투스가 그 이름을 듣고 읽기를 열망하고 있던 책이나, 내가 이런 재능있는 학자에게 적합하다고 생각하던 책을 그와 함께 읽기 시작하였습니다.

그렇더라도 내가 마니교에 정진하려 하던 열의는 파우스투스를 알게 되면서 완전히 사라지고 말았습니다. 그러나 마니교에서 완전히 이탈한 것은 아니었습니다. 이보다 더 좋은 답을 찾을 수 없는가 궁리하며, 그 답을 찾게 될 때까지 그대로 머물러 있기로 결심하였습니다. 이리하여 수많은 사람에게 있어서 '죽음의 올무'였던 파우스투스는 내게 걸었던 올무를 자신도 모르는 사이에 늦추기 시작하였습니다. 나의 하느님, 주님의 손이 주님 섭리의 신비 속에서 나의 영혼을 버리지 않으셨기 때문이었고, 또한 나의 어머니는 밤낮 눈물로 나를 위하여 마음의 피를 주님에게 바쳤으며, 그런 이유로 주님은 '신비로운 방법'*1으로 나를 인도하셨기 때문입니다.

나의 하느님, 주께서 나를 인도하시나이다. 실로 "사람의 발길은 주님에 의해 인도되고, 주님은 그 길을 기뻐하시나이다." 그렇더라도 주께서 한번 만드신 창조물을 그 손으로 새로 지으시지 않으신다면, 우리가 어떻게 구원을 얻을 수 있으리이까?

〈주〉
*1 〈요엘〉 2 : 26.

제8장 로마에 가다

(14) 내가 지금까지 카르타고에서 가르치고 있던 일을 로마에서 하게 된 것도 실은 주님의 인도하심입니다. 어찌하여 내가 그렇게 되었는지를 주님을 향해 고백하지 않을 수 없습니다. 그것은 이 시점에서 주님의 가장 깊은 뜻과, 우리를 향하신 주님의 가장 깊은 은혜를 찬양하지 않을 수 없기 때문입니다. 내가 로마에 가려고 생각한 연유는, 그렇게 하기를 내게 권고한 친구들로부터 큰 이득과 높은 지위를 약속받았기 때문에서가 아니었습니다. 하기는 그러한 이득도 당시의 내 마음을 움직이기는 했습니다. 그러나 거의 유일하다고 할 수 있는 가장 큰 이유는, 얼마나 로마의 청년들이 좀더 고요히 공부에 정진하고 있으며, 좀더 엄격한 규율이 그들에게 지워져 있는지에 대해 들은 바가 있기 때문이었습니다. 로마에서는 자기가 신청하지 않은 교사의 강의를 제멋대로 들으려고 밀려드는 일도 없고, 또한 교사의 허가가 없다면 강의실에 들어갈 수도 없다는 말을 들었기 때문입니다. 반대로 카르타고에서는 학생들 사이에 상식에서 벗어나는, 지나친 방종이 자행되고 있었습니다. 학생들은 떠들썩하게 밀려 들어가, 교사들 각자가 제자들을 위해 정한 규율을 거의 정상적이라고는 생각할 수 없는 태도로 흐트러트리고, 그들은 관습으로 허용되지 않았다면 법률에 의해 처벌받을 수밖에 없었을 수많은 부정을 저지르면서도 태연할 뿐 조금도 부끄러운 줄을 몰랐습니다.

그러나 그들은 자신들의 행동에 대해서 아주 눈이 먼 장님과 같으므로 면책되어 행동을 자유대로 하고, 결과적으로 타인에게보다도 자기 스스로에게 해악을 끼칠 뿐이었습니다. 이리하여 나는 학생 시절에 나 자신이 이러한 관행에 물들기를 원하지 않았습니다. 한편, 교사로서 나의 학생이 아닌 타인이 그런 관행적 행동을 보일 때는 묵인을 감수해야만 했습니다. 이러한 이유로,

나는 그러한 악습이 행해지지 않는다고 모든 사람이 말하는 그 땅, 로마로 가려고 했습니다. 그러나 사실은 "나의 희망이시며 산 자의 땅에서 나의 부분이 되시는" 주께서 내 영혼을 구원하기 위하여 지상의 거처를 옮기도록 하셨습니다. 내가 카르타고에서 떨어져 나가도록 하기 위해, 주님, 당신은 가슴의 상처를 이용하셨고, 내 앞에 로마의 유혹을 내어놓아 그리로 가게 하셨습니다. 주님은 죽음을 사랑하는 이곳 사람들을 이용하셨습니다. 이 세상에서 광적인 행동을 저지르고 그 다음에는 허황된 보상만을 약속하는 그런 사람들을. 그리고 주님은 '내 발길'을 바르게 하기 위하여, 은밀히 그들과 나 자신의 사악함을 이용하셨나이다. 곧 내 마음의 평정을 방해한 무리는 더러워진 광포함 때문에 장님이 되어 있었고, 나를 다른 곳으로 가게 한 사람들은 "이 세상에서의 일밖에 흥미를 갖지 않았었기 때문입니다."*1 나는 카르타고에서 참된 불행을 저주하면서 로마로 갔으나, 거기에서도 거짓된 행복을 추구하고 있었습니다.

(15) 그러나 어떤 이유로 내가 카르타고를 떠나 로마에 가게 되었는지, 하느님, 주님께서는 알고 계시나이다. 그러나 그것을 내게도, 그리고 내 어머니에게도 알려 주시지 않았나이다. 어머니는 내가 출발할 때 무척 슬퍼하여 해변까지 따라오셨습니다. 어머니는 집으로 돌아가든가 그렇지 않으면 나와 함께 가겠다고 하면서 나를 붙든 채 놓지 않으셨습니다. 그러나, 나는 내 친구가 순풍으로 항해할 수 있을 때까지 그를 혼자 내버려 두고 싶지 않다고 거짓말을 했습니다. 나는 내 어머니, 더할 나위 없는 어머니에게 거짓말을 하고 도망쳤습니다. 이렇게 한 일도 주께서 자비롭게 이러한 일들을 눈감아 주심으로써, 그리고 이러한 죄일지라도 용서하시어, 저주받아야 할 더러움으로 가득 찬 나를 바다에서 지켜주심으로써, 주님 은총의 물에 이르게 하셨습니다. 그리고 그 물로 내가 씻겨질 때, 비로소 어머니가 나를 위하여 날마다 주님을 향해 영혼을 숙이고 땅에 부은 눈물 줄기도 멈추게 해주셨습니다.

어머니는 나를 꼭 데리고 돌아가겠다고 하셨으나, 나는 어머니를 겨우 설득하여 내가 탈 배 가까이에 있는 성(聖) 키프리아누스 기념 예배당*2에서 그 밤을 주무시게 했습니다. 그러나 나는 그날 밤 어머니를 남겨둔 채 몰래 떠나가고 말았습니다. 뒤에 남은 어머니는 그저 기도하고 울 따름이었습니다.

나의 하느님, 어머니가 그와 같이 눈물을 흘리며 주님께 기도한 까닭은, 주께서 나로 하여금 배를 타고 떠나지 못하게 해 달라고 한 것이 아니었나요? 그러나 숭고한 섭리자이신 주님께서는 어머니의 가장 깊은 열망의 진짜 심중을 들으시어 어머니가 늘 간구하던 대로 내게 이루어주시기 위해, 어머니의 그때 기도는 이루어 주시지 않았습니다.

바람이 불어 우리 배의 돛을 부풀게 하였고, 해안은 우리의 시야에서 멀어졌습니다. 그리고 그 해안에서 어머니는 다음 날 아침 슬픔으로 미칠 듯이 울부짖었습니다. 어머니는 한숨 소리로 주님의 귀를 가득 차게 했으나 주님은 그것을 돌보지 않으셨나이다. 주님은 욕망의 힘에 휘말린 나를 끌어가시어 욕망 그 자체를 제거하신 동시에, 어머니의 육신과 관련되는 소원에도 비통의 정의로운 채찍질을 하시어 징계하려 하셨나이다. 그 여인은 세상의 어머니들이 그러하듯이, 아니 많은 어머니들보다 더욱 나를 자기 곁에 머물게 하기를 원했기 때문에, 주께서 나를 그 자신에게서 떼어 놓음으로 해서 어떠한 기쁨을 주시려 하는지 그 여인은 알지 못했습니다. 어머니는 알지 못했기 때문에 탄식하며 슬퍼하였습니다. 그리고 그러한 괴로움 속에 이브(Eve)의 유산이 분명하게 나타나, 어머니는 "신음하면서 낳은 자식을 슬퍼하면서 찾게"[3] 되었습니다. 그럼에도 나의 거짓과 잔인함을 꾸짖은 뒤 어머니는 다시금 나를 위해 주님께 기도하려 여느 때의 생활로 되돌아갔고, 그동안 나는 로마에 도착했습니다.

〈주〉

*1 〈빌립보서〉3 : 19.

*2 키프리아누스는 258년에 순교한 카르타고의 주교로서, 아우구스티누스는 그 누구보다도 그를 한평생 깊이 존경하였다.

*3 〈창세기〉3 : 16.

제9장 로마에서 열병에 걸리다

(16) 로마에서는 신체의 병이라는 채찍이 나를 기다리고 있었습니다. 내가 주님께, 그리고 나 자신과 타인에게 이미 저지른 수많은 무거운 악을 짊어진 채 거의 지옥길로 떨어지게 되었습니다.[1] 더욱이 나는 아담의 배반으로 말미암아 우리 모두가 죽게 된 원죄의 쇠사슬에 묶여 있었습니다.[2] 주님은 그

모든 악 가운데 어느 하나와 함께 그리스도 안에 있는 것을 용서해주시지 않았습니다. 또한 그리스도도 내가 나 자신의 죄를 통해 주님께 품고 있던 적의로부터 나를 그의 십자가로 해방시켜 주시지는 않았나이다. 그리스도의 그 십자가가 내가 믿고 있던 대로 단지 환영일 뿐이었다면*3 어떻게 그리스도께서 나를 그 죄로부터 구해줄 수 있었겠습니까? 그 때문에 그리스도의 육체만의 죽음이 나의 공상일 뿐이라고 여기는 한, 내 영혼의 죽음은 진실이었습니다. 그리고 그리스도의 육체만의 죽음이 참이었던 것만큼 그것을 믿지 않은 내 영혼의 삶은 거짓이었습니다. 열병은 점점 더해져 나는 당장에라도 죽을 듯했습니다. 내가 그때 이 세상에서 떠나갔다면, 주님의 질서의 진리에 따라 내 행위에 어울리게 유황불과 고통이 있는 곳이 아니면 어디로 갔겠습니까? 어머니는 이 사실을 몰랐으나 멀리 떨어져 있으면서 나를 위해 계속 기도하셨습니다. 주님께서는 항상 함께 계시어 어머니가 계신 곳에서는 어머니의 기도를 들으셨고, 내가 있는 곳에서는 나를 자애롭게 대해 주셨습니다. 그리하여 나는 몸의 건강을 회복했습니다. 내가 하느님을 모독한 죄 때문에 마음은 계속 건강치 못한 상태였고, 그와 같이 큰 위험에 빠져 있으면서도 주님이 주시는 세례를 원하지 않았습니다.

내가 이미 기억을 더듬어 고백한 바와 같이, 오히려 소년시절에 믿음이 돈독한 어머니를 졸라 세례 받기를 원했었던 그 행실이 더 좋았습니다. 그러나 성장하여 내가 이미 추한 존재가 되고 미쳐 버려 주님의 약*4 처방을 비웃었습니다. 그러나, 주님은 나를 그대로 내버려두어 내가 육체와 영혼의 상태에서 이중으로 죽도록*5 허용하지는 않으셨습니다. 어머니의 마음이 그러한 죽음으로 해서 상처받게 되었다면 결코 고칠 수 없었을 것입니다. 나에 대한 어머니의 사랑은 아무리 해도 다할 수가 없습니다. 어머니는 나를 육체로 낳으실 때보다 더한 고통으로 나의 영적인 충실함에 대해 가슴앓이를 했습니다.*6

(17) 그런 상황에서 나의 죽음이 내 어머니의 사랑에 넘치는 마음에 상처를 주었다면, 어머니의 마음을 낫게 할 수 있는 방법을 나로서는 알 길이 없습니다. 그처럼 많고 그처럼 끊임없이 반복된 어머니의 기도*7는 어디로 향하게 되었을는지요? 그 기도는 오로지 주님을 향하고 있었습니다.

자비로우신 하느님, 주님은 정결하고 신실한 과부의 찢기고 비참한 마음을 경멸할 셈이신가요? 그 여인은 구제에 힘쓰고 주님의 성도들에게 복종하고 봉사하였으며, 매일처럼 주님의 제단에 제물을 바치는 일을 게을리하지 않았습니다. 하루에도 아침 저녁으로 주님의 교회에 찾아갔습니다. 더욱이 쓸데없는 이야기나 노파의 잡담을 위해서가 아니요, 주님의 말씀을 통해 주님께 귀를 기울였고, 그 여인의 기도를 통해 주님께 말씀드렸습니다. 주님께서는 이러한 어머니의 눈물을 대수롭지 않게 여겨 도움을 거부하실 수 있으신지요? 어머니가 눈물을 흘리며 주님에게 간구한 것은 금이나 은이 아니요, 자주 변화하는 선도 아니었으며, 그 여인의 아들이 구원받는 일이었습니다. 어머니의 이와 같은 성격을 주님께서 주셨는데, 주님께서는 그녀를 업신여길 수 있으신지요?

주여, 그런 일은 결코 없었사오며, 그와는 반대로 주님은 어머니 곁에 계셔서 귀를 기울이시고, 미리 정해놓으신 사건들의 순서에 따라 일을 행하셨습니다. 주께서 어머니에게 주신 아름다운 성정과 주님의 화답으로 그녀를 잘못 인도하셨을 리 없습니다. 나는 어머니의 아름다운 성정과 주님의 말씀에 대해 이미 말했고, 또 잊고 있었으나, 어머니는 그러한 것들을 신앙심 깊게 가슴 속에 간직하고 끊임없이 기도하셨습니다. 마치 주님이 발급한 증명서처럼*8 주님 앞에 간직하고 있었습니다. 주님의 자비하심은 영원히 끊기는 일이 없으므로, 주님께서 그 모든 빚을 탕감해 주시고도 도리어 주님께서는 약속을 통하여 기꺼이 그들에게 빚진 자가 되어 주셨습니다.

〈주〉

* 1 〈욥기〉 7 : 9.
* 2 〈고린도전서〉 15 : 22.
* 3 마니 교도에 따르면 환상의 십자가 위의 죽음은 한갓 환상이며, 따라서 구원의 힘을 가지지 못함.
* 4 '주님의 약'은 세례를 뜻함.
* 5 '이중의 죽음'이란 영혼과 육체의 죽음.
* 6 〈갈라디아서〉 4 : 19.
* 7 〈데살로니가전서〉 5 : 17.
* 8 〈골로새서〉 2 : 14.

제10장 마니 교도와 헤어져 복음을 믿기른 여러 과오

(18) 이리하여 주님께서는 나를 그 병에서 회복시키시어, '주님 하녀의 아들'을 잠시 더욱 건강하게 해 주셨습니다. 나는 그 당시 로마에서*¹도 거짓을 일삼는 소위 성인들과 사귀고 있었습니다. 내가 병들어 누워 있다가 회복한 집 주인도 그 거짓 성인들 속에 있었을 뿐 아니라, 엘렉트(Elect : 하느님의 선민)라고 일컬어지던 사람들도 있었습니다. 나는 그 당시에도 계속 죄를 범하는 자는 우리 자신이 아니며, 우리와는 별개의, 본성을 알 수 없는 그 어떤 것이 우리에게 있어서 죄를 짓는다고 생각했습니다. 그래서 죄의 책임을 면하고 있다는 사실이 내 교만한 마음을 만족시키고 있었습니다. 그리고 어떤 악한 일을 행했을 때도 "나의 영혼이 주님께 죄를 지었사오니, 나의 영혼을 고쳐 주옵소서" 하고 내가 그것을 저지른 사실을 고백하지 않았습니다. 나는 변명을 일삼으면서, 무엇인지 알 수 없지만 나와 함께 있으면서 나 자신이 아닌, 나와는 다른 존재를 꾸짖곤 했습니다. 하지만 그 전체가 바로 나였으며, 나 자신에게 저항하여 나를 분열시킨 것은 경건치 못한 마음이었습니다.*² 나는 나 자신을 죄인이라고 생각지는 않고 있었기 때문에, 그 죄는 더욱더 구원을 받기 어려운 것이었습니다.

전능하신 주 하느님,*³ 내가 주님께 복종하여 나 자신의 구원을 받기보다 주님을 내 안에서 패배시켜 내가 멸망하기를 바랐던 일은 저주스러운 불의였습니다. 그런 이유로 해서 주님은 내가 불의를 행하는 사람들과 더불어 죄를 저지르고서 내 마음이 그 죄에 대한 변명을 위해 악한 말에 기울어지지 않도록 할 파수꾼을 아직 내 입에 세우지 않으셨고, 내 입술 주위에 근신의 문을 설치하지 않으셨습니다. 그 때문에 나는 여전히 '마니 교도의 엘렉트'들과 교제를 계속했지만, 그 거짓된 가르침에 따라 내가 진보할 수 있으리라는 희망은 사라지고 없었습니다. 무엇이든 그보다 더 좋은 것을 발견하지 못하는 한 그 가르침에 만족하려 했으나, 나의 태도는 점점 태만해지고 무관심해져갔습니다.

(19) 그 무렵 나는 아카데미파라는 철학자들*⁴이 다른 철학자들보다 현명하다는 생각을 하게 되었습니다. 그들은 어떤 일이든 의심을 해보아야 한다고 생각하여, 어떤 진리이든 인간으로서는 확실히 포착할 수 없다고 생각하고 있었습니다. 나는 그들의 참뜻을 아직 이해하지 못하고 있었으나, 그들은

일반 사람들이 믿고 있는 바대로가 그들의 명확한 학설이라고 생각했습니다. 또한 나는 앞에서 말한 하숙집 주인이 마니교 책의 이곳저곳에서 찾아볼 수 있는 거짓된 일들을 그대로 믿고 있음을 보고, 그런 믿음을 모조리 버리게끔 하려고 했습니다. 그러면서도 나는 계속해서, 이 종파에 속하지 않는 다른 사람들보다도 이 종파의 마니 교도들과 교제를 계속하고 있었습니다. 나는 예전과 같이 이 종파를 변호하지는 않았지만, 그 당시 로마에는 그들의 무리가 많이 숨어 있었으므로 그들과 친하게 사귀고 있었습니다. 그런 이유로 해서 다른 방면에 눈을 돌리는 일은 게을리하게 되었습니다.

천지의 주여, 보이는 존재와 보이지 않는 모든 존재의 창조주[*5]시여, 특히 나는 주님의 교회 안에서 진리를 찾을 수 있으리라는 희망을 상실하고 있었습니다. 내게 진리를 등지게 한 자들은 마니 교도였습니다. 그리고 나는 주께서 인간의 육체를 입으시고 우리 지체의 실체적인 윤곽에 한정되어 있다는 사실에 대한 믿음이 참으로 부끄럽다고 생각하였습니다. 나는 내 하느님에 대하여 생각해 보려 했으나 큰 형체를 지닌 물체로 생각할 수밖에 없었습니다. 물체가 아니라면 어떤 것도 존재하지 않는다고 생각되었기 때문입니다. 그리고 이 생각이야말로 내가 피할 수 없었던 잘못의 가장 크고 거의 유일한 원인이었습니다.

(20) 그런 까닭으로 나는 악도 이런 종류의 어떤 실체적 물체여서, 사람들이 땅이라고 부르는 조잡하고 큰 것, 또는 기체와 같이 미세하고 정교한 것, 또는 모두 추한 덩어리로 된 것이라고 생각하게 되었습니다. 그리고 사람들의 상상에 의하면, 미세하고 정교한 것이 지상을 휩쓸고 다니는 악한 영이었습니다. 나의 신앙은 보잘것없기는 하였으나, 선하신 하느님께서 어떤 악한 본성을 지닌 존재를 창조하셨다고는 생각되지 않았습니다. 그리하여 나는 서로 대립되는 두 개의 덩어리를 생각하게 되었고, 양쪽 모두 무한이기는 하지만, 악한 쪽은 힘이 약하고 좋은 쪽은 힘이 강하다고 생각하였습니다. 그리고 이러한 해로운 발단으로부터 신성을 모독하는 개념들이 연달아 추론되었습니다. 나의 영혼은 그리스도교 신앙으로 돌아가려고 할 때마다 좌절되곤 했는데, 그리스도교 신앙과 나의 생각이 달랐기 때문이었습니다.

나의 하느님, 주님의 은총과 더불어 저는 이렇게 주님을 향하여 고백할 수 있나이다. 그러나 주께서는 모든 면에서 무한하시나 악한 물체와 대립되고 있는 한 가지 부분만은 유한하다고 생각했습니다. 왜냐하면 주님의 모습이 모든 면에서 인간의 몸체에 한정되어 있다고 생각하기보다는, 한정되어 있지 않다고 믿는 편이 경건하다고 생각되었기 때문입니다. 또한 내가 생각하고 있는 악의 본성이 주님에게서 유래한다고 믿기보다는, 주님은 어떠한 악도 창조하지 않으셨다고 믿는 편이 나로서는 뛰어난 생각처럼 여겨졌습니다. 무지한 나로서는, 악이 어떤 실체적 물체일 뿐만 아니라 육체적 실체라고 생각되었습니다. 마음이란 공간에 널리 베풀어져 있는 기체와 같이 섬세한 물질적 실체라고 생각할 수밖에 달리 방법을 몰라서였습니다. 나는 주님의 외아들이시며 우리의 구세주 자신이, 주님의 눈부신 빛의 실체로부터 우리의 구원을 위해 떠오르는 존재라고 생각하였습니다. 그리고 그리스도는 나의 헛된 상상이 그려낼 수 있는 모습 그대로로서 믿을 수 있을 뿐이었습니다. 따라서 그리스도의 그러한 본성이 동정녀 마리아에게서 태어나기 위해서는 그리스도가 육신과 혼합되지 않으면 안 된다고 생각하였습니다. 그리고 내가 상상한 대로의 그리스도의 모습이 육체와 교제하면서도 더럽혀지지 않는다는 일은 나로서 이해할 수 없었습니다. 그런 이유로 해서 나는 그리스도께서 육신에 의해 더럽혀진다고 믿는 일이 없도록, 그리스도께서 구체적 육신을 지니셨다고 믿는 일 자체를 꺼려 하였습니다. 지금 주님께 속한 영적인 사람들이 이 고백을 읽는다면 친절하고 사랑스럽게 나를 향해 웃을 테지만, 그러나 나는 실제로 그러한 마음의 상태에 있었습니다.

〈주〉

＊1 로마에 간 것은 383년(29세) 여름이었다.

＊2 〈마태복음〉 12 : 26.

＊3 〈창세기〉 17 : 1.

＊4 신(新) 아카데미파로서, 아우구스티누스는 키케로의 《아카데미카》를 통하여 그 사상을 알게 되었다고 함.

＊5 〈창세기〉 24 : 3, 〈마태복음〉 11 : 25, 〈골로새서〉 1 : 16.

제11장 성서에 대한 마니 교도의 비판

(21) 그리고 나는 마니 교도들이 주님의 성서에 관하여 찾아낸 결점에 대해서는 변호의 여지가 없다고 생각하였습니다. 그러면서도 나는 때로 성서에

정통하다고 생각하는 사람과 함께, 마니 교도들이 제시한 그 문제점들에 대하여 이야기를 나누어 그 정통가들의 의견을 알려고 하였습니다. 카르타고에 있을 때, 마니 교도에 공식적으로 반대하여 그 주장을 전개한 엘피디우스[1]라는 사람이 성서의 문제를 인용했을 때, 그 답이 쉽지 않았기 때문에 나는 이해하는 데에 불편을 느낀 적이 있어서 꼭 정통가의 의견을 듣고자 한 것입니다. 그때 마니 교도들의 대답은 매우 취약해 보였습니다. 더구나 그들은 그 답변을 만들어내기를 꺼려 하였고, 우리에게 몰래 보여 줄 따름이었습니다. 그들은 말하기를, 《신약성서》는 그리스도교 신앙에 유대인의 율법을 삽입시키려 하는 사람들에 의해 위조되었다고 하였습니다. 그러면서도 그들은 위조되지 않은 성서의 원본을 보여 주지는 못했습니다. 그러나 내가 생각했던 대로 그 진리의 원리적 존재가 물체적 조건에 속해 있으리라고 생각하는 한, 나를 꼼짝 못하게 하고 숨막히게 하는 그 원리적 사실들은 엄청난 크기의 덩어리들로 되어 있을 것이었습니다. 나는 그렇게 큰 덩어리들 밑에서 숨이 막혀 헐떡이면서도, 주님 진리의 투명하고 순수한 미풍을 호흡할 수 없었습니다.

〈주〉
*1 이 인물에 대해서는 미상.

제12장 로마에서 웅변술의 교사가 되고, 학생들의 부정에 분노함

(22) 나는 로마에 온 목적을 다하기 위하여 열심히 직무에 매달렸습니다. 나는 거기에서 웅변술을 가르쳤습니다. 처음에는 집에 몇 명의 학생을 모집하여 가르쳤습니다. 그래서 우선 그들에게 알려졌고, 뒤이어 그들을 통해 일반에게 알려지게 되었습니다. 그러는 동안에 아프리카에서는 경험하지 못했던 일이 로마에서 행해지고 있다는 걸 알게 되었습니다. 카르타고에서 불량 청년들에 의해 행해지던 바로 그 난폭함이 여기서도 행해지고 있다는 사실을 분명히 알 수 있었습니다. 사람들이 말하기를 "그 교사에게 사례금을 지불하지 않기 위하여 갑자기 많은 청년들이 클럽을 만들어 공모해서 다른 교사에게로 옮겨 간다. 그래서 그들은 약속을 깨고서, 돈을 사랑하는 나머지 정의를 경멸한다"고 했습니다.

내 마음도 이러한 청년들을 미워했으나 '완전히 미워한 것'은 아니었습니다. 내가 그들을 미워한 까닭은 그들이 누구에게 부정을 행해서였다기보다 오히려 내가 그들로부터 해를 면하기 위해서였습니다. 그러나 이러한 무리는 참으로 비열하여 '주님을 배반하고' 간음을 행하고 있었습니다. 그들은 이 세상의 덧없는 쾌락과, 닿기만 해도 손이 더러워질 불결한 이익을 사랑하고 있었습니다. 그리고 그들은 덧없이 달아나버리는 이 세상을 품에 품었습니다. 그리고 주님을 경멸했습니다. 주님은 늘 함께 하시며 인간의 더러운 영혼을 부르시고, 주님의 품으로 돌아올 때에는 기꺼이 용서해 주시는데도 말입니다. 나는 지금도 여전히 그 사악하고 타락한 사람들을 너무도 미워하지만, 그들이 마음을 고쳐 돈보다 학문을 사랑하는 한 그들을 사랑합니다. 더 나아가서 학문보다는 오히려 주님을 사랑하여, 진리이며 확실한 선의 충만이요 가장 깨끗한 평화인 하느님을 선택하게 된다면, 그들을 사랑할 것입니다. 그러나 당시에 사람들이 나쁘게 행동했을 때 내가 참았던 까닭은, 사람들이 주님을 위해 선량하게 되기를 바라기보다 오히려 나 자신의 이익을 위해서였습니다. 그리고 그렇게 하기로 결심해서였습니다.

제13장 밀라노에 가서 암브로시우스를 만나다

(23) 밀라노에서 로마의 시장에게 주문 편지가 왔습니다. 밀라노[*1] 시에 웅변술 교사를 알선해 달라는 의뢰로, 여비도 모두 공금으로 부담한다는 조건이었습니다. 나는 마니교의 광기에 취해 있던 사람들의 힘을 빌려 지원을 했습니다. 내가 밀라노에 가게 되면서 광기어린 마니교 사람들과의 교제를 끝내게 되었지만, 우리들 중 누구도 의식적으로 그렇게 한 것은 아닙니다. 나는 시험에 합격하였고, 당시의 시장 심마쿠스[*2]에 의해 파견되었습니다.

이리하여 나는 밀라노에 머물게 되었고, 온 세계에서 가장 우수한 사람 중 한 사람으로 알려진 주교 암브로시우스[*3]를 만나게 되었습니다. 주교는 주님의 경건한 숭배자였으며, 그 무렵 용감한 웅변으로 '풍요로운 생명의 양식'과 '비옥한 기름의 기쁨'을 주님의 사람들에게 전파하고 있었습니다. 나는 주님에 의해 주교에게 인도되었으나, 주님에게 인도되려면 주교를 통해 주님에 대해 완전히 알아야만 한다는 사실은 미처 깨닫지 못했습니다. 이 '하느님의 사람'[*4]은 자애로운 아버지처럼 나를 맞이하였고, 내가 온 것을 주교

답게 기뻐하였습니다.

그러나 처음에는 진리의 교사로서가 아니라 친절한 사람으로서였습니다. 그 당시 나는 주님의 교회에서 진리를 찾아내는 일은 아주 단념하고 있었습니다. 나는 그가 교인들을 향해 설교하는 말을 열심히 들었습니다. 그것은 올바른 의도를 가지고서가 아니요, 단지 그의 웅변을 탐구하기 위해서였습니다. 즉, 주교의 웅변이 그 명성에 어울리는지, 그 유창함이 세상의 평판보다 나은지 아니면 못한지를 알려고 해서였습니다. 그의 말에 열심히 귀를 기울이고 있었으나, 그 내용에 대해서 무관심한, 아니 조소적인 방관자였습니다. 그 멋진 설교는 학식면에서는 우수하다 할 수 있었으나, 그 말솜씨에 있어서는 파우스투스처럼 상쾌하고 매력 있는 편은 못 되었습니다. 하지만 내용면에서는 파우스투스와 도저히 비교가 되지 않았습니다. 파우스투스는 마니교의 그릇된 길 속에서 헤매고 있었고, 암브로시우스는 건전하게 확실한 구원을 가르치고 있었습니다. 그러나 죄인에게는 구원이 멀리 있었으니, 당시 나는 이러한 죄인이었습니다. 그럼에도 나는 서서히 나도 모르는 사이에 구원에 가까워지고 있었습니다.

〈주〉

*1 밀라노는 디오크레티아누스 황제(재위 284~305년) 시대로부터 앗티라의 공략(452년)에 이르기까지 서로마 제국의 수도였다.

*2 심마쿠스(Symmachus)는 340년 경부터 402년까지 생존한 로마의 정치가. 로마 고대의 종교를 열심히 옹호하고 그리스도교에 반대하였다.

*3 암브로시우스는 339년 경부터 397년까지 생존하였다. 로마의 명문 출신으로 370년 밀라노에 본부가 있는 총독이 되었다. 그 뒤 사람들의 천거로 밀라노 주교가 되었고, 죽을 때까지 가톨릭 교회의 신앙을 위해 활약하였다.

*4 〈신명기〉 33 : 1, 〈열왕기하〉 1 : 9.

제14장 암브로시우스의 설교에 감동하여 사설(邪說)을 버리게 되다

(24) 나는 암브로시우스가 말하는 바에 대해 배울 생각은 없었고, 단지 어떻게 그가 말하는지 그 말솜씨를 들으려고 생각했었습니다. 주님 앞에 이르는 길이 인간에게 열려 있다는 희망을 완전히 잃은 나는, 단지 이러한 기교에 대한 헛된 관심만이 남아 있는 상태였습니다. 내가 기쁘게 들은 말과 더

불어, 내가 무관심했던 주요 문제들에 대한 말도 내 마음 속에 들어왔습니다. 나는 그러한 말들을 구별할 수 없었습니다. 그가 말한 능변에 내 마음의 귀를 기울이는 동안, 그가 확신하는 진실도 서서히 내 마음 속에 들어왔습니다. 우선, 그가 한 말이 정당하다고 생각되기 시작하였고, 이제껏 마니 교도의 비난에 대해 반박할 여지가 없다고 생각하고 있었던 카톨릭 신앙에 대해 단언하는 일도 이제는 뻔뻔스럽게 생각되지 않았습니다.

《구약성서》의 몇몇 대목이 자주 비유적으로 해석되는 것을 들었습니다. 그 구절들을 글자 그대로 받아들이면 그때마다 구절들의 참뜻이 죽어버리게 됨을 알았습니다.[*1] 《구약성서》의 많은 대목이 '은유로'[*2] 해명되어 있음을 알았기 때문에, 나는 그전에는 적어도 율법이나 예언자들의 말이 적대적인 비난의 비웃음으로부터 전혀 보호받을 수 없다고 믿었습니다. 그러나 이제는 그때의 나의 절망이 잘못임을 알았습니다. 그렇더라도 여전히 카톨릭 신앙이 내가 받아들여야 할 신앙이라고는 생각지 않았습니다. 카톨릭 신앙이 그 권리를 단언한 사람들을 교육시켰다고 해도, 그리고 풍부한 논쟁으로 부조리성 없이 반대 의견을 논박한 그런 사람들을 교화시켰다고 해도, 이 신앙을 받아들일 생각은 없었던 동시에, 내가 이제까지 믿어왔던 신앙을 버려야한다고는 아직 생각지 않았습니다. 나의 기존의 신앙과 카톨릭 신앙, 양자 모두 그 입장에 대한 방어력은 같다고 말할 수 있었기 때문입니다. 나는 그리스도교의 입장이 패배했다고는 생각지 않았으나, 그렇다고 해서 아직 승리했다고도 생각하지 않았던 것입니다.

(25) 그러나 그 이후로 나는 어떤 확실한 증거를 가지고 마니 교도들에게 그들의 거짓을 알릴 길은 없는가 하는 데 주의를 집중시켰습니다. 만일 내가 영적 실체를 생각할 수 있었다면, 그들의 거짓은 모두 논리적으로 파괴되고 내 마음에서 추방되었을 것입니다. 그러나 나는 그러한 영적 실체를 생각할 수가 없었습니다. 그렇더라도 나는 고찰과 비교를 계속함으로써 이 영적 세계의 구성과 육신의 감각이 미치는 자연에 관해서도, 세상 철학자들의 의견이 마니 교도의 의견보다도 훨씬 진실되다고 판단하게 되었습니다.

그 결과 일반에게 인식되어 있는 아카데미파의 태도에 따라 모든 사실들을 의심하고, 모든 사실들에 대하여 태도의 결정을 보류하며, 마니 교도와의 교제도 단절하지 않으면 안 되겠다고 결심했습니다. 나는 이미 어떤 철학자들이 더 타당하다고 생각하고서, 이 회의의 때에 즈음하여 마니교 안에 언제까지나 머물러 있어서는 안 된다고 생각했던 것입니다. 그러나 이들 철학자들은 그리스도라는 구세주의 이름을 가지고 있지 않았기 때문에, 또 나는 그들에게 내 영혼이 지닌 병의 치료를 맡기기를 거부하였습니다. 그리하여 나는 어떤 확실한 것이 내가 나아가야 할 길을 보여줄 때까지, 부모가 내게 권고한 가톨릭 교회의 세례 지원자인 채로 있으리라고 결심했습니다.

〈주〉
＊1 〈고린도후서〉 3 : 6.
＊2 〈고린도후서〉 2 : 14.

제6권 29세에서 30세까지의 일

어머니 모니카도 그의 뒤를 따라 밀라노에 도착하였다. 그의 나이 서른 살 때 암브로시우스의 설교를 듣고, 마니 교도가 거짓되게 비난했던 그리스도교의 진리를 점차 제대로 이해하게 된다. 친구 알리피우스와 사귀며 선한 생활에 들어가려고 노력했으나 다시금 지난날의 죄에 빠지게 되고, 끊임없이 죽음과 심판의 공포에 떨게 되었다.

제1장 그러나 아직 그리스도교 신자는 아니었다. 어머니 모니카가 뒤따라 밀라노에 왔다

(1) '내 어릴 적부터의 희망'이시여, 주님은 내게서 떠나 어디에 계셨으며 어디에 물러나 계셨나요? 주님은 나를 네 발 짐승과는 다르게 창조하셨고, 하늘을 나는 새보다도 나를 지혜로운 생명으로 지으셨나이다. 하지만 나는 어둠 속의 위태로운 길을 걸었고, 주님을 내 밖에서 찾아 '내 마음의 하느님'을 발견하지 못했었나이다. 나는 바다 같은 깊은 심연으로 잠겨 있었기에 진리를 발견하는 데에 회의를 품었고 그 희망을 포기하고 있었나이다.

그때 내 어머니는 굳은 신앙을 지니고 이미 나에게 와 계셨습니다.*¹ 어머니는 산을 넘고 바다를 건너 내 뒤를 따라왔습니다. 어머니는 어떤 위험을 당하더라도 주님을 의지하며 평안한 생활을 하였습니다. 바다에서 폭풍을 만났을 때에도, 항해에 익숙치 못한 여행자들이 불안하여 웅성거리면 선원들이 그 여행객들을 위로하는 것이 상례였습니다. 그러나 어머니가 도리어 선원들에게 무사히 도착할 것이라고 위로의 약속을 해 주었습니다. 무사하리라는 사실을 주께서 환상으로 어머니에게 알려 주셨기 때문입니다. 내가 진리를 발견하지 못한 데에 절망한 나머지 큰 위험에 빠져 있다는 상태에서 어머니는 나를 만났습니다. 그럼에도 나는 이제 마니 교도가 아니고, 그렇다고 해서 가톨릭 신자도 아니라고 어머니에게 말했을 때, 어머니는 뜻밖의 사실을 듣고 놀란 듯이 기뻐서 펄쩍 뛰거나 하지는 않았습니다. 왜냐하면 어머니는 일찍이 나의 불행한 상태에 대해 어느만큼 알고서 이미 그 걱정에서 초월해 있었고, 마치 내가 죽어서 주님에 의해 부활하기를 기다리고 있는 사람이듯이 나를 위해 울었습니다. 그리고 어머니의 마음 속에서 어머니는 주님 앞의 관 위에 나를 올려놓고서, 주님께서 그 과부의 아들을 향하여 "젊은이여, 내가 네게 말하노니, 일어나라"고 말씀하심으로 젊은이가 부활하여 말하기 시작하기를, 그리고 어머니에게 돌아가기를 바라고 있었습니다.*2 그래서 어머니가 매일 주님께 울며 바라던 바가 벌써 마음 속에서 이렇게까지 되어 있었기 때문에, 내가 아직 진리에는 도달하지 못했으나 이미 거짓에서 탈출하였다는 말을 들었을 때 끓어오르는 기쁨에 마음이 흔들리거나 하지는 않았던 것입니다. 어머니는 오히려 모든 것을 주시겠다고 약속하신 주께서 나머지 것도 언젠가 주시리라고 확신하고 있었기 때문에, 침착하고 확신에 찬 태도로 내게 대답하는 것이었습니다. 어머니가 이 세상을 떠나기 전에 내가 분명히 가톨릭 신자가 되리라는 사실을 그리스도 안에서 믿는다고 말입니다.

어머니는 내게 참으로 이렇게 말하셨습니다. 자비의 샘이시여, 어머니는 주님을 향해 더욱 열심히 기도했고, 계속해서 눈물을 흘리며 주께서 어서 속히 도와주셔서 어머니의 아들인 나의 어둠을 비추어 주시기를 기도했습니다. 그리고 어머니는 더욱 열심히 교회에 나가서 '영원한 생명이 보글보글 솟아 오르는 샘'*3인 암브로시우스의 말에 매달렸습니다. 어머니는 이 사람을 흡사 하느님의 천사처럼*4 따르고 있었습니다. 그 까닭, 어머니는 내가 이 사람 때문에 마음을 고치려고 머뭇거리고 흔들리고 있음을 잘 알고 있었기 때문입니다. 나는 이렇게 병에서 건강 상태로 가고 있었지만, 회복하기 전 단계에서, 의사들이 위독하다고 말하는 심한 열병과 같은 격렬한 위험을 겪고 있었습니다.

〈주〉

*1 아우구스티누스의 어머니가 밀라노에 도착한 것은 385년 봄으로 추정됨.

*2 〈누가복음〉 7 : 12 이하.

*3 〈요한복음〉 4 : 14.

*4 〈갈라디아서〉 4 : 14.

제2장 순교자의 무덤에 제물 바치는 일을 중단한 어머니

(2) 이런 이유로 해서 어머니는 아프리카에서 항상 그랬듯이 성도들의 기념관에 죽과 빵과 포도주를 제물로 가지고 가서 그것을 바쳤습니다. 그런데 한번은 문지기가 제지를 했습니다. 문지기로 하여금 제지하도록 시킨 사람이 주교라는 사실을 알게 되자, 어머니는 공손하고 온순하게 복종하였습니다. 나는 어머니가 그 금지령에 대해 논쟁하기보다 그와 같이 쉽사리 자기 습관을 버린 사실에 놀랐습니다. 어머니는 세상의 수많은 남녀들처럼 술에 취하여 마음을 빼앗기는 일이 없었고, 술을 좋아함으로 해서 진리를 싫어하는 일도 없었습니다. 어머니는 금주의 노래를 부르는 자들을 싫어하지도 않았고, 물 탄 술을 준다고 화를 내는 술꾼과도 달랐습니다. 순교자에게 바칠 음식을 가지고 갈 때도 제물을 담은 광주리를 가지고 가서는, 술을 가급적 입에 대지 않기 위해 아주 작은 잔에 담아 예절에 따라 조금 맛보며 아주 조금씩 조금씩 존경의 행동을 하려 했습니다. 그리고 이런 방법으로 기념해야만 한다고 생각되는 죽은 성도들의 제단들이 많이 있는 경우에는, 같은 작은 잔으로 제단들 전부에게 제물을 바치기 위하여 한 바퀴 도는 것이었습니다. 그리고 취하지 않기 위해 물을 잔뜩 탔을 뿐만 아니라 미지근한 술을 좌중의 사람들과 아주 조금씩 나누어 마셨습니다. 어머니가 술을 나누어 준 연유는 향락을 위해서가 아니라, 하느님에 대한 사랑을 위해서였습니다.

유명한 설교가이자 주교인 암브로시우스가 그런 일은 금지한다고 명하였습니다. 그 까닭은 주정뱅이들에게 폭음의 기회를 주지 않기 위해서이기도 하지만, 또한 이 의식이 세상을 떠난 영이나 그와 유사한 미신을 달래주기 위한 식사와 아주 흡사하기 때문이기도 하다고 말했습니다. 이 말을 전해들었을 때, 어머니는 진심으로 그 일을 중단하였습니다. 어머니는 그 일을 중단하고, 순교자들의 기념당으로 갈 때 땅에서 나는 과일이 가득 담긴 바구니 대신 가슴에 벅찬 순수한 기도를 가지고 와서 드리기 시작했습니다. 그리고 힘 닿는 대로 가난한 사람들을 구제하였고, 순교자들이 주님의 수난을 본받아 희생하여 영광의 관을 쓰게 된 그곳에서 주님의 성 만찬을 지켰습니다.

그러나 그럼에도 불구하고 주 나의 하느님, '주님 앞에서' 내 마음은 이 일에 대하여 이런 생각이 듭니다. 어머니는 그것을 금지한 사람이 암브로시우스처럼 존경하는 사람이 아닌 다른 사람이었다면, 늘 행하던 습관을 그와 같이 쉽게 그 금지령에 따라 중단하지는 않았으리라는 생각입니다. 어머니는 내 구원을 위하여 암브로시우스를 무척 따랐고, 또한 암브로시우스는 어머니의 깊은 신앙 생활로 인해 어머니를 사랑하였습니다. 어머니는 '성령에 불타는 마음으로'*1 선행을 하며 습관적으로 교회에 출석하셨습니다. 그래서 암브로시우스는 나를 만나게 되면 자주 어머니를 칭찬하며, 그러한 어머니를 모신 내가 행복하다고 하였습니다. 그렇지만 암브로시우스는 그 어머니가 어떤 아들을 두고 있는지는 알지 못했습니다. 그 아들인 나는 모든 것을 의심하며, 생명의 길을 발견하기는 불가능하다고 믿고 있었습니다.

〈주〉
＊1 〈사도행전〉 18 : 25, 〈로마서〉 12 : 11.

제3장 암브로시우스의 설교를 통해 그리스도교에 대한 오해를 깨닫게 되다

(3) 나는 아직도 주님을 향해서 나를 도와달라고 기도하며 나를 맡기지 않았습니다. 내 마음은 탐구와 토론에만 열중해 있었습니다. 그리고 나는 암브로시우스도 그와 같이 위대한 사람들에게 존경을 받고 있기 때문에 세속적인 의미에서 행복한 사람이라고 할 수 있겠다고 여겼습니다. 단지 그의 독신 생활이 내게는 괴로워 보였습니다. 그가 어떠한 희망을 품고 있었는지, 그와 같이 높은 지위의 사람에게 생겨나는 유혹에 대해 그는 어떻게 싸우고 있었는지, 역경을 만날 때 어떤 것으로 위로를 받았는지, 그의 마음 속에 있는 숨겨진 입은 주님의 빵을 맛보고 어떤 감미로운 기쁨을 얻었는지, 나는 추측할 수도 없었고 또 경험한 적도 없었습니다.

암브로시우스도 내 마음의 위기와 나를 위협하는 위험의 심연을 알지 못했습니다. 나는 내가 원하는 대로 하고 싶었던 질문을 그에게 다 할 수가 없었습니다. 그는 개개인의 약함에 힘이 되어 주고 있는 그를 만나려고 모인 많은 사람들에게 에워싸여 있었기 때문에, 나는 그의 말을 들을 수도 없었고 이야기를 나눌 수도 없었습니다. 그리고 그는 그러한 사람들에게서 해방되어 있는 아주 짧은 기간 동안에는 필요한 영양을 섭취하여, 몸을 보양하거나 책을 읽고 정신을 양육하였습니다. 책을 읽을 때 그의 눈은 종이 위를 달리고 마음은 의미를 탐구했으나, 소리도 내지 않고 혀도 움직이지 않았습니다.

누구나 마음대로 드나들 수 있었기 때문에 우리들은 자주 그의 집에 가곤 했습니다. 그는 언제나 그렇게 조용히 책을 정독하고 있었습니다. 이와 같이 그에게 감히 집중하도록 하는 존재가 누구이겠나 짐작이 가는 일이어서, 우리들은 오랫동안 말없이 앉아 있다가 다시 가버리곤 했습니다. 그때마다 이렇게 추측했습니다. 그는 다른 사람들의 복잡한 문제로 인한 야단법석에서 벗어나 자기 마음을 새롭게 하기 위해 얻은 그 짧은 시간 중에, 다른 일에 휩쓸려 들어가고 싶지 않았을 것이라고. 또한 그가 그렇게나 조용히 책을 읽고 있는 연유에 대해 의아해하면서, 아마도 자신의 말을 흥미롭게 듣고 있는 사람들을 위해 설명을 잘하기 위해서, 또는 의도된 중요한 문제를 설명하기 어려울 때에 그 책의 본문을 인용하기 위해서, 또는 좀더 어려운 문제에 대해 토론하자고 할 때에 자신을 방어하기 위해서 책을 그렇게 집중해서 읽는다고 생각하였습니다. 더구나 그의 목소리는 쉽게 쉬기 때문에 목소리를 소중하게 간직하기 위해서 묵독을 했는지도 모릅니다. 그러나 어떤 심정으로 묵독을 했든지 간에 그가 그렇게 한 의도는 올바른 것이었습니다.

(4) 확실히, 주님의 성스러운 신탁인 그(알브로
시우스)의 마음 앞에 묻고 싶었던 질문을 내놓을 기회가 내게 오지 않았으나, 가끔씩 간단한 면담을 해야만 할 일이 생겼습니다. 나의 이야기를 그에게 툭 터놓기 위해서는 나의 열망이 뜨겁더라도 충분한 시간이 필요했지만, 그런 기회는 쉽게 찾을 수 없었습니다. 그렇지만 나는 그가 주일*[1]마다 민중을 향하여 "진리의 말씀으로 하는 올바른 설교"*[2]를 듣고, 우리를 속이는 자들이 하느님의 책에 반대하기 위해 매어 놓은 교활한 비방의 매듭을 모두 풀 수 있다고 더욱더 확신하게 되었습니다. 그런데 나는 카톨릭 교회의 어머니를 통해 은총으로 다시 태어나도록 주님께서 섭외하신 주님의 아들들이, 그 책의 본문을 읽으면서 주님의 형상에 대해 올바르게 이해하고 있음을 알았습니다. 그들은 사람의 형상이 주님에 의해 주님의 형상을 본떠서 만들어졌으나,*[3] 주님 형상이 반드시 인간의 몸체와 같다고는 할 수 없다고 믿고 또 그렇게 생각하고 있었습니다. 그때 나는 영적 실체의 모습이 어떠한지 희미하게 짐작으로도*[4] 추측하지 못했습니다. 그러나 내가 오랜 세월 동안 카톨릭 신앙에 대해서가 아니라, 육체적 형상의 몸체가 지닌 이 정신적 허구성에 대해서 거부감을 가졌다는 사실을 알고서, 부끄러웠을지라도 동시에 기쁨을 느꼈습니다. 사실 나는 내가 조사

해보고 확인해보아야 할 사항을, 단지 그것은 비난을 위한 비난이라고 단정해버렸습니다. 그렇지만 가장 높이, 그러면서 가장 가까이 계시며, 가장 깊이 숨으시는 동시에 가장 널리 계시는 분이시여, 주님은 크고 작은 지체나 부분이 없으시며, 주님은 어디에나 전체로서 계시면서 어느 장소에도 계실 수 있습니다. 분명히 주님은 우리와 똑같은 육체를 가지고 계시지는 않지만, 그럼에도 인간을 당신의 형상대로 지으셨나이다.*5 그리고 인간을 머리에서 발끝까지 공간 속에 존재하게 했습니다.

〈주〉
＊1 주님께 바친 날, 곧 일요일.
＊2 〈디모데후서〉 2 : 15.
＊3 〈창세기〉 9 : 6.
＊4 〈고린도전서〉 13 : 12.
＊5 〈창세기〉 1 : 26.

제4장 암브로시우스의 설교로 가톨릭 교회 가르침을 이해하다

(5) 그리하여 나는 하느님의 형상이 어떻게 이루어져 있는지에 대해 알지 못했기 때문에, 문을 두드려 내가 믿고 있는 믿음의 의미에 대해 물었어야 했던 것이오,*1 그 믿음의 의미가 내 생각대로인 듯이, 반대하지 말았어야 했습니다. 그러나 내가 확신할 수 있는 사실을 찾으려는 조바심으로 해서, 나의 활력은 하느님의 모습에 대한 생각으로 그렇게도 오랫동안 겪어온 부끄러움보다도 더 고통스럽게 소모되었습니다. 나는 유치한 열정과 성급함으로 이와 같이 많은 불확실한 사실을 확실한 사실처럼 떠들었습니다. 허위였다는 사실은 뒷날에 가서야 내게 분명해졌습니다. 그렇더라도 이러한 불확실한 일들이 불확실한 것은 분명하며, 다만 내가 가톨릭 교회에 대한 비난에 눈이 멀어 있었을 동안에만 확실한 사실이라고 고집했습니다. 교회가 진실을 가르친다는 사실이 분명치 않더라도, 최소한 교회는 내가 심하게 비난하는 바를 가르치지는 않았습니다. 나의 하느님, 그러한 이유로 해서 나는 부끄러움으로 당황하게 되었고, 교회에 대한 생각을 바꾸어 다음 사실을 기뻐하였습니다. 하느님의 외아들인 유일한 교회,*2 거기서 그리스도의 이름이

어린 내 마음에 새겨졌습니다만, 그 교회는 그와 같은 유치한 교리로 만물의 창조주이신 주님이 거대한 장소와 공간을 차지한다고 가르치지는 않았고, 그러한 반면에 또 인간의 형상과 같이 한정된 모양 안에 사방으로 한정되어 있다고 가르치지도 않았습니다.

(6) 나는 또한 율법과 예언자의 《구약성서》를 이제는 예전과 같이 불합리하다고 생각하는 눈으로 읽지 않게 되어서 기뻤습니다. 주님의 성자들이 사실상 자신들이 그렇게 생각하지 않았는데도 그렇게 생각했다고 여겨, 그들을 비난하곤 했었지만 이제는 그러지도 않습니다. 그리고 나는 암브로시우스가 민중을 향한 설교에서 흔히 "글자는 생명을 죽이는 반면, 정신은 생명을 준다"*³라는 말을 인용하여 성서 해석의 규칙으로서 열심히 행하는 말을 듣고 기쁘게 생각하였습니다. 암브로시우스는 글자대로 해석하면 곡해할 수밖에 없는 본문의 뜻을, 그 신비스러운 베일을 제거하고 영적인 의미를 분명히 밝혀 주었습니다. 암브로시우스의 말 중에 내가 어렵다고 느낀 말은 없지만, 그러나 그 말이 진실인지는 여전히 알지 못했습니다. 나는 곤두박질할까 두려워하여 내 마음을 긍정적으로 받아들이기를 피했습니다. 그 결과 나는 공중에 대롱대롱 매달려 비참한 죽음의 상태에 있었습니다. 나는 볼 수 없는 것들에 대해서도 7 더하기 3은 10이 된다는 사실같은 확실성을 바라고 있었습니다. 나는 7 더하기 3이 10이 된다는 사실조차 이해할 수 없을 정도로 정신이 나가 있지는 않았으나, 이들 숫자와 마찬가지로 다른 존재들에 대해서도 물체적이든 영적이든 내 감각에 나타나지 않는 존재를 확실하게 인식하려 했습니다.

나는 믿음으로써 그러한 조바심을 치료받을 수 있었을 것입니다. 그랬었다면 내 정신의 시력은 깨끗해져서, 영원히 변하지 않고 결코 부족함이 없는 진리 쪽으로 향해졌을 것입니다. 그러나 최악의 돌팔이 의사에게 치료를 받은 경험이 있는 사람은 좋은 명의에게조차 치료받기를 두려워하게 마련이듯이, 내 영혼도 그러했습니다. 내 영혼은 믿음으로써만 병이 고쳐질 수 있었으나, 거짓을 믿게 될까 두려워 주님 치료의 손길을 거부하였습니다. 주님께서는 믿음의 약을 만들어 온 세계의 병든 자 위에 뿌리시며 거기에 위대한 치료의 힘을 부어주시는데, 나의 영혼은 주님의 치료를 거부하였습니다.

〈주〉

＊1 〈마태복음〉 7 : 7.

＊2 〈골로새서〉 1 : 18, 24.

＊3 〈고린도후서〉 3 : 6.

제5장 성서의 권위와 진리의 인식

(7) 그러나 나는 이 무렵부터 가톨릭의 가르침에 마음이 움직였습니다. 증명되지 않는 사실, 즉 증명할 수는 있으나 모든 사람에게 증명하기는 불가능한 사실, 또는 전혀 증명할 수 없는 사실을 믿으라고 명하는 데 있어서도 가톨릭 교회 편이 온건하며 공명정대하다고 생각했습니다. 마니 교도의 경우에는 지식을 전하겠다고 경솔하게 약속해놓고는, 우리의 가벼운 신앙을 비웃었습니다. 그러면서 수많은 황당무계한 주장을 증명하려 하지 말고 그저 믿으라고 강요했던 것입니다.

그러고 나서 주님, 주님은 조금씩 그 부드럽고 자비로운 손으로 내 마음을 어루만져 평안을 주셨습니다. 그리하여 내가 보지도 못했고 실제로 행해질 때에 그 현장에 있지도 않았던 수많은 사실들을 내가 믿고 있었다는 데 주의를 기울이셨나이다. 가령 여러 민족의 역사를 통한 수많은 사건들, 또 내가 본 일이 없는 지방과 도시에 관한 수많은 사실들, 만일 믿지 않으면 이 세상에서 전혀 활동할 수 없게 될 친구와 의사와 기타 사람들에 관한 수많은 사실들, 그리고 듣고서 믿지 않는다면 알 수조차 없을 사실로서, 내가 어느 부모에게서 태어났는가 하는 문제에 관하여 내가 얼마나 흔들리지 않는 신념으로 확신하고 있는가 하는 사실들을 나로 하여금 생각하게 했습니다.

주님은 내게 설득하셨습니다. 주께서 거의 모든 민족들 사이에 위대한 권위를 지니는 것으로서 정해 놓은 주님의 성서를 믿는 사람들이 잘못이 아니라 믿지 않는 사람들이야말로 추궁을 받아야 한다는 사실을 납득하게 하셨습니다. 또한 주님께서는 "이 책은 유일하고 참되며 가장 진실되신 하느님의 영에 의하여 인류에게 주어졌다는 사실을 네가 어떻게 아느냐"고 내게 묻는 사람이 있어도, 그런 말에 귀를 기울여서는 안 된다고 훈계하셨습니다. 사실 여기서는 믿음이 가장 중요한 문제였습니다. 나는 서로 의견이 대립되어 있는 철학자들의 책을 많이 읽었지만, 거기 나오는 그 궤변적이고 추상적인 논제들 중 어느 것에 의해서도, 주님이 어떤 존재이든 간에 주께서 존재하신다는 신념, 또한 인간의 모든 일을 주님께서 다스리신다는 신념은 잠시도 굽힐 수가 없었습니다.

(8) 그러면서 나는 내 신앙이 때로는 강하고 때로는 약함에도 불구하고 주님이 존재하시어 우리를 위해 배려해 주신다는 사실을 항상 믿고 있었습니다. 나는 주님의 본질에 대하여 어떻게 생각해야 할지, 어느 길을 통하여 주님께 도달하며, 또 어떻게 돌아가야 할지를 알지 못했습니다. 우리는 오로지 이성만으로 진리를 발견하기에는 너무나 약하기*¹ 때문에 우리는 성서의 권위를 필요로 한다고 믿기 시작하였습니다. 만일 주께서 성서를 통해 믿고 성서를 통하여 탐구되기를 바라지 않는다면, 주님은 결코 모든 나라에 미치고 있는 이와 같은 탁월한 권위를 성서에 부여하지 않았을 것입니다. 나는 성서 속에서 언제나 걸림돌이 되고 있는 불합리한 대목이 아주 진실되게 설명되고 있는 것을 듣고서는, 그 깊은 뜻이 있음을 이해하고 생각해보았습니다. 성서는 모든 사람에게 쉽게 읽히면서 그 신비스러운 위엄을 심원한 의미 속에 흡수하고, 가장 쉬운 말과 가장 겸허한 표현 방법으로 모든 사람들이 읽을 수 있게 하면서, 마음이 경박하지 않은 사람들을*²의 세심한 주의를 요구합니다. 따라서 그 권위는 내게 더욱 귀하고, 거룩한 신앙에 더욱더 어울립니다. 성서가 그와 같이 하는 까닭은, 모든 사람을 그 겸허한 품안에 받아들이고 소수의 사람을*³ 좁은 문으로 주님에게 인도하기 위함입니다. 좁은 문으로 들어오는 사람이 소수라고는 말하더라도, 성서가 이와 같이 높은 권위로 버티어 서서 성스럽고 겸허한 가슴으로 군중을 끌어모으지 않는 경우보다는 그래도 훨씬 많은 사람들일 것입니다. 나는 이들 군중이었으며, 주님, 당신은 내게 그 성스러운 모습을 보여주셨습니다. 나는 정확히 주님을 향해 있었고 주님은 내 말에 귀를 기울이셨습니다. 나는 휘청거리고 있었으나 주님은 손을 붙들어 주셨습니다. 나는 이 세상에서 아주 넓은 길을 따라 걸었으나,*⁴ 주님은 나를 버리지 않으셨습니다.

〈주〉

*1 〈로마서〉 5 : 6.

*2 〈집회서〉 19 : 4.

*3 〈마태복음〉 7 : 14.

제6장 거지의 만족은 야망을 품은 자의 비참보다 낫다

(9) 나는 명예와 이득과 결혼을 크게 동경했으나 주님은 그러한 나를 비웃었나이다. 나는 이러한 좋은 일들을 바라고 구하여 가장 쓰라린 고난을 맛보고 있었으나, 주님은 주님 자신이 아닌 것에서 내가 감미로움을 느낄 기회를 아주 적게 주는 더욱 큰 은총으로 돌보셨나이다.

주여, 내 마음을 보소서. 주님은 옛날의 내 마음을 기억하고 주님께 고백하기를 바라셨으므로 나는 고백하나이다. 나의 영혼은 이제 당신께 밀착합니다. 나를 잽싸게 죽음으로 끌어넣는, 새잡는 끈끈이로부터 나의 영혼을 떼어내 주소서. 그 당시 나의 영혼은 얼마나 비참했었는지요! 그리고 주님은 내 아픈 상처를 심하게 건드리셨나이다. 그렇게 하신 연유는 만물 위에 계시면서*1 나로 하여금 모든 것을 버리게 하고, 또한 주님 없이는 만물이 존재하지 않는 그러한 주님을 향하게 하며, 그렇게 함으로써 치료를 받게 하려 하심이었습니다.

그런 까닭으로 그날 나는 얼마나 비참했었는지 모릅니다. 그러나 주님은 내게 비참함을 느끼게 하시려고 어떻게 하셨는가요? 그날 나는 황제에게 찬사를 올릴 준비를 하고 있었습니다. 그런데 그 찬사에서 나는 많은 거짓말을 하였고, 또한 많은 사람들은 내가 거짓을 말하고 있음을 알면서도 그 거짓말에 박수갈채를 보내야 했습니다. 나는 부끄러워 얼굴이 달아올랐습니다. 염려에 사로잡혀 초조하고 열띤 마음이었습니다. 밀라노의 어느 길거리를 지나가다가, 내가 취한 상태여서인지 거지가 농담을 하며 웃고 있다는 생각이 들었습니다. 나는 그를 보고 한숨을 내쉬었습니다. 함께 있던 친구와 더불어, 우리의 정신 나간 고역 때문에 생기는 많은 고통에 대해 이야기를 나누었습니다.

나는 그 무렵 욕망에 이끌려 내 불행의 무거운 짐을 더욱 무겁게 만들고 있었습니다. 우리가 이러한 모든 노고로 얻으려고 한 것은 천하태평의 기분 좋음, 그런 기쁨뿐이었습니다. 하지만 그러한 기쁨에는 우리 눈 앞의 거지가 우리보다 먼저 도달하여 있었고, 우리는 절대로 도달하지 못할 상태였습니다. 거지가 몇 푼의 동냥으로 얻게 된 기쁨, 곧 그 순간의 최고의 행복을 누리는 즐거움을 나는 이와 같이 고통스럽게 꼬인 우여곡절을 겪으며 구하고 있었나이다. 물론 그도 진실된 행복을 얻은 것은 아니지만, 나는 그렇듯 분주하게 뛰어다니면서도 그보다 못한 것을 구하고 있었습니다. 거지는 기뻐하고 있으나 나는 번민하고 있었고, 거지는 안심하고 있으나 나는 불안해하고 있었습니다. 만일 누가 내게 기뻐하는 일과 두려워하는 일 가운데 어느 쪽을 선택하겠느냐고 묻는다면, 나는 기뻐하는 일이라고 대답했을 겁니다. 또한 저 거지와 같은 신세를 택할 테냐 아니면 나 자신의 그 당시와 같은 상황을 택할 테냐 하고 묻는다면, 그래도 나는 불안과 공포로 피곤에 지쳐 있기는 하나 나 자신이기를 바랐을 것입니다. 그러나 그 선택은 거짓일 것입니다. 그 선택이 어떻게 진실이겠나이까? 나는 그 거지보다 학문이 있다고 해서 내가 그보다 뛰어나다고 생각해서는 안 됩니다. 내가 학문을 한 까닭은, 사람들의 인기에 영합하기 위해서였을 뿐, 사람들을 가르치기 위해서가 아니요, 단지 인기를 위해서였습니다. 그 때문에 주님은 징계의 회초리로 "내 뼈를 부수셨나이다."

(10) 그러니 내 영혼을 향하여 "기쁨의 근원에는 여러 가지 속성이 있다. 그 거지는 술에 취하여 기뻐했으나, 너는 명예에 취하여 기뻐하였다"고 말하는 자는 내 영혼에서 물러가게 하소서.*² 주님, 당신 안에 있지 않은 영광이 이 세상 어디에 있겠나이까? 실제로 저 거지의 기쁨이 진실된 기쁨이 아니었듯이 내 명예 역시 진실된 명예가 아니었으며, 나의 명예는 내 정신을 훨씬 거짓되게 만들었습니다. 그 거지는 그날 밤 자기의 취기를 잠으로 떨쳐버리려 했을 것이나, 나는 깬 상태에서 잠을 잤고 깨인 상태에서 일어났나이다. 나는 앞으로도 마찬가지로 잠을 자고 일어나는 상태를 계속 반복할 생각이었습니다. 물론 사람들 각각의 기쁨의 근원 사이에는 차이가 있습니다. 나는 그 사실을 잘 알고 있나이다. 그리고 희망을 믿는 기쁨은 희망을 허망하다고 믿는 일보다 더욱 기쁩니다. 그러나 그 당시에도 그 거지와 나 사이에는 많은 차이가 있었습니다. 그 거지는 나보다 행복하였습니다. 그는 즐겁고 명랑하게 지껄였을 따름이요, 나는 근심으로 괴로워하고 있었습니다. 그 거지는 지나가는 사람의 행복을 빌고 술을 얻어 마셨으나, 나는 거짓말을 하면서 야망의 만족을 구하고 있었습니다. 그 무렵 나는 친한 친구들에게 이러한 생각을 말하고, 또 말하면서 그들의 상태는 어떠한가를 살펴보았는데 그들

역시 나와 똑같음을 알았습니다.

나의 상황은 나빴습니다. 그래서 나는 나 자신의 불행을 알고 두 배로 탄식하면서 그 불행한 상태를 배로 늘릴 뿐이었습니다. 어떤 행운이 내게 미소 짓는 일이 있더라도 그 행운을 붙잡지 않으리라고 생각했습니다. 왜냐하면 행운은 내가 거의 다 붙잡게 되었을 때 도망쳐 버리기 때문입니다.

⟨주⟩
＊1 ⟨로마서⟩ 9 : 5.
＊2 ⟨예레미야⟩ 6 : 8.

제7장　알리피우스의 성격, 그가 경기에 열중하는 것을 중지하게 하다

(11) 우리는 절친하게 함께 생활하면서 언제나 이와 같은 일을 탄식하였습니다. 나는 특히 알리피우스, 네브리디우스와 마음을 터놓고 대화를 나누었습니다. 그 두 사람 중 알리피우스는 나와 같은 도시(타가스테) 출신으로＊1 상류 사회의 자제였으며 나보다 나이가 어렸습니다. 내가 처음 고향에서 가르쳤을 때 그는 내게서 배웠고, 그 뒤 카르타고에 옮겨간 뒤에도 내게서 배웠습니다. 알리피우스는 내가 선량하고 박학한 줄 알고 나를 무척 따랐습니다. 나도 또한 그가 나이가 어림에도 불구하고 훌륭한 덕을 지니고 있는 사람으로서 그를 사랑하고 있었습니다.

그 무렵 카르타고 사람들 사이에는 나쁜 풍습의 소용돌이가 불고 있어 바보스러운 구경거리도 널리 퍼졌습니다. 그런데 알리피우스도 역시 그러한 경기장의 광란 속에 휩쓸리고 말았습니다. 그가 그 소용돌이 속에서 불행하게도 비참한 처지에 놓여 있을 때, 나는 카르타고의 공립 학교에서 변론술을 강의하고 있었습니다. 그러나 나와 알리피우스의 아버지 사이에 생긴 반목 때문에 알리피우스는 아직 내 강의를 듣고 있지 않았습니다. 나는 그가 경기장에서 구경에 깊이 빠져 있다는 사실을 알고, 그가 희망에 찬 앞길을 잃으려 한다는 사실, 아니 이미 잃어버렸다는 사실을 무척 걱정했습니다. 그러나 나에게는 친구로서도, 또한 교사의 권위로도 그를 훈계해서 다시금 올바른 길로 불러 되돌아오게 할 그 어떤 방법도 없었습니다. 나는 알리피우스도 자기 아버지처럼 내게 나쁜 감정을 품고 있으리라고 생각했던 것입니다. 그러나 사실은 그렇지 않았기 때문에, 알리피우스는 이 문제에 대해서는 아버지의 의견을 따르지 않고 교실로 들어와 내게 경의를 표하기 시작했고, 잠시 동안 강의를 들은 뒤 가곤 했습니다.

(12) 그런데 나는 알리피우스에게 쓸데없는 놀이에 빠져서 모처럼의 재능을 썩히는 일이 없도록 하라고 충고하기를 그만 깜박 잊고 말았습니다.

그러나 주님, 당신께서 창조하신 모든 존재들의 키를 잡으시고 인도하시는 주님께서는, 장차 주님의 아들들 가운데 주님의 성례를 집행할 사람이 될 그를 잊지 않으셨습니다. 그리고 주께서는 그로 하여금 나를 통하여 회개하게 하셨사오나, 나는 그 사실을 몰랐습니다. 어느 날 내가 여느 때처럼 자리에 앉아 학생들과 마주하고 있을 때, 알리피우스는 들어와 절을 하고 내가 가르치는 말에 귀를 기울이고 있었습니다. 나는 그때 성서의 한 구절을 강의하고 있었습니다. 그때 그 구절을 설명하기 위하여 경기장의 예를 들면 적절하겠다고 생각하였습니다. 내가 예를 든 까닭은, 내가 말하려 하는 내용에 흥미를 더해주고, 그 내용을 쉽게 이해시키기 위해서였습니다.

나는 경기장의 열기에 미쳐 있는 사람들을 통렬하게 비웃었습니다. 우리의 하느님, 주님께서 아시는 바와 같이 그때 제가 알리피우스를 그 질병에서 고치게 되리라고는 생각지 않았습니다. 그런데 그때 알리피우스는 내 말을 새겨 듣고서, 내가 그 말을 한 연유가 전적으로 자기 때문이라고 생각하였습니다. 그리고 다른 사람이었다면 그 말을 듣고 내게 화를 냈을 터이지만, 이 정직한 청년은 자기 스스로에 대하여 분노하고 더욱더 열렬하게 나를 사모하게 되었습니다. 이렇게 된 것은 주께서 이미 오랜 옛날에 "지혜 있는 자를 책망하라. 그리하면 그는 너를 사랑하게 될 것이다"[*2]라고 주님의 책 속에 써 놓으셨기 때문입니다.

그러나 나는 알리피우스를 책망하지 않았습니다. 그러나 주님께서는 모든 사람들을 그들이 알게 모르게 이용하셨으며, 주님께서 아시는 순서대로, 그리고 올바른 순서대로 이용하셨습니다. 내 마음과 혀로 타오르는 숯불[*3]을 만드신 다음에 그것으로, 높은 약속 때문에 쇠진한 마음에 뜸을 뜨고 치료를 하였습니다. 주님의 자비를 느끼지 못하는 자는 주님을 향한 찬양을 그만둘 지어다. 그러나 나는 참된 마음으로 주님의 자비하심에 감사합니다. 실제로 알리피우스는 내 말을 듣고 나서, 이해할 수 없는 쾌락에 의해 장님이 되었던 그 깊은 구멍에서 뛰어나와 절제하기로 굳게 결심했습니다. 그리고 경기장의 더러움을 씻고 난 뒤, 두 번 다시 거기에 발을 들여놓는 일이 없었습니다. 그리고 나를 탐탁지 않게 여기는 그의 아버지를 설득하여 내게서 배우도록 허락받기에 이르렀습니다. 이리하여 알리피우스는 다시 내 강의를 듣게 되었고, 나와 함께 마니교의 미신 속에 빠져들어갔습니다.

우리는 마니 교도의 겉치레 절제를 존중하여, 그것이 진실되고 순결한 절제라고 생각했었습니다. 그러나 그것은 사람을 미혹하는 절제로서 아직 참다운 덕의 깊이를 깨닫지 못한 영혼들, 더구나 거짓된 덕성의 외면으로 쉽게 속여 귀중한 영혼을 함정에 빠뜨렸습니다. 참으로 덕의 그림자일 뿐이요 흉내내기일 뿐인 생활이었습니다.

〈주〉
＊1 타가스테에서 가르치기 시작한 것은 20세 때인 374년이었다.
＊2 〈잠언〉 9 : 8.
＊3 〈로마서〉 12 : 20.

제8장 알리피우스가 다시 경기장의 유혹에 빠지다

(13) 알리피우스의 부모는 아들에게 끊임없이 세상의 출세에 대해 이야기하였습니다. 알리피우스는 그것을 얻기 위해 나보다 앞서 로마에 가서 법률을 배웠습니다. 알리피우스는 이 도시에서 검투사들의 대결을 구경하는 일에 믿을 수 없을 만큼 열중하여 있었습니다. 그는 원래 그런 구경을 싫어하여 경기장에 가지 않았으나, 어느 날 점심을 먹고 돌아오는 친구와 동급생들을 도중에 만나게 되었습니다. 그 동급생들은 그가 완강히 거절하는데도 거의 강제적으로 그를 끌고서, 잔혹하게 피의 잔치를 벌이고 있는 경기장으로 갔습니다.

알리피우스는 그들에게 이렇게 말했습니다.

"자네들은 내 몸을 그리로 끌고 가더라도 내 마음과 눈을 무대 쪽으로 향하게 할 수는 없을 거야. 나는 거기에 가지 않은 것처럼 있으면서 너희에게도, 그 경기에게도 이길 테다."

그들 중 누구도 그 말에 아랑곳하지 않고, 그가 그런 일을 할 수 있는지 시험해 보기라도 하려는 듯이 알리피우스를 경기장까지 데리고 갔습니다. 그들이 거기 도착하여 빈 자리에 앉자, 그 장소는 온통 광포한 쾌락으로 들끓고 있었습니다. 알리피우스는 눈을 감고서, 마음이 이런 나쁜 일을 향해 기울어지지 않도록 억누르고 있었습니다. 그러나 귀까지는 막지 못했습니다. 싸우던 한 투사가 쓰러지며 관중의 우렁찬 고함이 그의 귀를 세게 쳤을 때, 알리피우스는 그만 호기심에게 지고 말았습니다. 알리피우스는 그 광경이 어떠하든 그 광경을 경멸하고 극복하리라고 마음먹고 눈을 떴지만, 그러나 그가 보려고 생각했던 투사의 몸에 생긴 상처보다도 더 큰 상처를 마음에 받았습니다. 알리피우스는 쓰러진 투사보다 더 비참한 모습으로 쓰러졌습니다. 청중의 고함은 그의 귀로 들어와 그의 눈을 뜨게 하였으며, 강하다기보다 차라리 용감하다고 해야 할 그의 마음 때문에 상처받아 땅 위에 쓰러지고 말 지경이었습니다. 알리피우스의 마음은 주님에게 의지해야 했음에도 자기 자신을 의지하고 있었던 만큼*1 약하였습니다. 알리피우스는 경기장의 피를 보기가 무섭게 열광에 가득 찬 채 잔인한 쾌락의 잔을 마셨으며, 시선을 돌리지 않고 그 광기어린 광경을 응시하였습니다. 그 광기를 단숨에 마시고서, 자신에게 무슨 일이 일어나는지도 모르고서, 추악한 경기를 보며 만족하고, 피비린내 나는 쾌락에 취하였습니다. 알리피우스는 이미 이 경기장에 올 때의 그가 아니라 그를 맞이해 들인 군중 가운데 한 사람이 되어 있었으며, 그를 유혹한 사람들의 참다운 동료가 되어 있었습니다. 더 이상 무슨 말을 하겠습니까? 알리피우스는 바라보고 외치고 흥분하면서 그곳의 열기와 흥분을 지니고 집으로 돌아갔습니다. 이 흥분은 그를 거기 데리고 온 동료들과 함께 다시 돌아오게 만들었을 뿐 아니라, 그들의 앞장을 서거나 또는 다른 무리들을 이끌고 경기장에 다시 오게 할 정도였습니다.

그러나 주님께서는 가장 강하시고 가장 자비로우신 손으로 알리피우스를 거기에서 끌어내시어, 그에게 자기 스스로에게 의지하지 말고 주님에게 의지하도록 가르쳤습니다.*2 그러나 그 일이 이루어진 때는 훨씬 뒤였습니다.

〈주〉
*1 〈유딧〉 6 : 5.
*2 〈이사야〉 57 : 13.

제9장 알리피우스가 도둑의 혐의를 받다

(14) 그러나 이 모든 경험은 장래에 알리피우스에게 도움이 될 약으로서 그의 기억 속에 간직되었습니다. 이런 일도 있었습니다만, 알리피우스가 카르타고에서 내 강의를 듣고 있던 때의 일입니다. 어느 날 한낮 무렵, 알리피우스가 광장에서 일반적인 학문 수련 뒤에 행할 연설에 대하여 생각하고 있었습니다. 그때 주님께서는 알리피우스가 광장 수위로부터 도둑으로 오해받아 체포되는 일을 그대로 허용하셨습니다.

우리 하느님, 주님께서 그렇게 허용하신 이유는 장차 위대한 인물이 될 그로 하여금, 사람을 판단할 때 남의 말을 경솔히 믿고 함부로 죄가 있다고 판단해서는 안 된다는 사실을 배우도록 하기 위함이었습니다. 알리피우스의 사정은 이러했습니다. 알리피우스는 서판(書板)과 펜을 들고 재판석 앞을 혼자서 오락가락하고 있었습니다. 그때 갑자기 밖의 현장에서 학생들 가운데 진범인 한 젊은이가 몰래 도끼를 가지고 와서, 알리피우스가 모르는 새에 마을금고 점포 위를 덮고 있는 창틀을 뜯기 시작하였습니다. 그 도끼 소리를 듣고 아래 있던 점원들이 큰 소동을 벌이며, 젊은이를 붙잡기 위해 달려왔습니다. 그러나 청년은 그 소리를 듣고서, 체포될까 두려워 도끼를 버리고 도망쳤습니다.

한편 알리피우스는 그 청년이 들어올 때는 보지 못했으나, 서둘러 도망치는 광경을 목격하게 되었습니다. 그런데 알리피우스는 사건의 경위를 알기 위해 그 장소까지 가서 도끼를 발견하고는 멍하니 서 있었습니다. 그래서 알리피우스가 혼자서 도끼를 들고 서 있는 모습을 사람들이 보게 되었습니다. 사실 그는 진범의 인기척을 느끼고 거기에 달려온 것인데 말입니다. 그들은 알리피우스를 끌고 가, 모여든 광장 주민들을 향해 도둑을 현장에서 체포한 것처럼 자랑하였습니다. 그리고 알리피우스는 재판에 회부되기 위하여 거기에서 연행되었습니다.

(15) 그러나 알리피우스의 교훈은 이 정도였습니다. 주님, 당신께서는 즉시 오셨습니다. 주님만이 증인이시었기에 알리피우스가 무죄하다는 사실을 알리기 위해 오셨습니다.*¹ 알리피우스가 감옥에 갇히기 위해, 아니면 고문을 받기 위해 끌려가는 도중에 그들은 공공 건물의 관리를 맡고 있는 건축사를 만나게 되었습니다. 그들은 이 사람을 만났다고 아주 기뻐하였습니다. 광

장에서 물건이 없어졌을 때마다 언제나 이 사람이 그들을 의심하곤 했기 때문에, 이 사람은 적어도 누가 진짜 범인인가를 알고 있으리라 생각했던 것입니다. 그런데 이 사람은 늘 드나드는 원로원 의원 댁에서 알리피우스를 만난 일이 있었기 때문에, 곧 그를 알아보고서, 알리피우스의 손을 잡고 군중들로부터 떼어놓으며, 이렇게 비참하게 된 원인을 물었습니다.

그리고 일의 전말을 듣자, 거기 모여서 위협하듯이 소란을 피우는 무리들에게 자기를 따라오라고 명하였습니다. 그리고 그들은 함께 그 길로 진짜로 도둑질하려던 청년의 집에까지 왔습니다. 그때 그 문 어귀에 한 노예 소년이 서 있었습니다. 이 소년은 아직 나이가 어렸기 때문에, 사건의 진상을 사실대로 이야기하면 자기 주인의 신상에 어떤 일이 생겨날지에 대해 조금도 염려하지 않고 모든 일을 쉽게 털어놓았습니다. 사실 그 소년도 범죄자인 그 주인을 따라 광장에 갔었습니다. 알리피우스는 이 소년을 기억해 내고서 건축사에게 아는 소년이라고 말했습니다. 건축사가 소년에게 도끼를 내보이며 누구의 것이냐고 묻자, 소년은 곧 자기 집에 있었다고 대답하였습니다. 그 외에도 여러 가지 사실을 묻자 모든 사실을 털어놓았습니다.

이리하여 사건은 그 집으로 옮겨졌고, 알리피우스를 범인처럼 취급하던 군중은 크게 당황하게 되었습니다. 이리하여 장차 주님의 말씀을 관리하고 주님의 교회에서 많은 사건을 심판하게 될 알리피우스는 좋은 경험과 교훈을 쌓고 떠나게 되었습니다.

〈주〉
＊1 〈지혜서〉 1：6.

제10장 알리피우스의 결백성과 네브리디우스

(16) 이런 일이 있은 뒤 나는 로마에서 알리피우스를 만나게 되었습니다. 그는 가장 강한 우정의 굴레로 나와 맺어져서, 나와 함께 밀라노로 가게 되었습니다. 알리피우스는 나와 헤어지지 않으려고도 그렇게 했으나, 또한 그가 그때까지 배운 법률 지식을 가지고 자기의 의지보다는 부모의 희망에 따라 일을 해보기 위해서이기도 했습니다. 알리피우스는 이미 세 차례 법률 고문역을 지낸 적이 있었습니다. 알리피우스의 청렴결백에 동료들은 놀랐으

며, 반면에 그 자신은 다른 사람들의, 결백보다 금전을 소중하게 여기는 사실에 놀랐습니다. 왜냐하면 자신의 천부적인 재능으로 인해 단지 물욕의 유혹을 당했을 뿐 아니라, 위협을 당하는 시련을 경험했기 때문입니다.

알리피우스가 로마에서 이탈리아 지방 재무관*¹의 법률 고문으로 있을 때는 이런 일이 있었습니다. 아주 유력한 원로원 의원이 있었습니다. 사람들은 그의 은혜를 입었기 때문에 그를 따르는 사람이 많았습니다. 원로원 의원은 법률상 허용되지 않는 일도 권력을 남용하여 자기 개인을 위해 밀어붙이려 하곤 했으나, 알리피우스는 그에 반대하였습니다. 뇌물이 알리피우스에게 약속되었지만 알리피우스는 그것도 단호하게 꾸짖고 말았습니다. 협박을 받았으나 그것도 일축해 버렸습니다. 사람들은 모두 그의 비범한 용기에 감탄하였습니다.

알리피우스는 무수한 술책을 부리는 저명한 권위자를 친구로서 두기를 바라지도 않았고, 그런 인물이 적으로서 있어도 무서워하지 않았습니다. 그런데 알리피우스를 고문으로 삼고 있던 장관도 역시 이러한 불법이 행해지는 일을 좋아하지 않았습니다. 그러나 공연히 거부하지도 못했습니다. 그래서 그 책임을 알리피우스에게 떠맡기고는 알리피우스가 그 불법적인 일을 허용치 않기 때문에 허용할 수 없다고 변명하였습니다. 사실 장관이 이와 같은 불법을 허용했다면, 알리피우스는 사직하고 말았을 것입니다.

그런데 알리피우스는 책에 대한 열정 때문에 거의 유혹당할 뻔한 일이 있었습니다. 정부의 특별한 요금제를 적용받아, 아주 싸게 책의 사본을 만들려고 생각했던 일이었습니다. 그러나 알리피우스는 정의의 관념에 비추어 자신의 생각을 올바른 방향으로 바꾸었습니다. 그 불의를 그에게 허용하는 권력보다도 그에게 금지하는 공정에 따르는 편이 타당하다고 판단하였습니다. 작은 일이기는 하지만, "작은 일에 충성하는 자는 큰 일에도 충성하게 마련이니라."*² 그리고 주님의 진리의 입에서 나오는 말씀은 무의미한 법이 없습니다. "너희가 불의한 신의 양식에게조차도 충성하지 않는다면, 누가 너희에게 참된 보화를 맡기겠느냐." 또한 "만일 너희가 남의 것에 충성치 않는다면, 누가 너희에게 너희의 것을 주겠느냐."*³ 알리피우스는 당시 이러한 마음가짐으로 나와 가까이 지내고 있었으나, 어떠한 인생 항로를 선택할까에 대해서는 결심이 서 있지 않은 상태였습니다.

(17) 네브리디우스도 또한 카르타고에서 가까운 고향과 정든 카르타고를 버리고 조상 대대로 내려온 논밭을 남겨 둔 채 밀라노에 왔습니다. 나처럼 어머니가 뒤따르는 일도 없이 말입니다. 그 이유는 바로 나와 함께 진리와 지혜를 열심히 탐구하기 위해서였습니다. 그도 또한 나와 마찬가지로 행복한 생활을 열심히 구하고 어려운 문제를 예리하게 연구하면서, 나와 마찬가지로 탄식하며 방황하고 있었습니다.

이리하여 우리 세 사람의 입은 함께 모여 서로 그 무력함을 탄식하면서, "주께서 적당한 때에 그들에게 음식을 주심과 같이" 주님이 오시기를 기다리며 바라고 있었나이다. 그리고 우리들은 주님의 자비로써 우리가 이 세상을 살아갈 때에 동반되는 고난 속에서 무엇 때문에 그 고난을 맛보지 않으면 안 되는지를 생각하며 인생의 목적에 대해 생각했습니다. 그때 우리 눈에 들어오는 것은 단지 암흑뿐이었습니다. 우리들은 한숨을 쉬면서 뒤돌아보고 "언제까지 이런 상태가 계속될까?" 하고 말했습니다. 우리는 몇 번이고 이렇게 말했습니다. 그리고 이렇게 말하면서도 이 세상에 대한 미련을 버리지 않았습니다. 이 세상에 대한 미련을 버릴 때, 우리는 다른 무엇을 확실한 것으로 잡아야 할지 아직 확실하지 않았었기에 말입니다.

〈주〉
*1 '지방 재무관'은 그 당시 집정관 다음 가는 높은 자리였다.
*2 〈누가복음〉 16 : 10.
*3 〈누가복음〉 16 : 11~12.

제11장 어떻게 살아야 할지 알지를 못하다

(18) 세월이 그렇게나 많이 흘러갔음을 느끼고 정말 놀랐습니다. 열아홉 살 이래 나는 지혜에 대한 탐구로 마음이 불타올랐고, 그 지혜만 발견한다면 욕망에 관계되는 희망과 거짓된 기만은 모두 버리기로 결심하였습니다. 그런데 어찌된 일인지요. 나는 이미 서른 살이나 되었는데도 계속해서 똑같은 음탕의 늪 속에 빠져 있었습니다. 그리고 정신을 흩뜨리는 덧없는 현실 세계의 즐거움을 구하여 이렇게 말했습니다.

"나는 내일이면 그 기쁨을 발견하게 되리라. 완벽하게 분명해지리라. 반드시 파우스투스가 찾아와서 모든 것을 설명해 주리라. 아아, 아카데미파 사람들은 얼마나 뛰어난 철학자들이었는가! 인생의 행동에서 어떤 문제도 확실하지가 않구나. 오히려 우리는 좀더 열심히 탐구하여 낙담하는 일이 없도록 해야 하리라. 성서 안에서 불합리하게 생각되던 사항도 이제는 교정하여 다른 식으로 이해할 수가 있다. 명백한 진리가 발견될 때까지 나는 소년시절에 부모가 세워 준 입장을 굳게 지키리라. 그러나 진리는 어디서 구하며, 언제 구해야 하는가? 암브로시우스에게는 시간이 없고, 우리에게는 읽을 시간이 없다. 우리는 서적을 어디서 찾아야 하는가? 어디에서 언제 입수해야 하는가? 누구에게서 빌려야 하는가? 시간을 쪼개어 영혼의 구원을 위해 시간을 할당했으면 좋으련만. 큰 희망이 우리에게 나타났다.

가톨릭의 신앙은 우리가 잘못 생각하여 근거 없이 비난하던 바를 전혀 가르치지 않는다. 카톨릭의 학자들은 하느님이 인간 몸의 형상으로 한정되어 있다고 믿는 일이 불경하다고 생각하고 있다. 더구나 우리는 다른 진리까지 분명히 밝히기 위해 문을 두드리기를 왜 주저하고 있는가? [*1] 오전 중의 시간은 학생들에게 빼앗겨 여가가 없겠지만, 아직 남아 있는 시간에 우리는 무엇을 하고 있는가? 어찌하여 우리는 그 작업에 착수하지 않는가? 나를 후원해 줄 영향력 있는 친구들은 언제 방문할까? 학생들이 댓가를 지불하는 강의내용을 언제 준비할까? 우리는 걱정과 긴장에 시달린 우리의 마음에 언제나 새로운 활력을 줄 것인가?

(19) 모든 생각을 멸하라! 이 모든 하찮고 헛된 야망은 내버려 두고 오로지 진리 탐구에 전념하리라. 생은 비참하고 죽음은 정해진 때가 없다. 죽음이 갑작스럽게 엄습해 올 때, 어떤 상태로 이 세상을 떠나려 하는가? 우리가 이 세상에서 게으름을 피워 배우지 못한 지식들을 어디에서 배우려 하는가? 오히려 그 게으름에 대한 벌을 받아야 할 것이 아닌가? 또한 죽음 그 자체가 정신을 몰살시킴으로써 온갖 걱정들을 끝낸다면 어떠할 것인가? 그렇다면 이 점도 면밀히 탐구하지 않으면 안 된다.

"그러나 죽음이 결코 그럴 리가 없으니 그 일은 잊자. 그리스도교적 신앙의 위대한 세력으로 온 세계에 퍼진 것은 무의미한 일일 리가 없다. 만일 육신의 죽음과 더불어 영혼의 생명도 죽는다면, 신께서 우리를 위해 모든 것을 질과 양을 각각 달리 지니도록 만들어 놓았을 리가 없다. 그렇다면 왜 우리는 이 세상의 속된 희망을 버리고 하느님과 행복한 생활의 탐구에 우리의 모든 것을 전적으로 바치기를 주저하고 있는가?

그러나 서두르지 말아라. 세속적인 성공에는 즐겁고 독특한 감미로움이 있다. 그러한 성공에는 그 자체적인 달콤함이 없다. 그들을 겉보기만의 결정으로 가볍게 잘라버리려 해서는 안 된다. 세속적 성공을 경솔하게 버린 후 다시 그 성공으로 돌아가는 일은 부끄러워해야 할 일이다. 실제로 높은 자리를 차지하려고 시작해보는 일도 대단한 일이다. 이 세상에서 그 이상 더 무엇을 바라겠는가? 유력한 친구들도 적지 않다. 오직 그것만을 구하여 마지 않았다면 도지사의 지위까지도 차지할 수 있을 것이다. 그렇게 된다면 우리 집 생활이 수월해질 만큼의 지참금을 가진 아내를 맞이할 수도 있다. 이것이 우리 욕망의 한계이다. 모범으로 삼을 만한 많은 위인들도, 결혼과 지혜의 탐구를 결합하는 데에 몸을 바쳤다."

(20) 이 말을 나는 종종하였으며, 바람의 방향이 이리저리 바뀌며 내 마음을 여기저기 쫓아버리고 있는 동안에 시간은 흘러갔습니다.[2] 그리고 나는 주님을 향해 내 삶의 방향을 고정시키기를 주저하면서, 주님 안에서 살기를 하루하루 미루고 있었으나, 그 하루하루를 나 자신의 죽음에서 미룰 수는 없었습니다. 나는 행복한 생을 원하면서도 동시에 그 행복이 있는 자리가 두려워서 다시 그 행복을 찾는 시늉을 하며 달음질쳤습니다. 여인의 포옹을 빼앗긴다면 참으로 비참한 일이리라고 생각하면서. 그 허약함을 고쳐 주는 주님의 자비하심이라는 약에 대해서는 생각지 않았습니다.[3] 나는 아직 그 약을 복용했던 일이 없었기 때문입니다. 나는 절제가 자신의 힘에 의한 것이라 믿고 있었고, 아직 나에게는 그런 힘이 없다고 생각하였습니다. 나는 어리석게도, 성서에 기록되어 있는 대로 주님께서 주시지 않는다면 아무도 욕망을 절제할 수 없음을 몰랐습니다.[4] 내가 내 마음의 신음소리로 주님의 귀를 두드리며, 견고한 신앙으로 내 괴로움을 주님께 온전히 맡겼었다면, 주님은 반드시 내게 절제를 부여해 주셨을 것입니다.[5]

〈주〉

*1 〈마태복음〉 7 : 7.

*2 〈집회서〉 5 : 8.

*3 〈마태복음〉 4 : 23.

제12장　결혼과 독신 생활 문제에 알리피우스와 의견이 맞지 않다

(21) 알리피우스는 내가 결혼하여 아내를 맞는 일에 반대하였습니다. 내가 결혼하게 되면, 우리들은 한가로움 속에서 오랫동안 함께 지혜를 추구하며 살아갈 수는 없다고 했습니다. 알리피우스는 이런 문제에 대하여 이미 그 당시부터 아주 엄격하여, 나에게 감탄을 자아내게 했습니다. 알리피우스는 청년 시절 초기에 여성 관계의 경험이 있었습니다. 그러나 그에 집착하지 않고 오히려 그 일을 후회하고 멸시하였습니다. 그 뒤부터는 완전히 욕망을 억제하며 생활할 뿐이었습니다. 그런데 나는, 오히려 그를 반박하고 충동질하며 설득했습니다. 결혼한 부부를 예로 들면서, 이들은 결혼하고 나서도 지혜를 탐구하고 하느님을 즐겁게 했으며,＊1 충의롭고 사랑스런 우정을 지켰다고 이야기해 주었습니다. 사실 나는 이러한 사람들의 영혼의 위대성에는 도저히 미치지 못했습니다. 그래서 육체의 불건전한 충격과 파괴적인 달콤함을 맛보면서, 나를 결박하고 있는 쇠사슬을 끌고 다녔습니다. 그 결박이 풀어질까 두려워, 좋은 소식을 전해 주는 사람의 말을 마치 그 쇠사슬을 풀어 주는 자의 손처럼 여겨서 아픈 곳을 건드리기나 한 듯이 뿌리쳤나이다. 그뿐 아니라 뱀은＊2 나를 통하여 알리피우스에게도 말을 걸었습니다. 뱀은 내 입과 혀를 통하여, 알리피우스가 가는 길에 감미로운 올무를 여기저기 설치해 놓고, 그의 고결하고 자유롭게 걷는 발을 거기에 걸리게 하려 했습니다.

(22) 알리피우스는 내게 깊은 관심을 가지고서, 내가 그러한 끈끈한 즐거움에 그렇게 빨리 빠져들어야 하는 연유가 무엇인지 의아하게 생각했습니다. 우리들이 이 문제에 대해서 서로 논쟁할 때마다, 나는 이렇게 단언하곤 했습니다.

"나는 절대로 독신으로 살 수는 없다."

이 말에 그가 어이없는 표정을 지으면, 나는 나의 성적 경험과 그의 성급하고 수상쩍은 경험 사이에는 큰 차이가 있다고 늘 말하며 스스로를 변호하였습니다. 알리피우스는 그의 경험을 은밀하게 약간 맛보았을 뿐으로 이미 거의 기억하고 있지 않아서, 그런 습관을 버리더라도 조금도 괴로울 것이 없었습니다. 그러나, 내 경우는 습관이 된 쾌락인 만큼 끊기가 힘들다고 말했습니다. 또 만일 나의 인생에 결혼이라는 훌륭한 이름이 붙여졌다면, 알리피우스는 당연히 내가 나의 결혼생활을 경멸해서는 안 된다고 생각했을 것입니다. 그런 이유로 해서 알리피우스 자신도 결혼을 바라게 되었습니다. 그러나 알리피우스는 결코 이런 부류의 쾌락을 맛보려는 욕망으로 인해 굴복한 것이 아니라, 오히려 호기심의 포로가 되었기 때문이었습니다.

알리피우스는 무척 만족하게 생각하고 있던 나의 생활의 비결이 무엇인지를 알고 싶어했습니다. 쾌락의 쇠사슬에서 해방되어 있던 그의 마음은, 정욕에 빠진 나의 생활을 보고 놀랐고, 또 놀랐기 때문에 그 쾌락을 시도해 보려는 호기심을 품게 되었습니다. 그 호기심은 당장에라도 그러한 경험을 실제로 해 보려고 했습니다. 만일 그렇게 했다면 그는 그 호기심으로 인해 나와 같은 쾌락의 생활에 빠지게 되어 스스로 놀랐을지도 모릅니다. 왜냐하면 그는 "죽음과 계약을 맺으려"[3] 하고 있었고, "위험을 사랑하는 자는 위험에 빠지기 쉽나니"라는 말씀이 있기 때문입니다."[4]

혼인의 미덕을 존중하는 일, 집안을 다스리고 자녀를 양육하는 일에 대한 의무를 지면서 아내를 갖는 아름다움에는 한계가 있다고 우리는 생각하였습니다. 나를 굳게 붙들고 심히 괴롭힌 것은 주로 끝없이 정욕을 충족시키려 하는 습관이었으며, 그를 사로잡아 끌고 다닌 것은 경이와 호기심이었습니다. 가장 높으신 분, 주님을 만나기 전까지의 우리 생활은 이러한 모양새였습니다. 진흙으로 된 이 몸뚱이를 버리지 못했나이다. 비루한 우리에게 은총을 내리시고, 훌륭하고 비밀스런 길로 해서 주님은 우리를 도우러 오셨습니다.

⟨주⟩
*1 ⟨히브리서⟩ 13 : 16.
*2 ⟨창세기⟩ 13 : 14, 악마를 가리킴.
*3 ⟨지혜서⟩ 1 : 16, ⟨이사야⟩ 28 : 18.
*4 ⟨집회서⟩ 3 : 27.

제13장 한 소녀와 약혼을 하고 그녀가 성인이 되기를 기다리다

(23) 나는 주위로부터 아내를 맞으라는 권고를 계속해서 듣고 있었습니다. 나는 이미 구혼도 하였고 약혼도 한 상태였습니다. 어머니는 내가 우선 결혼

을 한 뒤에, 구원에 이르게 하는 세례로 나를 깨끗하게 하려고 한없는 노력을 기울였습니다. 그리고 내가 나날이 세례를 받기에 합당한 상태에 이르는 모습을 보고 기뻐하셨습니다. 어머니 자신의 희망과 주님의 약속이 내 신앙 속에 실현되었음을 보았습니다. 어머니는 그 무렵 내 소원과 어머니의 희망에 따라 충심으로 힘찬 외침으로, 주님께서 내 장래의 결혼에 대하여 어떤 지시를 환상으로 내려 주시기를 매일처럼 간절히 기도했습니다. 그러나 주님은 그 환상을 결코 보여주려 하지 않으셨습니다.

　어머니는 착각을 일으키게 하는 몽상적인 환영의 모습을 보았으나, 그것은 문제에 대한 답을 성급히 원하는 인간정신의 충동으로 생겨난 환영이었습니다. 어머니는 이 환상에 대해 내게 말했으나, 주님께서 어떤 일을 어머니에게 보여 주실 때와 같은 언제나 확신을 지닌 말씀이 아니고 신경조차 쓰지 않는 듯한 말투였습니다. 어머니가 말씀하시기를, 자신은 어떤 말로 설명하기 어려운 어떤 후각적 분위기에 의하여 구별을 한다고 하였습니다. 즉, 후각적 감각으로 주님의 계시와 자기 영혼의 몽상의 차이를 구별해낼 수 있다고 하셨습니다. 그런데도 나는 계속해서 결혼 권고를 받았고 그 상대 소녀는 결혼할 나이가 되려면 2년이나 더 있어야 했습니다.*[1] 그러나 소녀가 내 마음에 들었기 때문에 기다리기로 했습니다.

〈주〉
＊1 법률상의 결혼 적령기는 12세였다.

제14장　공동 생활의 계획과 그 좌절

　(24) 그때 많은 친구들은 인생의 번거로운 고뇌를 생각하며 서로 대화를 나누었고, 이 시끄러운 세계를 떠나 고요한 은둔 생활에 들어가려 했었습니다. 그리고 그렇게 하기 위한 여가를 얻기 위하여 우리는 다음과 같은 계획을 세웠습니다. 곧 우리는 소유 재산을 모두 합쳐 공동 재산을 만들려 했습니다. 그리고 이쪽은 이 사람의 것이요, 저쪽은 저 사람의 것이라고 분별할 일이 아니라, 신실한 우정으로 전 재산이 각자의 소유인 동시에 전원의 소유가 되게 하였습니다. 그때 우리는 대략 열 명이 이 공동 생활에 참가하리라 생각했었습니다.

동료 중에는 부잣집 아들이 여러 명 있었는데, 나와 같은 고장 출신인 로마니아누스[1]가 가장 부유했습니다. 그는 어릴 때부터 나와 친한 사이로, 어떤 중요한 용건 때문에 궁정에 가 있었습니다. 그는 이 계획의 실현에 특히 열심이었으며, 또한 그의 재산은 다른 사람들보다 훨씬 많았기 때문에 그가 행한 설득에는 큰 힘이 있었습니다. 우리는 해마다 두 사람이 간사 일을 맡아 모든 필수품을 준비하고, 다른 사람은 그 일에 일체 관계하지 않기로 정하였습니다.

그러나 우리 중에는 이미 아내가 있는 사람이나 곧 결혼할 형편에 있는 사람도 있었습니다. 그리하여 부인들이 이 계획에 승낙할까 하고 생각하자, 우리가 멋지게 세운 모처럼의 계획도 모두 우리 손에 의해 산산조각나 버리게 되었습니다. 결국 우리는 한숨과 신음 생활과 우리의 경력으로 돌아가 넓고 잘 밝혀진 세상의 길[2]을 걸었습니다.

"우리의 마음 속에는 많은 생각이 있었으나 주님의 충고는 영원하나이다."

주님은 그 충고로 우리의 계획을 비웃으셨고, 우리를 위하여 주님의 생각을 준비하시어, "우리에게 때 맞춰 음식을 주시고, 우리의 영혼을 축복으로 채워 주셨나이다."

〈주〉
*1 로마니아누스는 타가스테의 대지주였다. 아우구스티누스도 어떤 형식으로든 그의 원조를 받았으며, 카르타고에 유학할 수 있게 된 것도 그의 덕분이었다.
*2 〈마태복음〉 7 : 13.

제15장 옛 여자와 헤어지고, 다시 새 여자와 사귀다

(25) 그러는 동안 나는 더 많은 죄를 짓고 있었습니다.[1] 지금까지 동거하던 여자를 혼인에 방해가 된다는 이유로 내 옆에서 떠나가게 했습니다. 그 여자에게 집착하고 있던 내 마음은 상처받아 피를 흘렸습니다. 그 여자는 결코 다른 남자에게 가지 않겠다고 주님께 맹세하면서, 그 여자가 낳은 서자를 내게 남겨 두고 아프리카로 돌아갔습니다. 나는 불행하게도 이 여자가 한 대로 흉내조차 낼 수 없어서 더이상 혼자서 기다릴 수가 없었습니다. 그래서 약혼한 여자를 맞아들일 시기는 2년 뒤이기 때문에 그때까지 기다릴 수 없기에 다른 여자를 데려왔습니다. 물론 정식 아내는 아니었습니다. 나는 결혼을 희

망했다기보다 정욕에 결박되어 있었습니다. 이리하여 오랫동안 악습의 노예가 되어 내 영혼의 병은 지속되었습니다. 그 병세는 감소되지 않고 오히려 증가되어, 결혼의 왕국에 들 때까지 낫지 않았습니다. 또한 옛 여자와의 이별로 생긴 내 상처도 아물지 않았고, 심한 열과 날카로운 고통 뒤에 그 상처는 곪아 짓물러서, 나는 냉혹한 반면에 필사적인 성격이 되어갔습니다.

〈주〉

＊1 〈집회서〉 23 : 3.

제16장 끊임없이 죽음과 심판의 공포에 위협을 받다

(26) 자비의 원천이시여, 주님께 찬양을 드립니다. 주님께 영광을 돌리나이다. 나는 더욱더 비참해졌고, 주님은 더욱더 가까이 오셨습니다. 주님은 이미 오른손을 뻗으시어 나를 흙탕 속에서 끌어올려 씻기시고, 깨끗하게 하려 하셨으나 나는 그 손길을 깨닫지 못하였나이다. 육체의 쾌락이라는 깊은 늪에서 나를 불러낸 것은 죽음과, 이윽고 임할 주님의 심판에 대한 공포뿐이었나이다. 내 생각은 여러 가지로 변했으나 그 와중에도 이 공포는 결코 내 가슴에서 떠나는 일이 없었습니다. 나는 친구 알리피우스, 네브리디우스와 더불어 선악의 궁극적 본질에 대하여 토론하였습니다. 죽은 뒤에도 영혼이 존속하여 생전의 행위에 대한 응보를 받는다는 사실을 내가 믿지 않는 한, 에피쿠로스(쾌락주의자)＊1야말로 승리의 종려나무를 받아야 한다고 생각하였습니다. 왜냐하면 에피쿠로스도 영혼불멸과 사후의 상벌을 믿지 않았기 때문입니다.

그리고 나는 이렇게 물었습니다. 우리가 불사(不死)의 존재로서 끊임없는 육체적 기쁨을 누려왔다면, 또 그 기쁨을 잃게 될까 염려하는 공포도 없이 살았다면, 우리가 지금 어찌 이렇게 행복하지 못해야 합니까? 그렇다면 우리는 다른 무엇을 구해야 하겠나이까? 나는 이와 같이 생각했었습니다. 이런 생각 자체가 심히 어리석었다는 사실조차 알지 못했습니다. 나는 이와 같이 깊은 어둠에 잠겨 장님이 되었고, 정욕 없이 사랑해야 할 아름다움의 빛과 덕의 빛을 찾아볼 수 없었습니다. 이 아름다움은 육안으로는 보이지 않고, 오직 내적인 식별을 통해서만 볼 수 있습니다.

또한 나는 불행하게도, 그와 같이 더러운 문제를 친구와 토론할 때 느끼는 그 못된 유쾌함이 대체 어떤 근원에서 생겨나는지를 생각하지 않았습니다. 또한 내가 아무리 풍족한 육체의 쾌락 속에 있다 하더라도 친구가 없으면, 당시 내가 지니고 있던 행복의 관념을 따르더라도 행복하지 않았습니다. 정녕 나는 이 모든 친구들을 친구이기 때문에 사랑했고, 그들 또한 나를 오직 나이기 때문에 사랑하고 있다고 생각했습니다.

오오, 굽은 길이여, 주님으로부터 멀어지면 그 어떤 좀더 좋은 것을 얻을 수 있다고 생각했던 내 어리석은 영혼이여, 화가 있을지어다.*² 내 영혼은 이리로 누워 보고 저리로 누워 보며, 등으로도 옆구리로도 또 엎드려도 보았으나, 어떤 자세를 취하여도 괴롭기만 했습니다. 오직 주님에게서만 편안히 쉴 수 있습니다.

주님은 여기에도 계시어 우리를 가련한 방황에서 건져 주시고, 주님의 바른 길로 이끄시어 위로하며 말씀하시나이다.

"달려라, 내가 붙들어 주고, 내가 너를 끝까지 지켜보며 목표 지점까지 데려다 주리라."*³

〈주〉

*1 에피쿠로스(기원전 342~271년경)는 아테네의 철학자. 데모크리토스의 원자론에 기초하여 쾌락주의를 주창하였다.
*2 〈이사야〉 3 : 9.
*3 〈고린도전서〉 9 : 24, 〈이사야〉 46 : 4.

제7권 31세 때의 일

장년 시절의 초기인 31세 때의 회상. 점차 사상적인 방황에서 해방되지만 하느님을 아직 물질적으로 존재한다고 생각함. 네브리디우스가 마니교를 반박한 토론에서 많은 사실들을 배웠다. 자유 의지가 악의 근원이라는 사설을 깨우치고 마니교의 이단(異端) 사설을 배척하지만, 가톨릭 교회의 가르침을 전면적으로 승인할 수는 없었다. 점성술을 믿는 일도 그만두었으나, 악의 기원에 대하여 번민한다. 플라톤파의 서적을 읽고 말씀의 신성(神性)을 주장하는 가르침에 동조하게 되지만, 아직 그리스도가 중재자라는 사실을 깨닫지 못한다. 그러나 모든 의혹은 성서, 특히 바울 서를 읽고 일소된다.

제1장 하느님을 무한히 큰 존재로, 또 계속 물질적으로 생각하였다

(1) 나의 사악하고 불경스러운 청년기는 이미 지나가고, 장년기에 이르렀습니다. 그리고 나이가 들면서 나는 더욱더 헛된 생각 때문에 더럽혀졌습니다. 나는 이 눈으로 보는 것 이외에 그 어떤 물체도 생각할 수가 없었습니다. 하느님, 나는 지혜에 관하여 조금 배운 뒤부터는 주님이 인간의 신체 형상을 지녔다고는 생각지 않았습니다. 나는 언제나 이러한 사고 방식을 피해 왔던 터였고, 우리 영혼의 어머니인 주님의 가톨릭 교회 신앙 속에 있는 견해도 나와 똑같음을 발견하고 기뻐하였습니다. 그러나 나는 주님을 어떻게 생각해야 좋은지 알 수 없었습니다.

나는 인간으로서, 더구나 우리와 같은 인간으로서 주님을 최고이고 유일하며, 진실하신 하느님이라고 생각하려고 힘썼고,*1 주님이 불후(不朽)하시며 불가침이요 불변이시라고 마음 깊숙이 믿고 있었습니다. 나는 썩는 사물이 썩지 않는 사물보다 못하다는 사실을 앞에 놓고, 이 생각이 어디에서 일어났는지, 또는 어떻게 일어났는지 알지 못했으나 아무튼 그렇게 분명히 인식하고 또 확신하였습니다. 그리고 아무 주저함 없이, 침해당하지 않는 사물은 침해당하는 사물보다 귀하고, 변화하지 않는 사물은 변화하는 사물보다 낫다고 생각했습니다. 나의 마음은 내가 갖고 있던 온갖 물질적 환상들을 향하여 거센 반대 소리를*² 질렀습니다. 그 환상들 주변에 날아다니는 불결한 개념의 벌떼를 단번의 입김으로 내 정신의 뿌리에서 쓸어버리려 했습니다. 그러나 이 불결한 벌떼들은 순식간에 퍼졌다가*³ 다시금 떼를 지어 몰려와 나의 상상의 힘을 공격하고 내 눈을 흐리게 했습니다.

그리하여 주님께서 인간의 형상을 하고 계시지는 않지만, 나는 이 세상이나 이 세상 밖의 공간에 섬세하게 퍼져 있는 어떤 물질적 기체같은 주님의 존재를 상상해 보아야만 했습니다. 명백히 이러한 존재는 부패하지 않는 존재이리라 생각했으며, 불가침의 존재이면서 변하지 않는 불변의 존재이리라고 생각했습니다. 이전에는 반대로, 주님의 형상은 부패하고 범접 가능하며 변하는 육체적 존재이리라고 생각했었는데 말입니다. 그렇더라도, 공간이 떨어져나간 존재는 존재할 수 없다고 생각되었습니다. 더구나 완전한 무(無)로서 공허함과 같은 것은 결코 아니었습니다. 어떤 물체가 어느 장소에서 사라지면, 거기에는 땅도, 물도, 기운도, 하늘의 어떠한 물체도 존재하지 않는, 단지 빈 공간이 있을 뿐입니다. 이것은 내용물이 없는 수학적 공간 개념과 같습니다.

(2) 그래서 나는 이와 같이 마음이 둔해지고*⁴ 내 자신에 대한 분명한 통찰력조차 가지지 못했습니다. 일정한 공간에 퍼지지 않고 덩어리지지 않으며 팽창하지 않는 존재, 또한 이런 종류의 존재를 수용하거나 수용하지 못하는 공간 전부가 무라고 생각했습니다. 내가 언제나 바라보고 있는 형상, 그리고 내 마음까지도 그러한 형상으로 생각하였습니다. 그리고 나는 그러한 마음의 형상 자체를 형성한 정신적 힘은 물체적이거나 공간적인 것은 아니지만, 이 정신적 힘은 그 심상을 형성한다는 점으로 미루어 어떤 위대한 존재라는 사실을 깨닫지 못하였습니다.

내 생명의 생명이시여, 이리하여 나는 주님도 무한한 공간에 걸쳐 광대하며, 온 세계의 곳곳에 걸쳐 모든 용적(容積)에 침투하며, 그것을 초월하여 온갖 방향에 무한하게 확대된다고 생각했습니다. 하늘도 땅도 다른 만물도, 주님을 소유하면서 주님 안에 한정되어 있으나, 주님은 어디에도 제한받지 않는다고 생각하였습니다. 이 땅 위에 있는 기체가 태양 광선을 가로막는 일이 없고, 태양 광선이 기체를 찢거나 절단하는 일은 없으나 거기에 완전히 가득찬다고 말입니다. 그와 마찬가지로, 주께서는 천체와 기체와 바다의 물체뿐 아니라 땅의 물체에도 스며드십니다. 그리고 그 모든 부분들, 가장 큰 부분과 가장 작은 부분에까지 모든 부분에 현존하시고, 그 숨겨진 숨결로써 주께서 창조하신 모든 존재들을 내적으로나 외적으로나 통치하신다고 나는 생각했었습니다.

내가 그같이 생각한 까닭은, 그 외에 달리 생각할 수가 없었기 때문입니다. 하지만 그 생각은 틀렸습니다. 만일 그렇다고 한다면, 땅의 큰 부분은 주님의 큰 부분을 소유하고, 땅의 작은 부분은 주님의 작은 부분을 소유하며, 만물은 주님에 의하여 다른 방법으로 채워지게 됩니다. 말하자면 코끼리는 참새보다 커서 큰 장소를 차지하기 때문에, 코끼리의 신체는 참새의 신체보다 주님을 더 많이 차지하여야 한다는 말이 됩니다. 그리고 주님은 자신을 몇몇 부분으로 나누어 세계의 큰 부분에는 큰 부분을, 작은 부분에는 작은 부분을 현존시키셔야 한다는 말이 됩니다. 주님은 이런 방법으로 존재하시지 않습니다. 그렇지만, 주님은 아직까지 달리 내 무지한 어둠을 밝혀 주시지 않으셨습니다.

〈주〉
＊1 〈요한복음〉 17 : 3.
＊2 〈애가〉 2 : 18.
＊3 〈고린도전서〉 15 : 52.
＊4 〈마태복음〉 13 : 15, 〈사도행전〉 28 : 27, 〈이사야〉 6 : 10.

제2장　네브리디우스가 마니 교도를 반박한 논거

(3) 주님, 남을 속이는 자들을 속인 이들＊1과, 말은 많으나 사실 벙어리인 저들에 대한 충분한 논박 증거가 있었습니다(저들의 말에서는 주님의 말씀을 듣지 못했사오니, 저들은 사실 벙어리입니다). 그들을 논박한 증거는, 아주 예전 내가 카르타고에 있던 무렵, 네브리디우스가 언제나 주장하는 말을 듣고서 우리 모두가 감동했는데, 그 논거만으로 충분할 것입니다.

네브리디우스는 말하기를, 마니 교도는 언제나 주님께 대항하는 세력으로서 인용되는 어떤 어둠의 종족을 주장한다는 것이었습니다. 만일 주님께 어떤 해가 더해질 수 있다고 생각된다면, 주님은 침해되고 타락할 수 있는 존재가 됩니다. 그러나 주님께 아무런 해도 더해질 수 없다고 한다면, 주께서 그 해악과 싸워야 할 이유가 없어지게 됩니다. 그리고 참으로 그러한 싸움의 상황을 통해서 주님의 부분과 악이 섞이게 됩니다. 즉, 적대적인 여러 힘이나 주님에 의해 창조되지 않은 세력들에 맞서 싸우다가 그들과 혼합되고, 그들 때문에 타락하고 더욱 나쁘게 변합니다. 그래서 행복에서 불행으로 전락하였으므로 거기에서 구출되고 깨끗해지기 위하여 주님의 도움이 필요합니다. 그리고—마니 교도에 의하면—이러한 상태에 있는 것이 영혼으로서 노예화되고 오염되고 부패하였으나, 주님의 자유롭고 손상되지 않은 말씀에 의해 도움을 받습니다. 그러나 이 말씀 자체도 영혼과 동일한 본질에서 나왔기 때문에 타락할 수 있다고 말합니다. 그러므로 만일 그 마니 교도들이 이렇게 말한다면, 즉 주님이 어떤 분이시든(주님의 존재가 무엇으로 이루어져 있든) 간에 주님은 타락하지 않는다고 말한다면, 그들의 주장은 전부가 거짓이며 저주해야 마땅합니다. 반대로 주님이 썩는 존재라고 말한다면, 그것 자체가 거짓이며 즉시 배척되어야 합니다.

이러한 주장은, 우리의 배속에 가득 들어차서 반드시 토해 내야만 될 마니 교도의 주장을 반박하는 데 충분하였습니다. 마니 교도들은 마음과 혀로 주님에 대해 무서운 신성 모독을 생각하고 말함으로써만 자기들의 긍지를 모면하곤 했으므로, 나는 그 모두를 토해냈던 것입니다.

〈주〉
＊1〈디모데후서〉3：13.

제3장 자유 의지가 죄의 원인이다

(4) 그러나 나는 그때에도 우리의 영혼뿐 아니라 육체를 만드시고, 모든 영혼과 육체를 창조하신 주이시며 진실된 하느님이신 주님을 믿고 있었습니다. 주님께서는 타락하거나 변모되지 않으시며, 어떠한 점에 있어서도 변하시지 않는다고 주장하며 굳게 믿었습니다. 그러나 나는 아직 악의 원인을 탐구하고 해명하는 데까지 도달하지 못했었습니다. 나는 악의 원인이 무엇이든, 그 원인을 조사해보아야 했습니다. 악이라는 이 문제 때문에 불변의 하

느님을 변화하는 존재로 믿어야 한다니 꼭 조사해보아야만 했습니다. 내가 그렇게 조사하지 않는다면, 악을 탐구하는 나 자신이 악이 될지도 모릅니다. 이리하여 나는 모든 불안을 떨치고 용감하게 악의 원인을 탐구하였고, 또한 마니 교도의 주장이 그릇되다는 사실을 믿어 의심치 않았습니다. 내가 악의 기원을 탐구할 때, 그들은 악의로 가득 차*1 있었기 때문에 나는 온 마음으로 그들로부터 달아났습니다. 그들은 자신들이 적극적으로 악을 행하고 있기보다는 오히려 주님의 실체가 악을 제공하고 있다고 말하는 게 더 낫다고 생각하여 악의에 차 있었던 것입니다.

(5) 나는 그 당시에 들은 말을 이해하고자 스스로 다짐했습니다. 그때 나는 자유의지에 의한 자유로운 선택이야말로 악을 행하는 원인이며, 또한 주님의 정의의 심판이야말로 우리가 악으로부터 피해를 겪는 원인이라는 사실을 들어서 알고 있었습니다. 나는 그 의미를 자세히 이해하려 했으나, 그 원인을 명료하게 이해할 수는 없었습니다. 그래서 나는 이 어려운 문제에서 마음의 눈을 돌려 빠져나오려고 했으나, 다시금 깊은 늪에 빠져 들었고, 여러 차례 탈출을 시도했으나 그때마다 다시 빠지고 말았습니다. 내 자신이 살아 있다는 사실을 알고 있듯이, 마찬가지로 의지를 가지고 있다는 확실한 한 가지 사실이 나를 주님의 빛으로 끌어올렸나이다. 그래서 내가 무엇을 원하거나 원치 않거나 할 때에는, 타인이 아닌 나 자신이 원하거나 원치 않는 것이라는 사실을 분명히 인식하고 있었습니다. 나 자신에게 죄의 원인이 있다는 사실을 점차 알게 되었습니다. 그리고 내가 원치 않는 일을 행할 때에 나는 적극적이라기보다 수동적이 된다는 사실을 알게 되었고, 그것은 죄가 아니라 벌이라고 판단하였습니다. 나는 주님이 의로우신 분이라고 생각하고 있었기 때문에, 주께서 내린 벌을 받는 일이 부당하지 않다는 사실을 바로 인정하였습니다. 그러나 나는 다시 이와 같이 물었습니다.

"누가 나를 만들었는가? 그것은 오직 선한 분이실 뿐 아니라 선 그 자체이신 나의 하느님이 아닌가? 그렇다면 어찌하여 나는 악을 원하고 선을 원하지 않는가? 내가 당연한 벌을 받아야 하는 이유는 무엇인가? 나는 완전한 하느님에 의해 만들어졌는데, 누가 이러한 것을 내 속에 옮겨 고난의 어린 나무를 심었는가? 이 일을 행하는 자가 악마라고 한다면, 그 악마는 어디에서 왔는가? 천사는 온전히 창조주가 만드셨다고 하는데, 어찌하여 악마 자체도 그의 사악한 의지 때문에 선한 천사에서 악마가 되었다고 하는가?"

나는 이와 같은 생각을 하며 다시금 기분이 무거워졌고, 숨통이 막히는 듯했습니다. 그러나 인간이 악을 적극적으로 행한다고 생각하기보다는 오히려 주께서 악의 피해를 제공한다고 생각하는 오류, 아무도 주님께 감사하지 않는 지옥의 오류까지는 끌려들어가지 않았습니다.

〈주〉
＊1 〈로마서〉 1 : 29, 전도서 9 : 3.

제4장 하느님은 변하지 않는 존재여야 한다

(6) 나는 타락할 수 없는 존재가 타락할 수 있는 존재보다 낫다는 사실을 이미 알고 있었으며, 다른 일도 그와 같이 보려고 노력했습니다. 그리하여 주님이 어떤 존재이시든 절대적으로 변하지 않는 분이시라고 고백하였습니다. 어떠한 영혼이든지 최고이고 또한 최상이신 주님보다 더 선한 존재가 있다고 생각할 수는 없었습니다. 또한 장래에도 생각할 수 없을 것입니다. 그러나 내가 이미 생각한 바와 같이, 가장 진실되고 가장 확실하게 타락할 수 없는 존재가 타락할 수 있는 존재보다 뛰어나다고 생각되기 때문에, 혹여 주님이 타락할 수 있는 존재라면, 나는 하느님보다 더 위대한 존재를 생각해냈을 것입니다. 그래서 나는 타락할 수 없는 존재가 타락할 수 있는 존재보다 낫다고 하는 사실을 인식한 후, 그런 인식 안에서 주님을 구하였고, 거기에 기초하여 어디에 악이 존재하는지, 곧 어디에서 부패가 생겨나는지를 고찰하지 않으면 안 되었습니다. 그러나 이 부패에 의하여 주님의 실체는 결코 침범되는 일이 없습니다. 부패는 어떤 의지에 의해서든, 어떤 필연성에 의해서든, 어떤 헤아릴 수 없는 우연성에 의해서든, 우리의 하느님을 결코 침해할 수가 없습니다. 왜냐하면 그는 하느님이시며, 하느님께서 혼자 힘으로 원하시는 것은 선이며, 하느님이 바로 선 자체이기 때문입니다. 또 타락할 수 있는 것은 선이 아니기 때문입니다.

더욱이 주님은 의지에 어긋나는 일에 강제되는 일도 없으십니다. 주님의 의지는 주님의 능력보다 크게 되지 않기 때문입니다. 그러나 주님이 주님 자신보다 크시다면, 주님의 의지는 주님의 능력보다 클 것입니다. 하느님의 의지와 하느님의 능력은 하느님 그 자체이기 때문입니다. 만물을 모두 아시는 주님에게 헤아리지 못할 바가 무엇이겠습니까? 모든 사물은 오직 주님이 아시기 때문에 존재합니다. 정말이지 왜 우리는 반복해서 묻습니까, "하느님의 존재는 왜 부패하는 실체가 아닌가?" 하고 말입니다. 만일 주님의 존재가 타락할 수 있다고 한다면 그것은 이미 하느님이 아니십니다.

제5장 악의 원인을 탐구함

(7) 나는 악의 원인을 탐구하였습니다. 그러나 탐구 방법이 옳지 않았기 때문에 나의 탐구에서 악을 제대로 보지 못했습니다. 나는 내 영혼의 눈앞에 피조물 전체를 배치하였습니다. 곧 땅과 바다와 공기와 별과 나무, 또 죽게 될 생물들처럼 우리가 볼 수 있는 모든 존재와, 모든 천사와 영적 존재들처럼 볼 수 없는 하늘의 영원한 존재들을 배치하였습니다. 그러나 나는 이러한 존재들도 물체적이라고 상상하여, 그들을 각각 특별한 자리에 놓았습니다. 그리고 나는 주님의 창조 전체를 단 하나로 이루어진 큰 물질덩어리로 생각하였고, 또 그 덩어리는 여러가지 형체들의 복합체로 이루어져 이 형체들을 각각 구별할 수 있다고 생각하였습니다. 그 과정에서 실제로 물체인 것도 있었으나, 영에 속하는데도 내가 물체적이라고 잘못 생각한 것도 있었습니다.

나는 이 물질을 거대한 덩어리라고 생각했었습니다. 그러나 크다고 하면서도 그 크기를 알 수 없었기 때문에 실제 크기가 아니라 내가 임의로 생각한 크기였습니다. 더구나 그것은 모든 방향에서 한정되어 있는 크기였습니다.

그러나 주여, 주님은 그 물질을 모든 부분에서 에워싸고 또 침투하면서, 더구나 어느 방향에서도 무한하신다고 저는 생각하였나이다. 바다가 어디로 가도 끝이 없고, 온갖 방향에 무한하면서도 단 하나의 바다이듯이 말입니다. 그 속에는 아무리 크더라도 유한한 해면이 있고, 이 해면이 모든 부분을 통하여 끝없는 바닷물로 차 있는 것과 같습니다. 이와 같이 주님의 유한한 피조물들은 무한하신 주님에 의해 채워져 있다고 생각하여 다음과 같이 말했나이다.

"하느님이 어떤 분이신지 보라. 하느님이 창조한 피조물이 어떠한지 보라. 하느님은 선하시며, 모든 피조물과는 비교도 할 수 없을 만큼 뛰어나신

분이다.*¹ 하느님은 선하시기 때문에 오직 선한 존재만을 창조하셨다. 하느님께서 어떻게 그 모든 창조물을 돌보시고 그들을 채우시는지 보라. 그렇다면 악은 어디에 존재하며, 어디로부터 그곳으로 스며드는가? 악의 근원은 무엇인가? 그 씨앗은 무엇인가? 그보다도 악은 전혀 존재하지 않는가? 만일 전혀 존재하지 않는다면 왜 우리는 그 악을 두려워하거나 피하겠는가? 만일 우리가 이유도 없는데 두려워한다면, 이렇듯 공연히 마음을 자극하고 학대하는 공포야말로 악이다. 그리고 두려워해야 할 대상물이 존재하지 않는데도 두려워하기 때문에 더욱더 큰 악이다. 그래서 우리가 두려워하는 악이 존재하든가, 아니면 두려워한다는 자세 자체가 악이 되든가 한다.

그렇다면 선이신 하느님께서 이 만물을 선으로 만드셨는데, 악은 어디서 생길까? 무엇보다도 큰 선이며 최고이신 선이 보다 덜한 선도 만드셨으나, 창조주도 피조물도 모두 틀림없이 선하다. 그렇다면 악은 어디서 생길까? 그보다도 하느님이 만물을 창조한 재료 중 일부는 악이었는가? 하느님께서 그 악을 형성하고 배열하셨으나, 악의 요소들 중 한 가지 요소만은 선으로 옮겨질 수 없도록 거기에 남겨놓으신 것인가? 그렇게 하셨다면 그 까닭은 무엇일까? 왜 하느님은 전지전능하신 분이면서도 그 악의 재료가 하나도 남지 않도록 하지 않으셨을까? 모두 다 선으로 바꿀 힘이 없으셨는가?

또 마지막으로, 왜 하느님은 만물을 만들 때 자신의 전능한 힘으로 완전히 비물질적인 존재를 지으시지 않고 물질로 지으셨는가? 어떤 사물이 하느님의 뜻에 어긋나게 존재할 수 있었을까? 또한 물질이 영원하다면, 왜 하느님은 과거에 그렇듯 오랫동안 물질을 제멋대로인 상태에 있도록 두었다가 그때에야 비로소 그것으로부터 무엇인가를 만드시려 했을까? 또한 하느님께서 갑자기 무슨 일을 하려 하셨다면, 전능하신 하느님은 오히려 그 물질을 전혀 존재하지 않게 하여, 오로지 그 자신만이 진실되고 최고이며 무한한 선이 되게 했어야 했었지 않은가? 또 하느님은 자신이 선이신데, 만일 하느님이 만드시고 지으시는 것이 선이 아니라면, 왜 하느님은 악한 근본 성질을 제거한 뒤 스스로 선한 성질을 만드시어 그 뒤에 만물을 창조하시지 않으셨을까? 만일 하느님 자신이 만들어 내지 않은 물질의 도움으로만 그 어떤 좋은 사물을 만들어 낼 수 있다면, 하느님은 전능자가 아니지 않은가?"

나는 이러한 사실들을 마음 속으로 고민하며, 진리를 발견하기 전까지는 죽음을 두려워하여 크나큰 괴로움 속에 빠져 있었나이다. 그러나 가톨릭 교회에 전해지는 '우리의 주님이시며 구주이신 주 그리스도의 신앙'*² 은 내 마음 속에 깊이 뿌리내리고 있었습니다. 그 신앙은 많은 점에서 아직 모양이 정비되지 않았고 교훈의 규범에서 벗어나 있었으나, 나의 영혼은 그것을 내버리지 않고 날마다 더욱더 들이마셨습니다.

〈주〉
＊1 〈창세기〉 1 : 31.
＊2 〈베드로후서〉 2 : 20.

제6장 점성가를 배척하다

(8) 나는 이미 점성가들의 거짓된 점과 불경스러운 환상을 배척하고 있었습니다. 나의 하느님, 이 일에 관해서도 주님의 자비하신 은총을 입어 주님께 고백하게 하소서!

이 고백은 모두 주님의 덕분이었습니다. 실제로 당신만이 우리를 모든 치명적인 과오에서 다시 나오게 하는 생명이시기 때문입니다. 당신만이 죽음을 모르는 불사의 생명이십니다. 부족한 마음에는 불을 밝혀주시되 스스로는 빛을 필요로 하지 않는 지혜, 나무 위에서 파르르 떠는 나뭇잎새들 아래의 세계를 지배하시는 지혜이십니다.

나는 일찍이 머리가 명석한 노인 빈디키아누스와 재치가 뛰어난 청년 네브리디우스의 충고를 거역하고 있었으나, 주님은 나의 이런 완고함을 고치려 하셨습니다. 그 노인은 단호하게 주장하였고, 이 청년은 약간 머뭇거리기는 했으나 여러 차례에 걸쳐 다음과 같이 주장하였습니다. 바로 미래를 예견하는 방법은 있을 수 없으며, 인간의 추측이 종종 맞아 떨어질 때가 있다고 말입니다. 또 많은 것을 말하면 그중 실제로 일어나는 일도 적지 않고, 말하는 사람들은 그것을 알아서가 아니라, 단지 많이 말함으로써 우연히 맞는 일이 있게 마련이라고 말했습니다.

그런데 주님은 내게 친구 한 사람을 더 보내주셨습니다. 그 친구는 열심히 점성가들을 따라다녔으나 그 학문에 별로 정통하지는 못했습니다. 내가 지금 말한 그런 호기심 때문에 열심히 점성가들의 말에 귀를 기울이고 있었습니다. 그리고 그 친구는 자기의 아버지로부터 어떤 이야기를 들었다고 했는데, 그 이야기가 점성가들의 신용을 떨어뜨리는데 얼마나 효과가 있는지는 몰랐습니다. 이 친구의 이름은 피르미누스*1로, 고등 교육을 받았고 특히 웅변에 뛰어났습니다. 피르미누스는 나를 자신의 친한 친구로 여겼으므로 그가 이 세상에 희망을 걸려고 한 어떤 사항에 관하여 조언을 구했습니다. 이른바 자신이 타고 난 그의 별자리에서 판단한다면 어떤 답이 나오는가 하고 가장 친한 친구인 나의 의견을 물었습니다. 나는 이미 이 문제에 대해서는 네브리디우스의 견해에 동조하고 있는 터였습니다. 그러나 새삼 점치는 일을 거부하지는 않고 불확실한 대로, 마음에 떠오르는 대로 이야기하였습니다. 그러면서도 나는 이미 이러한 점 따위는 가소로운 일이요 무의미한 일이라는 말을 덧붙였습니다.

그러자 피르미누스는 내게 다음과 같은 이야기를 들려주었습니다. 그의 아버지는 점성술 서적에 대단한 호기심을 가지고 있었고, 또한 아버지에게는 그보다 더 열정적으로 점성술에 몰두해 있는 친구가 있었다고 말했습니다. 이 두 사람은 서로 힘을 합쳐 이렇듯 헛된 일에 마음의 불꽃을 태우고 있었습니다. 그리고 말할 줄 모르는 짐승에 대해서까지도, 집에서 새끼를 낳을 때 그 낳는 시각을 재고 별의 위치를 조사하는 일 따위를 했습니다. 그러면서 이는 점성술 실험 예를 모으기 위함이라고 했습니다.

또한 다음과 같은 이야기도 자기 아버지로부터 들었다고 했습니다. 어머니가 피르미누스를 잉태했을 때, 아버지 친구의 하녀도 역시 무거운 몸이었습니다. 자기 집 개가 새끼를 낳을 때조차 좀더 정밀하게 알려고 하는 주인의 눈에 이 사실이 눈에 띄지 않을 리 없었습니다. 그리하여 아버지는 자기 아내의 분만에 대해서, 아버지 친구는 그 하녀의 분만에 대해서 날짜와 몇 시, 몇 분, 몇 초에 이르기까지 정밀하게 관찰하고 측정했습니다. 두 여인은 동시에 분만하였습니다. 그때 아버지는 아들에게, 아버지의 친구는 그 하녀의 자식에게 가장 미세한 점에 이르기까지 완전히 똑같은 별을 지정하여야만 하게 되었습니다. 두 여인에게 해산기가 있었을 때, 양가에서 일어나는 일을 서로 알렸고, 분만하게 되면 즉시 그 사실을 상대방에게 알리기 위하여 아버지와 그 친구는 하인을 대기시켜 두고 있었습니다. 그리고 이 하인을 즉시 출발시켜 떠나 보내는 일은, 각기 한 집안의 주인으로서 지체없이 실행되도록 했습니다.

피르미누스가 말한 바에 의하면 양쪽 집안에서 사자가 출발했는데, 사자들은 두 집 사이의 중간 지점에서 만나게 되었습니다. 그 때문에 양쪽 모두 똑같은 별의 위치나 시각 차이를 볼 수밖에 없었다고 합니다. 그런데도 피르미누스는 부모의 집에서 고귀한 신분으로 태어나 부귀를 더하고 명예를 차지했던 반면에, 하녀의 자식은 그를 잘 알고 있는 피르미누스가 말한 바와 같은 노예 상황에서 헤어나지 못하고 주인을 섬겼다는 이야기입니다.

(9) 나는 그 이야기를 듣고 나서, 피르미누스와 같은 믿을 만한 성격의 인물이 말했기 때문에 그 이야기를 믿었습니다. 점성술을 버릴까 말까 하는 망설임조차도 싹 사라져서 그때부터는 점성술을 멀리하게 되었습니다. 그 때문에 우선 피르미누스 자신을 그러한 별난 신비주의에서 끌어내기 위하여 그에게 말하였습니다. 곧, 내가 그의 별자리를 관찰해 보고 나서 참된 예언을 했다면, 당연히 나는 그의 부모가 이웃들 사이에서도 드문 인물이고, 그의 집안은 그 도시의 명문이며, 그들의 성품은 고귀하고, 훌륭한 고등교육을 받았다는 점을 틀림없이 말했습니다. 그러나 그 노예가 동일한 별자리를 가지고 내게 자신의 운세를 묻는다면, 내가 그에게 맞게 예언하기 위해서는 그가 천한 집에서 태어났고, 노예의 신분이며, 그 외에 피르미누스와 전혀 관계가 없는 상황들을 찾아보지 않으면 안되리라고 말했습니다.

이 경우에 내가 올바른 사실을 말한다면, 같은 사실을 조사해서 다른 내용의 말을 하게 되는 것입니다. 반대로 동일한 사실을 말한다면 거짓을 말하는 셈이 됩니다. 따라서 나는 가장 확실하게 다음과 같은 결론을 내릴 수 있습니다.

"별자리를 조사하여 진실이 예언된다면, 그것은 점성술에 의한 것이 아니라 단지 우연히 들어맞은 일일 뿐입니다. 반대로 거짓이 예언된다면 점성술의 미숙에 의한 것이 아니라 단지 우연히 맞지 않은 일일 뿐입니다."

(10) 나는 이러한 이유로 점성술 문제에 대해 더욱 생각에 잠기게 되었습니다. 나는 일찍부터 이런 종류의 일에 직업적으로 종사하는 허풍선이들을 공격하고 논박하며 우스꽝스럽게 비웃어주리라고 생각해 왔었습니다. 아마도 이 허풍선이들은 피르미누스가 내게 거짓말을 했다거나, 아니면 그의 아버지가 그에게 거짓말을 했을 게 분명하다고 내게 항변할지도 모른다고 생

각하였습니다.

그래서 나는 쌍둥이로 태어난 사람들에 대해 생각해 보았습니다. 대부분의 경우 쌍둥이는 서로 짧은 시간을 전후하여 모체에서 태어나는데, 이 근소한 시간의 차이로도 두 인생이 전혀 다른 결과를 보일 수 있습니다. 인간의 관찰기록이든 또 점성가들이 진실이라고 하는 탁상 기록이든, 이 근소한 시간의 차이를 포착할 수는 없습니다. 또한 점성가의 예언은 결코 정확할 수 없습니다. 점성가는 동일한 도표를 조사하여 에서(Esau)와 야곱(Jacob)[*2]에 대해 같은 말을 하여야만 했습니다. 그러나 실제로는 같은 사건이 두 사람에게 일어나지 않았기 때문입니다. 그러니 점성가의 예언은 거짓이게 마련이며, 설사 진실을 말한다 하더라도 같은 도표를 놓고 동일한 사실을 말할 수는 없습니다. 따라서 점성가는 점성술에 의해서가 아니라, 우연히 진실을 말할 뿐이라는 이야기가 됩니다.

주여, 우주의 가장 올바른 지배자여. 주님은 질문자이든 질문을 받는 자이든 그들이 알지 못하는 사이에 은밀한 영감을 통하여 만물을 지으십니다. 그리고 사람이 미래학자에게서 의견을 구하여 그가 당연히 들어야 할 예언을 듣는다면, 그 예언은 숨겨진 영혼의 가치에 따라서, 그리고 주님의 정의로운 심판에 따라서 행해진 예언입니다. 우리 인간들이 주님을 향하여 "이 물건은 무엇인가요?" "저 물건은 왜 그렇습니까?" 하고 묻게 하지 마소서. 그런 말을 하지 않게 하소서. 그는 인간일 뿐이기 때문입니다.

〈주〉

*1 피르미누스에 대해서는 불명.

*2 〈창세기〉 25 : 24~26.

제7장 악의 근원을 탐구하며 고뇌하다

(11) 나의 구주여, 주님은 이미 점성술의 쇠사슬로부터 나를 해방하셨습니다. 그러나 나는 악이 어디에서 생겨나는지를 탐구하며 그 해결을 찾아낼 수가 없었습니다. 주님은 내가 이런저런 생각으로 흔들려 신앙에서 벗어나는 일을 허용하지 않으셨나이다. 나는 이 신앙에 의하여 주님이 존재하고, 주님의 실체는 불변이며, 또한 주님은 인간을 위해 마음을 쓰시고 인간을 심판하

신다는 사실을 믿고 있었습니다. 또한, 하느님의 아들 우리의 주 그리스도에 의해서도, 주의 가톨릭 교회가 권하는 성서에 의해서도, 이 세상의 죽음 뒤에 계속되는 생명의 길, 곧 구원의 길을 주께서 나타내셨다는 사실을 믿고 있습니다. 이와 같이 하느님을 마음으로 굳게 믿어 의심치 않으나, 나는 악이 어디에서 생기는지를 탐구하며 고뇌하고 있습니다. 하느님, 해산의 고통으로 괴로워하는 내 마음은 얼마나 고뇌를 맛보았는지요. 주님은 그 마음의 고뇌에 귀를 기울이셨으나 나는 알지 못하고 있었나이다.

나는 침묵 속에 열렬히 탐구했으나, 내 마음의 알아들을 수 없는 고통이 주님의 자비를 구하여 크게 외치고 있었습니다. 내가 왜 괴로워하는지 주님은 아셨으나, 사람들은 아무도 몰랐습니다. 아아, 내 고민 가운데 내 혀를 통하여 가장 친한 친구의 귀에 전해진 분량은 얼마나 적은지 모릅니다. 내 고민 가운데 시간이 흘러도, 입으로 말해도, 진정되지 않은 그런 영혼의 격정을 그들에게 다 말할 수는 없었습니다. 그러나 "내가 마음의 신음으로 부르짖은" 모든 사실은 주님의 귀에 상달되었고, 내 소원은 주님의 앞에 있었으나 내 눈빛*¹은 나와 함께 있지 않았나이다. 그 빛은 내 안에 있었고, 나는 여전히 외적인 공간 속에 있었으니 말입니다. 나의 눈빛은 어떤 장소로부터 나오지는 않았으나, 나는 공간 속에 있는 사물들에 주목하고 있었고, 그 공간 안에서 아무런 휴식할 장소를 찾아낼 수 없었습니다. 그 사물들은 나를 맞이하여 "이것으로 충분하다, 이만하면 잘 되었다"고 말해주지도 않았습니다. 또 그만하면 충분하니 잘 된 곳으로 돌아가라고 허락하지도 않았습니다.

나는 그 사물들보다 뛰어났으나, 주님보다는 뒤떨어졌습니다. 그러므로 내가 주님께 순종할 때 주님은 내 참된 기쁨이시며, 주님께서는 나보다 못하게 창조하신 사물을 내게 복종하게 하셨습니다.*² 주님의 형상대로 지음을 받아*³ 주님을 섬기고 물체를 지배하는 것이 올바른 관계요, 내게 있어서 안전하고 공정한 길이었습니다.

그러나 내가 교만하게도 주님과 맞서서 "내 곧은 목을 방패삼아 주님을 향하여"*⁴ 일어섰을 때, 나보다 못하고 천한 것조차 내 위에 내려앉아 나를 눌렀습니다. 나는 그 압박에서 도망하여 어디에서든 잠시라도 쉬려 했지만 쉴 곳이 없었습니다. 눈을 떠 보면 그들은 사방팔방에서 무리를 지어 한 덩어리가 된 채 내 앞에 나타났습니다. 그리고 집에 돌아가 생각하려 하면 이번에는 그 모든 물체의 이미지가 밀려와서, "천하고 더럽혀진 존재여, 어디로 가는가" 하고 말하는 듯하였습니다. 이 소리는 내 상처로부터 나와서 점점 커졌습니다. "주께서는 교만한 자를 상처입은 자와 같이 비하하셨나이다." 이리하여 나는 자만으로 주에게서 멀어지게 되었고, 내 얼굴은 심히 부어올라 내 눈을 가리고 있었나이다.

〈주〉
＊1 '눈빛'이란 하느님을 가리킴.
＊2 〈창세기〉 1 : 28.
＊3 〈창세기〉 1 : 26.
＊4 〈욥기〉 15 : 26.

제8장 하느님의 구원을 얻게 되다

(12) 그러나 주여, "주님은 영원히 머물러 계시면서" "영원히 우리에게 노하시지 않나이다." 주님은 티끌과 재에 지나지 않는 우리에게 은총을 내리시어＊1 내 추한 모습을 주님의 눈앞에서 새로 지으시면서 기뻐하셨나이다. 그리고 주님은 양심의 바늘과 같은 것으로 나를 몰아내시어,＊2 내가 내적인 눈으로 주님을 확실히 볼 때까지 내게 평안을 주시지 않으셨습니다. 나의 오만은 주님의 숨겨진 치료의 손길로 진정되었고, 내 영혼의 고통받고 어두워진 시력도, 건강에 좋은 눈물로 된 후끈한 옷 속에서＊3 '나날이' 나아졌습니다.

〈주〉
＊1 〈집회서〉 17 : 31.
＊2 《하에네이스》 11 : 336∼337. 〈사도행전〉 9 : 5.
＊3 〈요한계시록〉 3 : 18.

제9장 플라톤파의 서적에서는 그리스도의 성육신(成肉身)은 찾아볼 수 없다

(13) 주님께서 어떤 방식으로 "교만한 자를 물리치시고 겸손한 자에게 은혜를 내리시는가"＊1를 보이시기 위하여, 또한 크고 크신 주님의 자비로 어떻게 "주님 말씀이 육신이 되어서 사람들 사이에 머물고",＊2 어떻게 겸손의 길을 인간에게 나타내시는가를 우리에게 보이시려고, 한껏 교만해진 사람을 통하여 그리스 어에서 라틴 어로 번역된 플라톤파의 철학서적을 내게 주셨

습니다.*³ 그리고 나는 그 책에서 다음과 같은 사실이, 꼭 같은 말로는 아니지만 그와 같은 뜻으로 수많은 이유가 열거되어 적혀 있는 글을 읽었습니다. "태초에 말씀이 계셨다. 말씀은 하느님과 함께 계셨다. 말씀은 하느님이었다. 말씀은 처음에 하느님과 함께 계셨다. 만물은 이 말씀에 의하여 창조되었다. 말씀에 의하지 않고 창조된 사물은 아무것도 없다. 말씀 안에 생명이 창조되어 있었다. 그리고 생명은 사람의 빛이었다. 창조 때에, 빛은 어둠 속에서 빛났고, 어둠은 빛을 이해하지 못한 상태였다."*⁴ 또한 인간의 영혼은, "빛에 대한 증거는 되지만" "빛 자체는 아니며," 하느님 자체인 말씀이야말로 "이 세상에 오는 모든 사람을 비추는 참빛이다. 말씀이 이 세상에 계시고 세상은 그에 의하여 창조되었으나 세상이 그를 알지 못했다"*⁵고 읽었습니다. 그러나 이 플라톤파 서적에서 내가 읽지 못한 말씀이 있는데, 그것은 "말씀은 자기 백성에게로 오셨으나 백성이 그 말씀을 받아들이지 않았다. 그러나 그 말씀을 받아들인 모든 사람들, 곧 그 말씀의 이름으로 믿는 사람들은 누구나 하느님의 아들이 될 수 있는 권리를 주셨다"*⁶고 하는 구절입니다.

(14) 나는 또한 거기서 하느님의 말씀은 "육신으로서도 아니요, 혈육으로서도 아니요, 인간의 욕망으로서도 아니요, 육신의 의지로서도 아니요, 육신의 정욕으로서도 아니며, 하느님으로서 태어났다"고 하는 구절을 읽었으나,*⁷ "말씀이 육신이 되어 우리 사이에 거하신다"*⁸는 구절은 읽지 못했습니다.

분명히 나는 이 플라톤 책 속에서 여러 가지 방법으로 "아드님은 하느님의 형상을 하시고," 또 "그 아드님은 하느님과 동등한 형상을 취하는 일을 도둑질로 생각지는 않으셨다"는 기록을 보았습니다.*⁹ 본성적으로 그 아드님은 하느님과 똑같기 때문입니다. 그러나 기록에 없는 구절도 있었습니다. 곧 "그분은 자기 자신을 비워 스스로 종의 형체를 쓰고 인간과 같이 되셔서 인간처럼 행동하시고, 자기 자신을 낮추어 죽기까지, 그것도 십자가에 매달려 죽음에 이르기까지 순종하셨다. 그리하여 하느님은 그 아드님을 죽은 자들 가운데 높이 올리시어 모든 이름 위에 뛰어난 이름을 주셨다. 그것은, 예수의 이름 아래 하늘 위의 존재와 땅 위의 존재와 땅 아래 있는 모든 존재가 무릎을 꿇고, 모든 혀들이 찬양을 드리면서, 주 예수는 아버지 하느님의 영

광 속에 있다고 고백하게 하기 위함이다"고 하는 구절을 찾아보지 못했습니다.*10

또한 그 책에는, 하느님의 외아들은 "모든 시간에 앞서고 모든 시간을 초월하여 변함없이 주님과 더불어 영원하시다"*11고 하는 구절이 있고, "영혼은 행복해지기 위하여 그 아드님의 충만함을 받는다"*12고 하는 사실, 또한 "영혼은 지혜 있는 자가 되기 위하여 충만하게 넘치는 그에게서 받아 그것으로 새롭게 된다"는 내용이 이 책 속에 적혀 있었으나, "그는 정해진 때에 불경한 사람들을 위하여 죽으셨고," "하느님은 그 외아들의 생명을 아끼지 않으시고 우리 모두를 위하여 죽음에 내어 주셨다"*13는 내용은 이 책 속에 없었습니다. "주님은 그러한 사실들을 지혜로운 자에게는 감추시고 어린아이들에게는 나타내셨는 바,"*14 그것은 "수고하고 무거운 짐진 자들이 그에게 여전히 와서 힘을 얻게 하기" 위함이었습니다. 그는 "온유하고 겸손하며" "온순한 사람을 정의로 인도하고, 그 길을 온화한 사람에게 보이시며"*15 "우리의 환난과 괴로움을 돌아보시어 우리의 모든 죄를 용서하십니다". 그러나 스스로 학식이 있다고 뽐내며 거니는 자들은, "나는 마음이 온유하고 겸손하니 내게 배우라. 그리하면 네 영혼이 쉼을 얻으리라"*16고 하시는 그의 말씀에 귀를 기울이지 않습니다. 그들은 "하느님을 알고 있으면서 하느님께 경배도 감사도 드리지 않으며, 헛된 생각에 빠져 어리석은 마음은 어두워집니다. 스스로 지혜로운 자라 칭하면서 실은 어리석은 자가 됩니다."*17

(15) 따라서 이 책에서도 우상이나 여러가지 형상으로 변모되면서까지 "주님의 부패하지 않는 영광이" 찬양되고 있었습니다. 그래서 "썩을 인간과 새, 짐승, 기는 벌레의 형상으로 바뀌어졌습니다."*18 이들은 바로 이집트인들이 먹는 양식(lentil : 렌즈콩)입니다. 이런 양식 때문에 에서(Esau)는 장자권을 잃었던 것입니다. 주님의 장자인 저 백성은 주님 대신 짐승의 머리를 경배하였고, "그 마음은 이집트로 돌아가" 주님의 형상인 그들의 영혼을 "꼴을 뜯어 먹는 송아지의 우상" 앞에 굽혔습니다. 나는 이같은 사실을 그 책 속에서 발견했으나 그 사실들을 마음에 두지 않았습니다.

주여, 주님은 "형이 동생을 섬기도록" 정하고, 야곱이 그 일로 해서 비방을 받는 일이 없도록 하셨습니다.*19 그리고 이방인을 불러 주님의 유산을 주셨습니다. 그리하여 나도 이방인들로부터 주님에게로 왔으며, 주님께서 주님의 백성이 이집트에서 가지고 나오기를 바랐던 황금을 눈여겨 보았습니다.[20] 실제로 황금은 어디 있든 모두 주님의 것이기에 눈여겨 보았습니다. 또한 주님은 아테네 사람들에게, 주님의 사도(ⁿ)를 통하여 "우리는 하느님 안에서 살고 움직이며 존재하고 있다"[21]고 말씀하셨습니다. 사실 이단자들 중 몇몇 사람도 그렇게 말했습니다. 내가 읽은 이 플라톤파 책들은 아테네에서 왔습니다. 그러나 나는 이집트 사람의 우상에는 시선도 보내지 않았습니다. 그들은 "주님의 황금으로 우상에게 봉사하고, 하느님의 진리를 거짓으로 바꾸며, 창조주보다도 오히려 피조물을 예배하며 섬기고 있었습니다.[22]

〈주〉

* 1 〈야고보서〉 4 : 6, 〈베드로전서〉 5 : 5.

* 2 〈요한복음〉 1 : 14.

* 3 아우구스티누스가 입수한 책은 프로티노스 또는 포르피리오스의 저작이었을 것이다. 그 역자는 마리우스 빅토리누스였다.

* 4 〈요한복음〉 1 : 1~5.

* 5 〈요한복음〉 1 : 7~10.

* 6 〈요한복음〉 1 : 11~12.

* 7 〈요한복음〉 1 : 13.

* 8 〈요한복음〉 1 : 14.

* 9 〈빌립보서〉 2 : 6.

* 10 〈빌립보서〉 2 : 7~9.

* 11 《아네아데스》 5 · 1 · 4.

* 12 〈요한복음〉 1 : 16.

* 13 〈로마서〉 5 : 6, 8 : 32.

* 14 〈마태복음〉 11 : 25.

* 15 〈마태복음〉 11 : 28~29.

* 16 〈마태복음〉 11 : 29.

* 17 〈로마서〉 1 : 21~22.

* 18 〈로마서〉 1 : 23.

* 19 〈로마서〉 9 : 13.

* 20 〈출애굽기〉 3 : 21~22, 11 : 2. 일반적으로 이방인이 가진 좋은 것을 하느님을 위해 사용하는 것을 말함.

* 21 〈사도행전〉 17 : 28.

* 22 〈로마서〉 1 : 26.

제10장 신적인 것에 대한 지혜의 문이 열리다

(16) 나는 이 책을 통해 나 자신 안으로 돌아오게 되었고, 주님의 인도하심을 받아 내 영혼 속 가장 깊숙한 곳으로 나아갔습니다. 내가 그렇게 할 수 있었던 것은 "주께서 내 구주가 되셨기" 때문입니다. 내가 나아갈 때 내 영혼의 눈은 비록 희미하기는 했으나 내 정신 위에 두루 비치는 빛을 보았습니다. 그것은 육안으로 볼 수 있는 보통 빛이 아니라, 다시 말해 보통 빛과 같은 종류보다 크고 훨씬 강하게 빛나는 빛이었습니다. 그러나 동시에 그 큰 빛의 힘에 의하여 만물을 비추는 그런 빛도 아니었습니다. 내가 본 빛은 그러한 빛이 아니요, 그런 부류의 모든 빛과는 전혀 달랐습니다. 또한 이 빛은 기름이 물 위에 있듯이, 또는 하늘이 땅 위에 있듯이, 내 정신 위에 있는 그런 빛이 아니었습니다. 그 빛은 나를 지으셨기 때문에 내 위에 있었으며, 나는 그 빛에 의해 지음을 받았기 때문에 그 빛 아래에 있었습니다. 진리를 아는 자는 이 빛을 알고, 이 빛을 아는 자는 영원을 압니다. 그리고 사랑은 빛을 압니다. 영원한 진리, 참된 사랑, 사랑스러운 영원, 이들은 나의 하느님이십니다. 주님을 찾아 나는 "밤이나 낮이나" 한숨 짓습니다.

내가 처음으로 주님을 알고자 주님에게 왔을 때, 주님은 나를 일으켜, 내가 보고 있는 사물이 실제 존재임을 알게 하셨고, 동시에, 보는 주체인 나 자신은 존재가 아직 아니라는 사실을 알려 주셨습니다. 그리고 주님이 강한 빛을 비추어 나의 시각에 충격을 주는 바람에, 나는 사랑과 공포로 몸을 떨었나이다. 그리고 나는 주님과 전혀 '다른 세계'에 있고, 주님에게서 멀리 떨어져 있다는 사실을 알고서, 천상에서 주님의 목소리가 이렇게 하시는 말씀을 들은 듯했습니다. "나는 어른의 음식이다. 성장하여 나를 먹을 수 있게 되어라. 네가 나를 네 육신의 음식처럼 소화시켜 네 몸으로 변화시킬 수는 없고, 단지 네 자신이 나로 변화할 것이다."

그리하여 나는 "주님께서 인간을 훈련시키기 위해 일으키는 부정한 일들 때문에" 그리고 "거미의 거미줄처럼 쇠약해질 나의 영혼 때문에", 그러한 뜻을 미처 인식하지 못하고 이렇게 말했습니다. "진정 진리는 공간 속에 기체처럼 퍼지지 않는 한 아무런 존재도 될 수 없나요?" 그 물음에, 주님은 머나먼 곳에서, "지금 나의 존재가 나이니라"고 소리치셨습니다. 나는 이 소리를 흡사 마음으로 듣는 것처럼 들었기 때문에 의심의 여지는 없어졌습니다. 주님의 "피조물에 의하여 깨닫고 분명히 알" 진리의 존재를 의심하기보다는 오히려 내가 살아 있다는 사실을 의심해야 할 터이었기 때문입니다.

제11장 만물은 어떤 의미로 존재하고 어떤 의미로 존재하지 않는가

(17) 나는 주님 아래 있는 다른 사물들을 바라보고, 그 사물들이 참으로 존재한다고도, 또한 참으로 존재하지 않는다고도 말할 수 없다는 사실을 알았습니다. 그 사물들은 주님으로부터 와서 존재하기 때문에 분명히 존재하지만, 그 사물들의 존재를 나 자신의 존재만큼 감각할 수는 없기 때문에, 왠지 항상 없는 존재처럼 생각됩니다. 실제 존재하는 그대로 사물은 존재합니다. "그러나 하느님께 재빨리 매달리는 것이 내게는 가장 좋은 일입니다." 내가 그분 안에 귀속해 있지 않으면 나는 아무것도 할 수 없기 때문입니다. 그러나 그분은 "자신 속에 머무르시면서 만물을 새롭게 하십니다." 그리고 "하느님은 나의 주인이십니다. 주님은 나의 선에 의존하지 않으시기 때문입니다."

제12장 존재하는 것은 모두 선하다

(18) 그리고 부패하게 마련인 사물들도 선이라는 사실이 내게 분명해졌습니다. 그 사물들이 최고의 선이었든, 아니면 전혀 선이 아니었든, 부패하거나 나빠질 수 없습니다. 최고선은 나빠지는 일이 없고, 또한 아예 선이 아니라면 그곳에 더 나빠질 것은 아무것도 없기 때문입니다. 나빠진다는 것은 해치는 일이며, 선을 적게 줄이는 일만 아니라면 해치는 일은 아니기 때문입니다. 그러나 그들이 완전히 선을 잃게 된다면 전혀 존재하지 않게 될 것입니다. 만일 그 부패하는 속성의 사물들이 나빠지는 일 없이 항상 존재한다면, 전의 것보다 더 좋아질 수도 있습니다. 그러나 모든 선을 다 잃은 뒤에 오히려 좋아졌다면 그처럼 기괴한 일이 있겠습니까?

그러니 만일 부패하는 속성의 사물들에게서 선마저 전부 빼앗는다면 그 사물은 아무것도 아니게 되므로, 어떤 사물이든 존재한다면 그 사물에게는 선이 조금이라도 존재한다는 말이 됩니다. 그러므로 존재하는 한 전부 선입니다. 그리고 내가 탐구하고 있던 악 속의 존재는 실체가 아닙니다. 만일 실체라고 한다면 그것도 선일 것입니다. 참으로 좋은 불변의 선이거나, 아니면 선함만이 부패할 수 있으니 변하는 선일 것입니다. 이리하여 나는 주께서 만물을 선하게 지으셨고, 주께서 지으시지 않은 실체는 결코 존재하지 않음을 분명히 깨달았습니다. 주님은 만물을 동등하게 창조하시지 않았기 때문에 만물은 동등하지 않게 존재합니다. 만물은 개별적으로도 선이지만 전체적으로는 더욱 선입니다. 우리 하느님께서 "모든 만물을 매우 선하게 창조하셨기"*1 때문입니다.

〈주〉
*1 〈창세기〉 1 : 31.

제13장 피조물은 하느님을 찬미함

(19) 주님을 위해서는 악이 전혀 존재하지 않습니다. 주님에게 존재하지 않을 뿐 아니라 주님이 창조한 세계 전체에도 악이 존재하지 않습니다. 그 세계의 밖에도, 주님께서 정해 놓으신 창조 질서에 침입해서 파괴할 아무것도 존재하지 않기 때문입니다. 그러나 이 창조 세계의 각 부분에는 이익이나 흥미의 충돌 때문에, 악으로 생각되는 어떤 요소들이 있습니다. 하지만 이러한 악도 다른 요소들에 적합하면 선이요, 그것 자체로서도 선입니다. 또한 이들이 서로 적합하지 않을 때에도, 우리가 대지라고 일컫는 세계 가운데 낮은 곳에는 적합합니다. 이 대지는 또한 자신에게 적합한 구름과 바람이 일어나는 하늘을 위에 두고 있습니다.

그러니 "그런 것이 존재하지 않았다면!" 하고 말할 수는 없습니다. 이렇게 구름과 하늘을 위에 두고 있는 이 땅의 세계를 고립시키려고 내가 의도했다면, 아마도 그것은 내가 더 좋은 어떤 사물들을 정말 원해서였을 테지만, 그러나 지금의 그 사물들만으로도 주님을 찬양하는 일이 나의 의무입니다. 주님을 찬양해야 함을 "지상에서는 거대한 괴물도 증언하며, 모든 늪도, 불도, 우박도, 눈도, 얼음도, 주님의 말씀을 행하는 폭풍도, 모든 산도, 언덕도, 열매를 맺는 나무도, 모든 삼나무도, 들의 짐승도, 모든 가축도, 기어다니는 벌레도, 나는 새도 증언하고 있습니다. 땅의 왕들도 주님을 찬양하오며, 모든 백성도, 군주들도, 땅의 모든 심판자들도, 젊은이도, 처녀도, 노인도, 어린이도 주님의 이름을 찬양할 것입니다." 또한 "천상에서 주님을 찬양할" 때, 우리 주 하느님을 찬양할 때에, "높은 곳에서 주님의 모든 천사와 주님의 모든 군사들, 즉 해와 달과 모든 별과 빛, 하늘의 하늘과 그 위에 있는 물이 주님의 이름을 찬양할 것입니다." 나는 이 모든 존재들을 보고서, 이보다 더 좋은 세계를 바라지 않게 되었습니다. 실제로 나는 이 모든 존재들을 깊이 생각하고 깨닫게 되었으니, 위에 있는 존재는 아래 있는 존재보다 뛰어나지만, 그 모두를 합친 존재는 위에 있는 존재보다 더 선하다는 사실을 이해했기 때문입니다.

제14장 건전한 정신은 어떤 피조물에 대해서도 불만을 느끼지 않는다

(20) 주님의 피조물에게서 불만을 느끼는 사람은 "건전하지 못합니다". 주님께서 지은 많은 피조물들에게 불만을 느꼈을 때, 나 또한 전혀 건전하지 못한 상태였습니다. 그러나 내 영혼은 주님께서 나를 즐겁게 하지 않는다고 감히 말하지 않았으므로, 무엇이든 불유쾌한 것을 주님에게 미루기를 거절했습니다. 그래서 나의 영혼은—빛과 어두움의, 선과 악의—두 개의 실체를 생각하게 되었으나, 이 생각은 안식을 찾지 못하고 이상한 말을 했습니다. 이 그릇된 생각을 버린 뒤, 나의 영혼은 또 나의 영혼을 위한 신을 하나 창조하여, 이 신이 무한한 공간 속에 널리 퍼져 있고 그것이 하느님이라 생각하였습니다. 이리하여 내 영혼은 다시금 주께서 싫어하시는 우상을 섬기는 신전이 되었습니다. 그러나 주님은 내가 모르는 사이에 내 머리를 진정시켜 "헛된 존재를 보지 못하도록 내 눈을" 감게 하심으로써 나는 약간의 평정을 되찾았고 광란도 진정되었습니다. 그 뒤에 나는 주님 안에서 눈을 떴습니다. 그리고 주님의 무한하심을 보게 되었습니다. 전혀 다른 방법에 의해서 보았습니다. 육신의 눈으로 본 것이 아니었습니다.

제15장 모든 존재는 하느님으로 말미암아 하느님 안에 있음

(21) 나는 다시금 피조물을 바라보았습니다. 그 모든 존재가 주님으로 말미암아 있다는 사실과, 모든 존재가 주님 안에서는 유한한 존재라는 사실을 알았습니다. 그러나 그것은 공간 속에 있듯이 한정되어 있지 않고 어떤 특별한 방법으로 한정되어 있었으며, 주께서 진리의 손으로 모든 것을 보호하고 계시다는 의미입니다. 모든 사물들은 존재하는 한 참이며, 거짓이란 아무 존

재도 아닙니다. 사실 존재하지 않는 것을 존재로 생각한다면 그것은 거짓입니다. 나는 또한 모든 존재는 그 장소에 적합할 뿐 아니라 그 시간에도 적합하다는 사실을 알았습니다. 그리고 오직 홀로 영원히 존재하는 주님은, 헤아릴 수 없는 시간이 흐른 뒤에야 그 창조를 시작하신 것이 아니라는 사실을 알았습니다. 모든 시대를 통해서, 과거와 미래는 모두 지나가버리지도 않고 오지도 않습니다. 주님께서 그 과거나 미래를 가져오시지 않는다면, 그리고 주님께서 영원히 머무르시지 않는다면 말입니다.

제16장 악은 실체에서가 아니라 의지의 배반에서 생겨난다

(22) 건강한 자의 입에는 빵의 맛이 달더라도 병든 자의 입에는 씁니다. 건강한 자의 눈에는 빛이 상쾌하더라도 병든 눈에는 괴롭습니다. 이 사실이 조금도 이상스러울 것이 없음을 나는 경험을 통해 알았습니다. 불의한 사람들에게는 주님의 정의조차도 불쾌하게 마련입니다. 더구나 살무사나 파충류는 불쾌하게 마련이지만, 주님은 이런 생물들도 선하게 지으시어 주님의 피조물 가운데 하위 부분에 적합하게 만드셨습니다. 불의한 사람들 역시 주님의 형상을 닮지 않을수록 하위 부분에 적합하게 마련이며, 주님의 형상을 닮을수록 상위 부분에 더욱 적합합니다. 따라서 나는 불의가 무엇인가를 탐구한 결과, 불의는 실체가 아니라는 사실, 최고의 실체이신 하느님에게서 몸을 비틀어 빠져나와 비천한 사물들에게 내려감으로써 자신의 내적 삶을 거절하고 외적 물질로 부풀어오르는 의지의 배반이라는 사실을 깨닫게 되었습니다.

제17장 하느님의 인식에 도달했으나 옛 습관에 의해 다시 끌려오다

(23) 나는 어느덧 이미 주님을 사랑하고 있었으니, 주님 대신 환상을 사랑하지 않은 것은 당연한 일로, 놀랄 일이 아니었습니다. 그렇다고 해서 항상 나의 하느님으로 인해 즐겁지는 않았습니다. 주님의 아름다움으로 해서 주님에게 끌려가는가 하면, 또한 즉시 나의 무게에 견디지 못해 주님에게서 떨어져 나오고 말았습니다. 그리고 탄식하면서 천한 사물들 속으로 무너져들어갔습니다. 나를 무너지게 한 이 무게는 육신의 습관을 말합니다. 그러나 주님의 기억은 계속해서 내 속에 남아 있었습니다. 내가 의지해야 할 것은 존재하지만, 아직 나는 그에 매달릴 수 있는 존재가 아니라는 사실을 믿어

의심치 않았습니다. 그것은 "썩는 육체가 영혼의 무게를 가벼워지게 하고, 지상의 집이 여러가지 일들로 번뇌하는 우리들 마음의 품위를 떨어뜨리기" 때문입니다. 또한 나는 "주님의 보이지 않는 존재들, 곧 주님의 영원한 능력과 신성(神性)은 세계가 창조된 이래로 피조물을 통하여 분명히 인식된다"*¹는 사실을 굳게 믿었습니다.

사실 천상의 존재이든 지상의 존재이든, 물체의 아름다움을 인정하는 까닭이 무엇인지 스스로에게 물었습니다. 나는 이러한 변하기 쉬운 존재들에 대하여, 어떤 정당성에 따라 "이것은 이래야 한다, 그것은 그래서는 안 된다" 하고 판단하고 있는가를 알고 싶었습니다. 그러다가 나는 변하는 내 정신 위에, 불변이며 참된 영원한 진리를 발견했습니다. 이리하여 나는 신체의 감각에 의하여 단계적으로 물체로부터 물체를 지각(知覺)하는 영혼에 이르고, 이 영혼에서 신체의 감각이 외계 사물의 지각을 전하는 영혼의 내적 감각에 이르게 되었습니다.

여기까지의 감각은 동물도 도달할 수 있게 마련입니다. 나는 그 감각을 초월하여, 신체의 감각에서 얻어진 것을 판단하는 이성적 사고 능력에까지 더 올라갔습니다. 그리고 이 능력도 내게 있어서는 여전히 변화한다는 사실을 깨닫고, 자기 직시(直視)에까지 올라갔습니다. 여기에서 이성은 자신의 생각을 습관에서 분리하여, 서로 모순되는 환상의 무리들을 떨쳐 버렸습니다. 이렇게 해서 이성은 자신의 생각들을 조명해주는 그 빛을 찾고자 했습니다. 그때 의심할 바 없이 그 이성은, 변하지 않는 존재는 변하는 존재보다 낫다고 했습니다.

실제로 이 불변의 정체를 알아낼 수는 있지만, 만일 조금이라도 모른다면, 불변이 변하는 사물보다 좋다는 확신은 할 수 없습니다. 그리고 마침내 이성은 눈 깜짝할 순간에 존재하는 사물들 자체*²에 도달하였습니다. 그 순간에 나는 "주님의 보이지 않는 자연을 보았습니다. 그 자연은 주님이 창조하신 사물들을 통해 이해할 수 있었습니다."*³ 그러나 나의 관념을 확고히 지킬 힘이 없었던 탓에, 채찍질을 당하고서 다시 평소의 습관 속으로 들어오게 되었습니다. 나는 사랑스러운 추억과, 특유한 향기만 남았을 뿐 먹을 수는 없는 욕망만을 간직하고 있었습니다.

〈주〉

＊1 〈로마서〉 1 : 20.

＊2 〈출애굽기〉 3 : 14.

＊3 〈로마서〉 1 : 20.

제18장 오직 그리스도만이 구원에 이르는 길이다

(24) 그리하여 나는 주님을 향유할 수 있는 능력을 지니기 위한 길을 구했지만, "하느님과 사람 사이의 중재자인 그리스도 예수"[1]를 알게 되기까지는 그 길을 찾을 수 없었습니다. 그는 "만물 위에 계셔서 세세토록 찬양을 받으실 하느님"[2]으로서, 나를 부르시며 "나는 길이요 진리요 생명이니라"[3]고 말씀하십니다. 또한 내가 약하기 때문에 맛볼 수 없었던 양식을 주님께서는 섞어서 육신처럼 만들어 주셨나니, 우리로 하여금 어린 아이의 상태로서, 주님께서 만물의 재료로 쓰신 지혜부터 나오는 육신의 젖을 먹도록 하셨습니다. 곧, "주님의 말씀이 육신이 되나니."[4] 나는 또한 아직도 겸손하지 않아, 나의 하느님이신 겸손한 예수를 굳게 붙잡을 수 없었고, 그의 겸손이 무엇을 가르치는지 알지 못하였습니다. 영원한 진리이신 말씀은 당신께 순종하는 자를 끌어올리십니다. 그 말씀은 당신이 창조하신 높은 부분을 훨씬 초월한 높이까지 끌어올리시지만, 이 낮은 세계에서는 우리처럼 흙으로 비천한 집을 당신을 위해 세웁니다.

이리하여 사람들은 자신을 버리고 그 말씀에 순종하여 그 말씀에게로 건너가 자신들의 허황되게 부푼 교만을 고치고 자신들의 사랑을 키웠습니다. 이리하여 그들은 "우리 인간의 피부를 우리와 함께 입으시고"[5] 약해지신 그 신성한 권위를 자신들의 발 앞에서 보게 되었습니다. 그들은 지쳐서 하느님의 신성한 약함 앞에 쓰러져 엎드립니다. 그러면 하느님이 일어서시어 그들을 일으키시는 것입니다.

〈주〉

＊1 〈디모데전서〉 2 : 5.

＊2 〈로마서〉 9 : 5.

＊3 〈요한복음〉 14 : 6.

＊4 〈요한복음〉 1 : 14.

＊5 〈창세기〉 3 : 21.

제19장 그리스도의 성육신에 관한 견해

(25) 그러나 그때 내 생각은 달랐습니다. 나는 우리 주 그리스도를 아무에게도 비할 바 없는 훌륭한 지혜를 소유한 하나의 인간으로 생각하였습니다. 이렇게 생각한 연유는, 특히 그리스도께서는 기이하게도 동정녀에게서 나시고, 영혼불멸을 얻기 위하여 현실 세계를 경시하지 않으면 안 되는 삶에 대한 모범으로서, 우리를 향하신 하느님의 배려에 의하여 그렇듯 위대한 스승으로서의 권위를 받기에 이르렀다고 생각되었기 때문입니다. 그러나 "주님의 말씀이 육신이 되었다"*¹는 말씀의 신비를 상상조차 하지 못하였습니다. 나는 그리스도가 먹고 마시고 잠자고 걷고 기뻐하고 슬퍼하고 말을 하신 사실을 성서를 통해 알았고, 그리스도의 육신은 영혼과 정신이 함께 있어야만 주님의 말씀에 결합한다는 사실을 인식했습니다. 주님의 말씀이 지닌 불변의 보편성을 아는 자라면 누구나 이 사실을 알고 있습니다. 내가 이해할 수 있는 최대한으로 그 말씀을 이해했고 조금도 그 말씀을 의심하지 않았습니다. 왜냐하면 주님께서 때로는 의지로 몸의 지체를 움직이지만 간혹 움직이지 않을 때가 있고, 감정에 따라 움직이기도 하지만 때로는 움직이지 않으며, 때로는 말의 기호를 통해 지혜 있는 말씀을 전하시다가도 입을 다무십니다. 이 모든 것은 인간의 변덕스런 영혼과 정신의 특색을 나타내기 때문입니다. 만일 그리스도에 관한 기록들이 거짓이라면 그 밖의 일도 모두 거짓말이라고 생각될 두려움이 있으며, 인류에게 있어서 어떠한 신앙적 구원도 성서 속에는 없다는 말이 될 것입니다. 그러나 성서에 전해져 있는 말은 진실이기 때문에 나는 그리스도 안에서 완전한 인간, 단지 사람이거나 영혼일 뿐인 신체와 마음 없는 신체일 뿐만 아니고 완전히 인간적인 사람이 있음을 인정하였습니다. 하지만 나는 그리스도를 진리로 체현(體現)했기 때문에가 아니라, 단지 그의 탁월한 인간성과 완전한 지혜의 참여에 의하여 다른 사람들보다 그를 우수하다고 생각하였습니다.

그러나 알리피우스는 이렇게 생각하였습니다. '가톨릭교도는 하느님이 육신을 입으셨다고 믿었다, 그리스도 안에는 하느님과 육체가 있을 뿐이라는 점에서 그렇게 믿었다'라고. 따라서 그는 그리스도에게 인간의 정신이 있다고는 생각할 수 없다고 믿었습니다. 그러나 그는 그리스도에 관해 전해지는 사실들은 생명과 이성을 지닌 피조물에 의해서만 행해진다고 확신하고 있었기 때문에 그리스도교 신앙에 더욱 서서히 다가가고 있었습니다. 또한 그는 뒷날 자신이 생각하고 있던 것은 아폴리나리스파*2 이단의 그릇된 학설임을 알고서 기쁘게 가톨릭 신앙에 따르게 되었습니다. 그러나 나는 그로부터 한참 뒤에, "말씀이 육신이 되었다"는 말씀으로 미루어볼 때 가톨릭의 진리와 포티누스*3의 허위가 얼마나 다른지를 알았습니다.

사실 이단에 대한 반박은, 주님 교회의 가르침이 어떻게 생각하고 있는지, 또한 교리 내용이 어떠한지를 분명하게 해줍니다. "신뢰할 수 있는 사람들이 신뢰할 수 없는 사람들 사이에서 분명해지기 위해서는 이단도 생겨나야만 했기 때문입니다."*4

〈주〉

*1 〈요한복음〉 1 : 14.
*2 아폴리나리스(310~390년경)는 소아시아의 라오디게아의 주교(361년). 성서에 관한 많은 주석책을 저술했는데, 그의 학설은 콘스탄티노폴리스 총회의에서 이단이라는 선고를 받았다(381년).
*3 포티누스(375년 사망)는 시르미움의 주교(344년경). 이단의 선고를 받고 추방되었다 (351년).
*4 〈고린도전서〉 11 : 19.

제20장 플라톤파의 책을 읽고 인식은 넓어졌으나 교만함이 늘어나다

(26) 그러나 그때 나는 플라톤파의 책을 읽고 비물체적인 진리를 탐구하게 되었습니다. 또한 "주님의 창조물들을 통해 이해할 수 있는, 보이지 않는 자연"에 눈을 돌렸습니다.*1 그러나 실망하여 고통을 겪었고, 내 영혼의 어둠 때문에 이러한 자연의 숭고성을 생각할 수 없음을 감지하였습니다. 나는 주님이 무한한 공간에 기체처럼 퍼져 있지 않고서도 무한히 존재하신다고 확신했습니다. 주님은 참으로 존재하시고 항상 동일하시며 어느 관계에 있어서도, 또한 어떤 운동에 의해서도 변화하지 않으시는 한편, 주님 이외의 존재들은 존재하고 있다는 가장 확실한 증거로 미루어 보아 주님에 의해 창조되었음이 확실하다고 확신하고 있었습니다. 나는 이 사실을 확신하고 있었으나 너무나도 무력했기 때문에 주님을 즐기며 누릴 수는 없었습니다.

나는 모든 것을 다 알고 있는 듯이 쉬지 않고 지껄였습니다. 만일 내가

"우리 구주이신 그리스도"[2] 안에서 하느님의 길을 찾지 않았었다면, 나는 지식을 터득했다기보다 죽으려 하고 있었던 셈이 됩니다. 나는 주님의 형벌을 몸에 지고서 현명하다는 평가를 받게 되기를 바라기 시작했으며, 그러한 사실에 대해 눈물을 흘리지 않았을 뿐 아니라 도리어 "나의 지식을 자랑으로 여기고 있었기"[3] 때문입니다. 도대체 "예수 그리스도라는 겸손한 토대 위에 세워지는 사랑"[4]은 어디에 있었는지요? 플라톤파의 서적은 언제 어느 때에 내게 이 사랑을 가르쳤는지요? 나는 믿습니다. 내가 주님의 성서를 이해하기 전에 플라톤파의 서적을 훑어보도록 주님께서 배려한 이유는 다른 데 있지 않고, 내가 이 책에서 어떤 감화를 받았는지를 내게 분명히 기록하게 하기 위함입니다. 또한 뒷날 내가 주님의 성서에 의해 길들여지고, 나의 상처가 주님의 손에 닿아 낫게 될 때, 교만하고 주제넘음과 겸손한 고백의 차이를 나로 하여금 인식하게 하기 위해서입니다. 가야 한다고 생각하면서도 거기에 이르는 방법을 알지 못하는 길과, 멀리서 바라볼 뿐 아니라 살기 위한 행복한 나라로 인도하는 길과의 차이를 식별하도록 하기 위함이었습니다. 만일 내가 우선 주님의 성서에 의해 감명을 받고, 또 그 성서에 익숙해짐으로써 주님의 감미로움을 맛보고 나서 플라톤파의 서적을 펼치게 되었다면, 그 서적들은 나를 신앙의 기초에서 멀어지게 했을 것입니다. 반면에, 내 영혼의 건강함 속에 내가 불어 넣은 확신이 그대로 남아 있다면, 그 사상들은 누군가가 이 책들을 읽고서 내게 말해주었었던가 하고 여겨졌을 것입니다.

〈주〉
*1 〈로마서〉 1 : 20.
*2 〈디도서〉 1 : 4.
*3 〈고린도전서〉 8 : 1.
*4 〈고린도전서〉 3 : 11.

제21장 플라톤파 서적에서는 찾아볼 수 없는 것을 성서 속에서 보다

(27) 이리하여 나는 주님의 영에 의해 기록된 귀중한 책, 특히 사도 바울의 서신을 열심히 읽기 시작했습니다. 내가 일찍이 품고 있던 의혹, 즉 바울은 자기 모순에 빠져 있었기 때문에 그의 주장은 율법과 예언자의 증거에 합

치하지 않는다는 의혹은 사라지게 되었습니다. 항상 똑같은 밝은 모습이 그의 정결한 필치를 통해 내 눈에 보이게 되었고, 그래서 나는 "떨면서 기뻐하게"*1 되었습니다. 내가 성서를 읽기 시작했을 때, 앞서 플라톤파의 서적 속에서 읽은 진리 전부가 이 성서에 있었으며, 더욱이 주님 은혜를 찬양하면서 언급되고 있음을 알게 되었습니다.

그래서 이 책을 읽는 사람이라면, 자신이 보는 사물들과 그 사물들을 보는 능력을 "천부적으로 받지 않았다고 큰소리칠 수 없었습니다." 사실 "사람이 가진 재능들 가운데 받지 않은 것이 어찌 있겠나이까?"*2 이렇게 해서 또한 항상 동일한 주님을 바라보라고 권고받을 뿐 아니라, 주님을 붙잡을 수 있도록 고침을 얻을 수 있습니다. 멀리 떨어져서 주님을 보지 못하는 자에게는 그 길을 계속 걸어서 주님에게 오도록 하고, 주님을 보고서 붙들 수 있게 하기 위함이었습니다.

비록 "사람은 내적 인간 안에 있는 하느님의 율법 속에서 기뻐한다" 하더라도, "만일 그의 동료들이 하느님의 율법에 맞서 싸우려 하고, 그를 자신들의 율법에 따라 죄악의 법에 포획되도록 유인한다면"*3 그는 어떻게 하겠는지요?

주여, 참으로 주님은 정의로우시건만 우리는 죄를 범하고 부정을 저질렀으며 불경에 이르렀나이다."*4 그래서 "주님의 손이 우리 위에서 무겁게 눌러"*5 우리는 옛 죄인, 곧 죽음의 지배자에게 넘겨졌는데, 이 지배자의 의지는 "주님의 진리 안에 있지 않았습니다."*6 그러니 "불쌍한 인간"이 무엇을 해야 할는지요? "누가 이 죽어야 할 운명의 몸에서 인간을 해방시키려는지요?" "그 일을 하실 분은 우리 주 예수 그리스도로 말미암은 하느님의 은혜입니다."*7 하느님께서는 우리의 주를 하느님과 더불어 영원하신 분으로 낳으셨고, "주님에게로 가는 길의 시작이"*8 되게 하셨습니다.

그런데 "이 세상의 군왕"*9은, 우리 주 예수 그리스도 안에서 죽음에 해당하는 요소를 아무것도 찾아내지 못했으나 그분을 죽였고,*10 그렇게 함으로써 "우리 인간에게 불리한 하늘의 법령은 말소되었습니다." 그러나 이러한 내용은 플라톤파의 서적 속에서 찾아볼 수 없었습니다. 그 서적 속에는 신앙심 어린 표정도 없었고, 고백의 눈물로 "주님께 바치는 희생 제물", "찢겨 겸허해진 마음",*11 백성의 구원, "주님의 신부인 하느님 나라",*12 "성령의 보장", 우리를 구속하는 피의 잔도 찾아볼 수 없었습니다. 그 책에서는 아무도 "내 영혼이 하느님께 복종하지 않겠는가. 나의 구원은 그분에게서 비롯되었도다. 그분은 나의 하느님이시요, 나의 구주이시며 나의 보호자이시다. 나는 이제 흔들리는 일이 없으리다"*13 라고 말하지 않습니다.

또한 거기서는 "괴로워하는 사람들은 내게로 오라"고 외치는 그리스도의 소리도 들을 수 없습니다. 플라톤파 사람들은, "예수 그리스도가 마음이 온유하고 겸손한 사람이기 때문에 그에게서 배우기"를 경멸합니다.*14 예수 그리스도가 겸손한 까닭은 "주님께서 이 일들을 지혜 있는 사람과 현명한 사람에게 숨기시고, 어린아이에게 나타내 보이시기"*15 때문입니다. 말하자면 평안한 조국을 멀리서부터 바라보면서 나아가다가, 나무가 울창한 저 산꼭대기에 이제 그 평화로운 고향 마을이 보이는데도 그리로 가는 길을 찾지 않고 헛되이 길이 없는 곳을 헤매어 '사자와 용'을 우두머리로 하는 도망자와 탈주자에게 포위되기도 하고, 매복되었다가 습격당하기도 하게 되는 것입니다.

또 하나의 길, 하늘의 제왕이 가로막고 있는 고향길을 택하기도 합니다. 이 길에는 하늘의 군대로부터 탈주한 도적들이 약탈을 행하는 일이 없습니다. 그러나 이 길을 그들은 형벌처럼 견디기 힘들어합니다.

주님의 "사도 가운데 가장 작은 자"라 일컫는 바울*16의 글을 읽을 때, 놀라운 여러 길들이 있음을 알고, 이러한 생각들로 인해 본능적으로 영향을 받았습니다. 또 주님이 꾸며놓으신 일들에 대해 깊이 생각하고 전율했나이다.*17

〈주〉
*1 〈시편〉 2 : 11.
*2 〈고린도전서〉 4 : 7.
*3 〈로마서〉 7 : 22~23.
*4 〈다니엘〉 3 : 27~29.
*5 〈요한복음〉 8 : 44.
*6 〈로마서〉 7 : 24.
*7 〈잠언〉 8 : 22.
*8 〈요한복음〉 14 : 30.

＊9 〈누가복음〉 23 ː 14~15.

＊10 〈골로새서〉 2 ː 14.

＊11 〈요한계시록〉 21 ː 2.

＊12 〈고린도후서〉 5 ː 5.

＊13 〈마태복음〉 11 ː 28.

＊14 〈마태복음〉 11 ː 29.

＊15 〈마태복음〉 11 ː 25.

＊16 〈고린도전서〉 15 ː 9.

＊17 〈하박국〉 3 ː 2.

제8권   32세 때의 일

32세 때의 일이다. 어느 날 심플리키아누스를 방문하여 빅토리누스의 뉘우침에 대해 듣고, 하느님께 자기 몸을 바치려 했으나 옛 습관에 사로잡혀 결심하지 못한다. 그 뒤 폰트키아누스로부터 이집트의 수도승 안토니우스의 수도생활과 잘못을 뉘우친 두 궁정 신하의 말을 듣고 강한 감동을 느낀다. 영과 육의 치열한 투쟁 뒤에 하늘로부터의 소리를 듣고서 성서를 펴게 되었고, 알리피우스와 함께 잘못을 뉘우친다. 이리하여 어머니가 본 환상은 현실이 된다.

제1장   심플리키아누스를 방문하다

(1) 나의 하느님, 주님을 향해 감사를 드리며, 내 위에 부어진 주님의 은총을 회상하고 고백하겠나이다. 내 뼈에 주님의 사랑이 스미게 하시고, 나로 하여금 "주님, 당신을 누구에게 비하겠나이까? 주님은 내 사슬을 풀어주셨나이다. 내가 주님께 찬미의 제물을 드리나이다" 하고 말하게 하소서. 나는 여기서 어떻게 주님이 내 사슬을 풀어주셨는지 말하려 합니다. 주님을 숭배하는 모든 사람이 이 말을 듣고 "주님은 하늘에서나 땅에서나 크게 찬양을 받으실지니, 주님의 이름은 위대하고 놀라우십니다" 하고 말하게 하소서. 주님의 말씀은 이미 내 가슴에 깊이 박혀 있어서, 나는 사방팔방으로 주님께 둘러싸여 있었나이다. 나는 주님의 영원한 생명을 그저 "흐릿하게 거울로 보는 듯이"*1 보았을 뿐이었으나, 그것만으로도 그 사실은 확실하였습니다. 나는 불멸의 실체가 존재하고 있으므로 모든 실체가 존재한다고 하는 데 대해 전혀 의심하지 않았습니다. 나는 이제 더 이상 주님의 존재에 대한 확실성을 얻으려 하지 않았고, 오로지 주님 안에서 좀더 내가 견고하게 자리잡기를 바랄 뿐이었습니다. 하지만 이 세상에서의 내 생활은 모두가 불확실하기만 하여, 내 마음을 '낡은 누룩'*2으로부터 깨끗하게 하여야 했습니다. 나는

구원에 이르는 길을 보여 주신 구세주를 기뻐했으나, 아직 그 좁은 길을 갈 마음은 생기지 않았습니다.*3 그래서 나는 심플리키아누스*4를 찾아 보려는 생각을 하게 되었습니다. 그렇게 하는 편이 좋으리라는 생각이 들었습니다. 그는 주님의 충성된 종이었고, 주님의 은혜가 그의 안에 빛나고 있었습니다. 나는 또한 그가 아직 젊었을 때부터 주님께 경건하게 생활해왔다는 말을 들었습니다. 그는 그 무렵 이미 노년이었습니다. 그는 오랜 세월 동안 열심히 주님의 길에 순종해 왔기 때문에 많은 일을 경험하고 많은 사실을 배워 알고 있음에 틀림없다고 생각하였습니다. 사실 그랬습니다. 그런 이유로 나는 그에게 내 고뇌를 고백하고, 나와 같이 고뇌하고 있는 사람은 어떻게 해야 주님의 길을 걸을 수 있는지 가르침을 구하려 했습니다.

(2) 나는 주님의 교회가 신자로 가득 차 있는 광경을 보았으나 그들은 모두 이 길, 저 길로 제각기 가고 있었습니다.*5 내가 하고 있는 세속적 행동이 혐오스러웠고, 이제는 이전과 같이 명예와 이득의 희망에 불타지도 않았습니다. 그 까닭은 너무 무거운 노고를 참아내기가 힘겨웠기 때문입니다. 명예와 이득은, 주님의 감미로움과 "내가 사랑하는 주님 집의 아름다움"에 비하면 이미 나를 기쁘게 하지 않았습니다. 그러나 나는 계속해서 여성에게는 강하게 끌리고 있었습니다. 그리고 사도(^바_울)도 "모든 사람이 사도 자신처럼 독신이기를"*6 열망했으나, 나의 결혼을 금하지는 않았습니다. 나는 더욱더 무기력하게 되어 정욕에 빠지는 편을 선택했습니다. 그리고 이 한 가지 일 때문에 다른 점에서도 신경이 쓰여 몸이 여월 지경이었습니다. 나는 결혼 생활에 어쩔 수 없이 수반되는 다른 견디기 어려운 일들도 하지 않으면 안 되었습니다. 나는 진리의 입을 통하여, "천국을 위해 금욕하려고 스스로 거세한 자"도 있다는 말을 들었습니다. 그러나 진리는 그 다음에 "이것을 받을 만한 자는 받아라"*7고 하였습니다.

실제로 "하느님을 알지 못하는 사람들은 모두 헛되며, 또한 선(善)으로 보이는 사물들 속에서조차 주님의 정체를 알아뵙지 못하는 사람들은 헛됩니다." 그러나 나는 이미 이러한 어리석음을 초월하고 있었습니다. 나는 어리석음을 뛰어넘어 온갖 피조물의 증언에 의하여 우리 창조주이신 주님과 주님의 말씀*8을 찾아보게 되었습니다. 주님의 말씀은 주님과 더불어 하나이신 하느님이십니다. 주님은 말씀으로 만물을 창조하셨나이다. 그러나 세상에는 하느님을 깨닫지 못하는 다른 종류의 경건치 못한 사람들이 있었습니다. 그들은 "하느님을 알면서 하느님을 하느님으로 숭배하지 않고 감사하지 않는"*9 사람들입니다. 나도 또한 다른 종류의 경건치 못한 사람들 사이에 빠져 있었습니다. 그러나, 주님의 오른손이 나를 붙들어 그들 사이에서 끌어내어, 내 아픔이 낫는 곳에 있게 하셨나이다. 곧 주님은 인간을 향하여, "보라, 경건이야말로 지혜이니라."*10 "지혜롭게 보이려 하지 말라. 스스로 지혜 있다고 일컫는 자는 어리석은 자가 되는 까닭이니라"*11고 하셨기 때문입니다.

나는 이미 값진 진주를 발견하고 있었습니다. 소유물을 다 팔아야만 그것을 살 수 있었습니다.*12 그래서 나는 머뭇거렸습니다.

〈주〉
＊1 〈고린도전서〉 13 : 12.
＊2 〈고린도전서〉 5 : 7.
＊3 〈요한복음〉 14 : 6, 〈마태복음〉 7 : 13.
＊4 심플리키아누스(400년 사망)는 암브로시우스의 스승. 그가 사망한 뒤(397년) 밀라노의 주교가 됨.
＊5 〈고린도전서〉 7 : 7.
＊6 〈고린도전서〉 7 : 27 이하.
＊7 〈마태복음〉 19 : 12.
＊8 〈요한복음〉 1 : 2∼3.
＊9 〈로마서〉 1 : 21.
＊10 〈욥기〉 28 : 28.
＊11 〈잠언〉 3 : 7, 26 : 5, 〈로마서〉 1 : 22.
＊12 〈마태복음〉 13 : 45.

제2장 심플리키아누스에게서 빅토리누스의 회심에 대하여 듣다

(3) 그렇게 해서 나는 심플리키아누스를 방문하게 되었습니다. 그는 당시 주교였던 암브로시우스에게는 신앙의 아버지로서, 암브로시우스는 그를 친아버지처럼 경애하고 있었습니다. 나는 이 심플리키아누스에게 나의 오류와 방황의 전말을 이야기하였습니다. 그리고 내가 일찍이 로마에서 웅변술을 가르친 일을 이야기하였고, 또한 뒷날 그리스도교인이 되어 죽었다고 들은

바 있는 빅토리누스*¹가 라틴 어로 번역한 플라톤파의 여러 저작들을 읽었다고 이야기했습니다. 그때 심플리키아누스는 내가 다른 철학자들의 저작에 접하지 않은 사실을 기뻐하였습니다. 그에 의하면, 이러한 저서들은 "이 세상의 얕은 지혜에 따라"*² 허위와 기만에 차 있으나, 그 플라톤파의 저서는 온갖 방법으로 하느님과 그 말씀의 신앙으로 인도한다고 했습니다. 그리고 심플리키아누스는 주님께서 "지혜 있는 사람들에게는 숨기시고 어린아이와 같은 사람에게는 드러내신,"*³ 그 겸손하심에 나를 순종하게 하기 위하여, 그가 로마에 있을 때 가장 친하게 지내던 빅토리누스에 대한 이야기를 해 주었습니다. 나는 여기에서 심플리키아누스가 빅토리누스에 대해 한 말을 옮기지 않을 수 없습니다. 그것은 주님을 향해 고백하는, 주님의 은혜에 대한 크나큰 찬미이기 때문입니다.

빅토리누스는 아주 박학하고 온갖 학문에 정통했으며, 철학자들의 수많은 저작을 읽고 그것을 비판하였습니다. 그는 귀한 신분의 많은 원로원 의원들의 스승이었습니다. 빅토리누스의 탁월한 가르침의 공적을 기념하여 세상 사람들은 큰 명예로 생각하고, 곧 로마 광장에 조각상을 세웠습니다. 빅토리누스는 노년에 이르기까지 우상을 숭배하면서 신성모독의 종교의식에 참가하였습니다. 당시 로마 귀족의 거의 대부분은 이 신성모독의 종교 의식에 빠져 있었습니다. 오시리스와 "온갖 종류의 기괴한 신들, 짖는 개의 형상을 한 아누비스"*⁴를 국민에게 섬기라고 선전하고 있었습니다. 이 신들은 넵투누스와 비너스를 거역하였을 뿐 아니라, 미네르바에게도 반역하여*⁵ 무기를 든 잡신들이었습니다. 이러한 잡신들은 일찍이 로마가 정복한 신들이었으나 이제는 로마가 숭배하는 신들이 되었습니다. 그리고 노인 빅토리누스는 오랜 세월에 걸쳐 천둥처럼 울리는 열변으로 이제까지 이 신들을 변호해 왔습니다. 그러나 이제 그 사람은 진리를 깨달아, 주 그리스도의 종이 되어 겸손의 멍에*⁶ 아래 머리를 숙임으로써 십자가의 치욕 앞에 고개 숙이는 일*⁷을 부끄럽게 생각하지 않았습니다.

(4) 오오 주여, "하늘을 기울여 내려오시어 손으로 산을 만지자 산이 연기를 내뿜었나이다." 주여, 주님께서는 어떤 방식으로 빅토리누스의 가슴에 스며드셨는지요. 빅토리누스는 심플리키아누스도 말했듯이 성서와 친했고, 그리스도교의 온갖 서적을 가장 열심히 탐독하여 그 말씀들을 연구하고 있었

습니다. 그는 심플리키아누스를 향해 은밀하게, "사실은 나도 이미 그리스도교인이오" 하고 고백하였습니다. 심플리키아누스는 그 말을 듣고, "자네를 그리스도 교회당 안에서 보지 못하는 한 나는 그 말을 믿지 못하네. 또한 자네를 그리스도교인 가운데 한 사람으로 칠 수 없네" 하고 대답했습니다. 그러나 빅토리누스는 비웃으면서, "그렇다면 교회당의 벽이 그리스도교인들을 만들어 내놓는 게지?" 하고 반문하였습니다. 이렇게 빅토리누스는 여러 차례 되풀이하여 자기는 이미 그리스도교인이라고 주장했지만 그때마다 심플리키아누스는 같은 대답으로 부인하였고, 빅토리누스는 벽이 그리스도교인을 만드느냐는 그 농담으로 반문하곤 하였습니다. 빅토리누스는 그의 동료들, 즉 교만한 악마를 예배하는 자들의 비위를 상하게 할까 두려워하고 있었습니다.*8 그래서 바빌론 같은 위엄의 정상*9으로부터 주님에 의해 아직 찢겨 잘려나가지 않은 레바논의 송백나무가지부터 제 무게에 겨워 쏟아지듯이 그의 머리 위에 그 사악한 예배자들의 적의가 무섭게 쏟아지리라고 생각하였습니다. 그러나 독서를 한 뒤에는 어떤 동경과 같은 느낌을 가지고서, 용기를 내어 그 책 속의 내용을 들이마셨습니다. 그는 "하늘의 천사들 앞에서" 그리스도에게 "부인"될까 두려웠습니다.*10 또한 빅토리누스는 만일 주님 말씀의 그토록 겸손한 신비를 부끄러워하면서 신성모독적 의식은 부끄러워하지 않았다면 무서운 죄책감을 느꼈을 것입니다.

빅토리누스는 그 악령들의 제사를 받아들였을 때 악령들의 자만심을 흉내내기도 했었습니다만, 이제는 헛된 일들을 물리치고 진리에 대해서 부끄러움으로 서게 되었습니다. 어느 날 심플리키아누스가 전혀 생각지도 않게, 빅토리누스는 그에게 "교회에 가자, 나도 그리스도교인이 되겠다"고 말하였습니다. 심플리키아누스는 그 말을 듣고 뛸 듯이 기뻐하며 빅토리누스를 교회에 데려갔습니다. 그리고 얼마 뒤에 빅토리누스는 세례 지망자로서 학습을 받게 되었고, 얼마 지나지 않아 세례에 의해 거듭나게 되었습니다.

로마 시민은 빅토리누스를 보고 놀랐고, 그리스도 교회는 크게 기뻐하였습니다. 그러나 교만한 사람들은 빅토리누스를 보고 노여워서 이를 갈며 애를 태웠습니다. 그러나 주의 종이 된 빅토리누스는 오직 주 하느님만을 희망으로 생각하였고 다른이들의 허영과 광기와 기만에는 시선도 보내지 않았습니다.

(5) 마침내 빅토리누스가 신앙을 고백할 때가 왔습니다. 그 당시 로마에서는, 주님의 은혜를 받으려 하는 사람들이 높은 곳에 올라서서 성도들 앞에서 정해진 구절을 암송하여 신앙 고백을 하는 관습이 행해졌습니다. 심플리키아누스의 말에 의하면, 공석에서 하는 신앙고백을 부끄러워하는 사람을 위해서 사석에서 신앙고백을 하도록 하는 경우도 있었으므로 사제들은 빅토리누스에게 원하면 그렇게 할 수 있다고 말했습니다. 그러나 빅토리누스는 사제들의 권고를 물리치고 성스러운 교회 집회에서 직업적 설교와 고백을 해보고자 했습니다. 그가 가르친 웅변술로서는 구원을 기대할 수 없었고, 반면에 그의 직업적 설교는 대중을 대상으로 하였으므로 대중 앞에서 자기의 의견을 말할 때 성난 군중을 두려워하지 않았으며, 주님의 말씀을 고백할 때 온화한 회중을 두려워해야 할 이유가 없었습니다. 이리하여 그가 고백하기 위하여 높은 곳에 올라갔을 때, 회중은 모두 그를 알고 있었기 때문에 환호를 지르며 서로 그의 이름을 속삭였습니다. 그곳에는 그를 모르는 사람이 한 명도 없었습니다. 때문에 모두의 입에서는 기쁨에 넘친 "빅토리누스, 빅토리누스"라는 속삭임 소리가 들렸습니다. 사람들은 그를 보자마자 환성을 질렀으나, 곧 조용해지며 그의 고백을 들으려 귀기울였습니다. 빅토리누스는 확고한 신념으로 진실된 신앙을 고백하였고, 그 고백을 들은 회중은 모두 그를 마음 속에 안아주고 싶어했습니다. 그리고 그들이 그를 안아준 손은 그들의 사랑과 기쁨이었습니다.

〈주〉

＊1 빅토리누스는 아프리카에서 출생하였고, 로마에서 웅변술 교사로 이름을 날렸다. 그는 그리스도교로 회심한 뒤 신학 연구에 전념하였다.

＊2 〈골로새서〉 2 : 8.

＊3 〈마태복음〉 11 : 25.

＊4 오시리스는 이집트의 주신. 아누비스는 죽은 자를 저승으로 인도하는 신.

＊5 《아에네이스》 8 : 698～700.

＊6 〈마태복음〉 11 : 29.

＊7 〈갈라디아서〉 5 : 11.

＊8 《하느님 나라》 9 : 19 참조.

＊9 〈이사야〉 14 : 4, 〈요한계시록〉 17 : 5.

제3장 하느님은 죄인의 뉘우침을 특히 기뻐하신다

(6) 선하신 하느님, 인간이 항상 가능한 많은 희망과 적은 위험을 바라기보다는, 차라리 절망하곤 하였으나 절망 뒤에 커다란 위험으로부터 오히려 자유로워진 영혼의 구원에서 더욱 기쁨을 느끼는 이유는 무엇인지요? 자비로우신 아버지, 주님께서는 "회개할 필요가 없는 아흔아홉 명의 의인보다도 회개하는 한 명의 죄인을 더 기뻐하십니다."*1 우리는 백 마리 양을 가진 목자가 잃어버린 한 마리 양을 찾았을 때에 얼마나 기뻐하며 찾은 양을 어깨에 메고 집으로 돌아오는지를 느낄 수 있습니다.*2 또한 은돈 열 닢을 가진 여인이 그 중 잃어버린 한 닢을 발견했을 때 이웃들과 함께 크게 기뻐하며 그 찾은 한 닢을 주님의 창고에 넣는다는*3 이야기를 들을 때마다 무척 유쾌해집니다. 주님의 집에서 주님의 둘째 아들이 "죽었다가 살아나고, 또 잃어버렸었는데 다시 돌아왔다"*4는 구절을 읽을 때마다, 즐거운 예배를 드릴 때의 복받쳐오는 눈물을 금치 못합니다. 주님께서 이렇게 우리들과 더불어, 거룩한 사랑으로, 신성한 주님의 천사들 속에서 기뻐하시기 때문입니다. 주님은 항상 동일하십니다. 그래서 항상 동일하지는 않은 사물들에 대해서도 언제나 변함없이 알고 계십니다.

(7) 그러면 사물들에 대해 더욱 기쁨을 느끼게 해주는, 영혼 안에 있는 요소는 무엇인지요? 다른 많은 사례들이 이 사실을 증명하고 있습니다. 나날의 일상생활에서 순간순간 그 기쁨의 증거들이 이렇게 고함을 칩니다. "이것이 바로 그 영혼 속의 활력제이다." 개선 장군도 싸우지 않았으면 승리를 차지하지 못했을 것이고, 싸움의 위험이 크면 클수록 승리의 기쁨도 큽니다. 폭풍이 항해자를 뒤흔들고 배는 금방이라도 난파하려고 할 때, 사람들은 모두 죽음이 닥쳤음을 보고 새파랗게 질립니다.*5 그러나 하늘과 바다가 잔잔해질 때면, 사람들은 공포가 컸던 만큼 그 안심의 기쁨도 큽니다.

친한 친구가 병들어 맥박이 생명의 위험을 알리고 있다면, 그의 회복을 바라는 사람은 모두 그 병의 상태에 따라 그 고통을 함께 앓기 마련입니다. 그는 병에서 회복되었으나 아직 예전처럼 힘차게 걷지는 못할지라도, 그 기쁨은 이제 그가 전에 건강하고 힘차게 걷고 있던 때에는 느끼지 못했던 정도로 큰 기쁨입니다. 인생의 쾌락도 그렇습니다. 생각지 않게 의지와는 반대로 내려지는 괴로움에 의해서만이 아니라 스스로 만든 고난에 의해서도 얻어집니다. 굶주림과 목마름의 괴로움을 느끼지 못한다면 먹고 마시는 쾌락은 없습니다. 술을 즐겨 마시는 사람은 짠 것을 먹는데, 그것은 그들의 열정을 불편하게 만들기 위해서입니다. 그리고 술을 마시면서 점점 열정이 식을 때 비로소 즐거운 취기의 감흥을 느끼게 마련입니다. 또한 약혼을 한 신부는 즉시 남편에게 시집을 가지 못하도록 정해져 있습니다. 이는 신랑이 신부를 기다리지 않는다면 남편 될 사람이 자기 아내를 가볍게 대할 염려가 있기 때문입니다.

(8) 이런 사실들은 더럽고 부끄러운 쾌락에서도 마찬가지이며, 올바르다고 허용되어 있는 쾌락에 있어서도 그렇습니다. 극히 순수하고 성실한 우정에 있어서도 그러하며, "죽었다가 다시 살아나고, 잃었다가 찾은"*6 것의 경우에도 그렇습니다. 바로 무슨 일에 있어서나, 보다 큰 기쁨 앞에는 언제나 보다 큰 수고가 있기 마련입니다.

우리 주 하느님, 그러한 이유가 무엇인가요? 주님은 스스로에게 영원하시며, 친히 영원한 기쁨이시며, 주님의 주위를 에워싸고 있는 존재들은 언제나 주님으로 말미암아 기쁨을 얻고 있습니다. 세계의 이 낮은 부분에 진보와 퇴보가 있고 적대와 화해의 교체가 있는 까닭은 대체 무엇인지요? 그것은 만물의 질서인지요? 그것이 주님이 만물에게 주신 한계인지요? "가장 높은 하늘에서" 가장 낮은 땅에 이르기까지, 세상의 첫날에서 세상의 끝날에 이르기까지, 천사에서 벌레에 이르기까지, 최초의 운동에서 최후의 운동에 이르기까지 두신 한계인지요? 온갖 종류의 선과 주님의 모든 정의로운 창조의 일을 알맞은 장소에 두시고 알맞은 때에 행하시려한 제한인지요?

주님은 높은 존재들 중에서도 높으시며, 나는 낮은 존재들 중에서도 낮습니다. 주님은 어디서든지 우리를 떠나 계시지 않습니다. 그러나 우리가 주님에게로 돌아가기란 그렇게도 어렵습니다.

〈주〉

*1 〈누가복음〉 15 : 7.

*2 〈누가복음〉 15 : 4~6.

＊3 〈누가복음〉 15 : 8.
＊4 〈누가복음〉 15 : 32.
＊5 《아에네이스》 4 : 642~644.
＊6 〈마태복음〉 24 : 31.

제4장 위대한 인물이 잘못을 뉘우치면 기쁨 또한 크다

(9) 그러하오니 주여, 우리를 흔들어 깨우시어 당신에게 돌아가게 하소서. 우리를 부추겨 주님에게 끌어당기소서. 우리로 하여금 주님의 향기를 느끼게 하시고 주님의 단맛을 즐기게 하소서. 그러하시면 우리는 주님을 사랑하고 주님의 품으로 달려가리이다. 얼마나 많은 사람이 빅토리누스보다도 더 깊은 맹목의 나락에서 주님의 품으로 돌아가 주님에게로 가까이 갔습니까? "그들은 주님의 자녀가 되는 권리를 부여받는 빛"＊1을 받은 자들이 아닙니까? 그러나 그들이 사람들에게 별로 알려져 있지 않을 때에는, 그들을 알고 있는 사람들조차도 별로 기뻐하지 않습니다. 많은 사람들이 함께 기뻐할 때에는 개개인의 기쁨도 그만큼 증대합니다. 사람들은 서로 기쁨의 열기를 나누면서 점차 그 기쁨의 기운을 받기 때문입니다. 또한 그러한 사람들에게 잘 알려진 사람들은 많은 사람들로 하여금 구원을 향해 가도록 개인적으로 감동적인 선례가 되고, 그 구원으로 이르는 길에 많은 사람들이 따르며, 그럼으로써 구원에 이르게 한 사람들의 기쁨도 더 커지나이다. 그들보다 먼저 구원에 이른 사람들은 단지 자신들뿐 아니라 자신들을 따르는 자의 회심을 기뻐합니다.

물론 주님의 장막에서는, 가난한 사람보다 부한 사람이 우대를 받거나, 신분이 낮은 자보다 높은 자가 더 환영을 받아서는 안되게 되어 있습니다.＊2 오히려 "주님은 강한 자를 부끄럽게 하시려고 이 세상의 약한 자를 선택하셨고, 세상에서 자랑을 일삼는 자를 헛되게 하기 위하여 이 세상의 천한 존재와 멸시당하는 존재, 그리고 있으나마나 한 존재를 선택하셨습니다."＊3 더구나 주님은 이러한 말씀을 "주님의 사도들 중 가장 작은 자"＊4의 입을 통해서 말씀하셨고, 이러한 방법으로 바울의 교만함을 꺾으시어 주 그리스도의 가벼운 멍에 아래 굴복시키셨습니다.＊5 그리고 그를 위대한 왕의 신하로 삼으셨을 때, 스스로 이러한 큰 승리를 기념하여 사울(Saul)이란 이름을 바울(Paul)이라 고쳐 불리기 원했던 것입니다.＊6

마귀에게 강하게 사로잡혀 있는 사람이나 그 마귀의 도구가 되어 다른 많은 사람들에게 영향을 끼친 사람을 정복하면, 마귀의 세력은 그만큼 정복됩니다. 그런데 마귀는 고위층 사람들을 높은 지위라는 명목 아래 사로잡고, 또한 그들의 권위를 통해 다른 많은 사람들에게 큰 영향력을 끼치고 있습니다. 그리하여 빅토리누스의 가슴에 악마가 들어가서 난공불락의 요새로 생각하며 지켰는데도 그 가슴이 변심하였을 때, 그리고 강하고 날카로운 화살처럼 많은 적을 격퇴시킨 빅토리누스의 혀가 변절하였을 때, 주님의 자녀들은 특별한 기쁨을 누렸습니다. 주님의 자녀들은 우리의 왕이 "강한 자를 결박하신 모습을 보았고",*7 강한 자에게서 빼앗은 화살이 깨끗하게 씻겨 주님의 영광을 위해 쓸 수 있게 되었음을 보았으며, "주님을 위해 행하는 모든 선한 일들을 위해 합당하게 되는 모습"*8을 보았기 때문입니다.

〈주〉

＊1 〈요한복음〉 1 : 9~12.

＊2 〈야고보서〉 2 : 1~9.

＊3 〈고린도전서〉 1 : 27~28.

＊4 〈고린도전서〉 15 : 9.

＊5 〈마태복음〉 12 : 29.

＊6 〈사도행전〉 13 : 7~12.

＊7 〈마태복음〉 12 : 29.

＊8 〈디모데후서〉 2 : 21.

제5장 의지에 사로잡혀 잘못을 뉘우치지 못하다

(10) 주님의 종 심플리키아누스가 빅토리누스에 대한 이 이야기를 했을 때, 나는 빅토리누스를 본받고 싶다는 욕망에 불탔습니다. 심플리키아누스도 나로 하여금 그렇게 하도록 하기 위해 말했던 것입니다. 그러나 심플리키아누스는 덧붙여, 율리아누스 황제 때에 그리스도교인은 학예와 수사학을 가르칠 수 없게끔 법률로써 금지되었는데, 빅토리누스는 기쁜 마음으로 이 법률을 지켜서 "어린아이의 혀를 매끄럽게 하는" 주님의 말씀을 버리기보다는 오히려 말장난을 하는 학교를 버리기로 선택했다고 말했습니다. 나는 그 말을 듣고 빅토리누스가 그만큼 용감할 뿐만 아니라 그의 시간을 온통 주님

게 헌정할 기회를 갖는 만큼 행운아라고 생각하였습니다. 나도 그렇게 되기를 열망하였습니다. 그러나 타인의 쇠사슬에 의해서가 아니요 내 의지라는 쇠사슬에 결박되어서 그렇게 원했습니다. 원수는 나의 의지를 붙들어서, 내 의지로 나를 결박하는 쇠사슬을 만들어 그 사슬로 나를 결박하였습니다. 실제로 의지는 타락하여 정욕이 되었고, 정욕은 스스로에 빠져들게 됨으로써 습관이 되었으며, 습관은 정욕에 저항하지 않는 사이에 필연이 되어 버렸습니다. 이들은 마치 작은 고리처럼 서로 연결되어 있었기 때문에 나는 그것을 사슬이라 불렀습니다. 이 사슬은 나를 붙잡고 구속하여 나를 점점 더 깊은 굴레에 매이게 하였습니다. 유일하고 확실한 기쁨이신 하느님, 내 마음에 일어나기 시작한 새로운 의지, 주님을 오직 주님이기에 기뻐하려 하는 새로운 의지는, 오랜 세월을 지나면서 그러한 고집스럽고 강해진 의지를 아직 이길 수 없었습니다. 이와 같이 두 개의 의지, 하나는 낡았고 하나는 새로우며, 하나는 육체에 의한 오래된 의지, 하나는 영혼에 의한 새로운 의지가 서로 다투어 그 투쟁으로 나의 영혼은 하나에 집중될 수가 없었습니다.

(11) 이리하여 나는 어떻게 해서 "육체는 영혼에 거스르고, 영혼은 육체에 거스르는지"*[1]를 내가 읽은 책을 통해 간접 경험으로 이해하였습니다. 사실 나는 이 두 가지로 갈라져 있었으나, 내 마음은 내가 나쁘게 생각하는 편에 속해 있기보다는 좋다고 생각하는 편에 더 속해 있었습니다. 그러나 내가 좋지 않게 여기는 편에 내 마음이 속해 있는 경우는 대부분 스스로 원했다기보다, 의지와 어긋나게 행해진 경우였습니다. 그러나 습관은 바로 나 자신에 의하여 더욱더 강하게 나를 거역하게 되었습니다. 내가 자신이 바라지 않는 방향으로 스스로 나아갔기 때문입니다. 죄인이 정당한 벌을 받을 때 그 누가 정당하게 항변할 수 있겠습니까? 나는 내가 왜 세상을 경멸하지 않으면서도 주님을 섬기지 않았는지를 설명하는 구구한 변명을 나의 습관에서 없앴습니다. 굳이 말하자면 그것은 진리에 대한 나의 인식이 불확실했기 때문입니다. 지금도 참으로 그렇다고 확신합니다. 하지만 나는 계속해서 이 세속적 대지에 결박되어, 주님의 병사가 되기를*[2] 거부하였습니다. 그리고 나의 모든 짐에서 벗어나는 일도 두려워해야만 했습니다. 그것은 내가 그 짐을 지기를 기대할 입장에 있어야만 했기 때문이었습니다.

(12) 이리하여 잠자코 있는 때면 언제나 그러하듯이, 나는 이 세상의 무거

운 짐을 쾌히 짊어졌습니다. 주님을 사모하는 나의 상념은, 눈을 떠야 한다고 생각하면서도 깊은 잠에 지고 말아 다시 잠에 빠져버리는 사람들의 노력이나 마찬가지였습니다. 언제까지나 계속 자야겠다고 생각하는 사람은 아무도 없게 마련입니다. 또한 모든 사람의 건전한 판단에 의하면, 눈뜨고 있는 편이 낫습니다. 더구나 인간은 손발이 피곤하면 대부분 누군가가 흔들어 잠을 깨우는 것을 싫어하고, 약간 불편한 점이 있거나 일어날 시간이 다 되었더라도 계속 더 잠들어 있기를 좋아합니다. 그 당시 내가 바로 그러한 형편에 있었습니다. 나는 나 자신의 욕망에 지느니 차라리 주님의 사랑에 몸을 맡기는 게 낫다고 확신하고 있었습니다. 그러나 주님에 대해 기쁘게 복종하기보다 나 자신의 욕망에 대해 기꺼이 결박되어 있었습니다. 사실 주께서 "잠자는 자여 일어나라. 죽은 자 가운데서 일어나라. 그리스도가 너를 비추리라"[3]고 내게 말씀하실 때, 나는 주님께 대답할 말을 찾지 못하였습니다. 주님은 사방에서 말씀의 진리를 보이셨으나, 나는 그 진리를 확신하면서도 전혀 대답할 말이 없었습니다. 나는 그저 "곧"—"그러나 지금"—"아니, 조금만 더"라는 투로 완곡하고 잠꼬대 같은 말을 할 뿐이었습니다.

이 "곧, 즉시"는 한없이 계속되었고, "조금만 더"는 오랜 세월이 되었습니다. 나는 "내적 인간을 따라 주님의 율법을 기뻐하려" 했으나 "다른 동료들의 법에 포섭되어 내 마음 속의 주님의 율법에 맞서고 말았습니다."[4]

죄의 율법이란 습관을 버리라는 법률로서, 마음 속으로 의도하지 않았던 일조차 필요하면 끌어내려져서 실행되게 됩니다. 마지못해 하는 일은 언제나 슬며시 다시 습관으로 돌아가기 마련이기 때문입니다. "나는 그때 어리석었으니, 우리 주 예수 그리스도의 은총이 아니라면 누가 나를 이 죽어야 할 운명인 육체의 나쁜 습관으로부터 구원할 수 있었겠나이까?"[5]

〈주〉
*1 〈갈라디아서〉 5 : 17.
*2 〈디모데후서〉 2 : 4.
*3 〈에베소서〉 5 : 14.
*4 〈로마서〉 7 : 22~23.
*5 〈로마서〉 7 : 24~25.

제6장 폰티키아누스로부터 수도승 안토니우스와 그의 두 친구에 대해 듣다

(13) 나를 억세게 사로잡고 있던 정욕의 굴레와 세상 일에 대한 염려에 빠져 있던 상태에서 주님이 나를 어떻게 구원하셨는지를 말함으로써, "주 나의 구원자여, 나의 속죄주여, 나는 주님의 이름을 찬양하겠나이다." 나는 점점 더해가는 불안 속에 살면서 일상생활을 영위하였고, 나날이 주님을 동경하여 한숨지었으며, 일의 무거운 짐에 내리눌려서 여유가 있을 때마다 주님의 교회를 방문하였습니다. 알리피우스도 나와 함께 살고 있었습니다. 그는 법률 고문을 세 차례 역임한 뒤 임기를 마쳤기 때문에, 이번에는 누구에게 법률상담을 해줄까 하고 기대하고 있었습니다. 만일 웅변을 가르침에 의한 전달이라고 한다면, 그의 일은 나의 웅변 기술을 파는 일과 같았다고 할 수 있었습니다. 그런데 네브리디우스는 우리와의 우정에 못이겨서 가르치는 일을 맡게 되었습니다. 역시 우리와 가까운 친구였던 베레쿤두스,*1 밀라노의 시민이며 문법 교사였던 그의 밑에서 가르치는 일을 승낙하였던 것입니다. 베레쿤두스는 자신이 많이 필요로 하고 있었던 성실한 원조를 간절히 바랐고, 우정이라는 이름으로 우리는 네브리디우스에게 그렇게 하라고 권하였습니다. 그래서 네브리디우스가 그 밑에서 가르치게 된 동기는 이득 때문이 아니었습니다. 그가 돈에 욕심이 있었다면 자기 학문으로 좀더 큰 이득을 얻을 수 있었을 텐데, 네브리디우스는 좀더 다정하고 좀더 친절한 친구로서 호의적으로 그 일을 맡음으로써, 우리의 부탁을 거절하지 않으려 한 것입니다. 네브리디우스는 신중하게 이 일을 처리하였습니다. 그는 "이 세상의 습관에 따라"*2 위대한 인사들에게 알려지기를 피하였고, 이러한 사람들과 사귐으로 해서 일어나는 마음의 불안으로부터 모두 벗어나려 했습니다. 그는 번거로운 일을 피하고 가능한 한 많은 시간 동안 문제를 검토하고 대화를 경청하면서 지혜를 탐구하려 했습니다.

(14) 어느 날이었습니다. 이유는 기억하지 못하나 네브리디우스가 부재중일 때, 아프리카 태생이란 점에서 우리와 동향 사람이며 궁정에서 높은 지위를 차지하고 있던 폰티키아누스라는 사람이, 나와 알리피우스를 만나기 위해 우리 집에 찾아왔습니다. 그가 무슨 일 때문에 우리를 찾아왔는지는 알 수 없었습니다만, 우리는 함께 앉아 이야기를 나누었습니다. 그는 우리 앞의 탁자 위에 놓여 있던 한 권의 책을 보았습니다. 그는 그 책을 들어 펴본 뒤

사도 바울의 글임을 알고 크게 놀란 표정을 지었습니다. 그는 그 책이 나를 지치게 만드는 직업적 강의 책 가운데 하나려니 하고 생각했었던 것입니다. 그러더니 그는 축하하는 기분으로 나를 보며 미소지었습니다. 그는 독실한 그리스도교인이었으며 세례를 받은 신자였습니다. 그리고 때로 교회에 들러 오랜 기도를 드리면서 우리의 하느님이신 주님 앞에 무릎을 꿇곤 했습니다. 내가 그를 향하여 지대한 관심을 가지고 성서를 읽고 있다고 말했을 때, 그의 입에서는 이집트의 수도승 안토니우스*3의 이야기가 나오게 되었습니다. 이 수도승의 이름은 주님의 종들 사이에 널리 알려져 있었으나, 우리 귀에는 그때까지 전해진 적이 없었습니다. 우리가 모르고 있다는 사실을 알게 되자 그는 더욱더 그 이야기를 상세하게 하여, 이 유명한 수도승에 대해서 우리에게 확실히 알게 해 주었습니다. 그리고 그것을 그때까지 모르고 있는 우리의 무지함에 대하여 그는 놀라워했습니다. 우리는 거의 우리와 같은 시대에 가톨릭 교회에서 올바른 신앙을 지닌 사람들 사이에 일어난 '주님의 기적'을 듣고 경탄하였습니다. 그러니 말하는 사람도, 그것을 듣는 사람도 모두 한 번씩 놀란 셈입니다. 서로 모두 놀랐지만, 우리는 기적이 너무나 위대한 사실에 놀랐고, 폰티키아누스는 우리가 그 기적을 들은 적이 없다는 사실에 놀랐습니다.

(15) 그리고 나서 그의 이야기는 이어졌습니다. 수도원에서의 성도의 무리와 주님의 향기를 발하는 그들의 생활, 그리고 광야에 사는 사람들의 풍요로운 열매 이야기로 옮겨졌습니다. 우리는 그러한 사실에 대해서도 전혀 알지 못했습니다. 밀라노 시의 성벽 밖에 수도원이 있는데, 그곳은 암브로시우스에 의해 육성되고 있었으며, 선량한 수도사들로 가득 차 있다고 했습니다. 그러나 우리는 그 사실도 알지 못했습니다. 폰티키아누스는 이야기를 중단하지 않고 계속했으며, 우리는 아무 말 없이 귀를 기울이고 있었습니다. 그러던 중 그는 그와 그의 세 명의 동료들이 성벽 근처의 정원에서 산책하러 나갔던 일을 이야기하게 되었습니다.

(언제인지 정확한 날짜는 기억하고 있지 못하나) 트리에르*4에서 그와 다른 세 동료는 황제가 오후에 경기장으로 행차한 사이에, 시의 성벽 근방에 있는 정원으로 산책을 나갔습니다. 그들은 두 사람씩 짝지어 헤어지게 되었습니다. 한 사람은 폰티키아누스와 동행이 되었고, 다른 두 사람도 함께 다

른 쪽으로 산책하게 되었습니다. 뒤의 다른 두 사람은 그 근방을 거닐면서 우연히 어느 오두막 속에 들어가게 되었습니다. 거기에는 "마음이 가난하여 천국을 저희 것으로 하는"*5 주님의 종들이 모여 살고 있었습니다. 그들 두 사람은 그곳에서 안토니우스의 전기를 적은 한 권의 책을 발견하였습니다. 그들 중 한 명은 그 책을 읽기 시작하였습니다. 그들은 감격하고 열광해서 읽고 있는 사이에 그러한 생활에 함께 들게 되었고, 이 세상의 의무를 버리고 주님을 섬기겠다고 생각하게 되었습니다. 그러나 이 두 사람은 '황제를 섬기는 몸'이었습니다. 그중 한 사람은 이 책을 읽고 즉시 경건한 사랑과 진지한 수치심에 사로잡혀 자기 자신에 대하여 분노하며 친구를 향해 말했습니다. "제발 부탁이니 내게 말해 주게. 우리가 그렇게 일을 해서 성취하기 바라는 게 무엇이지? 우리의 삶의 목표가 진정 무엇이지? 우리가 국가를 위해 봉사하게 되는 동기가 무엇이지? 우리는 궁정에서 친구가 되기보다 더 높은 지위를 바랄 수 있을까? 그러나 우리의 지위란 그토록 불안하고 또 언제나 위험스럽기만 하지 않은가? 우리는 그 얼마나 더 큰 위험을 안고 있는 지위를 얻기 위해 위험을 불사해야 하는가? 더구나 언제 거기에 이를 수 있는가? 그런데 하느님의 빛이 되려고 생각한다면 이 생각은 지금 당장이라도 이루어질 수 있지 않은가?" 동행한 한 사람은 이렇게 말하며 새 생명이 태어나는 산고를 치르면서 다시금 그 책에 시선을 보냈습니다. 그리고 그 책(안토니우스 의 전기)을 계속해서 읽으면서, 주님만이 보실 수 있듯이, 내적 변화를 일으켰습니다. 이윽고 그의 마음은 이 세상의 근심으로부터 해방되었습니다. 다시 말해 이 책을 읽고서 그의 마음은 파도가 일듯이*6 잠시 흐트러졌으나, 이윽고 올바른 길을 찾고 그 길로 나아가기로 결심하였습니다. 그리고 주님의 것이 되면 벗에게 친구가 되기보다는 더 높은 지위를 바랄 수 있을까?

이렇게 말하였습니다.

"나는 이미 야심에 찬 희망을 버리고 하느님을 섬기기로 결심하였네. 그리고 지금 곧 여기서 그렇게 하리라고 생각하였네. 나를 따르고 싶지 않다면 방해하지 말아 주게."

그러나 벗은 그 말을 듣고, "나도 자네를 따라 이런 봉사를 함께 하고 그에 따른 상급을 함께 받겠어" 하고 대답하였습니다. 이리하여 두 사람은 주님의 것이 되었습니다. 그들은 자기 재산을 버리고서, 주님을 따르는*7 비싼

대가를 치르며 탑을 세우기 시작하였습니다.*8 그때 폰티키아누스, 폰티키아누스와 함께 정원의 다른 곳을 산책하고 있던 벗은, 다른 두 사람을 찾아 같은 장소에 오게 되었습니다. 그리고 그들을 찾아내고서, 이제 해도 저물었으니 돌아가자고 재촉했습니다. 그러나 두 사람은 이미 주님께 봉사하기로 한 자기들의 결심과 계획을 말하고, 어떻게 이러한 결심이 굳어지게 되었는가 하는 사실을 말하였습니다. 그리고 그들과 행동을 함께하기 싫거든 그들의 결심을 방해하지 말아 달라고 청했습니다. 폰티키아누스와 그 동행은 이전의 생각을 조금도 바꾸지 않고 동조를 거부했습니다. 그러나 그의 말에 의하면, 폰티키아누스와 그의 동행은 다른 두 사람을 위해 진심으로 복을 빌었고, 이들에게 자기들을 위해 기도해 달라고 부탁했습니다. 그러고 나서 무거운 마음을 땅위에 끌며 궁정을 향해 떠나갔습니다. 그러나 그곳에 남은 두 사람은 마음을 하늘에 두고 오두막에서 떠나지 않았습니다. 이 남은 두 사람에게는 약혼자가 있었는데, 그녀들도 이 이야기를 듣고 정결한 몸을 주님께 바쳤다고 합니다.

〈주〉

*1 베레쿤두스는 밀라노의 부유한 시민으로서, 아우구스티누스와 그 친구들을 무척 사랑하였다. 아우구스티누스가 회심한 뒤 그 동료에게 밀라노 교외의 카시키아쿰 별장을 제공하였다.

*2 〈골로새서〉 2 : 2.

*3 이집트의 수도승 안토니우스(251경~316년)는 세상을 버리고 사막에서 약 20년 동안 금욕 생활을 하였다.

*4 트리에르는 모젤 강변의 도시로서, 디오클레티아누스 황제(재위 284~305년) 이래로 서로마 제국의 수도가 된 도시이다.

*5 〈마태복음〉 5 : 3.

*6 〈마태복음〉 6 : 18.

*7 〈누가복음〉 5 : 11, 28.

*8 〈누가복음〉 14 : 28~30.

제7장 폰티키아누스의 말에 감동하여 자신의 불행을 인식하다

(16) 폰티키아누스의 이야기는 여기까지였습니다. 그러나 주여, 주님께서는 그가 말하고 있는 동안 나로 하여금 나 자신을 돌아보게 하셨나이다. 내

가 나를 보고자 하지 않았는데도 주님은 내가 몸을 숨기고 있던 등 뒤에서 나를 끌어내어 나로 하여금 내 얼굴 앞에 서게 하셨나이다.*¹ 그리하여 내가 얼마나 추하고 얼마나 삐뚤어진 데다가 불결하며 구정물과 고름으로 가득한 가를 보여 주셨습니다.*² 나는 나의 그 모습을 보고 몸이 오싹함을 느꼈으나, 나 자신으로부터 도망쳐 갈 곳은 없었습니다. 내가 눈을 돌리려 하면 폰티키아누스가 다시금 내 앞에 나타나 말하고, 주님은 다시금 나의 시선을 나 자신에게 돌리게 하여 나를 내 얼굴 앞으로 떠밀어내셨나이다. 그리하여 나로 하여금 스스로의 불의를 인정하고 그 불의를 미워하게끔 하셨나이다. *³ 나는 불의를 인정하면서 그 불의를 모르는 체 외면하여 잊으려 하고 있었습니다.

(17) 그러나 그때 나는 고침을 위해 몸을 완전히 주님에게 바쳤다고 하는 두 사람의 건전한 사랑에 대한 이야기를 듣고, 그들을 사랑하는 마음이 불타게 되었습니다. 사람들을 열렬히 사랑하면 사랑할수록 나 자신을 그들과 비교해 보고, 나 자신을 더욱더 저주스럽게 생각하였습니다. 내가 열아홉 살 때 키케로의 《호르텐시우스》를 읽고서 지혜에 대한 정열이 불타오르고 난 후 이미 12년이라는 세월이 지났습니다. 그러나 나는 세상의 행복을 끊어버리지 못하여 지혜의 탐구에 몸 바치는 일을 주저하고 있었습니다. 비록 지혜를 발견하지는 못한다 하더라도 그 지혜를 탐구하는 일은 이미 보물의 발견이나 이 세상 왕국, 또는 뜻대로 차지할 수 있는 육체의 쾌락보다 중요했습니다. 그러나 청년시절을 통하여 특히 청년기 초기에 가련한 존재였던 나는 주님께 순결을 구하면서, "정결과 절제를 주소서. 그러나 지금 당장은 아닙니다"라고 기도했나이다. 나는 주께서 즉시 내 소원을 들으시어 나를 곧 정욕의 병에서 고쳐주실까 두려워하고 있었습니다. 나는 그 병이 고쳐지기보다 오히려 채워지는 편을 바라고 있었으니까요. 나는 신성모독의 미신을 좇아 불의한 길을 계속해서 걸었습니다.*⁴ 그러나 그 미신을 확신하고 있어서라기보다, 내가 경건한 태도로 탐구하려 하지는 않고 그저 적의를 지니고 반대만 했던 다른 종교들에 비해 낫다고 생각되어 선택한 데 지나지 않았습니다.

(18) 내가 이 세상의 희망을 버리고, 오직 주님만 순종하는 생활을 하루하루 미루고 있었던 까닭은,*⁵ 내 길이 향해야 할 확실한 목표가 분명하지 않기 때문이라고 생각하였습니다. 그러나 벌거숭이가 된 채 내 양심이 나를 힐

난하는 날이 왔습니다. "너는 어디 있는가? 너는 진리가 확실하지 않기 때문에 허망한 짐을 버릴 수 없다고 말했었다. 그렇지만 보라, 진리는 이제 확실한데도 너는 아직 그 허망한 짐을 지고 있다. 더구나 진리의 날개는 탐구를 위해 소모했던 일이 없었던 사람의 어깨 위에 있다. 그리고 10년 이상이나 그러한 탐구 문제에 골몰하지 않았던 사람의 어깨 위에 있다." 이렇게 스스로 생각하며 나는 나의 내부를 깨물고 있었습니다. 나는 폰티키아누스가 그러한 신앙의 사례를 이야기하고 있는 동안 이와 같이 양심의 가책을 받았고, 두려운 수치심 때문에 마음이 흐트러져 있었습니다. 그는 그 이야기를 끝내고 나를 찾아온 목적을 다한 뒤 떠나갔으며, 나도 나 자신에게로 돌아왔습니다. 내게 스스로를 책망하지 않은 점이 무엇이었는지요? 주님을 따르도록 나의 영혼을 말(言)의 회초리로 꾸짖어야했을 텐데, 내가 그렇게 하지 못한 그 말은 어떤 말인지! 내 영혼은 그 말을 하기를 망설이며 거절하였고 어떤 변명도 하지 않았습니다. 온갖 논쟁거리가 부숴지고 부정되었으며, 남겨진 것은 침묵의 전율뿐이었나이다. 그리고 이 침묵은 '죽음에 이르는 병'을 겪는 고통이기나 한 듯이, 단조롭고 피곤한 일의 습관에 제한받기를 마치 눈앞의 죽음처럼 두려워하고 있었나이다.

〈주〉
＊1 〈시편〉 49 : 21.
＊2 〈시편〉 138 : 7.
＊3 〈시편〉 35 : 3.
＊4 〈집회서〉 2 : 16.
＊5 〈집회서〉 5 : 8.

제8장 정원에서, 마음의 투쟁을 겪다

(19) 나는 내 마음의 밀실에서 내 영혼을 다하여 전력으로 분발한 나의 내적인 집 안에서, 큰 투쟁에 휘말려, 마음도 모양도 흐트러졌습니다. 그래서 알리피우스가 있는 곳으로 달려가 이렇게 외쳤습니다. "우리가 대체 어떻게 된 일인가? 자네가 들었다는 말이 고작 이것인가? 배우지 못한 사람들이 일어나서 천국을 획득하고 있는데,[1] 우리는 모든 학문을 닦고서도 혈육의 진흙탕 가운데 뒹굴고 있군 그래. 타인이 우리를 앞지르고 있어서 그들을 따르

기가 부끄러운가? 우리가 뒤떨어졌다고 해서 그들을 따르지 않는 사실 자체가 부끄럽지 않은가?" 나는 이런 뜻의 말을 하였습니다. 그리고 흥분한 나머지 갑자기 알리피우스 곁을 떠났습니다. 그는 놀라서 말없이 나를 지켜보았습니다. 내 목소리는 여느 때와 달랐습니다. 내 이마와 뺨, 눈, 안색, 말하는 어조는 내가 하는 말보다도 내 마음을 더 잘 나타내고 있었습니다.

우리가 머물고 있던 집에는 작은 마당이 있었습니다. 우리는 이 마당도 집 전체와 함께 사용하고 있었습니다. 집주인이 그 집에 살고 있지 않았기 때문입니다. 나는 마음의 동요를 견디지 못하여 뛰어나와 정원으로 갔습니다. 이곳에서는 내가 나 자신에 대해 일으킨 치열한 싸움에 아무도 끼어들 수 없었습니다. 문제가 해결될 때까지. 어떤 결말을 보게 될지는 주님만이 아시는 일이요, 나는 알지 못했습니다. 그 결말을 보게 되기까지 아무에게도 방해받고 싶지 않았습니다. 그러나 나는 건전해지기 위하여 미치고, 살기 위하여 죽으려 하고 있었습니다. 나는 내가 얼마나 아픈가를 알고 있었으나, 내가 곧 어떻게든 잘 되리라는 사실은 알지 못했습니다. 그래서 나는 마당에 나갔었는데, 알리피우스가 내 뒤를 따라왔습니다. 그가 거기 있었으나 나의 고독을 방해당하지는 않았습니다. 고뇌하고 있는 나를 그는 어떻게 버려둘 수 있었겠습니까? 우리는 가급적 집에서 떨어져 앉았습니다.

나의 하느님, 나는 주님과 계약을 맺지*2 않고 주님을 따르므로 마음으로 번뇌하며 거센 분노로 불타고 있었습니다. '내 모든 뼈'는 나에게 주님의 뜻을 받아들이고 주님과 계약을 맺으라고 하늘을 찬양하며 부르짖어도 나는 그 부름을 받아들이지 않았습니다. 거기에 이르기 위해서는, 배나 마차는 물론 필요하지 않았고, 집에서 지금 우리들이 앉아 있는 장소까지의 거리를 왕복하는 일조차도 필요하지 않았습니다. 거기에 이르고자 하면, 즉 가서 도착하려면, 의지만 있으면 되는 일입니다. 그러나 힘차고 견실한 의지여야 합니다. 이쪽으로 기울고 저쪽으로 쓰러지며 서로 싸우다가 한 편이 일어서고 다른 편은 쓰러지는 그런 약한 의지는 안 됩니다.

(20) 나는 이러한 우유부단으로 결정을 내리지 못해 번민했습니다. 나는 마치 손과 발이 없든가, 또는 손과 발이 쇠사슬에 매이든가 쇠약하여 힘이 빠지든가, 아니면 다른 원인으로 방해받든가 하여 마음대로 행하고자 해도 하지 못하는 경우처럼, 마음대로 하지 못해 몸부림치고 있었습니다. 머리칼

을 쥐어 뜯거나 이마를 두드리거나 손을 깍지 끼어 무릎을 받치는 행위를 했을 때, 나는 그렇게 할 생각이 있기 때문에 그렇게 했습니다. 그러나 손발이 생각대로 움직일 힘이 없었다면 나는 그렇게 하려고 생각했다 해도 할 수 없었을 것입니다. 그러므로 나는 내가 하고자 의도한 행위와 할 수 있는 힘이 서로 동등하지 않은 행동을 많이 했습니다.

또한 나는 하고자 하는 일이 불가능할 때에도 수많은 일을 했습니다. 더구나 나는 그 일들과 비교가 될 수 없을 만큼 열심히 할 일을 바랬고, 또한 바라기만 하면 즉시 할 수 있다고 생각되는 많은 일들을 하지 않았습니다. 나는 하고자 마음먹으면 곧 어떤 일이 있어도 하고야 말았기 때문입니다. 이것은 할 수 있는 능력과 하려는 의지가 일치되는 경우를 말합니다. 그러나 나에게 이런 일은 없었습니다. 신체는 영혼의 미약한 의지에도 잘 따라 사지를 즐겁게 움직였지만, 영혼은 그 자신에게 좀처럼 쉽게 따라주지 않았습니다. 최고의 희망은 절대적으로 의지에 의해서만 이루어지기에 말입니다.

〈주〉
＊1 〈마태복음〉 11 : 12.
＊2 〈에스겔〉 16 : 8.

제9장 영혼이 자기에게 명령할 때 반항하는 것은 무슨 이유인가

(21) 이 기이한 상황은 무엇에서 비롯되는지요? 또한 무엇 때문에 일어나는지요? 자비의 빛을 비치시어 빛 속에서 이런 물음에 해답을 찾게 하소서. 인간의 은밀한 벌 때문인지, 또는 아담 자손들의 어두운 고뇌 때문인지 알 수가 없습니다. 이 기괴한 일은 무엇에 의해 비롯되는가요? 또한 왜 그렇습니까? 영혼이 육체에 명령하면 육체는 즉시 순종하는데, 영혼이 그 자신에게 명령하면 영혼은 복종을 거부합니다. 영혼이 손에게 움직이라고 명령하면 명령과 복종이 거의 구별되지 않을 정도로 쉽게 실행됩니다. 더구나 이 경우 영혼은 영혼이며, 손은 육체로서 이 둘은 동일한 실체가 아닙니다. 그러나 영혼이 자기 스스로에게 어떤 일을 하도록 명령할 때, 명령자와 피명령자가 동일한 몸에 있으면서도 그 일을 행하지 않습니다. 이 기괴한 일은 무엇 때문인지요? 또한 무엇 때문에 일어나는지요? 마음이 스스로에게 어떤

일을 하라고 명령합니다. 마음이 그 일을 원하지 않는다면 명령하지 않았을 테고, 더구나 마음은 자신의 명령대로 행하지도 않습니다. 또 의지가 진심이 아니면 그 명령은 진실이 아닙니다. 명령의 강함 여부는 의지의 강함 여부에 달려 있습니다. 의지가 개입되지 않는 만큼 명령도 이행되지 않습니다. 의지가 의지로 하여금 있도록 명령하기 때문에, 의지 자체만 명령될 뿐 다른 의지는 명령되지 않습니다. 그래서 의지가 불완전하다면 명령은 이행되지 않고, 의지가 완전하다면 의지는 이미 존재하고 있을 것이므로, 의지로 하여금 있으라고 명령할 필요도 없습니다. 그렇기 때문에 의지로 원하는 일과 원하지 않는 일을 가르는 것은 기이한 일이 아닙니다. 우리는 우리의 정신이 진리에 의해 끌어올려질 때, 우리의 정신과 거래를 합니다. 무제한으로 끌어올려지지 않고 다시 습관에 의해 내려가 무게의 균형을 잡습니다.

그래서 두 가지의 의지(하고자 하는 완전한 의지와 불완전한 의지)가 있게 되며, 그중 어느 것도 완벽하지 못한데, 한 쪽에 있는 요소가 다른 쪽에는 결여되는 법입니다.

제10장 두 개의 서로 다투는 의지에서 상반되는 본성의 존재를 생각해서는 안 된다

(22) 하느님, 인간이 무엇인가 깊이 고찰할 때, 이렇게 두 개의 의지가 나타난다는 이유로 하여, 본성을 달리하는 두 개의 정신이 생겨 있고, 한 쪽은 선이며 다른 쪽은 악이라고 주장하는 사람들이 있습니다. 헛된 사실을 말하여 사람의 마음을 미혹시키는 무리들이[*1] 주님 앞에서 사라지게 하소서. 이러한 사악한 일을 생각할 때에는 그들 자신이 사악하게 마련입니다. 그러나 만일 진리를 인정하고 거기에 동의한다면, 그들 자신이 선한 자들이 될 수 있습니다. 그때 주님의 사도는 그들을 향하여 "너희는 일찍이 어둠이었으나 이제는 주님 안에서 빛이 되었다"[*2]고 할 것입니다. 그들은 "주님 안에서"가 아니라 그들 자신으로 말미암아 "빛이 되기"를 바랐고, 영혼의 본성을 하느님의 본성과 동일하다고 생각합니다. 그리하여 그들의 어둠은 더욱더 캄캄해졌습니다. 실제로 그들은 가공할 불손함으로 말미암아 "이 세상에 태어나는 모든 사람을 비출 참빛"[*3]이신 주님에게서 더욱더 멀리 떨어져 나갔습니다. "너희들은 그 말하는 바를 조심하고 부끄러움으로 얼굴을 가려

라. 그리고 그분에게 가까이 가 그 빛에 비치도록 하라. 그리하면 너희의 얼굴은 붉어지는 일이 없으리라.”

내가 이미 오랫동안 품었던 뜻과 같이, 우리 주 하느님을 섬기려고 생각하고 있었을*4 때에, 그렇게 하기를 바란 당사자도 나였고 바라지 않은 당사자도 나였습니다. 그 의지의 주체는 다르지 않고 모두 나였습니다. 나는 완전한 의지로 원하지도 않았고, 완전한 의지가 아닌 것도 원하지 않았습니다. 그리하여 나는 나와 싸웠고 나 자신으로부터 분열되었습니다. 이 의지의 분열은 나의 의지와는 반대로 일어났습니다. 그러나 그 분열은 내 안에 어떤 별개의 정신적 본성이 있음을 나타낸 것이 아니라, 내 정신이 입고 있는 벌을 의미했습니다. 따라서 분열은 이미 내가 일으킨 일이 아니라 내 안에 깃든 죄가 일으킨 일이며, 좀더 자유로운 상태에서 범한 죄에 대한 벌로서 생긴 분열입니다.*5 나도 아담의 아들이었기 때문입니다.

(23) 실제로 서로 다투는 의지의 수만큼 서로 상반되는 많은 본성들이 있다고 한다면, 두 개의 본성뿐 아니라 좀더 많은 본성이 있게 될 것입니다. 만일 누군가가 마니 교도의 집회에 갈 텐가, 극장에 갈 텐가 하고 망설일 때, 마니 교도는 이렇게 말합니다. “여기에 두 개의 본성이 있다. 하나는 선으로 이쪽으로 끌며, 다른 하나는 악으로 저쪽으로 끌고 간다. 만일 그렇지 않다면 서로 다투는 두 개의 의지 사이의 반대를 무엇으로 말미암는다고 할 텐가?” 그러나 나는 이렇게 주장하겠습니다. “이 둘은 모두 악이다. 그들의 동료인 마니 교도에게 끌고 가는 의지도, 또 극장으로 가게 하는 의지도 악이다.” 그러나 마니 교도는 그들의 동료로 하여금 오게 하는 의지는 선이라고 믿고 있습니다. 만일 우리 그리스도교인 중 누군가가, 극장으로 갈까 아니면 교회로 갈까 망설이며 서로 언쟁하는 두 의지 사이에 서서 머뭇거린다면 어떻게 될른지요? 그들도 어떻게 대답해야 좋을지 주저하게 될 것입니다. 그들은 마니교의 의식에 참석하여 거기에 붙잡히게 된 사람들이 그 신성한 의식에 참석하여 어떤 의무감을 느꼈듯이, 우리도 그와 같은 의지에 의해 교회에 간다고 하는 사실을 인정하지 않으면 안 될 것입니다. 그러나 그렇게 되기를 그들이 바라지 않습니다. 또한 그것을 인정하지 않는다면 그들은 두 개의 악한 본성과 두 개의 악한 마음이 동일한 인간 안에서 충돌하고 있다고 생각하지 않으면 안 됩니다. 그러나 이렇게 논쟁하다 보면, 그들이 주장하고

있는 대로 하나는 선이며 다른 하나는 악이라고 할 수는 없다는 사실이 증명됩니다. 이 선과 악 모두를 대신할 수 있는 실체는 진리의 시각으로 전환하는 일뿐이며, 또한 숙고하는 동안 두 가지의 다른 의지 사이에서 오직 단 하나의 영혼만이 깜박이며 명멸할 뿐입니다.

(24) 때문에 그들은 두 개의 의지가 동일한 인간 안에서 서로 다투는 것을 볼 때, 두 개의 상반되는 영혼이 두 개의 상반되는 실체와 두 개의 상반되는 근원의 원리로 성립되어 투쟁하며, 그 중 한 편은 선이고 다른 편은 악이라고 주장해서는 안 됩니다. "진리의 하느님, 주님은 그들의 주장을 부인하고 논박하며 그 오류를 인정하게 하십니다. 우선 두 개의 의지가 모두 악인 경우, 누군가가 타인을 독살할까 아니면 칼로 살해할까 망설이거나, 또한 동시에 취할 수 없을 때 어떤 동일한 타인의 이 토지를 취할까 저 토지를 취할까 망설이거나, 낭비를 하여 쾌락을 살까 탐욕스럽게 돈을 모을까 망설이는 경우, 아니면 두 구경거리가 같은 날 열릴 때 경기장에 갈 텐가 극장에 갈 텐가 망설이는 경우, 또는 거기에 한 가지를 덧붙여서 셋째 가능성으로서 남의 집 물건을 훔치러 들어갈 텐가, 넷째 가능성으로서 그 일을 할 수만 있다면 간음을 행할 텐가 망설이는 경우가 그러합니다. 이 모든 의욕은 동일한 시각에 일어나 동등하게 욕구되지만, 그 모두를 동시에 행할 수는 없습니다. 이와 같이 많은 문제의 대상들이 욕구되기 때문에 그들을 서로 다투는 네 개 또는 좀더 많은 의지들에 의해 정신이 분열됩니다. 그러나 그들은 서로 다투는 의지의 수만큼 많은 다른 실체들이 있다고는 하지 않습니다.

선량한 의지에 대해서는 같은 말을 할 수 있습니다. 내가 그들을 향하여 사도 바울의 편지를 읽고 즐거워해야 좋을지, 장중한 시편을 즐겨야 좋을지, 복음서를 해석해야 좋을지를 묻는다면, 그들은 그 하나하나의 물음에 대하여 "좋은 일이다"고 대답할 것입니다. 그렇다면 이러한 일들이 모두 동시에 우리를 기쁘게 한다면 어떨까 하여 우리가 그중 어느 것을 택해야 할지 망설일 때, 어찌 여러 가지 의지들이 인간의 마음을 분열시키지 않겠습니까? 이 모든 의지는 전부가 선이지만, 한 가지가 선택되어 그때까지 많은 방향으로 나누어져 있던 의지가 하나로 정리될 때까지 서로 싸우게 됩니다. 영원한 존재가 우리를 기쁘게 하여 높이 끌어올리는 동시에, 소극적인 선의 쾌락이 우리를 아래편에 멈추어 있게 붙잡고 있을 때도 마찬가지입니다. 영혼은 동일한 영혼이면서 그 영혼이 의지의 전체로서 전자를 바라거나 또는 후자를 바라는 일은 없습니다. 그리하여 영혼은 진리 때문에 영원을 선호하면서도 또한 친숙함 때문에 세속적인 일을 버리지 못하는 한, 심한 괴로움 때문에 갈갈이 찢기게 됩니다.

〈주〉
＊1〈디도서〉1 : 10.
＊2〈에베소서〉5 : 8.
＊3〈요한복음〉1 : 9.
＊4〈예레미야〉30 : 9.
＊5〈로마서〉7 : 17.

제11장 영혼과 육신의 투쟁

(25) 이처럼 나는 병들고 괴로워하고 있었습니다. 여느 때보다 엄격하게 나 자신을 꾸짖고 있었고, 완전히 쇠사슬이 끊어질 때까지 결박된 상태로 이리저리 헤매고 있었습니다. 쇠사슬은 이미 느슨해지기는 했으나 여전히 나를 결박하고 있었습니다. 하지만 주님, 당신께서는 내 마음 속의 가려진 깊이에서 엄한 은총으로, 공포와 치욕의 이중 채찍으로 나를 꾸짖어 치셨나이다. 그것은 내가 다시금 굴복하지나 않을까, 또는 얇은 쇠사슬이 아직 남아 있지나 않을까, 염려하셨기 때문이었나이다. 아직 남아 있다면 나는 다시 힘을 얻어 나 자신을 더욱 단단히 구속하게 될지도 모릅니다. 나는 마음 속으로 "이제야말로, 이제야말로" 하고 혼잣말을 하고 있었습니다. 그렇게 말하면서 이미 결심한 단계에 이르러 있었습니다. 나는 이미 결심한 단계에 이르러 있었으나, 사실은 결심대로 하지는 못하고 있었습니다. 그렇지만 원래의 상태에까지 되돌아간 것이 아니라 바로 가까이 머물며 한숨을 쉬고 있었습니다. 나는 다시 한 번 시도해 보았고, 거의 도착할 지점에 이르러 있었으나 아직도 부족합니다. 사실 당장에라도 손이 닿을 듯이 느껴졌지만 거기에 도달하지도, 닿지도 못했으며 붙잡은 것도 아니었습니다. 나는 죽음을 향해 가서 죽을 텐가, 삶을 향해 가서 붙잡고 살 텐가 주저하고 있었습니다. 내 안에서는, 내게 익숙해져 있던 사악함이 내게 낯선 선량함보다 강하게 나를 지배하고 있었습니다. 그리고 내가 새 사람이 되려 하는 순간이 가까워지면 가

까워질수록 더욱더 큰 공포를 내 가슴에 박아 놓았습니다. 그러나 그 공포는 나로 하여금 뒷걸음질치게 하지도 못하였고, 또한 옆으로 비켜나게도 못하였으며, 오직 공중에 매달아 놓고 있었습니다.

(26) "시시하고 하찮고 헛된 바보"*¹, 이러한 나의 옛 애인들이 나를 뒤로 잡아당겨 내 육체의 옷소매를 끌며 은밀히 이렇게 속삭였습니다. "우리를 버리려는가?" 그리고 "지금 이 순간부터 이제 영원히 그대와 함께 있지 않겠다. 영원히." 그리고 "지금 이 순간부터 이 일 저 일도 너에게 금한다." 지금 내가 말한 '이 일 저 일'이라는 말로 나의 그 바보 애인들은 무엇을 제시하고 있었는지요. 원하오니 주님의 은총이 주님 하인의 영혼으로부터 피해 있게 하소서! 그 바보 애인들은 얼마나 추잡한 일과 얼마나 수치스러운 일을 암시했었는지요. 나는 이미 그 애인들의 말에 내 주의를 반도 기울이지 않았습니다. 그 애인들은 정면에서 나타나 분명하게 반대하지 않고 내 등 뒤에서 소리치고, 떠나려 하는 나를 은밀하게 끌어당겨 되돌아보게 하려 했습니다. 하지만 나는 그 애인들을 뿌리치기를 주저하면서, 나를 부르고 있는 쪽으로 급히 가려 하였습니다. 지배적인 습관의 힘이 나를 향하여 "그 옛 바보 애인들이 없어도 살아갈 수 있겠느냐"고 물었습니다.

(27) 그러나 그 습관이 묻는 소리는 약간 냉담한 소리였습니다. 내가 마지막 일보를 내딛기 두려워한 그곳을 향해 고개를 돌렸을 때 깨끗하고 위엄에 찬 숙녀가 말하고 있었기 때문입니다. 그녀는 방종에 흐르지 않고 밝고 정숙하게, 주저하지 말고 오라고 손짓하고 있었습니다. 그리고 나를 맞이하여 안아 주기 위해서 선량하고 모범적인 선인들의 경건한 손을 내게 내밀고 있었습니다. 거기에는 수많은 소년과 소녀가 있었습니다. 거기에는 많은 젊은이와 다양한 연령의 많은 사람들이 있었습니다. 과부도 있었고 나이가 많은 처녀도 있었습니다. 이 모든 것 속에 동정녀들도 섞여 있었습니다. 그들은 결코 불임 여성이 아니라 주님을 남편으로 하여 해산한 "많은 자녀를 낳은 어머니"였습니다. 그 여인이 나를 향해 미소를 지었습니다. 그 부드러운 미소로 나를 훈계하는 듯하였습니다.

"그대는 여기 있는 남녀들이 행하는 일을 할 수 없는가. 여기 있는 남녀들은 그 일을 자기 자신의 힘으로 했으며, 그들의 주 하느님께 맡기지 않았더란 말인가. 주님이신 그들의 하느님이 나를 그들에게 주셨느니라. 어찌하여 그대는 자립하면서도 또한 자립하지 않는가. 몸을 그분에게 맡기어라. 두려워하지 말아라. 그분은 몸을 피하지 않고, 그대가 쓰러지지 않도록 붙잡아 줄 것이다. 안심하고 그분에게 몸을 맡기도록 하라. 그대를 맡아 주시고 그대를 고쳐 주시리라."

나는 아직도 뒤에서 들려오는 바보 애인들의 속삭이는 소리를 귀담아 듣고 머뭇거리고 있었기 때문에 매우 부끄러워하였습니다. 동정녀는 다시금 나를 훈계하여 이렇게 말하였습니다.

"그대의 더럽혀진 신체에 귀를 기울이지 말고 수치심을 줄지니라. 그들은 그대에게 쾌락을 말하지만, 그것은 그대의 주님이신 하느님의 법도에 어긋난 말이니라."

그래서 이러한 투쟁이 내 마음 속에서 일어났는데, 그것은 전적으로 나 자신에 대한 투쟁이었습니다. 그러나 알리피우스는 내 곁에서 떠나지 않고, 나의 이상한 흥분 상태가 어떻게 끝날지 결과를 침묵 속에 기다리고 있었습니다.

〈주〉
＊1 〈전도서〉 1 : 2.

제12장 "들어서 읽어라"—마침내 회개하다

(28) 나의 깊은 반성으로 내 모든 비참함을 마음 속 깊은 데서 끌어내어 "내 마음 앞에" 쌓아놓았을 때, 거센 회오리바람이 불며 억수 같은 눈물의 비가 흘러내렸습니다. 나는 실컷 소리내어 울기 위해서 자리에서 일어나 알리피우스의 곁을 떠났나이다. 혼자 있어야 우는 데 방해받지 않는다고 생각했기 때문입니다(내 생각에 고독은 울 일이 있을 때 더욱 필요합니다). 다른 사람도 아닌 알리피우스에게서조차 방해받을까 걱정이 되어 나는 그에게서 멀리 떨어져 있었습니다. 그때 나의 기분이 이러함을 그도 느끼고 있었습니다. 나는 무슨 말을 한 듯하였으나 이미 눈물에 목이 메어 있었고, 나는 허둥지둥 일어났습니다. 그리하여 알리피우스는 우리가 앉아 있던 곳에 말없이 우두커니 서 있었습니다. 나는 알지도 못하는 사이 어느 무화과나무 아래 몸을 내던졌습니다. 눈물이 쏟아져 나오는 대로 그대로 두었나이다.

내 눈에서 흘러나온 눈물은 주님께서 받아주실 제물이었습니다. 그리고 나는 이와 꼭 같은 말은 아니지만, 같은 내용의 말을 수없이 주님에게 호소하였습니다.

"주님, 언제까지 노여움을 품으시겠는지요. 우리가 저지른 지난날의 불의를 기억하지 마소서."

사실 나는 아직 지난날의 불의에 사로잡혀 있음을 느끼고 있었습니다. 그래서 나는 가련한 소리를 지르며 말하였습니다.

"언제까지, 언제까지이나이까? 내일, 내일. 어찌하여 지금이 아닌지요. 어찌하여 지금이 내 더러움의 끝이 아닌지요."

(29) 내가 이렇게 크나큰 마음의 괴로움 속에서 말하며 울고 있을 때의 일이었습니다. 소년인지 소녀인지는 알 수 없으나 이웃집에서 어린이의 소리가 들려왔나이다. 그 소리는 마치 노래하듯이 "책을 들어서 읽어라, 들어서 읽어라" 하고 여러 차례 되풀이하였습니다. 나는 그 순간 내심 냉정을 찾으며, 그 소리는 아마도 아이들의 놀이에 사용되는 노래 소리가 아닐까 생각해 보았습니다. 그러나 어디서든 그런 노래를 들은 기억이 없었나이다. 그래, 나는 넘쳐흐르는 눈물을 억제하고 일어났습니다. 그것은 내가 성서를 펴서 처음으로 시선이 가는 대목을 읽으라는 하느님의 명령임에 틀림없다고 해석했나이다.

나는 일찍이 안토니우스에게 일어난 일을 들은 적이 있었습니다. 그는 자신이 참석한 교회의 복음서 낭독 때에 읽은 그 말씀이 자기에 대한 훈계라고 생각하였습니다.

"가서 네가 가진 모든 재물을 팔아 가난한 사람들에게 나누어 주어라. 그리하면 너는 하늘에서 보화를 얻으리라. 그러고 와서 나를 따르라."[*1]

그리하여 그는 하느님의 음성에 따라 즉시 주님에게 돌아갔다는 말을 들은 적이 있습니다.

나는 서둘러 알리피우스가 앉아 있던 자리로 되돌아갔습니다. 내가 그 자리에서 일어날 때 사도의 책을 놓고 왔었기 때문입니다. 나는 그 책을 손에 들고 맨 처음 눈에 띄는 대목을 말없이 읽었나이다.

"방탕과 술에 취하지 말며, 음란과 호색하지 말며, 쟁투와 시기하지 말며, 오직 주 예수 그리스도로 옷 입고, 정욕을 위한 육신의 일을 도모하지 말라."[*2]

나는 더 이상 읽으려 하지 않았고 또한 더 읽을 필요도 없었습니다. 이 구절을 읽고 나자 즉시 모든 걱정으로부터 승화된 듯한 평안하고 밝은 빛이 내 마음 속에 가득 찼고, 의혹의 그늘은 모두 사라져 없어졌나이다.

(30) 그리고 나서 나는 책갈피에 서표를 끼워 책을 덮었습니다. 그리고 이미 평정스러운 표정으로 돌아가, 일어난 모든 일을 알리피우스에게 말하였습니다. 그때 그도 역시 자신 속에 어떤 일이 일어났는지를 내게 이야기해 주었습니다. 그것은 내가 모르는 일이었습니다. 그는 내가 읽은 대목을 보고 싶다고 하였습니다. 내가 보여 주자, 그는 내가 읽은 대목 다음 구절에도 주목하였습니다. 나는 거기에 무슨 말씀이 있는지 알지 못했습니다. 거기에는 "믿음이 연약한 자를 너희가 받으라"[3]고 적혀 있었습니다. 알리피우스는 이 구절이 자기를 두고 하는 말이라고 내게 고백하였습니다. 이 말씀의 권고로 그는 더욱더 격려를 받고 조금도 당황하는 일 없이 훌륭한 결단과 의도에 따랐습니다. 알리피우스의 이러한 결단과 의도는 참으로 그의 도덕적 생활 원리에 적합해서, 이미 일찍부터 선량한 방향으로 나아가 나를 앞서게 되었습니다. 그리고 나서 우리는 어머니에게 가서 이 모든 사실을 고백했습니다. 어머니는 이 말을 듣고 크게 기뻐하셨습니다. 우리가 일의 전말을 이야기하자 어머니는 크게 기뻐하시며, "우리가 바라고 생각하는 이상으로 이루어 주시는" 주님을 찬양하셨습니다.[4] 어머니는 눈물과 한숨으로 끊임없이 그리워하며 구해 오던 기도가 주님에 의해 마침내 내 몸에 이루어진 사실을 보게 되었습니다.

주님은 나로 하여금 주님에게로 돌아오게 하셨기 때문에, 나는 그 뒤부터 아내도, 그 밖의 이 속세에서의 성공도 구하지 않게 되었습니다. 나는 이제 신앙의 율법 위에 서 있습니다. 수년 전에 주님께서 나의 모습을 어머니에게 계시하셨던 그 모습으로 말입니다. 이리하여 주님은 어머니의 "슬픔을 기쁨으로 바꾸어 놓으셨습니다." 그것은 어머니가 바람보다 더 풍족했고, 내 육신에서 생겨날 손자를 바라던 어머니에게 훨씬 더 고귀하고 순결한 기쁨이었습니다.

〈주〉
*1 〈마태복음〉 19 : 21.

＊2 〈로마서〉 13 : 13~14.

＊3 〈로마서〉 14 : 1.

＊4 〈에베소서〉 3 : 20.

제9권 뉘우침과 모니카의 죽음

일생을 하느님 앞에 바치기로 결심하고, 웅변술 교사직을 사람들이 모르는 사이에 그만두기로 한다. 친구 베레쿤두스의 별장에서 호젓이 지내며 세례받을 준비를 한다. 마침내 밀라노에서 알리피우스와 아데오다투스와 함께 세례를 받는다. 그때 나이 33세. 그 해에 아프리카로 돌아가는 도중 어머니 모니카는 오스티아에서 병으로 사망한다. 이 경건하고 애정 깊은 어머니의 일생은 효자의 펜으로 가장 아름답게 그려져 있다.

제1장 하느님의 깊은 자비를 찬양하며, 자신의 비참함을 고백하다

(1) "오오 주여, 나는 주님의 종이옵니다. 나는 주님의 종이오며, 주님 하녀의 자식이옵니다. 주님은 내 사슬을 풀어주셨나이다. 나는 주님께 찬미의 제물을 바치나이다." 내 마음과 내 혀로 하여금 주님을 찬양하게 하소서. 내 모든 뼈로 하여금 "주님, 누구를 주님에 비할 수 있으리이까" 하고 말하게 하소서. 그리고 내 신체의 이 모든 부분들이 말하게 하여 나와 나의 영혼이 이렇게 대답하게 하소서.

"나는 너의 구제자이다."

나는 무엇이며 어떤 존재인가요? 나의 행동에서 무엇이 악이었나요? 행동이 아니라면, 그러면 말에서 무엇이 악이었나요? 말이 아니라면, 나의 의도에서 무엇이 악이었나요? 그런데 주님, "주님은 선량하시고 자비가 깊으셔서" 오른손으로 내 죽음 상태의 깊이를 가늠하시고, 부패의 홈통을 빼내셨나이다. 이리하여 나는 자신이 원하는 대상을 전혀 바라지 않고, 주님이 원하시는 대상을 바라게 되었나이다. 그러나 이렇게 오랜 세월 동안 내 자유 의지는 어디에 있었는지요? 그 자유 의지는 더할 나위 없이 깊이 잠길 은밀한 곳으로부터 단숨에 부름을 받았나이다. 나는 내 목을 주님의 헐렁한 멍에*1에 연결하였으며, 내 어깨를 당신의 가벼운 짐에 맡겼나이다, "나의 구주이시며 나의 속죄주이신" 예수 그리스도여, 어리석은 감미로움을 제거하는 것이 갑자기 내게 감미로움이 되었습니다. 내가 일찍이 잃어버릴까 두려워했던 나의 소유물들을 버리는 일이 이제는 도리어 기쁨이 되었나이다. 실제로 그러한 것들을 나로부터 던져버리신 분은 바로 진실되시며 최고의 감미로움이신 주님이십니다. 주님께서는 그 모든 것을 나로부터 내던져버리시고 그 대신 주님 자신이 들어오셨나이다.

주님은 모든 쾌락보다도 좋으시지만 육신과 피*²에는 감미롭지 않으시고, 모든 빛보다도 밝으시지만 모든 비밀보다도 더욱 안쪽에 계시며, 모든 명예보다 더 높지만 스스로 숭고하다고 생각하는 자들에게는 높지 않습니다. 이미 나의 영혼, 자리를 추구하는 '물고 뜯는 걱정'과 얻으려는 욕망, 도락 속에서 뒹구는 일, 정욕의 가려움증을 긁어주는 일에서 해방되었습니다. 그리고 나는 나의 빛이시요 나의 부귀시며 나의 구원이신 주님에게, 나의 주 하느님이신 주님을 향하여 친근하게 말할 수 있게 되었나이다.

〈주〉

* 1 〈마태복음〉 11 : 30.
* 2 〈고린도전서〉 15 : 50.

제2장 신병 때문에 교사직을 그만두려 하다

(2) 나는 "주님 앞에서" 결심했습니다. 내 혀를 사용하여 언변을 팔았던 시장에서 가르치는 나의 일을 갑작스럽게 포기하지 않고 서서히 물러나려 했습니다. 그것은 주님의 법에 대해 생각지 않고 주님의 평화를 생각지 않으며, 허위에 찬 광란과 법정에서의 논쟁을 생각하는 소년들이 더 이상 내 입으로부터 그들의 난폭함에 도움이 될 무기를 살 수 없게 하기 위해서였습니다. 때마침 포도 수확기의 휴가 때까지는 며칠 남아 있지 않았기 때문에, 나는 그때까지 기다려서 그 뒤에 정식으로 사직하고, 주님께 사함을 받은 몸을 두 번 다시 팔지 않겠다고 결심하였습니다.

이 생각과 계획을 주님께서는 분명히 알고 계셨으나, 아주 친근한 사람들 외에는 아무도 그 계획을 모르고 있었습니다. 우리끼리는 이 계획을 아무에게도 누설하지 않겠다고 약속하였습니다. 그런데 주님께서는 '눈물의 골짜기'에서 빠져나와 기어올라가면서 '성전 참예의 노래'를 부르는 우리에게 '날카로운 화살'과 '파괴의 숯불'을 주시어 모든 속임수의 혀에 답하도록 하셨나이다. 이 '속임수의 혀'는 선을 권유하는 척하면서 사실은 선한 의도에 반대로 갑니다. 그리고 사랑한다고 하면서 사람들이 음식물을 먹어치우듯이 우리를 삼켜버립니다.

(3) 주님은 우리의 마음을 주님께서 가지고 계신 사랑의 화살로 쏘셨고, 우리는 우리의 가장 깊숙한 존재를 꿰뚫는 주님의 말씀을 간직했나이다.*¹ 그리고 주님으로 말미암아, 어둠으로부터 희고 순결한 빛으로 바뀌고 죽음으로부터 생명으로 바뀐 주님의 종들이 보인 모범적 행동들이, 우리의 기억 속에서 혼잡하게 섞여 있었습니다. 이 기억들이 우리로 하여금 나락의 밑바닥에 떨어지지 않도록 우리의 게으름을 불살랐나이다. 이러한 모범은 우리를 거세게 불타오르게 하였고, '속임수의 혀'에서 나오는 구역질도 우리들로 하여금 더욱 거세게 불타오르게 하였을 뿐, 그 불길을 결코 멈추게 하지 못했습니다. 그렇기는 하더라도 주님은 온 지면 위를 두루 거룩하게 하신 주님의 이름 때문에,*² 우리의 맹세와 직업상 주님의 이름을 물론 어느 정도 인정했으리라 생각합니다. 그 때문에 주님의 이름을 인정하면서도 만일 내가 이제 가까이 다가온 퇴직을 더 이상 기다리지 않고 미리 만인에게 알려져 있는 공직에서 물러나려 했다면, 그것은 허영처럼 보였을 것입니다. 그리고 모든 사람의 눈은 내 신체에 집중될 것입니다. 그리하여 내가 곧 다가오는 포도 수확의 날을 기다리지 못하는 모습을 보고, 내가 위대해 보이기 위해 그런다는 둥 여러 가지 물의를 일으켰을 것입니다. 그러니 무엇 때문에 내 마음 속에 대하여 이러니저러니 추측하게 하고 수다를 떨게 하여, 내게 이로운 결정을 욕먹게 할*³ 필요가 있었겠습니까?

(4) 더구나 그해 여름에 학문에 너무 열중한 나머지 나의 폐는 약해져서 깊은 호흡을 하기가 어려운 상태였습니다. 가슴의 통증 때문에 폐 질환을 앓게 되었고, 큰 소리로 오랜 시간 말을 할 수 없게 되었습니다. 나는 처음에 이 상태를 곤혹스럽게 생각하였습니다. 그 이유는 내가 교직의 무거운 짐을 하는 수없이 내려놓든가, 치료하여 건강해지더라도 잠시 그 일을 중단하든가, 하는 조치를 취하지 않으면 안 되었기 때문입니다. 그러나 "시간을 여유있게 내어 당신께서 주님이심을 알겠다는" 완전한 의지가 내 속에 일어나

견고해졌을 때, 주님, 당신께서 아시는 바와 같이 구실이 생겨서 기뻤습니다. 그리고 자기 자제들의 교육을 걱정하여 내가 영원히 자유롭기를 원하지 않는 사람들이 불만스러워해서 나의 마음이 불편했지만 가벼운 병을 핑계로 누그러뜨릴 수 있어서 이제 기뻤습니다. 그래서 나는 이러한 기쁨에 넘쳐 포도 수확의 휴가 때까지 시간이 경과하기를 기다리며 참았습니다. 그것은 아마 스무 날 가량이었다고 기억되는데, 강한 인내로 기다려야만 했습니다. 왜냐하면 나는 이제 더 이상 돈에는 관심이 없었기 때문입니다. 이 돈이 이제까지 내가 교직의 무거운 짐을 지지 않을 수 없도록 했습니다. 만일 이득에 대한 희망이 나를 도와 주지 않았더라면, 나는 인내하기가 힘겨워 무거운 짐에 짓눌린 기분이었을 것입니다. 주님의 종이며 나의 형제인 사람들 중에는, 내가 이미 충심으로 주님을 섬기는 척하면서 비록 한 시간 동안이라도 거짓말의 강단에 서서 죄를 짓고 있다고 비난하는 사람이 있을 것입니다. 그래도 나는 그러한 논쟁을 벌일 생각은 없습니다. 자비로우신 주여, 주님은 이러한 죄도 다른 무서운 죽음의 죄와 함께 거룩한 물에 담그시어 나를 위해 너그러이 용서해 주셨나이다.

〈주〉

＊1 〈잠언〉 7：23.

＊2 〈에스겔〉 36：23.

＊3 〈로마서〉 14：16.

제3장 베레쿤두스가 별장을 제공하였고, 네브리디우스는 뉘우치다

(5) 베레쿤두스는 우리의 이러한 행복을 보고 무척 번민하고 괴로워하였습니다. 그는 단단히 결박되어 있는 자신의 의무 때문에, 행복한 우리와 교제할 수 없게 될까 두려워하고 있었기 때문입니다. 베레쿤투스는 아직 그리스도교인은 아니었으나 그의 아내는 신자였습니다. 더구나 베레쿤투스는 바로 이 아내 때문에, 우리가 이미 내디딘 나그넷길에 나서지 못하도록 강하게 저지당하고 있었습니다. 그리고 베레쿤투스는 독신 생활 동안에만 그리스도교인이 될 수 있다고 했었습니다. 이미 결혼한 그에게는 그런 신앙인 생활이 불가능한 일이었습니다. 그러나 베레쿤투스는 친절하게도 우리가 지내고 싶

은 만큼 그의 별장에 있어도 좋다고 말했습니다. 주님, 정의를 보상할 때 그에게 갚아주소서.*1 사실 주님은 이미 그 몫을 그에게 주셨습니다. 우리가 로마에 체류중이어서 없는 동안에 그는 중병에 걸렸지만, 그래도 병 중에 충실한 그리스도교인이 되어 이 세상을 떠났습니다. 이리하여 주님은 단지 그 자신뿐 아니라 우리에게도 자비를 베푸셨습니다. 만일 우리가 우리를 향한 이 친구의 정성어린 행위를 떠올리면서도, 그가 주님의 신자들 가운데 있는 모습을 보지 못한다면, 우리는 참을 수 없는 비통함으로 괴로워했을 것입니다.

우리 하느님, 당신께 감사를 드립니다. 이제 우리는 주님의 것입니다. 주님의 격려와 위로가 우리에게 그러한 확신을 주고 있습니다. 우리가 이 세상의 후덥지근한 열기로부터 떠나 당신 안에서 휴식을 취하던 바로 그 카시키아쿰에 있는 베레쿤두스의 시골 영지에 대한 댓가로서, 주님의 약속에 충실히 따라 주님은 그에게 주님의 영원히 푸른 이상향의 사랑스러움을 주셨습니다. 이제 그는 "젖과 꿀이 흐르는 산, 주님의 산, 열매가 풍요로운 산"에 있을 것입니다. 지상에서의 그의 죄가 모두 용서받았기 때문입니다.

(6) 베레쿤두스가 살아 있을 때, 그는 우리가 세상의 직업을 그만둔다고 하자 고민스러워했습니다. 그러나 네브리디우스는 우리들과 함께 기뻐하고 있었습니다. 네브리디우스도 또한 그리스도교인이 아니었을 때 저 극악한 오류의 함정에 빠져, 하느님의 아들이 진리이심에도 그 아드님의 육체를 환상이라고 믿었습니다. 그러나 그는 이윽고 이 함정에서 빠져나와 올바른 길로 돌아왔고, 또한 주님 교회의 어떠한 성례도 받지 않았으나 진리의 가장 열렬한 탐구자가 되어 있었습니다. 그리고 우리가 회심하여 주님의 세례를 받아 거듭나고 난 바로 뒤에 네브리디우스는 충성스러운 가톨릭교도가 되었습니다. 그는 완전한 정결과 절제로써 아프리카의 고향인들 사이에서 주님을 섬기고, 온 집안도 모두 그리스도교인이 되게 하였습니다. 주님은 네브리디우스도 육체의 속박에서 해방시켜 주셨습니다.

그래서 네브리디우스는 지금 아브라함의 품*2 속에 살고 있습니다. 아브라함의 '품'의 상징이 무엇이든 간에, 거기에 나의 네브리디우스는 살아 있습니다. 네브리디우스는 내게 있어서는 감미로운 친구이지만, 주님, 그는 당신에게 있어서는 자유로운 몸이 되어 주님의 아들이 되었습니다. 거기에 그는 살아 있습니다. 그렇게 대단한 영혼이 거기 말고 다른 어디에 살 장소가 있겠나이까? 네브리디우스는 그 장소에 대하여 여러 가지로 경험이 없는 내게 물었었습니다만, 그는 거기에 살고 있나이다. 네브리디우스는 이제 더 이상 그 귀를 내 입을 향해 기울이는 일이 없지만, 여전히 영혼의 입을 주님의 샘물에 대고서 지혜를 실컷 마시며 한없이 행복을 느끼고 있습니다. 그러나 나를 잊을 정도로 주님의 샘물에 취해 있다고는 생각되지 않습니다. 주님, 네브리디우스의 목마름을 해갈시켜 주는 주님께서는 우리들을 조심스레 배려하시기 때문입니다.

우리는 그 당시 그렇게 생활하고 있었습니다. 우리는 슬퍼하는 베레쿤두스를 위로했습니다. 나의 상황이 변했어도 우리의 우정이 끝나지는 않았다는 사실을 말해주면서. 베레쿤투스가 처한 결혼 생활에 충실하라고 권고했습니다. 그리고 네브리디우스의 경우에는, 언제 그가 우리의 모범을 따라올까 하고 기대하고 있었습니다. 네브리디우스는 당장에라도 그런 일을 결행하려 하고 있었으며, 또 세월이 흘러 마침내 그런 행동을 할 시점이 되었습니다. 나날들이 길고 수없이 느껴졌습니다. 가장 깊은 나의 모든 존재와 함께 노래할 자유와 여가를 너무도 고대하고 있었기에 말입니다.

"나의 마음은 당신께 말했습니다. 주님, 내가 주님의 모습을 찾나이다."

"주님의 얼굴을, 나는 찾겠나이다."

*1 〈누가복음〉 14 : 14, 〈민수기〉 23 : 10.
*2 〈누가복음〉 16 : 22.

제4장 친구와 함께 카시키아쿰 별장에서 지내다

(7) 내가 심적으로는 이미 해방되어 있던 웅변술의 교직에서 현실적으로도 해방되는 날이 왔습니다. 해방이 실현되고, 이미 내 마음이 구원을 받음으로 해서 주님은 내 혀도 구해내셨나이다. 나는 기쁘게 주님을 찬양하면서 동아리 동료들과 함께 별장으로 갔습니다. 내가 거기서 저술한 학문적인 작업은 이미 주님께 봉사하는 저술이었습니다. 그러나 경기 중간에 잠깐 휴식하듯이 아직도 교만한 학파의 공기를 동경하고 있었음은, 내가 거기 함께 있던 사람들과 더불어 행한 토론의 글과 주님 앞에서 나 혼자 논란한 토론의 글*1이 말해 주고 있습니다. 또한 부재중이어서 거기 와 있지 않았던 네브리디우

스와 어떤 이야기를 하였는지는 내 편지가 증명하고 있습니다. 당시 나는 충분한 휴가를 얻어, 주님께서 우리에게 보여 주신 큰 자비에 대해 언급하였습니다. 특히 지금은 그보다도 큰 자비에 대하여 언급하려 하고 있습니다.

내 기억은 당시의 일을 회상합니다. 그리고 주여, 주님께 대해 고백하는 일은 내게 한없이 감미롭나이다. 어떤 내적인 자극으로 주님이 나를 완전하게 하셨는지, 어떤 방법으로 나를 복종시키고, 어떤 방법으로 내 생각의 산과 언덕을 낮게 하여 내 사악함을 정직하게 하고 험준한 길을 평탄하게 하셨는지,*² 또한 어떤 방법으로 내 마음의 형제인 알리피우스로 하여금 주님의 외아들, "우리의 주이시며 구주이신 예수 그리스도"*³의 이름 아래 복종하게 하셨는지를 주님을 향해 고백하나이다. 왜냐하면 알리피우스는 처음에는 그리스도의 이름이 우리의 글 속에 삽입되는 데에 반대를 하였기 때문입니다. 그가 나의 책들 속에서 원한 향기는, 뱀의 유혹에 대한 치료약인 약초의 향이 아니라, '주님께서 이미 쓰러트린' 학교의 '삼나무 목재(cedars)' 향이었습니다.

(8) 나의 하느님이시여, 신앙의 노래이며 교만한 정신을 물리치는 경건의 표현인 다윗의 시편을 낭송했을 때, 제가 주님을 향해 어떻게 외쳤었는지요! 나는 아직 주님의 참다운 사랑에는 미숙하였던 세례 지원자였으며, 같은 세례 지원자인 알리피우스와 더불어 별장에서 평안한 날을 보내고 있었습니다. 어머니도 함께였습니다. 어머니는 몸차림은 여성 같았으나 신앙은 남성 이상이었고, 나이에 맞는 마음의 고요함과 모정의 사랑과 그리스도교인의 경건함을 갖추고 있었습니다. 내가 그 시편을 읽고 무엇이라 외쳤는지요! 나는 그 시편을 읽고 주님을 향한 신앙으로 뜨겁게 불탔습니다. 가능한 한 온 세계를 향해 그 시편을 외쳐서 인류의 오만함을 무찌르고 싶을 정도였습니다. 더구나 시편은 실제로 온 세계에서 노래되고 "그 타오르는 열을 받지 않는 자가 없을" 정도였습니다. 내가 그 얼마나 심한 고통을 느끼면서 마니 교도들을 향해 분노하였는지! 그러나 그 뒤 그들이 주님의 치료와 성찬에 무지한 것을 알고 그들에 대한 동정심은 다시 돌아왔습니다. 그들은 주님의 말씀, 곧 주님의 정의의 약을 알지 못하고서, 그들을 고쳐 주는 해독제를 향해 미친 듯이 성내고 있었습니다. 나는 한가로운 때에 〈시편〉 제4편을 읽었습니다. 그리고 그 마니 교도들이 내게서 가까운 곳에 있으면 좋겠다고 생

각하였습니다. 더구나 나는 그들이 거기 있는지도 모르는 상태에서, 그들이 내 얼굴을 바라보고 내 소리를 듣고서 그 시편이 내게 어떤 영향을 끼쳤는가를 보려 했으면 좋겠다고 생각하였습니다. 그 시편은 "내가 당신을 부르니, 내 안의 하느님이시여. 당신께서 내 부름을 들으셨습니다. 내가 곤궁할 때 내게 자리를 내어 주셨습니다. 주님, 나를 불쌍히 보시고 내 기도를 들으소서" 하는 내용이었습니다. 그들이 나의 기도를 듣고 있는지도 모르는 상태에서 하는 나의 기도가, 바로 그들을 위한 기도라고 생각하지 않도록 하기 위해서, 나는 그들이 내가 한 말의 '해석'을 똑바로 들을 수 있었기를 바랐습니다. 그러나 사실 나는 그러한 사물들에 대한 말을 하지도, 또 그러한 똑바른 해석을 하게 할 만한 방식으로 말하지도 않았습니다. 그들이 나를 듣고 또 나를 보고 있다고 의식했다면 말입니다. 그리고 내 마음의 가장 은밀한 느낌을, 나 스스로와 더불어 또 나 스스로에게 어떻게 표현하고 있는지를 그들이 막상 알게 되리라고 생각했다면, 나는 말하지 않았을 것입니다.

(9) 아버지시여, 나는 두려움에 떨면서도 주님의 자비 안에서 희망을 품고 기쁨으로 즐거워하고 있었습니다. 그리고 이 모든 감정은, '주님의 선하신 영'이 우리 쪽을 돌아보시며 말씀하실 때 나의 눈과 나의 목소리로부터 스며나왔습니다. 주님께서는 이렇게 말씀하셨나이다.

"너희 인간의 아들들아, 언제까지 너희 마음을 둔한 채 두려는가? 너희는 무엇 때문에 허망한 것을 좋아하고 거짓을 좇아가느냐?"

나는 그때까지 "헛된 것을 좋아하고 거짓을 구하고 있었습니다. 그러나 주여, 주님께서는 이미 "주님의 성자를 위대하게 하시어", "그를 죽은 자 가운데서 부활하게 하시고 주님의 오른편에 두셨나이다."*4

이는 드높은 곳에서, 주님의 성자는 약속에 따라 "진리의 영이신 거룩한 성령(Paraclete)"을 보냈습니다.*5 성자는 이미 "거룩한 성령"을 보냈으나*6 나는 그것을 알지 못했습니다. 주님의 성자는 이미 죽은 자 가운데서 부활하셨고 위대하게 되시어 하늘에 올라가셨기 때문에, 주님은 그 성령을 보내셨나이다. 그러나 그 전까지는 "예수가 아직 영광을 받지 않았으므로 영을 보내지 않으셨습니다."*7 그리고 예언자는 "언제까지 마음을 굳게 하려느냐? 무엇 때문에 너희 마음이 허망한 것을 사랑하고 거짓을 좇아 가느냐? 주께서 거룩하신 자를 택하여 영화롭게 하신 일을 알라"고 외쳤습니다. 예언자는 "언제까지?"라 외치고 "너희가 알라!"고 외쳤습니다. 나는 그렇듯 오랫동안 그 답을 알지 못하고 "헛된 것을 좋아하여 거짓을 구하고 있었나이다." 시편의 말씀을 들었을 때, 나 자신이 탈퇴한 사람들에게 하신 주님의 말씀에 나는 떨었습니다. 내가 진리라고 생각했던 환상 속에 허망함과 속임수가 있었기 때문입니다. 그리고 나는 회상의 고통을 맛보면서 수많은 한탄의 소리를 거세게 외쳤습니다. 그 외침을 나는 지금도 계속해서 "허망함을 좋아하고 거짓을 구하는 사람"들이 듣기를 간절히 바라고 있습니다. 그들은 무척 동요하여 가슴 속에 있는 것을 토해낼 것입니다. 그리고 그들이 주님을 향해 외칠 때, 주님은 그들의 소리에 귀 기울이실 것입니다. 육신에 의한 참된 죽음으로 "우리를 위해 중재하신 그분은 우리를 위해 죽으셨기"[*8] 때문입니다.

(10) 나의 하느님, 다음으로 나는 "분을 품어 죄를 짓지 말라"고 하는 구절을 읽었습니다. 얼마나 마음이 동요되었는지 모릅니다. 나는 앞으로 다시는 죄를 짓지 않도록 나의 과거 잘못에 대하여 분을 낼 줄 알게 되었습니다. 내가 자신에 대하여 분노하는 일은 당연했습니다. 내가 범하는 죄는, 마니교 사람들의 주장처럼 어느 면에서 자기와는 본성을 달리하는 어둠의 종족은 아니기 때문입니다. 그들은 자신을 향해 화를 낸다기보다는, "하느님의 공평한 심판이 이루어지는 날을 위하여 하느님의 진노를 자기 몸에 축적하고 있습니다."[*9] 내게 있어서의 선(참행복)은 이미 외부 세계에 있는 것이 아니고, 또한 육신의 눈으로 이 지상에서 볼 수 있는 어떤 것도 아님을 알게 되었습니다. 외부 세계의 사물에서 기쁨을 얻으려고 하는 사람들은, 자칫 허망함에 빠져 "눈에 보이는 덧없는 사물"[*10] 때문에 애태우고 굶주림을 느끼면서 그 사물들의 심상(心象)을 갈망합니다.

아아, 그들이 진실의 양식을 금함으로 해서 피곤에 지친 나머지 "누가 우리에게 선(善)을 보여주겠는가?"라고 한다면 어떻겠습니까. 그렇다면 우리가 "주님, 주님의 얼굴빛이 우리에게 비추어졌나이다"라고 대답하게 하소서, 그리고 그들이 이 답을 듣게 하소서. 우리는 "모든 사람을 비추는 빛"[*11]이 아니라, 주님으로 말미암아 비친 빛에 의하여 "우리는 일찍이 어둠이었으나 이제는 주 안에서 빛이"[*12] 되었습니다.

아아, 그들이 자신들 안에 있는 영원한 빛을 볼 수 있다면 얼마나 좋을지요. 나는 이 빛을 이미 맛보고 있었기에, 그들이 주님에게서 외면하고 있는 마음을 내게로 향해 "누가 우리에게 선한 것을 보여주겠는가?"라고 했을 때, 나는 이 영원한 빛을 그들에게 보여 주지 못함을 안타깝게 생각하였나이다. 사실 내 마음 속 깊은 곳, 나 자신에 대해 화를 내었던 곳, 내가 뉘우침으로 안타까워하며 과거의 나를 죽이고 내 새 삶에 대해 생각하여 주님께 희망을 두게 되었던 그 곳에서, 나는 당신의 빛을 맛보았고 당신은 "내 마음 속에 기쁨을 주셨기" 때문입니다. 나는 이러한 성구를 밖으로 소리내어 읽고, 안으로 그 뜻을 파악했습니다. 또한 나는 내 시간을 허비하고 또한 시간에 의해 허비되는 이 세상의 재물을 모으고자 원하지 않았습니다. 나는 주님의 영원하신 단순성(單純性) 속에, 이 세상의 것과는 다른 종류의 "곡식과 술과 기름"을 가지고 있었기 때문입니다.

(11) 그리고 나는 다음 구절을 마음 속으로 소리 높이 외쳤습니다. "평화 속에서는…… 동일한 존재" 속으로, 그리고 그 다음에 무슨 말이 있었는지요. "나는 누워 자리라. 그리고 꿈을 꾸리라." 사실 "죽음은 승리 속에서 모습을 감춘다"고 기록된 말씀이 현실적으로 이루어질*13 때, 누가 우리의 길을 가로막을 수 있겠나이까? 주님은 결코 변함이 없으시다는 점에서는 주님이야말로 최고의 '동일한 존재'이시므로 그러합니다. 주님 안에는 모든 것을 잊을 수 있는 휴식이 있습니다. 주님 이외에 달리 존재하는 것은 없고,*14 또한 주님이 아닌 다른 많은 존재들은 추구할 필요조차 없습니다.

"주여, 오직 주님만이 내게 굳은 희망을 지니게" 하셨기 때문입니다. 나는 이 성구들을 읽고 불타오름을 느꼈습니다. 그러나 죽어서 듣지 못하는 자들에게는 어떻게 해야 할지 알 수 없었나이다. 나 자신도 일찍이 그런 사람들 가운데 한 사람이었습니다. 그것은 질병에 걸린 것과 마찬가지여서, 그들은 하늘의 꿀처럼 감미롭습니다. 또 주님의 빛으로 인해, 빛나는 성서를 향해 개처럼 짖어대고 맹목적으로 분해하고 있습니다. 그리고 나는 이 성서의 원수들 때문에 한없는 분노를 느꼈습니다.

(12) 이 포도 수확 휴가 때 일어난 모든 일을 내가 기억해 내기란 어렵습니다. 그렇지만 나는 주님께서 휘두르는 채찍이 아픔과, 주님의 놀라울 정도로 신속한 자비심을 결코 잊지 않고 있습니다.

또한 그에 대하여 말없이 있으려하지도 않습니다. 그 무렵 나는 치통으로 고통을 당하고 있었습니다. 그 아픔이 심해져 말조차 할 수 없게 되었을 때,

나는 구원의 하느님이신 주님을 향해 나를 위해 기도해 달라고, 그 자리에 있던 모든 사람들에게 부탁해야겠다는 생각을 했습니다. 나는 내 소원을 글로 써서 그들에게 읽게 하였습니다. 우리가 겸허한 소원을 가슴에 품고 무릎을 꿇자 즉시 그 아픔이 낫게 되었습니다.

아, 얼마나 고통이었는지! 또한 얼마나 그 고통은 순간에 사라져버렸는지!

"내 주 하느님,"*15

나는 고백하나이다. 나는 크게 두려워하였습니다. 나는 어렸을 때부터 이런 경험을 했던 일이 없었기 때문입니다. 그리고 주님의 뜻이 마음 속 깊이 새겨지고 내가 주님을 믿게 된 데에 기뻐하면서 주님의 이름을 찬양하였나이다. 그러나 이 신앙은 내 과거에 지은 죄에 대하여 내게 안심하도록 허용하지 않았나이다. 이 모든 죄는 아직 주님의 세례로 용서받지 못했기 때문입니다.

〈주〉

＊1 카시키아쿰에서는 다음 세 편의 토론 글이 집필되었다. ①《아카데미아파 논박문》 3권, ②《행복한 생활》 1권, ③《질서론》 2권. 그 다음에 제4권의 글로서 《독어록(獨語錄)》 2권이 집필되었다.

＊2 〈이사야〉 40 : 4, 〈누가복음〉 3 : 4.

＊3 〈베드로후서〉 3 : 18.

＊4 〈에베소서〉 1 : 20.

＊5 〈요한복음〉 14 : 16～17, 〈누가복음〉 24 : 49.

＊6 〈사도행전〉 2 : 1 이하.

＊7 〈요한복음〉 7 : 39.

＊8 〈로마서〉 8 : 34.

＊9 〈로마서〉 2 : 5.

＊10 〈고린도후서〉 4 : 18.

＊11 〈요한복음〉 1 : 9.

＊12 〈에베소서〉 5 : 8.

＊13 〈고린도전서〉 15 : 54.

＊14 〈신명기〉 4 : 35.

＊15 〈요한복음〉 20 : 28.

제5장 〈이사야〉서를 읽으려 했으나 이해하지 못하다

(13) 포도 수확 휴가가 끝난 뒤 나는 밀라노 시민들에게 그들의 학생들을 위해 다른 교사를 구하도록 권하였습니다. 그 이유는 내가 주님을 섬기려고 결심한 때문이기도 했으나, 호흡 곤란과 가슴의 통증 때문에 더 이상 교직을 감당할 수 없었기 때문이었습니다. 그리고 나는 주님의 거룩한 사람 암브로시우스에게 편지를 보내어 내 과거의 잘못과 현재의 소망을 전하였습니다. 아울러 나는 주님의 그렇게도 크나큰 은총을 받기 위해 더욱 자격을 갖추고 적합한 사람이 되려면 성서 가운데 어느 것을 읽어야 좋겠느냐고 그의 의견을 물었습니다. 그는 〈이사야서〉를 읽으라고 권하였습니다. 예언자 〈이사야〉가 다른 모든 성인들보다 복음과 이방인의 소명을 분명하게 예고하고 있기 때문이었다고 생각됩니다. 그렇지만 나는 그 첫 부분을 읽고 이해할 수 없었기 때문에 전편이 모두 그러려니 생각하였습니다. 그리고 주의 말씀에 좀더 익숙해진 뒤 읽으리라 다짐하고 다른 날을 기약하였습니다.

제6장 밀라노에서 알리피우스와 아들 아데오다투스와 더불어 세례를 받다

(14) 세례를 받기 위해 지원해야 할 시기가 가까워졌습니다. 그래서 우리는 시골을 떠나 밀라노로 돌아갔습니다. 알리피우스도 나와 함께 주님 안에서 새로 태어날 결의를 하였습니다. 알리피우스는 이미 주님의 성례를 받기에 합당한 겸허한 옷을 몸에 걸치고 있었습니다.*1 이탈리아의 먼 땅을 맨발로 걸어다니는 일을 마다하지 않을 정도로 강력한 신체의 지배자였습니다. 우리는 아직 소년인 아데오다투스를 데리고 있었습니다. 아데오다투스는 나의 죄 탓으로 내게서 태어난 서자였습니다. 주님은 이 소년을 훌륭하게 지으셨습니다. 그는 아직 열다섯 살 조금 못되었으나, 재능과 지식에 있어서는 내로라하는 수많은 학자들을 능가하는 수준이었습니다.

주 나의 하느님, 만물의 창조주시여. 우리의 부족함을 갖추어주시는 풍부한 능력의 소유주시여. 우리는 주님의 선물에 감사하나이다. 나는 이 소년에게 내 죄 이외에는 아무것도 선물해주지 못했습니다. 주님도, 그리고 아무도 이 소년을 주님의 가르침 속에서 양육하라고 격려해주지 않았습니다. 나는 주님을 향해 주님의 선물에 감사하나이다. 나는 《교사론》이라는 책을 저술하였습니다. 그것은 이 소년과 나와의 대화집입니다. 주께서 아시는 바와 같이, 이 저서에서 나와 대화하는 인물의 입을 빌려 서술하고 있는 이야기는 모두 그의 사상입니다. 당시 그는 열여섯 살이었습니다.

　나는 그 밖에도 수많은 놀라운 일들을 그에게서 발견하였습니다. 나는 그의 이상한 재능에 대해 두려움을 느꼈습니다. 이와 같이 놀라운 일을 주재하시는 분이 주님이 아니고 누구이겠나이까? 주님은 이 소년의 생명을 일찍 지상에서 거두어 가셨습니다. 따라서 지금 나는 아무런 불안 없이 그에 대해서 상기합니다. 그의 소년기에 대해서도, 청년기에 대해서도, 뿐만 아니라 그의 일생 전체에 대해서도 아무 두려워할 바가 없습니다. 우리는 주님의 은총 아래에서 같은 연령이 되기 위해 그 아이를 우리의 동료로 끌어들였습니다. 그리고 우리는 함께 세례를 받았고,*² 과거의 생활에 대한 불안은 우리에게서 사라졌습니다. 우리는 그 무렵 인류의 구원에 관한 주님의 깊은 뜻을 생각하여, 놀라운 감미로움에 싫증을 느끼지 못했습니다. 나는 주님을 찬양하는 노래와 성가를 듣고, 주님 교회의 아름다운 노래에 깊이 감동하여 얼마나 많은 눈물을 흘렸는지 모릅니다. 그 소리는 내 귀에 흘러들어왔고, 주님의 진리는 내 마음에 스며들었습니다. 내 육신과 영혼은 헌신의 기분으로 넘쳤습니다. 눈물이 하염없이 흘러내렸으나, 이 경험은 내게 있어 선(善)의 경험이었나이다.

〈주〉
＊1 〈골로새서〉 3 ： 12.
＊2 387년의 부활주일 밤, 곧 4월 24일에서 25일에 걸쳐서 있었다.

제7장　밀라노에서 교회 성가의 성립과 두 순교자의 유해 발견

　(15) 그보다 밀라노에 있는 교회는 이런 식의 위로와 격려하는 일을 바로 얼마 전에 시작하였습니다. 형제들은 목소리도 마음도 하나로 되어 높은 열정을 가지고 거기에 참여하였습니다.

　약 1년 전에 어린 황제 발렌티니아누스*¹의 어머니 유스티나가 이단 신앙에 유혹되어, 주님의 종 암브로시우스를 박해했던 일이 있었습니다. 그래서 경건한 백성들은 주님의 종인 주교와 함께 죽을 각오를 하고 밤낮으로 주님의 교회에서 농성하였습니다. 주님의 하녀인 나의 어머니도 거기 지도자로서 가담하여 여러 가지 배려를 하며 오로지 기도 속에 살았습니다. 우리는 여전히 차가웠습니다. 주님의 영적 온기가 우리에게 닿지 않았으나, 밀라노 시의 긴장감과 불안한 공기에 자극을 받고 있었습니다. 그때 처음으로 동방 교회의 방식에 따라 찬미가와 시편을 노래하도록 정해졌습니다. 그것은 백성들이 고난에 견디지 못하여 의기소침해지는 일이 없도록 하기 위해서였습니다. 이 습관은 당시부터 오늘에 이르기까지 지속되고 있고, 이미 대다수의, 아니 주님의 거의 모든 양떼들은 세계의 다른 지방에서도 그렇게 행하고 있습니다.

(16) 그 무렵 주님은 앞서 말한 주교(암브로시우스)에게 계시하시어, 순교자 프로타시우스와 게르바시우스*²의 유해가 숨겨져 있는 장소를 가르쳐주셨습니다. 주님은 그들 두 순교자의 유해를 그렇듯 오랜 세월 동안 부패되지 않게 비밀스러운 보물창고 속에 숨겨두셨습니다. 그것은 주께서 필요한 때에 그들을 밝은 세상에 드러내시어, 왕가의 귀부인이 광포해지는 일을 억제하기 위함이었습니다. 그들의 유해가 발굴되어 응분의 존경 속에 암브로시우스의 회당에 옮겨졌을 때, 불결한 악령들에게 시달리던 몇몇 사람들이 이때 치료되었습니다. 만천하에 자백한 악령이었습니다.

더욱이 그 시(市)에서 명성이 가장 높았던 한 시인은 오랜 세월 동안 장님으로 살았습니다.*³ 이 사람은 시민들이 기뻐 떠드는 이유를 물어 그 사실을 알았을 때, 곧 일어서서 자기 안내자에게 그곳으로 데려다 달라고 부탁하였습니다. 거기에 안내되자, "주님 앞에서 거룩하게 죽은 주님 성도들"의 관에 나의 손수건을 댈 수 있게 해달라고 하였습니다. 그리고 장님 시인이 관에 댔던 손수건을 그의 눈에 대자, 눈이 확 밝아졌습니다. 그 소문은 사방으로 삽시에 퍼졌습니다. 주님을 찬미하는 소리는 요란하였습니다. 적의에 찼던 왕가 여인의 마음도 그 일로 인하여 고쳐졌습니다. 비록 믿는 데까지는 이르지 않았으나 그 박해의 광포함만은 억제되었습니다.

"나의 하느님, 나는 주님께 감사를 드리나이다."*⁴

주님은 나의 기억을 어디에서 어디까지 인도하여 이러한 일들을 주님을 향해 고백할 수 있게 하시나이까? 이러한 사실은 중대한 일이었으나 나는 잊고서 지금까지 말하지 않고 있었습니다. 그러나 그때 "주님께서 가지신 향유의 향기는 그윽하였으나 우리는 주님의 뒤를 좇지 않았나이다."*⁵ 그래서 나는 주님을 찬미하는 노래 소리를 들으면서 한층 거세게 울었나이다. 나는 일찍이 주님을 찾아 헤맸고, 마침내 주님의 향기는 우리의 이 초막집 속에 스며들게 되었나이다. *6 나는 마침내 주님을 들여마시게 되었습니다.

〈주〉

＊1 발렌티니아누스 1세(321~375)의 아들. 부친의 군대에 옹립되어 불과 4세 때 황제 자리에 올랐다(375년). 그러나 뒷날 부하 장군에게 살해되었다(392년).

＊2 두 순교자에 대해서는 아무것도 알려져 있지 않음.

＊3 그 이름은 세베루스이다.

＊4 〈누가복음〉 18 : 11.

＊5 〈아가〉 1 : 3.

＊6 〈이사야〉 40 : 6.

제8장 에보디우스의 뉘우침과 아프리카로 돌아가는 길에 어머니 운명

(17) "사람들이 한 뜻으로 한집에서 살게 하신" 주님은, 우리 마을 출신인 청년 에보디우스를 우리의 동료가 되게 하셨습니다. 에보디우스는 궁정에서 황제를 섬기는 일을 하고 있었으나 우리보다 먼저 모든 걸 뉘우치고 세례를 받았으며, 이 세상의 일을 버리고서 주님을 섬길 준비를 하였습니다. 우리는 함께 생활하였고, 경건한 자세로 공동 생활을 하려 하고 있었습니다. 우리는 좀더 주님을 보람 있게 섬길 장소를 찾아 함께 아프리카로 돌아가기로 하였습니다.

그리하여 티베르 강 입구의 오스티아까지 왔습니다. 그때 어머니가 운명하셨습니다. 서술을 서두르고 있기에 나는 많은 일들을 생략합니다.

나의 하느님, 여기에 서술하지 않은 수많은 사실들에 대해서도 내 고백과 감사의 표시를 받아 주소서. 그러나 나는 나를 낳으신 주님의 하녀에 대하여 무엇 하나 빠뜨릴 수 없나이다. 어머니는 나로 하여금 육체적으로는 이 세상의 빛 속에 살게 하였고, 영적으로는 영원한 빛 속에 살도록 나를 낳아 주셨기에 말입니다. 내가 말하려 하는 것은 어머니의 선물이 아니라, 어머니에게 내리신 주님의 선물입니다. 사실 어머니는 스스로를 만들지도, 자기 자신을 키우지도 않았기 때문입니다. 주께서 어머니를 지으셨으며, 어머니의 아버지도, 어머니의 어머니도, 두 사람 사이에 어떤 자녀가 태어날지 알지 못했습니다.

어머니는 '주님에 대한 존경과 두려움' 속에서 그리스도의 규율에 따라, 그리고 신앙 가족의 외아들이신 그리스도께서 교회의 한 독실한 신자를 통해 하신 통치에 의해 교육을 받았습니다. 더구나 어머니의 훈육에 관해서는, 어머니의 모친보다도 오히려 연로한 하녀의 배려가 더 컸다고 말하곤 하였습니다. 어린아이는 나이 든 소녀의 등에 업히기 마련이므로, 그 하녀는 나의 외할아버지가 어렸을 때도 업어주었다고 합니다. 그런 곡절과 또한 많은 나이와 뛰어난 품성으로 해서, 그 하녀는 그리스도교인 가정에서 주인집 사람들에게 크게 존경받고 있었습니다. 또 그런 이유로 주인집 딸들의 시중도 그녀에게 맡겨졌던 것입니다. 그 하녀는 열심히 이 일을 수행하여, 필요한 경우에는 성스러운 엄격함으로 세차게 억제하고, 또 진지한 사려로 교육하고 있었습니다.

하녀는 부모의 식탁에서 자유롭게 식사할 때 외에는 아이들에게 목이 탈 듯 목말라도 물조차 마시는 것을 허용하지 않았습니다. 나쁜 버릇이 생길까 봐 걱정하여 이렇게 훈계하였습니다.

"지금 너희들은 술은 자유롭게 마실 수 없기 때문에 물을 마시는 거예요. 그러나 시집을 가서 창고와 술통을 맡게 되면 물 같은 것은 거들떠보지도 않고 술 마시는 버릇이 생기게 될 거예요."

이러한 방법으로 설명하였고 권위 있는 방법으로 명령하여, 아직 나이 어린 아이들이 탐욕스런 욕구를 억제하도록 하고, 또 훗날에는 자신들에게 금지된 것을 갈망하지 않게 하기 위해 소녀들의 목마름에다 덕망 있는 절제심을 불어넣어주었습니다.

(18) 그러나 주님의 하녀(母니카)가 아들인 내게 말한 바와 같이, 술을 마시는 나쁜 버릇이 주님의 하녀에게 스며들게 되었습니다. 나의 어머니는 술을 입에 대지 않는 소녀였으나, 당시의 습관에 따라 술통에서 술을 퍼내도록 부모에게 명령을 받았다고 합니다. 어머니는 술통 위의 구멍으로 잔을 넣어 술을 떠낸 뒤 병에 부어 넣기 전에 혀끝으로 맛보았다고 했습니다. 그것은 아주 적은 양이었으나 그 이상 마실 기분은 나지 않았습니다. 어머니가 이런 일을 한 까닭은 취하기 위해서가 아니라, 젊은 혈기의 호기심과 실수 때문이었습니다. 이러한 실수는 여러모로 의외의 결과를 초래하게 마련이지만, 어렸을

때는 어른들의 훈계로 억제되게 마련입니다.

어쨌든 어머니는 매일 조금씩 마시는 습관에 조금씩을 더하여, "작은 일을 가벼이 여기는 자는 조금씩 타락해 간다"는 말 그대로, 나중에는 술이 가득 담긴 잔을 단숨에 마실 수 있게 되었다고 합니다.

그때 그 늙은 현명한 하녀는 어디 있었는지요? 또한 그 하녀의 엄격한 금지의 말은 어디로 잦아들고 말았는지요? 주님, 당신의 치료약이 우리들을 보호하고 있지 않았다면, 그 하녀는 그의 몸 속에 비밀스럽게 스며 있는 병을 고칠 힘을 가질 수 없었을 것입니다. 비록 부모나 양육자가 그 잘못의 현장에 없다 하더라도 주님은 거기에 계시나이다. 우리를 지으시고 부르시며, 또한 어른들을 통하여 우리 영혼의 구원을 위해 선한 일을 하시는 주님은 거기 계시나이다.

주님은 그때 어떻게 하녀를 치료하셨는지요? 하녀의 건강을 어떻게 회복시키셨는지요? 어떻게 고치셨는지요? 주님은 마치 주님의 비밀 창고에서 외과의의 메스를 꺼내신 것처럼 다른 사람의 영혼으로부터 모질고 신랄한 꾸중을 꺼내시어, 단칼에 그 썩은 살을 잘라버리셨습니다. 나의 어머니는 술통에 갈 때 항시 하녀를 동반했다고 합니다. 그 하녀는 주인집 딸과 남게 되자 여느 때처럼 말대답을 하였고, 말대답하는 그 잘못을 주인집 딸이 비난하자 마구 욕하며 '주정뱅이'라고 욕을 했던 것입니다. 내 어머니는 그 욕설에 아픈 곳을 찔리어 자신의 더러움을 반성하고, 즉시 그 그릇된 점을 버리게 되었습니다. 아첨하는 친구들은 멸망으로 이끌지만, 비난하는 원수는 오히려 우리를 나아지게 하는 경우도 있습니다. 그러나 주님은 사람들이 당신의 좋은 뜻을 이루는 수단으로 사용하였다고 해서 그들에게 상을 주시지는 않고, 그들이 가지고 있는 좋은 동기를 보고 상을 주십니다. 이 하녀는 화가 나서 주인집 딸을 괴롭히려 한 일이었지, 그 나쁜 버릇을 고쳐주려 한 일은 아니었습니다. 또한 하녀가 그 다툼의 일을 남모르게 벌인 까닭은, 말다툼이 생겼을 때의 상황이 자연히 그렇게 이루어졌기 때문이든가, 아니면 어머니의 나쁜 버릇을 고쳐주지 못한 데에 대해 문책을 당할까 봐 두려웠기 때문일 것입니다.

그러나 주여, 하늘과 땅에 계신 만물의 지배자여. 주님께서는 미친 듯이 깊고 거센 늪의 물결도 주님의 위엄에 복종시키시고, 세속의 도도한 탁류도 통치하시오며, 불건전한 영혼으로도 다른 영혼을 건전하게 고치시나이다. 그러므로 주님께서는 누구든 자기 잘못을 고치고자 할 때 우리의 훈계한 말에 의해 고쳐지는 일이 있다 하더라도, 그 고침이 우리의 힘에 의해 되었다고 생각해서는 안됨을 보여주셨습니다.

제9장 정숙했던 어머니 모니카의 미덕을 기림

(19) 이처럼 내 어머니는 단정하고 정숙하게 양육되었습니다. 부모 때문에 주님을 섬겼다기보다는 오히려 주님 때문에 부모를 섬겼습니다. 그리고 결혼할 나이가 되자 어머니는 남편(파트리키우스)에게 시집을 갔고, 주님을 섬기듯 남편을 섬기며,*1 자신의 행실로 스스로 주님의 증거가 되면서 남편을 주님의 것이 되게 하려 노력하였습니다.*2 주님은 그로써 그 여인을 아름답게 하여 남편에게 사랑과 존경과 흠모를 받는 아내가 되게 하셨습니다. 이리하여 내 어머니는 언제나 남편의 불성실함을 참고 견디었습니다. 그 때문에 남편과 다투는 일은 한 번도 없었습니다.

어머니는 남편 위에 주님의 자비하심이 내려 남편이 주님을 믿고 몸을 깨끗이 하리라 기대하고 있었습니다. 남편은 그 누구보다도 사랑이 깊었으나 또한 분노도 심했습니다. 그러나 어머니는 성난 남편에 대해서, 행위에 의해서는 말할 것도 없고 말로써도 거슬리게 해서는 안 된다는 요령을 터득하고 있었습니다. 남편이 무턱대고 성을 내기라도 하면, 그 여인은 남편의 노여움이 풀려 조용해지기를 기다렸다가 적당하다고 생각될 때에 자기 행동에 대한 견해를 말하였습니다. 수많은 다른 주부들은 내 아버지보다 착한 남편과 살면서도 그 얼굴에 명예스럽지 못하게도 매맞은 상처를 붙이고서 살아갑니다. 그 여인들은 터놓고 이야기하는 중에 자신들의 남편 행실을 비난하게 마련이지만, 그럴 때 어머니는 오히려 그 여인들을 나무라며 말하기를, 혼인증서 낭독을 들을 때부터 아내된 자는 그것을 남편의 하녀가 되는 계약서로 생각지 않으면 안 된다고 했습니다. 그리고 언제나 자기 신분을 기억하여, 주인인 남편에 대하여 불손한 행동을 해서는 안 된다고 말했습니다. 다른 여인들은 어머니가 그 얼마나 광포한 남편과 살고 있는지를 잘 알고 있었습니다. 그래서 파트리키우스가 아내를 때렸다든가 단 하루도 부부 싸움으로 옥신각신했다는 소문을 듣지 못한데 대해서, 또한 그런 낌새도 보이지 않는 데 대해서 무척 의아해했습니다. 그래서 그 이유를 넌지시 물어보았습니다. 어머니는 이들에게 앞에서 말한 계율을 가르쳐 주었습니다. 그 방법을 지킨 여인들은 스스로 그것을 시험해보고는 감사해하였고, 지키지 않은 여인들은 남편에게 억압을 받으며 괴로움을 계속 당했습니다.

(20) 모니카(어머니)의 시어머니는 처음에 심술궂은 하녀들이 자신에 대해 쑥덕거리며 험담하는 소리를 듣고서 화가 났습니다. 그러나 어머니는 참을성 있게 온화하고 공손한 태도로써 늘 시어머니의 환심을 사곤 하였습니다. 그런데 결과는 어머니의 시어머니, 곧 내 할머니가 끝내 아들에게 하녀들의 입방아를 알리고 말았습니다. 그 하녀들의 실없는 악담으로 인해 며느리와 시어머니 사이의 가정적 조화가 깨질 위기에 직면했기 때문에, 할머니는 하녀들을 벌주도록 부탁하게 된 것입니다.

아들은 그 말을 듣고 어머니의 뜻에 순종하였습니다. 가정 규율을 생각하여, 중상한 하녀들을 어머니의 뜻에 따라 호되게 벌을 주었습니다. 그 뒤 할머니는 누구든지 환심을 사기 위해 며느리의 험담을 하는 자는 이와 같은 벌을 받게 되리라고 말하였습니다. 그 뒤로는 아무도 어머니의 험담을 하는 사람이 없었고, 가족들은 서로 화목하여 더할 나위 없이 평화롭게 살게 되었습니다.

(21) 나의 하느님, 나의 자비시여. 그 태 안에 나를 지으신 주님은 다음과 같은 큰 선물을 어머니에게도 내리셨나이다. 바로 서로 대화가 부족해서 불화에 빠진 사람들이 있으면, 될 수 있는 한 어머니로 하여금 그 조정 역할을 떠맡게 하신 것입니다. 그리고 어머니는, 때로 서로 다투는 쌍방으로부터 가라앉지 않는 노여움이 뿜어내는 몹쓸 험담을 듣게 되는 경우가 있었습니다. 그 자리에 없는 상대편 당사자에 대한 가슴에 엉킨 증오가 욕설이 되어 단지 그 당사자의 친구일 뿐인 어머니 앞에서 쏟아지게 되는 것이지요. 이때 어머니는 서로 증오하는 두 사람을 화해시키는 데 도움이 되는 말은 하되, 한 편이 말한 것을 다른 편에게 일러바치지는 않았습니다.

나는 주님이 선물해주신 이러한 어머니의 성정을 어쩌면 대수롭지 않게 여겼을지도 모릅니다. 만일, 세상 사람들 사이에 슬프게도 널리 만연된 어떤 두려운 죄의 질병, 즉 서로 적의를 품고 있는 사람들끼리 한 말을 전할 뿐만 아니라, 당사자들이 실제로 하지 않은 말까지 덧붙여 전하는 경우가 무수하게 있다는 사실을 알지 못했다면 말입니다. 반대로 진실되게 사람을 사랑하는 사람은, 사악한 말로 사람들의 적의를 부채질하거나 미워하지 않는다고 해서, 그것만으로 만족해서는 안 됩니다. 더 나아가서 선량한 말로 사람들의 증오감을 지우도록 노력하지 않으면 안 됩니다. 나의 어머니가 참으로 그러한 사람이었던 이유는, 가장 내적인(마음의) 교사이신 주님께서 어머니를 마음의 학교에서 가르쳤기 때문입니다.

(22) 어머니는 그 남편을 이 세상 생활의 마지막에 주님의 것이 되게*3 하였습니다. 그리하여 남편이 아직 신자가 아니었던 때 남편에 대하여 참고 견딘 한을, 이제 남편이 믿는 자가 된 뒤로는 더 이상 탄식할 필요가 없게 되었습니다. 어머니는 또한 주님의 종들의 종이었습니다. 주님의 종들 가운데 어머니를 아는 모든 사람은, 어머니 때문에 주님을 크게 칭송하고 숭상하며 사랑하였습니다. 그들은 어머니의 성스러운 삶의 열매들을 보고, 주님께서 어머니의 마음 속에 살아 계심을 느낄 수 있었습니다.*4 어머니는 "한 남편의 아내"로서 "부모의 은혜에 보답하고" "자기의 가정을 경건한 태도로 다스리어" 그 착한 행실이 널리 알려져 있었기*5 때문입니다. 그리고 어머니는 자식들을 키우면서 그들이 주께서 떨어져 나갈 때마다, 그들을 낳을 때와 같은 산고를 겪어야 했습니다.*6

그리고 마지막으로 주님, 내가 주님의 종들을 위해서 말할 수 있도록 주님께서 선물을 주셔서 어머니가 잠드시기 전에 우리가 주님의 세례를 받은 뒤 주님 안에서 하나로서 서로 일치할 수 있도록 하기 위해, 어머니는 모든 이들이 자신의 아이들인 듯이 걱정을 했습니다. 또한 어머니가 우리 모두의 딸인 듯이 우리들 모두를 위하여 봉사했습니다.

〈주〉
*1 〈에베소서〉 5 : 22.
*2 〈베드로전서〉 3 : 1~2.
*3 파트리키우스는 아우구스티누스의 나이 16, 7세 때, 곧 370년에 별세하였다.
*4 〈토비아서〉 14 : 17.
*5 〈디모데전서〉 5 : 9~10.
*6 〈갈라디아서〉 4 : 19.

제10장 어머니가 세상을 떠나기 며칠 전, 천국에 대해 이야기를 나누다

(23) 이리하여 나의 어머니가 별세할 날이 다가왔습니다. 그 날을 우리는 알지 못했으나 주님은 아셨나이다. 나는 그것이 주님의 숨겨진 뜻이었다고 믿습니다. 나와 어머니는 함께 마당이 내려다보이는 창가에 기대어 있었습니다. 우리가 머물던 집은 티베르 강가의 오스티아에 있었습니다. 우리는 거기서 이 세상의 번잡함으로부터 벗어나 긴 여로에 지친 몸을 쉬며(아프리카로) 배를 타고 떠날 기운을 돋우고 있었습니다. 우리는 단둘이서 더할 나위 없이 유쾌하게 이야기를 나누었습니다. 우리는 "뒤에 있는 것을 잊고 앞에 있는 것에 끌려,"*1 진리이신 주님 앞에서*2 "눈으로 아직 보지 못한 성도들의 생명의 불길이 무엇일까? 또 귀로 아직 듣지 못하며, 사람의 마음에 떠오른 일도 없는"*3 그 영원한 생명의 본질은 무엇일까, 하고 서로 물었습니다. 우리는 주님의 샘, 곧 "주님에게 근원을 둔 영원한 샘물"*4이 천상의 흐름을 향해 우리 마음의 입을 넓게 열고, 능력이 미치는 한 이 샘물에 젖어 어떻게 해서든지 이 멋진 것에 대해 사색하려 했습니다.

(24) 그리하여 우리의 대화는, 관능의 쾌락이 아무리 크다 하더라도, 그리고 아무리 눈부신 물체의 빛으로 빛난다 하더라도, 영원한 생활의 즐거움에 비하면 비교가 되지 않을 뿐 아니라, 말할 값어치조차 없다는 결론에 도달하게 되었습니다. 우리의 마음은 영원한 존재 그 자체*5에 대해 더욱더 타오르는 정열을 지니고서, 단계적으로 모든 육체적 대상들을 초월했으며, 거기에서 해와 달과 별이 지상을 비추는 하늘도 초월하였습니다. 그리고 마음 속으로 주님의 위업을 생각하고 말하고 경탄하면서 더 높이 올라갔습니다. 이리하여 마침내 우리들 자신의 정신에 도달했고, 우리는 거기도 지나서 저 "영원하고 풍요로운 나라"*6에 도달하려 했습니다. 그 땅은 주님께서 진리의 양식으로 이스라엘을 영원히 양육하시는 곳이요,*7 거기에서 생명은 지혜이며, 그 지혜로써 지나간 생명이나 앞으로 오려고 하는 생명이나 모두 다 이루어집니다. 더구나 그 지혜 속에는 과거와 미래가 없고 오직 존재만이 있습니다. 지혜는 영원이기 때문입니다. 그리고 과거나 미래에 존재하는 사물은 영원한 실체가 아니기 때문입니다. 그리고 우리가 그 영원한 실체에 대해 이야기하고 동경하는 동안에, 마음을 완전히 집중한 어느 한 순간에 아주 조금 그 영원적 실체에 닿았습니다. 우리는 깊은 한숨을 쉬고서 그 지점에, 그

높은 경지에 속해 있는 "성령의 첫 열매"[8]를 남겨놓고는 처음과 끝이 있는 인간의 언어로 돌아갔습니다.

그러나 우리의 생명이신 주님, 주님의 말씀에 비할 것이 어디 있겠나이까? 주님 말씀은 늙는 일이 없고 스스로 영속하며 더구나 만물을 새롭게 하시는[9] 주님 안에 있습니다.

(25) 그리하여 우리는 이런 말을 주고받았습니다. 만일 우리에게서 육신의 시끄러운 소동이 잠잠해진다면, 피와 물과 공기의 인상이 정지한다면, 저 하늘까지도 잠잠해진다면, 영혼도 침묵하고 더 이상 자신에 대해 생각하는 일 없이 자신을 초월한다면, 또한 꿈과 상상이 없어지고 모든 언어와 혀와 몸짓과 왔다가 사라져 가는 모든 사물이 잠잠해진다면, 만일 누구인가 이들이 하는 말을 들을 수 있었다면 그 말은 이러했으리라. "우리를 우리 스스로가 우리를 만들지 않았고, 영원히 계시는 그분이 만드셨다"[10] 그리고 이렇게 말한 뒤에 그들이 침묵을 지키면서 주님께 귀를 기울인다면, 그들은 주님께서 자신들을 통해 하는 말씀을 듣지 않고 주님 혼자 주님 자신을 통해 하시는 말씀을 들을 것입니다. 그러면 우리는 결국 하느님의 말씀을 인간의 입과 혀로도, 천사의 소리로도[11] 구름의 음향으로도,[12] 수수께끼와 같은 비유로도[13] 듣지 않고, 우리가 사랑하는 만물 속에 계신 그분의 말씀 자체를, 그 만물에 대한 명상도 없이 주님에게서 직접 들을 것입니다.

이것이 우리의 비결입니다. 다름아니라, 주님으로부터 직접 들음으로써, 모든 사물들을 초월해서 머무는 영원의 지혜를 우리가 아주 짧은 순간 동안의 정신적 에너지로 얻을 수 있었던 비결입니다. 그리고 이 영원의 지혜만이 계속되어 이와 전혀 부류를 달리한 열등한 인상들이 사라져버린다면 얼마나 좋을까요! 그러면 그 내적 기쁨 속에 그 기쁨의 환상을 불어넣은 사람을 몹시 기쁘게 하는 것은 오직 영원의 지혜뿐입니다. 그리고 이 사람을 그 기쁨에 집중하게 하고 포옹하는 것도 오직 영원의 지혜뿐입니다. 이때 영원한 생명이란 우리가 무언가를 이해하는 그 순간과 같은 속성입니다. 그리고 그 다음 순간에는 한숨짓게 되는, 그러한 아주 짧은 순간입니다. 이 영원한 생명의 순간이야말로 "네 하느님의 기쁨에 동참하라"[14]는 의미가 아닐는지요? 그런데 그 동참의 시기는 언제의 일인지요? 진정 그 때는 "우리 모두가 다시 일어나되, 우리가 모두 변하지는 않는 때입니다."[15]

(26) 나는 이와 같이 이야기를 하였습니다. 그와 같은 방법이거나 같은 언어는 아니었는지 모르겠으나, 그러나 주님, 주께서 아시는 바와 같이 그날 우리가 이러한 대화를 나누고 서로 이야기를 주고받는 동안에, 이 세상과 그 모든 쾌락이 우리에게 헛된 것으로 변하자, 나의 어머니는 이렇게 말씀하셨습니다.

"내 아들아, 다른 사람은 어떤지 모르겠으나 나는 이제 이 세상의 어떤 기쁨도 알지 못한다. 나는 이 세상에서 무엇을 할지, 또한 무엇 때문에 이 세상에 있는지 알지 못한다. 이 세상에서의 소망이 전부 다 이루어졌으니 말이다. 단지 나로 하여금 이 세상에 잠시 더 살기를 바라게 하던 한 가지 소망이 있었다. 그 소망은 내가 죽기 전에 네가 그리스도교 신자가 되는 모습을 보는 일이었다. 하느님은 내게 이 소망을 넘치도록 이루어 주셨다. 네가 하느님의 종이 된 모습을 보고 있으니 말이다. 내가 이제 이 세상에서 더 할 일이 무엇이겠니?"

〈주〉

*1 〈빌립보서〉 3 : 13.

*2 〈베드로후서〉 1 : 12.

*3 〈고린도전서〉 2 : 9, 〈이사야〉 64 : 4.

*4 〈시편〉 35 : 10.

*5 〈시편〉 4 : 9.

*6 〈에스겔〉 34 : 14.

*7 〈시편〉 77 : 71.

*8 〈로마서〉 8 : 23.

*9 〈지혜서〉 7 : 27.

*10 〈시편〉 99 : 3, 〈전도서〉 18 : 1.

*11 〈창세기〉 22 : 11.

*12 〈출애굽기〉 19 : 16.

*13 〈고린도전서〉 13 : 12.

*14 〈마태복음〉 25 : 21.

*15 〈고린도전서〉 15 : 51.

제11장 어머니의 임종과 죽음

(27) 어머니가 이렇게 말씀하신 데 대하여 나는 무어라 대답했는지 잘 기억하지 못합니다. 그로부터 닷새가 채 되지 못하여 어머니는 열병을 앓게 되었습니다. 그리고 병석에 누워계시던 어느 날, 어머니는 실신하여 잠시 의식을 잃고 계셨습니다. 우리는 모두 어머니 곁으로 달려갔습니다. 어머니는 잠시 뒤 정신이 들더니, 머리맡에 서 있는 나와 내 동생*¹을 보고 이상하다는 듯이 "내가 어디에 있었지?" 하고 물었습니다. 그리고 나서 슬픔에 잠겨 있는 우리를 물끄러미 쳐다보며 "너희들의 어머니를 여기에 묻어다오"라고 말했습니다. 나는 말없이 눈물을 삼키고 있었습니다.

내 동생은 그때 어머니가 이런 타향이 아니라 고향에서 가장 행복하게 임종하실 수 있게 되기를 바란다는 희망을 말했습니다. 어머니는 그 말을 듣자 근심스러운 표정을 지으며 철이 없다고 눈으로 꾸중하셨습니다. 그리고 나를 보시며 "동생이 쓸데없는 말을 하는구나" 하고 말씀하셨습니다. 이윽고 어머니는 우리 두 사람을 향하여 "이 몸은 어디에 묻어도 상관없다. 너희는 그 일 때문에 염려하지 말아라. 단 한 가지 소원이 있다. 어디 가더라도 주의 제단 아래서 나를 생각해다오" 하고 말하였습니다. 어머니는 이러한 뜻의 말을 부자유스러운 입으로 말한 뒤 입을 다물었고, 병세는 더욱 악화되었습니다.

(28) 보이지 않으시는 하느님,*² 그러나 나는 주님께서 성도들의 마음에 씨를 뿌리시고 거기에서 훌륭한 열매를 맺게 하시는, 그 주님의 은혜를 생각하고 기쁜 마음으로 주님께 감사를 드렸습니다.*³ 나는 일찍부터 알고 있던 일, 곧 어머니가 얼마나 자신의 무덤에 대해서 신경을 썼던가를, 그리고 남편의 무덤 옆에 미리 정했던 사실을 생각해냈습니다. 사실 두 분은 생전에 더할 나위 없이 금실좋게 사셨기 때문에, 어머니는 또한 그녀의 행복이 더욱 크게 표현되었으면 하고 바랐으며(사실 인간은 너무도 작은 마음으로 신성한 사물에 매달릴 수 있습니다) 훗날 사람들이 기억해주기를 원했습니다. 그리고 저 멀리 해외 여행을 마친 뒤에 부부가 같은 지상의 지붕 속에서 함께 살 수 있는 은총이 주어지기를 바랐습니다. 그러나 이 덧없는 희망도 어느새 주님의 자비하심이 충만해짐에 따라 어머니의 마음 속에서 사라지기 시작하였습니다. 나는 어머니가 위에서 말한 그 심경을 내게 밝히셨을 때 놀

라고 또 기뻐했습니다.

우리가 창에 기대어 대화를 나눌 때 어머니가 "이제 이 세상에서 내가 더할 일이 무엇이겠니?" 하신 것만 보아도, 그때 이미 고향으로 돌아가시겠다는 희망은 사라졌음을 알 수 있습니다. 뒷날 나는 이러한 말을 들었습니다. 우리가 오스티아에 있을 때의 일이었습니다. 어느 날 내가 없을 때, 어머니는 내 친구 여러 명에게 이 세상이 경멸스럽고 죽음이 행복되다고, 마치 그들의 어머니처럼 친밀하게 말했다고 합니다. 그들이 어머니의 용기에 놀라며—그것은 주께서 어머니에게 주신 성정이기에—어머니의 고향으로부터 이렇게 멀리 떨어진 곳에 어머니의 유해를 남기는 것이 두렵지 않느냐고 물었을 때, 어머니는 이렇게 대답했다고 합니다.

"하느님에게서 멀리 떨어져 있는 것은 아무것도 없다. 세상 마지막 날에 하느님이 어디에서 나를 부활하게 해주시려는지 모를까 봐 걱정해서는 안 된다."

이리하여 병든 지 아흐레째 되는 날, 어머니의 나이 쉰여섯 살, 내 나이 서른세 살 때, 이 신앙심 깊고 경건한 영혼은 그 육체에서 해방되었습니다.

〈주〉

＊1 동생의 이름은 나비기우스(《행복한 생활》 1 : 6).

＊2 〈골로새서〉 1 : 15.

＊3 〈골로새서〉 1 : 3.

제12장 어머니의 죽음을 애도하다

(29) 나는 어머니의 눈을 감겨드렸습니다. 그러자 커다란 슬픔이 내 가슴속에서 용솟음쳐 올라왔습니다. 마침내 눈물이 쏟아져 나왔습니다. 그러나 동시에 곧 내 눈은 마음의 강력한 명령을 받아 넘쳐흐르는 눈물을 다시 흡수해들였습니다. 그리고 그 눈을 메마르게 하였습니다. 이런 노력을 기울이는 일이 내게는 얼마나 쓰라린 일이었는지 모릅니다. 어머니가 숨졌을 때 소년 아데오다투스는 울음보를 터트렸습니다. 그러나 우리 모두의 제재로 그는 울음을 그쳤습니다. 나도 어린아이다운 감정으로 눈물이 복받쳐 올랐으나, 내 마음의 젊은이다운 목소리에 제재되어 침묵하고 말았습니다. 어머니의 장례를 통곡과 탄식으로 치른다면 적합하지 않다고 생각했기 때문입니다.

죽으신 분을 떠나보낼 때 사람들은 대개 죽은 사람의 불행을 슬퍼하든가, 또는 그 죽음을 탄식하는 게 상례입니다. 그러나 어머니는 죽었어도 불행이 아니요, 또한 어머니는 완전한 소멸의 고통을 겪지도 않았습니다.*¹ 이 사실은 어머니의 일상 생활이 보증하는 것으로도 명백한 일이요, 또한 "거짓 없는 신앙"*²과 확실한 이성적 근거에 의하여 우리가 믿어 의심치 않는 일입니다.

(30) 그렇다면 우리의 가슴 속에서 느낀 에는 듯한 아픔의 원인은 무엇이 었는지요? 그것은 어머니와 함께 사는, 더할 나위 없이 감미롭고 귀중한 생활을 갑자기 잃었기 때문에 받게 된 새로운 상처 때문이었습니다. 어머니가 임종의 자리에 누웠을 때, 내가 정성껏 모시자 어머니는 나를 효자라고 칭찬하셨습니다. 내 입에서 어머니의 마음을 향해 가슴을 찌르는 난폭한 말이 던져졌던 일은 한 번도 없었다고 깊은 애정으로써 말씀하셨습니다. 나는 어머니의 이 증언을 무척 기쁘게 생각하였습니다.

우리를 지으신 우리 하느님, 그러나 이런 일이 대체 무슨 소용 있는 일이 되겠나이까? 내가 어머니에게 바친 사랑과 어머니가 나를 위해 애쓴 봉사는 비교할 수나 있겠는지요? 이렇게 나는 어머니가 주신 크나큰 뒷받침을 잃고서 내 영혼은 상처를 받았고, 나의 인생은 말하자면 찢겨서 조각이 났습니다. 어머니의 인생과 나의 인생이 이렇게 각자 홀로 있게 되어서 그렇습니다.

(31) 소년의 울음소리가 그치자 에보디우스는 시편을 들어 그 한 편을 낭송하기 시작하였습니다. 우리 가족은 모두 "주님, 나는 당신의 자비와 정의를 찬송합니다"라고 화답하였습니다. 우리의 불행을 듣고 많은 형제와 신앙이 두터운 부인들이 모였습니다. 그들이 그 지방의 관습에 따라 해야 할 일로서 장례 준비를 하고 있는 동안, 나는 예절 없는 사람처럼 보이지 않기 위해 집안 한쪽 구석으로 물러가 있었습니다. 나를 홀로 내버려두어서는 안 된다고 생각한 사람들과, 이 불행에 알맞는 적당한 대화를 나누었습니다. 나는 진리를 흥분제처럼 이용해서, 주님이 아시는 내 고통을 누그러트리려 했습니다. 그러나 그들은 그 고통을 모르고 있었습니다. 내가 하는 말을 열심히 들으며 내가 조금도 슬퍼하지 않는다고 생각하였습니다.

그러나 주님의 귀는 내게로 향해 있지 않았습니다. 나는 내 감정의 나약함을 꾸짖었고, 내 슬픔의 정을 억제했습니다. 그러자 슬픔은 굴복하여 잠시 물러갔다가 또다시 나를 엄습했지만, 울음을 터트리지도 안색이 변하지도 않았습니다. 내 가슴을 억압하고 있는 것이 무엇인지 알고 있었습니다. 그리고 이러한 인간사의 약점들이 이렇듯 우리에게 큰 세력을 휘두르는 것을 보고 나는 심히 불쾌하게 생각하였습니다. 이 고통의 약점들이 우리가 참아내야 할 필요불가결한 질서의 일부이며, 인간조건의 운명이라고 치더라도 불쾌했습니다. 그렇기 때문에 나의 슬픔 위에다 또 하나의 고통을 얹어야만 했으며, 두겹의 고통을 겪었습니다.

(32) 유해는 묘지에 운구되었습니다. 우리는 눈물 흘리는 일 없이 갔고, 눈물 흘리는 일 없이 돌아왔습니다. 그 지방의 관습에 따라 매장되기 전에 무덤 옆에 유해가 놓였습니다. 우리 속죄의 희생 제물이 어머니를 위해 바쳐질 때, 주님을 향해 기도를 올리면서도 나는 눈물을 흘리지 않았습니다. 그러나 나는 온종일 무거운 슬픔에 잠겨 있었습니다. 그리고 정신이 혼란되어, 이 슬픔이 고쳐질 수 있도록 주님을 향해 간절히 기도했습니다. 그러나 주님은 그 소원을 들어주시지 않았습니다. 나는 믿습니다. 주님은 이 한 가지 보기로써, 모든 습관의 굴레(軛)가 영적 양식을 추구하는 자에게 얼마나 강력한가를 내 기억에 깊이 각인시켰습니다. 나는 목욕을 하면 기분이 나아지겠다고 생각하였습니다. 목욕이라고 하는 명칭은 그리스 사람이 이것을 '발라네이온(balanein)'이라 일컫는 데서 온 말로서, 본디 마음으로부터 근심을 제거한다는 뜻이라고 들었습니다.

"고아의 아버지"시여, 사실 나는 이 일을 주님의 자비 앞에 고백하나이다. 나는 목욕은 하였으나 그 이전과 조금도 변함이 없었습니다. 슬픔의 쓰라림은 내 마음에서 씻겨나가지 않았습니다. 그 뒤에 나는 잠이 들었는데, 눈을 뜨고 보니 슬픔은 약간 진정되어 있었습니다. 홀로 자리에 누워 있던 나는, 주의 종 암브로시우스가 지은 좋은 시구*3를 생각해 내었습니다. 주님은 이러한 분이시기 때문입니다.

주 하느님, 만물의 창조주시요
하늘의 지배자시도다
낮은 아름다운 빛으로 옷 입히시고
밤은 잠의 매력으로 입히시도다

지친 몸을 휴식으로 치료하셔서
유익한 노동에 할애하시도다
휴식은 지친 마음을 밝게 하여
슬픔의 핵을 노이는도다

(33) 그리고 나는 점차 내가 일찍이 주님의 하녀에 대해서 생각하고 있었던 일, 곧 주님을 경건하게 모시며 우리에게 성자와 같은 온화함과 순종을 보이셨던 어머니의 모습을 생각해내었습니다. 나는 어머니의 모습을 갑자기 빼앗겼습니다. 나는 "주님 앞에서" 어머니에 대하여 어머니 때문에, 나에 대하여 나 때문에 울고 싶어졌습니다. 나는 지금까지 억제하고 있던 눈물을 쏟아, 흘러나오는 대로 버려두었습니다. 그 눈물을 뿌림으로써 내 마음의 쉼터로 삼았습니다. 내 마음은 이 눈물 속에서 휴식을 발견하게 되었습니다. 나의 마음이 눈물에 기대었던 까닭은, 그 눈물에는 주님의 귀가 있었을 뿐, 나의 울음에 오만한 해석을 붙이려는 어떤 비평가의 귀는 없었기 때문입니다.

주여, 나는 이제 이 글에 적어 주님께 고백하나이다. 이 글을 읽을 사람은 읽고서 멋대로 해석할 터이지만, 그러나 내가 어머니를 위해, 내 눈에서 잠시 사라졌으나 내가 주님 앞에서 살 수 있도록 나를 위해 오랜 세월 동안 눈물 흘린 어머니를 위해, 아주 잠깐 동안 눈물을 흘린 것이 죄라고 생각하여 그들이 나를 비웃지 않도록 하소서. 오히려 읽는 이가 사랑에 넘치는 너그러운 사람이라면, 비웃는 대신 그리스도의 모든 형제들의 아버지이신 주님을 향하여 내 죄 때문에 울어주게 하소서.

〈주〉
＊1 〈데살로니가전서〉 4 : 13.
＊2 〈디모데전서〉 1 : 5.
＊3 암브로시우스의 《찬미가》 1 : 2. '저녁 찬미'라 함.

제13장 어머니를 위한 기도

(34) 이제 내 마음은 그러한 상처로부터 치료되었습니다. 육체적 정욕에 굴복했다고 비난받을 수도 있었습니다. 나의 하느님, 나는 이제 주님의 하녀를 위해 지금까지와는 전혀 다른 종류의 눈물을 흘리나이다. 그것은 "아담

안에서 죽을"*¹ 모든 영혼의 위험을 생각하고 두려워하는 정신에서 흘러나옵니다. 내 어머니는 그리스도 안에서 태어나 아직 육체에서 해방되기 이전에도, 그 신앙과 행실로 주님의 이름을 기리며 생활하였습니다. 그러나 나는 주께서 어머니를 세례로써 새로 태어나게 하신 이후로, 어머니가 결코 주의 계율에 어긋나는 말을 한 일이 없다고는 감히 주장하지 않습니다.*² 하느님의 아들이신 진리는 "누구든지 자기 형제더러 어리석은 자라고 하는 자는 지옥불에 던져지리라"*³고 말씀하셨습니다. 그리고 인간의 칭찬받을 만한 생활에게조차도 주께서 자비를 내리시지 않고 조사한다면 저주스럽게 되고 말 것입니다. 단지 주께서 우리의 허물을 엄하게 꾸짖지 않으시기 때문에 우리는 편안한 마음으로 주님의 집에 맞아들여지기를 기대할 수 있습니다. 그러나 누구든지 주님 앞에서 자신의 진실된 공적을 열거해 보려 한다면, 무엇을 내세울 수 있겠나이까? 오로지 주님의 은혜로운 선물만을 내세울 수 있을 따름이옵니다. 만일 인간이 스스로 인간일 뿐이라는 분수를 안다면, 그래서 "누구든지 기쁨으로 자랑하려는 사람은 주 안에 있다"*⁴고 하면 얼마나 좋을까요!

(35) 그리하여 나는 지금 "나의 찬미"이시며 나의 생명이신 "내 마음의 하느님"께 기쁜 마음으로 감사를 드리나이다. 주님 앞에서 어머니의 선행은 잠시 제쳐놓고, 어머니를 위해 주님 앞에 기도드립니다. 나의 기도를 "십자가에 매달려" "하느님 오른편에 앉아계시며, 우리들을 위해 중재해 주시며,"*⁵ 우리의 상처를 치료해주시는 의사(예수 그리스도)로 말미암아 나의 기도를 들어 주소서. 나는 어머니가 자비를 베풀어, 어머니에게 죄지은 자들을 진정으로 용서해주었음을 알고 있습니다. 주님도 또한 어머니에게 자비를 베푸시어 어머니가 구원의 세례를 받은 이래로 이렇듯 오랜 세월 동안, 어쩌면 저질렀을지도 모를 죄를 용서해 주소서.*⁶

용서하옵소서, 주여. 용서하여주소서. 간청하옵나이다. 어머니가 "심판받지 않게 하여 주소서." "자비하심이 심판을 이기게*⁷ 하여 주소서." 주님의 말씀은 진실되며, 자비로운 자에게는 자비를 약속하셨나이다.*⁸ 저들이 가진 자비로움은 주님의 은총 때문입니다. "주님은 장차 자비를 베푸시고자 하는 자에게 자비를 베푸시며, 지금 불쌍히 여기는 자를 불쌍히 여기십니다."*⁹

(36) 나는 주께서 내가 간구하는 바를 이미 이루어주셨다고 확신합니다.

그러나 주여, "내 입에서 나오는 소원을 받아주시옵소서." 나의 어머니는 그 신체에서 해방될 날이 다가왔을 때[*10] 그 여인의 신체를 화사한 천으로 감싸거나 향료를 바르기를 바라지 않았습니다. 어머니는 이러한 것을 우리에게 청하지 않았고, 오직 주의 제단에서 자신의 이름이 기억되기만을 열망하였습니다. 어머니는 주의 제단에 봉사하는 일을 하루도 게을리하지 않았고, 거기에서 거룩한 희생이 분배된다는 사실도 알고 있었습니다. 이 희생은 "우리 앞으로 산정된 빚의 평가액을 탕감해 줍니다."[*11] 우리의 적은 우리의 죄를 계산하면서 그 죄를 처벌할 근거를 찾아 헤매지만, 주의 제단의 희생자가 그 적을 이기고 맙니다. 또 그 적은 정적 그 희생자에게서는 아무런 죄도 찾아내지 못합니다. 그런데 우리는 그 희생자를 정복했던 것입니다.[*12]

누가 그분(희생자)에게 죄도 없으신 데 흘리신 피를 갚을 수 있겠나이까?[*13] 그분께서 우리를 원수의 손에서 끌어오기 위하여 지불한 값을 누가 그분에게 치를 수 있겠나이까? 주님의 하녀는 자신의 영혼을 속죄의 성찬에 붙잡아 매었습니다. 아무도 어머니를 주님의 보호에서 떨어지게 해서는 안 되옵니다.[*14] 사자나 용도,[*15] 폭력에 의해서도, 간교한 책략으로도 간섭하게 해서는 안 됩니다. 어머니는 교활한 고발자에게 책잡혀 결박되는 일이 없도록 하기 위해 자기에게 죄가 없다고는 대답하지 않고, 자신의 빚은 구주에 의해 면제되었다고 대답할 것입니다. 구주께서는 채무자가 아니면서 우리를 위해 대가를 치러주시는 분입니다.

(37) 어머니가 남편과 더불어 평안하시기를 기도합니다. 어머니는 이 남편 이외에는 전에도 후에도 결혼한 적이 없었습니다. 남편이 주님의 것이 되게 하기 위하여[*16] "인내로써 주님께 대해 열매를 맺으면서"[*17] 남편을 섬겼습니다.

나의 주 나의 하느님,[*18] 영감을 내려 주소서. 주의 종들에게, 나의 형제에게, 주님의 자녀들에게, 나의 스승들에게,[*19] 나는 그들을 위해 마음과 말과 글로써 섬기고 있사오니, 감화를 불어넣어 주소서. 그리고 이 고백의 글을 읽는 사람들이 주의 제단에서 주의 하녀 모니카와 그 남편이었던 파트리키우스의 일을 기억하게 하소서. 무슨 이유에서인지는 모르지만 주께서는 이 두 사람의 육체적 결속에 의해 나를 이 세상에 출생하게 하셨나이다. 바라옵건대 이 글을 읽는 사람들 모두가 이 무상한 빛 속에서 신실한 애정으로 나의 부모를 기억하게 하시오며, 그리고 주님 아래 모인 이웃사람들과, 어머니 안에 계신 우리의 주님과 영원한 예루살렘에 있는 나의 형제 시민들을 기억하게 하소서. 이 도시를 동경하는 주님의 백성들은 자신들이 이 도시를 떠나 다시 찾을 때까지 그리워합니다.[20] 나의 이 고백으로 하여 나의 어머니가 일찍이 내게서 바라고 구하던 바가 그저 나 혼자의 기도에 의하기보다, 많은 사람들이 나의 고백을 읽고 기도를 드림으로 해서 더 풍부하게 답을 얻게 하소서.

〈주〉

[1] 〈고린도전서〉 15 : 22.

[2] 〈마태복음〉 12 : 36 이하.

[3] 〈마태복음〉 5 : 22.

[4] 〈고린도전서〉 1 : 31.

[5] 〈로마서〉 8 : 34.

[6] 〈마태복음〉 6 : 12, 18 : 35.

[7] 〈야고보서〉 2 : 13.

[8] 〈마태복음〉 5 : 7.

[9] 〈로마서〉 9 : 15.

[10] 〈디모데후서〉 4 : 6.

[11] 〈골로새서〉 2 : 14.

[12] 〈요한복음〉 14 : 30.

[13] 〈골로새서〉 2 : 15, 〈요한계시록〉 12 : 10.

[14] 〈마태복음〉 27 : 4.

[15] 〈요한복음〉 10 : 28.

[16] 〈디모데전서〉 5 : 9.

[17] 〈베드로전서〉 3 : 1.

[18] 〈누가복음〉 8 : 15.

[19] 〈요한복음〉 20 : 28.

[20] 〈히브리서〉 11 : 13.

제10권 뉘우침 뒤의 명상

제9권까지는 지난 생활을 말하고 있으나, 제10권부터는 현재의 고백, 곧 힙포의 주교로서 자기 성찰이다. 먼저 하느님과 행복한 생활을 추구하여 인간의 기억이 가진 능력에 대해 이야기하면서, 정교하고 치밀한 분석으로 그 본성을 규명한다. 이어 유혹을 육체의 정욕, 안목의 정욕, 이 세상의 자랑 등 세 가지로 나누어, 자기의 행위와 사상을 음미한다. 마지막으로 그리스도야말로 하느님과 사람 사이의 유일한 중재자이며, 그의 도우심에 의해서만 모든 영혼의 병이 고쳐진다는 사실을 고백한다.

제1장 하느님만이 희망과 기쁨이시다

(1) 나를 아시는 분이시여, 나로 하여금 주님을 알게 하소서.*¹ "주께서 나를 아시듯이 나도 주님을 알게 하소서."*² 내 영혼의 힘이시여, 내 영혼 속에 들어오시어 주님 뜻에 적합하게 하시고, 내 영혼을 주님의 소유물로 삼으시어 "흠도 티도 없이" 보존할 수 있도록 하여 주소서.*³ 이것이 나의 희망이며, 또 고백하는 이유입니다. 이런 희망 속에서 내가 누리는 기쁨은 마땅히 있어야 할 부류의 기쁨뿐입니다. 인생의 다른 즐거움에 대해서는, 잃었을 때 실컷 울어야 그만큼 회한도 줄어듭니다. 즐거움을 위해서 덜 울 때, 사실 우리는 그 즐거움을 위해서 더 울고 있어야 하는 게 당연합니다. "보소서, 주님께서는 진실을 사랑하셨나이다." "진실을 행하는 자는 빛 쪽으로 오기"*⁴ 때문입니다. 나는 진실을 내 마음 속으로 나의 고백에 의하여 주님 앞에서 아뢰려 하며, 여기서는 내 붓으로 많은 증인 앞에서 말하려 합니다.

〈주〉
＊1 〈고린도전서〉 13 : 12.
＊2 〈에베소서〉 5 : 27.

＊3 〈로마서〉 12 : 12.
＊4 〈요한복음〉 3 : 21.

제2장 하느님 앞에서 고백한다는 것은 어떤 것인가

(2) 주님, 참으로 주님의 눈앞에서는 인간 양심의 심연도 벌거숭이＊1처럼 환히 드러납니다. 비록 내가 주님을 향해 고백하지 않는다 하더라도 그 무엇이 내 안에 숨겨져 있겠습니까? 나는 주님을 내 안에 숨길 수는 있어도 주님에게서 나를 숨길 수는 없습니다. 그러나 나의 탄식은, 내가 자신에 대해 불만을 느끼고 있다는 증거입니다. 주님이야말로 나의 광명이시요 만족이시며, 주님이야말로 나의 사랑이요 희망이십니다. 그리고 나는 나 자신을 부끄러워하여 자신을 버리고 주님을 선택합니다. 주님의 선물 이외에는 주님이나 나를 기쁘게 할 아무것도 없습니다. 주님, 당신께서는 내가 어떤 존재인지 훤히 알고 계십니다. 그리고 어떤 목적으로 내가 이 고백을 하는가 하는 데 대해서는 이미 말하였나이다. 나의 고백은 육신의 언어나 음성에 의한 고백이 아닙니다. 영혼의 언어와 반성의 부르짖음에 의한 고백이오며, 그 고백을 주님은 주님의 귀로 잘 들어 알고 계시나이다. 내가 악에 빠진 상태에서 주님을 향해 하는 고백은, 내가 나 자신을 혐오하고 있음을 뜻할 뿐입니다. 그러나 내가 경건할 때 주님을 향해 하는 고백은, 경건을 나 자신의 공적이라고 생각하지 않음을 뜻합니다.

주님, 당신께서는 "의로운 사람을 축복하시옵니다"만, 그에 앞서 "주님은 경건치 못한 자를 의롭다"＊2 하시나이다. 나의 하느님, 나의 고백은 "주님 앞에서" 주님을 향하여 침묵 속에 행해지나, 사실은 침묵 속에서 행해지고 있지 않습니다. 음성으로는 침묵하고 있지만, 마음으로는 크게 소리쳐서 부르짖고 있기 때문입니다.

나는 주님께 제일 먼저 드린 말씀만을 사람들에게 말했습니다. 아무리 올바른 말이라도 그러했습니다. 더욱이, 내가 주님께 말씀드린 진실은 모두가 주님께서 내게 처음으로 해주신 말씀입니다.

〈주〉
＊1 〈히브리서〉 4 : 13.

제3장 왜 고백하는가

(3) 그런데 왜 나는, 사람들이 내 고백을 듣는 데에 대해 걱정을 하는지요? "나의 병을 고치려" 하는 사람은 그들이 아닙니다. 또한 인간 종족은 타인의 생활을 캐묻기 좋아하지만 자기 생활을 개선하는 데는 게으릅니다. 왜 그들은 자신들이 어떤 존재인지를 주님으로부터 들으려 하지 않으면서, 왜 내가 어떤 존재인가를 내게서 들으려 하고 있는지요? 그리고 그들은 내 입을 통해 나 자신에 관해서 들을 때, "인간 내부에서 무슨 일이 일어나고 있는지를 인간의 정신만이 알고 아무도 모르는데"＊1, 내가 진실을 말하고 있는지 아닌지를 어떻게 알 수 있는가요? 그러나 그들이 주님께서 자신들에 대해 하는 이야기를 듣고자 했을 때에는, "주님께서 거짓말을 하신다"고 말할 수 없었습니다. 그래서 어떤 사람에 대해서 주님으로부터 듣는 이야기야말로 그 사람의 진실입니다. 더욱이 자신에 대해 알고 있는 누군가가 "그러한 나 자신은 거짓이야" 하고 단적으로 말할 때 그는 거짓말쟁이라고 해야 합니다. 그러나 "사랑은 모든 사물을 신뢰합니다",＊2 사랑은 최소한 그 사물들 가운데 하나에 결속＊3해서 사랑스러운 하나를 만들었으니 말입니다.

주여, 나는 주님을 향하여 사람들이 들을 수 있도록 고백하려 하나이다. 나로서는 내 고백이 진실인지 아닌지를 증명하는 증거를 그들에게 제시할 수는 없습니다. 그러나 사랑으로 인해 귀가 열린 사람들은 내 고백을 믿을 것입니다.

(4) 내 마음 속 깊은 곳의 의지여, 내가 어떠한 목적으로 이런 일을 하는지 확실히 밝혀주소서. 주님은 내 삶을 신앙과 주의 성례에 의해 변화시켜주셨고, 나로 하여금 주님 안에서 행복하게 하시려고 내 지난날의 악한 일들을 용서하시고 덮어주셨나이다. 그러니 이 고백을 읽고 들을 때 그들의 마음에 감동이 일어나게 하소서. 그리하여 더 이상 절망의 잠 속에서 자기의 무능을 탄식하는 일이 없이, 주의 자비로우신 사랑과 그 은혜의 감미로움 속에서 눈 뜨게 하소서. 주님의 은혜를 통해 자신의 약함을 알게 된 이 사람은, 약하지만 강해집니다.＊4 또한 선량한 사람도, 이제 죄에서 벗어난 사람들의 과거 악행에 대해 듣기를 기뻐하게 마련이지만, 그 선한 이들이 기뻐하는 까닭은

그 일이 악행이기 때문이 아니라, 과거의 악행이요, 현재의 악행이 아니기 때문입니다. 그들이 잘못을 반복하지 않기 때문입니다.

　나의 주님, 내 양심 그 자체의 티없음에 의해서라기보다 주님의 은총에 희망을 두고 평안한 마음으로 매일처럼 주님을 향해 고백합니다. 대체 무슨 목적으로 나는 새삼 이 글을 통하여 내 과거가 아닌 나의 현재를 주님 앞에서, 그리고 세상 사람들을 향해 고백하는지요? 과거를 고백함으로써 얻은 이익에 대해서는 이미 위에 서술하였습니다. 그러나 내가 고백하고 있는 지금 이 시간에도, 나를 아는 사람이나 알지 못하고 단지 내가 한 말이나 다른 사람들로부터 나에 대해 들은 말로써만 알고 있는 사람들, 이들 모두가 나의 현재 상태에 대해 알기를 바라고 있습니다. 그들의 귀는 내가 누구이든 간에 오로지 현 시점의 내 마음에만 조율이 되어 있기 때문에, 그들은 나 자신이 내적으로 어떤 사람인지 내 고백을 통해 듣기를 바라고 있습니다. 그들의 눈도 귀도 마음도 내 마음 속에 도달할 수 없기 때문입니다. 더구나 그들은 내 마음 속에 도달하기를 바라고 있습니다만, 진정으로 확실하게는 내 마음을 알 수 없습니다. 그들은 사랑으로 인해 선하므로, 결코 나의 거짓 고백을 듣고 있다고 생각하지는 않으며, 또 그들 안에 있는 사랑이 내 말을 믿습니다.[5]

〈주〉

[1] 〈고린도전서〉 2 : 11.

[2] 〈고린도전서〉 13 : 4, 7.

[3] 〈골로새서〉 3 : 14.

[4] 〈고린도후서〉 12 : 9 이하.

[5] 〈고린도전서〉 13 : 4, 7.

제4장　고백의 결과

　(5) 그러나 그들은 이 고백으로 어떤 교훈을 얻기를 바라는가요? 그들은 내가 주님의 은혜를 통해 어느 정도로 주님께 가까이 있는가, 하는 말을 듣고 나를 위해 축하하려 할까요? 아니면 내가 나 자신의 죄 무게 때문에 얼마나 주님에게서 멀어져 있는가, 하는 말을 듣고 나를 위해 기도하려 할까요? 나는 이러한 가엾은 사람들을 향하여 나의 참모습을 보여주려 합니다.

주님, 내 하느님이여, 실제로 "주님께서 많은 사람들에게서 감사를 받게 되고"*¹ 간구함을 받으시게 된다면, 내가 사람들에게 보여준 그 선물은 결코 작은 선물이 아닐 것입니다. 사람들은 형제의 마음으로, 주님께서 사랑하라고 가르치신 바를 나로 인해 사랑하고, 주님께서 탄식해야 할 일이라고 가르치신 바를 나로 인해 탄식하게 될 것입니다. 이것이 그리스도교 형제들의 마음이며, 이방인의 심정이 아닙니다. 이방인의 아들들은 "입으로 허영을 말하고, 그 오른손은 불의의 오른손입니다" 형제같은 사람은 나를 인정할 때 내가 기울인 비용으로 기뻐하며, 나를 인정하지 않을 때는 나를 대신해서 슬퍼합니다. 그가 나를 인정하든 인정하지 않든, 그는 나를 사랑하고 있습니다. 나는 이러한 사람들에게 내 참모습을 나타내 보이려 합니다. 그들은 내 선한 특성을 보고 안도의 숨을 쉬고, 내 속에서 악한 특성을 보고 한숨을 쉴 것입니다.

내 안에 있는 선은 주께서 정하신 주님의 선물이요, 나의 악은 내가 잘못하여 범한 죄로서 주님의 심판입니다. 나는 그들이 내 선을 보고는 안도의 숨을 쉬고 내 악을 보고는 한숨을 쉬며, 주님의 향로인 그 형제들의 마음으로부터 찬미와 눈물이 주님 앞으로 올라가게 되기를 바라나이다.

하지만 주여, 주님께서는 주의 성전의 향기를 기뻐하시며,*² 주님의 이름으로 해서 "주의 크신 은혜로써 나를 긍휼히 여기시나이다." 주님께서 시작하신 창조의 일을 중단하지 마소서. 나의 불완전함을 완전하게 하소서.*³

(6) 나의 과거가 아니라 내 현재의 고백을 내가 할 때, 그 이익은 이러합니다. 나는 이 고백을 주님 앞에서 두려워 떨며 하는 동시에, 소망 가운데 드리는 비밀스런 찬양과 두려움, 그리고 비밀스런 두려움으로 고백할 뿐만 아니라, 주님을 믿는 사람의 자녀들, 곧 나와 도덕적으로 결탁한, 내 기쁨의 공유자, 나보다 앞에 있었거나 나보다 뒤에 있게 되거나 또는 나와 더불어 살고 있는 자들의 귀를 향해서도 고백합니다. 그 사람들은 주님의 종이며 또한 내 형제입니다. 주님께서는 그들을 주님의 자녀로 선택하여 나의 지도자가 되게 하셨습니다. 주님께서는 만일 내가 주님 안에서 주님과 더불어 살기를 바란다면 그들을 섬기라고 명하셨나이다. 주님의 이 말씀이 그저 말로만 그렇게 하라고 명할 뿐이고 실행으로 모범을 보이지 않으셨다면, 내게 큰 힘을 지니지 못할 것입니다. 그러나 직접 모범을 보이시기에 나는 그대로 행위

로도 말로도 행합니다. 나는 주님의 날개 그늘에서 행하나이다. 나의 혼이 주님의 날개 밑에 있으면서 주님을 따르고 나의 약함을 주님에게 고백하지 않는다면, 나는 아주 크나큰 위험 속에 빠지게 될 것입니다. 나는 어린아이지만 아버지는 영원히 살아계시어 나를 지켜주시나이다. 나를 낳으신 분과 나를 지키시는 분은 같은 분이기 때문입니다. 그리고 주님이 내 모든 선이십니다. 주님은 전능하시며 내가 주님과 더불어 있기 이전부터 나와 함께 계시나이다. 그러므로 나는 주께서 섬기라고 명하신 사람들에게 내가 일찍이 어떤 존재였는지를 드러낼 뿐 아니라, 지금도 또한 어떤 존재로 있는지를 드러내 보이려 하나이다. 그러나 나는 나 자신을 판단할 수 없나이다.*4 그저 나의 고백은, 그들에게 들려지는 그대로 나의 이 영혼 안에 있습니다.

〈주〉
*1 〈고린도후서〉 1 : 11.
*2 〈요한계시록〉 8 : 3.
*3 〈빌립보서〉 1 : 6.
*4 〈고린도전서〉 4 : 3.

제5장 인간은 완전하게 자기 자신을 알 수 없다

(7) 주님, 나를 심판하시는 분은 주님이십니다. 주님께서는 "자기 자신의 영혼 외에 다른 아무도 자기 마음 속이 어떠한지 알 사람은 없다"*1고 하셨습니다. 그러나 사람에게는 그 사람 속에 있는 영혼조차 알지 못하는 무엇인가가 있습니다. 그러나 주님, 사람을 지으신 주님은 사람의 모든 것을 알고 계십니다. 나는 주님 앞에서 나 자신을 멸시하고 나 자신을 티끌과 재처럼 여기나이다.*2 나는 나 자신에 대해 모르던 것을 주님으로부터 깨달아 알았습니다. 분명히 나는 지금 "수수께끼 속의 거울을 통해 보고 있으며", 아직 "얼굴과 얼굴을 마주 대하여 보고 있지 않습니다".*3 그래서 나는 주님에게서 떨어져 이 세상을 순례하고 있는 한,*4 주님을 향해 있다기보다는 나에게 더 가까이 향해 있습니다. 그렇지만 나는 주께서 결코 상처받지 않으신다는 사실을 알고 있습니다. 나는 어떤 시련을 견딜 수 있고, 어떤 시련을 견딜 수 없는지 알지 못합니다. 그러나 여전히 희망이 있습니다. "주님은 진실하시어 우리가 견디기 어려운 시련을 당하게 하시는 일이 없으시며, 우리에게

시련과 더불어 그 시련을 피할 수 있는 길도 준비해 주시기"*5 때문입니다. 나 자신에 대하여 모르는 사실도 고백하게 하소서. 내가 나 자신에 대하여 알고 있는 사실조차도 주께서 나를 비추셨기 때문에 나는 알고 있사옵니다. 나 자신에 대해서 알지 못하는 사실은 주님의 얼굴 앞에서 나의 어둠이 "대낮과 같이"*6 되어서야 알게 됩니다.

〈주〉
＊1 〈고린도전서〉 2 : 11.
＊2 〈창세기〉 18 : 27, 〈욥기〉 42 : 6.
＊3 〈고린도전서〉 13 : 12.
＊4 〈고린도후서〉 5 : 6.
＊5 〈고린도전서〉 10 : 13.
＊6 〈이사야〉 58 : 10, 〈시편〉 89 : 8.

제6장　하느님은 무엇이며, 어떻게 인식되는가

(8) 주님, 나의 주님에 대한 사랑은 불확실한 감정이 아니라 양심적인 확신입니다. 주님은 내 마음을 주님의 말씀으로 꿰뚫으셨으며, 그때부터 나는 주님을 사랑하였나이다. 그러나 하늘과 땅, 그리고 그 하늘과 땅 안에 있는 모든 만물들은 곳곳에서 내게 말을 걸어와서, 나로 하여금 주님을 사랑하도록 하였습니다. 또한 모든 사람에게 "우리들, 하늘과 땅의 만물은 아무 이유 없이 무조건 존재한다."*1고 끊임없이 말합니다. 그러나 주님은 좀더 심오한 차원에서, 주께서 자비롭게 여기시려 하는 자에게 깊이 자비를 베푸시고, 사랑하려 하는 자에게 많은 사랑을 주시나이다. 그렇지 않다면 천지는 귀머거리를 향하여 주님의 찬미를 말하게 될 것입니다.*2 그러나 내가 주님을 사랑할 때, 나는 무엇을 사랑하는 것인지요? 그것은 물체의 아름다운 모양이 아니요, 시간적인 것의 우아함이 아니며, 우리 눈에 아름답게 비치는 온화한 빛이 아닙니다. 온갖 노래의 아름다운 가락도 아니며, 꽃이나 향유나 향료의 향기도 아니요, 만나(만나나무의 수액으로 만든 달콤한 액체)나 꿀이 아니며, 육체의 포옹에 있지도 않습니다. 내가 나의 하느님을 사랑할 때는 이런 것에 대한 사랑이 아닙니다. 그럼에도 나의 하느님을 사랑할 때, 나는 어떤 빛, 음성, 향기, 음식, 그리고 어떤 종류의 포옹을 사랑합니다. 내가 사랑하는 대상은 나의 내적 인간의

빛과 음성, 향기, 음식, 포옹입니다. 나의 내적 인간에게서는 나의 영혼이 어떤 장소에도 스밀 수 없는 빛으로 넘치고, 어떤 시간도 앗아가지 못하는 소리가 울리며, 어떤 미풍에도 흩어지지 않는 향기가 감돌고, 먹어도 줄어들지 않는 음식의 맛이 있으며, 아무리 신물이 나도 떨어질 수 없는 포옹이 엉켜 있습니다. 그리고 내가 하느님을 사랑할 때, 내 사랑의 대상은 이런 성질의 존재들입니다.

(9) 그렇다면 내 사랑의 대상은 무엇인지요? 나는 대지에게 물었으나 대지는 "나는 아니다" 하고 대답하였습니다. 땅 위의 모든 만물도 같은 말로 고백하였습니다. 나는 바다와 늪과 거기 사는 생물들에게 물었습니다. 그러나,"*3 그들은 "우리는 그대의 신이 아니니, 우리들 위에서 찾으라"고 대답하였습니다. 나는 살랑거리는 공기에게 물었으나, 공기는 그 안에 사는 모든 것들과 입을 합하여, "아낙시메네스*4의 학설은 틀렸다. 나는 신이 아니다"라고 대답하였습니다. 나는 하늘과 해와 달과 별에게 물었으나, 그들도 "우리는 그대가 찾고 있는 신이 아니다" 하는 것이었습니다. 나는 또한 내 주변에 있는 만물을 향하여 "너희는 내 신이 아니니, 그러면 나의 신에 대하여 내게 말해 달라. 나의 신에 대하여 무슨 말이든 하여 달라"고 하였습니다. 그러자 그들은 큰 소리로 외쳐 "그분께서 우리를 창조하셨다"고 대답하였습니다. 나는 그들을 응시함으로써 물음을 대신했고, 그들의 대답은 곧 그들의 아름다움이었습니다.

그리고 나는 나 자신을 향하여 "너는 누구인가?"라고 물었습니다. 나는 "사람이다"라고 대답하였습니다. 나는 내 자신 속에서 신체와 영혼을 보는데, 하나는 외적이고 하나는 내적 존재입니다. 나는 이 둘 중에서 어느 쪽에게 신에 대해 물어야 했는지요. 나의 눈빛을 보낼 수 있는 한, 지상에서 하늘까지의 물질적 질서를 통해 내가 그토록 찾아 헤매었던 나의 하느님에 대해, 내 육체와 영혼 중 어느 쪽에 물어야 합니까? 내적 존재가 우세합니다. 그래서 하늘과 땅과 또 그 하늘과 땅의 모든 만물이 "우리는 신이 아니다" "그분이 우리를 만드셨다"고 대답할 때, 우리의 내적 마음은 그 하늘, 땅, 만물의 대답을 통할하고 심판하여, 모든 물질적 증거물들의 보고를 받습니다. 내적 인간이야말로 이렇게 깨닫습니다. "나는 정신이다, 내 육체의 감각 인식을 통한 정신이다." 나는 저 태양 덩어리에게 나의 하느님에 대해 물었더니 그의 대답은 이러했습니다. "나는 신이 아니오. 그렇지만 신이 나를 만드셨소."

(10) 참으로 이 세상의 아름다움은 감각이 건전한 모든 존재들에게 분명해야 합니다. 그렇다면 왜 이 아름다움은 모든 존재를 향하여 같은 말을 하지 않는지요? 큰 동물도 작은 동물도 동일한 아름다움을 보지만, 그러나 그들은 그 아름다움에 대해 물을 수는 없습니다. 그들에게는 감각에 의해 전달된 여러 가지 보고들을 판단하는 이성이 없기 때문입니다. 하지만 인간은 질문할 수 있는 존재여서, "하느님의 보이지 않는 성질을 피조물을 통해 분명히 볼 수 있습니다."[5] 그러나 인간은 피조물을 너무나 사랑한 나머지, 그 신의 피조물들의 노예가 되어 복종하게 되었고, 복종함으로써는 바르게 판단할 수 없습니다. 또한 피조물에 대해 끊임없이 질문한다 하여도, 피조물은 질문하는 사람이 바르게 판단하는 사람이 아니라면, 그 질문에 대답하지 않습니다. 또한 어떤 사람은 단지 볼 뿐이며, 또 다른 사람은 보고 그에 질문할 수 있는 경우에도, 피조물은 그 음성, 곧 그 형태의 아름다움을 변화시키는 일이 없습니다. 따라서 전자와 후자가 다르게 보이는 일이 없습니다. 피조물은 둘 모두에게 같이 보이게 마련이지만, 전자에 대해서는 침묵하고 후자에 대해서는 말합니다. 모든 것에 대해 말하지만, 외부에서 받은 그 음성을 내부에서 진리와 비교해 합쳐 통합하는 자만이 그 음성을 이해합니다. 진리는 나를 향하여 "하늘도 땅도 어떠한 물체도 네 하느님이 아니다" 하고 말합니다. 그 존재들의 본성은 물체적입니다. 또 전체적 물체라기보다도 부분적 물체임을 그러한 존재들은 알고 있습니다. 그러니 내 영혼이여, 내가 네게 말하노니, 너는 그 존재들, 곧 하늘과 땅과 그곳의 만물보다 뛰어나도다. 왜냐하면 영혼이여, 너는 네 신체의 덩어리에게 생명을 주어 그것을 살게 하지만, 그러한 일은 어떤 물체도 다른 물체에 대해 할 수가 없기 때문이다. 그러나 영혼이여, 너의 하느님은 네 생명의 생명인 너를 위해 존재하신다.

〈주〉
*1 〈로마서〉 1 : 20.
*2 〈로마서〉 9 : 15.
*3 〈창세기〉 1 : 20.

제7장 감각으로는 하느님을 알 수 없다

(11) 그러면 내가 하느님을 사랑할 때 나는 무엇을 사랑하는 것인지요? 내 영혼의 머리 위에 계시는 분은 누구신가요? 나는 내 영혼을 통하여 그분에게로 올라가려 합니다. 나는 나를 육체에 연결시켜주는 힘 위로 올라가 그 힘의 틀을 생명력으로 채우려 합니다. 이 힘으로는 나의 하느님을 찾을 수 없습니다. 만일 힘으로 그렇게 된다면 "이성이 없는 말이나 나귀"가 하느님을 찾아보게 될 것입니다. 말이나 나귀를 살아 있게 하는 힘도 나의 그 힘과 같은 힘이기 때문입니다. 그러나 내게는 그 외에 다른 힘이 있어서, 그 힘을 통해 주께서 내 육체에 생명을 부여할 뿐 아니라 감각까지 부여하십니다. 이 힘은 눈이 듣지 못하게 하고, 귀가 보지 못하게 하며, 혹은 눈에게는 보라, 귀에게는 들으라 합니다.*1 다른 여러 감각에 대해서도 각각의 위치와 직분에 따라 특유한 일을 명합니다. 그리고 이 다양한 감각들을 통하여 여러 가지 역할을 하는 나는, 하나의 영혼을 가지고 있습니다. 그러나 나는 이 힘까지도 초월하여 위로 더 나아가겠습니다. 힘은 "말과 나귀"도 지니고 있으며, 이들 동물도 육체를 통해 사물을 지각하기 때문입니다.

〈주〉

*1 〈로마서〉 11 : 8.

제8장 기억의 놀라운 힘

(12) 그러니 나는 내 본성의 이러한 힘도 초월하여, 나를 창조한 그분에게까지 단계적으로 올라가려고 합니다. 그렇게 하면 나는 기억의 들판과 광대한 터에 이르게 됩니다. 거기에는 감각을 통해 인식된 여러 가지 사물의 무수한 영상이 간직된 보물 창고가 있습니다. 거기에는 우리가 생각하는 것은 무엇이든 들어 있습니다. 감각의 표출을 크게, 작게, 또는 다른 방식으로 변화시키는 가공법이 들어 있으며, 또한 이와 반대되는 모든 존재들과, 망각 속으로 삼켜져 묻혀버리지 않은 모든 존재들이 저장되어 있습니다. 그 보물 창고 속에 들어가 내가 구하는 사물을 내놓으라고 명할 때, 어떤 사물은 즉

시 나오지만 또 어떤 사물은 겨우 찾아내어 마치 멀리 있는 창고에서 가져오듯이 운반되기도 합니다. 또 다른 사물은 무리를 지어 내가 다른 것을 찾고 있는 데도 성급히 한가운데로 뛰어나오며, "우리가 아닌가요"라고 대들 듯한 기세입니다. 나는 그 모든 존재들을 마음의 손으로 내 생각의 얼굴 앞에서 쫓아버립니다. 이리하여 마침내 내가 구하는 사물이 모습을 나타내고 숨었던 곳에서 밝은 곳으로 나오게 됩니다. 또한 어떤 사물은 내가 구하는 사물과 함께 정연히 줄을 지어 나타나고, 앞의 것은 뒤의 것에게 자리를 양보하여 뒷걸음질치며, 내가 찾을 때에 다시금 나타날 수 있게끔 준비를 합니다. 이러한 과정의 일들은, 모두 내가 기억을 통해 무엇을 말할 때 생깁니다.

(13) 기억은 분명하고 상세하게 기억들을 보관합니다. 그리고 일반적인 범주 내에서 침투한 모든 인식들을 보관하되, 그 침투 과정까지도 낱낱이 보관합니다. 가령 빛과 모든 색깔과 물체의 형태는 눈을 통해 들어옵니다. 또 귀를 통해서는 온갖 종류의 소리가 들어오며, 모든 향기는 코의 통로로부터, 그리고 모든 맛은 입의 통로로부터 들어옵니다. 그리고 온몸에 걸친 감각을 통해, 신체 안에 있든 밖에 있든, 무엇이 단단한가, 무엇이 부드러운가, 무엇이 뜨거운가, 무엇이 찬가, 무엇이 미끄러운가, 무엇이 껄끄러운가, 무엇이 무거운가, 무엇이 가벼운가를 지각하게 됩니다.

이 모든 기억들은 내 기억의 광대한 골방과, 말할 수 없이 많은 비밀의 모퉁이들과 틈새들에 수용되어, 필요에 따라 다시 불러 끄집어낼 수 있게 되어 있습니다. 그 기억들은 모두 제각기의 문으로 들어가 거기 간직되어 있습니다. 그러나 사물 자체가 들어오는 것이 아니라, 단지 지각된 사물의 영상이 그 기억하는 사람의 생각에 떠오르도록 준비되어 있는 데 불과합니다. 어떠한 감각이 그 모든 영상을 포착하여 내용에 수용했는지는 분명하지만, 그 모든 영상이 어떻게 만들어졌는가는 아무도 설명할 수 없습니다. 그 증거로, 나는 어둠과 침묵의 한가운데 있을 때에라도, 나의 기억 속에서 바라는 대로 색깔을 꺼내어 백과 흑 또는 그 밖의 좋은 색을 감각적으로 구별할 수는 있습니다.

또한 내가 눈으로 지각한 것을 생각할 때, 소리를 내어 방해하는 일은 없습니다. 소리도 또한 내 기억 속에 있으나, 특별히 저장되어 있는 것처럼 숨어 있어 보이지 않습니다. 사실 소리도 불러내고 싶을 때 부르면 즉시 나옵니다. 그래서 나는 혀와 목청을 움직이지 않고도 생각대로 노래할 수 있습니다. 먼저의 색깔 영상은 계속해서 거기 있으나, 귀를 통해서 흘러들어온 소리를 지닌 다른 보물을 제치려 하거나 방해하지는 않습니다. 마찬가지로 다른 감각에 의해 운반되어 겹겹이 싸인 영상도 나는 내 마음대로 생각해낼 수 있습니다. 나는 실제로 향기를 냄새 맡지 않고도 백합의 향기와 오랑캐꽃의 향기를 구별할 수 있습니다. 나는 포도즙보다 벌꿀을 좋아하고, 껄끄러움보다 매끄러움을 좋아합니다. 이것은 맛을 보아서가 아니며, 또한 껄끄러움이나 매끄러움에 손을 대어 보아서 하는 게 아니라 그저 기억해 낼 뿐입니다.

(14) 나는 이러한 일을 나의 내부, 곧 내 기억의 방대한 방에서 행합니다. 거기에는 하늘도 땅도 바다도, 내가 이들을 통해 지각할 수 있는 모든 사물과 더불어, 단지 내가 망각한 것을 제외하고는 모두 준비되어 있습니다. 그래서 나는 나 자신과도 만나 내가 무엇을 했으며 언제 어디서 했는지, 그 일을 했을 때 어떤 기분이었는지를 생각해낼 수 있습니다. 거기에는 내가 경험한 모든 것, 즉 나 자신의 경험도 타인에게서 전해 들은 바와 더불어 존재합니다. 나는 이 동일한 저장물 속에서 나 자신이 경험한 기억, 또는 내가 나 자신의 경험에 기초하여 타인의 말을 믿었던 온갖 영상을 꺼내 보고, 그들을 과거의 기억 또는 영상과 결부시키면서 미래의 행위와 사건과 희망을 생각합니다. 그리하여 미래의 행동과 사건과 희망에 대해 이성적 추리를 하고, 다시 또 모든 현재의 일들을 생각합니다. 나는 이와 같이 많은 영상들로 충만되어 있는 내 마음의 광대한 방에서 혼잣말을 합니다.

"오, 이러이러한 일이 저러했으면 좋으련만."

"하느님, 이러이러한 일이 생기지 않게 하소서."

이와 같이 나는 혼잣말을 합니다. 내가 이와 같이 말할 때 내가 말하는 모든 것의 영상들은, 내 기억의 동일한 보물 창고 속에서 나타납니다. 만일 이러한 영상이 존재하지 않았다면, 나는 그렇게 말하지는 않았을 것입니다.

(15) 하느님, 이 기억의 힘은 아주 거대합니다. 그것은 헤아려 알 수 없을 만큼 깊은 심연입니다. 누가 그 심연의 바닥까지 찾아 밝히겠나이까? 이 힘은 물론 나의 능력으로서, 내 본성에 속해 있습니다. 그런데도 나는 이 '나'라는 존재의 전체를 포착할 수 없습니다. 내 마음이 너무 좁아서 그것을 포착하지 못하는가요? 그렇다면 마음이 자신 속에서 포착할 수 없는 곳은 어

디에 있는지요? 마음 바깥에 있으며 마음 안쪽에는 없는가요? 마음 안에 있다면 왜 그것을 포착할 수 없는지요? 이 생각을 할 때, 나는 거센 경이감에 사로잡혀 깜짝 놀라게 됩니다.

사람들은 밖에 나가 산악의 높은 봉우리와 바다의 큰 물결, 하천의 거대한 물줄기, 태양의 광막함, 별들의 운행에 경탄하면서도, 자기 자신의 일에 대해서는 주의하지 않습니다. 사람들은 내가 이런 자연의 사물들에 대해서 말할 때, 내가 그 사물들 모두를 눈으로 직접 보고 이야기하는 것은 아니라는 사실에 경탄하지도 않습니다. 나는 직접 본 적이 있는 산, 물결, 강, 별들, 그리고 다른 사람에게서 말로만 들었던 태양을, 외계에서 보는 것과 완전히 동일한 광대함으로 내 기억의 내부에서 보지 않는 한, 그들에 대하여 말할 수 없습니다. 더구나 나는 그 광경들을 눈으로 보았을 때에, 그 사물들을 눈으로 흡수해 들인 것이 아니요, 또한 그 실제 사물들이 내게 있지도 않으며, 단지 그들의 영상만이 있습니다. 그래서 나는 신체의 어느 감각을 통해서 사물이 내 마음에 각인되었는지를 압니다.

제9장 학문에 관한 기억

(16) 내 기억 속의 그러한 헤아릴 수 없는 포용력이 간직하고 있는 사물들은 그뿐이 아닙니다. 내가 학문을 통해 배운 채 잊지 않고 있는 모든 사물들도 간직하고 있습니다. 그들은 아직 깊은 곳에 밀려 있는 듯 싶지만, 그곳은 어떤 장소가 아닙니다. 그리고 이 경우에는 그들의 영상을 간직하고 있지 않고 그 기술 자체를 간직하고 있습니다. 문학이란 무엇인가, 변론술이란 무엇인가, 설문에는 몇 종류가 있는가, 등등 내가 이에 대하여 알고 있는 모든 사실은, 내 기억 속에 존재돼 특별한 방식으로 존재합니다. 그 영상만이 포착되고 사물 자체는 밖으로 방치되는 방법으로 간직되어 있지 않습니다. 예를 들면 소리는 한번 들리고는 사라져버리지만 귀를 통하여 그 흔적을 남기며, 이미 들리지 않는데도 계속 들리는 것처럼 생각됩니다만 학문의 기억 방식은 이 소리와는 다릅니다. 또 향기가 감돌며 공중에 발산되면 후각을 자극하여 기억 속에 그 영상을 새기며, 우리는 그것을 기억해서 다시금 냄새를 맡을 수 있습니다. 그렇지만 학문은 이 향기의 경우와도 다릅니다. 또한 음식물이 한번 목으로 넘어가면 더 이상 맛볼 수 없게 되지만, 기억 속에 계속하여 그 뒷

맛이 남게 되고, 또 신체의 감촉에 의하여 지각되는 존재가 우리로부터 멀리 떨어져 있을 때에도 기억에 의하여 그 영상이 남아 있습니다. 그렇지만 이 기억방식도 학문의 경우와 다릅니다. 이 감각의 대상들은 모두 그 자체가 기억 속에 옮겨지지 않고, 단지 그 영상들만이 놀라운 속도로 포착되며, 밀실이라고 할 수 있는 곳에 간직되어, 기억이 신기한 방법으로 그들을 다시 생산해 내게 됩니다.

제10장 기억 속에 감각에 대해 터득할 수 없는 지식이 있다

(17) 세 종류의 설문, 곧 "그것이 있는가?", "그것은 무엇인가?", "그것은 어떻게 있는가?"라는 질문이 있다고 하는 말을 들을 때, 나는 이 말들이 이루는 음성의 영상을 마음에 간직하게 됩니다. 그러나 그 음성은 내가 알고 있는 대로, 발성됨과 동시에 공중으로 사라져버려 이내 존재하지 않습니다. 그러나 나는 이 음성을 통해 상징되는 관념들, 그 관념들에는 신체의 어떤 감각에 의해서도 도달한 적이 없고, 또한 내 마음 바깥 어디서도 본 일이 없습니다. 나는 그 음성을 통한 상징의 관념들을 내 기억 속에 그들의 영상이 아니라 실제 관념 자체를 수용하고 있습니다. 그들이 어떻게 내 속에 들어왔는지 그들이 설명할 수 있다면 설명하게 하소서. 사실 내 신체의 문들을 조사해 보아도 그들이 들어올 만한 문은 발견할 수 없습니다.

나의 눈은 이렇게 말합니다. "그들에게 색깔이 있다면 우리가 알려주었을 것이다" 하고. 귀는 이렇게 말합니다. "그들에게 소리가 있다면 우리가 알려주었을 것이다" 하고. 코는 이렇게 말합니다. "그들에게 향기가 있다면 그것이 우리를 통과하여 마음으로 들어갔을 것이다"고 합니다. 또한 미각은 "맛에 관한 것이 아니고는 모른다"고 말합니다. 촉각은 "울퉁불퉁한 것이 아니면 닿지 않으며, 닿지 않는다면 마음에게 안내될 수 없다"고 말합니다. 그렇다면 이들은 어디에서 어떤 길을 거쳐 내 기억 속에 들어왔는지 나는 그 원인을 알지 못합니다. 다시 말해 나는 그들을 터득했을 때 타인의 말에 신뢰를 두어서라기보다, 내가 인식하는 즉시 참되다고 시인하여 필요할 때 끄집어낼 수 있도록 나의 마음 속에 보관을 의뢰했습니다. 그 때문에 그들은 내가 배우기 이전에도 세상에 존재해 있었지만, 그때는 내 기억 속에 있었다고는 생각되지 않습니다. 그렇다면 그 맛과 소리 등등은 언제 공식화되었으며, 어떤 방법으로, 왜, 나는 그들을 인정하고서 "네, 맞아요, 그 소리, 그 맛이에요" 하고 말했는지요? 그 대답은, 그들이 이미 기억 속에 있었으나, 가장 비밀스런 동굴 속에 있듯이 뒷 배경으로 멀리 밀려나 있어서, 만일 누군가가 그 맛 그 소리에 주목해서 감각으로 이끌어내 주지 않았다면 나는 그들을 사고할 수 없었으리라는 것입니다.

제11장 배운다는 것은 무엇인가

(18) 이로 미루어 나는 다음 사실을 알게 됩니다. 즉, 우리는 이러한 영상을 우리의 감각으로 수용하지 않고, 영상 없이 그들의 개념 자체에 의하여 그들을 있는 그대로 내적으로 지각하게 마련이며, 그 인식의 가공법은 이러하다는 사실입니다. 말하자면 기억 속에 무질서하고 난잡하게 있던 관념들을 사고의 과정을 통해 모으고 주의를 쏟아 정리하여, 그때까지 흩어져 있어 돌보아지지 않고 숨겨져 있거나 무시되고 있었던 모든 관념들을 질서 있게 정리하여 기억 안의 가까운 곳에 간직하게 됩니다. 그러면 이 정리된 관념들이 마음에 낯이 익어 쉽게 떠오르게 됩니다.

내 기억은 이런 종류들을 그 얼마나 많이 간직하고 있는지 모릅니다. 그들은 이미 발견되어 내 마음 가까운 곳에 놓여 있습니다. 우리는 그들을 배우고서 알고 있다고 말하지만, 잠시라도 생각해내는 일을 게을리하면 다시 묻혀 깊숙한 내실에 모습을 감추고 말기 때문에, 다시 같은 곳으로부터 새로운 것처럼 새삼 생각해내지 않으면 안 됩니다. 그들이 깃들어 있는 곳은 달리 없기 때문입니다. 그리고 그것을 알기 위해서는 모두 한 곳으로 가져와야 합니다 (cogenda). 이른바 흩어진 상태에서 모으지 않으면 안 됩니다 (colligenda).

이것이 '생각한다'는 말입니다. 모두 한 곳으로 가져와서 (cogo), 깊이 생각한다 (cogito)는 말은, '나는 한다 (ago)'를 '뒤흔들다 (agitate)'에, 또는 '나는 만든다 (facio)'를 '나는 빈번하게 만든다 (factito)'에 연결한 말입니다. 그런데도 마음은 '깊이 생각한다'는 동사를 완전히 마음의 영역으로만 생각합니다. 다른 곳에서가 아니라 마음 속에서 모아지는 것 (즉, 강제적으로), 다시 모아진 대상을 엄밀하게 '말'하는 것인데 말입니다.

제12장 수와 연장, 그것들의 개념과 법칙의 기억

(19) 내 기억은 또 그 밖에도 수와 부피에 관해 무수한 원리 및 법칙도 포함하고 있습니다. 그 원리와 법칙들 가운데 어떤 것도 신체의 감각을 통해 기억에 새겨지지는 않습니다. 그들은 색깔도 소리도 향기도 맛도 없고, 또한 만질 수도 없기 때문입니다. 나는 사람들이 이 수와 부피의 원리와 법칙들에 대해 이야기할 때, 그들을 나타내는 언어를 음성으로써 들은 적은 있으나, 그 음성과 원리는 별개입니다. 음성은 그리스 어일 때와 라틴 어일 때가 서로 다르지만, 수적 원리는 그리스 어나 라틴 어나 또한 그 밖의 언어도 아니기 때문입니다. 나는 설계사가 그린 마치 거미줄과 같은 가는 선을 본 일이 있습니다. 설계사의 선은 순수한 수학적 선과는 전혀 다릅니다. 왜냐하면 수학적 선은 내 신체의 눈이 내게 보이는 그대로의 선과는 (그 의미가) 다르기 때문입니다. 사람들은 어떤 종류의 물리적 선을 생각하지 않고도 (수학적) 선을 압니다. 그는 자신의 내부에서 그 선들을 인식합니다. 나는 또한 신체의 모든 감각을 근거로, 우리가 계산을 하는 데 사용하는 수들을 알도록 만들어져 있습니다. 그러나 이 수는 우리가 수학적으로 생각할 수 있는 수와는 다르고, 또한 정신적 개념의 수의 형상과도 다르며, 이 우리 안의 수는 진정으로 존재물의 왕국에 개입합니다. 정신적인 수 자체가 존재함을 알지 못하는 사람은 이렇게 말하는 나를 비웃을 테지만, 나는 나를 비웃는 사람에 대해 유감을 느낍니다.

제13장 기억의 여러 모습―기억의 기억

(20) 나는 이 모든 생각들을 기억하고 있으며, 그 생각들을 내 기억 속에 담은 방식은 내가 그들을 배운 방식입니다. 나는 이 생각들에 대한 많은 그릇된 다른 반대 의견을 들었고, 그것도 기억에 간직하고 있습니다. 그 모든 이의는 그릇되었지만 내가 그것을 기억하고 있다는 사실은 참입니다. 나는 바른 인식과 이 그릇된 이의 사이에 차이가 있음을 알았으며, 이 차이도 기억하고 있습니다. 더욱이, 한편으로 나는 현재 내가 이들을 구별하고 있음을 알며, 다른 한편으로는 내가 그 문제에 관해 생각하곤 할 때마다 얼마나 자주 구별을 했었는지 기억하고 있습니다. 내가 지금 구별하여 이해하는 것을 나는 내 기억 속에 간직하게 마련이지만, 그것은 내가 지금 이해했다는 사실

을 뒷날 기억하기 위해서입니다. 이리하여 나는 내가 기억하고 있는 일들을 지금 기억해냅니다. 마치 미래에, 내가 지금 이러한 일들을 상기(想起)할 수 있었던 사실을 생각해낼 수 있다면, 그것은 분명히 오로지 기억의 힘이라는 이치와 같습니다.

제14장 왜 기쁜 일을 상기하면서 기뻐지지 않는가—감정에 대한 기억

(21) 내 마음의 애정들 또한 같은 기억 속에 담겨져 있습니다. 그러나 이렇게 기억에 담기게 된 방법은, 내 마음 자체가 그러한 애정의 감정을 경험할 때 지각하는 방법이 아니라, 그것과는 전혀 달리 기억의 힘이 기억 자체를 지각하는 방법에 의해서입니다. 곧 나는 내가 일찍이 기뻐했던 일을 지금 기뻐하는 일 없이 생각해냅니다. 내 과거의 슬픔을 지금 슬퍼하는 일 없이 생각해냅니다. 내가 일찍이 어떤 특별한 순간에 두려워하던 일을 공포 없이 생각해내고, 예전과 같은 강한 소유욕이 없이 옛날의 소유욕을 기억하고 있습니다. 또한 때로는 반대로 내 지나가버린 슬픔을 기쁨으로 생각해내고, 기쁨을 슬픔으로 생각해내는 경우도 있습니다.

그러나 이와 같은 일이 신체에 관한 한은 이러하다고 해도 놀랄 일이 없습니다만, 정신과 신체는 별개입니다. 그래서 과거의 신체적 고통을 기쁨으로 생각해내는 일이 있더라도 과히 놀랄 일이 아니지만, 그러나 정신의 경우에는 사정이 다릅니다. 마음이 기억 자체이기 때문입니다. 사실 누구에게 어떤 사실을 기억 속에 간직하도록 요구할 때 "네가 마음 속에 지닌 것을 보라"고 말합니다. 그리고 우리가 망각할 때에는 "마음 속에 없었다"라든가 "마음에서 사라졌다"고 말합니다. 이러한 경우 우리는 기억 그 자체를 마음이라 일컫고 있습니다. 이와 같이 기억 그 자체가 마음이라 한다면, 내가 과거의 슬픔을 기쁨으로 기억할 때, 이렇게 내 마음에 기쁨이 있는데 내 기억에는 슬픔이 있는 까닭은 대체 무엇일까요? 내 마음은 그 속에 기쁨이 있기 때문에 기쁘지만, 내 기억은 그 속에 슬픔이 있는데도 슬프지 않은 까닭은 대체 무엇일까요? 기억이 마음으로부터 독립되어 있음을 의미하지는 않습니다. 누가 그와 같은 일을 주장할 수 있을까요? 따라서 기억은 마음을 소화시키는 위장이며, 기쁨과 슬픔은 단 음식과 쓴 음식입니다. 그리고 기쁨과 슬픔은 기억에 맡겨질 때, 마치 위장 속에 바꾸어 넣은 듯 거기 간직될 수는 있으나, 맛볼 수는 없습니다. 기억과 위장 사이에 유사점을 생각한다는 일은 우습지만, 그러나 양자는 전혀 비슷한 점이 없지도 않습니다.

(22) 그렇다 하더라도 마음의 네 가지 혼란, 곧 욕망과 기쁨과 두려움과 슬픔이 있다고 할 때 나는 그 혼란함을 내 기억에서 꺼냅니다. 그리고 내가 각각의 감정을 제각기 속해 있는 종류로 구별하여 제한할 때, 그들에 관해서도 말할 수 있는 모든 것에 대해서도 마찬가지로 나는 기억 속에서 찾아내어 거기서 꺼냅니다. 그럼에도 불구하고 나는 이들을 기억을 통해 생각해낼 때 흐트러진 그 어떤 것에 의해서도 마음이 흔들리는 일은 없습니다. 더구나 그들은 내가 불러일으켜 꺼내기 이전에도 거기 있었기에 나는 그들을 떠올림으로써 거기에서 꺼낼 수가 있습니다. 음식물이 되새김질에 의해 위장에서 꺼내지듯이 이들은 상기에 의해 기억에서 꺼내지겠지요. 그렇다면 왜 과거의 기쁨과 과거의 슬픔에 대해 말하는 사람들의 입에는 감미로운 맛이나 쓴맛이 없을까요? 이럴 때에는, 실제 생각과 그 생각의 되새김질 사이의 불완전한 유사성에 의해 오해와 유사한 상황이 발생하지 않을까요? 그러나 우리가 슬픔이나 두려움을 말할 때마다 슬퍼하거나 두려워해야만 한다면, 누가 이러한 일에 대하여 즐겨 말하겠습니까? 더욱이 신체의 감각을 통하여 새겨진 영상들에 붙여진 명칭들의 음향뿐만 아니라, 사물들 자체에 대한 지식까지도 함께 우리들의 기억 속에서 찾아내지 않는다면, 그 사물들에 대하여 전혀 말하지 않겠습니다. 사물 자체의 개념이란, 우리가 육체의 어떤 문에 의하여 받아들이는 것이 아니라, 마음 자체가 자신의 감정의 경험을 통해 받아들여서 기억에 맡기거나, 또는 그 기억 자체가 아무런 약속된 의식적 행위도 없이 그 사물에 대한 지식을 보관합니다.

제15장 현존하지 않는 것도 기억에 간직되어 있다

(23) 그러나 이와 같은 기억의 작용이 영상을 매개로 일어나는지 아닌지를 누가 쉽게 말할 수 있겠습니까? 예를 들어, 내가 '돌'을 언급하거나 '태양'을 언급할 때, 나는 그 대상 사물 자체가 내 감각에 제시되지 않는데도 언급합니다. 물론 그러한 영상들은 분명히 내 기억 속에서 사용할 수 있습니다. 나는 신체의 고통이라는 말을 하지만, 아무 괴로움이 없을 때 신체의 고통은 내게 현존하지 않습니다. 그럼에도 그 영상이 내 기억 속에 있지 않다면 나

는 내 입으로 말할 바를 모를 테고, 또한 그 고통에 대해 말할 때 고통과 쾌락을 구별할 수 없을 것입니다. 내가 실제로 신체가 건강할 때 나는 신체의 건강을 말합니다. 그리고 이 경우에는 건강 자체가 내게 현존합니다. 그럼에도 건강 이외에 그 영상도 함께 내 기억 속에 있지 않다면, 이 건강이라는 음성에 의해 무엇이 의미되어 있는가를 나는 결코 상기할 수 없을 것입니다. 또한 환자가 건강을 언급할 때, 비록 건강 자체는 그의 신체에 현존하지 않지만 그 영상이라도 기억의 힘에 의해 간직되어야만 건강을 이해할 수 있습니다. 우리가 헤아리는 수에 대하여 말해 봅시다. 이 경우에는 수의 영상이 아니라 수 자체가 내 기억 속에 있습니다. 나는 태양의 영상에 대해 말하고, 이 태양의 영상은 내 기억 속에 현존합니다. 나는 태양의 영상의 영상을 상기한다기보다 태양의 영상 그 자체를 상기하며, 내가 기억의 행동을 할 때에 사용 가능한 것은 이 영상입니다. 나는 기억을 언급하면서, 내가 말하는 대상을 이해합니다. 내 기억 자체 속에서가 아니라면 나의 인식이 어디에 있겠습니까? 진정 기억은 기억을 통한 기억에서 떠오르며, 기억이 지닌 자체의 영상을 통한 기억에는 떠오르지 않습니다.

제16장 망각도 또한 기억 속에 있다

(24) 그렇다면 어떻게 될까요? 내가 망각을 언급할 때에는, 나는 말하는 대상을 유사하게만 이해하고 있는 것입니다. 망각하여 기억이 없어졌다면, 어떻게 그 대상을 인식할 수 있겠습니까? 내가 말하려는 것은, 말의 명칭의 음성에 대해서가 아니라 그 대상이 의미하는 사물에 대해서입니다. 만일 내가 이 음성의 힘을 잊고 있었다면, 나는 그 대상을 전혀 이해할 수 없을 것입니다. 그래서 내가 기억을 떠올릴 때, 기억은 기억 자체를 통해 사용 가능합니다. 그러나 망각을 떠올릴 때에는 기억과 망각이 공존합니다. 즉 기억은 내가 떠올릴 수 있는 것에 의해 존재하며, 망각은 한때 내가 기억했던 것입니다. 망각은 기억의 결여가 아니고 무엇이겠습니까? 그렇다면 망각이 현존하면 기억할 수 없는데, 내가 기억하는 것은 어찌해서인가요?

우리는 기억에 있는 것을 기억합니다. 그러나 우리가 망각을 되부를 수 없다면, 어떤 말을 듣고 그 말이 의미하는 사물을 인식할 수 없을 것입니다. 그러므로 망각도 틀림없이 우리 기억 안에 간직되어 있습니다. 망각이 기억 속에 이미 있기 때문에, 우리는 어떤 자가 우리로 하여금 망각하도록 강요할 때, 그 자가 망각하게 하고 있음을 잊지 않고 있을 수 있습니다. 그보다도 이 일로 미루어 망각이 기억에 내재하는 것이 아니라, 그 영상에 의해 내재한다는 사실을 이해하여야 하는지요? 만일 망각이 그 자체로 현존한다면 우리에게 기억이 아니라 망각을 낳게 될 것이기 때문입니다. 누가 이 문제를 해명할 수 있을까요? 망각과 기억에서 무엇이 진행되고 있는지를 누가 파악할 수 있을까요?

(25) 주여, 나는 진지하게 이 문제의 해결에 전력을 다하고, 나 자신의 문제 해결에 전력을 다하고 있나이다. 나는 나에게 있어서 많은 쓰라림과 땀을 흘려야 하는 땅이 되었나이다.*¹ 더구나 나는 지금 "하늘의 경계를 정하려 하는"*² 것이 아니요, 별과 별 사이의 거리를 측량하려 하는 것도 아니며, 땅의 무게를 찾고 있는 것도 아닙니다. 기억하는 주체는 나 자신입니다. 마음으로서의 나 자신입니다. 나 자신이 아니라면, 내게서 멀리 떨어져 있다 하더라도 놀랍지 않습니다. 그러나 나 자신보다 무엇이 내게 더 가까울는지요? 기억의 힘이 없어서 내가 나 자신에 대해서 아무것도 말할 수 없을 때면, 참으로 내 기억의 힘은 내가 이해하지 못하는 무엇입니다. 내가 망각했었던 일을 분명히 기억해 낼 때, 내가 무엇을 말할 수 있을까요? 이 기억이 내 기억 속에 존재하지 않는다고 해야 할까요? 그보다도 망각했었던 일은 내가 잊지 않게 하기 위하여 내 기억 속에 존재한다고 해야 할까요? 이런 경우들 모두가 어쨌든 아주 불합리합니다.

그렇다면 제3의 길은 어떠하는지요? 내가 망각했었던 일을 기억할 때, 망각 그 자체가 아니라 망각의 영상을 내 기억 속에 간직한다고 할 수 있는지요? 그렇다면 기억 속에 어떤 대상의 영상이 새겨지려면 우선 그 대상 자체가 존재해야 할 필요가 있고, 그래야만 그 영상에 대한 인상이 떠올려질 수 있다고 할 때, 우리는 어떻게 설명할 수 있겠습니까? 나는 이와 같이 하여 카르타고를, 내가 있던 모든 장소를, 내가 본 사람들의 얼굴과 다른 감각에 의해 전해진 것을, 신체 자체의 건강과 고통도 기억합니다. 다시 말해 이들이 현존할 때, 내 기억은 그들에게서 영상을 포착했습니다. 그리고 그 영상들은 나에게 현존하기 때문에, 비록 그들이 내 앞에 현존하지 않더라도 내가 생각해 낼 때 나는 그들의 영상을 마음 속으로 바라보고 계속 생각할 수 있습니다. 따라서 망각이 기억 속에 망각 그 자체에 의해서가 아니라 그 영상에 의해 간직되어 있다면, 망각 그 자체의 영상은 포착되기 위하여 현존해 있다는 말이 됩니다. 그러나 망각이 현존해 있었을 때 어떻게 망각은 그 영상을 기억 속에 넣었는지요? 망각은 자신이 현존함으로써, 이미 기록되어 있는 기억들을 모두 지워버리게 마련입니다. 그럼에도 어떤 방법으로, 이해할 수 없고 설명할 수 없는 방법이지만 나는 어떤 방법을 통해, 내가 망각 그 자체를 기억한다는 사실, 더욱이 망각에 의해 내 기억하는 일들이 지워진다는 사실을 나는 믿어 의심치 않습니다.

〈주〉

*1 〈창세기〉 3 : 17 이하.
*2 키케로 《복점(卜占)》 2 : 30, 엔니우스 단편 227.

제17장 하느님 앞에 이르기 위해서는 기억도 초월해야 된다

(26) 기억의 힘은 위대합니다. 하느님, 그것은 무엇인지 알 수 없는 두려운 신비, 깊은 늪이며 또한 무한한 다양성입니다. 그리고 이것이 내 혼이며 나 자신입니다. 그러면 하느님, 나는 무엇인지요? 나의 본질은 무엇인지요? 그것은 잡다하고 복잡하여 전혀 헤아려 알 수 없는 생명입니다. 보소서, 이 기억의 들판과 동굴과 바위굴 속에 무수한 종류의 사물들이 가득 차 있음을. 그중의 어떤 것은 다른 물체들과 같이 영상에 의해 존재하기도 하고, 학문이나 기술처럼 그 자체가 존재하기도 합니다. 또한 마음의 감정과 같이 어떤 관념과 표징에 의해 존재하기도 합니다. 기억 속에 있는 일들은 모두 마음속에 있게 마련이지만, 기억은 감정의 관념과 표징을 간직하고 있는데도 마음은 그것을 느끼는 일이 없습니다.

나는 이 모든 것들 사이를 달려서 오가며 그들을 깊이 투시해 보려고 합니다. 그러나 그것들의 밑바닥은 보이지 않습니다. 이처럼 기억의 힘은 위대합니다. 이처럼 생명의 힘은 죽을 수밖에 없는 삶을 살고 있는 인간에게 있어서까지 위대합니다. 그러면 나의 참 생명이신 내 하느님, 나는 무엇을 해야 하는지요? 나는 이 기억이라 일컬어지는 나의 힘도 초월하여 나아가겠나이다. 감미로운 빛이여, 주님 앞에 도달하기 위해 나는 이 힘도 초월하여 나아가겠나이다. 주님은 내게 무엇을 말씀하시는지요? 보소서, 나는 내 마음을 거쳐 내 위에 계신 주님 앞으로 올라가겠나이다. 이 기억이라는 나의 힘을 초월하여 나아가겠나이다. 나는 주님을 만질 수 있는 곳에서 주님을 만지고, 주님께 매달릴 수 있는 곳에서 주님께 매달리려 합니다. 기억은 새나 짐승도 가지고 있습니다. 그렇지 않다면 새와 짐승은 둥지나 굴에 돌아갈 수도 없고, 그 외에 익숙한 수많은 일들을 할 수도 없을 것입니다. 사실 기억에 의하지 않으면 어떠한 일에도 익숙해질 수 없기 때문입니다. 그리하여 나는 네 발을 가진 짐승에게서 나를 나누어 하늘의 새보다 현명한 생명이 되게 하신 그분에게 도달할 수 있도록 기억도 초월하여 나아가겠나이다. 그러나 참된 선이시며 확실한 감미로우심이여, 나는 어디서 주님을 찾을 수 있을는지요? 만일 내 기억 밖에서 주님을 찾게 된다면, 나는 주님을 기억하고 있지 않은 셈이 됩니다. 그러니 내가 주님을 마음에 새기지 않는다면 어찌 지금 주님을 찾을 수 있겠나이까?

제18장 기억 속에 간직되어 있지 않다면 잃은 것을 찾을 수는 없다

(27) 어느 여인이 은돈 한 닢을 잃고서 등불을 켜 들고 그 은돈을 찾았습니다.*1 그 여인이 그 잃었던 일을 기억하고 있지 않았다면 찾지 못했을 것입니다. 그 여인이 그 일을 기억하고 있지 못했다면 그 은돈을 다시 찾았을 때 잃었던 은돈과 동일한지 아닌지를 어찌 알 수 있었겠습니까? 나는 잃어버린 많은 물건들을 다시 찾았던 일을 기억하고 있습니다. 바로 내가 어떤 잃어버린 물건을 찾아 "아마도 이것이야, 아마도 저것이야" 하고 말했을 때, 내가 찾고 있는 물건이 나올 때까지 나는 그것이 아니라고 계속해서 말했습니다. 그 잃은 물건이 무엇이든 간에 그 일을 기억하고 있지 못했다면, 비록 그 물건이 나왔다고 하더라도 나는 그것이 내가 잃어버린 바로 그 물건인지 아닌지를 알지 못하고 인지(認知)할 수 없었을 것입니다. 우리가 어떤 분실물을 찾아 낼 때에는 언제나 이와 같이 합니다.

그러나 어떤 것이 시야에서 사라져버렸지만 기억에서 사라지지 않을 때에는, 어떤 보이는 물체의 경우에 흔히 그러하듯이 그 영상이 우리 기억 속에 보존되어 그 물건이 다시금 눈앞에 나타나게 될 때까지 찾게 됩니다. 그 물건을 발견했을 때 우리 기억 속에 있는 영상에 의해 그 물건임을 인정하게 됩니다. 우리는 그 물건임을 분간하지 못하는 한 분실한 물건을 찾았다고는 하지 않습니다. 또한 기억하고 있지 않는 한 그 물건임을 알지 못합니다. 그러므로 그 물건이 시야에서는 사라졌으나 기억에 의해 보존되어 있는 것입니다.

〈주〉
＊1 〈누가복음〉 15：8.

제19장 기억한다는 것은 무엇인가

　(28) 그러나 우리가 어떤 물건을 망각하고 그것을 찾으려 할 때, 우선 기억 안에서 찾아내려고 합니다. 우리는 기억 자체 안에서가 아니라면 대체 어디서 구하려는지요? 만일 거기에서, 찾던 물건과는 다른 물건이 나오게 된다면, 우리는 그 물건을 배척하고 마침내 우리가 구하는 물건이 나타나기를 기다립니다. 그리하여 마침내 그 물건이 나타났을 때 우리는 "바로 이것이다"고 합니다. 그러나 바로 그 물건임을 우리가 인식하지 못했다면 그렇게 말할 수는 없을 것입니다. 또한 기억하고 있지 않다면 인식하지 못했을 것입니다. 이때는 우리가 망각했음이 틀림없습니다.

　그보다도 그 전체가 우리로부터 없어진 것이 아니라, 아마도 우리 안에 남아 있는 일부분에 의하여 다른 없어진 부분을 찾아 구하곤 했던 것입니다. 기억은 그때까지 함께 생각하고 있던 것을 함께 생각할 수 없게 되었음을 느끼고서, 마치 습관이 절단되어 불구가 됨으로써 그 모자라게 된 부분을 반환하도록 요구하듯이 요구하는 것인가요? 예를 들어 우리가 자기가 아는 사람을 가까이서 보거나 마음 속으로 생각하면서, 그 사람의 이름을 잊고 그 이름을 생각해내려 할 때가 있습니다. 그럴 때에 다른 어떤 이름이 머리에 떠올라도 그 사람에게 연결되지는 않습니다. 이러한 다른 이름은 그 사람과 더불어 생각되지 않았기 때문에 배척됩니다. 그리고 드디어 그 사람의 이름이 나타나게 마련입니다. 우리는 평생을 통하여 그 이름을 그 사람과 함께 생각하고 있었기 때문에, 이름과 사람을 연결시킬 수가 있어 겨우 마음을 놓게 되는 겁니다. 그 이름이 내 기억 자체로부터가 아니라면 어디에서 나타날 수 있겠습니까? 타인의 말을 듣고 생각해낼 때에도 그 생각은 기억에서 나옵니다. 우리는 그것을 전혀 새로운 이름으로서 믿지 않고, 기억하고 있기 때문에 그 언급된 이름이 옳다고 동의하게 됩니다. 그러나 그 이름이 전혀 마음에서 사라지고 없다면, 우리는 타인의 말을 듣고서도 그 이름을 생각해낼 수 없을 것입니다. 우리가 그 이름을 망각했다는 사실만이라도 알고 있는 한, 아직 완전하게 그 이름을 망각한 것은 아니기 때문입니다. 따라서 완전히 망각했다면 우리는 잃어버린 것을 찾을 수조차 없습니다.

제20장 행복한 생활을 위해서는 우선 행복한 생활을 알아야만 된다

(29) 주여, 나는 어떤 방법으로 주님을 찾아 구해야 하는지요? 내가 나의 하느님이신 주님을 구할 때, 나는 행복한 생활을 구하는 것입니다. 나는 내 영혼이 살 수 있도록[*1] 주님을 찾아 구하겠나이다. 내 신체는 내 영혼으로 말미암아 살고, 내 영혼은 주님으로 말미암아 살기 때문입니다. 그렇다면 어떤 방식으로 나는 행복한 생활을 찾아 구해야 하는지요? "이것으로 충분하다. 이것이 행복한 생활이다" 하고 말할 수 있을 때까지 내게 행복한 생활은 없기 때문입니다. 내가 어떻게 그 행복을 구해야 하는지 나는 여기서 묻지 않으면 안 됩니다.

행복한 생활을 망각하고 있듯이, 그리고 내가 행복을 망각했다는 사실을 여전히 다시 기억하듯이 기억해내는지요? 아니면 일찍이 내가 안 적이 없었던 어떤 행복한 일이나, 또는 그 일을 망각했다는 사실조차 기억하고 있지 못할 정도로 망각한 미지의 행복을 알아내라는 재촉에 의해 구하는지요? 행복한 생활은 모든 사람이 바라고 있으며, 그런 생활을 바라지 않는 사람은 아무도 없지 않습니까? 그러나 행복한 생활을 그렇듯 바라기까지 그들은 그런 생활을 어디서 알게 되었는지요? 행복한 생활을 사랑하는 모범을 그들은 어디서 보았는지요? 우리가 각자 나름의 행복을 가지고 있음은 사실입니다. 그러나 그 행복이 우리에게 어떻게 들어오게 되었는지는 알 수 없습니다. 어떤 사람은 현재 자신이 바라던 행복을 누리고 있습니다. 또한 희망을 가지며 그 희망 속에서 행복을 느끼는 사람도 있습니다. 이러한 사람들은 현실로나 희망으로도 행복을 느끼지 못하는 사람들보다는 훨씬 낫습니다. 또한 이 사람들도 행복에 대한 몇 가지 생각을 가지고 있지 않았다면, 그들은 행복조차도 바라지 않을 것입니다. 그러나 그들이 그 행복을 바란다는 사실은 아주 확실합니다. 그들은 어떤 방법에 의해서인지는 모르나 행복한 생활을 알고,

그로 해서 어떤 성질인지는 모르지만 어떤 종류의 인식에 의하여 그 행복을 소유하고 있습니다. 그러나 그 인식이란 무엇인지, 그것은 기억 속에 있는지 아닌지, 나는 간절히 알려고 합니다.

만일 그 행복에 대한 인식이 기억 속에 있다면 우리들은 일찍이 행복했었습니다. 우리는 가장 먼저 죄를 범한 사람(앞) 안에서 죽고, 그에게서 비참한 인간의 상태로 모두 태어났다는 점에서, 모두가 개인적으로 행복하다고 해야 할지 아니면 모두 함께 행복한지*2 지금은 그것을 묻지 않겠습니다. 오직 행복한 생활이 기억 속에 있는지 없는지만을 묻겠습니다. 사실 우리가 행복한 생활을 알지 못했다면 사랑하는 일도 없었을 것이기 때문입니다. 행복이라는 말을 들으면, 우리는 모두 행복한 생활을 누리기 바란다고 고백합니다. 행복이라는 말의 음성으로 해서 기뻐하는 것이 아닙니다.

그리스 사람은 그 행복을 라틴 어로 들을 때, 그 말이 무엇인지를 모르기 때문에 결코 기뻐하지 않습니다. 그러나 우리들 라틴 사람은 그 말을 듣고 기뻐합니다. 또한 그리스 사람도, 그 말을 그리스 어로 듣고 기뻐하는 것은 우리와 다름이 없습니다. 행복한 생활 자체는 그리스 어도 라틴 어도 아니요, 그리스 인이나 라틴 인이나 또한 그 밖의 언어를 말하는 사람들도 한결같이 열렬히 구하는 생활입니다. 따라서 행복한 생활은 모두에게 알려져 있습니다. 그리고 이 사람들을 향하여 한꺼번에 행복한 생활을 바라느냐고 물을 수 있다면, 그들은 모두가 조금도 주저함이 없이 바란다고 대답할 것입니다. 그러나 이러한 일은 행복한 생활이라는 명칭이 나타내는 대상 자체가 그들의 기억 속에 간직되어 있지 않다면 불가능합니다.

〈주〉
＊1 〈이사야〉 55：3.
＊2 〈고린도전서〉 5：22, 곧 인류의 시조 아담을 가리킴.

제21장   행복한 생활은 기억 속에 어떻게 간직되어 있는가

(30) 그것은 카르타고를 본 사람이 카르타고를 기억해내는 식의 그런 행복이 아님은 분명합니다. 행복한 생활은 물체가 아니므로 그것은 눈으로는 볼 수 없습니다. 그렇다면 우리가 수를 기억하는 식의 방법에 의해서인가요?

분명 그렇지 않습니다. 수를 알고 있는 사람은 그 위에 더 수를 얻으려고 노력하지 않습니다. 우리는 행복한 생활을 알고, 그로 해서 행복한 생활을 사랑하면서 더욱더 행복하기 위하여 그것을 얻으려고 바라게 됩니다. 그렇다면 우리가 변론술을 기억하는 그런 방법으로서인가요? 그렇지 않습니다. 과연 변론술이라는 이름을 들을 때에는, 아직 변론에 통달하지 못했더라도 수시로 그런 변론자가 되기를 원하는 사람 때문에 생각하게 됩니다. 많은 사람들은 변론술을 터득하기를 바라고, 그래서 변론술이 그들의 지식 안에 있는게 분명합니다. 그러나 그들은 신체의 감각으로서 타인이 변론술에 통달해 있음을 인정함으로써 그 변론술에 대해 기뻐하며 그렇게 되기를 바랍니다. 하기야 그들은 어떤 내적인 인식으로서가 아니면 그 변론을 기뻐하지 않으며, 또 기뻐하지 않는다면 그렇게 되기를 바라지 않을 것입니다. 그러나 우리는 신체의 어떠한 감각에 의해서 타인이 행복한지 어떤지를 구별하게 되지는 않습니다.

그렇다면 우리가 기쁨을 기억하는 것과 같은 방법에 의해서인가요? 그럴 것입니다. 나는 불행하면서 행복한 생활을 기억하듯이 슬플 때에도 기쁨을 기억합니다. 또한 나는 내 기쁨을 신체의 감각에 의해 보고 듣고 냄새 맡고 맛보고 만져보고 했다기보다, 내가 기쁜 기분이었을 때에 내 마음으로 경험했습니다. 이 기쁨의 지식은 내 기억에 부착되었기 때문에, 나는 기뻐했던 대상을, 기억하는 여러 사물의 성질에 따라서 때로는 혐오를 느끼고 때로는 희망을 품으면서 그 기쁨을 생각해낼 수 있습니다. 왜냐하면 지금도 증오와 저주로 회상되는 불명예스러운 행동으로부터 나는 조금씩 즐거움을 이끌어냈기 때문입니다. 나를 기쁘게 한 것은 대부분의 경우 선량하고 명예로운 사물이었습니다. 그러한 사물 자체는 이미 내 인생에 현존하지 않으나 나는 그것을 회상해 보기를 열망합니다. 이러하므로 나는 오래 전의 기쁨을 생각할 때 슬퍼집니다.

(31) 그렇다면 내가 행복한 생활을 생각해내어 사랑하고 열망할 때, 그것은 내가 어디서 언제 그것을 경험했기 때문인가요? 행복하기를 바라는 것은 나 한 사람이 아니요, 또한 나와 다른 소수의 사람이 아니며, 우리 모두가 동일하게 바라는 바입니다. 그러나 우리가 행복한 생활을 확실한 인식을 통해 알지 못한다면, 이와 같이 확고한 의지로써 그러한 행복한 생활을 구하지

는 않을 것입니다. 그러나 이러한 일은 어찌하여 일어나는가요.

두 사람에게 각각 전쟁터에 나가기를 바라느냐고 묻는다면, 한 사람은 바란다고 대답하고 다른 사람은 그렇지 않다고 대답할지 모릅니다. 그러나 그들에게 행복하기를 바라느냐고 묻는다면, 둘 다 조금도 주저하지 않고 즉시 행복을 바란다고 대답할 것입니다. 두 사람 중 한 사람이 전쟁터에 나가기를 바라고 다른 한 사람은 원하지 않을 경우, 그 이유는 다름아니라 단지 그들 모두 행복하기를 바라기 때문입니다. 그것은 그 두 사람의 기쁨을 얻는 길이 서로 다르기 때문일 뿐입니다.

이와 같이 모든 것은 행복하기를 바라는 점에서 일치되어 있습니다. 그들에게 기뻐하기를 바라느냐고 묻는다면 이구동성으로 바란다고 대답합니다. 이 기쁨 자체를 행복한 생활이라 일컫습니다. 이 기쁨을 어떤 사람은 이 길에 의해 얻으려 하고, 다른 사람은 저 길에 의해 얻으려 하지만, 모든 사람이 도달하려고 노력하는 목표는 오직 하나, 바로 기쁨을 얻는 일입니다. 누구도 이 기쁨이 외적 경험에 있다고 말할 수는 없는 성질이기 때문에, 행복한 생활은 기억 속에 있으면서, 그 단어가 발음될 때마다 인식됩니다.

제22장 행복한 생활이란 어떤 것인가

(32) 주여, 결코 이런 일이 없도록 하소서. 주님을 향해 고백하는 주님의 종인 나에게 결코 이런 일이 없도록 하소서. 내가 그 무엇에서 기쁨을 느끼든 나 자신을 행복하다고 생각하는 일이 없도록 하소서. 사악한 자에게는 주어지는 일이 없고,[1] 주님을 오로지 주님으로 말미암아 경배하고 주님 자신을 바로 기쁨으로 여기는 사람들에게만 주어지는 기쁨이 있기 때문입니다. 행복한 생활이란, 주님을 구하여 주님으로 말미암아 주님을 위해 기뻐하는 일입니다. 이것이 바로 행복한 생활이며, 그 밖에 행복한 생활은 있을 수 없습니다. 그러나 달리 행복한 생활이 있다고 생각하는 자는 다른 기쁨을 추구하며, 참된 기쁨을 추구하지 않습니다. 그렇더라도 그의 의지는 참된 기쁨의 영상을 향해 담겨진 채로 머물 것입니다.

〈주〉
*1 〈이사야〉 48 : 22.

제23장 행복한 생활을 어떻게 구해야 할 것인가

(33) 모든 사람들이 행복한 생활을 바란다고 하는 사실은 확실하지 않습니다. 주님 안에서 자신의 기쁨의 근원을 찾으려 하지 않는 이들도 있기 때문입니다. 주님만이 행복한 생활이지만, 주님으로 말미암아 기뻐하기를 정말로 바라지는 않습니다. 그러나 모든 사람은 아마도 행복한 생활을 구하고 있었을 것입니다. 그리고 "육신이 정신을 좀먹고 정신이 육신을 좀먹어서 그들은 자신들이 원하는 대로 행하지는 않습니다."*¹ 그들은 얻을 힘이 있는 것에만 손을 대며, 얻기에 힘에 겨운 물건에 대해서는 그들의 의지가 충분한 힘을 줄 수가 없기 때문입니다. 나는 모든 것에게 진리인가 허위인가, 그 어느 것을 기뻐하기를 바라는가를 묻습니다. 그렇게 하면 모든 것은, 행복한 생활을 바라기를 주저하지 않듯이, 진리를 기뻐하는 편을 바란다고 주저없이 대답합니다. 사실 행복한 생활은 진리를 기뻐하는 일입니다. 하느님, 그리고 이 기쁨은 "진리이며"*² "나의 빛이며" "내 얼굴의 구원이며 내 하느님"이신 주님께 대한 기쁨입니다. 모든 것은 이 행복한 생활을 바랍니다. 모든 사람은 유일한 행복인 이 생활을 바랍니다. 모든 것은 진리에 대한 기쁨을 바랍니다. 나는 속이려 하는 많은 이들을 알고 있으나, 속기를 바라는 사람은 한 사람도 알지 못합니다. 그렇다면 사람들은 어떻게 이 행복한 생활을 알게 되었는지요? 그들이 진리에 대해 알았던 방법과 똑같은 방법일 수밖에 없습니다. 그들은 속기를 원하지 않기 때문에 진리도 사랑합니다. 그리고 행복한 생활을 사랑할 때, 그것은 진리에 대한 기쁨과 같기 때문에 그들이 진리를 사랑한다고 하는 사실에 대해서는 의심하지 않습니다. 그러나 그들은 진리에 대한 어떤 관념을 기억 속에 지니고 있지 않았다면, 진리를 사랑하는 일은 없을 것입니다. 그런데 그들은 왜 진리 속에서 기쁨을 찾으려하지 않는지요? 그들은 왜 행복하지 못한지요? 그것은 그들이 자신을 불행하게 하는 다른 여러 사물에 너무 관심이 많아서, 그들을 행복하게 하는 진실에 대한 의식이 희미하기 때문입니다. "꽤 많은 빛이 여전히 사람들 속에 있습니다."*³ 그 사람들이 걷게 하소서, 참으로 걷게 하소서, "어둠이 그들을 따라잡지 못하도록."*⁴

(34) 그러나 어찌하여 "진리는 증오를 낳는지요?"*⁵ 진리를 전하는 "주님의 사람"*⁶이 왜 진리를 적으로 여기는지요? 그들은 진리에 근거한 단순한

기쁨인 행복한 인생을 사랑하는 데도 말입니다. 그런데도 진리의 적이 되는 이유는 이렇습니다. 그들은 진리를 사랑한다고 하면서 진리가 아닌 다른, 무엇인가를 사랑하며, 그들의 사랑의 대상이 진리이기를 바라기 때문입니다. 그리고 그들은 속기를 원치 않기 때문에 그들이 그릇되다는 사실을 받아들이려 하지 않습니다. 그런 이유로 그들은 자기들이 진리 대신에, 자기들이 달리 사랑하는 대상을 위하여 참된 진리를 미워합니다. 그들은 진리가 빛날 때에 진리를 사랑하고, 진리가 꾸짖을 때에 진리를 미워합니다. 그들은 속기를 바라지 않고 속이기를 원하기 때문에, 진리가 자신을 분명히 나타낼 때에는 진리를 사랑하고, 진리가 잘못된 그들 자신을 드러낼 때에는 진리를 미워합니다. 그러나 진리에 의해 드러나기를 싫어하는 사람들도 결국은 진리에 의해 드러나고 마는 심판을 받게 됩니다. 그러나 진리는 그와 같은 사람들에게는 자신을 드러내 보여주지 않습니다. 인간의 마음은 완전히 맹목이요 심술궂으며 부끄러운 줄 모르고 조심성이 없으며, 자기는 숨어 있으려 하면서도 그 어떤 것이든 자기 눈에서 숨겨져 있기를 바라지 않습니다. 그러나 사실은 정반대의 일이 나타납니다. 인간의 마음이 진리에 대하여 숨어 있지 않고 진리가 인간의 마음에 대하여 숨어 있습니다. 이렇듯 인간의 마음은 거짓보다도 진실을 희망합니다. 오락에서가 아니라, 모든 사물을 진실하게 만드는 진리 안에서만 기쁨을 발견하게 된다면 비로소 행복해질 것입니다.

〈주〉

＊1 〈갈라디아서〉 5 : 17.
＊2 〈요한복음〉 14 : 6.
＊3 〈요한복음〉 12 : 35.
＊4 테렌티우스 《안드로스의 딸》 68.
＊5 〈요한복음〉 8 : 40.
＊6 〈요한복음〉 5 : 35, 3 : 20.

제24장 진리를 발견하는 이는 하느님을 발견한다

(35) 주님, 나는 주님을 찾아 구하면서 그 얼마나 내 기억 속을 널리 방황하며 거닐었는지 모릅니다. 나는 주님을 내 기억 밖에서 발견하지는 못했나이다. 사실 내가 주님에 대하여 발견한 것은, 그 무엇이든지 내가 주님을 알

게 된 뒤부터의 기억 속에서 나왔기 때문입니다. 나는 주님을 알게 된 뒤로 주님을 잊은 일이 없습니다. 나는 진리를 발견한 곳에서 바로 진리 자체이신 내 하느님을 발견하였고, 진리를 알게 된 뒤로부터 그 진리를 잊은 일이 없었습니다. 그래서 내가 주님을 알게 되고서부터 주님은 나의 기억 속에 머물게 되었고, 내가 주님을 생각하며 주님 안에서 기쁨을 얻을 때, 나는 주님을 내 기억 속에서 발견합니다. 이것이 나의 성스러운 기쁨이며, 주님은 그 자비하심으로 내 가난함을 돌보시며 그 기쁨을 내게 주셨나이다.

제25장 하느님에 대한 기억은 어떤 단계에서 발견되는가

(36) 그러나 주님, 당신께서는 내 기억 속 어디에 머무시는지요? 대체 주님의 집은 어디에 마련하셨는지요? 주님은 어떤 휴식 장소를 주님 자신을 위해 만드셨는지요? 주님은 자신을 위해 어떤 성소를 세우셨는지요? 주님은 내 기억 안에 계시다고 하는 명예를 내게 주셨으니, 내 기억의 어느 부분에 주께서 거처하고 계신지 여기서 고찰하려 합니다. 나는 주님을 생각할 때 짐승들조차 가지고 있는 기억의 부분을 초월했습니다. 나는 주님을 물체적인 사물의 영상 속에서는 발견하지 못했기 때문입니다. 그러고서 나는 내 마음의 감정을 맡긴 기억의 일부분에 이르렀으나 거기에서도 주님을 발견하지 못했나이다. 그래서 그 뒤 내 기억 속에 있는 마음 자체의 자리에까지 갔습니다. 그곳까지 간 까닭은, 마음은 마음 자체를 기억하기 때문입니다. 주님은 물체적 영상이 아니며, 또 기뻐하고 슬퍼하고 바라고 두려워하고 기억하고 잊고 하는 마음을 경험하는 살아 있는 사람의 감성적 느낌도 아니며, 마음 그 자체도 아니듯이, 주님은 거기에도 계시지 않았습니다. 주님은 마음의 주인이신 하느님이십니다. 이 세상의 만물은 모두 변화하지만 주님은 모든 만물 위에 변화하는 일 없이 머무십니다. 더구나 내가 주님을 알고 난 뒤로 황송하게도 내 기억 속에 머물러 계십니다.

그러나 나는 왜 계속해서 그 어느 장소에 주님께서 머물러 계시는지를, 마치 실제로 거기에 계신 장소가 있는 것처럼 찾고 있는지요? 분명히 나의 기억은 주님께서 머물러 계시는 곳에 있습니다. 사실 나는 주님을 처음으로 알게 되고서부터 주님을 줄곧 기억하고 있고, 또한 주님을 생각해낼 때는 언제나 기억 속에서 주님을 보게 되기 때문입니다.

제26장 하느님은 어디서 찾을 수 있는가

(37) 나는 어디서 주님을 찾아보고 주님을 알 수 있게 되었는지요? 내가 주님을 알게 되기 이전에, 주께서 이미 내 기억 속에 계시지 않았기 때문입니다. 그러면 나는 주님을 어디서 찾아보았고 주님을 알게 되었는지요? 그것은 내 위에 계신 주님으로 말미암아서가 아니었는지요? 그러나 이 일은 결코 공간적으로 생각해서는 안 됩니다. 우리가 주님에게서 떨어지든 주님에게 접근하든, 결코 공간적으로 움직이는 것이 아닙니다. 진리여, 당신은 가는 곳마다 당신에게 문안 올리는 모든 사람을 지배하십니다. 여러 모로 문안을 올리는 사람들에게, 그들이 온갖 문제에 대하여 당신의 의견을 구할 때에도 여러 가지 해답을 주십니다. 당신은 명료하게 대답할 수 있지만 모든 말을 명료하게 듣지는 않습니다. 모든 사람들이 자기가 바라는 일에 대하여 의견을 구하지만, 언제나 자기가 바라는 바를 듣지는 못합니다. 가장 충실한 하인은, 주님의 말씀대로 행동하고자 하는 자신의 의지에 지나치게 주의를 기울이지 않습니다.

제27장 하느님의 아름다움을 사랑하지 않은 것을 탄식하다

(38) 오래면서도 또한 새로운 아름다움이시여, 내가 당신을 너무 늦게 사랑하였습니다. 당신은 내 안에 계셨는데 나는 밖에 있으면서 쓸데없이 당신을 밖에서 찾았습니다. 그리고 나는 추한 모습을 하고, 주께서 창조하신 아름다운 창조물들 속으로 돌진하였습니다. 주님, 당신은 나와 함께 계셨는데, 나는 당신과 함께 있지 않았습니다. 사랑스러운 사물들이 나를 당신에게서 멀리 떨어지게 하였습니다. 하기야 당신의 그 아름다운 피조물들이 당신 안에 있지 않았다면, 그들은 아예 존재하지도 않았을 테지요. 당신은 부르고 소리 높이 외쳐 내 벙어리 귀를 뚫리게 하였고, 번쩍이는 빛을 비추어 내 먼 눈을 뜨게 하셨습니다. 당신은 향기를 뿜으셨기 때문에 나는 그 향기를 빨아들이며 당신을 사모하여 허덕입니다. 나는 당신을 맛보았기에 굶주림과 목마름을 느낍니다. 당신은 나를 어루만지셨기에 나는 당신의 평화를 얻기를 열망합니다.

제28장 시련의 연속인 인간의 삶

(39) 내 모든 것을 바쳐 주님께 매달릴 때는 나에게 더이상 괴로움이 없을 것입니다. 그때 내 생활은 완전히 주님으로 해서 충만해지고 참으로 산 자가 될 것입니다. 그러나 주님은 지금 주님으로 해서 충만해지는 자를 높이시나, 나는 아직 주님으로 해서 충만한 자가 아니기에 나 자신에게 있어서 무거운 짐입니다. 내 안에는 탄식스러운 기쁨과 기쁨에 겨운 슬픔이 서로 다투고 있습니다. 그중 어느 것이 승리를 차지할는지 나는 알지 못합니다. 아아, 슬픕니다. "주여 나를 불쌍히 여기소서." 이 어리석은 사람을 보소서. 내 상처를 감추지 않습니다. 주님은 의사시요, 나는 병든 환자입니다. 주님은 자비로우시고 나는 자비를 받아야 할 사람입니다. "지상에서의 인간 생활은 시련이 아닌지요?"[1] 누가 고통이나 어려움을 원하겠나이까? 주님께서는 그런 고난들을 참고 견디라고 명하시지만, 사랑하라고는 명하시지 않나이다. 그 누구나 참고 견디는 일을 추상적으로는 사랑하여도, 참고 견뎌야 할 일을 사랑하지는 않습니다. 참고 견디는 일을 기뻐하지만, 그보다도 참고 견디어야 할 일이 존재하지 않기를 바라기 때문입니다.

나는 역경에 있으면서 순탄한 경지를 열망하고, 순탄한 경지에 있으면서 역경을 두려워합니다. 이 두 가지 사이에, 인간의 생활이 시련이 아닐 수 있는 중간 위치를 차지하는 일이 있을 수 있을는지요? 저주받은 일은 곧 세상의 번영입니다. 왜냐하면 한번이 아니라 두 번 세 번 계속되면서, 역경과 성공의 부패에 대한 두려움이 더욱더 생겨나게 되기 때문입니다. 또 저주받은 일은 곧 세상의 역경입니다. 왜냐하면 한번이 아니라 두 번 세 번 계속되면서, 번영에 대한 희망을 키우게 되기 때문이며, 역경 그 자체가 힘들기 때문이며, 사람의 인내가 깨질 가능성이 있기 때문입니다. "지상에서의 인간 생활은 끊임없이 계속되는 시련인가요?"

〈주〉
[1] 〈욥기〉 7 : 1.

제29장 모든 희망은 하느님 안에 있다

(40) 내 모든 희망은 온전히 주님의 크신 자비에 달려 있습니다. 주께서

명하시는 바를 주시고, 주께서 바라시는 바를 명하소서. 주님은 우리에게 절제를 명하시나이다. "나는 하느님께서 주시지 않는다면 아무도 절제를 가질 수 없다는 사실을 알고 있다. 따라서 그 절제가 누구의 선물인지를 아는 것도 지혜이다"고 성서에 기록되어 있습니다. 사실 우리는 절제를 통하여 하나로 통합되지만 이 통합체로부터 또 분산되어 다중화되게 됩니다. 주님을 위해 사랑하는 것이 아닌 어떤 대상을 주님과 더불어 사랑하는 사람은, 주님을 조금밖에 사랑하지 않는 사람입니다. 오오, 사랑이여. 너는 영원히 불타올라 결코 꺼지는 일이 없다. 나의 하느님이신 자비여, 나로 하여금 불타게 하소서. 주님은 절제를 명하십니다. 주께서 명하시는 바를 주시고, 주께서 원하시는 바를 명하소서.

제30장 육체의 유혹에 대한 태도

(41) 주님께서는 내게 "육신의 정욕과 시각적 욕망과 이 세상의 교만"*¹을 절제하도록 명백히 명하시나이다. 주님은 여자 친구와 잠을 함께 하지 말라고 하시며, 정식 혼인에서도 주께서 허락하시는 것보다도 더 나은 길을 택하도록 권하셨습니다.*² 그리고 주님은 내게 힘을 주셨기 때문에, 나는 주님의 성례를 시행하는 자가 되기 전에*³ 이미 주께서 명하는 대로 되었나이다. 그러나 그 일에 관하여 나는 이미 많은 사실을 상세히 고백하였듯이, 내 기억 속에는 여전히 나의 성적 습관이 거기에 고정시켜 놓은 여러 사물의 영상들로 살아 있습니다. 이 영상들은 깨어 있는 상태에서는 미약하지만, 나의 수면 중에 일어날 때는 내게 동의까지 얻어내어 실제의 행동과 똑같이 영향을 끼칩니다. 영혼 속의 현혹적인 영상은, 나의 육신 속에 있는 나의 혼에 대하여 아주 강력해져서, 눈을 뜨고 있을 때에는 진실된 것도 유혹하지 못하나, 잠들어 있을 때는 허위의 꿈이 내게 영향을 미칩니다.

주 나의 하느님, 이렇게 잠들어 있을 때 나는 진정 나 자신이 아닌지요? 더구나 깨어 있다가 잠이 든 나와, 잠들었다가 잠이 깬 나 사이에는 얼마나 큰 차이가 있던지. 이윽고 눈을 떴을 때에 이성이 그러한 연상적 생각들에 저항하겠습니까? 그리고 실제 현실이 그 연상적 생각에 맞게 제시되어도 이성에 변함이 없을 수 있을까요? 눈이 감겨진다고 해서 이성도 함께 감겨지지는 않습니다. 이성은 신체적 감각이 잠든다고 해서 잠들지는 않습니다. 그렇다면 우리가 수면 중에도 (깨어 있을 때처럼 이성적으로) 거역하여, 우리의 의도를 잊지 않고 더욱 충실히 지켜 그러한 유혹에 결코 동의하지 않는 일이 있는 것은 어떤 까닭에서인지요? 그럼에도 (잠들어 있는 나와 눈 뜨고 있는 나 사이에) 아주 큰 차이점이 있으며, 비록 내가 수면 중에 동의하는 일이 있어도 눈을 뜨면 양심의 평정을 되찾게 됩니다. 우리는 실행된 사건과 우리의 의지 사이에 있는 커다란 틈새 때문에, 우리가 어느 정도 마음 먹고 있던 일들을 적극적으로 행하지 않았음을 알고 후회합니다.

(42) 전능하신 하느님, 주님의 손은 내 영혼의 모든 병을 고쳐주십니다. 주님의 넘쳐흐르는 은혜로 내 수면 중의 호색한 마음의 충동까지 진정하게 해주십니다. 주여, 주께서 내 안에 주님의 은혜를 더해주신다면, 내 영혼이 정욕의 새장에서 해방되어 주님을 향하는 나를 따르게 하소서. 내 영혼이 자신에게 반항하는 일 없이, 수면 중이라도 감각적 영상에 의하여 부패하고 썩은 일을 행하여 육체 자체를 더럽히거나 또한 동의하는 일조차 하지 않게 하소서. 사실 이러한 일이, 비록 생각대로 억제하기에는 하찮은 일이라 하더라도, 살아 있는 동안뿐 아니라 지금 이 연령에도 잠들어 있는 나의 깨끗한 감정을 조금도 흐트러지지 않게 하는 일은 "우리가 바라거나 생각하거나 하는 것 이상으로 이룰 수 있는" 전능하신 분에게는 결코 대단한 일이 아니기[4] 때문입니다.

그러나 나는, 지금 내가 여전히 이 종류의 악에 있어서 어떠한 상태인가 하는 사실을 내 선하신 주님을 향하여 고백하나이다. 주께서 내게 주신 것을 "전율로부터 기뻐하며," 내가 불완전함을 슬퍼하며 고백하나이다. 그리고 나는 주께서 내 안에 주님의 자비하심을 완성하여 완전한 평화를 이루신다면, 나는 "죽음이 승리에 의해 사라질"[5] 때 나의 내적인 것과 외적인 것이 주님과 함께 그 평화를 함께 누릴 것입니다.

〈주〉
*1 〈요한일서〉 2 : 16.
*2 〈고린도전서〉 7 : 38.
*3 〈고린도전서〉 4 : 1, 성직자를 가리킴.
*4 〈에베소서〉 3 : 20.

제31장 식욕의 유혹에 대한 태도

(43) 그 밖에도 또한 "다른 날에는 또 다른 악"이 있습니다. 나는 그 날의 악이 그 날로 족하기[1]를 바랍니다. 나는 신체의 소모를 매일같이 복구하기 위해 먹고 마십니다. 이 일은 조만간 주님께서[2] "음식과 배를 멸할" 때까지, 그리고 멋지게 시간을 보낸 뒤에도 신물이 날 필요가 없도록 하시어 이 썩을 육신을 영원히 썩지 않는 옷으로 입히실 때까지 계속됩니다.[3] 그러나 지금은 그 음식의 필요가 내게 있어 감미로움이며, 나는 포로가 되지 않기 위하여 이 감미로움과 싸우고 있습니다. 나는 금식하며 날마다 싸움을 계속하고, 때로 "내 신체를 쳐서 이것을 복종시키는"[4] 일도 있습니다. 공복의 고통을 쫓아버리는 일은 내게 있어서 유쾌합니다. 사실 굶주림과 목마름은 일종의 고통이며, 영양이라는 의약이 도우러 오지 않는다면, 열병이 사람을 죽이듯이 내 몸을 태워 죽이게 됩니다. 그런데 이 영양이라는 의약은 주께서 우리를 위로하는 선물이니, 우리들 가까이에 있습니다. 이 선물에 의하여 땅도 물도 하늘도 우리의 약함을 도와주기 때문에, 그 고난도 즐거움이라고 일컬어집니다.

(44) 내가 약을 사용하듯이 영양을 섭취하려 한 까닭은 주님의 가르침을 받았기 때문입니다. 그러나 내가 배고픔의 고통으로부터 배부름의 만족으로 옮겨가려 할 때, 그 통로에는 욕망의 덫이 놓여 있습니다. 사실 거기로 옮겨가는 것이 쾌락이며, 더구나 긴박한 필요에 의해 강요되는 곳으로 옮겨가기에는 달리 길이 없기 때문입니다. 건강을 보존하기 위해 우리는 먹고 마십니다. 따라서 위험한 즐거움이 하인으로서 가담하고 또한 대부분의 경우 그보다 앞서려고 노력합니다. 내가 건강 때문에 행하려 생각하거나 행하기를 바라고 있는 것도 사실은 이 즐거움 때문에 행해지는 것입니다. 그러나 건강과 쾌락은 그 기준을 달리하고 있습니다. 곧 건강을 위해서 충분한 것은 쾌락에 있어서 불충분합니다. 그리고 신체에 필요한 배려가 더 많은 도움을 구하는지, 그보다도 쾌락의 욕망이 우리를 속이고 봉사를 요구하는지 확실치 못한 경우가 흔히 있습니다.

불행한 영혼은 이 불확실을 기뻐하고 그것에 의해 자기 변호의 구실을 만듭니다. 그리고 건강을 보존하기 위하여 어느 정도의 것이 필요한지 분명치 않기 때문에, 보건이라는 명목 아래 쾌락을 충족시키기를 기뻐하고 있습니다. 나는 매일 이러한 유혹에 이기려고 애쓰며 주님의 도우심을 불러 구하고 내 고민을 호소합니다. 나는 이 일에 대하여 아직 생각이 정해져 있지 않기 때문입니다.

(45) 나는 나의 하느님께서 "포식하거나 술에 취하여 마음을 둔하게 하지 말라"[*5]고 명하시는 음성을 듣습니다. 술 취함은 내게서도 멀리 떨어져 있습니다. 그것이 내게 접근하지 못하도록 주님은 나에게 은총을 내려주시려 합니다. 그러나 폭식은 때로 주님의 종인 이 몸에게 스며들 때가 있습니다. 그 폭식이 내게서 떨어질 수 있도록 은총으로 도우소서. "주께서 허락지 아니하시면 아무도 금욕을 지킬 수 없기" 때문입니다. 우리가 구하여 기도할 때 주님은 많은 것을 주십니다. 그리고 우리가 기도하여 구하기 전에 받은 선도 모두 우리가 주님에게서 받았습니다. 또한 우리가 뒷날 이 사실을 알게 된 은총도 주님에게서 받았습니다. 나는 일찍이 술에 취해 주정꾼이 된 적은 없었으나, 주정꾼이 주님으로 말미암아 제정신으로 돌아간 일은 알고 있습니다. 그래서 일찍이 술에 취한 일이 없던 자가 주정하지 않는 것은 주님의 은혜요, 일찍이 주정하던 자가 더 이상 주정하지 않는 것도 주님의 은혜입니다. 또한 누구의 은혜로 그렇게 되었는지 아는 것도 주님의 은혜입니다.

나는 또한 "정욕을 따르지 말고 스스로에게 쾌락을 금하라"고 하는 주님의 음성을 들었습니다. 나는 주님의 선물로 내가 아주 좋아하는 이런 말씀도 들었습니다.

"먹어도 유익함이 없고, 먹지 않아도 더 나빠지지 않는다."[*6]

곧 먹어도 나는 풍요하게 되지 않고, 먹지 않아도 비참하게 되지 않는다는 뜻입니다. 나는 또한 "내가 어떤 상태에 있다 하더라도 만족함을 배웠다. 나는 부유함에 처하는 길을 알고, 궁핍함에 참는 길을 알았다. 나를 격려하시는 분으로 말미암아 모든 일을 할 수 있다"[*7]는 소리를 들었습니다. 그와 같은 외침은 우리와 같은 티끌이 아니라 천군의 천사들입니다. 그러나 주여 기억하소서. "우리들은 티끌에 지나지 않으며", 주님은 인간을 티끌로부터 지으셨나이다. 인간은 "잃어버려졌으나 다시금 찾게 되었습니다."[*8]

그러나 이렇게 말하는 사람(_바_울)도 우리와 마찬가지로 티끌이기 때문에 스스로의 힘으로 그렇게 할 수 없었습니다. 그는 주님의 영감을 받아 그렇게 외쳤으므로, 우리는 그를 크게 사랑합니다. 곧 그는 "나를 격려하시는 그분으로 말미암아 모든 일을 할 수 있다"[9]고 말하고 있습니다. 나도 그 일을 행할 수 있도록 힘을 주시어 강하게 하소서. 주께서 명하시는 바를 주시고, 주께서 원하시는 바를 명하소서. 그 사람(^바울)은 주님으로부터 받았다고 고백하고, "그 자랑하는 것을 주님으로 말미암아 자랑한다"[10]고 말합니다. 나는 또한 다른 사람이 주님께 도움을 구하여 "내게서 위장의 욕망을 제거해 주소서" 하는 기도 소리를 들었습니다. 이로 미루어 볼 때 거룩하신 하느님, 주께서 행하라고 하신 명령은 주께서 주신 선물로 인해 지켜졌음이 분명합니다.

(46) 선량하신 아버지, 주께서 내게 가르쳐 주소서.

"깨끗한 자에게는 모든 것이 깨끗하게[11] 마련이지만, 그것을 먹고 불쾌감을 느끼는 사람에게는 악이 됩니다."[12]

"주께서 만든 창조물은 모두 좋은 것으로서, 감사한 마음으로 받을 때에는 무엇 하나 버릴 수 없습니다."[13]

"우리들을 하느님에게 나아가게 하는 것은 음식이 아닙니다."[14]

"누구든지 우리들을 먹을 것이나 마실 것으로 비판해서는 안 됩니다."[15]

"먹는 자는 먹지 못하는 자를 업신여겨서는 안 됩니다. 먹지 못하는 자는 먹는 자를 심판해서는 안 됩니다."[16]

나는 이러한 사실을 배웠습니다. 나의 하느님, 내 귀를 두드리시고 내 마음을 비추시는 나의 스승이여. 나는 주님께 감사드리고 주님을 찬미하나이다. 나를 모든 유혹에서 구해 주소서. 나는 음식의 불결함을 두려워하지 않고 욕망의 두려움을 두려워하나이다. 나는 노아가 음식으로서 적합하다는 이유로 온갖 종류의 고기를 먹을 수 있도록 허용받은[17] 사실을, 엘리야가 고기로 양육된 사실을,[18] 놀라운 절제 생활을 하던 요한에게 음식으로 제공된 생물, 곧 메뚜기에 의해 더럽혀지지 않은 사실을 알고 있습니다.[19] 한편 나는 에서(Esau)가 팥죽 요리를 탐내어 속게 되었고,[20] 다윗이 물을 마신 일로 해서 자신을 책망하고[21] 우리의 왕(^{그리}스도)이 고기가 아니라 빵으로 시험받은 일을 알고 있습니다.[22] 따라서 황야의 백성도 고기를 원해서가 아니라 먹을 것을 바라서 주님을 향해 불평했기 때문에 꾸중을 받아야 했습니다.[23]

(47) 그리하여 나는 이런 유혹들 속에서, 나날이 먹고 마시는 욕망과 싸우

고 있나이다. 그것은 여자와의 관계에서 그럴 수 있었듯이, 단호히 결심하여 두 번 다시 그런 일이 없도록 할 수 있는 성질의 것이 아닙니다. 그러니 목 구멍의 고삐는 적당히 놓았다 죄었다 하며 조절하지 않으면 안 됩니다. 주여, 필요한 한도를 조금이라도 넘어서면 그것을 제거할 수 있는 사람이 있을는지요? 만일 그런 사람이 있다면 그는 위대하며, 그러한 사람은 주님의 이름을 찬양해야 합니다. 그러나 나는 그렇지 못합니다. 나는 죄인입니다.*²⁴ 그러나 나 또한 주님의 이름을 찬양합니다. "세상을 이기신"*²⁵ 그분 (그리스도) 은 내 죄를 위해 주님께 탄원하여, 나도 또한 "그 지체의 약한 부분*²⁶으로 삼아*²⁷주실 것입니다." 왜냐하면 "주님의 눈은 그의 몸 가운데 완전치 못한 지체를 보시고 주님의 책 속에는 모든 사람이 기록되기 때문입니다."

〈주〉
＊1 〈마태복음〉 6 : 34.
＊2 〈고린도전서〉 6 : 13.
＊3 〈고린도전서〉 15 : 53.
＊4 〈고린도전서〉 9 : 27.
＊5 〈누가복음〉 21 : 34.
＊6 〈고린도전서〉 8 : 8.
＊7 〈빌립보서〉 4 : 11~13.
＊8 〈누가복음〉 15 : 24, 32.
＊9 〈빌립보서〉 4 : 13.
＊10 〈고린도전서〉 1 : 31.
＊11 〈디도서〉 1 : 15.
＊12 〈로마서〉 14 : 20.
＊13 〈디모데전서〉 4 : 4.
＊14 〈고린도전서〉 8 : 8.
＊15 〈고린도후서〉 2 : 16.
＊16 〈로마서〉 14 : 3.
＊17 〈창세기〉 9 : 2.
＊18 〈열왕기상〉 17 : 6.
＊19 〈마태복음〉 3 : 4.
＊20 〈창세기〉 25 : 30.

＊21〈사무엘하〉23：15.

＊22〈마태복음〉4：3.

＊23〈민수기〉11：4 이하.

＊24〈누가복음〉5：8.

＊25〈요한복음〉16：33.

＊26〈로마서〉8：34.

＊27〈고린도전서〉12：22.

제32장 후각의 유혹에 대한 태도

(48) 냄새의 유혹에 대해서는 나는 큰 관심을 가지고 있지 않습니다. 냄새가 없어도 나는 부족을 느끼지 않고, 또한 있다 하더라도 거부하지 않습니다. 또한 항상 냄새 없이 살 준비도 되어 있습니다. 나 자신을 이렇게 생각하고 있으나 나는 속고 있는지도 모릅니다. 왜냐하면 나 자신 속에는 유감스럽게도 가려져 있는 부분이 있어서, 내 안에 있는 능력이 거기에 숨겨져 있기 때문입니다. 따라서 내 정신은 나 자신의 여러가지 힘들에 대하여 검토할 때, 발견된 대로 쉽사리 믿으려 하지 않습니다. 정신 속에 있는 것은 대부분, 경험을 통해 밝은 곳에 드러나지 않는 한 숨어 있기 때문입니다. 그 때문에 "총체적 시련"＊1이라고 일컬어지는 이 세상의 삶에서 만족한 사람은 분명히 없습니다. 사악했다가 선량하게 된 사람이 이번에는 반대로 선량했다가 사악한 사람이 될 수 있습니다. 오직 주님의 자비하심만이 유일한 희망이요, 유일한 신뢰요, 유일하고 확실한 약속입니다.

〈주〉

＊1〈욥기〉7：1.

제33장 청각의 유혹에 대한 태도

(49) 귀의 쾌락은 가장 강하게 나를 결박했으나, 주님은 나를 해방시켜 자유의 몸이 되게 하셨나이다. 나는 지금도 주님의 말씀으로 생기를 얻어, 듣기 좋은 찬송가 소리를 들을 때마다, 내 기분이 조금씩 안정되는 사실을 고백하나이다. 나는 그 찬송가 소리에 사로잡히지 않고, 원할 때는 언제나 떨치고 일어날 수 있습니다. 그러나 그 말씀들은 주님의 말씀에 생명을 불어

넣는 생각들과 연결되어, 내 마음 속에서 어떤 명예의 지위를 요구하며, 나는 그 말씀에 합당한 장소를 찾기가 곤란합니다. 나는 때로 그에 어울리는 것보다도 더 많은 영예를 주고 있다고 생각되는 일이 있습니다.

곧 나는 신성한 주님의 말씀들이 그와 같이 찬송될 때에는 찬송되지 않을 때보다도, 우리의 마음에 성구 그 자체에 의하여 한층 경건하고 열렬하게 신앙의 불꽃으로 타오름을 느낍니다. 우리 정신의 온갖 감정들은 그 다양성에 따라서 그 노래 소리에 독특한 가락을 가지고 있으며, 또 각 경우에 맞추어 찬송되며, 신비한 내적 공감에 의해 감동이 불러일으켜짐을 느낍니다. 그러나 내 육신의 기쁨으로 인해 정신이 박약해져서는 안 되게 마련인데도 때로 육신의 기쁨이 나를 속이는 경우가 있습니다. 그것은 감각이 원인없이 지각될 때 그렇습니다. 감각의 기쁨이 허용되려면 이성이 수반되어야 하는데도 그 기쁨이 앞서 달려 리드하려는 역할을 시도하는 일조차 있습니다.

그리하여 나는 이러한 일에 대해서도 알지 못하는 사이에 죄를 범하고, 뒤에야 비로소 깨닫게 됩니다.

(50) 그런가 하면 나는 때로 이러한 속임수에 빠지지 않기 위해 너무 지나치게 조심하다가 도리어 엄격하게 실수하는 경우도 있습니다. 또한 때로는 크나큰 과오에 빠져, 다윗의 시편이 흔히 노래되는 감미로운 선율을 모조리 내 귀에서, 또는 교회의 귀에서도 멀리 하려 할 때가 있습니다.

나는 알렉산드리아의 주교 아타나시우스*¹에 대하여 흔히 언급되었던 사실을 기억하고 있습니다. 그가 행한 바와 같이 시편의 낭독자로 하여금 가급적 가락적인 리듬보다는 오히려 말하는 리듬으로 노래하게 하는 것이 안전하다고 생각하는 일도 있습니다. 그러나 그럼에도 불구하고 내가 신앙을 회복하고 나서 눈물을 쏟아내며 감동했을 때, 나는 그 찬송가에 의해서가 아니라 찬송되는 말씀에 의하여 감동합니다. 그리고 나는 여기에 다시금 찬송가를 부르는 큰 관습의 효과를 인정하게 됩니다.

이와 같이 나는 쾌락의 위험과 건전의 경험 사이에서 동요하고 있습니다. 물론 결정적인 의견을 말하려는 것은 아니지만, 어느 편인가 하면, 교회에서 찬송하는 관습을 시인하려고 생각합니다. 찬송은 귀를 즐겁게 함으로써 정신의 박약함에도 경건의 힘을 일으키기 때문입니다. 그러나 내가 찬송되는 말씀보다도 찬송가에 감동될 때에, 나는 죄를 범하여 형벌을 받아야 한다고 고백하고, 그러한 경우에는 찬송가를 듣지 않았다면 좋았을 뻔했다고 생각합니다.

보소서, 나는 이와 같은 상태입니다. 마음 속으로 선에 대해 걱정하는 사람들이여. 선행이 쏟아져 나오는 샘물이여. 나와 더불어 나를 위해 울지니라. 그대들이 이러한 걱정을 품고 있지 않다면 이러한 깊은 생각에 의해서도 감동하지 못할 것입니다. 그러나 "주 나의 하느님, 내 기도를 들으사 돌보시고 보호하시며 자비를 베푸시고 나를 고쳐주소서." 주님의 눈으로 보실 때 나는 나 자신에게 있어서 문제가 되었나이다. 이것이 바로 나의 병입니다.

〈주〉

*1 아타나시우스(296~373). 알렉산드리아의 주교.

제34장 시각의 유혹에 대한 태도

(51) 주님 성전(聖殿)의 귀에 들리는 내 고백은 나의 육체에 대한 고백입니다. 거기에는 내 육체가 지닌 눈이 느끼는 기쁨의 고백이 있습니다. 그 성전의 귀란 그리스도교 형제들의 경건한 귀*1입니다. "하늘에서 주시는 나의 집에 갇히게 될 나의 욕망"과 탄식에도 불구하고,*2 나는 이제 육체의 욕망에 대해 말하기를 그치려 합니다. 아무튼 눈은, 아름답고 다양한 형태와 화사하고 아름다운 빛을 사랑합니다. 내 영혼으로 하여금 이들에게 붙들리지 않고 하느님에게 사로잡히게 하소서. 하느님은 이 모든 것들을 "보기에 좋게 만드셨으나",*3 하느님 자신이 나의 선이며 그 보기좋은 사물들이 나의 선은 아닙니다.

이들은 종일 눈을 뜨고 있는 한 내게 닿으며, 내게 잠시도 휴식을 주지 않고, 노래하는 모든 이들과 때로는 전체 합창은 침묵을 지킵니다. 사실 이 색깔의 여왕인 빛은 우리가 눈으로 보는 모든 사물에 차고 넘쳐서, 내가 한낮에 어디에 있더라도 여러 가지 모양으로 지나가고, 내가 어떤 다른 일을 하여 그것에 주의하지 않을 때에도 내게 매력 있는 모습을 드러내곤 합니다. 더구나 우리에게 깊숙이 스며 있기 때문에, 갑자기 제거될 때에는 열렬히 추구되고, 오랫동안 나타나지 않으면 우리의 마음을 슬프게 합니다.

(52) 오오 빛이여, 토비아(Tobia)*4가 눈을 감은 상태에서 본 빛이여. 그

는 아들에게 살아가야 할 길을 가르쳤고, 사랑의 발로 아들의 앞에 서서 걸었습니다. 한 걸음도 실족하지 않으면서! *5

또한 이삭은 "늙어서 육신의 눈이 흐려 보이지 않게 되었을"*6 때, 그의 아들들을 알아보지 못하는 상태에서 그들을 축복하는 은총을 받았습니다. 더욱이 그들을 하나하나 구별하여 축복의 행위를 보이는 은총을 받았나이다!

또한 야곱의 경우에도 고령 때문에 시력을 잃고 있었으나, 빛을 받은 마음으로써 그의 자식들 가운데 미리 알려진 미래 백성들의 종족을 비추었습니다. 그리하여 야곱은 요셉의 아들인 그의 손자들의 머리 위에 신비한 방법으로 십자 모양으로 손을 얹고서 축복했습니다. 그 아이들의 아버지(요셉)가 그렇게 하기를 원하지 않았으므로 야곱은 그를 고치려 했습니다. 그들의 아버지인 요셉은 (그 축복의 의식을) 외적으로만 보았고 (할아버지인) 야곱 자신은 내적인 시각으로 구별했던 것입니다.*7

그 빛은 하나이며 그 빛을 보고 사랑하는 자들도 모두 하나입니다.*8

이와는 반대로, 내가 앞서 언급한 물체적인 빛은 이 세상의 생활을 맹목적으로 사랑하는 자에게 매혹적이고 위험한 감미로움을 첨부해 줍니다. 만물의 창조자이신 하느님, 그러나 주님을 찬양할 줄 아는 사람은 이 빛을 주님의 찬미가*9 속에 넣어서 다루며, 그 빛 때문에 영혼의 잠을 자지는 않습니다. 나 또한 그러하기를 원하나이다. 나는 주님의 길을 걷는 내 발이 걸리는 일이 없게 하기 위하여 내 눈의 유혹에 저항하고, 주께서 내 발을 올무에서 끌어내시도록, 내 눈에 보이지 않는 눈을 주님에게 향하나이다. 주님은 여러 차례 내 발을 풀어주셨지만, 내 발은 곧 다시 올무에 걸리고 맙니다. 나는 가는 곳마다 설치된 올무에 걸리는 일이 자주 있으나, 주님께서는 끌어내시는 일을 한 번도 중지하지 않으셨나이다. "이스라엘을 지키시는 이는 자지도 않고 졸지도 않나이다."

(53) 사람들은 눈의 즐거움(쾌락)을 위하여, 온갖 기술과 재주로 여러 가지 물건을 만들어 냅니다. 우리의 옷과 구두와 그릇과 기타 온갖 종류의 도구, 또한 회화와 여러 가지 작품 등, 나날의 필요를 충족시키는 적당한 물품들, 신앙을 위한 경건한 의미를 훨씬 초월하는 여러 사물들, 그 얼마나 무수한 사물들을 만들었는지 모릅니다. 그리고 인간은 밖으로는 그들이 만드는

것을 추구하며, 안으로는 그들을 만드신 분을 내버리고, 현재의 창조되어 있는 인간 자체를 파괴합니다.

나의 하느님, 나의 영광이시여. 그러나 나는 이들을 위하여 주님을 향해서 찬미를 드리나이다. 그리고 나를 위하여 희생을 바치신 주님께 찬미의 제물을 바치나이다. 예술가의 영혼에 의해 기능인의 손에 옮겨진 이 아름다운 사물들은, 영혼보다 높은 아름다움으로부터 나옵니다. 나의 영혼은 밤이나 낮이나 그 아름다움을 동경하여 한숨짓습니다. 그러나 외적인 미(美)를 제작하거나 추구하는 사람은 그것으로부터 평가의 기준을 끌어내지만, 그 아름다운 대상들을 올바르게 사용하려는 원리를 끌어내지는 않습니다.*¹⁰ 판단의 원리도 거기에 있건만 그들은 그 원리를 보지 않습니다. 말하자면 그들은 너무 지나치게 나아가지 말고 주님을 위해 그들의 강인한 힘을 지켜서, 정신적으로 지치게 하는 즐거움으로 인해 그 힘이 소진되지 않도록 해야 합니다. 나도 또한 이러한 사실을 말하며 그것을 인정하면서도 그 아름다운 것의 올무에 발이 걸립니다.

그러나 주여, 주님은 나를 끌어내어 주시나이다. 주여, "주의 자비하심이 내 눈앞에 있기" 때문에 나를 끌어내어 주시나이다. 사실 나는 자비하심에 사로잡히고, 주님은 자비하심으로써 나를 끌어내어 주시나이다. 나는 때로 조금만 발을 들여놓았을 뿐이므로 그것을 깨닫지 못하는 경우도 있으나, 대부분의 경우에는 깊이 빠져 들어 그것에 고통을 느낍니다.

〈주〉

*1 〈고린도후서〉 6 : 16.

*2 〈고린도후서〉 5 : 2.

*3 〈창세기〉 1 : 31.

*4 토비아는 납달리 지파의 사람. 앗시리아의 포로가 되었으나, 경건과 인내 및 하느님을 향한 순종 생활을 했다.

*5 〈토비아〉 4 : 2 이하.

*6 〈창세기〉 27장.

*7 〈창세기〉 48~49.

*8 〈창세기〉 48 : 14.

*9 암브로시우스 《찬미가》.

*10 〈욥의 첫째 편지〉 2 : 16.

제35장 호기심의 유혹

(54) 위험성이 다양한 유혹의 다른 형태를 여기에 덧붙이겠습니다. 육신의 정욕은 모든 감각과 쾌락에 대한 욕망의 만족을 추구하고 있으며, 만약 사람들이 그러한 욕망을 섬겨 노예가 되면 주님으로부터 멀어져 멸망하게 됩니다. 그것 외에는 육신의 정욕과 동일한 신체 감각에 의한 욕망으로서, 육신에 의하여 향락을 구하는 것이 아니라 육신을 통하여 경험을 얻으려 하는 헛된 호기심의 욕망이 있습니다. 이 호기심은 영혼 안에서, 인식이라든가 학문이라는 미명 아래 숨어 있습니다. 이 욕망은 인식의 욕구 속에 있습니다. 감각 가운데에서도 인식하는 데 있어 중요한 지위를 차지하는 것은 눈입니다. 그렇기 때문에, 그것은 하느님의 말씀에 의하여 "눈의 욕망"*[1]이라 일컬어집니다. 본다는 행위는 원래 눈의 작업이기 때문입니다. 그러나 우리는 이 본다는 말을 다른 감각에 대해서도 우리가 그 감각들을 인식하기 위한 용도로 사용합니다. 가령 얼마나 번쩍이는지 들으라든가, 얼마나 빛나는지 냄새 맡으라든가, 얼마나 찬란한지 맛보라든가, 얼마나 반짝이는지 손을 대보라고 하지 않고, 이들을 모두 보라고 합니다. 그러나 우리는 눈만이 느낄 수 있는 것에 대하여, 얼마나 빛나는지 보라고 하는 데 그치지 않고, 또한 어떤 소리가 나는지 보라든가, 어떤 냄새가 나는지 보라든가, 어떤 맛이 나는지 보라든가, 얼마나 단단한지 보라는 식으로 말을 합니다. 그로 해서 감각의 경험은 일반적으로 위에서 말한 대로 "눈의 욕망"이라고 일컬어집니다. 본다는 작용은 눈이 그 특권을 쥐고 있기는 하지만, 다른 감각도 어떤 인식을 구할 때 유비(類比 : 사물 상호간에 대응하여 존재하는 동등성·동형성)의 입장에서 이 능력을 사용합니다.

(55) 이 일로 미루어 감각에 의해 야기되는 쾌락과 호기심이 어떤 것인지 그 차이점이 한층 명료하게 드러납니다. 곧 쾌감은 보기에 아름다운 것, 좋은 소리를 내는 것, 향기로운 것, 맛이 좋은 것, 부드러운 것을 구하지만, 호기심은 새로운 경험을 얻으려고 하기 때문에 그와 반대의 것을 시도해보려고 합니다. 다시 말해 고난을 짐지기 위해서가 아니라 그것을 경험하여 인식하려 하는 욕망에 의해 나아갑니다. 가령 우리로 하여금 전율을 느끼게 하는 참혹하게 살해된 시체를 보는 일에는 어떠한 쾌락이 있겠습니까? 더구나 그것이 어디에 버려져 있을 때, 사람들은 달려갔다가 공포에 질린 나머지 창백해집니다. 그들은 꿈에서라도 그런 광경을 보기를 무서워하게 마련이지

만, 생시에 누가 억지로 가서 보라고 했는지 또는 아름다운 존재에 대한 소문이나 되는지 아무튼 거기에 끌려갑니다. 다른 감각의 경우도 이와 마찬가지입니다. 하나하나 말한다면 너무 장황해질 것입니다. 그러나 이 병적인 욕망 때문에 극장에서 여러 가지 기적이 연출됩니다. 이 때문에 사람들은 우리의 밖에 존재하는 자연의 숨은 작용에 대한 탐구에 열을 내게 마련입니다. 그러나 그것을 안다고 해서 어떤 이익이라도 가져오게 되는 것도 아니며, 인간은 단지 알기만을 바랄 뿐입니다. 그래서 동일하게 사악한 지식을 알려고 하는 그릇된 호기심 때문에 마술로 탐구하는 사람도 있습니다. 그러나 결국 그것도 같은 목적에 의합니다. 또한 신앙의 영역에서 하느님이 시험을 당하고, 표적과 기적*2이 구원을 위해 구해지는 것이 아니라 단지 경험하기 위하여 요망되는 경우도 같은 목적입니다.

(56) 이와 같이 위험한 올무로 가득 찬 광대한 숲속에서 나는 많은 것을 쓰러트리고 내 마음으로부터 쫓아내었나이다. 내 "구원의 하느님"이여, 그것은 주께서 내게 그렇게 할 수 있는 능력을 주셨기 때문입니다. 더구나 계속해서 이런 종류의 것들이 이렇듯 많이 우리의 일상 생활 주변 어디든 가는 곳마다에 널려 있습니다. 어느 때가 되어야, 이런 종류의 그 어떤 것도 이미 나로 하여금 그것을 보거나 헛된 관심으로 붙잡으려 하는 욕망을 일으키지 않는다고 할 수 있는 날이 올는지요? 나는 이미 극장에 끌려다니는 일은 없고, 또한 별의 운행을 알려고도 하지 않습니다. 또한 내 영혼은 결코 망령의 대답을 구하는 일이 없습니다. 나는 선을 모독하는 모든 의식을 싫어하게 되었습니다. 주, 나의 하느님. 내가 주님으로부터, 내가 겸손하고 단순한 종으로서 섬겨야 할 의무를 지니고 있는 주님으로부터 어떤 표정을 구하는 일이 있다 한다면, 그때 악마가 어떤 간교한 계책으로 나를 꾀었을 것인지요! 그러나 나는 이러한 종류의 것에 대한 동의가, 이미 내게 있어서 생각지도 않은 것인 바와 같이 앞으로도 멀리 떠나게 하소서. 그러한 생각에 접근하지 않고 더욱더 멀리 떨어져 사라지기를 우리의 왕과 소박하고 정결한 조국 예루살렘*3의 이름으로 주님께 기도합니다. 그러나 내가 다른 사람의 구원을 위해 주님께 기도하여 구할 때에는 내 목적과 의도는 그것과 전혀 다릅니다. 그리고 주님은 주께서 바라시는 대로 행하시오니, 내가 기뻐 주님을 따를 수 있는 능력을 내게 주시고 또한 즐거이 당신의 뜻을 따라가도록 도와주소서.

(57) 그럼에도 우리의 호기심이 나날이 얼마나 수많고 하찮은 사항들에 유혹당하며, 얼마나 자주 거기 빠져드는지 누가 헤아릴 수 있겠습니까? 세상의 헛된 이야기를 하는 사람들에 대해 처음에는 못마땅하게 여기면서도 그의 마음을 상하게 할까 봐 참고 듣노라면, 우리도 점차 이야기에 빠져드는 때가 흔히 있습니다. 나는 이미 극장에서 개가 토끼를 쫓는 광경을 보러 가지는 않습니다. 그러나 내가 들판을 지나고 있을 때에 개가 토끼를 쫓는 광경을 본다면, 나는 거기에 정신이 팔려서 어떤 중대한 생각도 잊게 될 것입니다. 내가 말 머리를 돌려 그 뒤를 쫓는 일은 없겠으나, 마음은 이미 거기에 가 있습니다. 그때 즉시 주께서 내게 나의 약함을 가리키시며, 내가 본 그것으로부터 어떤 종류의 고찰을 통해 주님에게까지 올라가기를 권고하시거나, 그것을 전혀 무시하여 간과하도록 내게 권고하시지 않는다면, 나는 멍청한 상태에 열중해 있을 것입니다. 또한 내가 집에 있을 때 도마뱀이 파리를 잡거나 거미가 그 줄에 날아든 파리를 향해 덤벼드는 일이 흔히 내 주의를 끕니다. 그들이 작은 생물이기 때문에 앞의 경우와 다르다고는 할 수 없습니다. 나는 이들로 말미암아 모든 것을 불가사의하게 만드시고 통치하시는 주님께 찬양을 드리게 됩니다. 그러나 그 때문에 내 주의를 그들에게 향하고 있지는 않습니다. 재빨리 일어서는 일과 쓰러지지 않는 일은 별개입니다. 내 생활은 이러한 사건으로 가득 차 있습니다. 내 유일한 희망은 주님의 뛰어나시고 크신 자비뿐입니다. 우리의 마음이 이런 종류의 것이 되어 수많은 것들을 담게 될 때, 우리의 기도도 그들에 의하여 자주 방해되고 흐트러집니다. 그리고 우리가 주님 앞에서 마음의 소리를 주님의 귀에 속삭이고 있을 때에도 어디서인지 모르게 쓸데없는 잡념이 스며들어 이렇듯 중대한 작업이 중단됩니다.

〈주〉
*1 〈요한일서〉 2 : 16.
*2 〈요한복음〉 6 : 26.
*3 "우리의 왕"은 그리스도를 가리키며, "소박하고 정결한 조국 예루살렘"은 교회를 가리킴.

제36장 교만한 생활의 유혹

(58) 우리는 이러한 일을 중요하지 않다고 여기며 무시하고 지나갈 수는 없습니다. 주님은 우리를 변화시키기 시작하셨으니, 주님의 분명한 은총만

이 우리로 하여금 희망을 다시 품게 할 수 있습니다. 주님은 어느 정도로 우리를 변화하게 하셨는지 아시나이다. 주님은 처음에 자기변호를 하려 하는 욕망에서 나를 구해내셨으니, 그것은 "주께서 내 모든 불의를 용서하시고, 내 모든 병을 고치시며, 내 생명을 파멸로부터 건져내시고, 자비와 은총으로서 내게 관을 씌우시며, 내 욕망을 선(善)으로 채우기" 위해서였습니다. 주님은 또한 주님의 공포로 내 교만을 억제하시고, 내 목에 주님의 멍에를 얹게 하셨나이다. 지금 나는 주님의 멍에를 메고 있으나, 그것은 이미 내게는 가볍습니다.*¹ 주님께서 약속하신 대로, 그리고 실행하신 대로입니다. 사실은 이전에도 그렇게 가벼웠으나 그 멍에에 속해 있기를 두려워했을 때에는 그 사실을 알지 못했었습니다.

(59) 스스로는 주님을 섬기는 일이 없고, "오직 홀로 참된 주님이신"*² 까닭으로 해서, 홀로 교만함이 없이 지배하시는 주님,*³ 이 세 번째 종류의 유혹이 참으로 끊임없이 나를 괴롭혔고, 이 생애 전체를 통해 멈출 수 없습니다. 그 유혹은 사람들로 하여금 나를 두려워하게 하고 사랑해주기를 바라는 것입니다. 그것도 다른 어떤 이유가 있어서가 아니라 단지 그것으로부터 기쁨을 얻기 위해서입니다. 그러나 그것은 진실된 기쁨이 아닙니다. 그것은 불쌍히 여겨야 할 생활이며 피해야 할 허식입니다. 특히 이 일로 해서 주님을 사랑하지 않게 되고, 근신하여 주님을 두려워하지 않는 일도 생기게 됩니다. 그로하여 주님은 "교만한 자를 물리치시고 겸손한 자에게 은혜를 주시어",*⁴ 이 세상의 교만 위에 "천둥을 울리시고 산들의 터전을 흔들리게 하십니다." 이리하여 우리는 인간 사회의 직무로 해서 사람들에게 사랑을 받고 두려움을 받지 않으면 안 되기 때문에, 우리의 참된 행복의 적은 우리에게 가까이 다가와서 곳곳마다 올무를 설치하고는 "잘 되었다, 잘 되었다"고 하는 칭찬의 말을 퍼뜨립니다. 그리고 원수는 우리가 욕심을 부려 그것을 주워 모으고 있는 동안, 방심한 틈을 타서 우리를 붙들어 끌고 가, 우리의 기쁨을 주님의 진리로부터 옮겨 인간의 거짓 속에 두고, 우리로 하여금 주님을 위해서가 아니라 주님 대신 사랑받고 두려움받는 일을 기뻐하게 합니다. 이렇게 우리들도 자기와 같게 되게 한 뒤에 우리들로 하여금 정결의 동료가 아니라 동일하게 형벌을 받을 도당 속에 끌어넣으려 합니다. 우리의 원수는 "그 자리를 북극에 두기로" 결심하고,*⁵ 부당하고 왜곡된 방법으로 주님을 모방하면서 어

둡고 차가운 땅에 있는 자들로 하여금 자기에게 순종하게 합니다. 그러나 주여, 우리는 주님의 "작은 무리"입니다.*6 우리를 주님의 것으로 소유해 주소서. 주님의 날개를 펴 주소서. 그리고 우리로 하여금 그 아래 피하게 하소서. 주께서 나의 영광이 되소서. 우리는 주님으로 말미암아 사랑을 받고, 주님의 말씀으로 해서 우리가 두려워하기를 바랍니다. 주님께서 꾸중하시는데도 인간에게 칭찬받기를 바라는 자는 주께서 심판하실 때 인간에게 변호를 받지 못하고, 주께서 정죄하실 때 구원함을 받지 못할 것입니다. 그러나 "죄인이 그 영혼의 정욕으로 상을 받지 못하고, 불의를 행하는 자가 축복받지 못하는 것"이 아니라, 어떤 사람이 주께서 그에게 주신 선물로 해서 칭찬받을 때, 그가 그로 해서 칭찬의 선물을 타게 되는 것보다도 그가 칭찬받는 사실을 기뻐한다면, 그는 비록 칭찬을 받는다고 하더라도 주님으로 해서 꾸중을 받는 것입니다. 그를 칭찬한 자는 칭찬받은 자보다 낫습니다. 앞의 사람은 인간에게 주는 하느님의 선물을 기뻐하고, 뒤의 사람은 하느님의 선물보다도 인간의 선물을 기뻐합니다.

〈주〉
*1 〈마태복음〉 11 : 30.
*2 〈이사야〉 37 : 20.
*3 〈요한일서〉 2 : 16.
*4 〈야고보서〉 4 : 6, 〈베드로전서〉 5 : 5.
*5 〈이사야〉 14 : 13 이하.
*6 〈누가복음〉 12 : 32.

제37장 인간의 칭찬을 받고자 하는 유혹

(60) 주여, 우리는 매일 이러한 유혹으로 시련을 당하고 끊임없이 시험을 받습니다. 인간의 혀는 매일 매일의 연금술의 도가니*1입니다. 주님은 이러한 방면에 있어서도 절제를 명하십니다. 주께서 명하는 바를 주시고, 주께서 바라시는 바를 명하소서. 단, 이때 주님께서는 주님을 향해 내쉬는 내 마음의 '신음소리'와 내 눈에 넘치는 눈물을 알고 계시나이다. 나는 이러한 질병으로부터 얼마나 깨끗해졌는지 쉽게 알 수가 없고, 주님의 눈에는 분명하면서도 내 눈에는 보이지 않는 나 자신의 숨은 죄를 크게 두려워하고 있나이다.

왜냐하면 다른 종류의 유혹에 대해서는 나 자신에 대해서 탐구할 수 있는 능력을 지니고 있으나, 그러한 종류의 문제(보이지 않는 죄)에 대해서는 거의 알 수 있는 방법이 없기 때문입니다. 육체적 쾌락이나 지식에 대한 끝없는 호기심을 억제하는 정신적 능력을 내가 얼마나 지니고 있는지를 알기는 나로서는 아주 단순합니다. 나의 선택 때문이든 사물들이 내게 소용이 없어서이든, 나는 이런 사물들에 빠지지 않기만 하면 되기 때문입니다. 이때 나는 그러한 사물들을 가지지 않는 것이 내게 있어서 다소 괴로운가 또는 괴롭지 않은가 스스로 물어봅니다. 더욱이 부(富)는 그 세 가지 욕망—육의 욕망, 눈의 욕망, 이 세상의 사치—중 그 어느 하나에, 또는 그 둘에, 또는 그 모두에 수단이 된다고 생각됩니다. 만일 마음이 그 욕망들을 경멸하는지 아닌지를 분명히 통찰할 수 없다면 시험삼아 그 욕망들을 버려보면 알 수 있습니다.

그러나 다른 사람의 칭찬에 무심하려면, 그리고 경험으로 그런 칭찬을 확신하려면 우리는 어떻게 살 수 있는지요? 우리가 너무 자포자기하고 부패해서 모든 사람들이 우리를 싫어하는, 그런 악한 삶을 우리는 살으려 하는지요? 이보다 더 미친 짓이 또 어디에 있겠습니까? 그러나 칭찬이 보통 선한 생활과 선한 행위에 동반되기 때문에, 우리는 선한 생활 그 자체와 이 칭찬을 다 버릴 수는 없습니다. 그러나 나는 어떤 것이 결여될 때에 나의 마음이 태연할지 아니면 불편할지는 그것이 실제로 없어질 때까지 알지 못합니다.

(61) 그러니 주여, 내가 이런 종류의 유혹에 대하여 무엇을 고백하겠나이까? 나는 칭찬이 기쁘지 않은 척할 수는 없습니다. 그러나 나는 칭찬을 받는 일보다도 진리를 선포할 때 더 기쁩니다. 그러므로 누가 미쳐버리거나 모든 일에 잘못을 저질러 모든 사람들로부터 칭찬받기를 바라는지, 아니면 시종일관 진리를 굳게 지켜 모든 사람들로부터 비난받기를 바라는지 묻는다면, 나는 어느 쪽을 선택해야 할지 알고 있습니다. 뿐만 아니라 나는 다른 사람의 칭찬으로 내 안에 있는 어떤 선에 대한 기쁨이 늘어나는 것조차 바라지 않습니다. 그러나 나는 인정하나이다. 사실 다른 사람의 칭찬은 내 기쁨을 더할 뿐 아니라 비난은 내 기쁨을 줄어들게 합니다. 내가 이렇듯 비참한 상태에서 괴로워하고 있을 때 어떤 자기 합리화의 변명이 내 마음에 떠오르게 마련이지만, 그것이 어느 정도 도움이 되는지는 하느님이여, 오직 주님만이 알고 계십니다.

나는 그것에 대해 잘 모르겠습니다.

　주님께서는 우리에게 절제, 바로 어떠한 사물에 대한 우리의 사랑을 절제해야 한다고 명했을 뿐 아니라, 또한 정의를 명하셔서 우리가 직접 사랑해야 할 대상을 지켜 유지하라고 명하셨습니다. 그래서 우리가 주님뿐 아니라 이웃도 사랑하도록 요구하셨습니다.*2 이 때문에 나는 이해심이 좋은 이웃의 칭찬을 듣고 기뻐할 때, 나는 이웃의 능력과 장래성에 대해 기쁘게 생각하며, 그와 반대로 그 이웃이 알지 못하는 사실이나 또는 어떤 선한 일에 대하여 비난하는 소리를 들을 때, 나는 그 이웃의 잘못을 슬프게 생각하는 때가 흔히 있습니다. 때로는 이웃이 내가 불만스럽게 생각하는 일을 칭찬하거나, 나에게서 썩 좋지 못한 일을 분수에 넘치게 높이 평가하여 칭찬을 하면 나는 무척 슬퍼합니다. 그러나 내가 이렇듯 슬프게 생각하는 까닭은, 나를 칭찬하는 사람이 나 자신에 대하여 나와 의견을 달리하기를 바라지 않기 때문일 것입니다. 그리고 나는 내가 그렇게 느끼는 까닭도 다른 사람의 이익을 생각하여서가 아니라, 내 안에 있는 어떤 선이 다른 사람을 즐겁게 해줄 때 그로 인해 내가 더 즐겁게 되리라 생각하기 때문입니다. 나 자신의 의견이 인정받지 못할 때, 또는 내가 탐탁치 않게 여기는 사항들이 그 가치 이상으로 칭찬받을 때, 어떤 의미에서 나는 칭찬받지 못하고 있는 것입니다. 나는 이러한 점에서 나 자신에 대해 확신하지 못함을 압니다.

　(62) 진리여, 내가 당신으로 해서 알 수 있는 사실은, 내가 사람들로부터 칭찬받을 때, 나는 그 칭찬을 나 자신의 이익을 위해서 받아서는 안 되며, 이웃을 위해서 받아야 한다는 사실을 알고 있습니다. 그러나 실제로 내 마음이 그러한지 아닌지를 알지 못합니다. 이런 일에 대해서는 주님을 알고 있는 만큼도 나 자신을 알지 못합니다. 나의 하느님, 내가 주께 기도합니다. 나를 위해 기도하려는 사람들에게 내가 어떤 상처를 몸에 담고 있는지 고백할 수 있도록, 나 자신을 내 앞에 드러내 주소서. 나는 다시 한 번 자세하게 나 자신에게 질문하고자 합니다. 내가 칭찬을 받을 때 타인을 생각하여 내 마음이 즐겁다고 한다면, 타인이 부당하게 비난받을 때 나 자신이 비난받을 때만큼 마음을 쓰지 않는 까닭은 무엇인지요? 나 자신이 모욕을 당할 때, 타인이 내 눈앞에서 마찬가지로 부당하게 모욕당할 때보다 더 심하게 가슴 아파하는 까닭은 무엇인지요? 그보다도 이러한 사실들을 내가 너무도 모르고 있는

것 아닌지요? 아니면 "나는 자기 스스로를 속여"*3 주님 앞에서 마음으로나 혀로 진리를 행하는 일이 없는지요?*4 주여, 내 입이 내게 있어서 "내 머리에 바르는 죄인의 기름"과 같은 존재가 되지 않도록 이러한 거짓된 생각을 내게서 멀리 사라지게 하소서.

〈주〉
＊1 〈잠언〉 27 : 21.
＊2 〈마태복음〉 22 : 37 이하.
＊3 〈갈라디아서〉 6 : 3.
＊4 〈요한복음〉 3 : 21.

제38장 허영과 자기 도취는 최대의 위험이다

(63) "나는 가난하고 궁핍합니다." 나는 비밀스레 탄식하면서 자신에게 불만을 느끼고 주님의 자비를 구해야 마땅합니다. 그리고 마침내 나의 부족함이 채워져서 완전한 경지에 이르러, 교만한 사람의 눈에는 보이지 않는 평화에 도달하게 될 것입니다. 그러나 입에서 나오는 말과 사람들에게 알려지는 행위에는, 칭찬을 사랑하는 마음 때문에 생기는 극히 위험한 유혹이 따라다니고 있습니다. 이 욕구로 인해 우리는 자신의 우월성을 확립하기 위한 타인의 칭찬을 구걸하게 합니다. 또한 유혹을 내가 거절할 때에도 유혹입니다. 내가 비난한다는 사실 자체 때문에 그것은 또한 유혹이 되는 까닭입니다. 또한 때로 허영심에 대한 경멸이 한층 심한 허영심의 근원이 되는 경우가 있습니다. 경멸할 만한 일을 사람들이 자랑으로 여길 때, 그 일은 비난받지 않기 때문입니다.

제39장 자기 만족은 하느님이 보시기에 불쾌한 일이다

(64) 우리 마음에는 또한 그 밖에도 이와 같은 종류의 유혹에 속하는 악이 있습니다. 그 악은 타인을 기쁘게 하지 않거나 타인을 불쾌하게 하며, 또한 타인을 기쁘게 하기 위해 노력하지 않습니다. 더구나 자기에게 만족하고 있는 사람들이 공허하게 되는 악입니다. 그러나 그들은 자신들을 즐겁게 만들면서 주님을 크게 불쾌하게 합니다. 그들은 선이 아닌 것을 선처럼 기뻐할 뿐 아니라, 주님의 선하심조차 자기의 선이라고 주장하고, 자신의 선이 주님

의 선물이라고 인정하지 않습니다. 그 선행들이 자기 공적으로 말미암는다고 생각하기 때문에 주님이 불쾌해하십니다. 이 모든 위험한 유혹과 노고 속에서 주님은 내 마음의 떨림을 알고 계시나이다. 나는 계속해서 그렇게 상처를 받았고, 주님께서는 그 상처를 끊임없이 치료해주십니다.

제40장 유일하고 안전한 영혼의 휴식처는 하느님에게 있다

(65) 진리여, 당신이 나와 더불어 걷지 않은 적이 있었습니까? 내가 이 낮은 지상에서 볼 수 있었던 모든 것을 주님께 고백하고 주님의 지시를 구했을 때, 주님은 내가 무엇을 경계해야 할지, 무엇을 구해야 할지를 가르쳐주시지 않았습니까? 진리여, 당신이 나와 더불어 가지 않은 곳은 아무 데도 없었습니다. 나는 감각을 통해 가능한 한 이 세상을 관찰하고, 내 신체를 살게 하는 생명과 내 감각 자체를 고찰하였습니다. 그리고 나는 내 기억의 깊은 곳에까지 진입하였습니다. 그 기억의 깊은 속에는 불가사의한 방법으로 무수한 저장물이 소장되어 있는 온갖 거대한 방이 있었습니다. "나는 그 저장물들을 바라보며 크게 두려워했습니다." 주님이 없이는 그중 어떤 것도 분별할 수 없었고, 또한 그 중 어떤 것도 주님이 아니라는 사실을 알게 되었기 때문입니다. 또한 내가 이 사실을 알게 되었지만, 나 자신도 역시 주님일 수는 없는 노릇입니다. 나는 모든 존재들을 찾아 헤매며 그들을 구별하고, 제각기의 가치에 따라 평가하였으며, 어떤 존재는 감각의 전달을 통해 맞아들여 심문하고, 또 다른 어떤 존재는 나 자신과 섞여 있음을 느껴서 그들의 전달과 그 자체를 조사하여 헤아렸습니다.

주님의 존재를 찾기 위해, 계속해서 나는 내 기억의 광대한 저장물 속에서 어떤 존재를 자세히 조사하고, 어떤 존재를 다시 수용하고, 어떤 것을 끌어내려고 노력하였습니다. 그러나 내가 이렇게 주님의 존재를 찾으려는 일을 했을 때, 그 일은 나 자신이 한 일이 아닙니다. 나로 하여금 그 일을 하게 한 힘은 나 자신이 아닙니다. 또한 이 힘은 주님도 아닙니다. 그것은, 주님께서는 영원히 계실 빛이시며,[1] 나는 이 빛을 향하여 모든 사물들에 관해서 그 사물들이 존재하는지, 존재한다면 어떤 것들인지, 어떻게 평가해야 하는지를 묻고, 주께서 내게 가르쳐 명하신 바를 들었기 때문입니다.

나는 위에서 말한 바와 같은 일을 자주 행하여, 거기에서 기쁨을 얻고, 해야만 할 일에서 해방되어 여유를 얻을 때마다 이 여유의 쾌락에서 숨을 장소를 찾습니다. 나는 주님의 가르치심을 구하면서 그렇게 나 자신을 탐구하였으나 주님 안에서만 내 영혼의 안전한 거처를 찾을 수 있었습니다. 주님 안에서는 나의 분산된 열망들이 모아지고, 나의 어떤 부분도 주님으로부터 떨어져 나가지 않을 것입니다.

그리고 때때로 주님께서는, 나로 하여금 이상한 감미로움의 느낌을 매우 깊이 맛보도록 할 때가 있습니다. 그러한 느낌의 경험이 내 안에서 완성된다면, 그것은 이 세상의 모든 경험을 초월하는 느낌일 것입니다. 그러나 나는 생존의 무거운 짐에 끌려서 다시금 현실의 생활에 잠기고, 일상의 습관에 삼켜져 그런 방식에 결박됩니다. 눈물은 폭포와 같이 흘러 떨어지지만, 나는 더욱더 단단히 묶입니다. 이렇듯 습관의 무거운 짐은 무섭게 나를 억누릅니다. 이 상태에 있을 수는 있으나 그것을 바라지 않습니다. 저 상태에 있기를 바라지만 내 힘으로는 불가능합니다. 이러하니 어떤 상황에 놓여 있든지 나는 불행합니다.

〈주〉
＊1 〈요한일서〉 1 : 5.

제41장　세 가지 욕망

(66) 그러므로 나는 세 가지 욕망 속에 나타나 있는 나의 죄 많은 병을 보고, 주께서 나를 구원하시도록 주님의 오른손을 구하였습니다. 나는 상한 마음으로 주님의 빛을 얼핏 보았으나 책망을 듣고서 이렇게 말했나이다.

"누가 거기 도달할 수 있겠나이까? 나는 주님의 시야 밖으로 던져져 내버림을 당했나이다."

주님은 만물을 주관하시는 진리이십니다. 그러나 나는 내 사적인 욕심 탓으로 주님을 잃지 않으려 하였고, 주님을 거짓으로 소유하려 하였습니다. 단, 진리가 무엇인지에 대해서 알고 있는 바를 모두 버릴 만큼 거짓말쟁이가 되려는 사람은 대개의 경우 없었기 때문에 나도 주님을 거짓으로 소유하지는 못하였습니다. 이렇게 해서 나는 주님을 잃었습니다. 주님께서는 진정 자신이 거짓됨과 함께 받아들여지는 일을 허용할 만큼 자신을 낮추시지는 않으시니까요.

제42장 거짓 중재자에게 속는 사람들

(67) 주님과 나를 화해시켜 줄 분으로 누구를 찾아볼 수 있겠습니까? 나는 구원을 찾아 천사들에게 도움을 청해야 했습니까? 어떠한 기도를 드리고 어떠한 종교 의식으로써 그것을 구했어야 했을는지요? 많은 사람들은 주님에게 돌아가려고 노력하면서도 그들 스스로는 그렇게 하지 못합니다. 내가 들은 바로는 그렇게 주님께 돌아가려는 일을 시도하다가 기괴한 환상에 대한 열망에 붙들려 그 당연한 결과로 속임을 당했습니다. 그들은 학식을 내세워 교만해지고, 그들의 가슴을 치기보다는 오히려 잔뜩 펴고서 주님을 찾아 구했습니다. 그러다가 그들의 교만한 정신이 기도하는 음모의 동료로서, 마술의 힘으로 그들을 교란시킨 "널리 알려진 권력자들"[*1]을 그들에게로 끌어들였습니다. (주님께 돌아가려 갈망하는) 그들은 어떤 중재자가 그들을 깨끗하게 해주리라 생각하였는데, 그 권력자들은 그러한 진정한 중재자가 아니었습니다. 그 권력자는 "악마가 빛의 천사로 가장하는 악마였기"[*2] 때문입니다. 세속적 육체를 가지고 있지 않다는 사실이 교만한 육체에게 있어서는 오히려 강력한 유혹의 무기였습니다. 주님, 그들은 죽음을 면할 수 없는 죄인이지만, 그들이 불손한 태도로 화해하려 했던 주님은 불사(不死)이시며 죄가 없으신 분입니다. 그러나 "하느님과 사람 사이의 중재자"[*3]는 한편으로 하느님과 닮은 면을 가지고 있는 동시에 다른 면에서 사람과 비슷한 면을 가지고 있지 않으면 안 됩니다. 만일 양면 모두 사람과 비슷하다면 하느님으로부터 멀리 떠나고, 또한 양면 모두 하느님을 닮았다면 사람에게서 멀리 떠나게 됩니다. 그리고 그 어느 것도 중재자는 아닐 것입니다. 때문에 그 거짓 중재자는—이 거짓 중재자로 인해, 마땅한 자존심이 주님의 비밀 심판에 의해 혼란됩니다만—사람과 다를 바 없게 되며, 죄를 함께 지니고 있게 마련입니다. 또한 이 거짓 중재자는 다른 특징도 하느님과 공통으로 지니고 있는 것처럼 보이기를 바랍니다. 왜냐하면 그는 죽어야 할 육체를 입고 있지 않고, 죽지 않는 존재라고 큰소리치기 때문입니다. 그러나 "죄의 값은 죽음이기"[*4] 때문에, 거짓 중재자는 인간과 더불어 영원히 사형에 처해질 뿐입니다.

＊1 〈에베소서〉 2 : 2.

＊2 〈고린도후서〉 11 : 14.

＊3 〈디모데전서〉 2 : 5.

＊4 〈로마서〉 6 : 23.

제43장 그리스도만이 참된 중재자

(68) 그러나 주님은 자비하심으로 참된 중재자를 사람들에게 나타내셨습니다. 사람들이 그를 모범으로 삼아 참된 겸손을 배우도록 사람들에게 보내주셨습니다. 이러한 "하느님과 사람의 중보자(仲保者)이신 사람 그리스도 예수"＊1는 죽을 수밖에 없는 죄인과 불멸하시고 의로운 하느님 사이에 나타나셨습니다. 그리고 사람과 더불어 죽어야 할 형편이면서 하느님과 더불어 의롭게 되셨습니다. 정의에 대한 품삯은 생명과 평화이기에,＊2 그리스도는 자신의 정의에 의해 하느님과 일체가 되어, 의롭다함을 받은 불신자들의 죽음, 즉 그리스도 자신도 사람들과 더불어 함께 하실 죽음을 없애주셨습니다. 그리고 그분은 옛 성인들에게도 알려졌습니다. 미래에 그분의 열정으로 신앙을 통해 구원받으리라 생각해서였습니다. 지금 우리가 그 과거에 예정되었던 그리스도의 열정에 의해 구원받듯이 말입니다. 그분은 인간인 면에서는 우리의 중재자이시지만, 말씀인 면에서는 하느님과 사람 사이에 있는 중간적 존재가 아닙니다. 그분은 말씀인 한 "하느님과 동등하시며,"＊3 "하느님과 함께 계시는 한"＊4 하느님이시며, 하느님과 더불어 한 하느님이시기 때문입니다.＊5

(69) 선량하신 아버지, 주님은 얼마나 우리를 사랑하셨는지요. "하느님의 외아들을 아끼지 않으시고 믿지 않는 자를 위하여 죽음에 맡기셨습니다."＊6 주님은 우리를 얼마나 깊이 사랑하셨는지요. 우리를 위하여 하느님의 외아들은 "하느님과 동등하심을 굳게 지키려 아니하시고, 십자가의 죽음에 이르기까지 순종하셨습니다."＊7 그리고 오직 홀로 그분만이 "죽은 자들 가운데서 자유로우시고"＊8 "생명을 버릴 권리와 그 생명을 다시 얻을 권리를 가지고 계십니다."＊9 그분은 우리를 위하여 주님에게 있어 승리자이신 동시에 희생자이시며, 희생자이시기 때문에 승리자이십니다. 그분은 우리를 위하여 주님에게 있어서 제사장이신 동시에 희생 제물이시며, 희생 제물이시기 때문

에 제사장이십니다. 그분은 하느님으로부터 나셨으면서, 우리에게 봉사하심으로써 우리를 주의 종에서 주님의 자녀로 바꾸십니다.*10 "하느님의 오른편에 앉으시어 우리를 위하여 하느님에게 중재해 주시는"*11 그분으로 말미암아 주님께서 내 모든 병을 고쳐주시니, 내가 그분에게 강한 희망을 품는 일도 당연합니다. 만일 그렇지 않다면 나는 절망할 수밖에 없을 것입니다. 내 병은 많고 또한 큽니다. 정말 헤아릴 수 없이 많고 큽니다. 그러나 주님의 약은 더 강력합니다. 만일 "하느님의 말씀이 육신이 되어 우리 안에 계시는"*12 일이 없었더라면, 우리는 하느님의 말씀이 사람들과 단절됐다고 생각하여 우리 자신에게 완전히 희망을 잃었을 것입니다.

(70) 나는 내 죄와 내 비참함의 무게에 두려움을 느껴서, 바야흐로 광야로 도주하려고 마음 속으로 생각하면서 심사숙고하였습니다. 그러나 주님께서는 나를 만류하며, 이렇게 말씀하시어 내게 힘을 주셨나이다. "그리스도께서 모든 사람을 위하여 죽은 이유는, 살아 있는 사람들이 더 이상 자신들을 위해서 살지 않고, 자신들 대신 죽으신 그분을 위해서 살게 하기 위해서이니라."*13 주님, 보소서. 나는 "나의 온갖 근심을 내가 삶을 의지할 주님께 온전히 맡기고" "주님 계율의 불가사의함을 바라보나이다." 주님은 나의 미숙함과 약함을 아시나이다. "나를 가르치시고 나를 고쳐 주소서." 하느님의 외아들이신 그분은 "지혜와 지식의 모든 보물을 그분 안에 감추고 계시며"*14 그의 피로 나를 구원해 주셨나이다. "교만한 사람들이 나를 비난하지 말게 하소서." 나는 내 속죄의 댓가를 생각하면서 그 댓가로 먹고 마시고 나누어 주었습니다. 가난했을 때에는 "배불리 먹고 만족한 사람들"과 함께 속죄함으로써 만족을 얻기를 희망했습니다. 그들은 "그리스도를 찾는 주님을 찬양해야만 하리라."

〈주〉
*1 〈디모데전서〉 2 : 5.
*2 〈갈라디아서〉 5 : 4.
*3 〈빌립보서〉 2 : 6.
*4 〈요한복음〉 1 : 1.
*5 〈디모데전서〉 2 : 5.

＊6 〈로마서〉 8 : 32.

＊7 〈빌립보서〉 2 : 6〜8.

＊8 〈요한복음〉 10 : 18.

＊9 〈마태복음〉 4 : 23, 〈시편〉 102 : 3.

＊10 〈마태복음〉 4 : 23, 〈시편〉 102 : 3.

＊11 〈로마서〉 8 : 34.

＊12 〈요한복음〉 1 : 14.

＊13 〈고린도후서〉 5 : 15.

＊14 〈골로새서〉 2 : 3.

제11권 천지창조와 시간론

성서에 관해 아는 것과 알지 못하는 것을 고백하여 하느님을 찬미하려 한다. 그리고 우선 〈창세기〉 첫 부분의 해석에 착수하여 "태초에 하느님이 천지를 창조하시니라"라는 구절을 설명한다. 그리고 "하느님은 천지창조 이전에 무엇을 하셨는가?" 또 "하느님은 왜 천지를 창조하시게 되었는가?" 하는 의문의 제기를 거부하고 있다. 이 문제와 관련하여 상세한 시간론을 전개한다.

제1장 모든 것을 아시는 하느님을 향하여 왜 우리는 고백하는가

(1) 주님, 영원은 주님의 것이기에 주님께서는 내가 주님을 향해 하는 말을 다 알고 계십니다. 주님은 시간 안에서 일어나는 일을 아시지만 시간적으로 지배를 받지 않으십니다. 그러면 왜 나는 주님에게 이렇듯 많은 사실을 세세하게 아뢰고 있는지요? 그것은 주님께서 그 사실들을 모두 알고 있게 하기 위해서가 아닙니다. 나의 마음과 이 고백을 읽는 사람들의 마음이 주님을 향해 모두가 소리를 합쳐, "주님은 위대하시오니 크게 찬양을 받으시옵소서" 하고 말하게 하기 위해서이옵니다. 나는 "주님의 사랑을 사랑하기 때문에 이 일을 행한다"[*1]고 하였으나, 다시 한 번 반복하여 그렇게 말하겠습니다. 우리는 기도도 드리지만 진리는 이렇게 답합니다. "너희 아버지께서는 너희가 그 모든 것을 추구하기 전에 너희가 필요로 하는 것을 알고 계시다." 때문에 우리는 주님에게 우리의 비참한 상태를 숨김없이 고백하고, "우리들을 향하신 주님의 자비하심"을 찬미하면서, 주님을 향하여 우리의 마음을 열고 있습니다. 우리가 그렇게 하는 까닭은 주님께서 하신 공표가 완성되도록 하기 위해서입니다. 그래서 나는 내 자신 안에서 더이상 어리석게 있지 않고, 주님 안에서 행복을 찾을 수 있습니다. 주님께서는 우리로 하여금 '마음이 가난하고' 온유하며, 슬퍼하고 정의에 목마르며, 자비롭고 마음이 순수

하며, 평화를 가져오게 하는 자가 되게 하시기*² 위하여 우리를 부르셨습니다.

나의 하느님, 보소서. 이제까지 나의 최선을 다해 긴 이야기를 했지만, 계속해서 나는 주님께서 나로 하여금 고백을 하게 했던 주님의 최초 의지에 답할 것입니다. "주님은 선하시므로, 그리고 주님의 은총은 영원하시기 때문입니다."

〈주〉
*1 〈마태복음〉 6 : 8.
*2 〈마태복음〉 5 : 3~9.

제2장 성서를 이해할 수 있게 해달라고 하느님께 간구하다

(2) 언제나 나는 주님의 격려와 주님에 대한 두려움과 주님의 위로하심과 인도하심을 나의 붓으로 모두 서술할 수 있겠습니까? 주님께서는 나로 하여금 그렇게 하여 주님의 백성들에게 주님의 말씀을 설교하고 전파하도록 하셨습니다. 비록 내가 그 모든 일을 순서대로 바르게 기술할 수 있다 하더라도 시간의 한 눈금 한 눈금이*1 내게 있어서 귀하기만 합니다. 또한 나는 이미 오랫동안 주님의 율법을 깊이 생각해왔고, 그 율법과 관련하여 내가 알 수 있는 일과 알 수 없는 일, 즉 내가 이해하지 못한 채 남겨져 있는 어두운 부분을 고백하려 합니다. *2 이 취약한 부분이 강력함에 의해 삼켜져버릴 때까지 고백하기를 열망하나이다. 나는 신체의 피로 회복을 위한 시간, 연구 시간, 타인에게 빚지고 있는 시간, 또는 빚지고 있지는 않으나 스스로 행하는 봉사에 필요한, 이런 시간 이외의 여가를 다른 일에 소비하기를 바라지 않습니다.

(3) 주 나의 하느님, "내 기도에 귀를 기울이소서." 주의 자비하심으로 내 소원을 들으소서. 내 소원은 그저 나 자신을 위해 타오르지 않고, 형제들에 대한 사랑을 위해 도움이 되기를 바라고 있기 때문입니다. 주께서는 내 마음이 그러하다는 사실을 알고 계시나이다. 주님께 내 생각과 입과 혀의 봉사를 바치게 하소서. 내가 주님께 바칠 것을 내게 주소서. 나는 궁핍하고 가난하지만, 주님은 주를 찾아 구하는 모든 자에게 풍요로우십니다.*3 자신을 위해

서는 아무런 염려하심이 없으시나 우리를 위해 염려하고 계십니다. 모든 주제 넘는 일과 거짓말로부터 나의 내적인 혀도, 외적인 혀도 끊어주시옵소서. 주님의 성서가 나의 참된 기쁨이 되게 하여 주소서. 그리고 성서를 통하여 나 자신이 실수하는 일이 없게 하시고, 또한 성서를 통하여 타인에게 실수하는 일도 없게 하소서. 주여, 마음에 두시어 자비를 내려 주소서.*4 주 나의 하느님, 눈먼 자의 빛과 약한 자의 힘이 되심과 동시에, 보는 자의 빛과 강한 자의 힘이신 분이여, 내 영혼을 굽어보시어 깊은 늪에서 주님을 부르는 내 외침소리를 들어 주소서. 깊은 늪 속에 주님의 귀가 없다면, 우리는 어디로 가야겠습니까? 우리는 어디를 향해 외쳐야 하겠습니까? 낮은 주님의 것이요 밤도 주님의 것입니다. 주님께서 고개를 끄덕여 동의할 때에만 시간의 순간순간은 날아갈 수 있습니다. 그러므로 주님 율법의 비밀스런 휴식에 대해 명상할 수 있도록 나에게 시간을 주소서. 그리고 두드리며 구하는 우리에게 주님의 법을 닫지 마소서.*5 주님께서 그렇듯 많고 난해한 신비를 성서에 기록하게 하신 데에는 이유가 있을 것입니다. 또한 그 숲에는 휴식하고 걸어다니며 풀을 뜯고 누워서 되새김질하는 사슴이 있습니다. 오오 주여, 나로 하여금 완전한 자가 되게 하시어 나로 하여금 이 모든 뜻을 분명히 알게 하소서. 보소서, 주님의 음성은 나의 기쁨이며, 주님의 음성은 환락의 충만보다 뛰어납니다. 내가 사랑하는 것을 주소서. 내가 그것을 사랑하기 때문이며, 그 사랑이 주님의 선물이기 때문입니다. 주님의 선물을 버리지 마소서, 목말라 찾는 주님의 푸른 풀을 멸시하지 마소서. 나로 하여금 주님의 성서 안에서 발견하는 것을 주님께 고백하게 하소서. 그리고 그 속에서 "주님의 찬미소리를 듣고" 주님으로 해서 나의 목마름을 축이며, 천지가 창조된 태초*6로부터 주님과 더불어 영원히 계속되는 거룩한 나라의 지배*7에 이르기까지, "주님 율법으로부터 나온 놀라운 만물"들에 대해 묵상하게 하소서.

(4) "주여, 내게 은총을 내리시고 내 소망을 들어주소서." 나의 기대는 지상에 속해 있지 않으며, 금은 보석과 화려한 의복, 명예, 권력, 육체의 쾌락에 관한 것이 아니며, 또한 신체와 이 세상의 순례자로서의 생활에 필요한 것이 아니니 나의 기도를 들어주소서. 이러한 모든 보상물들은 우리가 주님의 나라와 주님의 정의를 구할 때 우리에게 주어집니다."*8 나의 하느님, 내 소망이 무엇을 구하고 있는지 보소서. 불의한 것이 내게 즐거움을 말했으나,

주님, 그들은 주님의 법을 따르지 않나이다. 내 소망이 무엇을 구하고 있는지 보소서. 보소서, 아버지여. 보시고 인정해 주소서. 내가 주님 앞에서 보이는 사실을 기뻐할 수 있게 하소서. 두드려 구하는 내게, 주님 말씀의 내적인 문이 열리게 하소서. 하느님의 아들이며 그 오른편에 계신 분이시요, 사람의 아들이신 우리 주 예수 그리스도로 말미암아 주님께 간절히 기도합니다. 주님은 아들을 주님과 우리 사이의 중재자로서 주님 자신을 위하여 강하게 하셨고, 주님을 찾아 구하지 않는 우리를 아들로 말미암아 찾아 구하셨습니다. 그러나 주께서 우리를 찾아 구하신 까닭은 우리 모두로 하여금 주님을 찾아 구하게 하시기 위함이었나이다. 주님께서는 주님의 말씀으로 나와 모든 만물을 지으셨기*⁹ 때문입니다. 그분이야말로 주님의 외아들이오니, 그분을 통하여 나를 포함해서 믿는 사람들을 주님의 양자로 불러모으셨습니다.*¹⁰ 하느님의 오른편에 앉아 계시며 우리를 위해 도우시고,*¹¹ 지혜와 지식의 모든 보배를 자신 안에 감추고 있는 분*¹²의 이름으로 나는 주님께 기도합니다. 나는 이 모든 보배를 주님의 성서 안에서 구하고 있습니다.*¹³ 그분에 대하여 모세가 이미 기록했고 그분 자신이 그렇게 말하였으며, 진리가 그렇게 말하고 있습니다.

〈주〉

*1 물시계의 사용으로 인한 표현.

*2 〈고린도전서〉 15 : 54, 55, 〈고린도후서〉 5 : 4.

*3 〈로마서〉 10 : 12.

*4 〈예레미야〉 18 : 19.

*5 〈마태복음〉 7 : 7.

*6 〈창세기〉 1 : 1.

*7 〈요한계시록〉 5 : 10, 21 : 2.

*8 〈마태복음〉 6 : 33.

*9 〈요한복음〉 1 : 3.

*10 〈갈라디아서〉 4 : 5.

*11 〈로마서〉 8 : 34.

*12 〈골로새서〉 2 : 3.

*13 〈요한복음〉 5 : 46.

제3장 천지창조에 대한 기록은 하느님의 은사가 아니고서는 이해할 수 없다

(5) 어떻게 "태초에 하느님께서 천지를 창조하셨는지"[*1]에 대해 나는 듣고 이해하려 합니다. 모세가 이 말을 기록하였습니다. 그는 그것을 기록하고 자신의 길을 따라 떠났습니다. 그는 이 세상에서 떠나 주님의 품으로 돌아갔고, 이제 내 앞에 없습니다. 그러나 만일 그가 우리 앞에 있다면, 우리는 그를 붙들어서 그에게 묻겠습니다. 그래서 그가 나에게 창조에 대해 설명해 주도록 주님을 통해 탄원하겠습니다. 그리고 내 귀를 그 모세의 입에서 울려나오는 음성 쪽에 기울이겠습니다. 모세가 히브리 어로 말한다면, 그의 소리가 내 감각의 문을 두드린다 하더라도 헛된 말일 뿐이며,[*2] 그가 말하는 그 어떤 소리도 내 정신에 와 닿지 않을 것입니다. 그러나 모세가 라틴 어로 말한다면 나는 그의 말을 이해할 것입니다. 그러나 그가 진실을 말하는지 아닌지를 내가 어떻게 알 수 있겠습니까? 만일 내가 그 진실 여부를 안다 해도 그것은 모세를 통해서가 아닙니다. 정녕 나의 내부에서, 내 사유(思惟)가 머무는 거처에서 진실의 소리가 나오되, 그것은 히브리 어에 의해서도 아니요, 그리스 어에 의해서도 아니며, 라틴 어에 의해서도 아니요, 기타 이국인의 언어에 의해서도 아닙니다. 입과 혀의 기관에 의해서도 아니며, 그리고 음절로 나뉘어 발음되는 소리도 아닐 것입니다. 그런데도 그 소리(내 사유의 진실의 소리)는 이렇게 말합니다. "그(모세)가 하는 말은 진실이다." 그러면 나는 즉시 확신을 지니고 주님의 사람(모세)을 향하여 이렇게 말할 터입니다. "당신(모세)이 하는 말은 진실이다." 그러나 나는 그에게 질문할 수가 없으니, 그 생각을 그에게 불어넣어준 주님께 묻나이다. 그가 진실인 사실을 선포했을 때, 나의 하느님, 나는 주님께 묻나이다. "나의 죄를 용서해 주소서."[*3] 그리고 주께서 주의 종인 그 사람에게 이 사실들을 말할 은혜를 베푸셨사오니, 나에게도 또한 그 모든 것을 이해할 수 있는 은혜를 베풀어주소서.

〈주〉

[*1] 〈창세기〉 1 : 1.
[*2] 〈마태복음〉 7 : 7.
[*3] 〈욥기〉 14 : 16.

제4장   하늘도 땅도 하느님께서 지으셨다고 소리치고 있다

(6) 보소서, 천지가 존재합니다. 그리고 천지는 자신들이 변화와 변동을 겪기 때문에 창조된다고 소리치고 있습니다. 그러나 아직 창조되지 않은 사물들도 모두 다 이전에 존재했었습니다. 옛날과 다르게 있는 존재는 그동안 변동과 변화를 겪었다고 해야 합니다. 천지는 또한 자신을 스스로 만들지는 않았다고 말하고 있습니다.

"지금 우리들 존재의 모습을 보면 우리가 누군가에 의해 창조되었음을 알 수 있습니다. 지금에 이르기 전에 우리는 우리 스스로를 창조할 수 있는 그런 존재가 아니었던 것입니다."

그러니 만물들 각자의 목소리가 각자에게 증거물로서 그들 자신의 모습입니다. 주님, 아름다우신 주님께서 이 모든 만물을 지으셨습니다. 만물은 아름다우니 말입니다. 주님은 선하십니다. 만물들이 선하기 때문입니다. 주님은 존재하시나이다. 만물들이 존재하기 때문입니다. 그러나 만물의 창조자는 주님이시라는 점에서 보면, 그들은 주님처럼 아름답지도 않고 선하지도 않으며 또한 주님처럼 존재하지도 않습니다. 주님과 비교할 때 그들은 아름답지도 않고 선하지도 않으며 존재한다고 할 수도 없습니다. 주님 덕분에 우리는 이 사실을 압니다. 그러나 우리의 지식은 주님의 지식과 비교할 때 무지와 다를 바 없습니다.

제5장   세계는 무에서 창조되었다―창조의 신비

(7) 주님께서는 어떻게 천지를 창조하셨는지요? 또한 주님의 이렇게 거대한 운용을 위해서 어떤 기계를 사용하셨는지요? 정녕 그것은 인간 기술자가 할 수 있는 일이 아닙니다. 기술공이 물체를 재료로 사용하여 물체를 만들어 내는 그런 방법이 아닙니다. 기술공은 물체를 만들 때, 자신이 자신의 마음 안에서 이해할 수 있는 형태를 만들어낼 능력을 지니고서 만듭니다. 마음 속에서 개인적으로 행동의 선택을 합니다. 그리고서 어떤 물질적 사물을 다른 사물들을 재료로 하여 만듭니다만, 주님의 창조 방법은 이와 다릅니다. 기술자의 능력은 오직 주님께서 그에게 만들어 주신 대로 있을 뿐입니다. 기술자는 이미 존재하는 사물들에게 새로이 형태를 부여합니다. 가령 돌과 나무와 흙과 황금 따위와 이런 종류의 모든 사물들에 대해 형태를 부여할 수 있습니

다. 그러나 이러한 사물들은 (맨 먼저) 주께서 지으시지 않았다면 어떻게 존재할 수 있겠습니까? 주님께서는 기술공을 위하여 신체를 만드셨고, 사지를 통솔할 수 있도록 명령하는 정신을 만드셨고, 기술공이 어떤 사물을 만들어낼 수 있는 재료를 만드셨습니다. 주님께서는 기술공이 기술을 터득하여 자신의 밖에 만들어내려 하는 것을 자신의 안에서 볼 수 있도록 하는 재능을 만드셨습니다. 주님은 또 그의 육체에 감각을 만들어, 통역하는 사람처럼 그가 감각을 통하여 마음에서 결정한 형태를 밖의 물질 세계에 전달하게 하고, 자기의 정신적 개념을 자신의 창작물에게 전달해주도록 하셨습니다. 그리고 다시 그 창작물이 사람의 정신에 보고되도록 하셨습니다. 그리하여 그는 자기 마음을 주장하고 있는 진리에 의해 자기 작품이 잘 되었는지 평가하는 것입니다. 이 모든 사실들이 만물의 창조주이신 주님을 찬양하고 기리나이다. 그러나 주님께서는 어떻게 만물을 창조하시는지요? 주님은 천지를 저 하늘 속에나 땅 위에 창조하신 것이 아닙니다. 또한 공기 속에나 물 속에 지으신 것도 아닙니다. 이들 또한 천지에 속하기 때문입니다. 또한 주님은 온 세계의 틀 안에서 온 세계를 지으신 것이 아닙니다. 천지가 지어져 존재하기 이전에는 온 세계가 지어질 만한 장소가 존재하지 않았습니다. 주님은 천지를 만들기 위하여 어떤 도구를 손에 가지고 있지도 않았습니다. 주님은 무엇인가를 만들어내려고 하실 때 필요한 도구만을 구하십니다. 모든 존재는 주님이 존재하시기에 존재합니다. 주님이 존재하지 않는다면 대체 무엇이 존재할 수 있겠습니까? 그러니 주께서 "있으라"고 하심으로 지어졌으며, 주님은 만물을 말씀으로 창조하셨습니다.*1

〈주〉
*1 〈요한복음〉 1 : 1, 3.

제6장 하느님은 어떻게 말씀하셨는가

(8) 주님은 어떻게 말씀하셨는지요? 그것은 구름 속에서, "이는 내 사랑하는 아들이니라"*1 하고 말하는 소리가 들려오던 그런 방법이 아닙니다. 그 소리는 일어났다 사라져버렸고, 시작되었다가 끝이 났습니다. 몇 마디 음절이 들리다가 들리지 않게 되었습니다. 그것은 제1 음절 뒤에 제2 음절, 제2

음절 뒤에 제3 음절이라는 순서를 따라서, 그리고 다른 음절 뒤에 마지막 음절이 들렸고, 마지막 음절 뒤에 침묵이 계속되었습니다. 이렇게 볼 때 그 소리는 어떤 창조물의 운동을 통해 발음되었음이 확실합니다. 그 소리는 주님의 영원한 의지를 찬양하기 위해 존재하였지, 순간의 소리 그 자신을 위해서 존재하지는 않았습니다. 그리고 이렇게 순간에서 순간으로 이어지도록 만들어진 주님의 이 말씀은 외적인 귀에 의해 이성적인 정신에 전달되었습니다. 그리고 이 이성적 정신의 내적인 귀는 주님의 영원한 말씀을 향해 열려 있습니다. 그러나 정신은 이 한정된 시간 속에서 울려퍼지는 소리를, 침묵 속의 영원한 주님 말씀과 비교하며 이렇게 외칩니다.

"이 말씀은 전혀 다르다. 이것은 전혀 다르다. 이러한 음성들은 나보다 열등한 것이어서 존재한다고조차 할 수 없는 성질이다. 음성은 도망쳐 지나가버리기 때문이다. 하지만 내 하느님의 말씀은 나보다 우월하며 영원히 머물러 계시다."

그 때문에 만일 주께서 울려 지나가버리는 소리의 말씀으로 천지가 이루어지도록 명하셨고, 그 명한 말씀대로 천지가 창조되었다고 한다면, 그것은 이미 하늘과 땅의 창조 이전에, 이 물질의 왕국에 물질적 존재들이 만들어져 있었다는 말이 됩니다. 그러니 그 천지창조 말씀의 발음이 전달될 때 시간이 걸렸고, 그 사이에 순간 순간의 발음의 변화에 따라 변화 상황들이 개입되었다고 해야 합니다. 그렇지만 천지창조 이전에는 그 어떤 물질적 존재도 존재하지 않았습니다. 만일 천지창조 이전에 조금이나마 존재했었다고 해도, 그것은 주님께서 변화적 발음을 사용해서 만든 것은 아닙니다. 즉, '하늘과 땅이 있으라'고 명하시는 동안의 변화적 발음을 또다른 변화적 발음의 바탕으로 사용하거나 해서 만든 것이 아닙니다. (천지창조 이전에는) '있으라'고 명하시는 말씀의 바탕이 되는 사물이 무엇이든 간에 그것은 분명히 주께서 지으셨기 때문에 존재합니다. 그러면 주님 말씀의 바탕이 되는 물체를 창조하기 위해서 주님께서는 어떤 말씀을 하셨는지요?

〈주〉
*1 〈누가복음〉 9 : 35.

제7장 하느님의 말씀은 영원하다

(9) 따라서 하느님이신 주님과 더불어 계신 하느님*¹, 곧 말씀을 이해할 수 있도록 주님은 우리를 부르십니다. 이 말씀은 영원히 말로서 존재하고, 말씀에 의하여 만물은 영원히 발음되어 말해집니다. 말해지던 발음이 끝나고 다른 일이 말해지거나 하여 모든 것이 연속된 뒤 하나의 결론으로 발음되는 것이 아니라, 모든 것은 동시에, 그리고 영원히 말로서 존재합니다. 만일 그렇지 않다면 이미 시간과 변화가 개입되어서, 참된 영원도, 참된 불사(不死)도 존재하지 않게 될 것입니다. 나의 하느님, 나는 이 사실을 알고 주님께 감사드리나이다. 주 하느님, 나는 이 사실을 알고*² 주님께 고백하나이다. 확실한 진리에 대하여 감사할 수밖에 없는 사람들은 모두 나와 더불어 이 사실을 알고 주님을 축복하나이다. 우리는 알고 있습니다.

주여, 우리는 알고 있습니다. 그 무엇이든 일찍이 있었던 사물이 이제는 없고, 일찍이 존재하지 않았던 사물이 지금은 존재하는 한, 모든 것은 사멸하고 생성한다는 말이 됩니다. 그러나 주님의 말씀은 지나가버리는 일이 없고, 지나가버린 뒤에 계속되는 일도 없습니다. 주님의 말씀은 참으로 불멸하고 영원하시기 때문입니다. 때문에 주님은 주님과 더불어 영원하신 말씀으로써 동시에 그리고 영원히 모든 것을 말씀하십니다. 그리고 주께서 "있으라"고 말씀하시는 모든 존재는 있게 됩니다. 주님은 단지 말씀으로 창조하십니다. 그러나 주님께서 말씀으로 창조하신 모든 것이 동시에 그리고 영원히 창조되어 있지는 않습니다.

〈주〉
*1 〈요한복음〉 1 : 1.
*2 〈고린도전서〉 1 : 4.

제8장 하느님의 말씀은 모든 진리를 가르침 받는 인식의 원리이다

(10) 그렇다면 주 나의 하느님, 어떻게 해서 이렇게 되는 것입니까? 나도 어느 정도는 알고 있습니다. 그러나 나는 어떻게 표현해야 할지 분명하게 설명할 수 없습니다. 그저 존재하기 시작했다가 존재하지 않게 되는 모든 존재들은, 주님의 영원한 이성—이 이성에서는 그 어떤 것도 존재하기 시작하거

나 존재하지 않거나 하는 일이 없게 마련이나—에 의하여, 주님께서 언제 그들이 존재하기 시작하고 존재하지 않게 되어야 하는지 아시는 그때에 존재하기 시작하며, 또한 존재하지 않게 됩니다. 그 영원한 이성은 주님의 말씀이며, 주님의 말씀은 우리를 향해 말해지기 때문에 우리에게는 '시작'이기도 합니다.*1 이와 같이 복음서에 의하여 말씀은 육신을 통하여 말해지고, 또 밖으로부터 인간의 귀에 울려옵니다. 그것은 인간에 의해 믿어지고 마음에 질문하며 영원한 진리 속에서 찾기 위해서였습니다. 이 영원한 진리로서 선량하고 오직 한 분이신 교사는 모든 제자들을 가르치십니다.*2 주님, 그리하여 나는 나를 향해 말씀하시는 주님의 음성을 듣게 됩니다. 우리를 가르치는 존재만이 우리에게 말을 하며, 우리를 가르치지 않는 것은 비록 말하는 일이 있다 하더라도 우리를 향해 말하지 않습니다. 신뢰할 만한 진리가 아니라면 누가 우리에게 가르칠 수 있겠습니까? 우리는 가변적인 피조물에 의하여 권고를 받을 때에도 항상 불변의 진리에 의해 인도됩니다. 이 영원 불변의 진리에 의하여 우리는 진실되게 배우고, 그 진리 앞에 서서 그 소리를 듣습니다. 그때 우리는 "신랑의 소리이기 때문에 크게 기뻐하면서"*3 우리가 우리의 존재를 의지한 근원에게로 우리 자신을 돌려보냅니다. 이렇게 해서 새신랑은 진리이며 시작입니다. 시작이며 진리인 그가 변화하지 않은 채 그 지점에 머물지 않는다면, 우리들이 방황할 때에 돌아가야 할 곳도 없습니다.*4 그러나 우리가 실수로부터 되돌아갈 때는, 되돌아 감을 인식함으로써 돌아갑니다. 우리들이 인식할 수 있도록 진리가 우리를 가르치는 것입니다. 왜냐하면 그는 '시작'이고 또한 우리에게 말씀하는 분이기 때문입니다.

〈주〉
＊1 〈요한복음〉 8 : 25.
＊2 〈마태복음〉 19 : 16, 23 : 8.
＊3 〈요한복음〉 3 : 29.
＊4 〈요한복음〉 8 : 25.

제9장 하느님의 말씀은 마음을 향해 어떻게 말하는가

(11) 하느님, 주님께서는 이러한 태초에 천지를 창조하셨나이다.*1 주님의 말씀에 의하여, 하느님의 아들에 의하여, 주님의 능력에 의하여, 주님의 지혜

에 의하여, 주님의 진리에 의하여, 주님의 불가사의한 방법에 의하여 말씀하시고 불가사의한 방법으로 만물을 창조하셨습니다. 누가 그것을 이해할 수 있겠습니까? 누가 그것을 설명할 수 있겠습니까? 내 눈을 쫓듯이 빛나고 내 마음을 꿰뚫으면서, 더구나 나의 마음에 상처를 주지 않으면서 때리는 그 빛은 무엇인가요? 나는 그 빛으로 인해 두려워 떨며 동시에 사모하는 마음으로 불타오르고 있습니다. 나는 그 빛과 같지 않아서 두려워 떨고, 어떤 면에서 그 빛과 같기에 사랑으로 불타오릅니다. 내 눈을 보듯이 빛나는 것은 지혜이며 지혜 그 자체입니다. 그 지혜는 나를 덮는 구름을 흩어지게 해 주지만, 내가 죄의 괴로운 어둠으로 해서 지혜를 내버릴 때, 이 구름은 다시금 나를 뒤덮고 맙니다.

"내 힘은 빈곤 때문에 너무나 약해졌습니다." 주님, 그래서 내 "모든 불의에 대하여 자비로우신" 주께서 내 "모든 질환을 고치실 때"까지, 나는 나의 선함조차도 감당할 수 없습니다. 주님은 나의 "생명을 파괴에서 구해내고", 나로 하여금 "인자하심과 자비로써 감싸며" 나의 "소원을 선의의 사물들로 채워주실지니", 나의 젊음이 독수리처럼 되살아날 것입니다. "우리는 소망으로 구원함을 받았사오나" 주님의 약속을 "인내로 기다리나이다."*2 주께서 마음에 하시는 말씀을 들을 수 있는 사람은 듣게 하소서. 그러나 나는 확신하면서 주님의 예언자의 입을 빌려, "주여, 주께서 하시는 일은 그렇게도 장대합니다. 주님께서는 모든 것을 지혜로 창조하셨나이다"라고 외치겠습니다. 지혜는 시작이며, 그 시작에서 주님은 천지를 창조하셨나이다.*3

〈주〉
＊1 〈창세기〉 1 : 1.
＊2 〈로마서〉 8 : 24~25.
＊3 〈창세기〉 1 : 1.

제10장 천지창조 이전에 하느님이 하신 일에 대해

(12) 보소서, 그렇게도 많은 오래된 오류들로 가득찬 사람들이 우리를 향하여 "하느님은 천지창조 이전에 대체 무엇을 하셨는가?" 하고 묻습니다. 그들은 이렇게 말합니다. "만일 하느님께서 아무 일도 하시지 않았다면, 왜 하느님은 그 이후에도 계속 그렇게 아무 일도 하지 않고 계시지 않았는가?"

만일 하느님이 그때까지 결코 만드신 일이 없는 창조물을 창조하려 하는 새로운 운동이 하느님 안에서 생겨났다고 한다면, 그 안에 그때까지 존재하지 않았던 의지가 생겨나는 것을 가리켜 어찌 참된 영원이라고 할 수 있겠습니까? 하느님의 의지는 피조물이 아니라, 피조물 이전에 존재하고 있었습니다. 창조자의 의지가 먼저 존재하지 않는다면 아무것도 창조되는 일은 없기 때문입니다. 때문에 하느님의 의지는 하느님의 본질 그 자체에 속합니다. 만일 하느님의 본질 속에 이전에 존재하지 않았던 어떤 것이 새로이 생겨난다면, 그 본질을 가리켜 진실로 영원하다고 할 수는 없습니다. 그러나 만일 창조된 질서를 존재하게 하려는 것이 하느님의 영원한 의지라면, 피조물도 역시 영원이 아니었는지요?

제11장 하느님의 영원은 시간을 알지 못한다고 하는 이의에 대답

(13) 오오 하느님의 지혜여, 정신을 비추는 빛이여. 이런 말을 하는 사람들은 주님을 이해하고 있지 못합니다. 주님에 의하여 주님 안에서 지어진 사물들이 어떻게 지어졌는지를 그 사람들은 아직 이해하고 있지 못합니다. 그들은 영원성을 음미하려고 노력하는데, "그들의 마음"은 사물들이 변하여 과거와 미래를 지니는 그러한 왕국 속을 계속 뛰어다니며 아직 "헛된" 상태입니다. 누가 그들의 마음을 사로잡아 고정시켜서, 잠시 동안이나마 안정시키고, 시간의 작은 편린 동안만큼의 끊임없는 영원성을, 즉 영원의 눈부신 장관을 이해할 수 있게 하겠습니까? 그 짧은 순간의 눈부신 영원성을 이해한 사람은, 순간들의 연속과 영원성은 서로 비교도 될 수 없음을 알지도 모릅니다. 또한 긴 시간도, 동시에 전개될 수 없는 수많은 지나가는 운동들에 의해서가 아니고는 길어질 수 없고, 영원한 것에 있어서는 그 무엇도 지나가 버리는 것은 없으며 전체가 현존합니다. 그러나 시간이라는 존재는 결코 전체로서 현존하는 일이 없다는 사실을 인식할 수 있을 것입니다. 모든 과거의 시간은 미래에 의해 쫓겨나게 되고, 모든 미래의 시간은 과거로부터 이어지며, 모든 과거와 미래도 항상 현재적인 것에 의하여 만들어져서 각자의 길을 가기 시작한다는 사실을 인식할 수 있습니다. 누가 인간의 마음을 붙들어 고정시키고, 과거나 미래의 시간이 아닌, 즉 항상 머물러 있는 저 영원이 어떻게 과거와 미래의 시간을 지시하는지 알아볼 수 있게 하겠습니까? "내 손이

그런 일을 행할 능력이 있는"지요? 내 입과 혀는 언어를 사용하여 이렇듯 큰 일을 행할 수가 있는지요?

제12장 하느님은 세계 창조 이전에 무엇을 하셨는가

(14) 그러면 이제 하느님은 세계 창조 이전에 무엇을 행하셨는가 하는 질문에 대답하겠습니다. 어떤 사람은 문제의 심각성을 회피하려고 농담으로, 이 깊은 신비를 캐묻는 자에게 지옥을 준비해 두었다고 답했지만, 나는 그런 대답을 하지는 않습니다. 웃는 일과, 문제의 요점을 간파하는 일은 별개입니다. 나는 그가 신비에 대해 심오한 질문을 한 그 사람을 비웃지 않았으면 하고, 또 그 사람에게 오류의 대답을 주지 않았으면 합니다. 그러기보다는 오히려 모르는 것은 모른다고 대답하길 바랍니다.

그러나 우리의 하느님, 나는 주님을 모든 피조물의 창조주라고 부르겠나이다. 그리고 모든 피조물이 '하늘과 땅'으로 인해 의미를 갖는다고 한다면, 우리는 대담하게 말하겠습니다. "하느님께서는 천지창조 이전에는 아무것도 창조하지 않으셨다"고. 만일 하느님께서 무엇을 지으셨다면, 그것은 피조물일 수밖에 없습니다. 나는 나 자신에 대해 어떤 유익한 사실들을 알고자 열망하고 있는데, 나 자신도 마찬가지로 피조물인 존재로서 확신되기를 바라고 있습니다.

창조 이전에는 아무것도 존재하지 않았고, 모든 만물은 창조되어 존재한다고 확신되듯이, 나도 그렇게 창조된 존재임을 확신하고 싶습니다.

제13장 시간이 창조되기 이전에는 어떠한 시간도 창조되지 않았다

(15) 그러나 만일 그 누구의 산만한 두뇌가 천지창조 이전의 과거에 대한 상상으로 방황하여, 만물을 창조하고 만물을 보존하며 천지의 창조주이신 전능하신 하느님이 천지를 지으시기 이전에, 무수한 시대를 통하여 이와 같이 큰 사업을 행하시지 않고 계신 데 대하여 놀란다고 한다면, 그러한 두뇌의 사람은 그가 실수로 놀라고 있다는 사실을 깨달아야 합니다. 주님은 모든 시대의 창작자이며 창조자이시기 때문에, 바로 주님이 만들지 않으신 무수한 시대가 어디서 와서 지나갈 수 있겠습니까? 또한 주님에 의해 만들어지지 않은 시간이 과연 존재할 수 있었겠습니까? 그러한 시간이 존재하지 않

았다면 어떻게 그것들이 지나갈 수 있겠습니까? 주께서 모든 시간을 지으셨사오니, 만일 주께서 천지를 창조하시기 이전에 어떤 시간이 존재했다고 한다면, 주님은 그때 하시던 일을 마쳤다고 할 수 있겠습니까.[*1] 시간 그 자체도 주님께서 창조하셨으며, 주께서 시간을 창조하기 이전에는 시간이 흘러간다는 일도 없었기 때문입니다. 그러나 만일 하늘과 땅 이전에 시간이 존재하지 않았다면, 어찌하여 사람들은 그 시간에 주님은 무엇을 하셨는가 하고 묻는지요? 시간이 존재하지 않았을 때는 '그때의 시간'도 존재하지 않았는데 말입니다.

(16) 또한 주님께서 시간의 이전에 계시다면 주님은 시간 안에 있지 않다는 말이 됩니다. 또 만일 시간 안에 계시다고 한다면 주님께서는 모든 시간 가운데 어딘가에 계시다고 해야 합니다. 항상 현재 속에 있는 영원성의 숭고함 속에서, 주님께서는 과거의 모든 사물들 앞에 계시기도 하고, 미래의 모든 사물들보다도 앞서 계시기도 합니다. 그 사물들은 앞으로 오려고 하는 것이며, 일단 왔을 때 그들은 이미 과거이기 때문입니다. 그러나 "주님은 항상 동일하시어 주님의 햇수는 끝나는 일이 없나이다." 주님의 햇수는 가는 일도 없고 오는 일도 없습니다. 그러나 우리의 햇수는 모든 햇수가 연속적으로 올 수 있도록, 오고 또 가게 마련입니다. 주님의 모든 '햇수'는 영원 불변이기 때문에 동시에 존재하고 있습니다. 주님의 햇수는 오는 것에 밀려 제쳐지고 사라져버리는 성질이 아닙니다. 그 햇수는 옮겨가는 일이 없기 때문입니다. 그러나 우리의 햇수들은 그 모두가 존재하지 않게 될 때까지, 모두가 한꺼번에 존재하는 일은 없을 것입니다. 주님의 '해(年)'는 '하루'이며,"[*2] 주님의 '하루'는 다른 어느 하루도, 매일도 아니며, 단지 오늘일 뿐입니다. 주님의 오늘이라는 하루는 내일이라는 날에 자리를 물려주는 일도, 또 어제에 이어지는 일도 없기 때문입니다. 주님의 오늘은 영원입니다. 따라서 주님은 주님과 함께 공존하는 존재를 낳으시고, 그를 향하여 "오늘 나는 너를 낳았다"고 말씀하셨습니다. 주님께서는 모든 시간을 지으셨고, 이 모든 시간들 앞에 존재하십니다. 시간이 만들어져 존재하지 않았을 때에는 어떠한 시간도 존재하지 않았었습니다.

＊1 〈창세기〉 2 : 3.
＊2 〈베드로후서〉 3 : 8.

제14장 시간의 세 가지 차이

(17) 그러므로 시간은, 주님께서 무엇인가를 창조하지 않았을 때에는 결코 존재하지 않았었습니다. 시간 자체도 주님께서 만드셨기 때문입니다. 주님은 영원하시기 때문에, 그 어떤 시간도 주님과 함께 공존할 수는 없습니다. 만일 시간이 영원하다고 한다면 그것은 시간이 아닐 것입니다.

시간이란 대체 무엇인지요? 누가 시간을 쉽고 간단하게 설명할 수 있겠습니까? 누가 그것을 언어로 말하기 위하여 우선 사고로만 파악할 수 있을는지요. 그러나 우리가 일상의 대화에서 시간만큼 친숙하게 많이 말하는 것이 또 있겠습니까? 우리는 시간에 관해 말할 때 그것을 이해하고 있는 것이며, 또한 타인이 시간에 대하여 말하는 것을 들을 때에도 그것을 이해하고 있습니다. 그렇다면 시간이란 무엇입니까? 아무도 내게 묻지 않는다면 나는 알고 있습니다. 그러나 누가 물을 때 설명하려 하면, 나는 알지 못합니다. 하지만 나는 확신을 가지고 다음 사실을 안다고 할 수 있습니다. 바로 그 무엇이라도, 지나가는 것이 없다면 과거라는 시간은 존재하지 않고, 그 어떤 무엇도 오는 것이 없다면 미래라는 시간은 존재하지 않으며, 그 무엇도 존재하는 것이 없다면 현재라는 시간은 존재하지 않습니다. 나는 그 사실만은 알고 있다고 할 수 있습니다. 그렇지만 그 두 가지 시간, 즉 과거와 미래의 경우, 과거는 이미 존재하지 않고 미래는 아직 존재하지 않을 때, 그 과거와 미래는 어떻게 존재하는지요? 또한 현재는 항상 현재로서 과거에 옮겨지지 않는다면 그런 현재는 이미 시간이 아니고 영원일 것입니다. 때문에 현재는 단지 과거로 옮겨감으로써만 시간이라 할 수 있을 것입니다. 그렇다면, 우리는 어떻게 지금 이 현재도 "있다"고 말할 수 있겠습니까? 시간은 단지 현재가 존재하지 않게 될 것이기 때문에 존재한다고 말할 수 있는 것이 아닙니까?

제15장 시간의 길고 짧음에 대하여

(18) 그럼에도 우리는 긴 시간이라느니 짧은 시간이라느니 하며 말합니다.

그리고 그렇게 말하는 것은 단지 과거와 미래에 대해서 뿐입니다. 우리는 백년 전을 긴 과거의 시간이라 일컫고, 마찬가지로 백 년 뒤를 긴 미래의 시간이라 부릅니다. 그리고 열흘 전은 짧은 과거라 부르고, 열흘 뒤는 짧은 미래라고 부릅니다. 그러나 존재하지 않는 것이 어찌 길거나 짧을 수 있겠습니까? 사실 과거는 이미 존재하지 않고, 미래는 아직 존재하지 않기 때문입니다. 그래서 우리는 과거에 대해서는 "길다"고 할 것이 아니라 "길었다"고 해야 할 것이며, 미래에 대해서는 "길 것이다"라고 해야 합니다. 나의 하느님, "나의 빛"*¹이시여. 주님의 진리는 이 경우에도 인간을 비웃지 않는지요? 그 긴 과거의 긴 시간이란, 그것이 이미 지나가버린 뒤에 현재에도 여전히 존재하는 시간인지요? 계속해서 존재했을 때에만 길다고 할 수 있습니다. 그러나 지나가버린 때에는 이미 존재하지 않았으며, 따라서 전혀 존재하지 않는 것은 긴 시간이라고 할 수도 없었을 것입니다.

때문에 우리는 "과거의 시간이 길었다"고 해서는 안 됩니다. 우리는 완전히 끝난 과거사는 지나가버림과 동시에 존재하지 않기 때문입니다. 우리는 그렇게 말하기보다는 오히려 "그 현재의 시간은 길었다"고 해야 합니다. 그 시간은 그때에는 아직 현재였었기 때문입니다. 그것은 존재하지 않기 위하여 지나가버린 것은 아닙니다. 때문에 길어질 수 있었습니다. 그러나 그것은 지나가버린 뒤에는 길어질 수도 없었습니다. 그것은 전혀 존재하지 않게 되었기 때문입니다.

(19) 그러니 인간의 영혼이여, 현재의 시간이 길 수 있는지를 고찰하여 보자. 그대에게는 시간의 길이를 지각하여 그것을 잴 수 있는 능력이 주어져 있기 때문이다. 그대는 내게 어떻게 대답할 것인가? 100년의 세월이 현재일 때 긴 시간인가? 그러나 그보다 먼저 100년이 현재일 수 있는지 아닌지를 고찰해 보도록 하자. 100년 중 최초의 해가 경과하고 있을 때, 그 1년은 현재이지만 다른 99년은 미래이며, 따라서 아직 존재하지 않는다. 다음에 또 1년이 경과할 때 앞의 1년은 이미 과거요, 다음 1년은 현재이며, 또 다른 해는 미래이다. 이와 같이 100년이란 해의 어느 중간의 해를 취해보더라도 그 해 이전은 과거이며, 그 해 이후는 미래이다. 따라서 100년이란 해는 현재일 수 없다. 그러나 그것은 어떻든, 지금 경과하고 있는 1년이 현재인가를 고찰해 보도록 하자. 그 경우에도 그 최초의 달이 경과했다면 다른 달은 미

래이며, 또한 다음 달이 경과했다면 최초의 달은 지나가버리고 다른 달은 아직 존재하지 않는다. 때문에 지금 경과하고 있는 1년도 또한 전체적으로 현재인 것은 아니다. 그리고 전체적으로 현재가 아니라면, 그 1년은 현재가 아니다. 1년은 열두 달이요, 그중 현재 경과하고 있는 어느 한 달이 현재로서, 다른 달은 과거든가 미래이기 때문이다. 더구나 그 경과하고 있는 한 달도 현재가 아니요, 단지 하루가 현재이다. 최초의 하루가 현재라면 다른 날은 미래이며, 최후의 하루가 현재라면 다른 날은 과거이다. 모든 중간자적 하루는 과거와 미래의 사이에 있다.

(20) 보라, 우리가 길다고 일컬을 수 있는 현재라는 시간은 겨우 단 하루의 공간 속에 계약되어 있다. 우리는 이 하루에 대해서도 조사해 보도록 하자. 하루조차도 전체로서는 현재가 아니기 때문이다. 하루는 밤낮 24시간으로 성립되어 있으나, 그 최초의 한 시간은 다른 시간을 미래로 지니고 있고, 그 최후의 한 시간은 다른 시간을 과거로 지니며, 또한 중간의 한 시간은 그것에 선행하는 시간을 과거로서 지니고, 그것에 후속되는 시간을 미래로서 지닌다. 그리고 이 한 시간도 또한 시시각각으로 지나가버리게 마련이며, 그중에 이미 흘러가버린 시간은 과거이며, 거기 남아 있는 시간은 모두 미래이다. 만일 어떤 부분, 가장 미세한 부분조차 나눌 수 없는 성질의 시간을 생각할 수 있다면, 그러한 시간이야말로 현재라고 부를 수 있을 것이다. 그러나 이 현재라는 시간은 급히 미래에서 과거로 흘러가버리기 때문에 지속 기간이 없는 틈새이다. 만일 조금이라도 지속 기간이 있다면 그것은 과거와 미래로 나누어진다. 그러나 현재는 그 어떤 공간도 가지고 있지 않다.

그렇다면 우리가 길다고 부르는 시간은 어디에 있을까? 그곳은 미래인가? 우리는 미래에 대해서는 길게 있다고 하지 않는다. 길게 있을 수 있는 것은 아직 존재하지 않기 때문이다. 우리는 미래에 대해서는 "길 것이다"라고 말한다. 그렇다면 미래는 언제 길게 될 것인가? 만일 그것이 계속해서 미래일 때의 일이라면 그것은 길 수가 없을 것이다. 길게 있는 시간은 아직 존재하지 않기 때문이다. 그러나 아직 존재하지 않는 미래가 이미 존재하기 시작하여 길게 있을 가능성을 지니는 현재가 되려 하면, 현재는 이미 말한 바와 같이 길게 있을 수는 없다고 외친다.

〈주〉

＊1 〈요한복음〉 8 : 12.

제16장 어떠한 시간이 측정되고 측정되지 못하는가

(21) 주님, 그런데도 우리는 시간의 틈새들을 의식하고 그 간격들을 서로 비교하여 좀 더 길다든가 짧다든가 말합니다. 또한 이 시간이 저 시간보다도 얼마나 길고 짧은가를 측정하여, 이것은 저것의 2배 또는 3배라든가, 꼭 같은 길이라는 식으로 답합니다. 더욱이 과거의 지나간 시간을 측정할 때 우리의 측정 기준은 우리의 지각력입니다. 누가 이미 존재하지 않는 과거나 아직 존재하지 않는 미래를 측정할 수 있겠습니까? 존재하지 않는 것을 측정할 수 있다고 감히 단언하는 사람이 있다면, 그 사람은 측정할 수 있을 것입니다. 따라서 시간은 지나가고 있는 도중에는 인식되고 측정할 수 있지만, 지나가버린 뒤에는 이미 존재하지 않기 때문에 인식되지도 않고 측정할 수도 없습니다.

제17장 과거의 시간과 미래의 시간은 어디에 있는가

(22) 아버지여, 나는 탐구할 뿐이지 단언하고 있지 않습니다. 나의 하느님, 나를 지키시어 나를 인도해 주소서. 우리는 소년시절에, 지금도 소년들에게 가르치듯이, 세 가지 시간, 곧 과거, 현재, 미래가 존재한다고 배웠습니다. 다른 두 가지는 존재하지 않기 때문에 오직 현재만이 존재한다고 해야 한다고 누가 내게 말할 수 있겠습니까? 아니면 다른 두 가지도 존재하게 마련이지만, 그것이 미래에서 현재가 될 때 어떤 숨겨진 곳에서 나타나며, 그것이 현재에서 과거가 될 때 어떤 숨겨진 곳으로 물러나는지요? 만일 미래의 사건들이 아직 존재하지 않는다면, 그 사건들을 예언한 사람들은 어디서 그 사건을 보았는지요? 존재하지 않는 것은 또한 보일 수도 없는데 말입니다. 과거의 사건들을 말하는 사람들은, 그들 영혼의 내면적 통찰로 그 과거의 일들을 구별하지 못하고 있다면 결코 진실을 말한다고 할 수 없습니다. 만일 과거가 (지나가버려) 존재하지 않고 있었다면, 그 사건들은 결코 구별하여 인식되는 일이 없을 것입니다. 따라서 미래도 과거도 역시 존재합니다.

제18장 어떻게 과거와 미래는 존재하는가

(23) 주님, 내가 더 깊이 탐구하도록 허락해주소서. 나의 희망이시여, 내 의도를 막지 말아 주소서. 만일 미래와 과거의 사건들이 존재한다면, 그 사건들이 어디에 존재하는지 나는 알고자 합니다. 그들이 어디 존재하는지 알지 못한다 하더라도, 그리고 그들이 어디에 존재하든 간에 그 사건들은 미래 또는 과거로서 존재하지 않고, 현재로서 존재함을 알고 있습니다. 그들이 만일 거기에서도 미래라고 한다면 아직 거기에 존재하지 않는 것이며, 또한 거기에서도 과거라고 한다면 이미 존재하지 않기 때문입니다. 때문에 존재하는 모든 것은 어디에 존재하든 오직 현재로서만 존재합니다. 그러나 우리가 과거를 진실되게 말할 때, 기억은 지나가버린 실제 사건들을 만들어 내는 것이 아니라 그 사건들의 영상에 담겨 있는 언어를 표출합니다. 그 영상들은, 사건들이 지나갈 때에 감각에 의하여 마음 속에 흔적으로 남겨졌습니다. 이미 존재하지 않는 나의 소년시절은 사실 과거라는 시간 속에 있는데, 그 과거는 이미 존재하지 않습니다. 그러나 그 영상은 내가 소년시절을 회상하여 말할 때, 현재라는 시간을 통해 볼 수 있습니다. 영상은 내 기억 속에 존재합니다. 그러니 다음으로 미래를 예언하는 경우에도 마찬가지로, 아직 존재하지 않는 사건의 영상이 이미 존재하듯이 미리 감지되는지요? 나의 하느님, 고백하건대, 나는 그것을 알지 못합니다. 그러나 나는 다음 사실을 확실하게 알고 있습니다. 우리는 많은 경우 미래의 행위를 예상하고 그 예상은 현존하게 마련이지만, 우리가 예상하는 그 행위는 미래에 속해 있기 때문에 아직 존재하지 않습니다. 그러나 우리가 그 행위에 착수하여 예상하고 있던 일을 시작하게 되었을 때, 그때에 그 행위는 존재하게 됩니다. 그때 그것은 미래가 아니라 현재이기 때문입니다.

(24) 그렇기 때문에 이 불가사의한 미래의 예견이 어떠하든 간에 현재에 존재하지 않는다면 아무것도 볼 수 없습니다. 그러나 이미 존재하는 사건은 미래가 아니라 현재입니다. 그래서 미래의 사건이 보인다고 할 때, 그것은 아직 존재하지 않습니다. 곧 장래의 존재 자체가 보이는 것이 아니라 그 장래 존재들의 원인이나 또는 징후가 보일 뿐입니다. 그 미래 존재들의 원인 또는 징후는 이미 존재하고, 따라서 미래가 아니라 이미 그것을 보는 사람들에 대하여 현존합니다. 그리고 그들로부터 미래의 일은 마음에 의하여 생각

되고 예언되며, 마음에 의하여 생각된 일은 이미 (마음 속에) 존재하여, 미래의 일을 예언하는 사람들은 그 일들을 현존하는 것으로 봅니다. 이렇듯 무수한 사실 속에서 나는 그 한 가지 예를 들어 말하려 합니다. 가령 내가 새벽빛을 보고 태양이 떠오른다는 사실을 예고한다고 가정해보겠습니다. 그럴 경우 내가 보는 대상은 현재에 속해 있으며, 내가 예고하는 대상은 미래에 있습니다. 이미 존재하는 태양은 미래가 아니며, 아직 존재하지 않는 태양의 상승이 미래입니다. 그러나 그 상승도 또한 내가 방금 언급했을 무렵과 같이 그 영상을 마음에 생각해 떠오르게 하지 않는다면 예고할 수 없습니다. 그러나 내가 하늘에서 보는 저 새벽빛은 태양의 상승보다 선행하지만, 그것은 태양의 상승이 아니며 또한 그 표상 작용도 태양의 상승이 아닙니다. 더구나 이 두 가지 것은 미래의 것이 미리 말해지듯이 현재의 것으로서 보입니다. 따라서 미래의 일은 아직 존재하지 않습니다. 그리고 아직 존재하지 않는다면 일반적으로 존재하지 않습니다. 또한 존재하지 않는다면 전혀 볼 수가 없습니다. 그러나 미래는 이미 (마음 속에) 존재하여, 볼 수 있는 현재의 존재로부터 예언될 수 있습니다.

제19장 어떤 방법으로 미래의 것을 가르칠 수 있는가

(25) 주님의 피조물을 지배하시는 통치자이시여! 주님께서는 영혼에게 미래에 기다리고 있는 일을 가르칠 때 어떤 방법으로 가르치는지요? 주님은 과거에 주의 예언자들에게 가르치신 일이 있나이다. 주님에게는 그 어떤 미래도 없으시오나, 주님께서는 대체 어떤 방법으로 미래를 가르치시는지요? 아니면 주님은 미래의 일에 대해서도 현재의 일을 가르치시는지요? 존재하지 않는 일은 전혀 가르칠 수 없기 때문입니다. 주님께서 가르치시는 방법은 나의 이해력을 훨씬 초월합니다. 그 방법은 도저히 내 힘이 미치지 못하고, 나는 그것을 붙들 수가 없습니다. 그러나 내 숨겨진 눈의 감미로운 빛이여, 주님께서 그렇게 할 수 있는 능력을 주실 때, 비로소 나는 주님으로 말미암아 그렇게 할 수 있을 것입니다.

제20장 시간의 구별은 어떻게 말해야 하는가

(26) 이상과 같은 고찰로 명료해진 사실은, 바로 미래도 과거도 존재하지

않으며, 또한 세 가지 시간들, 즉 과거, 현재, 미래가 존재한다는 말도 올바르지 못합니다. 그보다는 오히려 세 가지 시간들, 곧 과거 일의 현재, 현재 일의 현재, 미래 일의 현재가 존재한다는 편이 올바를 것입니다. 사실 마음속에는 이들 세 가지가 존재하며, 마음 이외의 곳에서는, 나는 그들을 인식하지 못합니다. 즉 과거 일의 현재는 기억이요, 현재 일의 현재는 직관이며, 미래 일의 현재는 기대입니다. 만일 이 말이 허용된다면, 나는 그와 같은 면에서 세 가지 시간이 존재한다고 생각하며 또한 주장하겠습니다. 또는 아직 습관에 의한 부정확한 표현이기는 하지만 세 가지 시간, 곧 과거, 현재, 미래가 존재한다고 해도 좋습니다. 그렇게 말해도 무방합니다. 그렇게 말해도 나는 반대하지도, 탓하지도 않습니다. 오직 그 말하는 내용이 이해되어서 미래의 일도 과거의 일도 지금은 존재하지 않는다는 사실이 양해되어 있는 한 무방합니다. 사실 우리가 올바른 방법으로 하는 일상적인 말은 드물게 마련이어서, 대부분의 경우 우리는 올바르지 못한 방법으로 말하게 마련입니다. 그러나 우리가 말하려는 뜻은 의사 소통이 됩니다.

제21장   어떤 방법으로 시간은 측정되는가

(27) 위에서 말한 바와 같이 우리는 시간이 지나갈 때에 그것을 측정하고, 그리고 이 시간은 저 시간의 두 배라든가 꼭 같은 길이라든가 또는 그 밖의 시간의 여러 부분에 관하여 우리가 측정하여 말할 수 있는 여러 가지 말들을 하게 됩니다. 따라서 위에서 말한 대로 우리는 시간이 지나갈 때에 그 시간의 기간을 측정합니다. 만일 나에게 그 누군가 묻기를, 어떻게 그 기간을 아느냐고 하면 나는 이렇게 대답합니다. "나는 시간을 측정할 수 있는 동시에, 존재하지 않는 것은 측정할 수 없다. 그런데 과거도 미래도 존재를 가지고 있지 않다"고 대답할 것입니다. 그러나 현재가 연장되지 않을 때 우리는 어떻게 그것을 측정할 수가 있을는지요? 현재는 지나갈 때에 측정하게 마련이며, 지나가버리면 측정할 수 없습니다. 측정해야 할 대상이 존재하지 않게 되기 때문입니다.

그러나 시간이 측정될 때에 시간은 어디에서 어디를 경과하여 어디로 지나가는지요? 미래로부터가 아니라면 어디로부터인지요. 현재를 경과하지 않는다면 어디를 경과하는지요? 과거를 향하지 않는다면 어디로 향하는지요?

때문에 그 시간은 아직 존재하지 않는 미래로부터 와서, 연장을 가지지 않는 현재를 거쳐, 이미 존재하지 않는 과거로 들어가 버립니다. 그러나 우리는 시간의 연장이 아니면 무엇을 측정하겠습니까? 우리는 1배라든가 2배라든가 3배라든가 동등하다든가 또는 그 밖의 시간에 관해서 말할 때, 어떤 연장된 시간의 기간을 언급해야 합니다. 시간이 지나가고 있을 때 우리는 어떤 연장된 시간 속에서 시간을 측정할까요? 다가왔다가는 지나가버리는 미래의 시간 속에서인지요? 그러나 아직 존재하지 않는 시간은 측정할 수 없습니다. 그렇다면 거쳐 지나가는 현재에 의해서인지요? 그러나 연장을 가지지 않는 현재 시간은 측정할 수 없습니다. 아니면 지나가버리는 과거 속에서인지요? 그러나 이미 존재하지 않게 된 시간은 측정할 수 없습니다.

제22장 이 수수께끼의 해결을 하느님에게 간구하다

(28) 내 영혼은 이 엉킨 수수께끼를 풀게 되기를 열망하였나이다. 주 나의 하느님, 자비하신 아버지여. 나의 갈망을 끊지 마소서. 그리스도의 이름으로 탄원하나이다. 그 모든 친숙하고도 숨겨진 수수께끼 같은 사물들을 알고자 하는 나의 열망에 대해 문을 닫지 마소서. 주님, 그 모든 사물들을 통찰하는 일을 방해하지 마시고, 주님의 자비로운 빛으로 그 모든 사실을 밝혀주소서. 내가 누구에게 이 일에 대하여 물을 수 있겠나이까? 누구에게 나의 무지함을 고백함으로써 얻을 수 있겠나이까? 이렇듯 거세게 주님의 성서를 향해 불타오르는 내 열심을 싫어하시지 않는 주님께가 아니고 누구이겠습니까? 내가 사랑하는 것을 주소서. 나는 사랑하고 있고, 이 사랑 자체도 주님께서 주시는 선물이기 때문입니다. 참으로 "주님의 자녀들에게 좋은 선물을 주시는 방법을 아시는 아버지여,"*¹ 내게 주소서. 나는 이해하려는 짐을 짊어졌으며, 주께서 보여주실 때까지는 "내가 치러야 할 수고가 너무 많습니다." 나는 그리스도로 말미암아 이 성자 중의 성자인 그의 이름에 의하여 아무도 나를 방해하지 말기를 탄원합니다. "나는 믿었나이다. 그렇기에 말합니다." "주님의 기쁨을 응시할 수 있기에" 나는 사는 것입니다. "보소서. 주님은 내 나날들을 밝게 하셨습니다." 나의 나날들은 지나가버리는데, 어찌하여 그것을 나는 모르고 있는지. 또한 우리는 흔히 때라든가 시간이라는 말을 반복적으로 사용합니다. 그리고 그가 이 사실을 말한 지 얼마의 시간이 지났느냐

든가, 이 일을 하고서 얼마의 시간이 지났느냐든가, 또한 그것을 본 지 얼마의 시간이 지났느냐든가 하면서 끊임없이 말합니다. 이 음절은 저 짧은 음절의 두 배 시간이 든다든가 하는 투로 이야기합니다. 우리는 이런 일들을 말하고, 다른 사람이 하는 이 말을 또다시 듣습니다. 그래서 우리는 다른 사람에게 이해되고, 우리도 다른 사람을 이해하게 됩니다. 이런 시간에 대한 말들은 예사스러우며 매일매일 반복되지만, 이 동일한 일이 아직도 깊숙하게 숨겨져 그 참된 모습은 아직 발견되지 않습니다.

〈주〉
＊1 〈마태복음〉 7 : 11.

제23장 시간이란 무엇인가

(29) 나는 일찍이 어느 학자로부터 해와 달과 별의 운동이 바로 시간이라는 사실을 들은 적이 있습니다. 그러나 그 말에 동의하지는 않았습니다. 어찌하여 시간은 오히려 모든 물체의 운동으로 구성되지 않는지요? 만일 천상에서 빛나는 물체가 정지하고, 한갓 옹기장이의 도르래만 돌고 있다면, 그 회전으로는 측정할 시간이 없어질 것입니다. 그래서 우리는 그 회전이 모두 똑같다고 말합니다. 아니면, 어떤 때에는 회전이 더 느려지고 어떤 때에는 더 빨라지고 한다면, 그 회전이 오래 걸린다든가 오래 걸리지 않는다든가 하는 것인가요? 우리가 이러한 말을 발음하고 있을 때에도 또한 어느 음절에 긴 시간이 들고 다른 음절에 짧은 시간이 든다는 식이 아닌지요?

하느님, 작은 일과 큰 일에 공통되는 유익한 진실을 작은 일에 대하여 인간이 인식할 수 있도록 허락하여 주소서. 하늘의 별과 빛은 어떤 표시를 위해서, 시간을 위해서, 그리고 날과 해를 기록하기 위하여 존재하나이다.＊1 진실로 그들은 그래서 존재합니다. 그러나 나는 저 나무 도르래의 회전이 하루라고 말해서는 안 되며, 저 학자도 그 회전이 시간이 아니라고 해서는 안 될 것입니다.

(30) 나는 시간의 의의와 본성을 인식하려 합니다. 우리는 물체의 운동을 측정하고는, 예를 들어 이 운동은 저 운동의 두 배의 길이라고 말합니다. 즉, 나는 이러한 사실을 물으려 합니다. 우리는 단지 해가 땅 위에 있는 동

안만을 하루라고 하지 않고—그렇다면 밤은 하루 속에 포함되지 않습니다 —해가 떠오르고 다음에 다시 떠오를 때까지 그 전체 주행(周行)을 하루라 고 일컬으며, 그로써 우리는 며칠이 지나갔다고 말합니다. 그럴 때 우리는 그 밤도 함께 세어 며칠이라 일컬으며, 밤 사이만을 달리 말하지는 않습니 다. 하루는 해의 운동과 그 해가 뜨는 동쪽으로부터 서쪽까지의 주행(周行) 으로 완료되기 때문입니다. 그렇다면 태양의 운동 자체가 하루를 이루는가 요? 그보다는 이 운동이 완성되는 실질적 시간 간격이 하루를 이루는가요? 아니면 둘 다가 하루의 시간인가요?

우선 운동 그 자체가 하루라고 한다면, 설사 해가 불과 한 시간 안에 그 주행을 완료하는 일이 있다 하여도 그 한 시간이 하루일 것입니다. 두 번째 경우는, 태양이 떠올라 다시 두 번째 떠오를 때까지 불과 한 시간이라는 짧 은 사이일 때, 그것도 하루가 아닐 것입니다. 완전한 하루이기 위해서는 해 가 24시간의 하루를 완성해야 합니다. 세 번째로, 하루란 회전과 그 소요된 시간이라는 양쪽 조건을 모두 충족해야 하므로, 비록 하루 동안에 해가 그 전체 궤도를 주행한다 하더라도 그것은 하루가 아니며, 또는 해가 그 운동을 멈추고서 해가 아침부터 다음 아침까지 그 전체 운행을 완료할 수 있는 시간 이 지나간다 하더라도 그것은 하루가 아닙니다. 따라서 나는 이제 더 이상 하루라고 일컬어지는 것이 무엇인가를 묻지 않고, 시간의 본성이 무엇인가 를 묻겠습니다. 시간의 본성에 의하여 우리는 해의 주행을 측정합니다. 그래 서 만일 그 주행이 12시간 만에 완료된다면, 여느 때와 비교하여 반 분량의 시간 사이에 완료되었다고 말합니다. 두 가지 시간을 비교하여, 한 쪽은 시 간 간격이 한 시간이고 다른 쪽은 두 시간이라고 말할 때에, 그리고 태양이 동에서 서로 때로는 한 시간에, 때로는 두 시간에 주행하리라고 하는데도 나 는 그때 시간이 몇 시냐고 묻습니다.

그러니 아무도 나에게 천체의 운동이 곧 시간이라고 말하지 말게 하소서. 일찍이 어떤 사람이 전쟁에서 해를 멈춰달라고 기도를 했을 때 해는 멈추었 으나 시간은 여전히 흘러갔기[*2] 때문입니다. 사실 그 승전을 이루기에 충분 한 시간 동안에 그 승리는 행해지고 끝났습니다. 그래서 나는 시간이 어떤 연장적 존재임을 압니다. 그러나 내가 과연 그것을 제대로 아는지요? 그보 다 단지 안다고 생각하는 것뿐인지요? 빛이여, 진리여. 당신은 그것을 밝혀

줄 것입니다.

〈주〉

＊1 〈창세기〉 1 : 14.

＊2 〈여호수아〉 10 : 12.

제24장 시간에 의해 운동을 측정한다

(31) 만일 누구인가 시간은 물체의 운동이라고 말하는 사람이 있다면, 주님은 나로 하여금 그 말을 인정하도록 명하시려는지요? 주님은 그런 명을 내리지 않으시나이다. 나는 어떠한 물체도 그저 시간에 의하여 움직인다는 말을 들은 적이 있습니다. 그것은 주께서 하시는 말씀입니다. 그러나 물체의 운동이 곧 시간이라는 말은 들은 적이 없습니다. 그 말은 주께서 하신 말씀이 아닙니다. 어떤 물체가 운동할 때, 나는 시간에 의해 그 물체가 얼마 동안 운동하는가를 운동 시작부터 운동을 끝까지 측정합니다. 만일 내가 그 물체 운동의 시작을 보지 못했다면, 또한 그 물체가 언제까지나 계속 운동하는 바람에 그 멈춤을 보지 못한다면, 나는 그것을 측정할 수가 없습니다. 내가 측정할 수 있는 것은 단지 내가 운동을 보기 시작해서 보기를 마치기까지의 사이에 지나지 않습니다. 비록 그것을 오랫동안 보고 있더라도 나는 그저 길다고 말할 뿐으로서 얼마나 길다고 할 수는 없습니다. 얼마나 길다고 할 때에는 우리는 비교에 의해 말합니다.

예를 들어, 이것은 저것과 같은 길이라든가, 이것은 저것의 두 배의 길이라든가, 또는 그 밖의 이와 비슷한 말을 하게 됩니다. 그러나 우리가 운동하는 물체에서 도르래의 경우처럼 물체의 어떤 특정 부분의 운동의 출발점과 도달점 사이의 거리를 관찰할 수 있다면, 물체 또는 물체의 부분이 그 출발점에서 도달점까지 운동하는 데 소요되는 시간이 어느 정도인가를 말할 수 있습니다. 그러므로 물체의 운동과, 그 운동에 의해 우리가 물체의 운동이 어느 정도의 길이인가를 측정하는 일은 전혀 다릅니다. 그러니 양자 가운데 어느 것을 진실로 시간이라 일컬을 수 있는지를 누가 모르겠나이까? 바로 어떤 물체가 어떤 때에는 운동하고 어떤 때에는 정지하듯이, 여러 모양일 경우에도 우리는 그 운동 기간뿐만 아니라 그 정지 기간도 시간에 의해 측정하여 "그것은 운동을 한 길이만큼 정지하고 있었다"든가, "운동한 두 배 또는 세 배의 길이만큼 정지하고 있었다"든가, 그 밖의 우리의 측정이 확정한 결과이거나 또는 대체로 추정한 결과를 말합니다. 따라서 시간은 물체의 운동이 아닙니다.

제25장 다시 하느님에게 결을 간구하다

(32) 주여, 나는 주님을 향하여 시간이 무엇인지 아직 모른다는 사실을 고백하나이다. 그러나 주여, 내가 주님을 향해 이러한 사실을 시간 속에서 말하고 있다는 사실, 내가 이미 시간에 관하여 오랫동안 말했다는 사실, 더구나 이 오랜 시간이란 단지 시간적 감각에 의해서만 오래라고 한다는 사실 따위를 나는 알고 있다고 고백합니다. 나는 시간이 무엇인지를 알지 못하는데, 어떻게 그러한 사실을 알 수 있겠나이까? 그보다도 나는 알고 있는 것을 어떻게 말해야 할지 잘 모르는 것 같습니다. 내가 알지 못하는 것이 무엇인지조차 모르고 있는 나는 가련한 인간입니다. 하느님, 보소서. 주님 앞에서 나는 거짓말을 하지 않습니다.[1] 나는 입으로 말하는 대로가 나의 마음입니다. 나는 주님의 등불을 켤 것입니다. 주 나의 하느님, "주님께서 나의 어둠을 비추어 주소서."

〈주〉
*1 〈갈라디아서〉 1 : 21.

제26장 시간은 무엇으로 측정되는가

(33) 내가 시간을 측정한다는 사실을 나의 영혼이 선언할 때 그 고백은 분명 진실입니다. 그러나 나의 하느님, 나는 측정하면서도 무엇을 측정하는지 알지 못합니다. 나는 물체의 운동을 시간에 의해 측정하려고 합니다. 그러면 시간 자체는 측정하지 않는 것인지요? 그러나 나는 물체가 운동하는 시간을 측정하지 않고서는, 물체의 운동을 측정하여 그것이 어느 정도의 길이라든가, 어느 정도의 시간으로 이 지점에서 저 지점까지 도달하는가를 측정할 수 없습니다. 그렇다면 나는 이 시간 자체를 무엇으로 측정하는지요? 우리는 자*1의 길이로 목재를 측정하듯이, 짧은 시간으로 긴 시간을 측정하는 것인

지요? 우리는 그와 같이 짧은 음절의 길이를 측정 기준으로 하여 긴 음절의 길이가 짧은 음절의 두 배라고 말합니다. 이와 같이 시를 행의 수로, 행 수를 음보(音步) 수로, 음보를 음절 수로 재며, 긴 모음들을 짧은 모음으로 측정합니다. 그러나 우리는 종이의 쪽수로 측정하지는 않습니다. (만일 쪽수로 측정한다면 우리는 공간을 측정할 뿐이지 시간을 측정하는 것은 아니기 때문입니다.) 그런 것이 아니라, 그 기준은 말 또는 단어가 열거될 때 걸리는 시간입니다. 그래서 우리는 "그 시(詩)는 많은 행들로 이루어져 있기 때문에 긴 시이다. 이 행은 많은 각운(脚韻)으로 되어 있기 때문에 길다. 이 각운은 많은 음절로 이루어져 있기 때문에 길다. 짧은 음절의 두 배이기 때문에 긴 음절이다"라고 합니다.

그러나 그렇게 한다고 해도 시간의 확실한 표준이 얻어지지는 않습니다. 사실 짧은 마디를 늘여서 낭송할 때에는 긴 구절을 서둘러 낭송할 때보다도 더 오랜 시간이 걸리는 일도 있을 수 있기 때문입니다. 시구에 대해서도 각운에 대해서도 음절에 대해서도 마찬가지입니다. 따라서 시간은 단순히 말해서 연장 이외의 아무것도 아니라고 내게는 생각되지만, 대체 무엇의 연장이라는 말인지를 나는 알지 못합니다. 만일 시간이 마음 자체의 연장이 아니라면 그것은 놀라운 일일 수밖에 없습니다. 나의 하느님, 내가 주께 탄원하나이다. 나는 무엇을 측정하여 어떤 경우에는 명확하지 못하게 "이 시간은 저 시간보다 길다"고 말하고, 또 어떤 경우에는 명확하게 "이 시간은 저 시간의 두 배이다"고 말하는지요? 나는 시간을 측정한다는 사실을 알고 있나이다. 그러나 나는 미래를 측정하고 있지는 않습니다. 미래는 아직 존재하지 않기 때문입니다. 또한 현재를 측정하지도 않습니다. 현재는 어떤 길이로도 퍼지지 않기 때문입니다. 또한 과거를 측정하지도 않습니다. 과거는 이미 존재하지 않기 때문입니다. 그렇다면 나는 무엇을 측정하고 있는지요? 시간은 지나가지만, 그러나 과거 시간이 아닙니까? 나는 앞에서 그와 같이 분명히 말했습니다.[2]

〈주〉

[1] 원래는 완척(腕尺), 곧 팔꿈치에서 중지 끝까지의 길이로 약 45센티.

[2] 제11권 제21장 27번 참조.

제27장 어떻게 우리는 마음 속으로 시간을 측정하는가

(34) 나의 영혼이여, 긴장하지 말고 끊임없이 주의하라. "하느님께서 우리의 구주이시다. 우리를 지으신 분은 하느님이시요, 우리 자신이 아니다." 진리가 시작되는 새벽의 지점에 집중하라. 예를 들어, 어떤 물체의 소리가 울리기 시작한다. 소리가 울리고 있다. 계속하여 울리다가 소리가 멈춘다고 하자. 그럴 때에는 이미 정적이 지배하여 그 소리는 지나가버리고 이미 존재하지 않는다. 그 소리가 울리기 전에는 그 소리는 미래이므로 측정할 수가 없었다. 그것은 아직 존재하지 않았기 때문이다. 그리고 지금은 존재하지 않기 때문에 측정할 수 없다. 따라서 그 소리는 울리고 있을 때에 측정할 수 있다. 그때는 측정할 수 있는 소리였기 때문이다. 그러나 그때에도 소리는 계속되지 않았다. 그 소리는 왔다가 가버렸다. 이러하기 때문에 시간은 더욱 측정이 가능하지 않을까?

사실 시간은 지나가버리고 있을 때, 측정이 가능한 시간의 간격 만큼씩 확장된다. 현재의 시간은 어떠한 길이도 가지지 않기 때문이다. 그렇기 때문에 시간이 지나가고 있는 동안에는 측정이 가능하다는 말이 된다. 예를 들어 다른 소리가 울리기 시작한다고 하자. 지금도 또한 아무런 중단 없이 연속적으로 울리고 있다고 하자. 우리는 울리고 있는 동안에 그 소리를 측정한다. 그 소리는 울리지 않게 될 때 이미 지나가버린 뒤요, 이미 측정할 수 있는 성질의 소리가 아니기 때문이다. 우리는 이제부터 실제로 측정해보고 어느 정도의 길이인가 말하도록 하자. 그러나 그 소리는 계속해서 울리고 있다. 그 소리는 울리기 시작하는 그 발단에서 이미 울리지 않게 되는 종말까지 외에는 측정할 수 없다. 우리는 어떤 발단에서 어떤 종말까지의 사이만을 측정한다. 따라서 아직 끝나지 않은 소리는 측정할 수 없고, 또는 그것이 어느 정도로 길다든가 짧다든가, 또는 다른 소리와 같다든가, 다른 소리의 2배라든가, 그 밖의 그와 비슷한 말로도 표현할 수가 없을 것이다.

그러나 그 소리가 끝나고 말았을 때는 그 소리는 이미 존재하지 않는다. 그러면 그것을 어떻게 측정할 수 있을까? 그럼에도 우리는 시간을 측정하고 있으니 말이다. 그러나 우리가 측정하는 시간은 아직 존재하지 않는 시간도 아니요, 이미 존재하지 않는 시간도 아니며, 조금도 연장을 가지지 않는 시간도 아니요, 또한 끝을 가지지 않는 시간도 아니다. 따라서 우리가 측정하는 시간은 미래의 시간도, 과거의 시간도, 현재의 시간도 또한 지나가고 있는 시간도 아니다. 그러나 우리는 시간의 기간을 측정하고 있다.

(35) Deus Creator omnium(하느님, 모든 것을 창조하시고)*¹에 대해 분석해 볼 때, 이 시구는 여덟 개의 단음절과 장음절을 서로 바꾸어 사용하고 있다. 그래서 네 개의 짧은 음절, 곧 제1, 제3, 제5, 제7의 음절은 짧고, 네 개의 장음절, 곧 제2, 제4, 제6, 제8의 음절은, 그 단음절의 하나하나에 비하여 두 배의 길이를 지니고 있다. 나는 그 구절을 낭송하여 보고 그에 대해 계산하여 본다. 그렇게 하면 감각을 통한 지각이 분명한 한 그러하다. 나는 긴 음절을 짧은 음절로 측정하고, 그것이 두 배의 길이를 가지고 있다는 사실을 감각에 의해 분명히 알게 된다. 그러나 어떤 음절 뒤에 다른 음절이 들려올 때, 만일 앞 음절이 짧고 뒤의 음절이 길다면 나는 어떻게 짧은 음절을 계속 간직해서 긴 음절에 비교해 보고, 긴 음절이 짧은 음절의 두 배의 길이임을 알 수 있는가? 긴 음절은 짧은 음절의 울림이 끝나지 않는다면 울리지 않기 때문이다. 나는 또한 긴 음절 자체도 그 음절이 현재일 때 측정하지 않는가? 그 음절의 울림이 끝나지 않는 한 나는 그 음절을 측정하지 않기 때문이다. 그러나 그 음절이 끝날 때 그 음절은 지나가버린 과거이다. 그렇다면 내가 측정하는 것은 무엇인가? 내가 측정하는 짧은 음절은 어디 있는가? 또한 내가 측정하는 긴 음절은 어디에 있는가? 둘 다 이미 함께 울려 사라지고 지나가버리고 있다. 그리고 이미 존재하지 않는다. 그런데도 나는 익숙한 감각이 신뢰할 만한 상태에서 그 음절은 단음이라든가 이 음절은 두 배라든가—물론 시간의 길이에 있어서—하며 확신을 지니고 대답하고 있다. 이 사실은 그 음절들이 지나가버리고 끝난 상태이기 때문에 가능하다. 그러하므로 나는 이미 존재하지 않는 그 음절들 자체를 측정한다기보다, 내 기억 속에 정착하여 있는 어떤 것을 측정하고 있다.

(36) 나의 마음이여, 나는 네 안에서 시간을 측정한다. 나를 즐겁게 하지 말라. 네게 부가되는 인상들의 소란스러움으로는 즐겁게 하지 말라. 나는 되풀이해서 말하거니와 나는 네 안에서 시간을 측정한다. 곧 사물이 지나갈 때 네 속에 새겨둔 인상이 남아 있으므로 나는 측정한다. 현재의 의식을 측정하고 있는 것이지, 그 인상을 새겨 두고 지나가버린 과거 사건들의 긴 흐름을 측정하는 것은 아니다. 시간의 기간, 이것을 실제로 나는 측정한다. 그러므

로 이것이 시간의 정체이든가, 아니면 내가 측정하는 대상은 시간이 아니다.

우리가 침묵을 측정하여, 이 침묵은 저 음성과 같은 길이만큼 지속되었다고 할 때에는 어떠한가? 우리는 그때 음성이 계속해서 울릴 때처럼 그것을 측정하는 일에 계속해서 주의하고, 그 시간 전체에 있어서의 침묵 사이에 대하여 계산할 수 있지 않을까? 우리는 비록 음성이나 입과 혀가 정지되어 있다 하더라도 사고를 통해 노래와 새와 기타 이야기와 또는 운동의 온갖 길이를 생각해볼 수 있다. 그리고 그들의 시간 길이에 대해서도, 이 시간이 저 시간의 몇 배인가를 입 밖에 내서 말할 때와 마찬가지로 계산할 수 있다. 만일 어떤 사람이 길게 끄는 음성을 내려고 생각하여 그 음성을 어느 만큼의 길이로 할까 미리 생각하여 정했다고 한다면, 분명히 그 사람은 그 시간의 길이를 침묵 속에서 계획했을 것이다. 그리고 기억에 맡겨 그 음성을 내게 마련이다. 그 음성은 그가 미리 정해 놓은 끝에 이르기까지 울린다. 아니, 그것은 울린다고 하기보다 이미 울렸다든가, 또는 이제부터 울릴 거라든가 한다. 사실 그 음성 가운데 이미 끝난 일부 음성은 이미 울린 음성이며, 아직 남아 있는 음성은 이제부터 울리기 때문에, 현재의 행동은 현재의 주의력이 미래로부터 과거로 옮겨짐에 따라 이루어진다. 미래의 일이 감소하여 과거의 음성이 증대하고, 마침내 미래의 것이 완전히 없어져 모든 것이 과거가 된다.

〈주〉

*1 암브로시우스의 찬미가 중 한 구절(제9권 제12장 32절 참조).

제28장 영혼을 통해 시간을 측정한다

(37) 그러나 어찌하여 아직 존재하지 않는 미래의 일들이 감소되거나 없어지거나 할까? 또한 어찌하여 이미 존재하지 않는 과거의 일이 증가될까? 그것은 이러한 일을 행하는 영혼 속에 세 가지 요소가 존재하기 때문일 것이다. 곧 영혼은 기대하고 직관하고 기억한다. 그리고 영혼이 기대하는 일은 직관을 거쳐 기억으로 옮겨간다. 그런데 누가 아직 미래가 존재하지 않는다는 사실을 부정하겠는가? 그러나 그럼에도 미래에 대한 기대는 이미 마음속에 존재한다. 또한 누가 과거의 이미 존재하지 않는 일을 부정할까? 그러

나 그럼에도 불구하고 과거 일의 기억은 계속해서 영혼 속에 존재하고 있다. 또한 누가 현재라는 시간이 순간에 지나가버리며 시간의 연장이 부족하다는 사실을 부정할까? 그러나 그럼에도 직관은 지속되고 그 다음에는 장래에 존재하는 일이 이미 존재하지 않는 일로 된다. 따라서 존재하지 않는 미래의 시간은 길지 않고, 단지 긴 미래란 미래의 긴 기대이며, 또한 아직 존재하지 않는 과거는 길지 않고, 긴 과거란 과거의 긴 기억이다.

(38) 나는 이제 내가 알고 있는 어떤 노래를 낭송해 보려 한다. 내가 낭송하기 전에 내 기대는 그 전체에 걸쳐 있지만, 내가 낭송하기 시작할 때, 그 기대 속에서 떨어져 나와 과거로 옮아가며 기억의 영역으로 들어가게 된다. 내가 행한 낭송에 대한 과거 기억과 내가 낭송하려 하는 미래의 기대 등, 양쪽으로 분산하게 된다. 그러나 내 기억은 현존하여 그 기억을 거쳐 미래이던 일이 과거의 일이 되게끔 인도된다. 이러한 일이 여러 차례 되풀이되면서 더욱더 기대는 짧아지고 기억은 길어진다. 그리고 마침내 기대의 전체가 없어지고 동시에 그 작용도 모조리 없어져 기억 속으로 옮겨져 버린다. 이 노래 전체에서 일어나는 일은 그 낱낱의 것들, 낱낱의 음성에 있어서도 동일한 일이 일어난다. 그뿐만 아니라 노래가 그 작은 부분에 지나지 않는 한층 긴 활동에 있어서도 일어난다. 그리고 그것은 인간의 모든 활동이 부분에 지나지 않는 인간의 일생에 있어서도 일어나게 마련이며, 마지막에는 인간의 모든 생명이 그 부분에 지나지 않는 사람의 아들들의 세상 전체에서도 일어난다.

제29장 시간의 분산에서 하느님에 의한 통일의 복귀를 간구하다

(39) "주님의 자비하심은 생명보다 귀하오니," 내 삶이 얼마나 여러 방면으로 흩어져 있는지 보소서. "그러나 주님의 오른손은 나를 붙드셨습니다." 주는 곧 하나이신 주님과 수많은 우리들 사이에—많은 일들에 의해 다중화된 삶 속에서—중재자로 계십니다.[*1] "나를 이해하시는 그 분을 나는 이해하겠으며,"[*2] 내 과거 이전의 생활로 돌아가, '과거를 잊고' 흩어진 생활에서 다시금 하나인 존재를 추구하게 하겠으며, 바야흐로 지나가버리는 미래를 향해서가 아니라 '내 앞에 있는 존재'를 향하겠습니다.[*3] 다시 말해 마음의 흐트러짐이 아니라 마음을 가다듬어 천국을 향한 소명의 포상을 얻으려고 추구하겠습니다. 거기에서 나는 주님의 찬미 소리를 듣고, 오는 일도 지나가버리는 일

도 없는 주님의 기쁨을 바라볼 수 있게 될 것입니다. 그러나 지금은 아직 나의 해(年)를 탄식 속에 보내고 있나이다. 주님, 당신만이 나의 위로이시며 내 영원한 아버지이십니다. 그런데도 나는 그 질서를 알지 못하는 시간 속에 흩어져, 시끄럽기 짝이 없는 잡다스러움으로 나의 사고는 내 영혼의 가장 깊은 곳까지 찢기고 있나이다. 그리고 내가 주님의 사랑의 불로 정화되고 용해되어 주님 안에 흘러들어가기까지 그러한 상태에 처해 있습니다.

〈주〉

*1 〈시편〉 7 : 32, 62 : 9.
*2 〈빌립보서〉 3 : 12.
*3 〈빌립보서〉 3 : 14.

제30장 다시 세계 창조 이전에 하느님이 행하신 일에 이의를 제기하는 자에 대한 논박

(40) 나는 주님 안에, 내 형상의 원형이신 주님의 진리 안에 들어가 굳게 서고자 합니다.*1 그리고 형벌로써 받은, 병을 앓는 사람들의 질문을 받고 싶지 않습니다. 그들이 이해할 수 있는 것 이상을 알려고 하여, "하느님은 천지창조 이전에 무엇을 하셨는가?"라든가, 또는 "하느님은 그 이전에는 일찍이 아무것도 만드신 일이 없었는데 어찌하여 어떤 것을 만들겠다고 생각하게 되었는가?"라는 사람들의 질문을 받아주지 않으려 합니다. 그들은 스스로 지은 죄의 벌로 자기들의 배가 감당할 수 없는 분량의 물을 마시려고 갈망하는 사람들입니다. 주여, 그들에게 그 말해야 할 바를 잘 생각할 수 있게 하소서. 그리고 시간이 존재하지 않았을 때에는, "일찍이 절대로 존재하지 않았다"는 말도 하지 않아야 한다는 사실을 깨닫게 하소서. "하느님은 일찍이 창조하신 일이 절대로 없었다"고 할 때에, 그것은 "하느님께서 창조하신 시간이 없다"라는 말입니다. 그러니 그들이 피조물이 없는 곳에는 어떤 시간도 존재할 수 없다는 사실을 깨닫게 하시고, 그런 쓸데없는 말을 하지 못하게 하소서. 그뿐만 아니라 그들이 또한 "앞에 있는 존재를 향해 힘쓰고",*2 주님이 모든 시간 이전에 모든 시간의 창조주이며, 어떠한 시간도 주님과 마찬가지로 영원하지는 않음을 알게 하소서. 그리고 어떠한 피조물도, 비록 시간을 초월하는 피조물이 있더라도 주님처럼 영원하지는 않음을 깨닫

게 하소서.

〈주〉

＊1 〈빌립보서〉 4 : 1, 〈데살로니가전서〉 3 : 8.

＊2 〈빌립보서〉 3 : 13.

제31장 하느님은 어떤 방법으로 만물을 아시는가—피조물 인식과의 차이

(41) 주 나의 하느님, 주님의 그 신비하고 그윽한 곳＊1은 얼마나 깊은지요? 내가 지은 죄 때문에 내가 거기에서 얼마나 멀리 던져져서 버려졌었는지요? 내 눈을 고쳐주소서. 그리하여 주님의 빛을 즐길 수 있게 하소서. 어떤 영혼이, 내가 찬송가를 아는 방식으로 모든 과거와 미래를 잘 알고 있다면 그 영혼은 참으로 놀라운 영혼인 동시에, 나는 두려운 나머지 전율을 느낄 정도로 놀랄 것입니다. 이러한 영혼에게는 모든 과거의 사건도, 또한 세상에 행해지고 있는 사건도 분명하게 마련이어서, 그것은 마치 내가 더 잘 기억하고 있는 노래를 부를 때 그 노래의 무엇이 어느만큼 지나갔고, 무엇이 어느만큼 남아 있는지 명료한 경우와 마찬가지입니다. 그러나 만물의 창조주이신 주님, 영혼과 육체의 창조주이신 주님은 결코 그러한 방법으로 모든 미래와 과거를 아시지는 않습니다. 주님께서는 훨씬 놀랍고 훨씬 신비적인 방법으로 아십니다. 사실상 잘 기억하고 있는 노래를 부르거나 듣는 사람의 감정은, 이제부터 노래될 음성에 대한 기대로 변하거나, 그때까지 노래된 음성에 대한 기억으로 변하고, 그 의식은 양쪽으로 분산되지만, 변함없이 영원하신 주님, 곧 모든 정신의 영원한 창조주이신 주님께는 그런 일이 결코 일어날 까닭이 없습니다. 주님께서 태초에 하늘과 땅＊2을 아셨을 때, 주님의 의식에 어떤 변화가 있지는 않았습니다. 또한 태초에 하늘과 땅을 창조하셨을 때, 주님의 행동에 변화가 있지도 않았습니다. 이 사실을 이해하는 자로 하여금 주님께 고백하게 하소서. 그리고 이해하지 못하는 자도 주님께 고백하게 하소서. 오오, 주님은 그 얼마나 드높으신 분인지요. 주님께서는 마음이 겸손한 사람에게 머물러 계십니다. 주님께서는 자신을 낮춘 자를 일으키시고, 주님처럼 쓰러지는 일이 없는 경지에까지 오르는 사람들을 일으키시기 때문입니다.

<주>

＊1 〈요한복음〉 1 : 18.

＊2 〈창세기〉 1 : 1.

제12권 〈창세기〉 1장 강해

〈창세기〉의 첫 구절인 "태초에 하느님이 천지를 창조하시니라"를 해석한다. 그에 의하면 '하늘'이란 계속해서 하느님께 매달려 항상 그 얼굴을 우러르는 지성적인 영적 피조물이며, '땅'이란 아직 형태를 가지지 않은 재료로서, 그 이후에 물체적인 피조물이 형성된 것으로 생각하고 있다. 그러나 다른 여러 가지 해석의 가능성도 인정되면서, 그들은 모두 성서의 무한한 깊이 속에 포용된다.

제1장 진리 탐구의 어려움에 대하여

(1) 주님, 내 인생의 이러한 빈곤 속에서 주님의 말씀을 대하며 심히 당황하고 있습니다. 인간 지성의 불완전성은 많은 말을 하게 만듭니다. 질문은 발견된 사실보다도 더 많은 말들을 하게 하고, 요구 사항이 그에 대한 응답보다도 길며, 문을 두드려 구하는*¹ 손은 받는 손보다도 해야 할 일이 많기 때문입니다. 우리는 약속을 간직하고 있습니다. 누구도 이 약속을 무효로 할 수 없습니다. "하느님이 우리 편이 되신다면 누가 우리를 대적하리오?"*² "구하라 주실 것이요, 찾으라 만날 것이요, 두드리라 열릴 것이라. 구하는 자는 얻게 되고, 찾는 자는 보게 되며, 두드리는 자에게는 열리리라."*³ 이것이 주님의 약속입니다. 진리가 약속될 때 누가 속임당할까 두려워하겠습니까?

〈주〉
＊1 〈마태복음〉 7 : 7.
＊2 〈로마서〉 8 : 31.
＊3 〈마태복음〉 7 : 7~8.

제2장 하늘과 땅의 이중의 의미

(2) 나의 겸손한 혀는 숭고하신 주님을 향하여, 주님께서 천지를 창조하셨다고 고백하나이다. 그 하늘이란 내가 보는 하늘이며, 땅이란 내가 밟고 있고, 내가 지금 지니고 있는 몸의 근원인 바로 그 땅입니다. 그러나 주여, 우리가 시편을 통해 "하늘의 하늘은 주님의 것입니다. 그러나 땅은 사람의 아들들에게 주어졌나이다"라는 말을 들을 때 그 '하늘의 하늘'이란 어디 있는지요? 우리가 볼 수 없는 하늘은 어디 있는지요? 그에 비한다면 우리가 볼 수 있는 모든 것은 땅입니다. 이 물체적 총체의 모든 부분이 현재 전체에 속해 있지는 않습니다. 그 가장 낮은 계층에 있는 우리의 땅과 그런 하급 부분에 있어서도 아름다운 형체가 주어져 있으나, 저 '하늘의 하늘'에 비하여서는 우리 땅의 하늘도 땅에 지나지 않습니다. 이 두 개의 거대한 물질 세계(보이는 하늘과 땅)는 땅의 세계라고 해도 불합리하지는 않습니다. 주님의 것으로서 사람의 아들들의 것이 아닌 하늘, 즉 그 본성이 미지의 상태인 하늘에 비하여서는 그러합니다.

제3장 깊은 늪을 덮는 어둠에 대하여

(3) 참으로 이 땅은 "보이지 않았었고 형체가 없었습니다."*1 땅은 형체가 없었기 때문에 그 표면에 빛이 없는 일종의 깊은 늪이었습니다. 아무 형태도 없었습니다. 그 때문에 주님께서는 어둠이 깊은 늪 위에 있었다고 기록하도록 명하셨으나,*2 단적으로 빛이 없었음을 말합니다. 빛이 있었다면 그 빛이 높이 떠서 비치었다고 할 수밖에 없습니다. 그래서 빛이 아직 없었을 때 어둠이 있었다고 하는 것은 빛이 없었기 때문에 어둠의 심연이 있었다는 뜻입니다. 이와 같이 빛이 그 표면에 없었기 때문에 어둠이 그 표면에 있었는데, 그것은 소리없는 곳에 침묵이 있는 경우와 마찬가지입니다. 침묵이 있다고 하면 거기에 소리가 없다고 하는 말과 무엇이 다르겠습니까? 주님, 주께서는 주님을 향하여 고백하는 내 영혼에게 가르치지 않으셨나이까? 주님, 주께서는 직접 그 형태 없는 재료를 형성하고 구분하기 이전에는 아무것도, 색채도 모양도 정신도 존재하지 않았음을 내게 "가르치시지" 않으셨나이까? 그러나 그때에는 전혀 아무것도 존재하지 않았다기보다, 아무 형상도 가지지 않은 어떤 무형체(無形體)가 존재한 것입니다.

〈주〉

＊1 〈창세기〉 1 : 2.

＊2 〈창세기〉 1 : 2.

제4장 보이지 않고 모양이 없는 땅이란 무엇인가

(4) 그렇다면 이 무형체란 어떤 의미인지를 어리석은 정신의 사람에게 어느 정도 이해시키기 위해서는 어떤 일상적인 친숙한 언어를 사용할 수밖에 없습니다. 그러나 세계의 모든 부분을 통하여 땅과 깊은 늪만큼 절대적으로 형태가 없는 것을 찾아볼 수 있을는지요? 그 형태 없는 존재들은 가장 낮은 단계에 있기 때문에 한층 높은 다른 단계의 투명하고 빛나는 다른 사물들과 비교할 때 아름답지 못합니다. 그 때문에 주께서 어떤 결정적 형태가 없는 질료를 만드시고 그 형태로부터 아름다운 세계를 지으려 하셨으며, 그 형태 없는 질료는 인간의 마음을 위해 쉽게 이렇게 묘사되었습니다. "보이지 않고 모양이 없는 땅"이라고. 여기에는 의심의 여지가 없습니다.

제5장 형태가 없는 자료는 왜 그와 같이 불리는가

(5) 이러한 점에서 인간의 사고는 어떤 지각이 느껴졌는지를 간파하려 하며, 이렇게 말합니다. "우리의 지각력은 물체의 재료를 감각하는 문제일 뿐, 생명이라든가 정의와 같은 지적인 형태가 아니요, 또한 지적 감각 인식에 가깝지도 않습니다. 왜냐하면 보이지도, 조직에 속해 있지도 않은 존재 속에서는 아무것도 재료처럼 눈으로 보거나 감지할 수 없기 때문입니다." 인간의 사고는 이런 식(물질적 감각 방식)으로 말합니다. 그러나 이러한 감각 인식에서 인간의 사고는 둘 중의 하나를 시도합니다. 즉, 알 수 없는 사실을 안다고 말하는 지식, 또는 알고 있는 사실을 모른다고 말하는 무지를 시도합니다.＊1

〈주〉

＊1 제1권 제6장 10절 참조.

제6장 마니 교도 시대의 이해와 현재의 이해

(6) 그러나 주여, 내가 그 재료의 문제에 대하여 주께서 가르쳐주신 일들 모두를 내 입과 붓으로 주님께 고백하오니, 사실 나는 일찍이 오랫동안 그

가르쳐주신 말씀을 들으면서 이해하지 못했었나이다. 자기 자신도 그것을 이해하지 못하는 사람들이 내게 설명했을 때, 나는 그것이 무수하게 여러 종류의 형태를 가진다고 생각하였고, 따라서 그것을 제대로 이해하지 못했습니다. 나는 그 재료들이 헤아릴 수 없을 만큼 많은 변화된 형태들을 지닌다고 생각하곤 했으므로, 재료에 대해서 아예 생각지 않기로 했습니다. 또 그런데도 내 정신은 혼돈 상태에 빠져서 더럽고 몸서리쳐지는 형태를 생각해 내었습니다.

나는 형태가 덜된 존재에 대해 무형태의 말을 사용하기보다는, 형태를 지니기는 하지만 이상하고 기괴한 형태여서 혐오감을 경험한 그런 형태에 대하여 무형태의 말을 사용했습니다. 또한 나의 인간적 나약함을 혼란에 빠뜨릴 그러한 형태의 존재에 대해서도 무형태의 말을 사용했습니다. 그러나 내 마음 속에서 생각하고 있는 그림은 아예 형태가 없다기보다도, 더 아름다운 형태와 비교하여 형태가 없는 존재였습니다. 진정으로 이성적 추리를 하고 나서, 나는 전혀 형태가 없는 존재를 생각하려면 모든 형태를 마음 속에서 조금도 남김없이 제거해야 한다고 확신했으나 그럴 수가 없었습니다. 나는 모든 형태를 빼앗긴 어떤 비존재를 상상하는 게 낫겠다고 생각했습니다. 그것은 형태와 무존재 사이에 있는 어떤 존재가 아닙니다. 형태 있는 존재도, 또 무존재의 존재도 아니며, 단지 형태가 없으면서 거의 무존재에 가까운 그런 존재가 바로 주님의 재료입니다.

이때부터 나의 마음은 이 문제에 대하여 내 정신에게 묻기를 중단하였으나, 내 정신은 여러 형태를 가진 물체의 영상들로 충만해 있어서 이 형태들을 임의로 변화시키거나 변용시키거나 하고 있었습니다. 그리고 나는 주의를 형태 그 자체에 집중시켜 그들의 변역성(變易性)을 한층 깊이 고찰하였습니다. 물체는 이 변역성에 의하여 이미 변하지 않았다면, 아직 변하지 않은 존재로 되기 시작하는 것이었습니다. 나는 이와 같이 어떤 형태에서 다른 형태로 옮겨가는 일은, 어떤 무형태의 존재를 통하여 생겨나며, 전적인 무로부터는 아니리라고 추측하였습니다. 나는 단지 그와 같이 추측할 뿐 아니라 분명히 인식하기를 바라고 있었습니다. 그러나 이 문제에 대하여 주께서 내 의문을 풀어주신 모든 사실들을 내 말과 글로 주님을 향해 고백할 때, 이 글을 읽는 사람들 중 누가 마지막까지 들어보려고 하겠습니까? 그러나 그럼에도 내 마음은 아직도 주님께 경의를 표하여, 스스로 말할 수 없는 모든 것에 대해서도 찬미의 노래를 부르지 않을 수 없습니다. 사실 변화하는 여러 사물의 변역성이야말로, 변화하는 여러 사물이 그것으로 변역하는 온갖 형태를 취합니다. 그러나 이 변역성이란 대체 무엇인지요? 그것은 정신, 아니면 형태인지요? 그것도 아니라면 정신의 형태인지요? 그보다도 물체의 형태인지요? 만일 "아무것도 아닌 어떤 존재"라든가, "있으면서 없는 존재"라고 할 수 있다면, 나는 변역성의 존재야말로 바로 그것이라고 말하겠습니다. 그럼에도 분명한 사실은, 그 보이는 존재는 보이는 바 형성된 형태를 수용하기 위하여 이미 어떤 보이지 않는 방법으로 존재했었던 것입니다.

제7장 하늘, 곧 천사들과 땅, 곧 모양이 없는 자료의 창조

(7) 그런데 이 어떤 보이는 존재는 주님으로부터가 아니라면 대체 어디로부터 와서 존재하게 되었겠는지요? 그 사물들이 주님을 닮지 않았다면 그만큼 주님으로부터 멀리 있다는 말입니다. 단지 공간적 거리만 뜻하지는 않습니다. 주님, 당신께서는 이 방법으로 또는 저 방법으로 존재하시지 않고, 항상 같은 방법으로 변함없이 존재하시는 분입니다. "거룩하시다, 거룩하시다, 거룩하시다. 주님께서는 전능하신 주 하느님"*¹이시기 때문에 주님의 본질에서 태어난 지혜 안에서 태초에 그 어떤 것을 무로부터 창조하셨습니다. 사실 주님 자신으로부터 "천지를 창조"하시지는 않았습니다. 만일 그렇다고 한다면 천지는 하느님의 외아들과 같고, 또한 주님 자신과도 같다고 해야 합니다. 주님으로부터 나온 존재가 아닌 것이 주님과 같다고 한다면 결코 바르지 않기 때문입니다. 또한 하나로서 동시에 삼위이시고, 삼위로서 동시에 하나이신 하느님, 주님께서 천지를 창조하신 재료와 같은 어떤 것이 주님 외에 존재했던 것도 아닙니다. 때문에 주님께서는 무에서 "천지를" 창조하셨고, 위대한 사물도 하찮은 사물도 창조하셨습니다. 주님께서는 전능하시고 자비하시어 모든 것을 선하게 창조하셨고, 광대한 하늘도 협소한 땅도 창조하셨기 때문입니다. 주께서 존재하시고 다른 아무것도 존재하지 않았으며, 이 무로부터 주님은 천지를 창조하셨습니다. 이 천지라고 하는 두 개 가운데 그 하나는 주님께 가깝고, 다른 것은 무에 가까우며, 그 하나(하늘)보다 높은 존재는 오직 주님뿐이고, 다른 것(땅)보다 열등한 곳에는 오직 무만이 있습니다.

제8장 형태 없는 자료는 무에서 창조되고, 보이는 것은 자료에서 창조됨

(8) 그러나 주님, 저 "하늘의 하늘은 주님의 것입니다." 그러나 땅은 주님께서 "사람의 아들들"로 하여금 보고 만질 수 있게 주셨습니다만, 우리가 지금 보고 만질 수 있는 그런 땅은 아니었습니다. 땅은 "공허하고 혼돈이며," 그 위에 빛이 없는 깊은 늪이었습니다. 바꾸어 말해서 "그 깊음 위에 어둠이 덮여 있었습니다."＊1 곧 어둠은 깊은 늪의 표면 속에 있었다기보다도 오히려 깊은 늪 위에 있었기 때문입니다. 지금 볼 수 있는 바다의 깊은 늪은 그 밑바닥에 있어서조차도 그 자신의 독특한 빛을 가지고 있습니다. 그래서 그 빛은 깊은 늪의 밑바닥에 살고 있는 물고기들과 파충류에게도 어떤 방법으로 느껴집니다. 그러나 그 깊은 늪은 아직 형태가 없었기 때문에 거의 무(無)였습니다. 그러나 그 무는 이미 형태를 부여받을 능력이 있는 성질의 무였습니다. 주님, 당신께서는 형태 없는 재료에서 세계를 창조하셨고, 그 재료를 무로부터 거의 무와 비슷한 존재로 창조하셨습니다. 그 까닭은 주께서 그것으로부터 우리 사람의 아들을 위대한 존재로 창조하시기 위해서였습니다. 이 물체적인 하늘, 주께서 빛을 창조하신 뒤 이틀 만에 물과 물을 나누어 궁창으로 "있으라"고 하시어 그대로 만들어진＊2 하늘은 과연 가공할 만한 존재입니다. 주께서는 이 궁창을 하늘이라 일컬으셨습니다. 그러나 이 하늘이라고 하는 것은 주께서 모든 날에 앞서 만드신 형태 없는 재료에, 사흘째 되는 날 보이는 형태를 부여하여 창조하신 이 땅과 바다에 대해서의 하늘입니다. 주님은 모든 날에 앞서 이미 하늘을 창조하셨습니다. 그러나 그 하늘은 이 하늘의 하늘입니다. 주께서 태초에 천지를 창조하셨기 때문입니다. 그러나 주께서 이미 창조하신 땅 그 자체는 형태가 없는 재료 상태였습니다. "땅은 공허하고 혼돈하여 어둠이 깊음 위에 있었기" 때문입니다. 주님은 이 "공허하고 혼돈스런 땅"에 존재하는 모든 사물들을 이 형태 없는 존재로부터, 거의 무와 마찬가지인 존재들로부터, 이 변덕스러운 세계에 존재하는 모든 사물들을—그렇다고 하더라도 영구적 성립은 아니며—창조하셨습니다. 그 세계에서는 변덕스런 변역성(變易性)을 볼 수 있고, 그 변역성 속에서

시간은 느껴지고 헤아려집니다. 시간은 사물의 변화를 통해 생겨나며, 또한 시간은 앞서 말한 "보이지 않는 땅"을 재료로 하는 형태가 변화하고 변동할 때에 생겨나기 때문입니다.

〈주〉
＊1 〈창세기〉 1 : 2.
＊2 〈창세기〉 1 : 6 이하.

제9장 왜 태초에 하느님이 천지를 창조하셨다고 하는가

(9) 그 때문에 주님의 종()의 스승인 성령이 "태초에 주님께서 천지를 창조하시니라"고 말하면서, 그 시간에 대해서도 그날에 대해서도 침묵하며 말씀하시지 않으셨습니다. 주님께서 처음에 만드신 '하늘의 하늘'은 어떤 지성적인 피조물로서, 결코 삼위일체이신 주님과 동등하게 영원한 존재는 아닙니다. 그러나 주님의 영원성에 동참하고 있습니다. 주님의 가장 행복한 관조의 감미로움에 의하여 그 변역성을 강하게 억제하고, 그것이 창조되고서부터 조금도 늦추어짐이 없이 굳게 주님께 매달려 시간의 덧없는 변화를 초월하고 있습니다. 그러나 어떤 형태가 없는 존재, 곧 "공허하고 혼돈스런 땅"도 (엿새의) 창조의 날짜 속에 포함되어 있지 않습니다. 사실 형태가 없는 곳에는 순서도 없고, 그 무엇도 오거나 지나가는 일이 없습니다. 이러한 일이 없는 곳에는 날도 없고, 또한 시간의 변화도 없기 때문입니다.

제10장 하느님의 가르침을 간구함

(10) 진리와, 내 마음의 빛이 내게 말하게 하소서. 나의 어둠이 내게 말하지 않게 하소서. 나는 어둠 속에 빠져 모호한 상태에 있었으나, 거기에서도 주님을 사랑해 마지않았나이다. "나는 방황하며 주님을 찾았나이다." 나는 "내 등 뒤에서 주님의 음성을 들었으며"＊1 그 소리는 내게 돌아오라고 했습니다. 그러나 평화를 전혀 모르는 자들의 시끄러운 소리 때문에 그 주님의 소리는 거의 들리지 않았습니다. 이제 보소서, 나는 열에 들떠 헐떡이면서 주님의 샘물로 돌아옵니다. 아무도 나를 방해하지 말게 하소서. 나는 이 샘물을 마시고 이 샘물로써 살겠나이다. 나는 이미 내 생명의 주인이 아니니

다. 나는 일찍이 나로 말미암아 악하게 살았고, 나는 내게 있어서 죽음이었으나, 이제 주님 안에서 소생합니다. 주님, 내게 말씀해 주소서. 주께서 나를 향해 말씀해 주소서. 내가 주님의 성서에 믿음을 두었사오나, 그 말씀은 깊은 신비 속에 싸여 있어 이해하기 어렵습니다.

〈주〉
＊1 〈이사야〉 30 : 21, 〈에스겔〉 3 : 12.

제11장 하느님의 가르치심

(11) 주님, 당신께서 이미 강한 음성으로 내 마음의 귀를 향하여, 주님께서 영원하시다고, 그리고 "오직 홀로 죽음이 없으시다"＊1고 말씀하셨습니다. 주님께서는 어떤 형태에 의해서도, 그리고 어떤 운동에 의해서도 변화되는 일이 없으시며, 또한 주님의 의지는 때에 따라 변화하는 일이 없기 때문입니다. 이것으로 또는 저것으로 변하는 의지는 영원한 의지가 아니기 때문입니다. 이러한 사실은 주님 앞에서 분명합니다만, 나는 이 일이 내게 있어서 더욱 분명해져서, 내가 분명한 가르침을 받아 주님의 날개 밑에 항상 온순하게 머물 수 있게 되기를 주님을 향하여 기원합니다.

주님, 또한 주님께서는 이미 커다란 목소리로 내 마음의 귀를 향하여, 주님과 같은 존재는 아니지만 그래도 존재하는 모든 자연물과 실체를 주님께서 창조하셨다고 말씀하셨나이다. 오직 주님으로부터 생겨나지 않은 존재만이 존재하지 않습니다. 존재하고 계신 주님으로부터 멀리 떠나 있는 의지의 운동은, 거의 소멸을 향한 운동입니다. 이러한 운동은 그릇되어 있으며 죄이기 때문입니다. 그리고 어떠한 죄도 주님에게 상처를 줄 수는 없고, 또한 주님 나라의 질서를 그 최고에 있어서도 최하에 있어서도 흐트러트릴 수는 없습니다. 이러한 일은 "주님 앞에서" 내게 분명합니다만, 나는 이러한 사실이 내게 있어 더욱 분명해지고, 내가 그 분명한 가르침을 받아서 주님의 날개 밑에 언제까지나 온순하게 머물 수 있기를 주님에게 기원합니다.

(12) 또한 주님께서는 커다란 목소리로 내 마음의 귀를 향하여, 다음과 같은 피조물조차도 주님과 동등하게 영원한 존재는 아니라고 말씀하셨나이다. 이 피조물에게는 오직 주님만이 기쁨이며, 이 피조물은 영구 불변의 정절을

지켜 주님을 자신 속에 흡수하고, 언제 어디서나 자신의 변역성(變易性)을 드러내는 일 없이, 자신을 향해 항상 현존하시는 주님에게 충심으로 매달리며, (달리) 기대하는 미래를 가지는 일이 없습니다. 또한 그 피조물에 대한 기억이 과거로 옮겨지는 일도 없으며, 어떠한 변화에 의해서도 변하는 일 없이 어떤 시간에도 분산하지 않습니다. 이러한 피조물이 존재한다면, 오, 그것은 주님의 축복입니다. 주님 안에 영구히 백성으로서 살며 피조물의 원천인 빛을 향유할 수 있다면 주님으로 말미암아 얼마나 행복할지요! 나는 "주님의 것인 하늘의 하늘"을 무엇이라 불러야 좋을까 생각했으나, "주님의 집"보다 더 적절한 호칭을 찾을 수 없습니다. 그곳에서는 다른 곳으로 옮기는 방황도 실수도 없이, 오직 주님의 기쁨만을 관조합니다. 순수한 정신은, 우리가 보는 하늘 위의 하늘에 있는 주님 나라 시민들의 흔들리지 않는 평화의 거룩한 영혼들 속에서, 절대적인 일치와 화합을 누립니다.

(13) 이로써 미루어, 이미 오랜 방황을 거쳐 온 영혼이 만일 이미 주님을 목마르게 찾은 경험이 있다면, 그 영혼으로 하여금 알게 하소서. 그리고 사람들이 "네 하느님이 어디 있느냐?"고 날마다 영혼에게 묻는 동안, 영혼의 눈물은 영혼의 빵이 되었습니다. 영혼은 단지 주님께 이렇게 간청드립니다. "오로지 주님의 집에서 내 영혼의 모든 나날을 살게 하소서."—그 생명이란 주님 이외에 무엇이겠나이까? 또한 주님의 날이란, "주님께서 항상 동일하시기" 때문에 "결코 종말이 없는 주님의 나이"처럼 주님의 영원성 이외의 무엇이겠나이까? 이 일로 미루어 나의 영혼으로 하여금 주님께서 얼마나 시간을 초월하여 주님의 영원성 속에 계신지를 인식하게 하소서. 일찍이 주님 품으로부터 멀리 있어도 방황한 일이 없는 주님의 '집(나의 마음)'은 끊임없이, 그리고 실패없이 주님께로 나아가기 때문에 시간의 변화를 조금도 경험하지 않음을 보면서, 시간을 초월한 주님의 영원성을 깨닫게 하소서. 이런 사실은 "주님 앞에서" 내게 분명한 사실입니다. 나는 그것이 내게 더욱더 분명해지고, 내가 그 분명한 가르침을 받아 주님의 날개 아래 언제까지나 온순하게 머물 수 있게 되기를 주님 앞에 기원합니다.

(14) 주께서 창조한 가장 낮은 층의 피조물이 겪은 변화 과정에는 표현할 수 없는 어떤 무형태가 존재합니다. 자기의 공허한 마음 속에서 그 상상의 산물과 더불어 방황하고 뒹구는 사람만이 이렇게 내게 설명할 수 있습니다.

즉, "모든 형태가 감소하고 소멸한 뒤에도 작은 순간이나 조각들의 연속이 여전히 남아 있음을 알 수 있다. 그런데 이때 유일하게 남아 있는 요소들은 형태가 없다. 이 요소들은 어떤 형태를 다른 형태로, 하나의 종에서 다른 종으로 변화시키는 매개체에 의해 변모되어 형태를 잃게 되었다." 변화와 운동이 없다면 그런 일은 결코 있을 수 없습니다. 운동의 온갖 변화가 없으면 시간은 존재하지 않고 어떤 형태도 존재하지 않으며, 어떤 형태도 존재하지 않는 곳에는 어떤 변화도 없기 때문입니다.

〈주〉
＊1 〈디모데전서〉 6 : 16.

제12장 시간이 없는 두 가지 피조물

(15) 나의 하느님, 나는 이러한 일들을 주님께서 나에게 능력을 주시고, 문을 "두드리게 하시고," 그리고 두드리는 내게 "드러나게"＊1 하시는 범위 안에서 생각해보았습니다. 그리하여 주께서 창조하신 두 가지의 것이, 주님과 동등하게 영원하지는 않지만 역시 시간의 밖에 있다는 사실을 알게 되었습니다. 그 하나는 관조의 중단도 변화의 틈새도 없고, 변역적이면서도 변하고 바뀌는 일이 없으며, 주님의 영원성과 보편성을 충분히 받아 즐길 수 있도록 형성되어 있습니다. 다른 하나는 어떤 형태에서 다른 형태로, 운동의 형태로든 정지의 형태로든 변화하여 시간의 제약을 받는 일이 결코 없는 무형태입니다. 그러나 주님은 이 형태 없는 존재를 언제까지나 그대로 남겨두시지 않았습니다. 주님은 모든 날에 앞서 "태초에 천지를 창조하셨으며"＊2, 이 천지는 위에 말해 온 바의 존재입니다. 그러나 "땅은 공허하고 혼돈하며 어둠이 깊음 위에 있었습니다."＊3 이러한 말씀을 통해 형태가 없었다는 사실이 표현되어 있습니다. 그것은 전혀 형태가 무(無)로 돌아가지 않는 것을 생각할 수 없는 사람들의 어리석음을 점차 깨우쳐, 이 형태가 없는 존재로부터 제2의 하늘과 보이는 형태가 생긴 땅과 맑은 물, 또한 그 외에 어느 정해진 날에 이 세계를 형성하면서 창조되었다고 성서에 기록되어 있는 모든 존재가 창조되었다고 알게 하기 위함입니다. 이 사물들은 그 운동과 형태의 변화에 순서가 있듯이 또한 시간의 연속에 속해 있기 때문입니다.

✻1 〈마태복음〉 7 : 7.
✻2 〈창세기〉 1 : 1.
✻3 〈창세기〉 1 : 2.

제13장 왜 성서에는 정해진 날짜를 기록하지 않고 "태초에 하느님이 천지를 창조하시니라" 적혀 있는가

(16) 나의 하느님, 이것이 주님의 성서에 "태초에 하느님이 천지를 창조하시니라. 땅이 혼돈하고 공허하며 어둠이 깊은 늪 위에 있었다"✻¹고 하셨을 때 내가 일시적으로 이해하고 있던 바입니다. 주께서 이 일을 언제 하셨는지에 대해서는 언급하지 않고 말씀하시지 않았으므로, 나는 곧 저 하늘이 '하늘의 하늘', 즉 지성적인 하늘이라 생각하게 됩니다. 이러한 비물질적이고 지성적인 하늘에서는 지성이 모든 것을 동시에 알고 있습니다. 이 하늘에서는 지식을 부분적으로 알고 있지 않고, 또 지식이 수수께끼로 있지도 않으며, 거울을 통해서 비추어져 있지도 않습니다. 거기에서는 지식이 완전하며, 총체적으로 개방되어 모든 사실들을 '마주 대하고' 직접 볼 수 있습니다. ✻² 그리고 어떤 때는 이 사물을 알고 또 다른 때는 저 사물을 아는 것이 아니라, 위에서 말한 모든 것을 시간의 변화 없이 압니다. 또한 나는 "혼돈하고 공허한 땅"에는 어떤 때는 이렇게, 또 다른 때는 저렇게 일이 생기게 마련인 시간의 변화가 결코 없다고 생각합니다. 형태가 없는 곳에는 이런 것이라든가 저런 것이 없습니다. 나는 이들 두 가지의 것, 곧 우선 첫 번째로 형성된 존재와 전혀 형태가 없는 존재 중 앞의 존재를 하늘—단, '하늘의 하늘'—이라 생각하고, 뒤에 것을 땅—단 "혼돈하고 공허한 땅"—이라고 생각합니다. 나는 이 두 가지 존재들에 대해 주님의 성서는 날짜를 말하지 않고, "태초에 하느님이 천지를 창조하시니라"고 말하고 있다고 생각합니다. 그리고 사실 그것이 어떤 땅을 가리키는지는 그 바로 뒤에 서술되어 있습니다. 둘째 날에 '궁창'을 창조하시고 "하늘이라고 이름 붙이셨다"✻³고 기록되어 있는 구절은, 앞에 날짜를 밝히지 않고 한 기술이 어떤 하늘인가를 우리에게 암시합니다.

＊1 〈창세기〉 1 : 1~2.
＊2 〈고린도전서〉 13 : 12.
＊3 〈창세기〉 1 : 7, 8.

제14장 성서의 깊은 뜻

(17) 아, 주님 말씀의 깊이는 얼마나 오묘한지 모릅니다! 나의 하느님, 말씀의 겉면만 보면 우리와 같은 어린아이를 향하여 손짓하고 있는 듯하지만, 그 얼마나 놀랍고 깊은지 모릅니다. 정말 그 깊이는 놀랍습니다. 그래서 성서를 살펴본다는 일은 두려우며, 존경에서 생기는 두려움과 사랑에서 생기는 전율을 동반합니다. 나는 성서에 대적하는 자들을 아주 비난합니다. 주께서 그들을 "양날의 검"＊1으로 쳐부수소서. 그리하여 그들로 하여금 성서에 대해서는 적대하지 못하게 하소서. 내가 그들이 죽기를 바라는 이유는, 그들이 주님 안에 살게 되기 위하여 그들 자신에 대해서는 죽게 되기를 바라기 때문입니다.

그러나 다른 한편 그들 외에 창세기를 비난하지 않고 찬양하는 사람들도 있습니다. 그러나 그들은(나를 향하여) 반론을 제기하며 이렇게 말합니다. "하느님의 영이 그의 종 모세를 통하여 이 사실을 기록하게 한 것은 그대가 말하는 바와 같이 해석되기를 바란 것이 아니요, 그와는 달리 우리가 말하는 바와 같이 해석되기를 바랐다"고 합니다. 우리 모두의 하느님, 그 사람들에 대하여 주님의 심판 아래 나는 다음과 같이 대답하였습니다.

〈주〉
＊1 〈시편〉 149 : 6.

제15장 위에서 언급한 천사와 형태가 없는 질서에 대한 견해는 반대자들도 부정하지 못하리라

(18) 그대들은 다음과 같은 사실을 정녕 거짓이라고 말하려 하는구나. 진리가 커다란 목소리로 창조주의 참된 영원성에 대하여 내 마음의 귀에 대고 하는 말에 의하면, 창조주의 실체성은 결코 시간에 의해 변화하는 일이 없고, 또한 그의 의지는 그의 실체성 밖에 있지 않다. 따라서 창조주는 지금

어떤 것을 바랐다가 이윽고 다른 것을 바라는 일이 없으며, 오직 한 번만, 동시에 항상 그 바라는 모든 것을 바란다. 그리고 새삼 바라거나 지금 이것을 바라고 다음에 저것을 바라는 일도 없다. 또한 앞에 바라지 않던 바를 뒤에 바라거나, 또는 앞에 바라던 바를 뒤에 바라지 않거나 하는 일도 없으시다. 그러한 의욕은 변화할 수 있으며, 변화할 수 있는 모든 것은 영원하지 않지만, "우리의 하느님은 영원하시기" 때문이다.

그대들은 창조주의 이러한 말씀을 진정 거짓이라고 부정하지는 않으리라. 창조주께서 내 마음의 귀에 말하는 바에 의하면, 오려고 하는 여러 사물의 기대는 그 기대가 발생되었을 때 직관이 되고, 그 직관은 여러 사물이 사라졌을 때에는 기억이 된다.

그러나 이와 같이 변화하는 지적 활동은 변화할 수 있으며, 변화할 수 있는 모든 것은 영원하지 않지만 "우리의 하느님은 영원하시다." 나는 이러한 사실을 종합하고 결합하여 나의 하느님, 곧 영원하신 하느님은 어떤 새로운 의지로 피조물을 창조하지는 않았다는 사실, 그리고 그의 지식은 어떤 지나가버리는 현상들과는 관계가 없다는 사실을 알게 되었다.

(19) 그렇다면 나에게 항변하는 반론자들이여. 그대들은 무엇이라 말하려 하는가? 그 제안들이 거짓인가? "그렇지 않다"고 그대들은 말한다. 그렇다면 어떠한가? 형성될 수 있는 형태와 재료가 주어진 모든 자연의 원천만이 최고 선의 존재자라는 말은 진정 거짓이 아니다. 그는 그렇게 최고로 존재하기 때문에 최고 존재자이다. "우리는 그 사실을 부정하지 않는다"고 그대들은 말한다. 그렇다면 어떠한가? 그대들은 어떤 숭고한 피조물이 존재하고, 순결한 사랑으로써 하느님께 의지하며, 하느님과 동등하게 영원하지는 않지만 어떠한 시간의 변화와 전환 속에서도 하느님으로부터 떠나가는 일이 없고, 오직 하느님만의 완전히 진실된 관조 속에서 휴식을 취한다는 사실을 부정하려는가? 주님, 주님은 주께서 명하시는 만큼 주님을 사랑하는 자에게 주님 자신을 나타내시어,*¹ 만족을 주셨습니다. 그로 해서 주님을 사랑하는 자는 주님으로부터 떠나 자신의 이기적 일로 기우는 일은 없습니다. 이 '하느님의 집'*²은 지상의 것으로부터 만들어지지 않으며, 또한 천상의 어떤 물질적 덩어리로 되지도 않습니다. 그것은 타락하는 일이 영원히 없기 때문에, 완전히 영적이며 주님의 영원성을 나누어 가지고 있습니다. 그것은 주님께

서 "영원히 영원하게 영원히 세우시고 계율을 정하셨으므로, 결코 사라지는 일이 없습니다." 그러나 또한 그것은 처음이 없이 있지는 않기 때문에 주님과 동등하게 영원하지는 않습니다. 그것은 피조물이기 때문입니다.

(20) 물론 우리는 그러한 피조물보다 앞선 시간은 찾아보지 못합니다. 왜냐하면 "지혜가 모든 사물들보다 앞서 창조되었기" 때문입니다. 지혜를 창조하신 우리 하느님 아버지, 분명히 그 지혜란 주님의 지혜를 말하는 게 아닙니다. 주님의 지혜란 주님과 더불어 영원하며 주님과 완전히 동등하며, 그 지혜에 의해 만물이 창조되고, 만물이 그 지혜를 처음으로 하며 주께서 만물을 창조하신 그 지혜를 말합니다. 분명히 여기서 우리가 말하는 '지혜'는 창조된 지혜, 곧 빛의 관조로부터 온 빛으로서 지적 본성을 가진 지혜입니다. 이런 지혜는 창조된 지혜이기는 하나(저 영원한 지혜와 마찬가지로), 지혜라 일컬어지고 있습니다. 그러나 스스로 빛을 발하여 조명하는 빛과 조명을 받는 빛이 다르듯이, 창조하는 지혜와 창조된 지혜는 다르게 마련입니다. 그것은 또한 의롭다 하는 의와 의로움을 받음으로 해서 이루어진 의가 다른 경우와 마찬가지입니다. 우리도 또한 주님으로 말미암아 의로워졌습니다. 주님의 어느 종(僕)은 "우리가 하느님으로 말미암아 하느님의 의가 된다"*³고 말했습니다. 따라서 "지혜가 모든 창조된 사물보다 앞서 창조되어 있었으며", 그런 지혜는 "위에 있으면서 하늘에서 자유롭고 영원하다"*⁴고 일컬어지는 우리의 어머니, 즉 주님의 정결한 나라의 이성적이고 지성적인 정신입니다. 여기에서의 '하늘'이란 주님을 찬양하는 '하늘의 하늘'일 뿐 다른 하늘일 수 없습니다." 그것은 동시에 "주님의 하늘의 하늘"이기 때문입니다. 그리고 우리는 이 하늘보다 앞서는 시간을 찾아보지 못합니다. 왜냐하면 하늘은 시간이 창조되기 이전에 존재했기 때문입니다. 그러나 또 그 하늘 이전에는 창조주 자신의 영원성이 있었습니다. 이 하늘은 창조주에 의해 창조되면서 시작되었습니다. 그러나 시간 속에서 창조되지는 않았습니다. 시간은 아직 존재하지 않았고, 단지, 그 자체적으로 특별한 상태에 있었습니다.

(21) 우리 하느님 때문에 그러한 하늘은 주님으로부터 비롯되면서 또한 주님과는 전혀 다른 것이요, 동일하지 않습니다. 그리고 그 이전에도 또한 그 속에서도 우리는 시간을 찾아보지 못합니다. 그것은 "주님의 얼굴을 언제나 우러러 뵈올 수" 있고, 결코 거기에서 시선이 빗나가는 일이 없으며,*⁵ 그

위에 어떠한 변화에 의해서도 변하는 일이 없기 때문입니다. 그럼에도 그것에는 계속해서 변화의 가능성이 내재하고 있습니다. 그 때문에 그것은 강대한 사랑으로써 주님께 매달려, 항상 한낮과 같이 주님에 의해 빛과 열을 받지 않는 한 어둡고 차가워질 수밖에 없습니다.*6 오오, 찬란하게 빛나는 아름다운 집이여. "나는 주님의 아름다움과, 그곳을 창조하시고 소유하시는 내 주님의 영광이 깃드는 집을 사랑했었습니다." 나는 나그넷길에 있는 동안 주님을 우러러 그리워하였고, 주님께서 창조하신 그 집을 사모하였습니다. 그 집을 지으신 이가 나를 창조하신 분이시기에, 나도 주님 안에 받아들여 달라고 기도했습니다. "나는 잃은 양과 같이 헤매었으나," 주님의 피조물로서 내 목자의 어깨에 얹혀*7 주님께로 돌아오게 되기를 바라고 있습니다.

(22) 반론자들이여, 나는 지금까지 그대들을 향해 말했도다. 여기에 대해 그대들은 무엇이라고 말할까? 그대들은 역시 모세가 하느님의 경건한 종이며 그의 글이 성령의 감동으로 쓰여졌다는 사실을 믿으면서도, 나의 해석에 반대하겠는가? 저 '하느님의 집'은 하느님과 동등하게 영원하지는 않지만, 그와 상응하게 "하늘에 있어서 영원한 것"*8—그대들은 거기에서 시간의 변화를 구하고 있지만, 그것을 찾지 못하게 될 터이니 결국 헛수고이다—이 아닌가? 사실 그것은 과거와 미래 사이의 모든 연장과 모든 지나가버리는 시간을 초월한다. "하느님께로 나아가는 일이 항상 선하다." 반론자들 또한 "그렇다"고 대답한다. 그렇다면 나의 마음이 하느님의 "찬미 소리를 마음으로 들었을" 때 "내 하느님을 향해 외친" 말들 중 무엇이, 대체 무엇이 거짓이라고 그대들은 반대하는가? 이 세상의 창조 재료에는 형태가 없었다—형태가 없었기 때문에 질서도 없었다—고 하는 것이 사실인가? 그러나 질서가 없는 곳에는 어떠한 시간의 변화도 있을 수가 없다. 더구나 이 거의 무(無)라고 해야만 할 것도, 전혀 무는 아니었던 한, 분명히 모든 것은 이렇게 완전한 무 아닌 존재에서 일어났다. 당신들은 "이 사실도 우리는 부정하지 않는다"고 대답하고 있다.

〈주〉
＊1 〈요한복음〉 14 : 21.
＊2 〈창세기〉 28 : 17.

＊3 〈고린도후서〉 5 : 21.
＊4 〈고린도후서〉 5 : 1, 〈갈라디아서〉 4 : 26.
＊5 〈마태복음〉 18 : 10.
＊6 〈이사야〉 58 : 10.
＊7 〈누가복음〉 15 : 4.
＊8 〈고린도후서〉 5 : 1.

제16장   하느님의 진리에 반대하는 사람들과 토론하기를 그만두리라

(23) 나의 하느님, 나는 주님 앞에서, 주님의 진리가 내 마음에 속삭이는 모든 말을 진리라고 인정하는 사람들과 잠시 대화를 나누려고 생각합니다. 반대로 부정하는 사람들은 생각나는 대로 떠들어대며 스스로 그 귀를 막도록 내버려두십시오. 나는 그들이 조용해져 주님의 말씀이 그들에게 이르게 되는 길을 열도록 그들을 설득하려 합니다. 만일 그들이 그런 설득을 바라지 않는다 하더라도 "나의 하느님이여, 내게 잠잠하지 마소서." 주께서 내 마음속에 진실을 말씀해 주소서. 오로지 주님께서만 그렇게 말씀하십니다. 나는 그들이 밖에 있으면서 먼지를 불어올리며 티끌을 자신의 눈에 들어가게 하는 채로 버려두겠습니다. 나는 "내 방으로 들어가"＊¹ 주님께 사랑의 찬가를 부르고, 내 나그넷길에서 "말할 수 없는 탄식으로"＊² 내 마음을 열고서, 예루살렘을, 내 고향인 예루살렘을, 내 어머니인 예루살렘을 향해,＊³ 그리고 그 위에서 지배하시는 주님을, 그 조명자와 아버지와 수호자와 남편이 되시는 주님을, 그 정결하고 깨끗한 감미로움과 모든 말할 수 없는 절대적인 선이신 주님을, —주님만이 최고의 참된 선이시기 때문에—동시에 모든 선이신 주님을 생각하겠습니다. 나는 그 평화 속, 가장 자애로운 어머니의 평화 속에서—거기에 나의 "성령의 첫 열매"＊⁴가 있고, 그로부터 위에서 언급한 사실이 내게 있어서 확실합니다—주께서 나의 존재 전체를 이 혼란하고 왜곡된 상태에서 모으시고, "나의 자비로우신 하느님," 영원히 강하고 견고해질 때까지 주님으로부터 떨어지지 않겠나이다. 그러나 나는 위에서 언급한 진리의 사실이 거짓이라고는 하지 않으나—그 사람들은 거룩한 모세에 의해 기록된 주님의 성서를 존경하고, 우리와 더불어 복종해야 할 최고의 권위로 인정하고 있습니다—우리에 대해 계속 두서너 가지 이의를 주장하는 사람들을 향하여, "우리 하느님, 나의 고백과 이에 대한 반론 사이에 심판을 내리

시어 심판자가 되어 주소서"하고 말합니다.

〈주〉

*1 〈마태복음〉 6 : 6.

*2 〈로마서〉 8 : 26.

*3 〈갈라디아서〉 4 : 26.

*4 〈로마서〉 8 : 23.

제17장 천지라는 말은 여러 가지 의미로 해석된다

(24) 그들은 이와 같이 해석되기를 바라고 있습니다. "과연 당신의 말은 진리이지만, 모세가 성령의 계시로 "태초에 하느님이 천지를 창조하시니"라고 했을 때, 그 두 가지(_{땅과})를 생각하고 있지는 않았다. 그는 하늘이라는 이름을 통해 항상 하느님의 얼굴을 우러르는 영적이고 이성적인 피조물을 의미하지는 않았으며, 또한 땅이라는 이름을 통해 형태 없는 재료를 의미하지도 않았다." 그렇다면 무엇을 의미했는지요? 그들은 "모세는 우리가 말하려 하는 것을 뜻했을 것이다. 바로 그 의미를 그러한 말로 나타낸 것일 뿐이다"라고 합니다.

그렇다면 그 모세의 생각이란 무엇인지요?

그들은 "천지라는 이름에 의하여 모세는 보이는 세계의 전체를 우선 일반적으로 요약해서 나타내고, 그 뒤에 비로소 며칠이라고 정하여 세세하고 낱낱이 하는 서술이 성령의 뜻에 합당하다고 생각하여, 만물을 배치하려 했었다. 모세가 이런 식으로, 하느님이 보여주는 사물들로만 사람들에게 설명하려 한 까닭은, 그의 말을 듣고 있었던 사람들이 대개 교육을 받지 못한 자들이었고, 또한 보이는 대로만 생각할 수 있는 백성이었기 때문이다"라고 말합니다.

그러나 이렇게 말하는 사람들도, 혼돈스럽고 공허한 땅과 어둠의 깊은 늪―그로 해서 다음 구절에 나타나 있는 바와 같이, 그 며칠 사이에 우리 모두가 알고 있는 보이는 사물들 전부가 창조되고 정비되었습니다―을 형태가 없는 재료라고 해석하더라도 부당하지는 않다는 사실에 동의하고 있습니다.

(25) 그러면 이제 무어라고 말할 수 있을까? "그 형태 없는 혼돈스런 재료가 우선 '천지'라는 이름의 의미가 된다고 설명할 수 있다. 왜냐하면 보이

는 세계와 일반적으로 천지라는 이름으로 일컬어지는 세계 속에 가장 분명하게 나타나 있는 모든 존재가 그러한 재료로부터 형성되고 완성되었기 때문이다"라고 말하는 사람이 있습니다. 또한 "보이지 않는 존재와 보이는 존재가 천지라고 일컬어짐은 합당하다. 따라서 하느님이 시작할 때에 그 지혜 안에서 창조한 피조물들 전체는 천지라는, 즉 보이지 않는 존재와 보이는 존재라는 두 마디 말에 총괄되어 있다. 더구나 피조물은 하느님의 본질로부터 창조되지 않고 무(無)로부터 창조되었다. 그 사물들은 하느님과 존재를 함께 하지 않는다. 그러므로, 하느님의 영원한 집과 같이 영속하든, 또는 인간의 영혼과 신체처럼 변화할 수 있든, 그것들 전부에는 어떤 변화의 가능성이 있게 마련이다. 그렇기 때문에 보이는 사물이나 보이지 않는 여러 사물의 기본이 되는 공통의 재료, 즉 아직 형성되어 있지는 않으나 어떤 것으로 확실하게 형성될 수 있는 재료로부터 하느님은 하늘과 땅, 곧 이미 형성된 보이지 않는 피조물들과 보이는 피조물들을 만드셨다. 이들이, 혼돈하고 공허한 땅과 늪을 덮은 어둠이라는 이름으로 일컬어지고 있다. 그러나 혼돈하고 공허한 땅이라는 표현으로 미루어, 물체적 성질을 받기 이전의 물체적인 재료가 생각되고, 깊은 늪을 덮은 어둠이라는 표현으로 미루어, 유동적인 부정(不定)한 상태가 억제되어 지성의 조명에 비추어지기 이전 상태에 있는 영적인 재료가 생각된다"고 말하는 사람도 있습니다.

(26) 또한 이렇게 말할 수도 있습니다. 곧 "태초에 하느님이 천지를 창조하시니, 라고 되어 있는 기록으로 미루어, 천지라는 말은 이미 완성되어 눈에 보이거나 보이지 않는 존재를 말하지 않고, 여러 사물의 아직 형태가 없는 시작, 형성되고 창조될 재료를 일컫고 있다. 현재 이미 그 질서에 의해 구분되어 하늘과 땅—하늘은 영적인 피조물, 땅은 물체적인 피조물—이라 일컬어지는 존재가 아직까지도 성질과 형태에 의해 구별되지 않고, 미분된 상태로 그 재료 속에 이미 존재했었다"고 말입니다.

제18장 성서 해석에 있어서의 오류도 해로운 것만은 아니다

(27) 나는 이 모든 반론을 듣고 생각해 보았으나 "논쟁을 하겠다"고는 생각지 않습니다. "말다툼은 유익함이 없고, 오직 듣는 자들을 멸망에 이르게 할 뿐이기 때문입니다."[*1] 그러나 "율법을 올바르게 사용한다면" 교훈을 위

하여 "선합니다."*² "그 율법의 목적은 깨끗한 마음과 좋은 양심과 거짓 없는 믿음에서 비롯되는 사랑에 있기"*³ 때문입니다. 그리고 우리의 스승은 어떠한 "두 가지 훈계에 율법 전체와 예언자를 관련시킬지를"*⁴ 잘 알고 계십니다. 나의 하느님, 숨어 계신 "나의 눈빛"*⁵이여. 내가 이러한 사실들을 열심으로 주님께 고백합니다. 이러한 모든 〈창세기〉의 말씀들이 진실로 해석되기만 한다면 그 말씀들이 여러가지 방식으로 해석된다고 해도 그것이 나에게 무슨 어려움이 되겠습니까? 내가 그 기록에 대해 타인의 생각과 의견을 달리한다고 해서 내게 무슨 어려움이 있겠습니까? 사실 우리가 책을 읽을 때 우리 모두는 우리가 읽는 책 저자의 참뜻을 탐색하고 파악하려고 노력합니다. 그 저자가 진실을 말하고 있다고 믿기 때문에, 우리에게 거짓이라고 알려지거나, 또는 그렇게 생각되는 일을 저자가 말했다고 생각하는 일은 전혀 없습니다. 그래서 각 사람이 성스러운 성서를 통해, 그 기록한 자가 생각한 뜻대로 사실을 생각하려고 노력하기만 한다면, 모든 진실을 말하는 정신의 빛이여. 주께서 진리라고 나타내시는 바대로 비록 그 기록자가 생각하지 않았다고 하더라도 그것이 무슨 해가 되겠습니까? 또한 그 저자가 그와 같은 생각으로 쓰지는 않았고, 진리를 알고 있으면서도 그 해석자 같은 이해를 갖지 않았었다 하더라도 그것이 무슨 해가 되겠습니까?

〈주〉

＊1 〈디모데후서〉 2 : 14,
＊2 〈디모데전서〉 1 : 4, 5 : 8.
＊3 〈디모데전서〉 1 : 5.
＊4 〈마태복음〉 22 : 35~40.
＊5 〈시편〉 37 : 11.

제19장 해석이 다르다 하더라도 다음은 모든 사람이 믿는 것이다

(28) 주님, 당신께서 천지를 창조하신 일은 진실입니다. '태초'는 주님의 지혜를 의미하며, 그 지혜에 의해 만물을 창조하셨음도 사실입니다. 그리고 이 보이는 세계는, 형성되고 창조된 모든 존재를 총괄하여 생각할 때 하늘과 땅의 두 부분으로 크게 나뉘는 것도 진실입니다. 또한 모든 변화할 수 있는 존재들은 우리에게 있어 어떤 형태 없는 종류의 존재를 암시합니다. 변화할

수 있고 변화하는 어떤 종류의 형태를 우리의 사고에 암시한다는 말입니다. 그러나 또한 스스로 변화가 가능하면서도 변화하는 일이 없을 정도까지 불변의 형상에 굳게 매달리는 사람은, 어떠한 시간의 제약도 받지 않는다는 사실 또한 진실입니다. 그리고 거의 최초 상태에서의 형태 없는 존재에는 어떤 일시적 순간들의 연속도 없다는 사실 또한 진실입니다. 그리고 어떤 사물이 창조될 때 그 재료는 발음상으로 그 재료로부터 만들어진 사물의 이름과 같이 불리는 경우가 있습니다. 따라서 천지창조의 재료가 된 형태 없는 존재는 무엇이든 간에 천지라고 일컬을 수 있게 된다는 것도 진실입니다. 그리고 모든 형태를 가진 존재 중에 땅과 깊은 늪만큼 무에 가까운 존재도 없다는 사실도 진실입니다. 또한 이미 창조되고 형성된 사물뿐 아니라 창조되고 형성될 수 있는 모든 사물은 "만물이 비롯되는"*1 주님에 의해 창조되었다는 것도 진실입니다. 그리고 형태 없는 존재에서 형성되는 존재는 우선 아무 형태도 없으며, 그 뒤에 형성되어 형태를 가지게 됩니다.

〈주〉
＊1 〈고린도전서〉 8 : 6.

제20장 "태초에 하느님이 천지를 창조하시니라"에 대한 해석

(29) 이 모든 진리들은, 주님에 의해 자신들의 내적인 눈으로 그러한 진리를 볼 수 있는 능력이 주어진 사람들에게는, 그리고 주님의 종 모세가 '진리의 영'*1에 의하여 말했다고 하는 사실을 믿어 의심치 않는 사람들에게는 조금도 의심할 일이 아닙니다. 이러한 분명한 이치로부터, 사람들은 여러 가지 해석을 끌어내고 있습니다. 우선 첫째로 "태초에 하느님께서 천지를 창조하시니라"는 말씀이, 하느님께서 그분 자신과 동등하게 영원한 그 말씀을 통해 지성적 피조물과 감각적 피조물, 또는 영적 피조물과 물체적 피조물을 창조하셨다고 하는 뜻이라고 생각하는 사람이 있습니다. 둘째로 "태초에 하느님께서 천지를 창조하시니라"고 하는 말씀이, 하느님께서 그분 자신과 동등하게 영원한 그 말씀을 통해, 이 물체적인 세계의 전체와 거기 포함되는 분명히 보이고 알려진 모든 존재를 창조하셨다는 의미라고 생각하는 사람이 있습니다. 셋째로 "태초에 하느님께서 천지를 창조하시니라"는 말씀이, 하

느님께서 그분 자신과 동등하게 영원하신 그 말씀에 의하여, 물질적인 존재를 이루게 될 형태 없는 재료를 창조하셨다는 뜻이라고 생각하는 사람이 있습니다. 넷째로 "태초에 하느님께서 천지를 창조하시니라"는 말씀의 뜻은, 하느님께서 그분 자신과 동등하게 영원하신 그 말씀에 의하여, 물질적인 피조물을 이루게 될 무형의 재료를 만드셨는데 그 안에는 하늘과 땅이 아직 형성되지 않아 혼돈 상태로 있었으나 후에 서로 분리되고 형성되어 지금 우리가 볼 수 있는 세계를 이루게 되었다는 말이라고 생각하는 사람이 있습니다. 마지막으로 또한 "태초에 하느님께서 천지를 창조하시니라"는 말씀은, 하느님께서 그 창조와 활동의 시작에 있어서 무형의 재료를 만드셨는데, 그 속에서 하늘과 땅이 분리되지 않아 혼돈 상태에 있었으나 곧 그 재료에서 하늘과 땅이 형성되어, 현재 그 안에 존재하는 모든 만물과 더불어 그 하늘과 땅이 분명하게 나타나 보인다고 하는 뜻이라고 생각하는 사람이 있습니다.

〈주〉

＊1 〈요한복음〉 14 : 17.

제21장 "땅은 공허하고 혼돈했다"는 구절도 여러 가지로 해석되다

(30) 마찬가지로 모두 진리이게 마련이지만, 그 다음 구절의 이해에 관해서도 여러 가지 해석이 있습니다. 우선 첫째로 "땅이 공허하고 혼돈스러우며 어둠이 깊음 위에 있었다"＊1라는 말씀이, 하느님께서 창조하신 물체적인 사물들이 물체적인 여러 사물의 무질서하고 빛이 없고 형태가 없는 재료였다는 뜻이라고 생각하였습니다. 둘째로 "땅이 공허하고 혼돈하며 어둠이 깊음 위에 있었다"라는 말씀은, 천지라고 일컬어지고 있는 전체가 계속해서 형태가 없는 어두운 재료였다는 해석입니다. 거기에서 물체적인 하늘과 물체적인 땅, 그리고 이 둘 속에 있으면서 우리의 물체적인 감각에 알려져 있는 모든 사물들이 더불어 창조되었다는 뜻이라고 생각하였습니다. 또 "땅이 공허하고 혼돈하며 어둠이 깊음 위에 있었다"라는 말씀이, 천지라고 일컬어지는 전체가 계속 형태가 없고 어두운 재료였다는 해석입니다. 거기서부터 지성적인 하늘, 곧 다른 대목에서 '하늘의 하늘'이라 일컬어지는 존재가 창조되었고, 땅, 곧 모든 물체적인 존재, —그 이름에 따라서 이 물체적인 하

늘도 이해되게 마련이지만—바꾸어 말해서 모든 보이지 않는 피조물과 보이는 피조물이 창조되었다는 뜻이라고 생각하였습니다. 넷째로 "땅이 공허하고 혼돈하며 어둠이 깊음 위에 있었다"라는 말씀은, 성서가 저 형태 없는 존재를 천지라는 이름으로 일컬었다는 말이 아닙니다. 왜냐하면 저 형태없는 존재는 이미 존재하여 '보이지 않고 조직되지도 않은 땅과 늪'으로 성서에는 이미 하느님께서 천지를 창조하셨는데, 그것은 바로 영적 피조물과 물체적 피조물을 창조하셨다는 뜻이라고 적혀 있었기 때문입니다. 마지막으로 또한 "땅이 공허하고 혼돈하며 어둠이 깊음 위에 있었다"라는 말씀이, 어떤 형태 없는 것이 이미 하늘과 땅의 재료(또는 질료)로서 존재했으며, 그 형태 없는 존재로부터 성서가 미리 말하고 있는 대로 하느님께서 천지를 만드셨다는 해석입니다. 곧 상층과 하층의 두 부분으로 크게 나뉘는 물체적인 세계의 덩어리를 만드셨고, 그 안에서 우리가 보고 또 알고 있는 모든 피조물들을 더불어 창조하셨다는 뜻이라고 생각하는 것입니다.

〈주〉
＊1 〈창세기〉1 : 2.

제22장 성서에 기록되어 있지 않은 것

(31) 위에 언급한 견해 가운데 마지막 두 가지에 대해서 반대하려는 사람들은 다음과 같은 반론을 제기하려 할지도 모릅니다. —"만일 이 형태 없는 재료가 천지라는 이름으로 불린다고 생각하지 않는다면, 그것은 하느님께서 창조하지 않은 어떤 존재가 이미 달리 존재해 있었고, 더구나 그 어떤 존재로부터 하느님께서 천지를 창조하셨다고 해야 된다. 왜냐하면 "태초에 하느님께서 천지를 창조하시니"라고 할 때, 우리가 이 말씀에서 형체가 없는 재료란 하늘과 땅이 아닌 것 또는 단지 땅이 아닌 것을 뜻한다고 이해하도록, 성서가 그러한 무형태의 재료에 대해 기록했기 때문이다. 마찬가지로 그 다음으로, "땅이 보이지 않고 조직되어 있지도 않았다"는 구절 역시, 형태 없는 재료를 그와 같이 부르고 있는 것인데, 이 구절도 앞의 구절(하느님께서 천지를 창조하시니)과 마찬가지로 이해해야 한다고 볼 수 있다.

그러나 앞 절의 마지막에 들어 말한 두 가지 견해나 그 어느 것을 주장하는 사람은 다음과 같이 대답할 것입니다. "우리는 물론 그 형태 없는 재료가 하느님에 의하여, 곧 선의 모든 근원인 하느님*1에 의하여 창조되었다는 사실을 부정하지는 않는다. 우리는 창조되고 형성된 것을 높은 선이라고 일컫듯이, 창조되고 형성될 수 있는 것으로서 창조된 존재를 낮은 선이라고 일컫는다. 낮은 선이라 하더라도 그것이 선이라는 사실에는 변함이 없기 때문이다. 성서는 이러한 형태 없는 존재를 하느님께서 창조하셨다고 말하고 있지는 않지만, 또한 동시에 케루빔과 세라핌과 기타 사도가 명확히 말하고 있는 권력들, 즉 왕좌와 주권과 지배권과 권위*2 등을 하느님께서 창조하셨다고 기록되어 있지 않음도 사실이다. 그러나 존재들 전부를 하느님께서 창조하셨다는 사실은 확실하다.

또한 '하느님께서 천지를 창조하시니라'고 하는 말 속에 모든 사물이 포함된다면, 하느님의 영이 그 수면을 덮고 있었다*3는 말에서의 물에 대하여는 어떻게 말해야 할까? 만일 물이 땅의 표면에 포함되는 의미라고 한다면, 우리는 이와 같이 땅 위의 아름다운 형태의 물을 보면서, 어떻게 땅이 형태 없는 재료를 뜻한다고 생각할 수 있을까? 그리고 만일 그와 같이 생각할 수 있다면, 그 형태 없는 재료로부터 궁창이 창조되어 하늘이라 불렸다고 기록되어 있는데, 어찌하여 물이 창조되었다고 기록되어 있지는 않은가? 우리는 물이 흘러갈 때 그 물의 아름다움을 본다. 만일 하느님께서 "궁창 아래의 물들은 모두 모이라"*4고 하셨을 때 '모이라'는 말씀이 형태를 부여하기 위해서라고 이해한다면, "궁창 위의 물"에 대해서는 무어라 답해야 할까? 만일 그 물이 형태 없는 존재였다면 그와 같이 고귀한 지위를 차지할 가치가 없었을 것이다. 또한 그것이 어떠한 창조주의 음성에 의하여 창조되었는가 하는 사실도 기록되어 있지는 않다. 그러므로 창세기에서 물에 대한 언급을 우리가 듣기는 하지만 하느님께서 언제 그 물을 창조하셨는지에 대한 기록이 없으므로, 지각있는 선생이라면 누구도 물이 하느님과 함께 영원히 공존한다고 말하지는 않을 것이다. 언제 물이 만들어졌는지 기록되어 있지 않음에도 불구하고, 하느님께서 창조하셨다는 사실을 건전한 신앙과 확실한 이성적 인식이 의심하지 않는다면, 우리는 창세기에서 "공허하고 혼돈스러운 땅과 깊은 늪"이라 불리고 있는 존재도 형태 없는 재료로서 하느님에 의해 무로부터 창조되었으므로 그것이 하느님과 동등하게 영원하지는 않다는 사실을 진리의 가르침을 받아 우리의 선생들처럼 깨달을 수 있을 것이 아닌가?"

〈주〉
＊1〈창세기〉1：31.
＊2〈골로새서〉1：16.
＊3〈창세기〉1：2.
＊4〈창세기〉1：9.

제23장 성서 해석에서의 차이는 무엇에서 유래하는 것인가

(32) 이 때문에 내 부족한 이해력이 미치는 한, 나는 나의 미숙함을 알고 계시는 내 주 하느님을 향하여, 이러한 사실을 듣고 숙고한 뒤에 고백하나이다. 어떤 사항이 비록 성실한 기록자에 의해서 기록된다 하더라도, 언어 등의 부호에 의해 서술될 때에는 두 가지 의견 차이가 생김을 생각할 수 있습니다. 첫째는 문제의 진실 여부에서 생기며, 둘째는 저자의 의도 여하에서 생기는 경우입니다. 우리가 피조물의 창조에 대하여 무엇이 진실한가 탐구하는 일과, 주님의 뛰어난 종인 모세＊1가 언급하고 있는 언어로 독자와 청중에게 무엇을 이해시키기를 바랐던가 하는 점을 탐구하는 일은 별개이기 때문입니다. 첫째 문제에 관하여 사실은 허위인데도 진실을 알고 있다고 생각하는 자는 나에게서 멀어지게 하소서. 또한 둘째 문제에 관하여 모세가 거짓을 말했다고 생각하는 자는 모두 나에게서 멀어지게 하소서. 주여, 나는 주님의 진리를 주님의 넓으신 사랑 안에서 섭취하는 자들과 더불어 주님 안에서 결합하고, 그들과 더불어 주님 안에서 즐거워하겠습니다. 우리는 서로 손을 잡고 주님의 말씀에 접근하겠습니다. 주님께서 주님의 종의 붓을 빌려 말씀들을 우리에게 주셨으며, 나는 주님의 종의 의도를 통하여 주님의 의도를 탐구하겠나이다.

〈주〉
＊1〈히브리서〉3：5.

제24장 특정한 것만을 모세의 참뜻이라고 주장해서는 안 된다

(33) 그러나 여러 가지로 해석된 말씀에 관하여, 탐구하는 자의 마음에 떠

오르는 많은 진실들 중에서, 우리 가운데 누가 "이 진실이야말로 모세가 뜻한 바이다, 그와 같이 모세는 그의 서술이 이해되기를 바랐다"고 단언하면서 주님의 의지를 발견할 수 있겠습니까? "모세가 그와 같이 생각했든 생각하지 않았든 그것이 진실이라고 확신을 가지고 말할 정도로 확신하는 일이 과연 가능할까요? 나의 하느님, 보소서. "주님의 종인 나"는 이 글에서 주님에게 고백의 희생을 맹세했습니다. 주님의 자비로 말미암아 "나의 맹세를 주님께 지불하게" 되기를 기도하오니 나를 보소서.

주께서 주님의 변함없는 말씀으로, 보이는 존재와 보이지 않는 존재 모두를 창조하셨다는 확신을 가지고 있습니다. 모세가 "태초에 하느님께서 천지를 창조하시니라"고 기록했을 때, 모세가 꼭 이런 마음으로 썼다고 확신할 수는 없습니다. 나는 주님의 진리 속에 창조의 사실을 확실하다고 생각하기는 하지만, 모세가 그 말들을 기록할 때 나의 해석대로 생각하고 있었다는 사실을 모세의 마음 속에서 볼 수 없습니다. 모세는 '태초에'라고 말할 때, 창조 과정에서의 시작을 생각했었다고 짐작되기도 합니다. 또한 그 말씀의 '천지'라는 대목에서는 그가 형태와 완전성이 주어진 본성을 뜻하지 않았을 수 있습니다. 즉, 영적이든 물질적이든 그 천지는 본성이 완전하지 못한 동시에, 미완성이자 여전히 형태가 없다고 그는 생각했을 수도 있습니다. 사실 나는 어느 편이 말해졌든지 간에 모든 말씀이 진실임을 보게 됩니다만, 그러나 모세는 어느 것을 생각했는지는 분명치 않습니다. 하기는 이 위대한 사람이 그 말들을 언급했을 때, 위에서 말한 생각들 가운데 어느 것을 마음 속에 품고 있었는지, 또는 내가 말하지 않은 다른 생각을 품고 있었는지는 알 수 없으나, 그가 본 것은 진실이었으며 그에 대해 적절히 말했다는 사실을 나는 결코 의심하지 않습니다.

제25장 타인의 해석을 무조건 배척하는 사람들에 대하여

(34) "모세는 그대의 말처럼 생각하지 않고 나의 말처럼 생각했다"라고 말하며 "나를 번거롭게 하지 말게 하소서."*[1] 만일 누군가가 내게 묻기를, "그대가 모세의 말에 대해 해석한 바대로 모세가 실제로 생각하고 있었다는 사실을 그대는 무엇으로 알 수 있는가?"라고 묻는다면, 나는 그것을 평온한 가운데 들은 뒤에, 내가 위에서 한 대답과 대체로 같은 말로 대답해야 할 것

입니다. 또는 그 사람이 더 끈질기게 묻는다면 약간은 좀더 자세하게 대답하지 않으면 안되겠지요. 그러나 그가 "모세는 그대의 말처럼 생각하지 않고 나의 말처럼 생각했다"라고 하면서도 동시에 우리들 쌍방의 주장이 둘 다 진리임을 부정하지 않는다면, 그에 즈음해서는, 가난한 자의 생명이여, 나의 하느님이여, ―주님의 마음에는 의견 대립이 없습니다―나로 하여금 그런 말을 하는 사람들을 참을성 있게 인내할 수 있도록 내 마음 속에 온화한 이슬 방울을 부어 주소서. 그 사람들이 내게 그런 말을 하는 까닭은, 그들이 주님의 종(모세)의 마음 속에서 자신들의 단언하는 바를 보았기 때문이 아니라, 자만심에 차있기 때문입니다. 그들이 모세의 생각을 전혀 알지 못하고 자기의 생각을―더구나 그것이 진리이기 때문이 아니요, 단지 자기의 생각이기 때문에―존중하기 때문입니다. 그렇지 않다면, 내가 그들의 말이 진리일 때에 그것이 그들의 의견이기 때문에 존중한다기보다 진리이기 때문에― 그리고 그것은 진리이기 때문에 이미 그들 자신의 의견은 아닙니다―존중하듯이, 마찬가지로 그들도 다른 사람의 진실된 의견을 진리이기 때문에 존중할 것입니다. 그러나 만일 그들이 자기의 의견을 진리이기 때문에 존중한다면, 그것은 이미 그들 자신의 것인 동시에 또한 나의 것입니다. 그것은 진리를 사랑하는 모든 사람에게 속하기 때문입니다. 그러나 나는 그들이 모세가 내 말처럼 생각하지 않고 그들의 말처럼 생각했다고 우겨댄다면, 나는 그들의 주장을 반대하기를 바라지 않고 또한 좋아하지도 않습니다. 비록 실제로 그렇다 하더라도 그들의 그러한 대담한 주장은 인식에 의하지 않은 무모함으로 말미암은 주장이며, 통찰력의 산물이 아니라 교만의 산물이기 때문입니다.

그러니 주님, "당신의 심판은 참으로 두려워해야 합니다." 주님의 진리는 나의 것이 아니요, 또한 이 사람 저 사람의 것이 아니라 우리 모두의 것입니다. 주님께서는 우리 모두를 거기에 동참하게 하기 위하여 우리를 불러모으십니다. 우리로 하여금 그 진리를 빼앗기는 일이 없게 하기 위하여 그것을 사유물이라고 생각해서는 안 된다고 엄하게 훈계하고 계십니다. 주님께서 모든 사람이 즐길 수 있도록 제공한 것을 자기의 사유물이라 주장하고, 모든 사람에게 속하는 것을 자기 사유물로 차지하기 바라는 사람은, 공동 소유물로부터 한 개인의 소유물로, 곧 진리로부터 거짓으로 몰리게 됩니다. "거짓을 말하는 자는 자기에 의하여 말하기"*2 때문입니다.

(35) 들으소서, 최후의 심판자여. 진리 자체이신 하느님이여, 들으소서. 이러한 반론자들에 대하여 내가 무엇이라 대답하는지 들으소서.*3 나는 주님 앞에서, 그리고 "사랑의 목적을 향해 율법을 바르게 사용하는"*4 내 동포 앞에서 말합니다. 내가 반론자에 대하여 무엇이라 대답하는지 들으시고 마음에 기억하소서.*5 나는 반론자에 대하여 다음과 같이 부드럽고 온화한 말로 대답할 것입니다. ─만일 우리들 모두가 그대의 말이 진실임을 보고, 우리들 쌍방이 나의 말이 진실임을 본다면, 나는 물으려 한다. 우리는 어디에서 그 진실을 보는가? 나는 그 진리를 그대에게서 보지 않고, 우리들 모두 우리의 정신을 훨씬 초월하는 불변의 진리 자체를 통해서 본다. 그렇다면 우리는 주 우리 하느님으로부터의 빛에 대하여 다투지 않는데, 왜 불변의 진리만큼 자세히 보이지 않는 이웃의 사상에 대해서 다투어야 하는가? 설사 모세 자신이 우리 앞에 나타나서 "그것은 나의 뜻이었다"고 말한다 하더라도, 우리는 그 모습을 보는 것이 아니요 단지 믿을 뿐이다. 따라서 우리는 "기록된 바를 초월하여 이 사람을 편들고 저 사람을 비난하여 자랑하는 일이 있어서는 안 된다."*6 또한 우리는 "마음을 다하고 뜻을 다하고 정성을 다하여 주 우리 하느님을 사랑하고, 우리 자신처럼 우리 이웃을 사랑하세나."*7 우리는 모세가 이 두 가지 사랑의 훈계에 대하여 자신의 글에서 생각한 대로 모든 것을 생각했다고 믿지 않는다면, 우리와 더불어 종이 된 사람의 마음을 그 사람의 설명과 다르게 생각하게 마련이어서 "주님을 거짓된 자가 되게"*8하고 만다. 그러니 생각해보자. 그 말씀으로부터 끌어낼 수 있는 진실된 견해가 이처럼 많이 있는데, 어떤 특별한 하나의 견해가 모세의 견해라고 성급하게 주장한다면 얼마나 어리석은 일인지를. 그리고 지금 설명하려고 노력하는 사람의 모든 말씀의 원리, 즉 사랑 그 자체를 해로운 논쟁으로 상처낸다는 일이 얼마나 어리석은 일인지를.

〈주〉

＊1 〈갈라디아서〉 6 : 17.

＊2 〈요한복음〉 8 : 44.

＊3 〈예레미야〉 18 : 19.

제26장 어떠한 서술 방법이 성서에 적합한가

(36) 비천한 가운데 있을 때 나를 높이시고 내가 수고로 인해 피곤할 때 내게 안식을 주시는 나의 하느님, 주께서는 내 고백을 들으시고 내 "죄를 사해 주십니다."*1 주님께서는 내게 내 이웃을 나 자신처럼 사랑하라고 명하셨기 때문에 나는 주님께서 주님의 가장 신뢰받는 하인인 모세에게 나의 바람보다 더 적은 선물을 주셨다고 믿을 수가 없습니다. 만일 내가 그(모세)와 같은 시대에 살았다고 하더라도, 또 주님께서 나를 그의 자리에 임명하셨더라도 그러합니다. 내 마음과 언어의 봉사에 의하여 주님의 그러한 책들이 출간될 수 있기를 바랐습니다. 그 책들은 그렇게도 오랫동안 모든 민족에게 이익을 주었고 온 세계를 통하여 그 탁월한 권위로 온갖 거짓과 교만한 주장을 극복하게 한 책들이었습니다. 우리는 모두 "같은 흙덩어리"*2에서 생겨난 인간으로서, "만일 주님께서 인간을 배려하지 않으셨다면 인간이란 한낱 무엇이겠습니까?

만일 내가 모세 대신 주님으로부터 창세기를 쓰라는 명령을 받았다면, 하느님께서 어떻게 창조하실지를 아직 이해하지 못하는 사람들이 나의 말을 그들의 이해력을 초월한다고 배척하는 일이 없도록, 나는 능변과 용이한 언법의 기술을 지닐 은총을 받기를 바라겠습니다. 또한 그 말을 이해할 수 있는 사람들이 자신의 사고를 통해 어떠한 진실의 견해에 도달하여, 자신들의 진실한 인식을 자신들의 간결한 문장 가운데서 누락시키지 않는 그러한 은총을 받기를 바라겠습니다. 그리고 다른 해석학자가 다른 견해를 진리의 빛 속에서 찾아본다면, 그 진리의 견해도 같은 말씀 속에서 내가 볼 수 있기를 바라겠습니다.

〈주〉
*1 〈마태복음〉 6 : 15.

제27장 단순한 서술 방법이야말로 성서에 적합하다

(37) 좁은 장소를 차지하는 데 지나지 않는 샘이 솟아나서 더 널리 여러 지방을 여러 줄기의 물줄기를 통해 적실 때, 그 샘의 힘은, 단 한 줄기로 흘러 여러 지방을 적시는 샘의 힘보다 훨씬 셉니다. 그래서 주님의 말씀을 전하는 자의 말은 뒷날 그 말에 대하여 논하는 많은 사람들에게 도움이 되며, 적은 말로 명백한 진리를 쏟아냅니다. 사람들은 거기에서 당면한 문제에 대하여 자신에게 가능한 한 제각기 진리를, 어떤 사람은 이 진리를, 다른 사람은 저 진리를 좀 더 길고 좀 더 복잡한 토론의 우회로를 거쳐 끌어냅니다.

다시 말해 어떤 사람들은 이러한 말을 읽거나 듣거나 할 때, 하느님을 사람과 같거나 또는 어떤 거대한 권능을 갖춘 힘과 같은 존재로 생각합니다. 그리고 그 존재가 어떤 새로운 갑작스런 결의에 의하여 자신 외에 거기에서 떨어진 곳에 하늘과 땅을, 즉 위와 아래의 두 가지 큰 문제를 만드셨으며, 만물은 그 안에 포함된다고 생각합니다. 그리고 그들은 "하느님께서 있으라 하시매 있었다"고 하는 말을 듣고, 시작과 끝이 있는, 시간 속에서 울리고 사라져버리는 언어를 생각하고, 그 언어들이 사라져버린 뒤 하느님에 의해 존재되도록 명해진 바가 즉시 존재하게 되었다고 하는 등, 그들 감성에 익숙해져서 연상되는 여러 가지 일을 생각합니다. 그리고 아직 갓난아이와 같이 "태어난 그대로의 사람"＊¹에게는 그의 약함이 가장 소박한 언어에 의하여, 마치 어머니의 품에 안겨 있는 것처럼 떠받쳐져 있는 동안에 믿음이 신속하게 형성되고, 그의 감각이 그 주위에 놀라운 다양성을 드러내고 있음을 보는 모든 것을 하느님께서 창조하셨다고 믿어 의심치 않습니다. 만일 그러한 이들 중에 누군가가 그 말들을 너무 천하다고 경멸하고, 자기가 처해 있는 상황을 알지 못하여 그 양육된 둥지 밖으로 나오려고 한다면, 아아, 그러한 자는 비참한 전락을 면치 못합니다. 주 하느님, 지나가는 자가 아직 날개가 돋지 않은 새끼 새를 밟아버리는＊² 일이 없도록 자비를 내리소서. 새끼 새가 잘 날 수 있을 때까지 그 속에 살 수 있도록 둥지로 돌려보내는 주님의 천사＊³를 보내 주소서.

〈주〉

＊1 〈고린도전서〉 2 : 14.

＊2 〈욥기〉 39 : 15.

＊3 〈마카베후서〉 15 : 23, 〈마태복음〉 1 : 10.

제28장 성서는 학자들에 의하여 여러 가계로 해석된다

(38) 그러나 다른 사람들에게는 이 말씀들이 둥지가 아니요, 잎이 무성하고 그늘 깊은 숲과 같습니다. 그들은 그 깊은 숲속에 숨어 있는 과일을 발견하고, 기쁘게 날아다니고 재잘거리면서 따먹습니다. 왜냐하면 영원하신 하느님, 그들이 이 말씀들을 읽거나 듣거나 할 때, 그들은 주님의 안정되고 불변하는 영원성을 통해서, 주님께서는 모든 과거와 미래의 시간에 앞서 계시다는 사실을 깨닫게 됩니다. 더구나 주께서 지으신 피조물은 모두 시간이 조절되어 있는 창조물입니다. 주님의 의지는 주님의 존재와 동일하기 때문에, 주님의 의지는 만물을 지으실 때 결코 변화를 나타내보이시거나 하지 않습니다. 또는 이전에 없었다가 새로이 떠오른 존재를 나타내고자 하지도 않습니다. 주님께서는 만물의 형상인 주님의 닮은 모습을 지으신 것이 아니요, 주님과 비슷하지 않고 형태 없는 존재인 무(無)로부터 창조하셨습니다. 그 형태 없는 존재는 주님의 형상을 통해 만들어져야 할 성질의 것이요, 오직 한 분이신 주님을 향해 각기 그 정해진 능력에 따라 각각 어떤 형상을 받게 되었다는 것도 알게 됩니다. 그리고 만물은 주님 안에 머물든지, 시간과 공간에서 점차 주님으로부터 떨어져나가 세계의 아름다운 변화를 일으키거나 받아들이든지, 아무튼 "지극히 선하게 창조되었음을"＊1 보게 됩니다. 그들은 이들을 보고, 이 세상에서도 가능한 한 주님의 진리의 빛 속에서 기뻐합니다.

(39) 또한 그들 중 어떤 사람은 "태초에 하느님이 천지를 창조하시니라"고 한 말씀에 주목하여, "지혜가 우리를 향해 말씀하시기"＊2 때문에, 그 지혜란 태초라고 해석합니다. 또 어떤 사람은 같은 단어에 주목하여 태초를 창조된 만물의 시작이라고 해석합니다. 그리하여 "태초에 창조하셨다"고 하는 말은 "최초에 창조하셨다"는 의미라고 생각합니다. 그리고 "태초에"라는 말이 "지혜로 주님이 창조하셨다"는 의미라고 해석하는 사람들 중에는, 천지

로 창조될 재료가 천지라고 총칭되는 것이라고 생각하는 사람도 있고, 천지란 이미 형성되고 구별된 존재라고 생각하는 사람도 있습니다. 그런가 하면 하늘이라는 이름으로 이미 형성된 영적인 존재를, 그리고 땅이라는 이름으로 아직 형성되지 않은 물체적인 자료를 생각하는 사람도 있습니다. 그러나 천지가 천지를 형성할 형태 없는 재료라고 생각하는 사람들도 결코 의견이 일치되어 있지는 않습니다. 그들 가운데 어떤 사람은 그로부터 영적인 피조물과 감각적 피조물이 창조되었다고 하고, 또 어떤 사람은 그 광대한 품 속에 감각적으로 지각되고 인식되는 여러 존재를 포용하는 물체적 감각적 덩어리가 그로부터 만들어졌다고 생각합니다. 이 대목에서 천지란 이미 질서가 있고 구분된 피조물이라고 생각하는 사람들도, 결코 의견이 일치되어 있지는 않습니다. 어떤 사람은 보이지 않는 존재와 보이는 존재의 양자를 생각하고, 또한 어떤 사람은 보이는 사물들만 언급하는데, 그 중에서 하늘을 빛의 근원이라고 생각하고, 땅은 어둠이라고 생각합니다. 그리고 그 안에 있는 모든 것이 포함됩니다.

⟨주⟩

＊1 ⟨창세기⟩ 1：31.
＊2 ⟨요한복음⟩ 8：25.

제29장 "최초에 창조하셨다"는 의미로 해석하는 사람들 의견에 대하여

(40) "태초에 창조하셨다"는 말씀을 "최초에 창조하셨다"는 의미라고 해석하는 사람은, 천지를 천지의 재료로서 해석할 수밖에 없을 것입니다. 곧 천지를 영적이며 물체적인 피조물 전체의 재료로서 해석할 수밖에 없습니다. 만일 그 해석자가 창조물 전체를 이미 형성되어 있었다고 해석하려 한다면, 그를 향하여 "태초에 하느님이 그 전체를 창조하셨다면 그 다음에 무엇을 창조하셨는가?" 하고 당연히 질문할 수 있을 것입니다. 그리고 그는 우주 뒤에는 하느님의 창조물을 아무것도 찾아보지 못할 것이고, "하느님께서 그 뒤에 아무것도 창조하지 않으셨다면 최초에는 어떻게 창조하셨는가?" 하는 질문을 받게 되어 난처해질 것입니다.

그러나 만일 그가 하느님은 최초에 형태 없는 존재를, 그리고 그 다음에 형태 있는 존재를 창조하셨다고 한다면, 그가 영원에 선행되는 존재, 시간에 선행되는 존재, 선택에 선행되는 존재, 최초의 근원에 선행되는 존재를 구별할 수 있는 한, 그 해석자의 위치는 결코 불합리하지 않습니다. 영원에 선행되는 존재라는 예에서는, 하느님이 모든 존재에 앞선다는 말이며, 시간에 선행되는 존재라는 것은 꽃이 열매에 앞선다는 말과 같습니다. 선택에 선행되는 존재라면 열매가 꽃에 앞서는 것과 같으며, 최초의 근원에 앞서는 존재는 음성이 노래에 앞서는 것과 같습니다. 여기에 거론한 네 가지 경우 가운데 첫째와 넷째는 내게 이해하기가 극히 어렵지만, 둘째와 셋째는 아주 쉽습니다. 주여, 주님의 영원성을 보기란 아주 어렵습니다. 그 영원성은 자신은 불변이면서 변화하는 만물을 만들고, 그 때문에 그 사물들에 선행하는 주님의 영원성을 보기란 아주 드물며 어려운 직관입니다. 다음으로 또한 어찌하여 음성이 노래에 앞서는가를 큰 어려움 없이 찾아볼 수 있을 정도로 정신적 구별력이 민감한 사람이 있을는지요? 그 어려운 점은, 노래는 형성된 음성이며, 형성되지 않은 존재도 물론 존재할 수 있다는 점입니다. 그러나 전혀 존재하지 않는 어떤 것이 존재할 수 있습니까? 그와 같이 재료는 그것으로부터 만들어지는 사물보다 선행하게 마련이지만, 재료가 적극적으로 만드는 물질이라는 점에서 재료는 선행물이 아닙니다. 오히려 재료는 스스로의 재료입니다. 또한 시간에 선행되는 물질도 아닙니다. 우리는 시간상 앞서 형성되어 있지 않은 음성을 노래하는 일 없이 발성하여, 시간상 뒤에 나무로 상자를 만들고 은으로 그릇을 만들듯이, 그 음성을 노래의 형식으로 정비해 만들지는 않기 때문입니다. 그와 같은 재료는 시간에 의해서도 그로부터 만들어지는 여러 사물의 형태에 선행하게 마련이지만, 노래의 경우는 그렇지 않습니다. 노래할 때는 그 노래의 음성이 들리는 것으로서, 앞서 우선 형식 없이 음성이 울리고 뒤에 그 음성이 노래로 형성되는 것은 아니기 때문입니다. 앞서 울린 음성은 지나가버리고 마는 것으로서, 그 중에 다시 붙들어 기술적으로 노래에 넣을 수 있는 음성은 전혀 찾아볼 수 없습니다. 따라서 노래는 그 음성에 의하며, 노래의 음성은 노래의 자료입니다. 음성은 노래가 되도록 형성됩니다. 음성의 자료는 위에서 언급한 대로 노래의 형식에 선행합니다. 선행한다고 해서 노래를 만드는 능력에 의해 선행되는 것은 아닙니다. 음성은 노래를 만들어내는 것이 아니라 신체에서 발하여 그로부터 노래가 지어질 수 있도록 노래하는 사람의 마음대로 되기 때문입니다. 또한 음성은 시간에 선행되는 존재는 아닙니다. 그것은 노래와 동시에 발성됩니다. 또한 선택에 선행되는 존재도 아닙니다. 음성은 노래보다 우수한 존재가 아니기 때문입니다. 노래는 그저 음성이 아니라 아름답게 갖추어진 음성이기 때문입니다. 그 선행하는 존재는 최초의 근원에 있습니다. 노래가 음성이 되어 음성으로 형성되는 것이 아니라, 음성이 형태를 받아 노래로 형성되기 때문입니다.

이 음성의 예를 통해 이해할 수 있는 사람은, 사물의 재료로써 천지가 창조되었기 때문에 사물의 재료가 처음으로 만들어져서 천지라 일컬어졌다고 이해해야 합니다. 그러나 그 재료는 최초 순간에는 시간적 감각으로 만들어지지 않았습니다. 왜냐하면 시간의 경과를 발생시키고 인식하게 하는 원인은 사물의 형태(형태의 변화에 의해 시간을 의식하므로)이기 때문입니다. 그 재료는 형태가 없는 것이었으나, 지금은 시간에 의하여 비로소 재료와 형태가 지각됩니다. 그러나 형태 없는 재료에 대해서는 그러한 재료가 시간에 선행되는 존재라고 말하는 외에는 달리 방법이 없습니다. 그것은—형성된 존재는 분명히 형성되지 않은 존재보다 우수하기 때문에—가치에 있어서 가장 뒤떨어지고, 무엇이든 만들어내는 그 형태없는 재료가 무에서 창조된다고 말하려면 창조주의 영원성이 그에 선행되어 있다고 해야 합니다.

제30장 의견 차이가 있더라도 사랑과 진리에 대한 열의에는 일치해야 된다

(41) 이와 같은 의견의 차이가 있다 해도 그것들은 모두 진리이므로, 진리 자체인 것들 사이에 일치를 이루어 주소서. 우리의 하느님이시여, 우리를 긍휼히 여기소서. 우리로 하여금 훈계의 목적인 깨끗한 사랑을 지니고 율법을 올바르게 사용할 수 있도록*1 하여 주소서. 만일 누가 그 의견들 가운데 어느 것이 주님의 종 모세의 생각이었느냐고 묻는 사람이 있다면, 그러한 사실에 대해서 하는 말은 고백의 표현을 쓰고 싶지 않습니다. 그저 나는 그런 것은 모른다고 주님을 향해 말할 뿐입니다. 그러나 그 의견들이 먼저 언급한 육신에 사로잡힌 사람들의 견해*2를 제외하고 진리라는 사실을 알고 있습니다. 나는 그 벅찬 희망에 차 있는 어린아이들에게 주님의 글의 소박하면서도 깊고 그윽한, 간단하면서도 풍부한 언어가 공포를 주는 일이 없기를 기원합니다. 내가 고백하는 바와 같이 우리는 그 언어들 속에서 진리를 인식하고

말합니다. 우리는 모두 서로 사랑하고, 허망된 것에 대해서가 아니라 진리에 대해서 갈망하는 한, 우리의 하느님이시며 진리의 샘이신 주님을 마찬가지로 사랑하나이다.*³ 그리고 또한 주님의 성령에 충만히 힘입은 이 글의 저자인 주님의 종(모세)을 존경하게 하소서. 그가 주님의 계시로 이 말씀을 기록할 때 그의 의도는 우리가 진리의 빛에 인도되고 유익한 열매를 맺는 데에 있어 다른 사람들보다 뛰어나게 하기 위함이었습니다.

〈주〉

*1 〈디모데전서〉 1 : 5, 8.

*2 육신에 사로잡혔다고 하는 해석은 감각적이며 의인적인 해석으로서, 이것에 대해서는 본서 제12권 제27장 37절을 참조할 것.

*3 〈마태복음〉 22 : 37, 39.

제31장 모세는 모든 올바른 의미를 알고 있었다

(42) 때문에 어떤 사람이 "모세는 나처럼 생각하였다"라고 말하고, 다른 사람은 "아니 나처럼 생각하였다"고 말한다면, 내 생각에는, "양쪽 사람의 의견이 모두 진리라면 어찌하여 양쪽 두 사람처럼 생각했다고 말하지 않는가?"라고 반문하는 편이 영적으로 한층 종교적으로 보입니다. 그리고 또한 다른 누군가가 이 말들 속에서 제3, 제4의, 또는 전혀 다른 진리를 찾아내는 사람이 있다면, 어찌하여 모세가 이 모든 여러가지 해석들을 식별했었다고 믿지 않습니까? 왜냐하면 유일하신 하느님께서는 다양한 진리를 볼 수 있게 되었던 많은 사람들의 해석에 맞추어 모세로 하여금 이 모든 뜻을 다 쓰게 하셨기 때문입니다. 분명히 내가 내심으로부터 용감히 언명하건대, 만일 내가 어떤 최고의 권위를 지니는 진리의 말을 쓴다면, 나는 다른 모든 의견들을 쓰고자 합니다. 즉 그 의견이 거짓이어서 내 마음에 들지 않거나 하지 않는 한, 다른 의견들을 모두 배제하고 어느 한 의견만을 채택하기보다도 각 사람이 그 사항들에 대하여 생각할 수 있는 온갖 진리들을 내 말이 전해지듯이 쓰려고 생각합니다. 나의 하느님, 때문에 나는 저 위대한 사람(모세)이 그러한 능력을 주님께로부터 받지 못했다고 경솔하게 믿지는 않습니다. 그는 확실히 그 말씀들을 썼을 때, 그 말씀 안에서 우리가 지금까지 찾아볼 수 있었던 모든 진리들, 그리고 이제까지 우리가 찾아볼 수 없었던, 또는 아직 우리

가 찾아보지 못한 모든 진리들을 인식하여 생각하고 썼다고 생각합니다.

제32장   성서의 참뜻은 성령으로서만 계시된다

(43) 마지막으로 주여, 주님은 하느님이시요 혈육이 아니시니, 비록 사람의 통찰력이 진실을 모두 다 감지하지 못했다 하더라도 "주님께서 후세의 독자들에게 표명하여 올바른 땅으로 돌아가게 하시려 한 주님의 선하신 성령"의 말씀들이 가려질 수는 없습니다. 그렇습니다, 이 점은 분명 진실입니다. 모세가 이 말씀을 쓸 때 많은 진실된 의견 가운데 어쩌면 하나의 진실된 의견만을 생각하고 썼다 하더라도, 주님의 선하신 성령의 말씀들은 가려지지 않는다는 말입니다. 만일 그렇다고 한다면 그가 생각한 하나의 진실된 뜻은 다른 뜻보다 뛰어났을 것입니다. 그러나 주여, 주님께서 모세가 생각한 하나의 진실된 의견을, 또는 주님 뜻에 맞는 다른 진실된 의견을 우리에게 보여주소서. 주님의 종에게 밝혀진 바이든, 또는 동일한 말씀에 의해 제시된 다른 의미이든, 우리가 주님에 의해 양육되도록 하소서, 그래서 오류에 의해 길을 잃고 방황하는 일이 없게 하소서.

나의 주 하느님, 간구하오니 보소서. 나는 몇 마디 말씀에 대하여 참으로 얼마나 많고 많은 이야기를 썼는지요! 이러한 비율로 계속 쓰려면 우리에게 주어진 어떠한 능력이, 그리고 어떠한 시간이 주님의 글 전부를 상세히 설명할 수 있겠습니까? 그러니 이제 간단하게 주님을 향해 고백하는 일을 허락해주소서. 그리고 많은 해석들이 떠오르는 나의 마음에 비록 많은 의미들이 떠오르는 일이 있다 하더라도, 주께서 내게 부으신 단 하나의 진실과 확신과 선량한 진실을 선택하도록 허용해 주소서. 나는 고백에 즈음하여 이렇게 믿습니다. 만일 내가 주님의 종인 사도들의 생각과 같이 말한다면, 그것이야말로 올바른 최선의 해석이며, 내가 힘써야 할 바이라고. 그러나 이렇게 하지 못할 때에도 그 사도의 말을 계기로, 나는 계속 주님의 진리가 말씀을 통해 내게 말하게 하려 했던 바대로 말하리라고 믿습니다. 왜냐하면 그 진리는 역시 사도에게 바랐던 바대로 내게도 말하였기 때문입니다.

제13권 삼위일체와 성령의 본질

〈창세기〉 제1장 첫머리의 해석. 우선 하느님의 선하신 성품은 피조물의 창조와 완성 속에 나타나 있고, 하느님의 삼위일체와 성령의 본질은 〈창세기〉 첫부분의 여러 구절로 증명된다. 뒤이어 세계 창조의 기사는 비유적으로 설명되어 있는데, 그 속에서 하느님이 교회를 통해 인간의 구원과 성화(聖化)를 위하여 행하신 상징을 찾아볼 수 있다. 그리고 마지막에 하느님에게 영원한 휴식을 구하며 고백은 끝난다.

제1장 하느님을 구하며 하느님의 선하심이 자기보다 선행된다는 사실을 인정하다

(1) 나의 하느님 나의 자비시여, 주님께서는 나를 지으셨으며, 주님은 나를 잊지 않으셨나이다. 나는 내 영혼 속으로 주님을 찾아 부르오며, 주님은 주께서 나의 영혼에 부으신 희망을 통해 주님을 맞아들일 수 있도록 내 영혼에 준비를 시키십니다. 내가 이제 주님을 찾아 부르오니 나를 버리지 마소서. 주님께서는 내가 찾아 부르기도 전에 이미 거기에 계셨나이다. 여러 차례 온갖 말로 멀리에서 나를 부르시어 재촉하셨습니다. 그 부름에 내가 귀를 기울여 회심하게 하시고, 나를 부르시는 주님을 내가 불러 구하게 하셨나이다. 더욱이 주여, 주님께서는 내가 주님에게서 떠나 버리게 될 정도의 보상금을 더이상 내 손에 쥐어주지 않기 위해서, 내가 벌을 받아 마땅한데도 내 온갖 죄악을 없애주셨습니다. 그리하여 주께서 나를 지으신 그 주님의 손으로 직접 "사물을 창조하시어" 내가 받아 합당한 보상으로서 주시고 계셨던 것입니다. 주님께서는 내가 존재하기에 앞서 존재하셨사오며, 또한 나는 주께서 존재를 허락하실 만한 나의 존재도 가지고 있지 않나이다. 그러나 보소서, 나는 주님의 선하심의 결과로서 여기에 이렇게 있습니다. 주님의 선(善)은 나로 하여금 존재하게 하신 모든 요소들에 우선합니다. 주님께서는

나를 필요로 하시지 않습니다. 내게 나는 또한 나의 주이시며 나의 하느님이신 주님께 도움이 되는 선도 없습니다. 주님께서는*¹ 일하셔도 피곤함이 없으시니 내 봉사가 없어도 아무 문제가 없습니다. 주님의 능력은 내 도움 없이도 감소되지 않습니다. 또한 나는 땅을 경작하듯 주님을 탐구하거나 하지는 않습니다. 내가 주님을 섬기고 예배드리지 않는다면 아무도 그 섬기는 일을 할 사람이 없었을 것이기 때문입니다. 단지 나는 주님으로부터 선이 내게 올 수 있도록 주님께 봉사하고 주님을 숭배합니다. 주님께 나는 나의 생명을 빚지고 있으며 나의 생명의 선도 빚지고 있나이다.

〈주〉
*1 〈요한복음〉 20 : 28.

제2장 피조물은 하느님의 선한 성품에 의하여 존재하고 완성된다

(2) 주님의 피조물은 주님의 선한 성품이 충만하기 때문에 존재합니다. 선은 주님께 아무 이익도 더하는 일이 없지만 주님에게서 비롯되며, 주님과 동일하지는 않지만 주님에 의해 만들어질 수 있었기에 역시 선은 존재합니다. 주께서 "태초에 창조하신 천지"는 주님으로부터 무엇을 받을 만한 값어치가 있었는지요? 주께서 주님의 "지혜로 만드신" 영적인 존재와 물체적인 존재는 주님으로부터 무엇을 받을 만한 값어치가 있었는지 말해 보게 하소서. 그 모든 존재들은 지음을 받은 지 얼마 안 되어 형태가 없는 존재들까지도 영적인 존재이든 물체적인 존재이든 각각 그 속하는 종류에 따라 자기의 실체를 파악하지 못하고 있습니다. 주님과 가장 닮지 않은 상태로 멀리 떨어져 간 존재도—영적인 존재는 비록 형태가 없든 있든 물체적인 존재보다도 우수하고, 물체적인 존재는 비록 형태가 없다 하더라도 전혀 무(無)인 존재보다는 우수하게 마련이지만—그 존재 자신이 주님의 지혜에 의존하듯이, 주님의 지혜로 지음을 받았음을 잊고 있습니다. 따라서 주님의 말씀이 그 존재들을 주님의 유일성에게로 다시 불러들입니다. 그래서 그들은 형태를 부여받습니다. 그들은 주님의 유일성인 최고의 선으로부터 존재성을 가지게 되어 모두가 '매우 좋은 선'으로서 존재합니다. *¹ 주님이 아니었다면 이러한 선의 존재들은 아예 존재하지 않았을 것입니다. 그러나 이들은 주님 앞에서 형태없는

존재성으로라도 존재하기 위한 어떤 가치를 지니고 있었는지요?

(3) 물질적인 재료는 단지 "보이지 않고 형체가 없는 존재"로라도 존재하기 위해서 주님 앞에서 어떤 가치를 지니고 있었는지요? 그 물체적 재료는 주께서 창조하시지 않으셨다면 전혀 존재할 수조차 없었을 것입니다. 그 물체적 재료가 존재하지 않았기 때문에 주님께 존재하여 달라고 불평하지도 않았습니다. 또한 영적인 피조물은 처음에 주님을 닮지 않았고, 깊은 늪과 비슷하여 어두운 유체같은 상태여서, 움직이기 위해서라도 주님으로부터 무엇을 받을 만한 값어치를 지니고 있었는지요? 그것은 자신이 만들어진 것과 동일한 말씀에 의하여 그 말씀 쪽으로 향해지고 그것에 의해 비추어져 주님과 동등한 형상과 같지는 않으나, 그래도 그와 합치되는 빛이 되었을 것입니다. 마치 물체에 있어서 단순히 있는 사물과 아름답게 있는 사물이 동일하지 않듯이, ─만일 동일하다면 추악할 수는 없을 것입니다─창조된 영적 존재에 대해서도 단순히 사는 인간과 현명하게 사는 인간은 같지 않습니다. 만일 같다면 영적인 존재는 변함없이 지혜롭게 살 것입니다. 그러나 영적 존재는 주님을 향함으로써 얻게 된 빛을 주님으로부터 돌아서면서 잃게 되어, 깊은 늪과 같은 암흑의 삶으로 전락하지 않도록 항상 주님을 의지하고 매달려야 합니다. 그것이 선입니다. 그 영혼 쪽에서 본다면 우리는 '한 때 영적 피조물'이었지만, 또한 이 생에 있어서 우리들의 빛이신 주님에게서 떨어져 한때 그같은 어두운 생활[2]을 했습니다. 지금도 또한 우리가 주님의 외아들 안에서 "하느님의 산(山)과 같은 주님의 정의"가 될 때까지 우리는 어둠의 남은 부분 속에서 괴로워하고 있습니다. 우리는 "크고 깊은 늪과 같은 주님 심판"의 대상이 되었었기 때문입니다.

⟨주⟩

[1] ⟨창세기⟩ 1 : 31.
[2] ⟨에베소서⟩ 5 : 8.

제3장 모든 것은 하느님의 은혜로 말미암다

(4) 그러나 나는 주님께서 창조의 처음에 "빛이 있으라 하시니 빛이 있었

다"*¹고 하는 말씀을, 영적 피조물을 창조하셨다는 의미로 풀이해도 무방하리라 생각합니다. 왜냐하면 이미 주께서 빛을 주실 일종의 생명이 있었기 때문입니다. 그러나 그 생명은 주님께 존재해 달라고 요구하지 않았었듯이, 즉 빛을 받을 수 있는 일종의 생명으로서 주님께서 존재해 달라고 요구하지 않았듯이, 또한 지금 존재하는 자신에게도 빛을 달라고 요구하지 않았습니다. 그러한 그 영적 생명의 형태 없는 상태는, 단순한 존재의 빛으로서가 아니라 빛의 근원을 명상하는 존재의 빛으로서 그 생명에 붙어 존재했기 때문에 주님을 기쁘게 했습니다. 그래서 그것은 그 생명 자체도, 그 축복의 생활도, 오직 주님의 은혜로 말미암으며, 한층 더한 선으로 전향함으로써, 한층 더한 선으로도, 또 한층 더한 악으로도 결코 변하는 일이 없게 되었습니다. 결국 주님만이 계십니다. 오로지 주님만이 절대적으로 존재하시며, 주님께서 주님 자신의 축복이시기 때문에 주님에게 있어서는 삶과 축복받은 행복한 삶이 별개가 아닙니다.

〈주〉
*1 〈창세기〉 1 : 3.

제4장 하느님은 피조물을 필요로 하지 않으심

(5) 그 때문에 비록 그 창조물들이 전혀 존재하지 않더라도, 또는 형태가 없는 그대로라고 하더라도 주님의 선에는 아무런 부족함이 없으십니다. 주님은 이 피조물들을 필요해서 만드신 것이 아니라, 주님의 선을 완전하게 하기 위하여 그 피조물들을 조절하고 형태를 받을 수 있는 상태로 전환하셨습니다. 주님의 기쁨은 그들에 의하여 충족되지 않습니다. 그들의 불완전성은 완전하신 주님을 기쁘게 하지 못합니다. 따라서 그들은 주님에 의해 완성되어 주님을 기쁘시게 합니다. 주님이 불완전하시기 때문에 그들의 완전성에 의하여 주님이 완성되려 한다는 뜻은 아닙니다. 주님의 선하신 "영은 수면 위에서 태어난"*¹ 존재로서, 마치 피조물들에 받쳐져 물 위로 떠올라서 쉬듯이 있지는 않습니다. "주님의 영이 사람들 위에 휴식한다"*²고 일컬어지는 말은, 주님 자신 위에 쉬게 하신다는 뜻입니다. 주님의 변함 없고 바뀌지 않는 의지 자신이 스스로 충만하여 주님께서 지으신 생명 위를 덮고 있었나이

다. 삶의 목적인 그 생명은 완전한 행복 속에서 사는 삶이라고만 할 수는 없습니다. 유동체같은 존재로서 어둠 속에 있는 동안에도 생명은 살아 있게 마련이므로 그러합니다. 생명은 자신을 지으신 창조주에게로 돌아갈 상태에 머물러 있으면서, 점점 생명의 샘물로 살려 하고, 그 창조주 안에서 빛을 보려 하고, 그래서 자신도 빛을 발하는 완전한 존재가 되려 합니다. 그리고 완전한 행복을 누리고자 합니다.

〈주〉
＊1 〈창세기〉 1 : 2.
＊2 〈이사야〉 11 : 2.

제5장 〈창세기〉 처음 두 절에서 삼위일체를 찾아볼 수 있음

(6) 나의 하느님, 주님의 본체이신 삼위일체가 여기에서 "흐릿하게나마"＊1 내게 보입니다. 아버지여, 주님께서는 우리 지혜의 시작이 되시는 주님의 지혜 안에서 천지를 창조하셨습니다. 주님의 지혜는 주님의 아들로서 주님에게서 나오고, 주님과 동등하시고 주님과 더불어 영원하신 분입니다. 우리는 이미 하늘의 하늘에 대해서 수없이 말했고, 또한 보이지 않고 형상이 없는 땅에 대해서, 암흑의 깊은 늪에 대해서 말했습니다. 그 늪이 암흑인 까닭은 영적이고 형태 없는 존재의 흩어진 조명 때문이지만, 이 어두운 늪은 훗날 그 늪속의 겸손한 생명의 본질로부터 빛으로 바뀌었으며, 이 빛은 아름다움의 생명이 되었습니다. 그리고 이 빛으로부터의 생명이 뒷날 물과 물 사이에 놓인 "하늘의 하늘"이 되었습니다. 나는 이미 하느님이라는 이름이 들리는 곳에서 그 사물들을 창조하신 아버지를 보았습니다. 시작이라는 이름이 불려지는 곳에서는, 이 사물들을 만들도록 시키신 하느님 아들을 보았습니다. 당시 믿고 있던 바와 같이 나의 하느님을 삼위일체로 믿고 하느님의 거룩한 말씀 속에서 찾아 구하였습니다. 보소서, 주님의 "영은 수면 뒤에 탄생해 계셨나이다"＊2라고 하였나이다. 보소서, 이것이야말로 삼위일체이신 나의 하느님, 아버지와 아들과 성령, 곧 피조물 전체의 창조주입니다.

〈주〉

＊1 〈고린도전서〉 13 : 12.

＊2 〈창세기〉 1 : 2.

제6장   왜 "성령은 수면을 덮고 있었다"고 하는가

(7) 그러나 진실을 가르치시는 빛이시여, 당신께 내 마음을 가져가나이다. 내 마음이 헛된 환상을 내게 말하는 일이 없게 하소서. 내 마음의 암흑을 쫓아내시고 내게 말씀해주소서. 나는 어머니이신 사랑의 이름으로 주님께 간구하오니 말씀해주소서. 주님의 성서가, 하늘, 보이지 않고 형태가 없는 땅, 깊은 늪 위의 암흑 따위를 열거한 뒤 주님의 영을 거론하고 있는 이유는 무엇인지요? 그것은 주님의 영이 "수면 위에서 태어난 존재"로 표현되지 않으면 안 되었기 때문인지요? 주님의 영이 그 "수면 위에 탄생되어 있다"고 우선 이해되어야만 이렇게 말할 수 있었을 것입니다. 주님의 영은 아버지 위에도 아들 위에도 있던 것이 아니요, 그 영이 다니고 있을 밑의 존재가 없었다면 그것은 "위에 있다"고 하는 말도 정당하게 할 수 없을 것입니다. 따라서 우선 주님 영의 밑에 있던 존재가 언급되고 난 다음에 "위에 있다"고 말할 존재가 언급되어야만 했던 것입니다. 그렇다면 그 영은 어찌하여 "위에 있다"는 말로만 표현되어야 하는지요?

제7장   성령의 역사

(8) 이제부터 그렇게 할 수 있는 사람은 주님 사도의 뜻을 이해하여 그를 따라가는 것이 좋겠습니다. 사도는 "우리에게 주신 성령에 의하여 주님의 사랑이 우리의 마음에 부어져 있다"＊1고 말하고 있습니다. 그는 우리에게 "영의 선물"에 대하여 가르치고, 사랑의 "탁월한 길"＊2을 보여 주며, 우리로 하여금 "그리스도 사랑의 탁월한 지식"을 인정할 수 있게 하기 위하여 우리를 위해 "주님을 향해 무릎을 꿇습니다."＊3 그렇기 때문에 주님의 영은 처음부터 탁월하여 "수면 위에 태어나 있었다"고 하는 것입니다. 내가 누구에게 이 말을 해야 합니까? 또한 어떻게 말해야 합니까? 깊은 늪의 밑바닥으로 떨어지게 하는 정욕의 중압과, "수면 위에 있던" 주님의 영을 통하여 우리를 끌어올리는 당신의 사랑에 대하여 누구에게 말해야 합니까? 또한 어

떻게 말해야 합니까? 우리가 그 정욕의 심연에 빠지는 것이나 우리를 끌어올리는 사랑은 공간적인 장소가 아닙니다. 비유적으로 공간적인 장소를 사용할 수 있겠지만, 사실 그렇게 하는 것은 감정이며 사랑입니다. 우리의 깨끗지 못한 영이 세속적인 번거로운 사랑에 의해 우리들을 아래로 끌어내리고, 주님의 성스러운 영이 확고부동한 것을 구하는 사랑에 의하여 우리를 끌어올립니다. 이리하여 우리들은 우리의 마음을 그 "영이 수면을 덮고 있는" 주님에게로 높이며, 우리의 마음이 "어떠한 실체성도 가지고 있지 않는 물"을 뛰어넘을 때 최고의 안식에 도달합니다.

〈주〉
＊1 〈로마서〉 5 : 5.
＊2 〈고린도전서〉 12 : 31.
＊3 〈에베소서〉 3 : 14, 19.

제8장 오로지 하느님으로 말미암아서 안식에 이르르다

(9) 천사도 타락하고 인간의 영혼도 타락하였습니다. 이것은 암흑의 밑바닥에 있는 늪을 말해 주고 있습니다. 그 깊은 늪이란 주님께서 최초에 "빛이 있으라"고 하시니 "빛이 있었다"＊1는 것이 아니었다면, 그리고 주님의 하늘나라에 있는 모든 영적인 존재들이 주님께 매달려, 온갖 변하는 존재를 변하지 않는 존재로 덮으시는 주님의 영 속에 쉬지 않았다면, 모든 영적 피조물의 함정이 되었을 것입니다. 또 그렇지 않았다면 "하늘의 하늘"도 암흑의 깊은 늪이 되었을 것입니다. 그러나 그것은 "지금 주 안에 있으며 빛이 되어 있습니다."＊2 곧 주님은 주님 빛의 옷을 벗고, 단지 자신의 암흑을 보여줄 뿐인 타락한 영의 동정할 만한 불안에 있어서조차도 주님께서 얼마나 고귀하게 영적 피조물을 만드셨는지 충분히 나타내고 계십니다. 영적 피조물에게 있어서는 주님보다 작은 모든 존재는 축복받은 휴식에 도달하기에 충분하지 않습니다. 따라서 그것 자신으로 충분할 수도 없습니다. 우리의 하느님, 오직 "주님만이 우리의 어둠을 비추십니다." 주님으로 말미암아 우리의 (빛의) 옷은 생겨나며, "우리의 암흑은 대낮과 같이 됩니다." 나의 하느님, 주님을 내게 주소서. 진실로 주님을 내게 돌려주소서. 정녕 나는 자랑하고

있나이다. 그것으로 충분치 않다면 좀더 강하게 사랑할 수 있게 하소서. 내 생명이 주님의 포용 속에 들어가 "주님 앞에서 은밀한 곳에 숨겨질 때"까지 주님에게서 결코 떨어지지 않도록, 내게 사랑이 아직도 얼마나 부족한지 알 수 없나이다. 나는 그저 나의 바깥뿐만 아니라 나 자신의 깊은 곳에 주님을 모시지 않는다면 불행하다는 사실을 알고 있습니다. 그리고 어떠한 부유함도 주님이 없다면 내게 있어서 결핍이라는 사실을 알 뿐입니다.

〈주〉

*1 〈창세기〉 1 : 3.
*2 〈에베소서〉 5 : 8.

제9장 왜 성령만이 "수면을 덮고 있는" 것일까

(10) 그러나 기록된 말씀은 성부와 성자가 "수면 위에 태어나 계시다"고 가정하고 있지 않습니다. 만일 물체처럼 공간적으로 "위에 있었다"고 하는 뜻이라면 성령도 그러했다고 할 수 없을 것입니다. 그러나 불변하시고 신적인 존재인 하느님이 모든 변하는 존재들 위에 있었다는 의미라면, 성부와 성자도, 또한 성령도 "수면 위에 태어나 있습니다." 그렇다면 어찌하여 그 사실은 단지 주님의 영에 대해서만 말해지고 있는지요? 어찌하여 그것은 주님의 영에 대해서만, 마치 그것이 공간에서의 일처럼 말해지고 있는지요? 주님의 영은 공간에서가 아니라 그저 그것만이 "주님의 은사다"*¹라고 일컬어지고 있습니다. 우리는 주님의 은사 속에 휴식하고, 거기에서 주님을 기뻐하지만, 우리의 휴식이야말로 우리가 있는 장소입니다. 사랑이 우리를 그곳으로 끌어올리고, 주님의 선하신 영이 비천한 우리를 "죽음의 문으로부터 높이십니다." 주님의 선하신 의지 속에서만 우리에게 평화가 있습니다.*² 물체는 그 자신의 무게에 의하여 그가 있는 장소를 얻으려고 노력합니다. 물체의 무게는 단지 아래쪽으로 향하려 할 뿐 아니라 그 자신이 있는 장소를 향하려고 합니다. 불은 위쪽을 향하고, 물은 아래쪽을 향합니다. 이들은 자신의 무게에 따라 있을 장소를 구합니다. 기름은 물 아래 부어질 때 물 위로 떠오르고, 물은 기름 위에 부어질 때 기름 아래 가라앉고 맙니다. 그들은 자신의 무게에 따라 그들이 있을 장소를 구합니다. 그들은 자신이 있어야 할 곳에

없을 때 불안정하며, 있어야 할 곳에 있을 때 안정됩니다. 나의 무게는 나의 사랑이며, 내가 어디로 이끌려간다 하더라도 그것에 의해 이끌려갑니다. 우리는 주님의 은사로 말미암아 불타오르고 위로 상승합니다. 우리는 "마음에 상승의 길"을 걸으며, "성전 참예의 노래"를 노래합니다. 우리는 주님의 불, 주님의 선하신 불로 불타오릅니다. 우리는 "예루살렘의 평안"을 향해 올라가며, "사람들이 주님의 집으로 가자고 했을 때 나는 기뻐했습니다." 주님의 선하신 의지는 우리에게 거기에, 그 안에서 "영원히 거할 수 있을" 것만을 간구하게 하실 것입니다.

〈주〉
＊1 〈사도행전〉 2 : 38.
＊2 〈누가복음〉 2 : 14.

제10장　모든 것은 하느님의 은사

(11) 축복 이외에 아무것도 알지 못하는 창조물의 왕국은 정녕 행복합니다. 그러나 그러한 피조물들도, 변화할 운명인 모든 사물들 위에 계시는 주님의 은사(성령)를 통해 창조되어, "빛이 있으라 하시매 빛이 있었다"＊1는 그 말씀과 더불어 조금도 지체없이 높여지지 않았다면, 우리의 이야기는 지금의 상태와 달라졌을 것입니다. 우리들의 마음 속에서는 우리가 어느 단계에서 "어둠이었고" 그 다음에 "빛이 되었다"＊2라는 식으로 시간적으로 구별되어 있기 때문입니다. 더 고귀한 피조물에 대해서 성서에 쓰여 있는 바는, 만일 그 피조물이 조명되지 않았다면 어떠한 존재가 되어 있을까 하는 사실만 언급되어 있습니다. 그리고 그 성경의 말씀은 그 피조물이 태초에 빛과 암흑이었다고 말함으로써, 서로 다른 존재가 된 원인을 강조하고 있습니다. 즉, 저 피조물이 이전과는 다른 존재라는 사실, 절대로 꺼질 수 없는 빛으로 향해져 빛이 되었다는 말입니다. 이 사실을 이해할 수 있는 자는 이해하게 하소서. 그가 주님으로부터 도움을 찾도록 하소서. 마치 내가 "이 세상에 오는 모든 사람을 비추는"＊3 힘이기나 한 듯이 사람들이 나를 번거롭게 하지 않게 하소서.

〈주〉

＊1 〈창세기〉 1 : 3.

＊2 〈에베소서〉 5 : 8.

＊3 〈요한복음〉 1 : 9.

제11장 인간에게서 볼 수 있는 삼위일체의 흔적—존재와 인식과 의지

(12) 누가 전능하신 삼위일체를 이해할 수 있겠습니까? 만일 삼위일체가 이야기의 논점이 될 수 있다면 모든 사람들이 그것에 대하여 이야기합니다. 그것에 관해 어떤 사실을 말한다 하더라도 그 말하는 내용을 알고 있는 영혼은 많지 않습니다. 사람들은 서로 말다툼을 하고 논하지만, 마음의 평화 없이는 아무도 그 모습을 보는 자가 없습니다. 나는 사람들이 그들 자신 속에 이 세 가지를 볼 수 있기를 바랍니다. 물론 사람들이 보는 세 가지는 저 삼위일체와는 전혀 동떨어져 있지만, 나는 사람들이 잘 생각해보고 그것들이 어느 정도로 동떨어져 있는지를 확인하고 이해할 수 있도록 그 세 가지를 거론합니다. 내가 거론하는 세 가지란 존재와 인식과 의지입니다. 나는 존재하고 인식하며 의지합니다. 나는 인식하고 의지하면서 존재합니다. 내가 존재하고 의지하는 것을 인식합니다. 또한 존재하고 인식하는 것을 의지합니다.

그러므로 이 세 가지에 있어서 생각할 수 있는 자에게 생각하게 하소서. 하나의 생명, 하나의 정신, 하나의 본질이 어느 정도로 인생에서 서로 불가분의 관계인가를. 또한 그 구분이 어느 정도로 구분적이면서 또한 불가분인가를 생각하게 하소서. 이 사실은 자기 성찰에 의해 모든 이에게 분명합니다. 그러니 각자는 자기를 주시하고 그 사실을 인식하여 내게 말하게 하소서. 그러나 자신 안에 있는 이런 사실을 발견했다고 해서 그들, 즉 불변적인 존재, 불변적 인식, 불변적 의지를 초월하는 '불변적 존재'를 발견했다고 (자신만만하게) 생각해서는 안 됩니다. 그렇게 되면 이 세 가지가 (자신에게처럼) 삼위일체에도 존재하는지, 또는 이 세 가지가 다른 각 사람에게도 존재하여 세 가지가 사람들 각각에 속하는지를 묻는 질문을 할 필요가 없게 됩니다. 아니면 불가사의한 방법으로 궁극적 존재가 동시에 단순하고 또한 복잡하게 존재하기도 하여, 앞의 두 가지 질문이 모두 진실인지를 묻는 질문도 좌절시킵니다. 인간은 다른 사람과의 관계에 의하여 정의되어야 하고 더욱이 그들 자신 속에서 무한하여 변할 수도 있는 부정(不定)의 상태이기 때문입니다. 그 신성한 존재는 이러한 방법으로 존재하고 자신을 인식하며 스스로에게 변함없이 충족합니다. 누가 그것을 쉽게 설명할 수 있겠습니까? 누가 그것에 대하여 무슨 말을 할 수 있겠습니까? 누가 어떤 방법으로든 대담하게 의견을 말할 수 있겠습니까?

제12장 세계의 창조는 교회 건설을 예시(預示)한다

(13) 나의 믿음이여, 고백을 계속하여 주 너의 하느님을 향하여 아뢰어라 ―"거룩하시다, 거룩하시다, 거룩하시다"*1 주 하느님, 우리는 주님의 "이름으로 세례를 받았습니다."*2 "성부, 성자, 성령"이시여, 우리 사이에도 하느님은 그의 아들 그리스도를 통하여 천지, 곧 그의 교회의 영적인 존재와 감각적인 존재를 만드셨습니다. 우리의 땅도 가르침의 형식을 받을 때까지 "보이지 않고 형체가 없으며", 우리는 무지의 암흑으로 덮여 있었습니다. "주님은 불의를 꾸짖어 사람을 징계하시고, 주님의 심판은 큰 늪과 같습니다." 그러나 주님의 "영은 수면 위에 태어나 있었기"*3 때문에 주님의 자비하심은 우리의 가련한 상태를 그대로 두지 않으시고, 주님은 "빛이 있으라", "회개하라, 천국이 가까웠느니라"*4고 말씀하셨습니다. "회개하라." "빛이 있으라." 또한 "우리 영혼은 자신 속에서 괴로워하고 있었기 때문에 주여, 우리는 요르단 땅 저 산에서 주님을 생각했습니다." 그러나 그 산은 주님에게 어울리면서 우리를 위해서는 작았습니다. 어둠은 우리 마음에 들지 않았기 때문에 우리는 주님을 향해 돌아갔고, "빛이 있으니라"가 되었습니다. 보소서, 우리는 "일찍이 어둠이었으나 지금은 주님 안에서 빛이 되었습니다."*5

〈주〉
*1 〈이사야〉 6 : 3.
*2 〈마태복음〉 28 : 19.
*3 〈창세기〉 1 : 2.
*4 〈마태복음〉 3 : 2, 4 : 17.
*5 〈에베소서〉 5 : 7.

제13장   인간의 거듭남은 이 세상에 사는 한 완성되지 않는다

(14) 그러나 우리는 "믿음으로 말미암아" 빛이 된 것이요, "보는 존재로 된"[*1] 빛은 아닙니다. "우리는 소망으로 말미암아 구원함을 받았습니다. 그러나 눈에 보이는 소망은 구원이 아닙니다."[*2] 지금도 계속해서 "깊은 늪은 깊은 늪이라 부르고 있으나," 그것은 이미 "주님의 큰 폭포 소리에 의해서입니다." 지금도 계속해서 "영에 속하는 것에 대하듯이 너희에게 말하지는 못하고 육에 속하는 자에게 대하듯이 말했다"[*3]고 말하는 자도, 스스로 "붙들었다고는 생각지 않고, 뒤의 것을 잊고서 앞의 것을 향해 힘쓰며",[*4] 무거운 짐을 지고 탄식합니다.[*5] "영혼은 사슴이 시냇물을 사모하듯이 살아 계신 하느님을 사모하여, 나는 언제(하느님의 모습을 우러르기 위하여) 나갈까"라고 합니다. 그리고 "영혼은 하늘에서 주신 거처(處)를 그 위에 입을 수 있도록 간절히 바라며",[*6] 낮은 심연(深淵)을 향해 소리칩니다. "이 세상을 본받지 말고 마음을 고쳐 새롭게 하라",[*7] "지혜에 있어서는 어린아이가 되지 말고 악에 있어서는 어린아이가 되며, 지혜에 있어서는 어른이 되라",[*8] "오오 어리석은 갈라디아 사람아, 누가 너희를 미혹하게 하였느냐?"[*9]고 합니다. 그러나 그것은 이미 자신(自)의 소리가 아니라 주님의 소리입니다.[*10] "주님께서는 높은 곳에 올라 계시면서 주님의 영을 내려보내셨습니다." "그 높은 곳으로 올라온 그를 통하여 내려보내셨습니다."[*11] 그리고 그가 들고 있는 선물들을 풀어서, "강물의 범람이 주님 도시를 빛나게 하도록 하셨습니다." "신랑의 친구"[*12]는 주님의 도시를 그리워하여, 이미 "성령의 첫 열매를 자신이 가지고 있으면서도 계속해서 자신의 마음 속으로 탄식하며 아들로서 받아들여지기를, 곧 자기 몸을 되찾기를 기대합니다."[*13] 있는 그대로 주님의 도시를 그리워합니다. 그는 신부의 동료이기 때문입니다. 그는 신부 때문에 질투를 합니다. 자신이 신랑의 친구라서 그렇습니다. 그는 자신의 소리에 의해서가 아니라 "주님의 선물 폭포의 울림 소리에 의하여 다른 깊은 늪을 부르고"[*14] 이러한 질투 속에서 두려워합니다. "뱀이 간계로 이브(Eve)를 유혹했듯이 그들의 마음에도 침범하여, 하느님의 유일한 아들이신 우리의 신랑의 정결이 상실될까 두려워합니다."[*15] 우리가 "신랑의 모습을 있는 그대로 볼"[*16] 때, 참말이지 아름답습니다. 그리고 그런 모습을 볼 때, "네 하느님이 어디 있느냐?"고 매일매일 물음을 받으며 낮이나 밤이나 내 양식이 된

눈물이 없어질 것입니다.

〈주〉

＊1 〈고린도후서〉 5 : 7.

＊2 〈로마서〉 8 : 24.

＊3 〈고린도전서〉 3 : 1.

＊4 〈빌립보서〉 3 : 13.

＊5 〈고린도후서〉 5 : 4.

＊6 〈고린도후서〉 5 : 2.

＊7 〈로마서〉 12 : 2.

＊8 〈고린도전서〉 14 : 20.

＊9 〈갈라디아서〉 3 : 1.

＊10 〈지혜서〉 9 : 17.

＊11 〈창세기〉 7 : 11, 〈말라기〉 3 : 10.

＊12 〈요한복음〉 3 : 29.

＊13 세례 요한은 그리스도를 '신랑'으로 비유했고, 그의 말을 듣고 그를 따르는 사람을 '신랑의 친구'로 비유했다. 〈요한복음〉 3 : 29 참조.

＊14 〈로마서〉 8 : 23.

＊15 〈고린도후서〉 11 : 3.

＊16 〈요한일서〉 3 : 2.

제14장 믿음과 소망이 우리의 신뢰이다

(15) 나도 또한 말하나이다. 나의 하느님, 주님은 어디 계시는지요? 주님께서 거기에 계신 줄을 알지만, 나는 주님을 무척 그리워하며 한숨짓습니다. 나는 이럴 때, "축제를 축하하는 이의 소리로, 기쁨과 고백의 목소리로, 나 자신에게 나의 영혼을 쏟아붓습니다"＊1 그러나 나의 혼은 타락하여 깊은 늪이 되기 때문에, 아니 나 자신이 계속 깊은 늪인 것을 느끼기 때문에 아직 슬퍼하고 있습니다. 주께서 밤에 내 발을 비추고 계시다는 내 믿음이 내 영혼을 향하여, "영혼아, 왜 너는 슬퍼하는가, 왜 나를 괴롭히는가? 주님께 희망을 두어라." "주의 말씀은 네 발을 비추는 등불이니라"고 소리칩니다. 악의 어머니인 밤이 지나갈 때까지,＊2 "주님의 진노"—우리도 또한 일찍이 암흑으로서 그 진노의 자녀이며,＊3 그 흔적을 "죄로 인해 죽은 우리의 몸"＊4

속에 지고 있는 그 진노—가 지나갈 때까지, "해가 뜨고 그늘이 사라질 때"*5까지, 희망을 잃지 말고 참고 기다리라. 나의 믿음은 내게 계속 소리칩니다. "주님께 희망을 두라. 아침에 나는 일어나 서서 너를 생각할 테다." "나는 끊임없이 주님께 고백하리다. 아침에 나는 일어나 서서 내 얼굴의 구원을 보리라."*6 나의 하느님은 "우리 속에 계시는 성령으로 죽을 수밖에 없는 우리 몸을 다시 살리실 것입니다."*7 나의 하느님은 자비가 깊으시고, 어둠 속에서 헤매는 우리의 불안정한 내부를 덮고 계시기 때문입니다.*8 우리는 이러한 하느님으로 말미암아 이 세상을 방황하고 있는 동안에 계속 "소망으로 구원받고"*9 "빛의 자녀, 낮의 자녀"가 되었습니다. 우리가 일찍이 처해 있던 "밤과 어둠의 자녀가 아닌" 동안에 이미 "빛이 되는" "보증을 받은"*10것입니다. 그러나 아직 우리는 불확실한 인간의 지식을 가지고 있기 때문에 "밤과 어둠의 자녀"*11와 빛의 자녀들이 된 우리 사이를 엄밀히 구별할 수 없습니다. 그 구별을 할 수 있는 분은 "우리의 마음을 시험하고"*12 "빛을 낮이라 명명하며, 어둠을 밤이라 명명하는" 주님뿐이십니다. 주님 외에 누가 우리로 하여금 세상 사람들과 다르게 할 자가 있겠나이까? *13 우리가 소유물 중에 주님으로부터 받지 않은 것이 있습니까? *14 우리는 "다른 천한 그릇이 만들어지듯이 흙덩어리에서 귀한 그릇으로 만들어졌습니다."*15

〈주〉

*1 〈욥기〉 32 : 20.

*2 〈에베소서〉 5 : 8.

*3 〈에베소서〉 2 : 3.

*4 〈로마서〉 8 : 10.

*5 〈아가〉 2 : 17.

*6 〈로마서〉 8 : 12.

*7 〈창세기〉 1 : 2의 신약적 해석.

*8 〈고린도후서〉 1 : 22.

*9 〈로마서〉 8 : 24.

*10 〈데살로니가전서〉 5 : 5.

*11 〈에베소서〉 5 : 8.

*12 〈창세기〉 1 : 4의 신약적 해석.

＊13 〈창세기〉 1 : 5의 신약적 해석.
＊14 〈고린도전서〉 4 : 7.
＊15 〈로마서〉 9 : 21.

제15장 "궁창과 물"(창세기 1 : 6) 비유적 해석

(16) 나의 하느님, 그러나 또한 주님의 성서를 통하여 우리 위에 권위있는 "궁창을 지으신"＊¹ 분이 주님 외에 누구이겠나이까? "하늘은 두루마리처럼 말려지리라"＊²고 하지만 지금은 우리들 위에 "가죽처럼 펼쳐져" 있기 때문입니다. 주님의 성서에는 주님께서 우리에게 전하신 대로 죽어야 할 존재들이 이미 죽고 나서부터 더욱더 숭고한 권위를 가진다고 되어 있습니다. 주님, 주께서 아시나이다. 주님은 인간이 죄로 말미암아 죽어야 할 존재가 되었을 때, 어떤 식으로 그들에게 가죽옷을 입히셨는지 아시나이다. 따라서 주님은 "가죽처럼" 주님의 두루마리인 궁창, 곧 주님의 완전히 일치된 말씀을 펴시고, 죽어야만 할 존재들의 봉사를 통해 우리 위에 놓으셨나이다. 그들은 이제 다 죽었습니다. 그러나 그들을 통하여 말씀하신 궁창과 같은 주님의 말씀의 권위는 그들의 죽음을 통하여 그 밑에 있는 모든 존재들 위에 숭고하게 펼쳐졌습니다. 그들이 이 세상에 살아 있을 때 그처럼 성서의 권위가 숭고하게 펼쳐지지 못했나이다. 주님은 또한 하늘을 "가죽처럼" 펼치시는 일이 없었고, 그들의 죽음의 명성을 모든 공기 중에 퍼트리는 일도 없었습니다.

(17) 주님, 우리로 하여금 "주님의 손으로 만드신 저 하늘을" 볼 수 있게 하소서. 주께서 그 아래 펼치신 구름을 우리의 눈에서 쫓아내주소서. 거기에는 "갓난아이에게 지혜를 주시는 주님의 증언"이 있습니다. 나의 하느님, "어린이와 젖먹이의 입을 통하여 주님의 찬미를 완전하게 하소서. "우리는 그만큼 교만을 타파하는 책을 본 적이 없습니다."＊³ 또한 자기 죄를 변호하면서 주님의 조정에 반항하는 "적과 변명자"를 그렇게도 잘 타파하는 책을 알지 못합니다. 나는 그와 같이 정결한 말로 나를 설복시켜 죄를 고백하게 하고, 내 굳은 목을 숙여 주님의 멍에를 메게 하며, 오로지 주님을 우러르게끔 나를 권고하는 말을 알지 못합니다.＊⁴ 인자하신 아버지, 나로 하여금 말씀을 이해하게 하소서. 성서 말씀의 권위에 복종하고 있는 나로 하여금 그 말씀을 파악할 수 있는 이해력을 허락해 주소서. 주님께서는 말씀을 믿고 복

종하는 자를 위하여 그 말씀을 파악할 수 있는 이해력을 정하셨기 때문입니다.

(18) 나는 "이 궁창 위에 또 다른 물"이 있고, 그것은 불사(不死)로서 지상의 부패로부터 격리되어 있다고 믿고 있습니다. 천상에 있는 주의 천사들 무리는 주님의 이름, 주님을 찬양하게 하소서. 그들은 이 궁창을 바라볼 필요가 없고, 주님의 말씀을 읽고 그것을 인식할 필요도 없습니다. 그들은 "주님의 모습을 항상 뵙고," 거기에 시간적으로 경과하는 음성 없이 주님의 영원한 의지가 원하시는 바를 읽고 있기*5 때문입니다. 그들은(주님의 말씀을) 읽고 선택하고 사랑합니다. 그들은 항상 읽으며, 그들이 읽는 글들은 결코 지나가버리는 일이 없습니다. 그들은 선택하여 사랑함으로써 주님의 말씀의 불변성 자체를 읽습니다. 그들이 읽는 책은 닫히는 일이 없고, 그들이 들고 있는 두루마리는 말리는 일이 없습니다. 그것은 주님이 그들에게 영원한 책이 되시기 때문입니다. 주님은 그들을 이 궁창 위에 정하시고, 이 궁창을 이 낮은 땅에 있는 약소한 무리 위에 설치하셨습니다. 그들 약소한 무리들이 우러러보고, 시간을 만드신 주님을 시간적으로 알리는 주님의 자비를 인식할 수 있도록 하셨기 때문입니다. "주님, 주의 자비하심은 하늘에 있고, 주님의 진리는 구름까지 미칩니다." 구름은 지나가지만 하늘은 항상 있습니다. 주님의 말씀을 말로 전하는 존재들은 이 생에서 다른 생으로 지나가게 마련이지만, 주님의 성서는 세상 끝날에 이르기까지 모든 백성 위에 확대되어 있습니다. "천지는 없어지겠으나 주님의 말씀은 없어지지 않습니다."*6 가죽은 "접혀서 말리고" 그 가죽이 펼쳐져 있던 풀 위는 그 빛을 잃겠으나, "주님의 말씀은 영원히 있습니다."*7 주님의 말씀은 지금 구름처럼 흐릿하게 하늘의 거울처럼 우리에게 나타나지만,*8 그 말씀이 있는 그대로 나타나지 않는 까닭은 우리가 하느님의 아들에 의해 사랑을 받고는 있으나 뒷날에 어떻게 될지는 아직 나타나 있지 않기 때문입니다.*9 하느님의 아들은 육신의 창문으로 바라보며,*10 우리에게 다정하게 말을 걸고, 우리들로 하여금 불타오르게 하셨습니다. 우리는 아들의 향기를 사모하여 달립니다. 그러나 "그가 나타날 때 우리는 아들을 닮은 자가 될 것입니다. 우리는 그의 참모습을 뵙기 때문입니다. 주님, 우리는 그때 아들의 참모습을 보게 될 것입니다"*11만, 아직은 그럴 수가 없나이다.

〈주〉

＊1 〈창세기〉 1 : 6.

＊2 〈이사야〉 34 : 4.

＊3 〈에스겔〉 30 : 7.

＊4 〈마태복음〉 11 : 30.

＊5 〈마태복음〉 18 : 10.

＊6 〈마태복음〉 24 : 35.

＊7 〈이사야〉 40 : 6~8.

＊8 〈고린도전서〉 13 : 12.

＊9 〈요한일서〉 3 : 2.

＊10 〈아가〉 1 : 3.

＊11 〈요한일서〉 3 : 2.

제16장 오로지 그분만이 그의 참모습을 아심

(19) 오로지 주님만이 주님의 참모습을 완전히 알고 계십니다. 주님께서는 불변적으로 존재하시고 불변적으로 아시며 불변적으로 바라십니다. 주님의 본질이 불변적으로 알고 바라며, 주님의 지성이 불변적으로 존재하고 인식하며, 주님의 의지가 불변적으로 존재하고 인식합니다. 불변의 빛에 의해 자신을 알 듯이 가변적 존재에 의해 자신을 알게 된다고 한다면, 그것은 주님 앞에서는 바르지 못하다고 생각됩니다. 그래서 "나의 영혼은 주님 앞에서는 말라서 물이 없는 땅과 같습니다." 나의 영혼은 자신에 의하여 자신을 증명할 수 없듯이, 마찬가지로 자신에 의하여 자신을 충만하게 할 수는 없기 때문입니다. 우리는 주님의 빛 속에서 빛을 보게 되며, 그와 같이 생명의 샘은 주님에게 있기 때문입니다.

제17장 "바다와 열매를 맺는 땅"(창세기 1 : 9, 11) 비유적 해석

(20) 누가 짜디짠 물을 한 덩어리로 모았는지요? [1] 그 물들은 무수한 마음의 갈등으로 동요를 계속하고 있지만, 시간적인 지상의 행복이라는 동일한 목적을 지니고 그 목적을 위해 모든 일을 행합니다. 주여, 그 물들로 하여금, "물은 한 곳에 모이라" 그리고 "마른 땅을 보이라"[2]고 명하신 분이 주님이 아니고 누구겠나이까? 그 마른 땅은 "주님을 그리워하나이다" "바다도 또한 주님의 것으로서 주님이 지으셨으며, 마른 땅도 또한 주님의 손으

로 이루어졌기 때문"입니다. 인간 의지의 쓰라림이 바다라 일컬어지지 않고, 물의 집합이 바다라 일컬어집니다. 주님께서는 영혼의 사악한 욕망을 억제하여 물이 어디까지 나아가도록 허용하실지 그 한계를 정하셨으며, 그 욕망의 물결이 서로 부딪쳐 부서지게*³ 하십니다. 이리하여 주님께서는 만물 위에 미치는 주님의 지배 질서를 통해 바다를 형성하십니다.

(21) 그러나 주님을 향해 갈망하고 주님 앞에 나타나는 영혼들, 다른 목적을 위하여 바다의 동료들과 헤어진 영혼들을 주님께서는 주님의 숨겨진 달콤한 샘물로 적셔주십니다. 그래서 땅도 또한 그 "열매를 맺도록"*⁴ 말입니다. 땅은 그 "열매를 맺고," 주 하느님, 곧 우리의 영혼은 주님의 명령에 따라 자비의 역사를 "그 종류에 따라서 낳으며,"*⁵ 신체적으로 궁핍함을 도와주면서 이웃을 사랑하고, "그 자신 속에 그 종류에 따라 여러 가지 씨앗을 가지고 있습니다."*⁶ 우리는 자신의 약함을 생각하여 곤궁을 당하고 있는 사람들을 도우려 동정하고, 우리 자신이 마찬가지로 곤궁에 처해 있을 때 도움을 받으려고 생각하며 그들에게 힘을 빌립니다. 더구나 "단지 씨앗을 맺는 풀"*⁷과 같이 쉬운 방법에 의해서 뿐 아니라, "과일을 맺는 나무"처럼 강한 기력으로써 주어진 보호와 도움에 의해서입니다. 바로 부정을 당하는 사람을 권력자의 손에서 구해내고, 올바른 판단의 위대한 힘에 의해, 보호할 피난처를 제공하는 일과 같습니다.

〈주〉
*1 〈창세기〉 1 : 9~10.
*2 〈창세기〉 1 : 9.
*3 〈욥기〉 38 : 10 이하.
*4 〈창세기〉 1 : 11~12의 비유적 해석.
*5 〈창세기〉 1 : 11.
*6 〈마태복음〉 22 : 39.
*7 〈창세기〉 1 : 11.

제18장 "하늘의 빛, 낮과 밤"(창세기 1 : 14) 비유적 해석
(22) ―주님, 내가 주께 기도합니다. 주께서 항상 행하시는 바와 같이, 곧 주께서 기쁨과 능력을 주시는 바와 같이 "진리가 땅에서 일어나고, 정의가

하늘에서 내려다보며", "하늘에 빛이 있게"*1 하여 주소서. 우리로 하여금 "굶주린 자에게 빵을 나누어주고, 집이 없는 가난한 사람을 우리 집에 맞아들이며, 헐벗은 자에게 옷을 입히고, 우리의 혈육을 가벼이 여기지 않게"*2 하여 주소서. 이러한 열매가 땅에서 생겨날 때 그것이 선(善)임을 보소서. 우리들 세상의 "빛이 나타나게"*3 하여 주소서. 우리 자신에게는 이러한 행위의 낮은 결실에서 높은 "생명의 말씀"을 얻는 감미로운 경지에 도달하게 하소서. 그리하여 주님 성서의 '천공'에 의존하는 '세상의 빛'*4으로서 위로부터 나타나는 생명의 말씀을 이해할 수 있게 하여 주소서. 주님께서는 거기 계시며 우리로 하여금 지성적인 존재와 감각적인 존재를 낮과 밤으로 나누고, 또한 영혼에 있어서도 지성적인 존재와 감각적인 존재로 나누는 것을 가르치십니다.*5 하늘이 창조되기 이전처럼 주께서 주님의 비밀 심판이 이루어지는 곳에서 "빛과 어둠을 나누십니다." 뿐만 아니라, 주님의 영적인 자녀들도 심판을 합니다. 그들은 그 하늘에 놓여, 세상에 분명히 존재하는 주님의 은총에 의해 구별됩니다. 그들로 하여금 "땅에 빛을 비추고 낮과 밤을 나누며 때를 기록하게 하소서."*6 곧 "낡은 것은 지나가고, 보라, 새것이 되었다"*7라는 말씀에 따라서입니다. "처음에 믿던 때보다도 지금은 우리의 구원이 가까워졌고, 밤이 깊어 낮이 가까워졌습니다."*8 "주님께서는 은혜로 일년을 풍요롭게 하셨고," 다른 사람들이 수고하여 뿌린 것을 수확*9 하기 위해 일꾼을 보낼 뿐 아니라, "세상 끝날에 추수할 다른 파종에도 일꾼을 보내십니다."*10 이처럼 주님은 바라서 구하는 자에게 그 원하는 바를 허용하시고, 올바른 자의 세월에 축복을 내리시나이다. 그러나 "주님은 동일하시어 결코 끝이 없는 주님의 세월" 속에 우리의 지나가는 나이를 수용할 창고를 설치하시나이다. 주님께서는 그 영원의 뜻에 따라 적합한 때에 하늘의 축복을 땅 위에도 내리십니다.

(23) "어떤 사람은 성령에 의하여 지혜의 말씀을"*11 마치 "큰 빛"*12처럼 부여받고 있습니다. 그것은 분명한 진리의 빛을 마치 아침에 뜨는 큰 빛처럼 즐기는 사람들을 위해서입니다. 또한 어떤 사람은 같은 성령으로 지식의 말씀을, 해보다는 "작은 빛"처럼 부여받고 있고, 또한 어떤 사람은 믿음을, 어떤 사람은 병 고치는 은사를, 어떤 사람은 기적을 행하는 작용을, 어떤 사람은 예언을, 어떤 사람은 영을 분별하고, 어떤 사람은 위엄을 말할 능력을 부

여받고 있는데, 이 모든 은총은 하늘에 있는 여러 별들과 같습니다.*13 이 모든 것은 동일한 성령의 활동에 의하여, 성령은 그 뜻에 따라 각 사람에게 받아야 마땅할 선물을 나누어주고, 우리 모두에게 유익을 얻게 하려고 그 별들로 하여금 나타나 빛나도록 하셨습니다.*14 그러면서도 때에 따라 변화하는 모든 신비로움이 포함되어 있는 "지식의 말씀"은 달과 같으며, 위의 열거에서 마지막으로 언급된 다른 선물들은 별과 같습니다. 그래서 낮"*15이 기뻐하는 지혜의 빛에는 미치지 못하는 한 그들(지식의 말씀 이외의 선물)은 원리상으로 밤에 속합니다. 그들은 그저 밤에만 나타나 빛납니다. 그들은 주님의 가장 사려 깊은 종(僕)*16이 영적인 사람들에게보다는 세속적인 사람들에게 말할 때 필요합니다. 그는 완전한 사람들이 지닌 지혜에 대하여 말합니다. 그러나 자연적인 인간이란*17 본디 그리스도 안에서 갓난아이로서, 후에 가서야 '단단한 음식'을 받아먹을 정도로 강해집니다. 그래서 눈이 햇빛을 똑바로 볼 수 있게 될 정도로 강해집니다. 그로 하여금 그의 밤이 빛을 잃은 완전한 어둠이라고 생각하지 않게 하시고, 달과 별의 빛에 만족하게 하소서. 가장 현명하신 분이신 나의 하느님, 이러한 사실을 주님은 성서를 통하여, 그리고 주님의 하늘을 통하여, 우리에게 가르치십니다. 그것은 우리가 모든 사물을 훌륭한 명상에 의해 구별할 수 있도록 하기 위해서입니다. 현재로서는 단지 "상징과 시간과 날과 해를 통해서"*18만 사물을 구별할 수 있지만 말입니다.

〈주〉

*1 〈창세기〉 1 : 14.

*2 〈이사야〉 58 : 7.

*3 〈이사야〉 58 : 8.

*4 〈빌립보서〉 2 : 15.

*5 〈이사야〉 1 : 18.

*6 〈창세기〉 1 : 14.

*7 〈고린도후서〉 5 : 17.

*8 〈로마서〉 13 : 11〜12.

*9 〈요한복음〉 4 : 38.

*10 〈마태복음〉 9 : 38.

＊11 〈고린도전서〉 12 : 8.

＊12 〈창세기〉 1 : 16.

＊13 〈창세기〉 1 : 16, 〈고린도전서〉 12 : 9～10.

＊14 〈고린도전서〉 11 : 7, 11.

＊15 천사를 가리킴.

＊16 〈고린도전서〉 3 : 1.

＊17 〈고린도전서〉 2 : 14.

＊18 〈창세기〉 1 : 14.

제19장 "두 개의 큰 별"(창세기 1 : 16) 비유적 해석

(24) 그러나 "우선 몸을 씻어 깨끗이 하고,"＊¹ 너희 영혼으로부터, 그리고 "내 눈앞에서 너희 악한 행위를 제거하여" '마른 땅'＊²이 나타나게 하라. "선을 행하는 일을 배우고, 고아에게 공정히 행하며, 과부를 위하여 변호하여"＊³ "음식물이 되는 풀과 과일을 맺는 나무가 땅에서 자랄 수 있게"＊⁴ 하라. 주님께서는 "자, 우리가 함께 말하자",＊⁵ "하늘에 빛이 있고 땅 위를 비추기 위해"＊⁶라고 말씀하십니다. 한 부자가 선한 스승(예수)에게 "영원한 생명을 얻기 위해서 무엇을 해야 합니까?"라고 물었습니다. 그 선한 스승은—사실 이 선한 스승은 하느님이었기 때문에 그 부자는 이 스승을 단지 인간일 뿐 그 이상은 아니라고 생각하였습니다만＊⁷—부자를 향하여, "만일 네가 생명을 얻으려 한다면 계명을 지키라. 악의와 불의의 쓴맛을 자신에게서 멀리하라. 살인하지 말라. 간음하지 말라. 도둑질하지 말라. 거짓 증거하지 말라."＊⁸ 그리하면 '마른 땅'이 드러나 "부모에 대한 존경과 이웃에 대한 사랑이 생겨나게 된다"＊⁹라고 대답하셨습니다. 부자는 "그 모든 것을 지켜왔습니다"＊¹⁰라고 말했습니다. 그렇다면 땅이 그러한 존경과 사랑의 열매를 맺는 데 왜 그렇듯 많은 가시떨기가 있겠느냐? 너는 가서 무성한 탐욕의 줄기를 뽑아내고, "네 가진 것을 팔아 가난한 사람들에게 나누어주고" 풍요로운 열매를 맺도록 하여라. "그렇게 하면 너는 하늘에서 보물을 차지하게 되리라. 만일 완전해지기를 바라면 주님을 따르라."＊¹¹ 낮과 밤에 무엇을 나누어야 할지 아시는 그분(하느님)이 그 사이에 진리를 말하는 사람들과 교제하고, 그대 또한 그대를 위해 하늘에 빛이 있다는 사실을 알아야 한다. 만일 그대의 마음이 거기에 없다면 빛은 거기에 없으리라.＊¹² 그대가 선한 스승에게서 들은

바와 같이 그대의 재물이 거기에 없다면 그대의 마음 또한 거기에 없을 것이다. 그런데 불모의 땅과 같은 그 부자는 슬퍼했으니,[13] 무성한 가시떨기가 말씀을 가로막고 있었다.[14]

(25) 그러나 "선택받은 종족"[15]이여, "모든 것을 버리고 주님을 따른"[16] "이 세상의 약한 자"[17]여, 주를 따라가며,[18] "강한 자를 욕되게 하는" "아름다운 발"이여, 주님을 따라갈지라.[19] 그리고 하늘이 완전한 자들의—하기는 아직 천사들과 같지는 못하지만—빛과 작은 자들의(그렇더라도 멸시당하지는 않는 자들의)암흑을 나누어 "주님의 영광을 나타낼" 수 있도록 하늘에 빛나라. 모든 땅 위에 빛나라. 해로 말미암아서 밝은 낮에는, 지혜의 말씀을 낮이 말하게 하고, 달로 해서 빛나는 밤에는 지식의 말씀을 밤이 알리게 하라. 달과 별은 함께 빛나지만, 밤은 그것을 어둡게 하는 일이 없다. 달과 별은 그 힘의 정도에 따라 밤을 밝힌다.

하느님께서 "하늘에 빛이 있으라"고 하셨듯이 "거센 바람이 불어오는 듯한 울림 소리가 갑자기 하늘에서 일어나고, 불꽃처럼 갈라진 혀가 나타나 거기 모인 사람들 각자 위에 머물고" "생명의 말씀"을 지닌 "빛이 하늘에 창조되었다."[20] 신성한 불꽃이여, 아름다운 불꽃이여, 어디라 할 것 없이 달릴지니라. 그대들은 숨어 있지 말라.[21] 그대들이 의지하는 그분은 높아지시고, 또한 그 분이 그대들을 높이셨느니라. 달리며 모든 민족들에게 알릴지니라.

〈주〉

[1] 〈이사야〉 1 : 16.

[2] 〈창세기〉 1 : 9.

[3] 〈이사야〉 1 : 17.

[4] 〈창세기〉 1 : 11.

[5] 〈이사야〉 1 : 18.

[6] 〈창세기〉 1 : 14.

[7] 〈마태복음〉 19 : 16~17.

[8] 〈마태복음〉 19 : 17~18.

[9] 〈창세기〉 1 : 9~11.

[10] 〈마태복음〉 19 : 20.

[11] 〈마태복음〉 19 : 21.

＊12 〈마태복음〉 6 : 21.

＊13 〈누가복음〉 18 : 23.

＊14 〈마태복음〉 13 : 7.

＊15 〈고린도전서〉 1 : 27.

＊16 〈베드로전서〉 2 : 9.

＊17 〈마태복음〉 10 : 28, 〈누가복음〉 18 : 28, 〈마태복음〉 19 : 27.

＊18 〈고린도전서〉 1 : 27.

＊19 〈로마서〉 10 : 15, 〈이사야〉 52 : 7.

＊20 〈창세기〉 1 : 14.

＊21 〈마태복음〉 5 : 14~15.

제20장 "기는 생물과 나는 생물"(창세기 1 : 20) 비유적 해석

(26) 바다로 하여금 주님의 일을 하도록 하소서. "물이 산 영혼을 가진 기는 존재들을 만들어내도록 하소서." 그대들은 "귀한 존재와 천한 존재"를 구별하여 '하느님의 입'이 되었고, 이렇게 말하였다.＊¹ "물로 하여금 생산하게 하소서. 이 땅이 생산할 살아 있는 영혼이 아니라, 영혼이 살아 있는 기는 생물과 땅 위를 나는 생물을 생산하게 하소서." 하느님, 주님의 신비스러움은, 성도들의 사역을 통하여 이 세상 유혹의 성난 물결 속으로 들어가 주님의 세례를 통해 주님의 이름으로 베푼 세례로 이방인들을 깨끗하게 하셨나이다.＊² 때로는 바다의 큰 바다짐승에 비할 만한 위대하고도 놀라운 일이 행해졌습니다.＊³ 주님의 종들의 말씀은 이 땅 위를 나는 새처럼 궁창과 같은 성서의 권위를 가지고 날아다녔으니, 그들은 어디로 가든지 자신들을 성서의 권위 아래 두었습니다. "그들의 소리는 모든 언어를 통해 들리게 되었고, 그들의 음성은 온 땅에 퍼졌으며, 그들의 언어는 땅 끝까지 미치나이다." 주님, 주께서 일을 축복으로 번성하게 하셨기 때문입니다.

(27) 내가 혹시 거짓을 말하고 있는지요? 내가 오해와 혼동으로 "하늘에 있는" 이 진실들의 명료한 인식과, 물결이 설레는 바닷속과, 하늘의 하계(下界)에 일어나고 있는 물체적인 일 사이를 구별하지 못하고 있는지요? 그 사물들에 대한 인식은 확실하고 명확하여 '지혜와 지식'의 빛처럼 세대와 더불어 증가하는 일은 없게 마련입니다. 그러나 계속해서 그 사물들에 대해서도 그 물체적인 역할은 잡다함과 다양함을 더하여 다음에서 다음으로 더해

져서, 하느님이시여, "축복 속에 더해지고 번식합니다." 주님께서는 우리의 죽을 수밖에 없는 운명인 감각의 답답한 심정을 위로하셨습니다. 우리 정신 인식을 통하여서는 하나인 존재가, 물체의 운동에 의해 여러 가지 방식으로 상징되고 표현될 수 있다는 사실로써 위로하셨습니다. 이러한 상징적 의미들을 "물은 이루게 되었고 그것은 주님의 말씀을 통해서만 이루어졌습니다. 또한 주님의 진리의 영원성으로부터 멀어진 백성의 갈증을 해소시키기 위해서 물은 만들어졌습니다. 그것은 주님의 복음으로 말미암아서였습니다. 그들은 병들고 쓰디쓴 맛의 물을 먹고 있었기 때문에 주님의 복음을 통한 물이 필요했던 것입니다. 병든 물의 쓴 맛은 주님의 말씀을 통해 그 쓴 맛의 상징들이 떠올랐습니다.

(28) 모든 사물은 주께서 만드셨기 때문에 아름답습니다. 그러나 보소서. 모든 사물을 창조하신 주님은 그 사물들과 비교할 수 없을 만큼 아름답습니다. 만일 아담이 주님 앞에서 타락하지 않았다면, 그의 허리춤에서 인간 종족인 바다의 쓴 소금물은—즉, 한없이 불가사의하고 폭풍이 일어 크게 동요해 잠시도 쉬지 않는 인류는—흘러 나오지 않았을 것입니다. 또한 주님의 뜻을 행하는 사도들은 '많은 물 속에서' 육체적 감각의 왕국 속에 있으면서 신비한 행동과 말씀으로 향할 필요가 없었을 것입니다. 나로서는 지금 "기는 생물과 날아다니는 생물"이 바로 그러한 존재라고 생각됩니다. 한편, 인간은 말씀의 지시에 의해 존재하기 시작하여 육체적 신성함을 입고 난 후에, 정신적 왕국에서 자신들의 영혼을 한층 다른 차원에서 살리고, 이어서 최초의 말씀 뒤에 자신들의 완전성을 기대했습니다. 그렇지 않았다면 인간은 더 진보하지 못했을 것입니다.

〈주〉
＊1 〈예레미야〉 15 : 19.
＊2 〈창세기〉 1 : 20.
＊3 〈사도행전〉 2 : 11.

제21장 "살아 있는 혼(생물)과 새와 물고기"(창세기 1 : 24) 비유적 해석

(29) 더욱이, 살아 있는 영혼을 창조하지 않고 기어다니는 생명체와 날짐승을 창조한 장본인은 저 깊은 바다가 아니라, 쓴 소금물로부터 분리된 육지

였습니다. 이 생물들은 이미 이방인이 원하는 그러한 세례를 필요로 하지 않습니다. 주께서 이같이 하여 천국에 들어가라고 정하신 때 이래로 천국에 들어가는 길은 세례 외에 없지만, 이들에게는 필요가 없게 되었습니다. 생물들은 믿음을 얻기 위해 기적이나 위대한 일을 구하는 일도 없습니다. 그것은 이미 "표적과 기적을 보지 않는 한 믿지 않는"*1 성질도 아닙니다. 그것은 이미 충성스럽고 믿음직한 땅으로서 불신으로 인한 쓴 바다의 물에서 나뉘어 있으며,*2 "방언은 신자를 위해서가 아니라 불신자를 위한 표적입니다." 그러므로 주께서 "물 위에 펴신 땅"은 주님의 말씀을 통해 "물이 낳은 날아다니는 종류의 존재"를 필요로 하지 않습니다. 주님의 사자들을 통하여 주님의 말씀을 보내주소서.*3 우리는 그들의 일에 대하여 말하지만, 그들 속에서 창조하여 그들에게 "살아 있는 혼"을 만들게 하시는 분은 주님이십니다. 땅이 "살아 있는 혼"을 낳게 되고, 그들이 수고하는 까닭은 땅을 위해서입니다. 그것은 "살아 있는 혼의, 기는 생물과 하늘 아래 나는 생물"을 낳게 한 원인이 바다인 것과 마찬가지이지만, 땅은 이미 그들을 필요로 하지 않습니다. 땅은 주께서 믿는 자의, "눈앞에 차린 잔치"에서 바다 깊은 곳으로부터 잡은 물고기를 먹고 있습니다. 바다는 '마른 땅'을 양육하도록 깊은 곳에서 잡혔습니다. 새들도 또한 바다에서 생겨났지만 땅 위에서 번식합니다. 복음을 선포하는 사람들이 처음으로 교훈을 가르친 원인은 인간의 불신이었으나, 충성된 자들도 또한 그들에 의하여 나날이 여러 가지 방법으로 권고받고 축복을 받고 있습니다. 그러나 "살아 있는 영혼"은 땅에서 생기게 마련입니다. 그들의 영혼이 주님을 향해 살도록 이 세상의 사랑을 절제함으로써*4 자신을 지키고자 하는 세례받은 자들에게만 유익이 있습니다. 주님, 그들의 혼은 일찍이 "쾌락 속에 살면서 죽어 있었으나," 그것은 죽음을 초래하는 쾌락이었습니다.*5 주님이야말로 마음이 깨끗한 자에게 생명을 주는 쾌락입니다.*6

(30) 그러니 이제 주님의 사도들이 땅에서 일하게 하소서. 그러나 불신앙의 물에서와 같이 기적과 성례와 신비적인 언어를 통하여 드러내거나 말하거나 하지는 말게 하소서. 놀라움의 어머니인 무지는, 숨겨진 징표들을 두려워하며 이 징표들을 보고 놀라워합니다. 주님을 잊은 아담의 자손들이 주님의 거룩한 얼굴로부터 피하여 어둡고 깊은 늪이 되었다 하더라도*7 이것이

믿음에 들어가는 길이 될 수 있습니다. 그러나 주님의 사도들은 깊은 늪의 소용돌이에서 분리된 마른 땅에서와 같이 일하지 않으면 안 됩니다. 그리고 그 사도들이 충실한 자들 앞에 본보기로서 살게 하고, 그들 스스로를 본받게 하소서. 그들의 말을 듣는 일은, 단순한 듣기일 뿐만이 아니라 행하게도 합니다.[*8] "하느님을 찾아 구하라. 그리하면 너희 영혼은 살게 되리라. 그래서 땅에서 살아 있는 영혼이 태어나리라." "이 세상을 본받지 말라." 이 세상에서 떠나라. 영혼은 이 속세를 피함으로써 살게 되고, 이 속세를 추구함으로써 영혼은 죽는다. 오만함의 무도한 광포(狂暴)와 사치의 게으른 쾌락과 '학문의 허영된 명성'을 멀리해서,[*9] 너희 안에 있는 들짐승을 길들이고 가축을 다스리며 뱀의 독을 빼라."[*10] 이 야만스런 동물들은 영혼의 애착에 대한 순수한 비유입니다.

겸손하지 못한 교만과 정욕과 호기심의 해독은 죽은 영혼의 충동입니다. 영혼이 죽었다고 해서 모든 움직임이 멈춘 것은 아닙니다. 영혼이 생명의 샘에서 떠나 버림으로써 영혼의 '죽음'이 오면,[*11] 영혼은 변화하는 세상에 흡수되어 그 세상과 성질이 같아지게 됩니다.

(31) 그러나 하느님, 주님의 말씀은 영원한 생명의 샘이며 지나가버리는 일이 없습니다. 그러니 "영혼이 생명의 샘에서 떠나버리는 이 세상을 본받지 말라, 그러면 이 땅에서 살아 있는 영혼이 태어나리라"고 말씀하십니다. 그리하여 주님의 말씀으로 그 길을 막으십니다. 살아 있는 영혼이란, 주님의 복음을 전파하는 자에 의하여 주 그리스도를 본받는 자들을 따라[*12] 주님의 말씀 안에서 정결한 영혼입니다. 이것이야말로 "종류에 따라서"[*13]를 뜻합니다. 왜냐하면 사람은 친구가 "나도 너와 마찬가지이니 너도 나처럼 되라"고 말하면 친구와 경쟁자가 되고 말기 때문입니다.[*14] 이리하여 이 살아 있는 영혼에게는, 그 행위의 순종을 통해 "좋게 길들여진 짐승"이 살게 될 것입니다. 주님께서는 "순종으로 너의 일을 행하라, 그리하면 모든 사람으로부터 사랑을 받으리라"고 명하셨습니다. 좋은 가축은 "먹더라도" 포식하지 않고 "먹지 않더라도" 부족하지 않습니다.[*15] 좋은 뱀은 해를 가하는 독이 없어지고 지혜롭게 되어 다만 자기를 방어하는 데에 독을 쓰게 될 것입니다. 덧없는 본성의 탐험은, "피조물을 통해 이해된 영원성을 명상하는 데" 충분한

한 정도로만 합니다.*16 이 생물들은 죽음의 길에서 떠나 있을 때에만 이성적 존재 이유를 갖기 때문입니다. 이러할 때 그 피조물들은 각자의 삶을 살며 동시에 선(善)입니다.

〈주〉

*1 〈요한복음〉 4 : 48.

*2 〈고린도전서〉 14 : 22.

*3 〈빌립보서〉 2 : 13.

*4 〈야고보서〉 1 : 27.

*5 〈디모데전서〉 5 : 6.

*6 〈고린도후서〉 5 : 15.

*7 〈창세기〉 3 : 8, 곧 아담의 죄에서.

*8 〈데살로니가전서〉 1 : 7.

*9 〈디모데전서〉 1 : 7.

*10 〈창세기〉 1 : 24.

*11 〈예레미야〉 2 : 13.

*12 〈고린도전서〉 11 : 1.

*13 〈창세기〉 1 : 24.

*14 〈갈라디아서〉 4 : 12.

*15 〈고린도전서〉 8 : 8.

*16 〈로마서〉 1 : 20.

제22장 "하느님의 형상대로"(창세기 1 : 26) 비유적 해석

(32) 보소서, 주 우리 창조주여. 우리는 악한 생활로 말미암아 죽어 있었습니다. 그러나 이 세상에 대한 사랑을 억제하여, 우리의 영혼은 좋은 생활로 해서 살아 있는 영혼이 되기 시작했습니다. 그리하여 주님의 사도를 통하여 말씀된 "이 세상을 본받지 말라"*1는 말씀이 실현될 때, 주님께서 그 다음에 덧붙인 "마음을 바꾸어 새 사람이 되라"*2고 하는 일이 일어납니다. 그러나 "종류에 따라" 자기보다 앞선 부류의 이웃을 본받지는 않으며, 또한 뛰어난 사람의 권위에 따라 살지도 않습니다. 주님께서는 "사람을 그 종류에 따라 만들라"고 명하신 것이 아니요, "우리의 형상을 따라 나와 비슷하게 사람을 만들라"*3고 하셨습니다. 이는 주님의 뜻이 무엇인지를 우리에게

알리기 위하심이었습니다.*4

주님 말씀의 집행자인 사도(바울)는 주님의 복음에 의하여 아이를 낳고,*5 그 아이를 언제까지나 갓난아이로 두지 않게 하기 위하여 그들을 젖으로 양육하였습니다. 또한 마치 유모처럼 조심스럽게*6 "하느님의 뜻이 선이며, 기쁘고 완전하다는 사실을 스스로에게 알게 하기 위하여, 마음을 새로운 일들 속에서 바꾸어 자기를 새롭게 하라"고 말합니다.*7 때문에 주님은 "사람이 만들어지도록 두어라" 하지 않고 "사람을 만들자"고 하셨으며, "그 종류에 따라"라고 하지 않고 "우리의 형상을 따라, 우리의 모양대로"라고 하셨습니다. 인간의 마음을 새롭게 하여 주님의 진리를 깨달아 터득하여 아는 사람은, 그 사람들 종류에 따라 모방해야 할 지도자를 필요로 하는 일은 없습니다. 그 대신 주님을 지도자로 하며, 스스로 "주님 뜻이 선하시고 기쁘고 완전함을 알게" 됩니다. 주님께서는 이미 그 능력을 가지는 사람에게 일체에서 삼위를 또는 삼위에서 일체를 볼 수 있도록 가르치십니다. 그래서 "우리들이 사람을 만들자"고 복수로 말씀하신 뒤 "하느님 혼자서 사람을 만드셨다"고 단수로 말하였고, "우리들의 형상을 따라"라고 복수로 말씀하신 뒤 "하느님 자신 한분의 형상에 따라"라고 단수로 말씀하셨습니다.*8 이리하여 "사람은 그를 지으신 분의 형상에 따라 새롭게 되어 하느님의 인식에 도달하게 됩니다."*9 이제 그는 영적인 자가 되어 심판받아야 할 모든 사물을 판단할 수 있게 되지만, 그 자신은 누구에 의해서도 판단을 받는 일이 없습니다.*10

〈주〉

*1 〈로마서〉 12 : 1.
*2 〈로마서〉 12 : 2.
*3 〈창세기〉 1 : 26~27.
*4 〈로마서〉 12 : 2.
*5 〈고린도전서〉 4 : 15.
*6 〈고린도전서〉 3 : 1, 데살로니가전서 2 : 7.
*7 〈골로새서〉 3 : 10.
*8 〈창세기〉 1 : 26.
*9 〈골로새서〉 3 : 10.

제23장 "바다 물고기, 하늘의 새들을 다스리게 하라"(창세기 1 : 26) 비유적 해석―영에 속하는 것은 무엇을 심판하는가

(33) 사람이 "모든 것을 다스린다"고 하는 말씀은 사람이 "바다의 물고기와 하늘의 새, 모든 가축과 들짐승과, 모든 땅과 땅 위에 있는 기는 것에 대하여 지배권을 가진다"＊1는 뜻입니다. 사람은 "어떠한 사물이 하느님의 영으로 되어 있는지"를 지적인 행위를 통해서 판단합니다.＊2 만일 그렇지 않다면 사람은 "명예로운 지위에 있으면서도 그러한 사실들을 이해하지 못하고, 이성이 없는 짐승과 마찬가지이며, 이들과 조금도 다를 바 없습니다." 그러니 하느님, 주님께서 교회에 베풀어 주신 은총에 의하여, "우리는 주님의 선한 작품으로서 주님에 의해 만들어졌으므로, 그 영적 판단은"＊3 영적으로 사는 자들에 의해서뿐 아니라 그들에게 영적으로 복종하는 자들에 의하여 실행됩니다. 또한 주님께서는 이러한 주님의 영적인 은총에 있어 동등하도록 "사람을 남자와 여자로 지으셨으므로"＊4, 실체적 성별에 따라 남자와 여자가 있는 것이 아닙니다. 주님 은총 안에서는 "유대인도 그리스인도 노예도 자유인도 없듯이 말입니다."＊5 그러므로 영에 속하는 자들은 위에 있는 자도 복종하는 자도 아울러 영적으로 다스리게 마련이지만, 그들은 '하늘'＊6인 영적인 인식에 대해 심판하지는 않으며, 이와 같이 숭고한 권위에 대해서는 심판하는 일도 허용되지 않습니다. 또한 주님의 성서 자체의 경우에도, 비록 거기에 분명하지 못한 점이 있다 하더라도 심판하는 일이 허용되지 않습니다. 우리는 성서에 우리의 이해력을 복종시키고, 우리가 이해할 수 없는 말씀에 대해서도 확실하게 생각합니다. 그와 같이 사람은 이미 영에 속하는 존재로서, "자신을 지으신 분의 형상에 따라 하느님의 인식에 의하여 새롭게 되었을지라도" 계속 "율법을 행하는 자"이어야 하며,＊7 그것을 "심판하는 자"여서는 안 됩니다.＊8 또한 그는 위에서 말한 구별, 곧 영에 속하는 것과 육에 속하는 것의 구별에 있어서도 "심판하는 자"가 아닙니다. 우리의 하느님, 이 영과 육, 둘은 주님의 눈에만 알려져 있으며, 우리는 "그 열매를 보아 그를 알듯이"＊9 그들의 하는 일을 보아 그들을 구별할 수 있지는 않습니다. 그러나 주님, 당신께서는 이미 그들을 아시어, '궁창'이 창조되기 이전

에 그들을 선별하여 은밀히 부르셨나이다. 또한 사람은 영에 속하기는 하더라도 이 세상의 동요하는 사람들을 판단할 수 있는 것은 아니며, 자신의 "밖에 있는 자들에 대한 심판은 그가 관계한 일이 아닙니다."*¹⁰ 그는 그들 가운데서 누가 주님 은총의 감미로움에 도달할 수 있는지, 누가 영원히 불신의 고난 속에 머물게 되는지를 알지 못하나이다.

(34) 그리하여 "주께서 주의 형상대로 지으신" 사람은, '하늘의 빛'에 대해서도, 또한 숨겨진 하늘 그 자체에 대해서도, 그리고 주께서 하늘의 창조 이전에 부른 '낮과 밤'에 대해서도, 그리고 '바다라는 물의 집합'에 대해서도 지배권을 받은 것이 아닙니다. 단지 '바다의 물고기'와 '하늘의 새', '모든 가축'과 모든 땅과 땅 위에 있는 모든 기는 생물에 대하여 지배권을 받았습니다.*¹¹ 곧 그는 바르다고 생각되는 바를 바르다고 시인하고, 바르지 못하다고 생각되는 바를 잘못되었다고 판단합니다. 주님의 자비가, 많은 물 속에서 구하여 찾아낸 자들을 가르침으로 인도하는 성례전^(세례식)의 의식에 의하여 행해지며, 또는 깊은 바다에서 잡혀 경건한 땅의 음식이 되는 물고기가 제공되는 의식에 의하여, 또한 말의 문자와 음성을 통해 행해집니다. 이들은 주님 성서의 권위에 복종하여 '하늘' 아래를 날고, 해석과 설명과 논술과 토의와 축복과 주님을 찾아 구하는 격으로 입에서 튀어나와 울려퍼지며, 사람들로 하여금 '아멘'이라고 화답하게 합니다. 이 모든 음성이 신체에서 발해져야 하는 까닭은 세상의 깊은 늪과 육신의 눈이 멀었음에서 말미암기 때문입니다. 생각을 볼 수 없으므로 귓전을 크게 울려주지 않으면 안 됩니다. 이와 같이 "날아다니는 새는 땅에 번식"하지만, 계속해서 그들이 생겨나는 것은 물로부터입니다. 그리고 영에 속하는 사람은 충성된 자들의 행실과 덕에 대하여 이른바 '열매를 맺는 땅'입니다. 바르다고 생각하는 것은 바르다고 하고, 바르지 않다고 생각하는 것은 옳지 않다고 심판하여, '정결과 금식'과 신체의 감각에 의하여 지각되는 여러 사물에 대한 경건한 사유(思惟)로 감정을 훈련시키고 '살아 있는 영혼'에 대하여 판단합니다. 결국 영적인 사람은 자신이 시정할 수 있는 능력을 가진 문제들에 대해서만 심판을 행합니다.

<주>

*1 〈창세기〉 1 : 26.

*2 〈고린도전서〉 2 : 14.

*3 〈에베소서〉 2 : 8~10.

*4 〈고린도전서〉 2 : 15.

*5 〈창세기〉 1 : 27.

*6 천사의 사상을 말함일 것이다.

*7 〈골로새서〉 3 : 10.

*8 〈야고보서〉 4 : 11.

*9 〈마태복음〉 7 : 20.

*10 〈고린도전서〉 5 : 12.

*11 〈창세기〉 1 : 26.

제24장 "어찌하여 하느님은, 초목과 다른 생물은 축복하지 않으셨는가" 〈창세기 1 : 28〉 비유적 해석

(35) 이 다음 말씀은 무엇이지요, 또한 이 무슨 신비인지요? 주님, 보소서. 주님께서는 "사람에게, 생육하고 번성하여 땅에 충만하라"*¹고 축복을 내리셨습니다. 주님께서는 이 일을 통하여, 우리가 어떤 더한 의미를 여기서 인지해야 한다고 암시하고 계십니다. 어찌하여 주님은 '주께서 낮이라 일컬은 빛'에도 인간에게와 같은 축복을 내리지 않으셨는지요? '하늘'에도, '빛나는 것'에도, '별'에도, '땅'에도, '바다'에도 인간과 마찬가지로 축복을 내리지 않으셨는지요? 우리를 주님의 형상에 따라 지으신 하느님, 주님께서 우리 인간에게와 똑같은 식으로 물고기와 바다의 고래에게도 "생육하고 번성하여 바다의 물에 넘치라" 하시지는 않으셨으며, 또한 새에게도 인간과 같은 식으로 "땅 위에 넘치라"고 축복을 내리지는 않으셨습니다. 주님께서는 이 축복의 선물을 특히 사람에게만 원하셨다고 말하겠나이다. 더 나아가서, 나는 이와 동일한 축복이 나무와 과일나무와 땅의 짐승들에게도 주어졌음을 보았으나, 이 축복은 생식에 의하여 재생산된 종류의 축복에 속한다고 말하겠습니다. 그러나 초목에도, 나무에도, 또한 짐승들에게도, 그리고 기어다니는 것에게도 "생육하고 번성하라"고는 하지 않으셨습니다. 그럼에도 이들도 모두 물고기와 새와 사람과 마찬가지로 생식에 의해 증가하여 그 종류를 보존

하였습니다.

(36) 그럴진대 우리의 빛이며 진리여, 나는 어떻게 말해야 하오리까? 이 말씀에 특별한 의미가 없다고 말해야 합니까? 그것은 헛된 말이라고 해야 할는지요? 경건의 아버지여, 결코 그렇지 않습니다. 주님 말씀의 종이 결코 그렇게 말할 리가 없습니다. 비록 내가 이 말씀을 통해 주께서 무엇을 의미 하는지 이해하지 못한다 하더라도 나보다 우수한 자, 곧 나보다 이해력이 우 수한 자는 주께서 각 사람에게 부여하신 이해력에 따라 그것을 잘 사용하여 이해하게 하소서.[2] 그러나 나와 나의 고백도 또한 주님의 "눈 앞에서" 아름 답게 보여지기를 바랍니다. 주님, 나는 주님께서 그렇게 말씀하신 데에는 반 드시 어떤 특별한 의도가 있다고 믿는다는 사실을 고백하고, 그 구절을 읽을 때 내 마음에 떠오르는 생각을 억제하지 않으려고 합니다. 그것이 진실이며 성서의 비유적인 말씀에 대한 나의 생각을 방해해야 할 아무 이유도 찾아보 지 못하기 때문입니다. 나는 사람이 어떤 사물에 대해서 육체적으로 여러 가 지 표현들로 나타낸다는 사실을 알고 있으며, 또 물질적으로 하나인 사물에 대해서 정신적으로 여러가지 의미를 생각할 수 있다는 사실을 알고 있습니 다. 하느님의 사랑과 사람의 이웃은 얼마나 단순한지 모릅니다! 그 표현은 신체적 차원에서 여러가지 성찬식과 무수한 언어로, 그리고 모든 특별한 언 어의 무수한 강조 어구들로 이루어집니다. 예를 들어, 물에서 탄생한 '물'의 자녀는 "생육하고 번성을 이룹니다." 그래서 더욱이 성서를 읽는 자는 성서 가 무엇을 제시하는지를, 그리고 하나의 말씀에서 그 언어가 무엇을 표현하 는지를 깊이 생각해야 합니다. 곧 "태초에 하느님이 천지를 창조하시니라" 는 말씀도 여러 가지 방법으로, 더구나 오류의 오해가 아니라 다양한 종류의 진실된 이해를 통해 이해되지는 않을는지요? 그와 같이 사람의 자녀들도 "생육하고 번성합니다."

(37) 따라서 우리가 사물의 본성 자체를 비유적이 아니라 본래적으로 생각 한다면, "생육하고 번성하라"는 말은 종자에서 생겨나는 모든 생명에 해당 합니다. 그러나 우리가 그 말씀을 상징적 서술로서 다룬다면—나는 그것이 오히려 성서가 의도하는 번성이라고 생각합니다만—성서는 분명히 그 축복

을 단지 무의미하게 물에 사는 생물과 사람의 자녀에게만 부여한 것이 아닙니다. 과연 우리는 다수성을 '하늘과 땅'인 영적인 피조물과 물체적인 피조물에서 찾아보게 됩니다. 또한 '빛과 어둠'인 의로운 영혼과 불의한 영혼에서도, 물과 물 사이에 설치된 '하늘'인 율법을 우리에게 전한 기록자들에게서도, '바다'라 할 수 있는 불신의 괴로움 속에 있는 사람들의 사회에서도, 또한 '마른 땅'인 경건한 영혼의 열심에서도, "씨앗이 생기는 물과 열매를 맺는 나무"인 현재의 생활에 있어서의 자비로운 일에서도, '하늘의 빛'인 "가르침을 위해 밝게 나타난 영적인 선물"에서도, "살아 있는 영혼"인 신중하고 도야된 정욕에서도 찾아보게 됩니다.

이 모든 사물에서 우리는 다수성과 풍요성, 증식성을 보게 마련입니다. 단, 우리는 물질적으로 표현된 상징물들과 지성적인 개념들 안에서만 "생육하고 번성하는" 속성을 볼 수 있으며, 이로 인해 우리는 어떻게 하나의 사물이 여러 방식으로 표현될 수 있는지, 또 어떻게 하나의 체계가 여러 의미를 수용할 수 있는지를 알게 됩니다. 이런 의미에서 물체적으로 표현된 상징물들은 육체의 필연적인 원인으로 해서 물에서 생겨나며, 그 까닭은 우리가 육체에 있어 물과 깊이 관련되어 있기 때문입니다. 그러나 원인의 다산성 때문에, 나는 인류의 같은 세대 사람들이 지성적 왕국 안에 있는 많은 개념들을 뜻한다고 해석합니다. 주님, 그래서 나는 이 두 가지, 즉 "생육하고 번성하라"는 말씀을 믿습니다. 나는 이 축복에 의하여 우리가 유일한 방법으로 이해한 것들을 많은 방법으로 진술하고, 유일한 방법으로 명료하지 못하게 진술되어 있는 것을 읽는 자로 하여금 많은 방법으로 이해하는 능력과 권능을 주셨다고 생각합니다. 바닷물의 움직임은 여러 가지의 상징을 의미하기 때문에 "바다의 물은 그와 같이 가득 차게 된다"고 일컬어집니다. 마찬가지로, 땅은 인간의 자손에 의해서 채워집니다. 그리고 땅의 메마름은 땅 자체를 의미하며, 곧 인간의 정기를 의미합니다. 또한 이성에 의한 땅의 지배를 의미합니다.

〈주〉
＊1 〈창세기〉 1 : 28.
＊2 〈고린도전서〉 3 : 5.

제25장 '땅의 열매'(창세기 1 : 29) 비유적 해석

(38) 주 나의 하느님, 나는 성서의 다음 구절이 내게 생각하게 하는 바를 말하려고 합니다. 두려움 없이 말하려 합니다. 나에게 영감을 불어 넣는 주님과 함께 나는 진실한 사실을 확인하겠습니다. 이 진실을 주님의 말씀들로부터 주님의 의지에 의해 이끌어내겠나이다. 나는 주님 외에 어떤 것도 내게 영감을 주어 진실을 말하게 하는 것은 없다고 생각합니다. 주님께서는 "진리이시나"[1], "모든 사람은 거짓말쟁이입니다." 그래서 "거짓을 말하는 자는 자기 스스로 말합니다."[2] 따라서 나 자신으로 하여금 진실을 말하게 하기 위하여 주님에게 의지합니다. 보소서, 주님께서는 우리에게 "땅 전체의 표면에 나는 씨앗이 있는 모든 풀과 열매 맺는 모든 나무를 양식으로 주셨기"[3] 때문입니다. 더구나 주님은 그 생물들을 단지 우리들만을 위해서가 아니라 하늘을 나는 모든 새와 땅의 짐승과 기는 생물들에게 주셨습니다.[4] 그러나 주님은 그들을 "물고기와 바다의 큰 짐승"에게는 주시지 않았습니다. 우리는 앞에서 이들 '땅의 열매'에 의해 자비의 역사를 상징적으로 비유한 바 있습니다. 이 세상에서 생활하는 데 필요한 "과일을 생기게 하는 땅"에서 공급되는 열매로 자비의 역사가 표현되고 비유적으로 상징된다[5]고 할 수 있습니다. 그러한 '땅'이란 헌신적인 오네시보로에 비유할 수 있습니다. "주님께서 그의 집에 자비를 베푸셨습니다. 왜냐하면 그는 주의 종 바울을 위로하였고 자신의 쇠사슬을 부끄럽게 생각하지 않았기 때문입니다."[6] 마케도니아에서 와서 그의 궁핍을 도운 형제들도 그와 동일한 일을 하여 이러한 열매를 맺었습니다.[7] 그러나 바울은 자신에게 주어야 할 열매를 주지 않은 나무들을 보고 얼마나 슬퍼했는지 모릅니다! 그는 "내가 처음 변명할 때 아무도 나를 돕지 않았으며, 모두가 나를 버렸다. 바라노니, 그들이 그 일로 해서 죄의 책망을 받는 일이 없기를"[8] 하고 말했습니다. 그 열매들은 신적인 비밀의 이해를 통해 영적인 가르침을 우리에게 전하는 자들에게 주어져야 합니다. 더구나 그 열매들은 '사람'으로서 그들에게 주어져야 합니다. 그러나 그들은 또한 "살아 있는 영혼"으로서도 그들에게 주어져야 합니다. 그들은 온갖 금욕적 절제에 있어 자기를 모범으로 나타내야 하기 때문입니다. 또한 그들은 "그들의 음성이 온 땅에 미치기" 때문에 "땅 위에 번성하라"는 그들의 축복으로 해서 "하늘을 나는 새들"로서도 주어져야 합니다.

〈주〉

＊1 〈요한복음〉 14 : 6.

＊2 〈요한복음〉 8 : 44.

＊3 〈창세기〉 1 : 29.

＊4 〈창세기〉 1 : 30.

＊5 본서 제13권 제17장 21잘 참조.

＊6 〈디모데후서〉 1 : 16, 오네시보로는 에베소 출신의 그리스도교인으로서 바울에게 충실
  하였다.

＊7 〈고린도후서〉 11 : 9.

＊8 〈디모데후서〉 4 : 16.

제26장 자비의 일로 주어지는 기쁨과 이익

(39) 이러한 양식을 즐기는 자들은 자신들에 의해 영향을 취하지만, "자기의 배를 하느님으로 삼는" 자들은 음식으로부터 기쁨을 취할 수가 없습니다.＊1 또한 그것을 주는 자들에 있어서도 무엇을 주느냐보다도 그것을 주는 마음씨가 더 중요합니다. 그래서 나는 "자기의 배를 섬기지 않고 하느님을 섬긴"＊2 사도(바울)가 무엇 때문에 기뻐하였는지를 확실히 알고 있으며, 그래서 그와 더불어 크게 기뻐합니다. 그는 빌립보 사람들로부터 에바브로디도를 통해 보내진 선물을 받았으나,＊3 나는 그가 무엇 때문에 기뻐했는지를 압니다. 그는 그 기쁨의 근원으로 양육되었습니다. 그는 마음에서 "나는 그대들이 다시금 부활하여 나를 생각하게 된 것을 주 안에서 크게 기뻐하느니라. 그대들은 나를 생각했으나 그것에 지쳐버렸느니라"＊4라고 말한 것입니다. 그리하여 이들 빌립보 사람은 오랜 권태로 해서 생기를 잃고, 그 선한 일의 열매를 맺을 수 없게 되어 있었습니다. 사도는 빌립보 사람을 위하여 그들이 살아났기 때문에 기뻐하였지, 자신을 위하여 그들이 그의 궁핍함을 보충했기 때문에 기뻐하지는 않았습니다. 그렇기 때문에 그는 그 뒤에 이렇게 말하고 있습니다. "나는 궁핍하기 때문에 이렇게 말하는 것은 아니다. 나는 어떤 경우에 처해 있을지라도 만족하기를 배웠기 때문이다. 나는 비천함에 이르는 길을 알고, 부요함에 이르는 길을 안다. 또한 배부른 일에도 굶주린 일에도, 부요한 일에도 궁핍한 일에도 이르는 비결을 터득하였다. 나를 강하게 하시는 분에 의하여 모든 것을 이룰 수 있느니라."＊5

(40) 그렇다면 위대한 바울이여, 당신은 무엇 때문에 그런 기쁨을 가졌습니까? 당신은 무엇을 기뻐합니까?*6 "당신을 지으신 자의 형상에 따라 하느님의 인식으로 새로 태어난 사람"이여, 그렇듯 위대한 절제의 "살아 있는 영혼"이여, 신비를 말하는 "날아다니는 새"와 같은 입과 혀여,*7 당신은 무엇에 의해 양육됩니까? 그 양식은 이와 같은 생명을 가지는 자에게 주어져야 합니다. 당신을 양육하는 것은 무엇입니까? 그것은 기쁨이다. 우리는 그의 말을 계속 들어 봅시다. "그러나 무엇보다도 너희가 우리 환란에 잘 동참해 주었기 때문이라."*8 그의 기쁨과 그의 영양의 바탕은 무엇보다 빌립보가 동참을 잘 해주었기 때문이지, 그의 고통이 누그러져서가 아니라는 말이 됩니다. 그는 주님을 향하여 또 이렇게 말합니다. "내가 환란에 있을 때에 주님께서는 나를 너그럽게 대해 주셨나이다." 그는 "풍요해지는 법도 궁핍해지는 법도 그를 강하게 하시는 주님으로 말미암아 알았기"*9 때문입니다. 그는 계속하여 말합니다. ―"빌립보 사람들아, 너희들도 알고 있거니와 내가 복음을 전하기 시작하여 마케도니아를 출발했을 때, 내 일에 참가한 교회는 오직 너희들뿐이었고 다른 교회는 없었다. 너희는 내가 데살로니가에 있던 때에도 한 번뿐 아니라 두 번까지도 내 궁핍함에 물건을 보내주었느니라."*10 그는 지금 그들이 이제 이와 같이 선행으로 돌아감을 기뻐하며, 기름진 논밭이 다시금 푸르러진 듯 그들이 되살아났음을 기쁘게 생각합니다.

(41) 바울은 "너희는 내 궁핍함에 물건을 보내주었다"고 말했지만 자신의 이익을 위해서 한 말은 아닙니다. 그는 분명히 그 때문에 기뻐하지는 않았습니다. 우리는 이 사실을 확신할 수 있습니다. 그는 그 다음에 이렇게 말하고 있기 때문입니다. "그것은 내가 선물을 구하기 때문이 아니요, 내가 열매를 구하기 때문이다."*11 나의 하느님, 나는 주님에게서 "선물과 열매를 구별하는" 법을 배웠습니다. 곧 '선물'이란 금전과 식품과 음료와 의복과 주택 및 기타 필수품을 제공하는 자가 주는 사물 자체이며, 이에 대하여 '열매'란, 주는 자의 선량하고 공정한 의지입니다. 선한 스승은 단지 "예언자를 받아들이는 자"를 거론할 뿐만 아니라, "예언자의 명의로서"라고 덧붙입니다. 그렇게 할 때 전자는 "예언자의 보수를 받고" 후자는 "의인의 보수를 받게 됩니다."12 또한 "나의 가장 작은 자 한 사람에게 냉수 한 그릇을 주는 자는"

이라고 할 뿐 아니라, "오직 내 제자의 명의로"라고 덧붙입니다. 그러고나서 "진실로 너희에게 말하노니, 그 사람은 반드시 그 보수를 잃지 않을 것이다"라고 말씀하십니다.[13] 그래서 '선물'이란 "예언자를 받아들이는" 것, "의인을 받아들이는" 것, 그리고 "제자에게 냉수 한 그릇을 주는" 일입니다. 이에 대하여 '열매'란 "예언자의 이름으로" "의인의 이름으로" "제자의 이름으로" 이를 행하는 일입니다. 엘리야가 그를 보살펴 준 과부에 의해 양육되었을 때 그것은 큰 결실이었습니다. 왜냐하면 과부는 자신이 양육하는 아이가 하느님의 사람임을 알았기 때문입니다. 또한 까마귀에 의해서도 양육되었는데, 그것은 선물이었습니다. 더구나 엘리야의 내적인 사람이 양육된 것이 아니라 외적인 사람이 양육되었습니다. 그의 외적인 사람도 양식이 없었다면 죽게 되었을는지도 모릅니다.

〈주〉
* 1 〈빌립보서〉3 : 19.
* 2 〈로마서〉16 : 18.
* 3 〈빌립보서〉4 : 18.
* 4 〈빌립보서〉4 : 10.
* 5 〈빌립보서〉4 : 11〜13.
* 6 〈골로새서〉3 : 10.
* 7 〈고린도전서〉14 : 2.
* 8 〈빌립보서〉4 : 14.
* 9 〈빌립보서〉4 : 12.
* 10 〈빌립보서〉4 : 15〜16.
* 11 〈빌립보서〉4 : 17.
* 12 〈마태복음〉10 : 41.
* 13 〈마태복음〉10 : 42.

제27장 '물고기'와 '바다의 큰 짐승'의 뜻

(42) 그러니 주님, 나는 주님 앞에서 진리에 대하여 말하겠나이다. '무지한 자들과 불신자들'[1]을 가르침으로 인도하고 신자로 만들기 위하여 입신의 성례와 기적의 '놀라운 작용'이 필요합니다. 이런 일들이 저 '물고기'라든가 '바다의 큰 고래'라는 이름으로 상징되고 있다고 나는 믿고 있습니다. 그들

(무지한 자들과 불신자들)이 주님의 작은 아이들을 받아들여 신체적으로 소생하게 하거나 이 세상에서의 생활에 있어 어떤 필요를 도우려고 기도하지만, 그러나 그들은 왜 그런 일을 하지 않으면 안 되는지도, 또한 무엇 때문에 그 일을 하는지도 알지 못하고서 합니다. 곧 그들은 주님의 작은 아이들을 실질적으로 양육하는 것이 아니며, 주님의 사람들을 양육하는 것도 아닙니다. 그들은 그 양육하는 일을 신성하고 공정한 의지로 하지 않기 때문입니다. 주님의 작은 아이들도 '열매'를 아직 보지 못했기 때문에 그들의 '선물'로 해서 기뻐하는 일도 없습니다. 그러므로 마음은 기쁨의 근원에 의해 양육됩니다. 그래서 '물고기와 바다의 큰 고래'는 땅이 바다의 쓰디쓴 물결로부터 분리된 뒤부터는 땅이 생산한 양식에 의하여 양육되는 일이 없습니다.[2]

〈주〉
[1] 〈고린도전서〉 14 : 23.
[2] 〈창세기〉 1 : 29∼30.

제28장 하느님은 왜 그 창조하신 모든 것을 보고 심히 좋다고 하셨는가

(43) 하느님, "주님은 그 창조하신 모든 것을 보시고 심히 좋았더라"고 말씀하셨습니다. 우리도 또한 모든 것을 보니 심히 좋습니다. 주님이 만드시는 여러 가지 종류의 창조물에 대하여, 주께서 "있으라"고 하시어 그 창조물들이 있게 되었을 때, 주님은 이것이나 저것이나 모두 "좋았더라"고 하셨습니다. 나는 이미 일곱 번이나 "주님께서 스스로 창조하신 것이 심히 좋았더라"고 말씀하신 기록을 읽었습니다.[1] 그리고 이번에는 여덟 번째로, "주님은 그 지으신 모든 사물을 보셨다"고 하시며, "보시니 모든 사물이 좋았을" 뿐 아니라, 모든 것이 함께 있으며 "심히 좋았더라"고 하셨습니다. 곧 개별적으로는 그저 "좋았더라"일 뿐이었으나, 모든 것이 함께 있으면 단지 "좋았더라"일 뿐만 아니라 또한 "심히 좋았더라"는 말씀입니다. 이 일은 모든 아름다운 물체에도 또한 표명하고 있습니다. 그 모두가 아름다운 부분으로 이루어진 물체는 낱낱의 부분보다도 훨씬 아름답습니다. 그 부분들은 개별적으로 아름답지만, 그들의 가장 조화로운 결합에 의하여 전체가 비로소 완성되기 때문입니다.

제29장 하느님께서 여덟 차례 좋았더라고 보셨다는 것은 무슨 뜻인가

(44) 나는 주님의 창조적 일이 주님을 기쁘게 했을 때, 주께서 그 창조하심을 스스로 보시고 기뻐하신 일이 일곱 차례인지 여덟 차례인지를 주의하여 밝히려 하였습니다. 나는 주님께서 보셨다는 일에서, 주님께서 그 지으신 창조물들을 스스로 보신 횟수의 의미가 매번 내게 한번도 이해되지 않았습니다. 나는 이렇게 말했습니다. ─"오오 주님, 주님의 성서는 진실하십니다. 진실되고 진리이신 주께서＊1 그 성서를 세상에 내셨기 때문입니다.＊2 그렇다면 어찌하여 주님은 내게 주께서 보시는 창조 속에 시간의 구분이 없다고 하십니까? 주님의 성서는 왜 주께서 나날이 만드신 창조물들이 좋았더라고 하셨다고 내게 말하십니까? 나는 그 날들을 헤어 그 날들이 몇 차례인지를 알았습니다." 내가 이와 같이 말한 데 대하여 주님께서는 나의 하느님이시기에 내게 대답하시고, 주님 종의 마음의 귀에 강한 음성으로 말씀하시며, 막힌 귀를 뚫어주시어 이렇게 소리치십니다. "오오 사람아, 성서의 말씀은 나도 또한 말한다. 단지 성서는 때에 의해 말하고 있지만 나의 말에는 때라는 것이 없느니라. 나의 말은 나와 마찬가지로 영원히 존속하기 때문이다. 너희가 나의 영혼을 통해 보는 사물들을 나는 보고, 너희가 나의 영혼을 통해 말하는 사물들을 나도 또한 말한다. 그러나 너희는 시간 안에서 보고 있지만, 나는 시간 안에서 보지 않는다. 또한 너희는 그 사물들을 시간 안에서 말하고 있지만, 나는 시간 안에서 말하지 않는다."

제30장 마니 교도의 망상

(45) 주 나의 하느님, 나는 주님의 말씀을 듣고 주님의 진리로부터 감미로운 한 방울을 흡수하며 다음과 같은 사실을 깨달았나이다. 곧 주님의 역사하심을 기뻐하지 않는 사람들이 있습니다. 그들은 말하기를, 하늘의 항성과 별의 배치 등, 주님의 창조하심의 대부분은 주께서 필연성 때문에 만들었다고 합니다. 이들은 주님 자신의 일로부터 생겨난 존재들이 아니요, 이미 주님 이외의 어떤 곳에서 주님 이외의 요소들로부터 창조되어 존재했으며, 주께서 그 정복한 원수들에 대해서 세계의 바람벽을—그 바람벽에 의하여 차단되어 정복당한 자가 다시금 주님께 반항할 수 없도록—쌓았을 때, 주님이 그 본디 있던 요소들을 모아서 조직하고 결합하기만 했다고 합니다. 또한 다른 것은 주께서 창조하지 않았을 뿐 아니라 전혀 조립하는 일조차 하지 않았으며, 그것들은 육체를 가진 모든 동물과, 가장 작은 생물과, 땅에 뿌리를 내리고 있는 존재들이라고 합니다. 그것들로 주님의 원수인 어떤 존재, 곧 주님에 의해 창조되지 않았으며 주님께 반항하는 어떤 다른 본성의 것이 세계의 낮은 부분에서 생성되고 형성된다는 것입니다. 이렇게 주장하는 사람들이 있는데, 그들은 제정신이 아닙니다. 그들은 주님이 만드신 피조물을 주님의 영으로 보지 않고, 주님의 피조물을 통하여 주님을 인정하지 않기 때문입니다.

제31장 경건한 자는 하느님께서 기뻐하시는 것을 기뻐함

(46) 우리가 주님의 영으로 주님의 창조하심을 볼 때, 주께서는 우리로 말미암아 보십니다. 때문에 우리가 주님의 창조물을 좋다고 볼 때, 주께서 그 창조하심을 좋다고 보십니다. 그리고 주님으로 해서 사람들을 기쁘게 하는 자는 모두 주께서 그들로 말미암아 기뻐하게 하며, 주님의 영으로 말미암아 우리를 기쁘게 하는 자는 우리들로 말미암아 주님을 기쁘게 하십니다. "사람의 일은 그 자신 속에 있는 영 이외에 누가 알요. 그와 마찬가지로 하느님의 일도 하느님의 영 이외에는 아는 자가 없느니라.[*1] 우리가 받은 영은 이 세상의 영이 아니요, 하느님으로 말미암은 영이시니, 그것은 우리가 하느님으로 말미암아 우리에게 주어진 바를 알지 못하기 때문이니라"라고 말하고 있습니다. 나는 가르침을 받고 깨우쳐 "참으로 하느님의 일은 하느

님의 영 이외에 아는 자가 없다"고 합니다. 그렇다면 어떻게 우리도 또한 "하느님으로 말미암아 우리에게 주어진 선물을 알게 되는"지요? 나의 이 질문에 대하여 우리가 하느님의 영에 의하여 아는 자조차도 "하느님의 영 외에는 아는 자가 없다"고 대답합니다. 하느님의 영에 대하여 말하는 자들을 향해 "말하는 자는 너희가 아니니라"*²고 하는 말씀이 정당하듯이, 하느님의 영으로 말미암아 아는 자들에게 "아는 자는 너희가 아니니라"라고 해도 정당합니다. 따라서 마찬가지로 하느님의 영으로 말미암아 보는 자들에게 "보는 자는 너희가 아니니라"라고 해도 정당합니다. 그렇기 때문에 하느님의 영으로 말미암아 좋은 것을 보는 자들은 모두 그들 자신이 아니라 하느님께서 그 자체가 좋은 것을 보는 것입니다. 이리하여 세 가지 다른 경우가 생각됩니다. 첫째는 앞의 장에 언급한 사람들과 같이 선한 것을 악하다고 생각하는 경우입니다. 둘째는 선한 것을 선하다고 인정하는 경우로서, 주님의 창조물은 선이기 때문에 많은 사람들을 기쁘게 합니다. 그러나 주님 자신은 그것들을 통하여 그들을 기쁘게 하는 것이 아니라, 그런 까닭으로 그들은 주님보다도 오히려 주님의 피조물을 즐기려 합니다. 셋째는 사람이 어떤 선한 것을 볼 때 하느님께서 그 사람을 통하여 그것이 선하다는 것을 보시는 경우입니다. 곧 하느님이 그 창조하신 것을 사랑하시는데, 주님은 그 주신 바 영으로 말미암지 않고는 사랑하시는 일이 없습니다. "하느님의 사랑은 우리에게 주어진 성령으로 말미암아 우리 마음 속에 부어지고,"*³ 성령으로 말미암아 우리는 모든 것이 어떤 방식으로 존재하는 한 선함을 봅니다. 어떤 방식으로 존재하는 것이 아니라, 절대적으로 존재하는 것으로부터 모든 것은 존재합니다.*⁴

〈주〉
*1 〈고린도전서〉 2 : 11~12.
*2 〈마태복음〉 10 : 20.
*3 〈로마서〉 5 : 5.
*4 〈출애굽기〉 3 : 14.

제32장 하느님의 세계 창조, 특히 사람에 대하여
(47) "주여, 주님께 감사드리나이다."*¹ 우리는 "하늘과 땅"을 보나이다.

높은 부분과 낮은 부분이든, 또는 영적 피조물과 물체적 피조물의 일이든 하늘과 땅을 보나이다. 그리고 이들 부분의 조직 속에 세계의 모든 물체 덩어리와 모든 피조물 일반이 성립되므로, 우리는 "빛이 창조되어 어둠에서 분리된 것"을 봅니다. 우리는 또한 '궁창'을 봅니다. 그것은 영적인 상층의 물과 물체적인 하층의 물 사이에 있는 세계 최초의 물체이든지, 아니면 이것도 또한 '하늘'이라 일컬어지는 존재물로 이루어진 기체의 공간일 것입니다. 그리고 하늘의 새들은 이 공간을 통하여서 수증기가 되어 그 위를 덮거나, 아니면 맑게 갠 밤에는 이슬이 되어 내려오는 물과 거세게 땅 위를 흐르는 물 사이를 날아다닙니다. 우리는 또한 바닷속에서 '모인 물'의 아름다운 모습과 '마른 땅'을 보게 됩니다. 그 '마른 땅'은 완전히 벌거숭이인 때도 있으며, 이미 형성되어 보이는 형체와 질서로 풀과 나무의 어머니인 경우도 있습니다. 우리는 또한 '모든 빛'이 위에서 빛남을 보게 됩니다. 해는 낮을 채우고 달과 별은 밤을 위로하며, 모든 것에 의하여 모든 시간은 나타나고 기록됩니다. 또한 우리는 가는 곳마다 물고기와 짐승과 새들로 가득한 습기 찬 곳을 보게 됩니다. 그것은 새가 나는 것을 받쳐주는 공기의 밀도가 수분의 증발에 의하여 증가되기 때문입니다. 우리는 또한 지면이 지상의 생물로 장식되고, 사람이 "주님의 형상대로 창조되어" 올바르게 "형상과 닮은 모습"에 의하여, 곧 이성과 지성의 힘에 의하여 온갖 이성을 가지지 않는 생물들 위에 놓여 있음을 봅니다. 사람의 영혼에 있어서 판단을 내리는 것에 의하여, 지배하는 자와 복종하기 위하여 예속된 자가 다르듯이, 신체적으로도 또한 남자에 대하여 여자가 창조되었습니다. 여자는 여성적인 인식을 가지는 정신에 있어서는 남자와 동등한 본성을 가지지만, 그 전체의 성에 있어서 남성에게 종속되는 것은 행위의 의지가 정신의 이성으로부터 올바르게 행동하는 능력을 얻기 위하여 종속되는 일과 마찬가지입니다. 우리는 이것들을 보게 되는 바 그것들은 개별로 "좋았더라"인 동시에 "전체적으로는 심히 좋았더라"입니다.

〈주〉

*1 〈요한계시록〉 11 : 17.

제33장 세계는 하느님에 의하여 무에서 창조되었다—창조 전체의 요약

(48) 주님의 피조물들이 주님을 사랑하는 일은 마찬가지로 주님을 기리어 찬양하기 위함이며, 우리 피조물들은 주님을 기려 찬양함과 같이 주님을 사랑하리이다. 주님의 피조물들은 시간적인 시작과 종극을, 생성과 소멸을, 진보와 퇴화를, 형체의 미와 그 결여를 가지고 있나이다. 따라서 그것들은 계속되는 아침과 저녁을 은밀하게 또는 명료하게 가지고 있나이다. 그것들은 무에서 주님에 의해 창조되었나이다. 그러나 주님으로부터 창조된 것은 아니요, 또한 주님의 것이 아닌—또는 이미 주님 이전에 존재한—어떤 자료에 의해 창조된 것도 아니며, (그것들과)같이 창조된 것, 곧 동시에 주님으로 말미암아 창조된 자료에 의하여 창조되었나이다. 주님께서는 그 자료들의 "형태 없는" 상태를 아무런 시간적 간격 없이 형성하셨습니다. 곧 천지의 자료와 천지의 형상은 다르며, 자료는 무에서 창조되었으나, 세계의 형상은 "형태가 없는" 자료로부터 만들어졌습니다. 그리고 주님은 이 둘을 동시에, 곧 형태가 자료에 대하여 전혀 시간적 간격 없이 나타나도록 창조하셨습니다.

제34장 하느님의 창조 전체의 비유적 해석

(49) 우리는 또한 주님이 모든 존재물을 이렇게 창조하시고 이러한 순서로 기록하게 하신 주님의 뜻이 무엇인지 그 의미를 탐구하였습니다. 우리는 낱낱의 것이 "좋았더라"이며, "모든 것이 심히 좋았더라"임을 보았습니다. 주님은 주님의 말씀, 곧 주님의 외아들을 통하여 하늘과 땅 및 교회의 머리와 몸을 아침도 저녁도 없이 온갖 때에 선행하는 시간에 창조하셨습니다.[*1] 그러나 주님께서 숨겨진 것을 드러내시고, 우리의 무형체를 형성하기 위하여 예정된 것을 시간적으로 실행하는 일에 착수했을 때—우리의 죄는 우리의 몸 위에 있었고,[*2] 우리는 주님에게서 떠나 "어둠의 깊은 늪"에 빠져 있어, 주님의 선한 영은 "그러한 때에" 우리를 도우시기 위하여 우리 위를 덮고 있었기 때문입니다—주님은 "믿지 않는 자들을 의롭게 하시고"[*3] 그들을 불의에서 "떼어내어," 주님의 성서의 권위를 주님에게 순종하는 높은 계층의 존재들과 그들에 속할 낮은 계층의 존재들 사이에 굳히시고, 불신자의 동료를 모으셨습니다.

즉, 충성된 자들의 열성이 세상에 나타나고 그들이 자비로운 일을 해내며, 또한 그들이 하늘의 보물을 차지하기 위하여 지상의 재물을 가난한 자들에게 나누어줄 수 있도록 하셨습니다. 그리고 주님께서는 '하늘'에 빛을 밝히셨으니, 그 빛은 "생명의 말씀"을 지니는 주님의 성도들이며, 영적인 은사로 말미암아 탁월하고 숭고한 권위로 빛났습니다. 그리고 주님께서는 불신의 이방인들을 교화하기 위하여 눈에 보이는 성례와 말씀의 음성으로 충성된 자들도 또한 축복하시며, 성서의 하늘에 따라 물질적인 자료로부터 창조해내셨습니다. 또한 주님은, 충성된 자들의 "살아 있는 영혼"을 절제된 힘으로 정비된 감정을 통해 형성하였습니다. 그리고 다음으로 오로지 주님에게만 복종하여 조금도 사람의 권위로서 요하지 않는 영을 주님의 "형상과 닮은 모습"에 의하여 새롭게 하였습니다. 마치 남자에게 여자가 대하듯이 높은 지성에 이성적 행위를 예속시켰고, 이 생에 있어서 충성된 자들을 완성하기 위하여 필요한 주님의 모든 봉사자들이 이 세상에서 사용할 수 있도록, 같은 충성된 자들에 의하여 장래에 열매를 맺어야 할 일이 준비되기를 바라셨습니다. 우리는 이 모든 사물들을 보니, 그들은 "심히 좋습니다." 주님은 그 사물들을 우리를 통해 보시며, 우리에게 영혼을 주시어 우리로 하여금 그 영혼을 통해 사물들을 보게 하시고, 그 사물들 안에서 주님을 사랑하게 하셨습니다.

⟨주⟩

*1 ⟨골로새서⟩ 1 : 18.
*2 ⟨에스겔⟩ 33 : 10.
*3 ⟨잠언⟩ 17 : 15.

제35장 평화의 기도

(50) "주 하느님, 우리에게 평화를 내려주소서.*1 모든 존재들은 주님께서 우리에게 주셨습니다." 안정의 평화를, 안식일의 평화를, 저녁이 없는(안식일의) 평화를 내려주소서. "심히 좋았더라"고 하신 이 온갖 선의 사물들의 아름다운 질서는 모두 그 정해진 한계에 도달하게 되고 또 사라지게 됩니다. 그 사물들은 아침과 저녁이 둘 다 있도록 창조되었기 때문입니다.

＊1 〈이사야〉 26 : 12, 데살로니가후서 3 : 16.

제36장 저녁이 없는 제 7일에 대하여

(51) 그러나 제 칠(7)일에는 저녁도 없고 일몰도 없습니다. 주께서는 그 날이 영원히 계속되도록 그 날을 깨끗하게 하셨기 때문입니다. 곧 주께서 주님의 심히 좋은 창조의 일들을 이루신 뒤에—주님은 그 일을 고요한 평화 속에서 행하셨습니다—"제 7일에 쉬셨다"는 성서 속의 말씀은 주께서 우리에게 선물로 휴일을 주셔서 우리의 일을 마친 뒤 영원한 생의 안식일에 주님 안에서 쉬도록 하셨음을 우리에게 미리 알리신 것입니다.

제37장 우리에게 있어서 하느님의 평안에 대하여

(52) 그때에도 주님께서는 지금 우리 안에서 창조하시고 계시듯이 우리 속에서 쉬실 것입니다. 지금 주님의 행하는 일이 우리를 통한 주님의 일이듯이, 주님의 휴식은 우리를 통해 있을 것입니다. 그러나 주님, 당신은 항상 일하시고 항상 쉬십니다. 그리고 시간적으로 보지 않고, 시간적으로 움직이지 않으며, 시간적으로 쉬지 않고, 더구나 시간적으로 보는 창조하심과 시간 그 자체와 시간적인 휴식을 만드십니다.

제38장 하느님과 사람은 사물을 보는 방식이 다름

(53) 그래서 우리는 주께서 창조하신 모든 것들이 존재하기 때문에 보게 마련이지만, 그들은 주께서 보시기 때문에 존재합니다. 우리는 그 창조물들이 존재함을 외적으로 보고, 그들이 "좋았더라" 함을 내적으로 봅니다. 그러나 주님께서는 그들을 창조했어야 마땅함을 보았을 때, 이미 그들이 창조되어 있음을 보십니다. 이제 우리 마음은 주님의 성령으로 충만한 뒤 선을 행할 수 있도록 움직이게 됩니다. 그 이전에는 주님을 버리고 악을 행하도록 움직이고 있었습니다. 그러나 유일하고 선하신 하느님, 주님께서는 결코 선한 일을 행하시기를 중단하지 않으셨습니다. 주님의 선물 중에 우리는 좋은 일들을 가지고 있습니다. 그러나 그들은 영원하지는 않습니다. 우리는 그 일들을 마치고 난 뒤에 주님의 위대한 성화(聖化) 안에 쉬게 되기를 희망하나

이다. 그러나 주님께서는 어떠한 선(善)도 결여되어 있지 않은 선으로서, 주님 자신이 주님의 휴식이기 때문에 항상 휴식하십니다.

누가 이 사실을 사람들에게 이해시킬 수 있겠나이까? 어떤 천사가 천사에게 이해시킬 수 있겠나이까? 어떤 천사가 사람에게 이해시킬 수 있겠나이까? 주님으로부터 간구하지 않으면 안 됩니다. 주님 안에서 찾지 않으면 안 됩니다. 주님을 향해 두드리지 않으면 안 됩니다. 그렇게 할 때, 그렇게 해야만 얻을 수 있습니다. 그렇게 할 때 찾을 수 있습니다. 그렇게 할 때 열리게 됩니다.*1

〈주〉
*1 〈마태복음〉 7 : 8.

아우구스티누스 생애와 사상

역사적 자료

저작의 전승과 전집의 출판

아우구스티누스는 지금으로부터 약 1570년 전에 북아프리카에서 그 생애를 마감했다. 그가 죽기 얼마 전에 에스파냐에서 지브롤터 해협을 건너 아프리카로 침입해 온 반달족이 아우구스티누스의 마을 히포 레기우스를 포위하고 함락시켰다. 아우구스티누스가 40년에 걸쳐 쌓아올린 교회는 물론이고, 페니키아 시대부터 항구 마을로 번영했던 히포 역시 붕괴되었다.

그러나 다행스럽게도, 아우구스티누스가 세운 도서관과 장서는 보존되었으며, 그의 저작도 분실을 면할 수 있었다. 물론 아우구스티누스는 생전부터 이미 저명했으므로, 그의 저서, 설교, 편지 등은 속기사가 기록한 것을 베껴쓴 것이 널리 퍼져 있었다. 이러한 사료를 기초로 중세기에 유럽의 각국에서, 특히 수도원 등을 중심으로 수많은 사본이 만들어지고 계승되었다.

16, 17세기가 되자 아우구스티누스의 저작이 출판된다. 가장 오래되고 유명한 전집으로는 1528, 1529년에 에라스무스가 바젤에서 간행한 11권짜리 전집이 있다. 이 전집에는 저서 500권, 설교문 1200벌, 편지 270통과 기타 문서들을 수록하고 있다.

게다가 오늘날에는 여러 종류의 훌륭한 교정본이 있으므로 그것을 통해 아우구스티누스의 생애와 사상을 자세하게 조사할 수 있다. 여기서는 이 방대한 저작물 속에서 그의 생애를 알 수 있는 특히 귀중한 것으로 다음의 두 가지를 꼽고자 한다.

자전적 저작 《고백록》

먼저, 그가 46세 무렵에 완성한 자전적 작품 《고백록》(400)이다. 이 책은

히포 만의 고기잡이 풍경
아우구스티누스가 말년을 보낸 히포의 일상 풍경을 보여주는 모자이크화.

여러 시대에 걸쳐 매우 널리 읽혔으며, 사본도 여러 가지가 있는데 오래된 것은 6세기까지 거슬러 올라가기도 한다. 《고백록》은 아우구스티누스의 탄생부터 히포 교회의 주교가 되기까지의 반생을 기록한 것이다. 이를 통해 우리는 아우구스티누스의 유소년시절부터 장년에 이르기까지의 외적인 행보를 더듬어 갈 수 있을 뿐 아니라, 내적인 마음의 궤적까지도 소상히 알 수 있다. 그런 의미에서 이 책은 저자 자신이 스스로의 외적·내적 생활을 기술한 귀중한 사료(史料)로, 아우구스티누스의 생애에 다가가기 위해 가장 먼저 참조해야 할 내용이다.

자가 비판의 책 《재고록》

다음으로 427년에 출판된 《재고록(再考錄)》이다. 이 책은 아우구스티누스가 생애를 마치기 3년 전까지 공개한 저작 914책을 열거한 것으로, 그 하나하나에 대해 언제, 어디서, 어떤 목적을 위해 집필하고, 무엇을 썼는지 등 각 문서의 성립 배경과 내용을 기록하고, 각 서적의 표현이나 주장에 대해 비판적인 검토를 추가하였다. 자신의 저작에 대해 재검토하고 정정을 시도했으므로 《정정록》 내지는 《재고록》이라 명명했다. 아우구스티누스다운 특이한 사료라 할 수 있다. 우리는 자신의 저서에 대한 저자의 기술 내용을 단서로 각 저작물의 성립 배경과 사상 발전의 과정을 탐색할 수 있다.

설교

이상의 전기적 요소를 갖춘 두 저작 외에 아우구스티누스의 다른 작품도 참조해야 함은 말할 것도 없다. 그 중에서도 설교는 그의 인물됨과 사상을 알기 위해 놓쳐서는 안 될 소중한 사료이다. 왜냐하면 설교를 할 때 아우구스티누스는 성서의 구절을 설명함과 동시에 그것이 이야기되었던 때와 장소 등의 구체적인 문제에 대한 본인의 견해를 서술하고 있기 때문이다. 다만 애석한 것은 약 4000벌에 이르렀다고 전해지는 설교문이 오늘날에는 그 4분의 1도 남아 있지 않다는 것이다.

편지

많은 사상가의 경우와 마찬가지로, 아우구스티누스의 인격을 알기 위해서는 그가 그때그때 다양한 사람 앞으로 써 보낸 편지들이 특히 중요한 사료가 된다. 편지 중에는 그 내용이 하나의 논문에 필적할 정도로 긴 것도 있다. 지금까지 270통에 이르는 서간이 알려져 있다. 그 중에 220통이 아우구스티누스가 직접 쓴 것이며, 나머지 50통은 아우구스티누스 앞으로 쓰인 서간이다. 그런데 매우 다행스럽게도, 최근에 지금까지 알려지지 않았던 31통의 편지가 새롭게 발견되어 출판되었다. (1981년. 이 중 28통은 노년의 아우구스티 누스가 쓴 것, 3통은 그의 앞으로 온 것) 이러한 문서도 아우구스티누스와 발신자와의 관계는 물론 구체적인 사건에 대한 그의 생각을 알 수 있어 흥미롭다(이 글에서는 단지 편지라고만 했다). 편지의 발신인은 성서학자 히에로니무스, 로마 교황 인노켄티우스, 조시무스, 식스투스, 정치가 게네로시우스, 마르켈리누스, 아프린기우스, 두르키티우스 등이다.

가장 오래된 전기, 포시디우스의 《아우구스티누스전》

더욱 중요한 사료로 아우구스티누스와 동시대인인 포시디우스가 쓴 《아우구스티누스전》이 있다. 이 책은 아우구스티누스가 숨을 거둔 몇 년 뒤에 집필된 그에 대한 최초의 전기이다. 저자 포시디우스는 아우구스티누스가 창설한 히포 교회 부속 교육시설에서 자란 제자이다. 그는 397년에 아우구스티누스가 태어난 곳인 타가스테에서 그리 멀지 않은 카라마라는 마을의 주교가 되었다.

포시디우스는 430년, 아우구스티누스가 죽음을 맞이할 때 그 자리에 입회했으며, 그가 죽고 난 다음에는 도서관 관리를 맡았다. 아우구스티누스의 생애와 사업에 정통해 있었을 뿐 아니라, 스승으로서 존경하는 동시에 그의 동료로서 활약한 포시디우스는 아프리카의 교회를 위해 일하는 아우구스티누스의 모습과 그 일상 생활을 애정을 담아 묘사하고 있다. 포시디우스는 전기의 부록으로 아우구스티누스의 저작을 주제별로 분류하여 기록했는데, 이 부분도 아우구스티누스 이해에 공헌한 것으로 높은 평가를 받는다. 이 전기에 의해 우리는 아우구스티누스의 활동을 알 수 있을 뿐 아니라 그를 둘러싸고 있던 당시의 사회 정황, 특히 그리스도 교회의 상황을 알 수 있다.

우리는 위에서 지적한 사료를 중심으로, 또한 많은 아우구스티누스 연구자들의 우수한 업적을 통해 배우면서 아우구스티누스의 생애를 둘러보려 한다. 그의 외적인 생활만을 뒤쫓는 게 아니라 인격, 사상이 형성되어 가는 과정에도 주목하여 외적, 내적 행보를 함께 묘사하고 싶다.

1. 역사 배경

(1) 정치 정세

동란의 시기

아우구스티누스는 354년에 태어나 430년에 죽었다. 그가 태어나고 자라 인생의 절반을 보낸 북아프리카는 로마제국의 속주였다. 4세기에서 5세기에 걸친 로마제국의 역사는 바로 동란의 시기였다.

아우구스티누스의 생애를 중심으로 시대를 전후 50년 가량 연장하여 당시의 역사 정황을 바라보면 이러한 사태를 더욱 잘 알 수 있다. 이 시기는 정확히 디오클레티아누스 황제($\substack{재위\ 284\\ \sim305}$)가 활약했던 시대부터 476년의 서로마제국 멸망 사이에 위치한다. 디오클레티아누스와 콘스탄티누스($\substack{재위\ 306\\ \sim337}$)라는 로마제국 말기의 뛰어난 황제가 사망하자 정치적인 혼란이 이어진다. 이는 내정의 위기에 의한 것이기도 하지만, 특히 제국 주변에 쇄도하는 여러 민족의 움직임이 혼란을 더욱 크게 했다.

율리아누스($\substack{재위\ 361\\ \sim363}$)는 페르시아 전쟁에서 목숨을 잃고, 뒤를 이은 요비아누스도 의문의 죽음(364)을 맞이한다. 발렌티니아누스 1세($\substack{재위\ 364\\ \sim375}$)는 게르만 민족이 대이동을 개시한 375년에 병으로 쓰러졌으며, 제국의 동쪽 반을 통치하고 있던 그의 동생 발렌스($\substack{재위\ 364\\ \sim378}$)는 378년 8월에 아드리아노폴리스에서 서고트족과의 전투에서 패배하고 죽는다. 이 아드리아노폴리스의 패배가 약 100년 후에 서로마제국을 멸망으로 이끄는 결정적인 사건이었음은 두말할 필요도 없다.

그 후, 두 명의 어린 황제 그라티아누스($\substack{재위\ 375\\ \sim383}$)와 발렌티니아누스 2세($\substack{재위\ 375\\ \sim392}$)가 서방을 통치하지만 둘 다 내란으로 목숨을 잃는다. 이 내란은 테오도시우스 1세에 의해 수습되지만 그가 사망한 395년, 로마제국은 동서로 분열되어 외적을 막아낼 힘을 잃고 만다.

정치적 혼란

이후의 민족이동의 물결을 따라가 보면, 406년에 반달족, 알란족이 갈리아에 침입하고, 407년에 로마군이 브리타니아에서 철퇴한다. 410년에는 알라리

크 왕이 이끄는 서고트족이 로마를 점령했으며, 412년에 갈리아로 이동해 414년에는 이스파니아로 향한다. 반달족은 지브롤터 해협을 건너 429년에 북아프리카의 여러 도시에 공격을 개시하며, 439년 카르타고를 함락했다.

아우구스티누스가 살고 있던 마을 히포 레기우스는 430년 반달족에게 포위당했다. 온 마을이 합세하여 저항했으나, 항전 중에 병석에 있던 아우구스티누스가 사망한다. 그리고 얼마 지나지 않아 마을은 붕괴된다.

또한, 그와 인연이 깊은 이탈리아의 도시 밀라노는 452년 훈족의 공격을 받았으며, 로마는 반달 왕 가이세리크에 의해 455년에 침략당한다. 발렌티니아누스 3세가 죽고(455) 얼마 되지않아 결국 서로마제국은 멸망(476)했다.

북아프리카는 로마의 곡창으로서 농산물은 풍부했으나, 정치적으로는 불안정한 요소도 있었다. 예를 들어 372년의 피르무스 봉기, 397, 398년의 지르드 반란 등이 있었다. 또한, 로마의 중앙 정부에 대한 원주민의 반감과 그리스도교와 전통적 종교의 대립, 빈부의 차에 의한 사회적 알력 등이 대두되는 경우가 종종 있었다.

사회적 퇴폐

이 시대에는 정치적 혼란과 함께 사회적 퇴폐도 만연해 있었다. 제국의 동란기로, 사람들은 공적인 일보다 사적인 일에 관심을 보이고 사회의 평화보다 개인의 안전을 추구했다. 그 때문에 사회제도는 물론 도덕적 질서조차 경시하며 개인의 욕망대로 살고 있었다. 만족의 침입이 두려워 공무를 방치하고 시골로 도망가 사치를 계속하려는 귀족, 무거운 책무를 견디지 못하고 스스로 농노가 되어 구원을 바라는 농민, 로마군에서 만족 진영으로 탈주하는 병사들……. 로마의 약탈경제가 파탄을 초래하고 있었음에도 불구하고, 사람들은 여전히 사치와 향락을 추구하는 타성에서 벗어나지 못했다.

신전, 극장, 경기장, 욕장(浴場), 광장은 여전히 흥청거리고 환성이 가득했다. 그러나 식량 부족과 신들의 비호가 불확실해지고, 경기장이 폐쇄되고 욕장의 물이 마르는 것은 시간 문제였다. 그러나 사람들은 몸에 밴 낙관주의와 향락적 생활 습관을 버리지 못했다. 로마 인의 활기찬 모습은 그림자를 감추었고, 정신적·도덕적 퇴폐 속에서 인생의 환희를 맛보려는 풍조마저도 생겨났다.

이러한 로마제국의 문제점을 그 원인은 물론 미래까지 내다보며 인류사적 전망 아래 고찰하고 묘사한 이가 바로 아우구스티누스였다. 그 자신이 이러한 시대 상황에 밀접하게 관여하고 그 문제점에 대해 깊이 사색했기 때문에 가능했던 것이다. 이런 부분을 통해 아우구스티누스의 생애와 사상을 배우는 중요한 의의를 찾을 수 있다.

(2) 그리스도 교회의 정황

이교도와의 대립과 내부 항쟁

그리스도교는 약 300년에 걸친 박해를 참고 견딘 끝에 콘스탄티누스 황제에 의해 종교의 자유를 얻게 된다. (313) 그리스도교를 국가 통치를 위한 받침대로 삼으려 했던 대제는 325년에 니케아에서 최초의 교회 회의(제1회 공의회)를 열어 그리스도 교회를 교리적으로 일치시키려 계획했다. 여기서 종교와 국가의 문제가 대두되기 시작하여, 이후 국가종교에의 길을 걷게 된다. 그리고 중세에 이르러 다양한 문제를 일으키는 원인이 된다.

그런데 교회는 자유를 얻기는 했지만 그 역사는 결코 평탄하지도 순조롭지도 못했으며, 외적으로나 내적으로도 끊임없이 곤란한 사태가 계속되었다. 콘스탄티누스 황제 때부터, 특히 배교자 율리아누스가 즉위하고부터는 그리스도 교도와 이교도의 대립이 표면화되기 시작했다. 뿐만 아니라, 그리스도교 내부에서도 콘스탄티누스의 아들들이 이단적인 그리스도론을 주장하는 아리우스파를 지지했기 때문에, 정통파와의 사이에 기나긴 분쟁이 계속되었다. 서방의 젊은 두 황제 그라티아누스와 발렌티니아누스 2세의 후견인으로서 정치적으로도 활동한 밀라노의 주교 암브로시우스는 이교도 문제 및 아리우스파 문제에 전념했다.

381년, 동방에서는 테오도시우스 1세가 콘스탄티노폴리스에서 교회 회의(제2회 공의회)가 열려 아리우스파를 이단으로 인정했다. 서방에서는 암브로시우스가 실질적인 권력을 쥐고 아퀼레이아 회의를 지도하여 아리우스파에 대한 가톨릭 교회의 승리를 이끌었다. 테오도시우스 1세에 의해 이교도 탄압 칙명이 차례로 발표되었으나, 아리우스파와 이교의 문제가 이것으로 해결되지는 않았다.

빅토리아 논쟁과 그 뒤

384년, 로마의 원로원은 이교의 승리의 여신인 빅토리아의 제단(祭壇)을 만들기로 결의했다. 이교도측의 그리스도교에 대한 반대 운동의 지도자 심마쿠스와 암브로시우스 사이에 이른바 빅토리아 논쟁이 일어난 것은 바로 이 무렵이었다. 이 두 인물은 각각 묘한 방식으로 아우구스티누스와 관계를 맺게 된다.

그러나 이 논쟁은 결과적으로, 테오도시우스 황제가 제단의 설치에 반대하고, 암브로시우스의 활약으로 사태는 수습되었으나 로마제국 내에서 그리스도 교회의 우위성을 나타냈을 뿐, 전통적 그리스 로마의 신들에 대한 신앙과 이교주의에 대한 근본적인 해결을 의미하지는 않는다.

391년, 테오도시우스 황제는 이교의 제례와 희생을 바치는 행위를 법적으로 금지했다. 이후 그리스도교는 제국의 유일한 종교, 즉 국교의 위치에 오르게 된다. 그러나 여전히 이교도의 세력은 강했는데, 410년 로마가 서고트족에게 유린당하자 이교도들이 그리스도교에 대한 공격을 공공연하게 자행했음을 통해서도 알 수 있다. 아우구스티누스가 대작 《신국》에 몰두한 것은 바로 그리스도교와 이교주의의 대립 문제를 해결하기 위해서였다.

그러나 빅토리아 논쟁의 종결로 일반 정세는 이교주의와 그 사회 구조가 붕괴되고 그리스도교적 세력이 증가하는 방향으로 흘러가게 된다.

세 가지 경향

그러나 4세기 말의 서방에서는 그리스도교의 입장이 아직 충분히 확립되어 있지 않았다. 392년부터 394년에 일어난 아르호가스테스와 에우게니우스의 반란을 비롯한 호노리우스 황제($^{재위\ 395}_{\sim423}$)의 치세에 연이은 일련의 사건들을 보면 이교도의 반발이 그치지 않았음을 알 수 있다.

영국의 역사가 C. 도슨은 이 시기의 사회 정세를 다음과 같이 설명한다.

그리스도교라는 새로운 종교적 사회와 그것의 자주적 영적 권위가 있었다. 다음으로 도시국가와 그것의 지적 및 물질적 문화인 헬레니즘적 여러 전통이 있었다. 마지막으로 제국 자체가 있었으나 그것은 점점 더 신령 왕권과 관료적 집산주의로 나타나는 동방의 전통을 대표하는 것이 되어 갔다. 교회는 더 이상 세속 사회에서 완전히 초연할 수 없었지만, 그것을 그리스도교화하는 데 성공하지도 못했다. 시민적 문화는, 정신은 물론 대부분의 외적 형식에 있어서도 여전히 이교적이었다.

나중에 다시 살펴보게 되지만, 아우구스티누스의 생애와 사상 속에서 때로는 결합하고 때로는 모순 대립했던 것이 바로 이 세 가지 요소였다. 우리는 아우구스티누스라는 고대 말기를 살았던 한 개인에게서 전혀 다른 이 세 가지 경향이 결합되고 통일되어 가는 과정을 보게 될 것이다.

동과 서의 그리스도교

여기서 그리스도 교회의 내부, 그 사상 정황에 주목하고 싶다. 4세기에는 아직 그리스도교의 중심 세력이 동방에 있었다. 즉 동방교회에는 오리게네스 이후 아타나시우스를 비롯하여 니사의 그레고리우스, 나지안조스의 그레고리우스 및 바실레이오스, 이른바 카파도키아의 신학자들이 활약하며 교부의 황금 시대를 구축했다. 따라서 신학 논쟁을 주제로 하는 공의회는 모두 동방에서 열렸다.

동서 교회의 사상적인 관심에는 경향의 차이가 있다. 동방에서는 사변적 문제와 신비주의적 사색이 주목받았는데, 예를 들어 신학 문제에서는 삼위일체론이나 그리스도론, 실제적으로는 금욕적인 생활이 주된 관심을 모았다. 한편, 서방의 교회는 실제적 성격이 강하며, 생활의 질서와 교회 제도, 신앙적·도덕적 훈련을 중시했다. 그리하여 교회론, 전례(典禮)론, 또는 인간론에 주로 관심을 쏟고 있었다.

아우구스티누스 때에는 힐라리우스, 루피누스, 히에로니무스, 암브로시우스 등의 업적에 의해 동방교회의 신학 사상이 서방에 소개되었다. 이 점에서, 그는 같은 북아프리카의 신학자 테르툴리아누스, 키프리아누스 등과는 다른 사상 배경을 접했다고 할 수 있다.

플로티노스와 그의 제자 포르피리오스의 신플라톤 철학이 4세기 중엽에 빅토리누스의 라틴 어 번역에 의해 서방교회에 전해지며 그리스도교 사상에 큰 영향을 끼쳤다. 빅토리누스 자신은 신플라톤주의의 입장에서 바울로 연구를 시도했으며, 힐라리우스, 암브로시우스에게서도 신플라톤주의와 그리

《신국》의 세밀화 칸타벨리파의 사본(12세기)

스도교가 융합하고 있었다. 특히 밀라노는 신플라톤주의에 공명하는 이가 많았으며, 그 중에는 암브로시우스 외에 심플리키아누스와 같은 그리스도교의 신학자도 적지 않았다. 바울로 서간의 유명한 주해서 《암브로시아스타》가 나온 것도 이 무렵이었다.

마니교와 도나투스파

당시 신플라톤주의와 함께 지적 계급에 큰 세력을 지닌 것으로 마니교가 있다. 마니교는 로마제국에 의해 매번 금지되었음에도 불구하고, 그노시스적 이원론의 입장과 다양한 종교를 혼합한 교리에 의해, 북아프리카에서 특히 발달했다. 아우구스티누스는 9년간 마니교와 관계를 맺었다.

또한, 아프리카의 그리스도 교회를 이분할 정도의 큰 운동으로 도나투스파(도나티스트)가 있었다. 이 파는 이미 콘스탄티누스 대제 때부터 정치적으로 줄곧 문제가 되어 법적인 탄압이 가해졌으나, 1세기가 지난 후의 아우구스티누스 세대에도 그리스도 교회 내에 있어 최대의 문젯거리였다. 도나투스파는 그리스도교의 교리 문제 및 교회 제도의 문제에 관해서 뿐 아니라, 키르쿠므케리오네스와 결합하여 과격한 사회운동과 연대했기 때문에 주목을 모았으며, 아우구스티누스 자신도 이와 오랜 세월 동안 얽히게 된다. 그들은 결국 호노리우스 황제가 412년에 발포한 교회통일령에 의해 이단으로 간주되어 정치적 결말을 보게 된다.

원죄와 은혜

이에 비해 아우구스티누스가 오랜 세월 고심했던 펠라기우스파의 문제는 신학 사상의 논의였다. 그러나 이는 은혜론을 주제로 하기 때문에, 아우구스티누스주의의 중심적 교리와 관계되므로 아우구스티누스의 신학 사상 형성에서 간과할 수 없는 부분이다.

이 점에 대해, 서방교회에서는 아우구스티누스 이전에 이미 은혜와 죄 개념을 중시하고 있었다는 점을 고려할 필요가 있다. 테르툴리아누스가 원죄를 법적으로 해석한 이래, 키프리아누스, 콤모디우스, 암브로시우스를 거치면서 원죄의 교리가 발전함과 동시에 은혜 사상의 전통이 형성되어 간다. 암브로시우스와 빅토리누스가 아우구스티누스 이전의 아우구스티누스

(Augustinus ante Augustinum)라 불리는 것처럼, 원죄와 은혜 사상의 교리 형성에 큰 공헌을 했다.

이에 반해, 일반적인 동방교회의 인간관은 낙관적으로, 자연적 인간의 자유를 강조한다. 은혜 개념 또한 신비주의적 경향을 위한 의식적 전례적(典禮的) 이해의 영역에서 벗어나지 못하며, 원죄를 심각하게 수용하지 않는다고 여겨지나, 반드시 그렇다고는 할 수 없다. J.N. 켈리는 동방교회 교부에게 원죄 사상이 없다는 것은 오해라고 지적했다. 그것은 내버려 둔다고 해도, 아우구스티누스의 은혜 사상이 교회적 요소(전례적요소)를 지니고 있다는 사실은 아프리카적 전통과 함께 동방교회의 전통에 영향받은 것이라 간주해도 될 것이다.

북아프리카의 교회

이에 관해, 북아프리카에는 2세기 말에 동방에서 그리스도교가 들어왔다고 전해진다. 아프리카의 그리스도 교회는 여러 차례 격렬한 박해를 받고 많은 순교자를 냈을 뿐 아니라, 도나투스파의 분파 활동으로 인해 큰 타격을 입었다. 그러나 아우구스티누스 시대에는 카르타고를 중심으로 한 아프리카 프로콘스라리스 및 누미디아 지방에 많은 교회가 있었다. 8개였던 북아프리카의 각 주에는 각각 수많은 주교들이 활동하고 있었다. 아우구스티누스는 생애의 대부분을 이러한 교회를 위해 바쳤다. 북아프리카 교회의 정황과 그 문제, 그리고 그곳에 사는 사람들이 처한 상황과 그 문제가 아우구스티누스의 생애와 사상에 다양한 과제를 제시했다.

도슨의 말에 의하면, 아우구스티누스가 살았던 시대는 '빈사의 세계'였으며, 또는 '말라 죽어 가는 세계'(맨포드)라고도 불린다. 정치적으로나 사상적으로, 사회적으로도 혼란했던 고대 말기의 세계에서 아우구스티누스가 어떠한 삶을 보내고 어떠한 사상을 형성했는지를 다음에서 살펴보도록 하자.

2. 어린시절

(1) 탄생·가정·학교

탄생의 땅 타가스테

아우구스티누스는 354년 11월 13일, 로마제국의 속주였던 북아프리카의 타가스테라는 작은 마을에서 태어났다. 우리 역사에서는 고구려 고국원왕 24년이고, 백제 근초고왕 9년이자 신라 내물왕 취임 3년 전이 되는 해이다.

타가스테는 아프리카 주 로마제국 지방총독부 소재지인 카르타고에서 남서쪽으로 약 260㎞ 정도에 위치하며, 당시 행정상으로는 아프리카 프로콘스라리스에 속해 있었으나, 역사적으로는 누미디아 왕국 내에 있었다. 오늘날에는 알제리의 영토로 수크 아하라스라 불리며, 안나바 현 수크 아하라스 군의 중심이 되는 마을이다. (수크란 시장을 의미한다) 아우구스티누스의 시대에는 타가스테라 불렸으며, 1세기의 《박물지(博物誌 : 전37권, 저자 플리니우스)》에 이미 그 이름이 언급되며, 아프리카 자유 도시의 하나로 꼽히고 있음으로 보아 오래된 마을임을 알 수 있다.

이 마을은 당시나 지금이나 교통의 요지이다. 서쪽의 콩스탕틴(316년, 키르타라는 마을에 콘스탄티누스 황제의 이름이 붙여졌다)이나, 동쪽으로 향한 카르타고(현재의 튀니지의 수도 튀니스 근교)에 갈 때, 히포 레기우스에서 남방의 벽지 마다우스나 테베스테(현재의 테베사)로 들어갈 때도 타가스테를 지나지 않으면 안 된다. 카르타고와 콩스탕틴은 로마제정기의 북아프리카 각 주의 정치, 문화, 상업의 중심지였다.

당시 아프리카는 로마의 곡창이라 불리며 밀, 과일, 목재 등의 중요한 산지였다. 2세기 무렵부터 올리브 재배가 시작되었는데, 특히 테베스테와 마다우라가 그 중심을 이루었다. 이 지역 일대에는 현재까지도 로마시대의 기름 공장이 많이 남아 있다. 아우구스티누스가 그렇게 많은 책을 쓸 수 있었던 이유 중 하나는 등유가 풍부하였으므로, 밤을 밝히는 등불 밑에서 자유롭게 집필할 수 있었기 때문임이 틀림없다.

당시 북아프리카에는 이미 깊은 벽지에 이르기까지 로마화가 진행되었다. 이는 비교적 해안 쪽에 위치한 제밀라, 티디스, 겔마 등뿐만 아니라, 사하라 사막과 가까운 팀가드, 테베사, 하이드라, 스페이드라 등에서도 나타나는 신전, 극장, 욕장, 광장, 저택 등의 고대 도시 유적을 통해 알 수 있다. 타가스테도 예외는 아니었다.

그런데 4세기가 되면서 로마화와 그리스도교화라는 현상이 병행해서 일어 났다. 이러한 시대의 흐름 속에서도, 아우구스티누스가 태어나고 자라 초급 교육을 받았던 타가스테는 이웃한 문화 도시 마다우라와 마찬가지로 선주민 인 베르베르 인의 문화를 강하게 보존하는 경향이 있었다. 마을에 보존되어 있는 신전, 열주(列柱), 조각상 등의 출토물을 보면 베르베르 인의 종교를 나타내는 것이 상당히 많다. 이는 베르베르 어로 기록된 비문이 안나바(_{히포}) 와 수크 아하라스 지방에서 가장 많이 발견되는 것을 통해 증명할 수 있다.

우리는 아우구스티누스에게서도 그 영향을 발견할 수 있다. 예를 들자면, 그의 어머니 모니카(_{정확히는})는 베르베르 인 계통이며, 아우구스티누스의 아들 인 아데오다투스, 즉 '신께서 내리신 자'라는 뜻의 이름은 명백하게 베르베 르 인의 종교에서 연유한 것이다.

타가스테는 그리 큰 마을은 아니었으나 자연 환경은 풍부했다. 누미디아 지역은 물이 풍부하여, 삼림이 많고 살기 좋은 곳이었다. 문화적으로는 카르 타고의 영향하에 있었으며, 정치면, 종교상에서도 깊은 관계를 보인다.

또한, 훗날 아우구스티누스의 절친한 친구가 되며 우자리스의 주교직에 올랐던 에보디우스도 타가스테 출신이다.

부모

아우구스티누스의 부모는 로마 시민권을 갖고 있었다. 아버지는 로마 인 이며, 어머니는 앞에서 말한 바와 같이 이 지역에 살던 베르베르 인 계통이 었다. 가정에서는 토착어도 사용하였으나, 이른 시기부터 라틴 어를 사용하 기 시작했다. 어머니 모니카는 그리스도교 신자였으며, 아버지 파트리키우 스는 이교도였다.

파트리키우스는 약간의 토지를 소유했으며, 마을의 참사회원의 자리, 즉 자비로 마을과 시민을 위해 일할 의무가 있는 쿠리아 계급에 속해 있었다. 그 는 야심가였으며 성격이 과격했다. 아우구스티누스가 태어난 그때 이미 40세 가 넘었으며, 아우구스티누스가 17세가 되던 371년에 타계했다. 아우구스티 누스는 아버지에 관해서는 그다지 자세한 기록을 남기지 않았다. 다만, 파트 리키우스에 대해 '혼인에 대한 불의'(_{제9권 9장 19절})가 있었음을 기록한 점으로 보아, 그의 가정 생활이 상당히 복잡했다고 생각된다. 어머니 모니카의 권유와 당시의 습관에 따라 그는 죽음의 문턱에서 그리스도 교도가 되는 세례를 받았다.

모니카는 특별히 교육을 받진 않았지만, 신앙이 두터운 부인이었다. 그녀는 남편이 가정을 경시하고 제멋대로 화를 낼 때도 사랑과 인내로 남편을 섬겼다.

아우구스티누스는 어릴 적부터 모니카에게서 그리스도의 이름으로 기도할 것을 배웠다. 그리스도교로 회심(回心)하기까지의 30년에 걸친 정신 편력의 여행 중에도, 아우구스티누스의 마음속에는 어린시절 모니카에 의해 각인된 그리스도의 이름이 지워지지 않고 그대로 남아 있었다. 회심 직후에 쓴 《행복한 생활》이란 책에서 그는 '오늘의 내가 있는 것은 오로지 어머니의 덕분이다'(1장 6절)라고 말하며, 어머니의 영향을 강하게 받았음을 감사하며 술회하고 있다.

아우구스티누스의 가정은 경제적으로 넉넉하지는 않았지만, 그의 학자금을 못 낼 정도는 아니었다. 집에는 그 밖에 적어도 둘 내지는 세 명의 아이가 있었다. 한 명은 남자아이로 나비기우스라 하며, 두 자매 중 한 명은 전설에 의하면 페르페투아라는 이름으로 불리며 훗날 수도원에서 근무했다고 추정되나 (편지 224) 자세한 사항은 불명이다. 친척으로는 조카와 질녀(설교 356), 사촌인 라스티니아누스와 루스티쿠스(행복한 생활 1장 1절)가 있었다. 아우구스티누스는 다른 아이들보다 재능이 뛰어났으므로 특별히 교육받을 기회를 누렸던 것이다.

또한, 그의 이름은 일반적으로 아우렐리우스 아우구스티누스라 표기되고 있으나, 그 자신은 아우렐리우스라는 이름을 한 번도 사용하지 않았다.

학교 생활

7세가 되자 아우구스티누스는 태어난 고향 타가스테의 초급학교에 다니며 읽기와 쓰기, 계산을 배우기 시작했다. 그러나 그에게 학교는 즐거운 곳이 아니었다.

교사는 학생들에게 가르치는 것을 전부 암기하도록 요구했으며, 그것을 조금이라도 틀리거나 게을리하면 엄하게 질책하는 것이 일상이었다. 교사의 회초리 소리는 학생들을 두려움에 떨게 했다. 엄벌주의는 고대 그리스 로마

학교 가는 어린 아들을 배웅하는 모니카

교육의 전통으로, 엄격하게 할수록 교육 효과가 높다고 여겼다.

아우구스티누스는 몇 번이나 회초리 벌을 받았다. 그때마다 그는 참을 수 없을 정도의 고통과 굴욕을 맛봤다. 유년기의 괴로웠던 학교 생활은 좀처럼 잊혀지지 않았던지, 노년이 되어서도 이를 언급하고 있다. (《신국》제21권 15장 20절) 아우구스티누스는 학교를 싫어하고 놀이에서 기쁨을 찾게 된다. 아프리카의 어린이들은 노는 것을 좋아하였다. 특히 경기에 열중했으며 때로는 위험한 놀이나 내기 등 나쁜 게임이 유행하기도 했다. 그는 신체는 건강하지 않았지만 승부 근성이 강해 무슨 일이든 남에게 지는 것을 인정하지 않았다. 이기기 위해서라면 부정한 수단을 사용하기도 했다. 그러나 사람들에게 호감받는 성격으로, 재미난 이야기를 꾸며 사람들을 즐겁게 하기도 하였다. 친구들 사이에서는 인기였다. 어른들의 연극을 보고는 배우 흉내를 능숙하게 내어 모두를 감탄시켰으며, 스스로도 자랑스러워했다.

병에 걸려 세례 요청하다

놀이로 나날을 보내던 아우구스티누스는 어느 날 갑자기 격한 위통에 시달린다. 죽음이 두려웠던 그는 어머니에게 세례받기를 요청했다. 그러나 모니카는 그다지 내켜하지 않았다. 당시의 아프리카 사회에서는 세례는 가능한 연기하여 죽기 직전에 받는 것이 관습이었다. 세례 후에 짓게 될 죄를 두려워했기 때문이다. 4세기 무렵에는 세례의 의미가 아직 충분히 이해되지 못했으며, 또한 뒷날의 로마 가톨릭 교회에서 나타나는 고해 제도도 제대로 확립되지 않았을 때였다. 그러므로 모니카가 아이의 세례를 원하면서도 그 것을 적극적으로 권하지 않은 것도 무리는 아니다.

아버지 파트리키우스는 다른 의미로 아우구스티누스의 세례를 반대했다. 361년에 배교자 율리아누스($\binom{재위\ 361}{\sim363}$)가 로마황제에 즉위하자, 그리스도교인의 교사 취임을 법률로 금지하는($_{362}$) 등의 반 그리스도교적 정책을 펼쳤다. 이 에 따라 이교도의 세력이 다시 강화되었으며, 아프리카의 여러 마을에서도 그리스도 교도와의 대립이 표면화되는 경우가 많았다. 그 때문에 파트리키 우스는 그리스도교인이 되는 것이 아들의 장래에 더욱 불리한 조건으로 작 용하는 것은 아닐까 하고 생각했던 것이다.

아우구스티누스 자신도 교회의 일원이 되는 것에 대해 다시 생각해 보기 로 했다. 그런데 결론이 나기 전에 위통이 누그러짐에 따라, 세례 받기로 결 심한 일조차 어느 새 잊고 다시 놀이에 열중하게 되었다.

(2) 문화 도시 마다우라

13세의 소년을 매혹시킨 마을

타가스테에서 초급학교를 마친 아우구스티누스는 이웃 마을인 마다우라에 있는 문법학교에 진학하여, 중등교육에 해당하는 공부를 계속하게 되었다. 외지에서의 학업을 지탱하는 것은 그의 가정에서는 경제적으로 큰 부담이었 으나, 아들의 출세를 바라는 아버지 파트리키우스의 남다른 노력이 이를 가 능케 했다. 유소년기의 아우구스티누스에게 끼친 양친의 영향에 대해 말하 자면, 신앙심 깊은 어머니 모니카보다도, 아들의 비범한 재능을 알아채고 무 리를 해서라도 고등교육으로의 길을 열어 준 야심가 아버지 쪽이 더욱 중요 했다고 나는 생각한다.

마다우라($\binom{정확히는}{마다우로스}$)는 오늘날 마다우르쉬라 불리며, 마찬가지로 알제리령이다.

수크 아하라스에서 남쪽으로 언덕 지대를 지나 30km 정도 가면 마다우르 쉬에 도착한다. 예전의 마을은 현재의 마다우르쉬에서 동쪽으로 약 4km 떨 어진 곳에 자리한다. 북방에는 바그라다스 강($\binom{오늘날의}{메제르다\ 강}$)이, 남쪽에는 그 지류

어린 아우구스티누스가 부모로부터 문법학자에게 맡겨지는 장면

메레크 강이 흐르고 있으나, 두 강 모두 상당한 거리에 있다. 멀리 남북 방향으로는 콩스탕틴, 북동쪽에는 메데르다, 남쪽으로 테베사의 여러 산맥이 보인다.

마다우라는 넓고 전망 좋은 고원 지대이다. 표고는 약 1000m로 제법 높다. 오늘날에는 강우량이 많은 지방과의 경계 사이에 위치하며 축산과 농업이 성행하고 있다. 수크 아하라스 방향에서 바라보면 조망이 좋기 때문에 시야가 확 펼쳐지는 느낌이 든다. 이러한 풍토적 변화는 소년 아우구스티누스에게 적지 않은 영향을 끼쳤음이 틀림없다.

아우구스티누스가 아프리카 프로콘스라리스에 속해 있으나 역사적으로는 누미디아의 옛 도시였던 이 마을에 온 것은 365년의 가을 무렵이었다. 타가스테보다 지형적으로나 마을의 구조적인 면에서 여유롭고 유서 깊은 마을에는 양친의 슬하를 떠난 11세 소년을 유혹하는 것들이 많았다. 성벽과 개선문, 민중의 오락의 중심지인 투기장과 극장, 광장, 바실리카, 신전, 학교, 올리브유를 정제하는 공장도 몇 개 있으며, 마을 전체에 활기가 넘쳤다.

로마의 속령인 북아프리카에는 제정기가 되자 도시화가 급속히 진행되어, 많은 식민 시나 자치 시가 만들어졌다. 마다우라도 비교적 이른 시기에 콜로니아가 되어, 아우구스티누스의 시대에는 학원 도시로 유명할 뿐 아니라 상업도 성행했던, 상당히 큰 마을이었다. 그러나 이 마을의 이름을 드높인 것은 바로 아풀레이우스였다.

루키우스 아풀레이우스(125년경 출생)는 여러 곳에서 학업을 닦았으며, 제국 내의 각지를 돌아다니며 파란만장한 생애를 보낸 수사학자이자 철학자였다. 노년에는 카르타고에서 교육, 문학, 정치 등의 영역에서 활약했으며, 그 공을 인정받아 생존 중에 이미 조각상이 세워질 정도로 유명했다. 마다우라는 그러한 인물을 탄생시킨 것을 긍지로 삼고, 먼 훗날까지도 그의 영예를 칭송하며 기념비 등을 만들었다.

아풀레이우스의 《황금당나귀》

마다우라에서 아우구스티누스는 한 선생님의 집에 기숙하며 학교에 다녔다. 그는 수사학 교사가 되기 위해 학문에 힘썼다. 당시에는 초등교육을 끝내면 문법학을 배웠다. 문법, 문체론, 운율법 등의 기초를 배우면서 고전문학을 강독했다. 이어서 수사학 학습으로 넘어간다. 수사학은 자유학예의 하나로 문법·변증법과 함께 최초의 3과목에 속하며, 웅변술과 토론법의 훈련을 주된 목표로 삼았다.

아우구스티누스는 고전에 흥미를 보였으나 그리스 어는 썩 잘하지는 못했기 때문에, 그리스 문학보다도 라틴 작가의 저작을 즐겼다. 아풀레이우스를 접한 것은 말할 필요도 없다. 아우구스티누스는 그에 관한 이야기를 자주 들었을 뿐 아니라, 그 작품도 몇 가지 읽었다.

아풀레이우스는 《황금당나귀》라는 전기소설의 작가로 우리에게도 잘 알려져 있다. 참고로 이 책의 원제 《메타모르포세이스($^{변형담}_{變形譚}$)》가 언제부터인지 《황금당나귀》로 불리게 되었는지는 확실치 않으며, 아우구스티누스가 《신국》에서 이 제목으로 언급한 것이 가장 오래된 기록이라는 것도 그다지 알려지

지 않은 듯하다(제18권
18장).

《황금당나귀》는 인간이 당나귀가 되어 여러 사람들과 만나고 다양한 체험을 한다는 이야기로, 이 세상의 혼란스러운 양상을 마술과 에로티시즘을 섞어 능수능란하게 묘사하고 있다. 아풀레이우스 특유의 문체와 철학적, 종교적 색채를 지닌 신비주의적 경향, 그리고 등장하는 다양한 인간상을 접하게 된 젊은 아우구스티누스는 거기에 현혹되어 빼어난 이야기와 이국 세계에 마음을 빼앗기면서, 인간 세계와 현실에 대한 시야도 넓힐 수 있었다. 아우구스티누스는 《신국》에서 '마다우라의 아풀레이우스'를 '플라톤주의자 아풀레이우스'라 부르고 있으므로, 그의 서적을 통해 플라톤 철학의 사상과도 접했다고 생각되나, 이때는 아직 그 내용에 흥미를 보이고 이해하지는 못했던 것 같다.

또한, 아우구스티누스는 아풀레이우스의 《소크라테스의 신》도 읽었다. 이 책은 《신국》에서 많이 인용되며,(특히
제9권) 그의 마술적 사상을 비판하고 있다.

아우구스티누스 시대의 마다우라의 문화적 정황은 잘 알지 못한다. 그의 교사 중 한 명이었던 막시무스가 390년에 아우구스티누스에게 편지를 보냈으며, 그에 대한 답신도 같은 해에 쓰인 것이 남아 있다.(편지
5와 6) 이 왕복 서간은 당시 마다우라 마을의 상황이나 이교 문화에 대해 이야기하고 있어 주목할 가치가 있다.

이교도인 문법학자 막시무스는 그리스도 교도가 그리스 이래의 신들을 존경하지 않고 성인이나 순교자를 숭배하는 것에 대해 논란하고 있다. 그의 비판에는 도나투스파와 가톨릭 교도를 혼동하는 부분도 있다. 그러나 그리스도 교도가 당시의 이교도들에게 어떻게 받아들여졌는지를 나타낸다는 점에서 흥미로울 뿐 아니라, 다신교의 철학과 윤리를 대변하는 귀중한 기록이다. 볼테르가 그를 '마다우라의 막시무스'라 칭하며 고대의 문화인으로 언급한 것도 바로 이 때문이다.

(3) 문학과 사랑

문학을 사랑하고, 향락적인 생활로

아우구스티누스는 학교에서 교사의 회초리를 두려워하며 공부하거나 복잡

한 그리스 어의 문법 법칙과 씨름하는 것보다, 이야기를 읽는 쪽이 훨씬 즐거웠다. 독서를 통해 아우구스티누스의 재능도 점차 성장하기 시작했다. 단어의 아름다움, 문학의 재미, 관념과 공상이 지닌 매력, 인간애의 다양함과 심오함, 종교가 지닌 신비성 등을 조금씩 이해하게 되었으며, 그에 대한 감각이 자라고 관심도 커져 갔다. 그러자, 스스로 로마의 문학 작품을 찾아 읽게 되었다.

어느 날, 로마 제일의 시인 베르길리우스의 《아이네이스》를 입수한 아우구스티누스는 12권이나 되는 긴 서사시를 정신없이 읽어 내렸다. 디도의 애처로운 최후를 그린 부분에 이르러서는 무심코 눈물을 흘렸다.

신 트로이아(^롬_마) 건설이라는 사명과 카르타고의 여왕 디도와의 사랑이라는 갈등에 괴로워하는 주인공 아이네이아스, 그와의 사랑에 기뻐하고, 괴로워하다가 결국 그에게 배신당해 자살하는 여왕의 비극적인 운명에 가슴 아파했다. 다감한 성격의 그는, 어느 학과목보다도 사랑을 둘러싼 인간의 적나라한 모습을 그린 이야기에 열중하는 문학 소년이었다.

젊은 날의 독서는 인간 형성에 매우 중요한 의미를 지닌다. 젊고 풍성한 마음과 감수성은 독서에 의해 크게 영향받기 때문이다. 아우구스티누스는 만년의 대작 《신국》에서도 이 시를 종종 언급하고 있다. 베르길리우스와의 만남은 그에게 있어 평생 잊지 못할 경험이었다고 할 수 있다.

아우구스티누스는 마다우라에서 다양한 문학 작품과 접하고, 그것을 통해 라틴적 교양을 쌓으며 성장해 간다. 그러나 동시에 쾌락주의를 노래하는 문학에 영향을 받아, 사랑 자체를 사랑하고 추구하며, 향락에 몸을 맡기고 생활하는 인간의 모습에 이끌린다. 정열의 소용돌이 속에서 젊은 아우구스티누스는 애욕과 허위의 세계에 빠져들게 된다. 시와 희극, 소설을 통해 서로 사랑하는 인간의 모습과 마주한 아우구스티누스는 관능적인 사랑의 달콤함에 눈을 뜬다. 향락적인 생활 방식에서 기쁨과 행복을 찾고, 이를 긍정하는 쾌락주의 문학이나 연극이 아우구스티누스의 젊은 정욕을 부추겼으며, 스스로도 그렇게 살기를 원했다. 이렇게 그의 생활은 점차 흐트러져 간다. 그러나 이는 제국 말기의 사람들의 전형적인 생활 방식이기도 했다.

그러다, 가정의 경제 사정에 의해 마다우라에서의 유학을 부득이하게 중단하고 타가스테로 돌아가게 되었다. 당시 갓 16세가 된 아우구스티누스는

천사의 계시를 받으며 주교의 설득에 아들을 맡기는 모니카

취직을 하기에는 너무 일렀으므로, 의미 없이 나날을 보내는 사이에 생활의 문란함은 정도를 더해 갔다. 아우구스티누스는 본능의 노예가 되어 욕망이 이끄는 대로의 생활을 즐겼다. 30년 후에 젊은 날을 돌이키며 쓴 그의 문장을 조금 인용해 보자.

나는 지나간 자신의 추한 몸가짐과 육신의 욕망으로 더럽혀진 자신의 영혼에 대해 상기하려 한다. ^(고백록)제2권 1장 1절

실제로 나는 일찍이 젊었을 때, 가공할 쾌락으로 만족을 얻기 위해 불타올랐으며, 닥치는 대로 음침한 애욕에 탐닉하면서도 부끄러운 줄도 몰랐다. ^{(위와}같음)

불결한 육체의 욕망과 사춘기 특유의 안개가 소용돌이를 만들어 나의 마음을 흐리게 뒤덮었다. 그러자 나는 사랑의 밝은 빛과 육욕의 어두운 그림자를 분간할 수가 없었다. 그리고 그 두 가지가 하나로 합쳐지자 마음 깊은 곳에서 끓어올라, 위태로운 젊은 시절의 나를 정욕의 낭떠러지로 몰고 가 수치의 늪에 빠트린 것이다. (같은 곳 2장 2절)

나는 육욕에 지배되어 미쳐 날뛰며, 완전히 욕망이 이끄는 대로 살았다. (같은 곳 4절)

부친의 노력

청춘의, 미쳐 날뛰는 욕정의 거센 폭풍 속에서 아우구스티누스는 몸도 마음도 방황하며 휩쓸려 가게 되었다. 모니카는 난잡한 생활로 빠져드는 아들의 모습에 괴로워하며 몇 번씩이나 주의를 주지만, 이미 사회의 악습에 몸을 맡기고 향락에 익숙해진 젊은이에게는 통하지 않았다.

아버지는 아들의 방종한 모습을 걱정하기보다 학자금을 원조해 줄 사람을 찾는 데 더욱 뜻을 두었다. 쿠리아 계급에 속하는 하급 관리인 파트리키우스의 사회경제적 상황은 고대 말기의 역사적 전환기를 맞아 점차 불안과 고뇌를 증대시키며 악화되고 있었다. 때문에 양친은 아들의 장래를 위해, 무리를 해서라도 상급 학교에 보내 수사학 교사가 되기를 원했으며, 그것을 실현시키기 위해 분주했다.

다행히도, 같은 고향 사람인 자산가 로마니아누스가 학비를 원조해 주기로 하여, 아우구스티누스는 카르타고의 학교에 가게 되었다. 그가 16세의 막바지에 접어든 370년 무렵의 일이었다.

3. 청년시절

(1) 카르타고로

아프리카의 로마

카르타고는 기원전 9세기 말에 건설된 유서 깊은 마을이다. 포에니 전쟁 $\left(\substack{\text{제1차=기원전 264~261.} \\ \text{제3차=기원전 149~146}}\right)$ 에서 로마에 패했으나, 아우구스투스의 치세 $\left(\substack{\text{기원전 27~} \\ \text{기원후 14년}}\right)$ 당시에 재건되었다. 로마의 역사가들이 카르타고 시민이나 이 마을과 관련된 것을 '아프리'라 부른 것에서, 아프리카라는 표현이 생겼다고 전해진다.

제정기에는 로마의 자매 도시로 번영을 누렸으며, 배가 드나들기 좋은 항구를 끼고 있어 상업, 임업, 농업이 번창했을 뿐 아니라 수사학과 법률 연구의 중심지이기도 했다. 오늘날 발굴되는 많은 유적, 대극장, 욕장, 학교, 원형 경기장, 서커스 등을 통해 당시의 번영을 짐작할 수 있다.

아우구스티누스는 종종 '카르타고의 아름다운 개선문'을 언급했다 $\left(\substack{\text{한 예로, 《삼위} \\ \text{일체론》 제9권}}\right.$ $\left.\substack{\text{6장} \\ \text{1절}}\right)$. 튀니스의 교외에 위치하며 지중해와 접한 카르타고는 여전히 아름다움을 자랑한다. 유적과 이슬람풍의 흰 건물, 가로수의 녹음과 짙푸른 하늘과 바다, ……그곳에는 조용한 조화가 있다. 화가인 파울 클레는 1914년에 이곳을 방문하여 결정적인 색채 체험을 했다고 일기에 남기고 있다.

이 마을은 파셀의 〈디도와 아이네이아스〉나 베를리오스의 오페라 〈트로이아의 사람들〉, 터너의 그림 〈카르타고를 건설하는 디도〉, 플로베르의 소설 《살람보》와 토인비의 사서 《한니발》에 의해 그 역사를 현재까지 전하고 있다. 그러나 아우구스티누스 시대의 카르타고와 현재를 잇는 것은 T.S. 엘리엇의 현대인의 상황을 그린 시 《황무지》 속의 〈불의 설교〉이다.

아프리카의 로마라 불렸던 카르타고는 페니키아 시대나 로마의 영토가 되어서도 경제적으로 융성했으며, 서방 제2의 문화 도시로 유명했다. 그러나 동시에, 아프리카의 구정물 웅덩이라 불렸던 것처럼, 번영의 그림자 속에는 향락과 악덕, 방종과 권태가 소용돌이치고 있었다. 종교적으로는 페니키아인이 섬기는 바알의 신들인 아스타르테와 타니트, 거기에 로마 인의 신들이 섞여 들어와 혼란스러운 상태였다.

아프리카 청년들이 동경하는 마을 카르타고에 아우구스티누스가 발을 들였다.

나는 카르타고에 왔다. 그러자 나는 사방팔방에서 수치스러운 애욕에 둘러싸이고 말았다. 그것은 마치 끓어오르는 큰가마(솥_{냄비})처럼 굉음을 내고 있었다. (고백록
제3권 1장 1절)

나는 연극에 마음을 빼앗기고 말았다. 그곳에는…… 나의 애욕의 불을 활활 타오르게 하는 장작이 가득 넘쳤기 때문이다. (같은 책
2장 2절)

이것은 바로 욕망에 의해 살아가는, 신이 없는 황야를 방황하는 인간의 모습이다.

아버지의 죽음과 어머니의 결심

문화의 마을, 향락의 거리 카르타고에서 아우구스티누스가 수사학 교사가 되기 위해 공부를 하면서 정욕의 소용돌이에 휩쓸려 있을 때, 고향 마을 타가스테에서 아버지 파트리키우스는 모니카의 기도를 들으며 조용히 영원의 잠에 들었다. 그는 일가의 사회적, 경제적 지위를 세우기 위해 부단히 노력하고, 아들의 출세를 바라며 진학시키기 위해 동분서주하는 사이에 병에 걸리고 말았던 것이다. 아버지에 대해서는 거의 언급하지 않는 아우구스티누스도 이러한 아버지의 태도에 대해서는 동정과 감사의 뜻을 표하고 있다.

당시, 경제력의 한도를 넘어 아들의 공부를 위해 장기간에 걸친 외지 체재비를 조달한 이 사람, 나의 아버지를 칭찬하지 않는 사람은 없었다. (고백록
제2권 3장 5절)

모니카에게는, 남편의 죽음은 경제적으로나 정신적으로 큰 시련이었다. 파트리키우스가 건재했을 당시에도 가계는 불안정했으나 적어도 남들만큼의 생활은 유지할 수 있었으며, 지인의 원조를 통해 아들을 상급 학교에 진학시키는 것도 가능했다. 그러나 남편이 죽은 후에는 말할 것도 없이 모니카가 책임을 지고 생계를 꾸려나가지 않으면 안 된다. 다행스럽게도 파트리키우스가 얼마간의 토지를 남겼으므로(편지
126, 27) 그것을 근거로 생활 방책을 세울 길

대학 입학을 허가받은 아우구스티누스

을 찾았다.

이교도인 남편과 함께한 오랜 세월은 모니카에게 많은 고뇌와 인내를 요구했다. 그러나 비록, 당시의 습관에 지나지 않았다 해도, 마지막에 남편이 세례를 지원하고 스스로 교회의 일원이 된 것은 모니카에게 있어 큰 기쁨이었으며, 여러 해 동안의 기도가 이루어진 것이라 생각했다. 뿐만 아니라, 남편의 죽음이라는 비극적인 사건을 통해 모니카는 신의 은혜와, 실망하지 않고 계속 기도하는 것의 소중함을 배웠다.

이 일은 경제적으로나 아이들의 교육면에서 자신감을 잃고 어찌할 바를 몰라 당황하던 모니카를 일으켜 세웠다. 특히 방종한 생활에 빠져 있는 아우구스티누스의 일을 근심하며 반쯤 절망하고 있던 모니카의 마음에 새로운 결심을 불러일으켰다. 아들의 타락한 생활 태도는 모니카에게 있어 더 이상 곤란한 문제, 어쩔 수 없는 일이 아니라 기도를 통해 몰두해야 할 과제라 자각한 것이다.

이후, 아들 아우구스티누스를 위해 어머니 모니카는 밤낮으로 열심히 기도하며 아들이 마음을 돌려 신의 곁으로 돌아오기를 빌었다. 그러나 어머니의 절절한 기도와 소원은 쉽게 이루어지지 않고 수없이 거절당하며 오랜 세월이 흘러갔다.

면학에 힘쓰다

카르타고에서의 아우구스티누스의 문란한 생활 태도는 조금도 멈출 기미를 보이지 않았다. 변함없이 쾌락과 악의 즐거움을 추구하며 귀중한 청춘의 시기를 낭비했다. 아우구스티누스는 욕망에 이끌린 생활 속에서는 진정한 기쁨과 생에 대한 깊은 충실감도 맛볼 수 없다는 사실을 어렴풋이 느끼고는 있었으나, 거기서 빠져 나오지는 못했다.

그러나 아버지의 사후에도 학비 원조를 계속해 주는 로마니아누스의 호의에 의해, 그저 내키는 대로 놀기만 할 것이 아니라 열심히 공부해야겠다는 마음이 차츰차츰 싹트기 시작했다. 아우구스티누스는 로마니아누스를 단순한 후원자로서가 아니라 한 인간으로서도 존경했으며, 로마니아누스도 아우구스티누스의 재능을 인정했다. 두 사람은 이후에도 계속 친교를 이어가게 된다. 일례로, 아우구스티누스는 그의 최초의 저서인 《아카데미아파 비판》을 로마니아누스에게 바쳤으며, 로마니아누스도 자기 아들의 교육을 아우구스티누스에게 부탁했다.

아우구스티누스는 점차 자신의 장래에 대해 진지하게 생각하게 되었다. 그러면서 훌륭한 사회적 지위에 오르기를 적극적으로 원하기 시작했다. 장래에 대한 야심이 마침내 아우구스티누스를 공부로 향하게 했다.

인간의 사랑이 지닌 기쁨과 슬픔을 이야기하는 문학에 관심을 두었던 아우구스티누스였으나, 현실에서 경험한 사랑이 반드시 훌륭한 것만은 아니었다. 이에 따라, 아우구스티누스는 스스로 목표하는 직업과 관련된 수사학 공부에 집중하게 된다. 그리고 그는 학교에서 수석에 오를 정도로 열심히 공부를 하면서도 한편 학문에 대해서 허무함을 느끼곤 했다.

변론에 탁월한 사람은 세인들로부터 존경을 받는다. 비록 법정에서의 영악한 변설을 위한 것일지라도 능란하게 수사를 구사할수록 칭찬을 얻기 때문이다. 그러나 바로 그 점 때문에 아우구스티누스가 이 직업에 흥미를 품고 그 길에서의 성공을 추구해 마지않았다고 할 수 있다.

한 아이의 아버지가 되다

그런 어느 날, 아우구스티누스는 한 명의 여성을 진심으로 사랑하게 되었다. 그는 아직 학생이었으며, 당시의 사회 관습상 신분 차이 때문에 정식 결혼을 용인받기가 힘든 관계였다. 그러나 그는 그녀와 함께 생활하기 시작한다. 그녀가 어떤 여성인가에 대해서는 이름조차 밝혀지지 않았지만, 둘의 관계는 이후 15년 동안 계속되었으며 진실한 사랑으로 이어진 관계였음을 나타내고 있다.

동거를 시작한 다음 해인 373년, 아우구스티누스가 겨우 19세가 되어 갈 무렵에 사내아이가 태어난다. 그가 아우구스티누스의 아들 아데오다투스였다. 그러나 불행하게도 그 이름의 의미와는 달리 '원하지 않는 출생이었다'(^(고백록)_{제4권 2장 2절})고 말하고 있다.

373년, 아우구스티누스는 10대의 마지막 해를 맞이한다. 사랑하는 여성과 생활을 함께하며 한 아이의 아버지가 된 그는, 로마니아누스와 어머니로부터의 송금에 의지하면서 어느 정도의 안정을 얻고 공부에 힘을 기울이게 된다. 수사학의 대가를 지망하고 있던 그는 이 무렵에 비로소 웅변술에 관한 책을 섭렵했다.

(2) 사랑과 지혜의 정신

키케로와의 만남

어느 날, 학교에서 키케로의 대화편 《호르텐시우스》를 집어들게 되었다. 키케로(^{기원전}_{106~43})는 기원전에 활약한 로마의 정치가이자 철학가였다. 그뿐 아니라, 키케로는 뛰어난 웅변가이자 문장가로서 사람들 사이에서 매우 유명했으며 높이 평가받고 있었다.

아우구스티누스는 키케로의 책을 읽고, 그의 매력 넘치는 문장뿐 아니라 내용 자체의 훌륭함에 압도당하는 느낌을 받았다. 어느 사이엔가, 가슴 깊은 곳에서 뜨거운 무언가가 북받쳤다. 그것은 젊은이가 훌륭한 것과 만날 때 맛보는 깊은 감동이었다. 이때의 경험을 아우구스티누스는 훗날 《고백록》을 통해 다음과 같이 말하고 있다.

이때 갑자기 ……믿을 수 없을 정도의 뜨거운 가슴으로 영원의 지혜를 추구하며 ……시작했다. ^{(고백록}_{제3권 4장 7절)}

더욱, 이 서적이야말로 나의 생각을 바꾸고 ……나의 소원과 바람을 전혀 다른 방향으로 전환하게 했다. ^{(같은}_{책)}

아우구스티누스의 심정에 새로운 것을 야기하게 하고, 그 생활 방식의 전환을 촉진시켜 지금까지와 전혀 다른 방향으로 향하게 한 이 키케로의 책이란 대체 어느 정도란 말인가.

아우구스티누스가 읽은 것은 앞에서 말한 것처럼, 키케로의 대화편 《호르텐시우스》였다. 이 책은 현재 남아 있지 않기 때문에 그 내용에 대해 상세히 알 수는 없다. 그러나 아리스토텔레스의 《프로트레프티코스》 같은 그리스 철학에서 나타나는 것처럼 철학, 즉 사랑과 지혜의 정신과 생활의 중요성을 이야기한 것이라 생각된다. 아우구스티누스는 이 책의 다음과 같은 문장을 《삼위일체론》_{(제14권}_{19장 26절)} 속에서 인용하고 있다.

……고대의 철학자들과 그들 중에서도 가장 위대하고 유명한 이들이 생각했던 것처럼, 우리가 영원한 신적인 정신을 지니고 있다면 더욱 자신의 진로를 똑바로 정해야 한다. 즉 이성적으로 생활하고 탐구심을 길러 인간의 악덕이나 오류에 휩쓸려 붙잡히는 일이 적으면, 한층 쉽게 하늘로 올라갈 수 있음을 믿어야 한다.

여기에는 사랑과 지혜의 자세로 살 것, 이성적으로 살며 탐구심을 깊게 할 것, 하늘로 올라가는 것(승천)에 대한 바람이 강조되어 있다.

사랑과 지혜에 눈뜨다

아우구스티누스는 '나의 신이여, 나는 어떻게 불타올랐던가. 지상의 공허한 것으로부터 당신의 품으로 날아서 돌아오기 위해 어떻게 불타올랐던가' ^{(고백록}_{제3권 4장 8절)}라고 말한다.

아우구스티누스의 마음은 지상의 순간적이고 공허한 것으로부터 영원히 불변하는 것으로 향하기를 절실히 원하기 시작했다. 그러나 지금까지 애욕을 즐기고 지상의 육체적 향락에서 기쁨을 추구하며 살아온 아우구스티누스에게 불사(不死)의 지혜로 향하는 정신 생활이 간단히 가능하며, 실현될 수 있을 것인가.

이때 그는 급격하게 돌변하여 바로 신의 품으로 돌아가 그 안에서 지혜를 발견한 것이 아니다. 신에 이르기까지, 신에게서 진리와 영혼의 안정은 물론 살아가는 의미를 발견하기까지 오랜 진리 탐구의 여정을 계속하였고, 진지한 자아 추구의 길을 걸어야 했다.

'키케로의 책은 나의 마음이 철학을 향해 불타게 했다'(같은 책)고 한 아우

키케로(기원전 106~43)
아우구스티누스는 키케로의 《호르텐시우스》에서 강한 자극을 받는다.

구스티누스의 말에서도 알 수 있듯, 그의 마음은 먼저 철학으로 향했다. 철학을 그리스 어로 필로소피아라 하는데, 그것은 지혜(소피아)의 사랑(필로스)이란 의미이다. 즉 아우구스티누스에게 지혜를 사랑하고 추구하는 마음이 생긴 것이다. '지혜가 어떠한 것이라 할지라도, 이 지혜 자체를 사랑하고 추구하며 그것에 복종하고, 유지하고, 강하게 끌어안는 것처럼, 나는 키케로의 문장에 의해 격려받고 불붙었으며, 활활 타오른' 것이었다.

제2의 탄생

이때의 경험은 아우구스티누스의 생애에 있어 더없이 중요한 의미를 지닌다. 지금까지의 아우구스티누스의 삶은 외적인 것을 기쁨의 대상으로 삼았다. 정신적인 것보다도 육체적인 것에 의해 많은 즐거움을 발견했다.

그런데 그러한 그가 사랑과 지혜의 정신을 권장하는 키케로의 《호르텐시우스》에 의해 강한 자극과 도전을 받은 것이다. 그것은 아우구스티누스가 지

금까지 관심을 갖지 않았던 곳으로 방향을 제시해 주었다. 그는 자기에게 결여되어 있는 중요한 것에 대한 깨달음을 얻었다고 생각했다. 이 경험은 아우구스티누스에게 지적·정신적 생활의 훌륭함과 인간 내면 생활의 중요성을 자각시켰다. 아우구스티누스는 지혜를 사랑하고 추구함으로 인해 지금까지 몰랐던 기쁨과 행복을 발견할 수 있으리라 생각하게 되었다.

이 일은 아우구스티누스의 인간적 성장에 깊은 의미를 갖는다. 일반적 표현을 빌리자면, 청소년기의 이른바 제2의 탄생이라 말할 수 있다. 육체적인 삶을 받은 인간이 성장하여 자기의 내적 생활에 눈을 돌려 그 중요성을 깨닫고, 내적 자아를 깊고 높게 형성시키는 것을 사랑하고 추구하길 원하며, 그것에서 기쁨과 충실감을 맛볼 수 있을 때 인간으로서의 새로운 단계에 오르게 된다. 이것이 바로 제2의 탄생이다.

그리고 그 사람은 새로운 의식을 각성함으로 해서 스스로 새로운 과제를 깨닫게 된다. 새로운 과제와 씨름하며 사는 사람은 더욱 많은 곤란에 직면한다. 곤란한 문제와 진지하게 마주하면 할수록 인간은 고뇌를 경험하게 되나, 그것을 통해 내적으로 성장하며 중후함과 윤택함을 더한다. 그리고 인간으로 사는 것의 어려움과 보람을 자기의 것으로 할 수 있다.

이후의 아우구스티누스의 생애를 따라 가면 바로 이러한 인간의 모습을 보게 된다. 그렇다 하더라도 고대 말기의 격변하는 사회 속에서, 도덕의 퇴폐와 사상의 혼란이 사람들의 마음을 현혹시키는 시대에 사랑과 지혜의 마음으로 불타는 청년 아우구스티누스는 과연 어떠한 길을 걷게 될 것인가.

진리 추구의 여행—성서를 읽다

키케로의 책을 접하고 사랑과 지혜의 정신으로 고무된 아우구스티누스는 그 자신의 말에 의하면, '마치 사납게 물결치는 대해'(《행복한 생활》1장 1절)를 향해 배를 젓는 것처럼 진리 탐구의 여행을 시작했다. 어느 방향으로, 무엇을 목적으로 나아가야 하는가도 알지 못하고, 단지 '정처 없이' 출항을 결심한 것이다. 지혜란 무엇인가, 진리란 무엇인가, 어디에 있는가, 어떻게 발견할 수 있는가. 아우구스티누스는 열심히 질문을 계속했다. 때로는 책을 읽고, 때로는 친구들과 의논하며, 또 어떤 때는 혼자 조용히 사색을 통해 질문을 계속했다.

진리. 그는 이 단어를 그리스도교와 관련하여 들은 것을 기억해 냈다. 그래서 성서를 펼치고 읽어 보았다. 처음 느낀 것은 성서의 문체에는 매력이 없다는 것이었다.

이미 우수한 문학 작품을 수없이 읽고, 지금은 수사학을 익혀 변론에 뛰어난 인텔리 청년에게 성서의 문장은 진리를 내포하기에는 너무나도 소박하고 무게가 없었다. 진리란 뛰어난 기교로 넘치는 화술과 장엄한 표현에 의해, 예를 들어 키케로처럼 당당한 웅변과 유창한 문장에 의해 이야기되어야 한다. 더욱이, 독자에게 단지 믿으라고 강요하는 게 아니라, 이성을 존중하고 논리적이면서도 시적인 문장이 사용되어야 한다. 그렇게 생각하자, 아우구스티누스에게 있어서 성서는 매우 빈약하고 짜임이 엉성한 것으로 보였다. 실망낙담한 그는 성서를 내던져 버리고 말았다.

4. 마니교와 함께

마니교와의 접촉

성서 속에 진리가 없다면 그것을 어디서 구해야 하는가. 아우구스티누스는 당혹감에 휩싸여, 벌써부터 배가 좌초당한 것 같은 심정이었다. 여기서 그는 그리스도교에 견줄 만한 큰 조직을 배후로, 당시 북아프리카에서 널리 보급되어 사람들의 마음을 사로잡았던 마니교에 귀를 기울인다.

마니교는 특히 학생이나 지식인 신봉자가 많은 매력적인 종교로 여겨졌다. 그리스도교가 교회의 권위를 중시하는 데 반해, 마니 교도들은 이성을 존중하는 입장을 표명했다. 또한, 교묘한 화술에 능했으며 수려한 문장을 이용하여 진리를 가르쳤다. 여러 가지 종교나 철학 사상을 끌어 모아 하나의 체계를 구성하고, 스스로 그 진리의 소유자임을 자랑하며, 진리야말로 가장 중요한 것이라고 힘주어 말하는 것이 그들의 입버릇이었다. 그로 말미암아 아우구스티누스의 마음도 움직였다. 그리고 이후 약 9년에 걸쳐 마니교와 함께 생활하게 된다.

마니교가 로마제국 내에 침투한 것은 3세기 말쯤으로, 특히 북아프리카의 여러 지방이 유력한 토대가 되었다. 그러나 머지않아 민족 대이동의 폭풍으로 그 모습을 감추게 된다. 이후 마니교는 동방으로 향하여 이집트, 팔레스티나, 메소포타미아를 지나 인도에 이른다. 7세기 말에는 중국에까지 나타나 14세기 무렵까지 존속되었다. 마니교는 고대 말기부터 중세 사이에 큰 영향력을 끼치던 종교의 하나였다.

마니교를 창시한 것은 바빌로니아 출신의 페르시아 인 마니(216년경~277년경)이다. 그는 젊었을 때 두 번 정도 신의 계시를 받았다고 전해진다. 따라서 자신이 신의 진리를 전하는 예언자임을 확신한다. 양친 밑에서 페르시아의 종교를 배웠으며, 인도에서 불교를 공부하고, 또한 '마니, 예수 그리스도의 사도'라는 표현을 즐겨 사용할 정도로 그리스도교를 가까이했으며, 이들의 종교 사상과 자신의 체험을 통해 독자적인 종교를 창출해 냈다. 어학 재능이 풍부했던 마니는 시적 표현이 뛰어난 웅변가였을 뿐 아니라, 학자였으며, 화가로서도 유명했다.

마니는 페르시아 왕 샤푸르 1세를 알현하고 왕의 동의하에 페르시아 내에서 마니교의 자유로운 포교 활동을 하며 큰 반향을 불러일으켰다. 그러나 2대 후인 발람 1세의 치하가 되면서 다른 종교가들의 반감을 사고 박해를 받았다. 마니는 그에 굴하지 않고 선교 활동을 계속하다 체포되어, 277년 무렵 고문 끝에 죽는다.

마니의 제자들은 이를 예수 그리스도의 수난에 비유한다. 마니의 사후에도 신자 수는 계속 증가했으며, 백 년 후인 372년에는 로마제국에서 금지령을 내릴 정도로 여러 지역에 침투하여 세력을 넓혔다. 아우구스티누스 시대에도 마니교의 세력은 여전히 확장되고 있었으며, 그것도 많은 인텔리들을 끌어들이는 활기 넘치는 종교였다.

마니교의 교리

고대의 유력한 종교 사상인 그노시스주의가 발달한 형태인 마니교의 기본적인 특색은 이원론이다. 이에 따르면, 영원히 대립하면서 공존하는 두 개의 원리로, 빛의 나라와 어둠의 나라가 있다. 쌍방에 속하는 인간은 이 두 원리가 뒤섞인 불협화음 같은 존재이다. 그러므로 인간에게 있어 가장 중요한 것은 신과 인간에 대한 지식을 익히는 것, 즉 신에 대한 인식과 자기인식이다.

마니교에 의하면, 빛의 나라의 지배자인 신과 어둠의 나라의 지배자인 악마는 서로 대립하고 있다. 악마는 신이 내린 다섯 개의 요소인 빛·공기·바람·불·물을 공격한다. 빛을 어둠으로 감싸고, 공기를 연기로 더럽히고, 이로운 불을 불길한 불로 바꾸고, 바람을 폭풍으로, 물을 진창으로 바꾸려 한다. 이러한 빛과 어둠이 대립하고 항쟁하는 장소로서 세계가 창조되었다.

인간 또한 신과 악마의 항쟁 과정에서 어둠의 나라의 업으로서 만들어졌으며, 선한 요소도 가지고는 있으나 그것은 육체 속에 갇혀 있다. 인간은, 자기의 내부에서 빛과 어둠의 원리가 싸우고 있다는 것은 물론 구원의 길도 알지 못한다. 그 때문에 신은 예언자를 파견한다. 아브라함, 조로아스터, 부처, 예수 등은 모두 예언자이다. 그리고 마지막으로 구원의 완전한 지식을 인간에게 전하기 위해 마니가 출현한다.

인간은 신의 사자가 가져온 빛으로 마음을 비추어 진정한 지식에 눈을 뜨고, 결국 자기의 정신 상태에 대해 깨닫고 구원의 길을 알게 된다. 그러나 인간은 육체를 지니고 있는 한 악의 지배에서 벗어날 수가 없다. 따라서 어둠의 힘과 싸우고 이기기 위해서는 구제자가 필요한 것이다. 또한, 신도는 금욕적인 생활을 해야 하며, 육식·음주·정욕 등을 피해야 한다. 하지만 이러한 금욕적인 윤리는 선택된 성자들에게만 요구되는 것이며, 일반 신도들은 성자를 섬김으로 인해 신앙의 길을 걸을 수 있다. 아우구스티누스는 일반 신도로서 373년부터 약 9년간을 보냈다.

마니 교도가 된 이유

아우구스티누스가 마니교에 끌리게 된 이유는 무엇이었을까.

먼저, 마니교는 권위보다 이성을 중시한다. 이는 키케로의 입장과 같으며, 아우구스티누스의 흥미를 끌었다.

다음으로, 마니교는 다양한 철학과 종교를 바탕으로 독자적인 교리를 형성하였으며, 그것을 우주나 세계를 설명할 때 교묘하게 응용했다. 그 때문에 아우구스티누스에게는 마니교가 매우 합리적으로 진리를 소유하고 있는 것처럼 생각되었다. 특히, 마니교는 당시의 사람들에게는 그리스도교의 일파로 비칠 정도로 성서를 잘 이용했다. 게다가, 구약성서 등의 이해하기 어려운 부분은 비합리적이라 간주하고 완전히 배제했으며, 신약성서의 특히 바울로의 가르침을 중시하는 경향이 있었다. 아우구스티누스는 마니교 속에 올바른 그리스도교의 입장이 보존되어 있다는 인상을 받게 된다.

세 번째로, 마니교는 가시적 세계를 존중하며 그 모순된 성격을 전제로 하고 있는데, 아우구스티누스는 이 점에 크게 공명했다. 즉 그들이 설명하는 선과 악의 논리, 특히 두 원리의 대립에 관한 설교는 지적 욕구를 만족시킬 뿐 아니라, 실생활에서 욕망의 문제로 고민하던 그에게 이론적 해결의 제시로 받아들여졌다. 마니교의 입장에서 보면, 인간이 선을 행하거나 악을 저지르는 것은 세계의 일반적인 원리에 기원하는 것이므로, 악의 기원에 대한 문제를 교묘하게 해명하며, 더욱 악이 개인의 자유 의지에 의해 이루어진다는 사고를 부정하는 결과가 된다. 따라서 각 개인은 그 악행에 대한 윤리적 책임을 피할 수 있다. 아우구스티누스는 악의 문제에 대해 마니교에 의해 해답을 찾았다고 확신했다.

마니교는 책의 종교, 선교의 종교, 조직의 종교라 불린다. 빼어난 문서의 보급과 신자에 의한 활발한 전도 활동이 우수한 조직 아래에서 이루어진다.

신자끼리는 특히 친밀한 관계로 서로 연결되어 있었다. 아우구스티누스도 카르타고에서는 물론 로마에서도 마니 교도들의 지원을 받았으며, 따스한 우정을 맛보았다. 이것도 이유의 하나이다.

다섯째로, 마니교는 당시 이미 금지당하고 있었음에도 불구하고 신도들이 박해와 어려움을 견디며 신앙심을 불태우고 전도에 힘을 쓰는 모습에 아우구스티누스의 마음이 움직였다. 그 자신도 입교 후

마니와 마니 교도들
8~9세기의 중국 벽화 부분. 아우구스티누스는 마니교의 교리에 이끌려 신도로서 9년간을 보냈다.

바로 선교 활동에 참가하여 타고난 웅변술을 발휘했다. 사람들을 마니교로 끌어들임으로 인해 얻는 쾌감과 칭찬 또한 그를 마니교에 열중시킨 이유라 할 수 있다.

어머니와의 대립

한편, 아우구스티누스는 카르타고에서 다양한 경험을 쌓아가는 사이에 수사학 공부를 끝내고 취직할 시기를 맞았다.

바로 그 때, 그의 경제적 원조자인 로마니아누스로부터 타가스테에서 자신과 아들의 가정 교사를 맡아 달라는 요청을 받는다. 아프리카 제일의 도시에서 학문을 갈고 닦은 아우구스티누스는 교사가 되는 것을 기뻐했으며, 동시에 마니교의 포교라는 목적과 함께 고향 마을로 돌아가 일하게 된다. 아우구스티누스가 로마니아누스 부자에게 자유학예를 가르치기 시작한 것은 374년 가을 무렵이었다.

모니카는 성장한 아들을 기쁘게 맞이했다. 어머니는 카르타고에서의 아우구스티누스의 생활 태도에 대해 이미 모두 들어 알고는 있었으나, 그래도 그가 마니교의 신자가 되어 있음을 알았을 때는 역시 놀라지 않을 수 없었다.

신앙 문제에 대해 모자는 수시로 이야기를 나누었다.

아우구스티누스는 자신의 학문과 웅변에 자신이 있었다. 논리성이 부족한 모친을 설득하여 그리스도교에서 마니교로 개종시키는 것은 간단하다고 생각했다. 그러나 모니카의 신앙은 교묘한 말과 논란을 접하고도 좀처럼 흔들리지 않았다. 두 사람은 대립하게 되고, 결국 어머니는 이교도인 아들과 같이 살기를 거절했다. 아우구스티누스는 의절당하고 집을 나왔다.

이는 모니카에게 불리한 사건이었다. 즉 겨우 가계를 도울 수 있게 된 아들을 쫓아낸 것은 경제적으로 다시 어려워짐을 의미한다. 또한, 교회에서 신앙심 깊은 부인으로 신도들에게 신뢰받던 모니카에게는 가정 내의 불화, 그것도 아들이 마니교의 선전에 종사하고 있음이 알려지는 것은, 모니카의 교회 내에서의 입장 또는 사회적 입장을 악화시키는 것이었다.

그러나 모니카는 경제적 이익이나 교회 내의 평판, 세간의 체면보다도 신앙을 관철시키고 그 길을 걷는 것을 중요시했다. 모니카의 신앙은 흔들림이 없었고 타협을 허용하지도 않았다. 동시에 모니카는 이전보다 더욱 열심히 아들을 위해 기도하기로 결심한다.

모니카의 꿈

……부인은 널빤지 위에 서 있었다. 그곳에 한 청년이 다가와, 어찌하여 그리도 슬퍼하며 눈물에 젖어 있는가를 물었다. 부인이 아들을 잃어 탄식하고 있다고 대답하자, 울음을 멈추고 주위를 잘 살펴보라고 그 청년이 말했다. 주의 깊게 둘러보자, 부인이 서 있는 같은 널빤지 위에 아들도 나란히 서 있는 것이 보였다…….

지금 아우구스티누스에게, '꿈'이라는 흥미로운 문제를 끄집어 낼 여유는 없다. 이 꿈은 아들이 모친과 같은 신앙을 갖게 된다는 것을 암시하고 있다. 모니카에게 있어서는 단순한 꿈이 아니라 신이 내리신 환영(幻影)이라 할 수 있다.

환영은 사물의 표면만 보고 단순하게 기뻐하거나 슬퍼하는 사람의 눈에는 보이지 않는다. 부활한 신과 만나지 않고, 인간의 현실 너머에 있는 신에게 질문하지 않고 기도하지 않으면서, 단지 번민하는 사람은 신으로부터의 환영을 기대할 수 없다. 절망적인 현실 속에서 그 안쪽 깊은 곳에서 현실을 초월하여 작용하는 신을 믿고, 신을 바라보며 그 뜻을 추구하고 약속을 기원하며 사는 모니카의 신앙심 깊은 기도가 신으로부터의 환영을 포착한 것이다. 새로운 비전과 힘을 얻은 모니카는 마니 교도인 아들과 함께 생활하기로 결심한다.

이 무렵, 집에서 쫓겨난 아우구스티누스는 지인의 저택에서 기거하고 있었다. 수사학 교사로서의 평판도 좋았으며, 마니 교도로서도 유창한 변설을 통해 많은 사람들을 마니교의 신앙으로 인도했다.

어머니로부터 집으로 돌아오라는 말을 듣고 그는 조금 망설였으나 곧 그 말에 따랐다. 모니카로부터 꿈 이야기를 듣고 그것은 어머니가 마니 교도가 된다는 의미라고 말하자, 모니카는 그 반대라고 주장했다. 어머니의 너무나도 단호한 어투에 아우구스티누스는 아무런 반박도 할 수가 없었다. (《고백록》 제3권 11장 19절 이하 참조)

사랑과 죽음—친구와의 교제 속에서

아우구스티누스는 고향 마을 타가스테에서 교사로 하루하루를 보내면서 옛 친구들과의 교제를 새로이 다졌다. 그 중의 한 명은 수사학을 배웠으므로 특히 친했다.

두 사람은 종종 서로를 방문하여 이야기를 나누었다. 토론을 하며, 책을 읽고, 놀고, 서로를 존중하며 가르치고 배움을 나누는 것을 기뻐했다. 오랫동안 만나지 못하면 그리워하고, 만나면 굳은 악수를 나눈 뒤 진실로 서로를 대하며 이야기에 열중하였다. 그러다 보면 시간이 흐르는 것도 잊을 정도였다. 어느 새 두 사람의 마음은 이해와 신뢰를 바탕으로 하나가 되어 진실한 우정이 싹텄다. 그와의 친교는 아우구스티누스의 정신을 윤택하게 했으며 살아가는 보람이 되었다. 아우구스티누스는 이 친구에게도 마니교를 권했고, 같은 신앙을 가짐으로써 둘의 우정은 한층 두터워졌다.

어느 날 이 친구는 열병에 걸려 의식을 잃고 죽음의 문턱에 놓이게 되었다. 그의 양친은 황급히 아들에게 세례를 받게 했다. 친구의 병세가 약간 회복되자 아우구스티누스는 마니 교도가 그리스도교의 세례를 받은 것을 비난할 셈으로 그를 방문했다. 그러고는 자각이 없는 상태에서 받은 세례는 무의미하다고 말하자, 친구는 단호한 표정으로 이의를 제기했다. 아우구스티누스는 병자의 진지한 태도에 말을 삼켜야 했다. 그로부터 며칠 후, 친구의 죽음을 전해들은 아우구스티누스는 깊은 슬픔에 빠졌다.

아우구스티누스의 마음은 혼란과 번민으로 휩싸였다. 이때의 심적 상황을 그는 《고백록》에서 극명하게 풀어내고 있다. (제4권 4장 7절 이하)

친구란 '자신의 영혼의 반쪽'이다. 영혼을 함께 공유하는 사람, 교제를 통해 서로의 인생을 이롭게 하는 사람, 그것이 바로 친구이다. 그렇기 때문에 친구를 '두 개의 육체에 깃든 하나의 영혼'이라고 하는 것이다. 확실히 그는 나에게 있어 진실한 친구였다. 그러나 친구의 마지막에 나는 경솔하게 그를 비웃었고, 그는 나를 책망했다. 그것은 의외였으며 화가 났다. 내 주위에는 자신의 생각을 갖지 못하고 남이 시키는 대로만 하는 사람이 많다. 그러나 그는 언제나 내게 자신의 의견을 분명하게 밝혔다. 죽음의 문턱에서도 그는 변함없이 나의 경솔한 말을 나무랐다. 진정한 친구가 아니고서 어찌 그러한 태도를 취할 수 있겠는가. 그런 그는 더 이상 존재하지 않는다. 나는 둘도 없이 소중한 사람을 잃었다.

나는 그를 친구로서 사랑하고 존경했다. 그러나 그가 죽고 사라져 버릴 줄은 생각도 못했다. 그는 죽었다. 죽음이여, 나의 사랑하는 이를 앗아간 죽음이여. 나는 네가 밉다. 죽음이여, 나는 너에게 영혼의 반을 빼앗겼다.

……기다려라, 나는 영혼의 반을 잃었는데도 여전히 살아 있다는 것인가. 진실로 사랑하는 이가 죽으면 나도 함께 죽어야 하는 것이 아닌가. 죽음이 무서우냐. 아니면 남은 반쪽의 영혼을 가진 나까지 죽으면 영혼 전체가 죽어버리므로 나는 반쪽짜리 영혼을 지니고 오히려 살아가야 하는 것인가……

친구를 데려간 죽음. 친구가 없는 세계. 눈에 비치는 모든 것이 회색이다. 가는 곳마다 죽음의 그림자가 어려 있다. 아름다운 고향의 숲도, 멋들어진 풍경도, 호화로운 식사도, 문자도, 철학도, 종교도, 무엇 하나 영혼의 틈을 메우지 못한다. 모든 것이 공허하다. 도대체 왜, 나는 이렇게나 슬퍼하며 한탄하는가. 왜 나의 마음은 이리도 허무한가. 인간은 죽을 수밖에 없는 존재인데, 그 인간을 불멸의 존재처럼 사랑했기 때문은 아닌가. 생명을 지닌, 인간이 사랑하는 모든 것은 죽음을 맞이한다. 사랑을 깨달은 영혼은 그 사랑하는 대상으로부터 반드시 죽음에 의해 갈라지게 된다. 사랑이야말로 영원해야 할진대, 사랑으로 인해 이리도 참담해질 줄이야. 영원의 사랑, 불멸의 사랑이란 없는 것인가…….

사랑하는 이의 죽음에 직면한 인간은 그저 울부짖을 수밖에 없는가. 처참하다. 비탄하는 것만이 나에게 남을 줄이야. 인간은 괴로운 현실을 참을 수 없을 때 울고, 눈물을 흘린다. 지금은 이 눈물만이 나의 마음을 달래며, 아픔을 가시게 해 주는 것처럼 생각된다. 울음은 가장 측은한 것일 텐데, 그것이 마음의 통증을 완화시키다니. 그것이 아니면 나는 그저 눈물의 달콤함을 즐기고 있는 것인가…….

다시 카르타고로

절친한 친구를 잃고 난 후 아우구스티누스는 집에 틀어박혀 있는 일이 잦았다. 그리고 혼자 슬픔에 잠겨 타가스테를 떠나 카르타고로 돌아가길 원했다. 떠나간 친구와의 추억으로 가득한 곳을 보는 것이 참기 힘들었을 뿐 아니라, 동시에 큰 마을에서 새로운 사람들을 상대로 교사로서 새 출발하고 싶다는 마음이 일었던 것이다.

카르타고행에 대한 로마니우스와의 의논도 좋은 결과로 진행되자, 376년에 22세의 아우구스티누스는 다시 카르타고로 돌아왔다. 카르타고는 일찍이 학생 시절을 보내고, 욕망에 허우적대며 방황하고, 또 사랑과 지혜의 정열을 불살랐던 그리운 도시였다.

이제 젊은 교사로서 카르타고에 온 아우구스티누스는 더욱 다양한 유혹을 느꼈다. 특히 높은 지위와 명성을 추구하며 야망에 불탔던 그는 친구들과 협력하여 작은 학원을 열고 학생들을 모아 가르쳤다. 그리고 처자와 어머니 모니카와 새로운 생활을 시작했다. 그러면서 은근히 유명해지기를 기대하고 있었다.

고대에는 각 도시마다 시 콩쿠르가 종종 개최되었다. 카르타고에도 이런 전통이 있었다. 아우구스티누스는 여러 번 응모하여 도전했다. 그는 사람들의 주목과 칭찬을 받는 것을 동경하며 현상금이 딸린 작시 부문에서 우승을 노렸다. 웅변 콘테스트에서도 건배의 영예를 위해 경쟁하기를 즐겼다. 실제로 아우구스티누스는 몇 번씩 승리의 관을 머리에 얹을 수 있었으며, 그때마다 명성을 얻으려는 욕망은 더욱 커져만 갔다.

영예의 관을 쓰고 민중의 박수를 받으며 승리의 미주(美酒)에 취해 있을 때면 그는 불현듯 죽은 친구를 떠올리곤 했다. 어째서 그리도 선량한 사람이 죽어야 했는가! 이런 질문들이 머릿속을 휘저음과 동시에 슬픔이 되살아나는 것 아닌가. 그 훌륭한 인간이 왜 죽었는가. 이 당시에는 누구도 대답해 주지 않았으며, 스스로 사색을 해도 알 도리가 없었다.

점성술에 끌리다

카르타고에는 다양한 마술을 보이며 괴이한 행위에 힘을 쓰는 사람들이 있었다. 그러한 사람들 중에는 점성술가도 있었으며, 점성술은 아우구스티누스의 흥미를 끌었다. 점성술은 메소포타미아에서 발생하여 고대 세계에 보급되었으며, 그리스에서 피타고라스파 등의 신비철학이나 프톨레마이오스의 천문학의 영향을 받아 번창하여 로마제국에까지 침투해 있었다.

점성술은 본래 지상 세계를 천계와 대응시켜 두 세계에서 일어나는 일을 설명하는 것이었다. 그러나 로마시대에는 '과거의 현상이 일어나야만 했던 전조를 설명하고 그것에 대해 해석을 내리는 방법'도 있었다고 전해진다. 이 세계에서 발생한 일을 하늘의 성신에 의해 해석하는 점성술은 2, 3세기의 로마에서는 황제에 의해 몇 번씩 금지령이 내려질 정도로 성행했다.

인간의 길과 흉, 행복과 불행은 그 인간이 태어났을 때부터 어떤 별의 운행에 의해 정해져 있으며, 인생에서의 개개의 사건도 별을 통해 점칠 수 있다는 사고 방식에 아우구스티누스는 관심을 기울였다. 인간은 하나의 별 밑에서 태어나 숙명적으로 그 별의 영향력 아래에서 생활하며, 다양한 사건과 만나고 운명에 따라 죽는다. 한 사람 한 사람마다 각각의 별에 의해 운명이 정해져 있다. 이렇게 생각하는 것 외에 달리 인간의 죽음이라는 불합리한 사태를 설명할 수 있을 것인가.

아우구스티누스는 점성술사들의 가르침에 귀를 기울였다. 그는 점성술에 관한 책을 읽고, 이를 통한 인생의 설명에 마음을 빼앗겼다. 친구나 선배들은 미신적인 가르침에 열중해 있는 그에게 잘못을 지적했다. 그러나 아우구스티누스는 진지하게 변호하며 거꾸로 그들에게 점성술을 추천할 정도였다.

<small>(고백록) 제4권
(3장 이하 참조)</small>

이제 아우구스티누스는 점성술을 통해 천체에 흥미를 품고 그리스의 천문

학을 공부하게 된다. 그곳에서 그가 지금까지 몰랐던 새로운 지식을 많이 접할 수 있었다. 그러나 오히려 그로 해서 점성술에는 인간의 엉성한 생각이나 우연에 기초한 엉터리 같은 요소가 포함되어 있음을 깨닫게 된다.

지금까지 확실하다고 믿고 있던 것이 한순간에 붕괴되어 버린다. 아우구스티누스는 이것을 두 번 연속하여 경험했다. 사랑하고 믿고 존경했던 친구의 돌연한 죽음에 의한, 영속을 의심하지 않았던 우정의 종언. 훌륭하다고 생각했던 점성술이 근거 없는 가르침에 불과하다는 발견. 마음이 흔들린 아우구스티누스는 낙담하고 고뇌한다. 그러나 그는 그곳에서 다시 일어설 길을 찾는다. 그는 다시 한 번 묻기 시작했다. 우정이란, 사랑이란, 진리란 무엇인가. 정말 확실한 것은 없는가……라고.

이러한 경험을 통해 아우구스티누스는 깊이 생각하지 않고 무심히 세월을 보내거나, 즉흥적인 생각이나 단순한 사고로 사물을 판단해서는 진정하고 확실한 것은 이해할 수 없음을 깨닫고 반성한다. 더욱 깊고 더욱 많이 배울 필요를 통감한다. 다시 한 번 새롭게 사랑과 지혜의 정열에 불을 붙였다. 그래서 철학·음악·미술·기하학 등 자유학예를 새롭게 공부하기 시작했다. 이들 학습의 성과를 묻기라도 하듯, 그는 26세를 눈앞에 두고 최초의 책을 써서 공개했다.

처녀작 《미와 적합》

아우구스티누스는 지금까지 본 것처럼, 수사학 교사가 되기 위해 학업을 마치고 인생 경험을 쌓았으며, 일찍이 문학·철학 등의 서적을 섭렵했다. 20세 무렵에 혼자서 난해한 아리스토텔레스의 《범주론(範疇論)》을 읽고 이해했다고 말하고 있다. 시작(詩作) 콩쿠르에서 우승하거나, 연극에 대해 논하고, 웅변에도 뛰어난 그였다. 그런 그가 책을 집필하고, 그것을 통해 수사학 교사로서의 사회적 지위와 명성을 얻기를 기대하는 것은 당연한 결과였다.

《미(美)와 적합(適合)》이 바로 그 책의 제목이다. 2권 혹은 3권으로 이루어져 있었다고 생각되는 이 책은, 현재 남아 있지 않기 때문에 정확한 내용은 알 수 없지만 대략 다음과 같으리라 추측된다.

인간이 어떤 것을 보고 가장 먼저 느끼는 감정은 그것이 아름답다거나 시시하다거나 하는 등의 것이다. 누구나 아름다운 것을 보면 기쁨을 느끼고 그것을 사랑한다. 아우구스티누스는 이에 대해 '우리는 아름다움 이외에 무엇을 사랑하는가'^(고백록 제4권 13장 12절)라고 말하며, 이어서 '아름다움이란 대체 무엇인가'를 묻는다.

그리고 그는 아름다움에는 2종류, 즉 그것 자체로 아름다운 것과 다른 무언가에 적합함으로써 아름다운 것이 있다고 서술한다. 이 두 가지가 아름다운 것은, 보는 이에게 편안함과 안정감을 주기 때문이다. 이런 의미에서 미(美)와 적합은 평화나 선(善)으로 통하는 면을 지니고 있다. 반대로, 전체든 부분에서든 미와 적합이 결여된 것은 부조화를 이루기 때문에 불쾌감과 위화감을 주며, 악으로 치부되는 것이다.

이러한 사고는 아우구스티누스의 독자적인 것이 아니라 그리스 철학에서도 발견할 수 있다. 특히 키케로나 발로의 영향을 받았다고 보이^(M.테스탈)며, 혹은 마니교와의 관련도 있을 수 있다. 어쨌든, 이 책을 아우구스티누스의 생애 전체를 통한 사상의 흐름 속에서 보면 한 가지 중요한 점을 알 수 있다. 그것은 전체 혹은 책 자체에서 미(美) 또는 선(善)의 존재는 결국 신과 연결할 수 있는 요소를 담고 있으며, 다른 것에 적합함으로써 발생하는 아름다움이란, 선인 동시에 미인 신으로 결합하려는 인간의 영혼을 가리키게 되기 때문이다.

그건 그렇고, 아우구스티누스는 이 책을 인정받기 위해 로마의 유명한 변론가 히에리우스에게 이 책을 헌정하고 그로부터의 칭찬을 기대했다. 고대 문화 역사가 H. 마루가 지적한 것처럼 이는 속주의 주민이 명성을 얻기 위한 하나의 방책이었을지도 모른다. 그러나 고심의 처녀작은 전혀 화제가 되지 못했다. 그래서인지 이 책은 아우구스티누스의 생존 중에 산실되었으며, 훗날 이 책을 떠올리는 것조차 본인은 싫어했던 듯하다.

마니교에의 의문

최초의 책이 기대와 달리 인정받지 못했던 사실은 아우구스티누스에게 학력의 부족함을 다시 한 번 자각하게 했다. 그래서 그는 온갖 것을 닥치는 대로 공부하며 지식을 얻는 데 온 힘을 쏟았다. 카르타고로 옮겨 온 지 이미 4년, 생활은 안정되었지만 교사로서의 지적 부족을 깨닫고 진리 탐구에 열중했다.

그런데 전진과 향상은 언제나 새로운 의문을 제기하곤 한다. 천문학 지식을 쌓던 중에 아우구스티누스는 천체에 관한 마니교의 교리가 점성술가의 주장과 마찬가지로 불확실함을 깨닫게 된다. 마니교의 교사들에게 질문했으나 대답은 얻을 수 없었다. 진지하게 질문을 이어가는 아우구스티누스에게 그들은 말했다.

마니교 경전 사본

'우리는 당신이 납득할 만한 대답을 해줄 수 없으나, 머지않아 이곳에 도착하는 유명한 주교 파우스투스라면 모든 의문을 해결하고 납득 가능한 설명을 해 줄 것이다.'

382년의 여름이 끝나갈 무렵, 파우스투스가 카르타고를 방문했다. 다른 신도들과 함께 아우구스티누스도 그의 강연에 참석했다. 평판대로 파우스투스는 매력적인 인물이었다. 그의 말투는 정력적이며 열정이 넘쳤다. 단어의 선택도 적절하고 논리의 전개도 뛰어났다. 준수한 외모와 기품 있는 태도, 명쾌한 변설로 그는 청중을 매료시켰다.

아우구스티누스는 이 교사와 직접 만날 기회를 얻어 의문점을 토로했다. 질문을 다 들은 파우스투스의 대답은 '나로서는 대답할 수 없다'는 것이었다. 실제로 파우스투스는 자유학예 일반에 관한 지식은 지니고 있지 않았다. 아우구스티누스는 낙담하면서도 자신의 무지를 얼버무리지 않고 솔직히 인정하는 그의 겸허한 자세에 감탄했다. 그리고 두 사람은 서로 공부하며 이야기를 나누기 위해 다양한 책을 같이 읽게 되었다.

그러나 파우스투스와 친밀한 관계를 이어가는 사이에, 아우구스티누스에게 새로운 의문이 끓어올랐다. 인물의 좋음, 성실함, 뛰어난 웅변이 그가 진리의 소유자임을 나타내는 것일까. 마니교의 우수한 교사인 파우스투스도 의문을 해결해 주지 못했다. 과연 마니교 안에 진리가 있기는 있는 것일까.

아우구스티누스의 방황과 실망은 점차 깊어만 간다. 진리는 어디에 있는가, 누구에게 물어야 하는가, 그게 아니면 ……진리를 사람에게서 배울 수 있다고 기대하는 태도 자체가 잘못된 것인가. 자신의 의문에 대한 해답은 스스로 찾아내야 하는가. 그렇다 한들 어떻게 그것이 가능할 수 있는가…….

로마로

아우구스티누스의 마니교에 대한 의문은 더욱 깊어졌다. 그러나 어디서 진리를 추구해야 할지 몰랐던 그는 여전히 마니교에 머물러 있었다. 그러나 더 이상 거기에 안주할 수 없었던 그의 마음은, 날마다 혼란과 초조함 속에서 방황했다. 그리고 외적 상황의 도움으로 그는 하나의 결심을 한다.

카르타고에서 아우구스티누스는 외적으로나 내적으로 다양한 문제들과 맞부딪쳤다. 교사의 수입에 의해 경제적 안정을 얻고 가정에서 친구들과 절친한 관계를 유지하며 즐겁게 지내고는 있었으나, 그의 마음은 여전히 흔들리고 있었다. 거기에는 그럴 만한 이유가 있었다. 하나는 더욱 높은 지위를 얻고 싶다는 야심, 또 하나는 단순한 수사학자로 끝나지 않고 철학자가 되고 싶다는 생각이었다. 즉 아우구스티누스는 언제나 방황하면서도 진리의 추구를 멈추지 않는 탐구자였다. 게다가 사회적 명성을 향한 욕망도 버리기 힘들었기 때문에 그의 마음은 항상 동요되고 있었던 것이다.

키케로의 책을 읽은 지 10년. 이 사이에 아우구스티누스는 문학·철학에 흥미를 느끼고 스스로 사색도 했다. 그러나 거기서 얻은 것은 단편적이고 불확실한 지식, 일견 합리적으로 보이는 신앙뿐이었다. 인간을 내면으로부터 살리며 지지해 주는 것, 일생을 투자하여 얻을 수 있는 진리를 찾고 싶었다. 마니교에는 더 이상 아무것도 기대할 것이 없었다.

그래서 그는 로마로 옮길 생각을 하기 시작했다. 카르타고의 학생들은 적극적으로 배우려는 의지도 없고 예의도 모르는 망나니들이었다. 수업료를 지불하지 않는 녀석도 있었다. 아우구스티누스는 더욱 좋은 환경에서 일하기 위해, 그리고 우수한 교사와 만나기 위해 로마로 가기를 원했다.

로마행 계획은 마니 교도와 친구들의 협력으로 일단락되었으나 어머니 모니카가 반대했다. 이때의 아우구스티누스에게는 아들 아데오다투스와 그 어머니 되는 여성이 있었으나 그들에 관해서는 전혀 관심이 없었다. 그 정도로 그의 정신적 정체는 심각했다. 어머니의 동의를 얻을 수 없다면 반대를 무릅

로마로 떠나는 아우구스티누스

쓰고라도 강행할 뿐이다.

아우구스티누스는 로마행 배를 타기 위해 카르타고의 항구에 도착했다. 모니카도 아들을 집으로 데려가거나 함께 로마로 가거나, 어쨌든 헤어지지 않을 각오로 따라왔다. 아우구스티누스는 친구를 전송할 뿐이라고 어머니를 속여 안심시키고 항구 근처에 있는 순교자 키프리아누스 기념예배당으로 어머니를 데리고 가 휴식을 취하게 했다. 모니카는 기도하는 사이에 깜빡 잠이 들고 말았다. 그 사이에 아우구스티누스는 배에 올랐고, 배는 순풍을 타고 항구에서 멀어져 갔다.

잠에서 깬 모니카는 황급히 아우구스티누스를 찾아 선창으로 달려갔다. 그곳에는 이미 배도 아들의 모습도 보이지 않았다. 모니카는 바다를 향해 눈물지으며 꼼짝도 않고 있었다. 슬픔을 이기지 못하고 그 자리에 주저앉아 언제까지고 움직이려 하지 않았다.

회의주의에 공명함

383년 여름이 끝나갈 무렵, 어머니를 속이고 출세의 꿈과 진리 추구의 뜻을 품고 로마에 온 아우구스티누스는 마니 교도의 집에서 신세를 지며 일자리를 찾던 중에 큰 병에 걸렸다. 이때의 그는 기도조차 잊을 정도로 그리스도교와 멀어져 있었다.

한때 죽음의 위기까지 갔다가 병마에서 회복된 아우구스티누스는 로마에서 성공적으로 수사학을 가르칠 수 있었다. 그러나 예상했던 만큼 일이 잘 풀리지는 않았다. 학생들의 질도 좋지는 않았다.

그는 마니교에는 실망했지만 결정적으로 그 가르침에서 멀어지지도, 대신할 무언가를 찾지도 못한 채 신도들과 어울렸다. 그러나 결국 아무것도 얻지 못했을 뿐 아니라, 오히려 엄격한 주장과는 다른 그들의 무질서한 생활 실태를 알고 환멸감을 느꼈다.

아우구스티누스가 로마에 체재하고 있을 무렵, 교황 다마수스 1세($^{재위 366}_{~348}$)는 이교도 문제로 고심하며 정통교회 확립을 위해 진력하고 있었다. 또한, 박식한 학자 히에로니무스가 그의 비서로 활약하며 로마의 교회에서 설교하거나, 수도사적 금욕 생활의 이상을 이야기하고 실천하여 많은 사람들을 감동시켰다. 그러나 아우구스티누스는 로마에 머무르면서도 그들과 직접 만날 기회를 얻지 못했으며, 따라서 그리스도교의 지도자들로부터 가르침을 얻을 수도 없었다.

당시 로마에서는 여전히 헬레니즘 철학이 유행하고 있었다. 아우구스티누스도 그러한 분위기 속에서 다시 키케로의 책을 접했다. 일찍이 그의 대화편에 의해 사랑과 지혜의 뜻을 불태웠으나, 이번에 손에 넣은 것은 《아카데미아》라는 책으로 회의 사상을 설명한 내용이었다. 이는 신아카데미아파라고도 불리며, 아르케실라오스($^{기원전 315}_{~241년경}$)나 카르네아데스($^{기원전 213}_{~129년경}$) 등에 의해 성립된 철학적 견해이다.

이 견해에 의하면, 인간은 현명하게 살아야 한다. 현자는 모든 것을 있는 그대로 믿지 않고 의심한다. 사람은 자신의 감각에 기초하여 변화하는 것을 보고 생각하고 판단한다. 따라서 주관적, 상대적이며 불확실한 것이므로, 보편성과 절대성을 지닐 수 없다. 그러므로 인간이 진리를 확실하게 알기란 불가능하다고 말한다. '그들은 모든 것에 대해 의심해야 한다고 생각하며, 인간은 어떠한 진리도 얻을 수 없다'(^{고백록}_{제5권 10장 19절})고 주장한다.

이는 스토아 철학, 즉 인간은 자연의 원리를 이해할 수 있으며 그에 순응하여 살아갈 때 행복할 수 있다는 독단적 사상이나, 성서의 신과 교회의 권위에 완전한 신뢰를 두는 그리스도교, 진리를 기성품처럼 주장하는 마니교 등과 대립하는 것이었다. 결국 회의주의자에 의하면, 인간이 행복해지기 위해서는 완전한 진리의 획득이나 확실한 지식을 소유하려는 생각을 버리고 사고를 정지해야 하며, 실제적으로는 개연성에 만족하며 살아야 한다는 것이다.

이 가르침이 그리스도교는 물론 마니교에도 실망하고 있던 아우구스티누스의 공감을 불러일으킨 것은 당연한 결과라 할 수 있다. 그러나 아우구스티누스는 후에 아르케실라오스의 입장은 플라톤의 인식론을 정당하게 계승하는 것으로, 형식적인 사물을 영속하는 것처럼 해석하는 스토아 학파에 대해 의도적으로 회의론을 주창한 것임을 깨닫고, 그 태도에 이해를 표하기에 이른다. (^{아카데미아파 비판}_{제3권 17장})

사랑하는 처자를 뒤로 하고, 경건한 어머니를 속이면서까지 로마로 옮겨와 영예를 추구했던 아우구스티누스는, 진리 탐구의 길이 막다른 골목에 이르자 이제는 회의에 빠지게 된 것이다. 그런데 이러한 그의 앞에 우연하게도 사회적 영달의 길이 열린다.

5. 밀라노 체재

(1)밀라노의 수사학 교사

밀라노로

아우구스티누스가 로마로 거처를 옮긴 다음 해인 384년에 밀라노 시에서 로마 시장 심마쿠스에게 수사학 교사를 추천해 달라는 의뢰가 왔다. 당시, 정치적으로 중요한 도시에서는 관비를 들여 여러 명의 수사학 교사를 고용하고 있었다. 밀라노 시를 위해 로마에서 교사 모집이 이루어졌다. 국비에 의한 재능 있는 문인의 등용은 무명 청년들에게 출세의 뜻을 펼칠 수 있는 기회를 제공했기 때문에, 로마 같은 대도시에는 뜻을 같이하는 이들이 많이 모여 있었다.

아우구스티누스는 마니교의 유력자들에게 청탁하여 시장에게 로비를 하는 한편, 선발 테스트에 대비하여 연설문을 써서 응모했다. 그 결과, 성공적으로 밀라노의 수사학 교사로 발탁되었다. 이 직업은 대우가 좋을 뿐 아니라 궁정의 정치가들에게 접근할 기회도 잦았으므로 출세하기에 더 없이 좋은 자리였다. 아프리카의 지방 도시에서 제국의 수도 로마로 온 아우구스티누스에게는, 더없이 크나큰 기쁨이었다.

아이러니하게도 아우구스티누스를 로마에서 추천한 사람은 심마쿠스이며 그를 밀라노에서 맞이하려는 이는 암브로시우스였다. 심마쿠스는 이교도의 대표적 정치가이자 지식인이었다. 그는 카르타고 총독을 역임했으며, 밀라노 궁정 실력자 바토우의 친구이고, 또한 암브로시우스와는 혈연 관계였다. 암브로시우스는 30세에 리구리아 주의 총독이 되었고, 374년 이후에는 밀라노 가톨릭의 주교로서 이단적인 그리스도교론을 제창하는 아리우스주의를 옹호하는 궁정과 대립하고 있었다.

두 사람은 이 해의 여름에 로마의 오래된 종교적 제의의 중심인 빅토리아 여신상을 원로원에 설치하느냐 마느냐를 둘러싸고 격렬한 논쟁을 벌인 사이였다. 심마쿠스는 이교도인 아우구스티누스를 정적 암브로시우스가 있는 밀라노로 보낸 것이었다.

아우구스티누스는 곧 30세가 되는 384년 가을에 나라에서 제공하는 마차를 타고 밀라노에 도착했다. 밀라노는 로마의 북북서 약 410km, 포 강의 두 지류의 중간인 오로나 강 근처에 위치하며, 코모 호수와 가깝고, 북쪽으로 알프스를 바라보는 아름다운 대도시였다. 비옥한 롬바르디아 평원이 펼쳐져 있으며, 교통의 요지로 상업이 발달했다. 특히 당시에는, 메디올라눔이라 불리며 디오클레티아누스 황제 이후 서방 로마제국의 궁정 소재지로서 중요한 의미를 지녔다.

아우구스티누스에게 이 마을은 무엇보다도 암브로시우스의 이름과 관련되어 있었다. 그에 대해서는 심마쿠스로부터 들었으며, 또한 예의 여신상 존폐를 둘러싼 논쟁으로 해서 이미 숙지하고 있었다. 이 저명한 주교에 대해 아우구스티누스는 특별한 관심을 품고 있었던 것이다.

암브로시우스와의 만남

암브로시우스($^{340}_{\sim397}$)는 주교로서 서방교회의 지도적 지위에 있었으며, 젊은 황제 발렌티니아누스 2세의 후견인으로서 정치적 권력도 컸다. 따라서 그의 발언과 행동은 교회 내에서뿐 아니라 일반 사회에까지 영향력을 발휘하고 있었다. 황제 그라티아누스에게 로마 황제의 전통적 칭호였던 '최고 신관' (Pontifex Maximus)을 포기하게 한 것도 바로 그였다. [380]

수사학 교사로서 임지에 도착한 아우구스티누스는 바로 이 밀라노의 중요 인물에게 인사를 하러 간다. 입장이 다름에도 불구하고 아버지 같은 따스함으로 환영해 주는 그의 태도에 호감을 느끼게 된다. 그리고 그의 설교를 듣기 위해 교회에 다니게 되었다.

그러나 그것은, 진리를 교회 속에서 발견하는 것은 불가능하다는 생각뿐 아니라, 회의 사상에까지 빠져 있던 아우구스티누스의 단순한 직업적 관심에 불과했다. 암브로시우스가 얼마나 뛰어난 웅변술을 구사하는가를 탐색하고, 실제로 세간의 평판대로 우수한지 아닌지를 확인하고 싶었을 뿐이었다. 따라서 이야기의 내용에 대해서는 무관심했으며, 처음에는 오히려 조소적이기까지 했다. 그러나 시간이 지남에 따라 암브로시우스의 설교 자세와 내용, 사상과 인격, 생활 태도 및 사회적 활동을 가까이 접하면서, 아우구스티누스는 결정적인 영향을 받게 되었다.

밀라노에 도착한 아우구스티누스
밀라노 시의 수사학 교사로 발탁된 아우구스티누스가 로마를 떠나 밀라노로 갔다.

아내와의 이별

아우구스티누스의 직무에 대한 노력으로 밀라노에서의 지위는 점차 높아졌으며, 그 역량을 인정받아 더 높은 출세도 가능했다. 모든 일이 순조롭게 진행되었으며, 사람들과 친분을 쌓아 생활도 즐거워졌다.

로마에서부터 동행한 친구 알리피우스와는 여전히 친밀했으며, 또 다른 친구 네브리디우스까지 카르타고에서 건너왔다. 아내와 아들도 함께였다. 끊임없이 아들을 위해 기도하던 모니카도 385년 봄에 밀라노에 도착했다. 마니교에서 멀어졌다는 이야기보다도 아들이 이룬 큰 성공이, 힘든 여정 끝에 밀라노에 도착한 모니카를 기쁘게 했다.

그리고 모니카는 출세한 아들에 비해 함께 있는 여성이 아내로서 부족하다고 느꼈다. 이 여성은 10년 이상을 함께한 아우구스티누스의 내연녀로, 어려운 환경 속에서도 육아에 전념해 왔다. 이제 겨우 안정된 생활을 기대할 수 있게 되자, 신앙심 깊은 모니카가 그 여인을 거치장스런 존재로 간주하게 된 것이다. 또는 사회적으로 성공한 자기 아들을 보자 모친의 이기주의에 사로잡힌 것인지도 모른다.

아우구스티누스는 어머니로부터 자신의 사회적 지위에 어울리는 가문의 처녀와 결혼하도록 설득당했고, 남편에게서조차 어떠한 지원도 기대할 수 없게 된 내연의 아내는 깊은 슬픔과 절망에 잠겨 이별을 결심한다. 아우구스티누스와 모니카에게 남은 생애를 혼자 보내겠다는 말을 남기고 여인은 아프리카로 돌아간다. 그때 아들 아데오다투스는 12세였다.

오랜 세월을 함께한 여성과의 이별, 그러나 아무 역할도 하지 못한 채 떠나보낸 아우구스티누스는 모순으로 가득 찬 생활을 하고 있었다. 고위 고관 사람들과 우아한 생활을 즐기고, 친구나 동료들과 고상한 논의를 나누며 나날을 보내면서, 한편으로는 명예심과 정욕의 노예가 되었던 것이다.

아우구스티누스는 수사학 교사로서 교육에 주력함과 동시에, 철학서들을 읽고 사색하며 진리 탐구를 위해 열의를 불태우고 있었다. 특히 이 무렵에는 동료나 제자들과 선악의 문제에 대해 논하고 있었다. 아우구스티누스를 중심으로 철학적 대화를 나누는 몇 사람은 생활까지 함께하며 친밀한 관계를 유지하고 있었다. 이 공동 생활은 밀라노의 궁정을 중심으로 한 정계, 주교계 사람들과의 교류와 더불어 아우구스티누스의 큰 즐거움이었다.

그런데 한편으로는 지치지 않는 야심과 욕망에 휘둘리고 있었다. 높은 지위와 영예와 재산, 그리고 유리한 결혼이 아우구스티누스의 야망이었다. 어느 정도 만족할 만한 지위를 얻게 된 그는 모친의 권유도 있었으므로 한 재산가의 딸과 약혼하게 되었다. 그런데 그 딸은 아직 법률로 정해진 결혼 연령(23세)에 이르지 않았기 때문에 2년을 기다려야 했다.

이전의 여성과는 이별하고, 약혼자와는 바로 결혼할 수 없다는 것은 아우구스티누스에게 있어 큰 고통이었다. 쾌락의 생활에 익숙해진 채 그것에서 완전히 빠져 나오지 못했던 아우구스티누스는, 그간의 절제를 유지하지 못하고 그저 욕망에 이끌려 다른 부인과 가까워졌다. 말 그대로 진흙 구덩이에 빠진 것 같은 생활이었다. 높은 지위에서 마음은 진리를 추구하고 입으로는 선악을 논하면서 겉으로는, 다른 사람들을 교육하는 입장에 있었으나, 실제로는 내면의 정욕을 이겨낼 수 없었다.

밀라노의 거지

385년 늦가을, 아우구스티누스는 두 가지 잊을 수 없는 경험을 한다. 하나는 황제에게 송사를 바치는 임무였고, 다른 하나는 주정뱅이 거지와의 만남이었다.

이 송사가 385년 11월 22일에 발렌티니아누스 2세의 황제 취임 10주년 기념식전에서 사용된 것인지, 아니면 같은 해 1월 1일에 발렌티니아누스 2세 참석하에 진행된 바토우 장군의 원로원 의원 취임식에서 이루어진 것인지, 또는 둘 다를 가리키는지는 이견이 다양하다. 아우구스티누스 자신은 맨 처음의 것으로 기록하고 있으므로, $\binom{\text{고백록}}{\text{제6권 6장 9절}}$ 우리도 이에 따르려 한다.

황제를 찬양하는 역할은 수사학 교사에게 명예로운 임무였다. 황제나 집정관을 비롯하여, 그곳에 늘어선 고위 사람들 앞에서 열변을 펼칠 수 있기 때문이다. 그들을 감탄시키기 위해 심혈을 기울여 송사를 작성하고 궁정으로 향했다. 송사는 대성공을 얻었다. 그의 마음은 기쁨과 행복으로 넘쳐흘렀다. 아우구스티누스는 행복감에 도취되어 귀로에 올랐다.

도중에 거리에서 한 거지와 만났다. 거지는 술 때문인지 흥겹게 휘파람을 불며 걷고 있었다. 우연히 그 모습에 눈을 돌린 아우구스티누스는 묘한 충격을 받는다.

'나는 명예와 칭찬을 얻었기 때문에 행복에 젖어 있다. 저 거지는 사람들에게서 구걸한 몇 푼의 돈으로 산 술로 기분이 좋아져서 행복감을 맛보고 있다. 대체 어느 쪽이 행복한 것일까. 자신의 행복은 진짜일까. 가령 고심과 노력의 결과로 성공을 손에 쥔다 한들, 결국 그것은 허위로 가득 찬 것은 아닐까. 저 취약한 14세의 황제 발렌티니아누스 2세에게 찬양할 무엇이 있다는 말인가. 남의 마음에 들기 위해 그저 의미 없는 찬사를 늘어놓았던 것에 지나지 않은가. 모두가 그 공허함을 알면서도 형식적인 박수를 보냈을 뿐인데, 자신은 어찌 그것을 기뻐하는가. 겉치레에 불과한 성공과 내실 없는 행복 때문에 기뻐 어쩔 줄 몰라하다니. 저 걸인을 보라. 진심으로 즐기고 있지 않은가. 그에게는 지위도 명예도 없으나 거짓 또한 없다. 교묘한 언변은 없지만 있는 그대로 살고 있다. 그에 비해 자신은 진리를 추구하고 지혜를 사랑하고 선을 논하면서도 현실은 모순과 기만으로 가득 찬 생활을 보내고 있지 않은가……'

아우구스티누스는 밀라노의 길 위에서 한 거지와의 만남으로 인해 갑자기 자신의 생활 태도의 문제점을 깨닫게 되었다. 행복감 속에서 자신의 내면 상황을 돌이켜보는 경험을 하게 된 것이다. (이상, 같은 책 6장 참조)

암브로시우스와 로마황제

그 무렵, 밀라노의 궁정은 아리우스파에 기울어 있었으며, 로마황제 발렌티니아누스 2세의 어머니 유스티나는 이 파의 열렬한 지지자였다. 황제의 모후는 주교 암브로시우스에게 밀라노 교회당의 하나를 아리우스파 사람들에게 양도할 것을 요구하고 무력으로 위협했다.

암브로시우스는 정치적 탄압을 두려워하지 않고 저항하다가 성당 안에 갇힌 채 정부군에 의해 포위되었다. 모니카도 그 안에 있었다. 주교는 성당 안에서 신도들과 함께 머물면서 굴복하지 않고 탄압에 끈기 있게 저항하여, 결국 정부의 강인한 요구를 철회시켰다. (385)

흥분 속에서 사건의 경과를 주시하고 있던 밀라노의 시민들은, 이때 성당 안에서 흘러나오는 힘찬 찬미가 합창 소리를 듣게 되었다. 암브로시우스는 동방교회의 습관에 따라 시편이나 찬미가를 합창할 것을 촉진했을 뿐 아니라, 그 스스로도 시를 지어 신도들에게 노래하게 했다. 이로 말미암아 그는 서양 교회 음악의 아버지라고도 불린다.

암브로시우스가 로마에서 이교 여신의 제단 회복을 둘러싸고 심마쿠스와 논쟁했던 일에 대해서는 이미 앞에서도 언급했다. 암브로시우스는 당시의 출중한 로마황제 테오도시우스 1세가 테살로니카에서 잔혹한 살육을 저지른 것을 알고 그에 대해 예언자처럼 분노했다. 그리고 황제가 교회의 일원으로 참석하여 성찬 의식을 받는 것을 단호하게 거부하고, 그에게 참회할 것을 엄하게 촉구하기도 했다. (390) 이 사건도 주교 암브로시우스에 의해 대표되는 그리스도교의 힘을 일반 사회에 알리는 데 큰 역할을 했다.

암브로시우스의 설교

밀라노에 온 어머니 모니카는 열심히 교회에 다녔다. 모니카는 주교 암브로시우스를 경애하며 충만한 생활을 보내고 있었다. 그리고 아들을 위해 열심히 기도를 올렸다. 아우구스티누스도 암브로시우스의 설교를 듣기 위해 종종 교회를 방문했다. 처음에는 화술의 기교에만 관심을 보이며, 마니교의 교사 파우스투스의 웅변에 비해 뒤떨어진다는 등 비판적인 입장을 보였다. 그러나 서서히, 특히 그 거지와의 만남 이후 자신의 내적 반성에 눈을 뜨기 시작하자 암브로시우스의 설교는 새로운 울림으로 다가왔다.

아우구스티누스는 마니교의 영향으로, 성서는 모순으로 가득찬 것이라고 오랫동안 굳게 믿어 왔으며, 특히 구약성서는 허무맹랑한 것이라 생각하고 있었다. 그런데 암브로시우스는 설교 중에 자주 '문자는 죽이고 영은 살린다' 라는 바울로의 말 (^(고린토 인에게 보내는)
(두 번째 편지)3장 6절)을 인용하며, '문자 그대로 받아들이면 그릇된 가르침으로 보이는 부분에서 그 신비의 껍질을 벗겨 내고 영적인 의미를 꺼내 보였다.'(^(고백록)
제6권 4장 6절) 동방교회 교부의 신학에 정통했던 암브로시우스는 알렉산드리아 학파의 성서 이해 방법을 좇아, 비유적 해석을 취했던 것이다.

문자 뒤에 숨어 있는 영적인 의미를 찾고 그것을 명확하게 밝히는 설교는 아우구스티누스에게 깊은 감명을 주었다. 문자와 영혼, 말과 사물 본질의 관계에 대한 새로운 관점을 얻었다. 또한 '루카에 의한 복음서', '이삭에 대해', '야곱에 대해' 등의 설교를 밀라노에 체류하면서 듣게 되었다. 이들 설교에서 플로티노스의 사상과 공통된 부분이 인정되기 때문에 암브로시우스와 신플라톤주의와의 관계가 문제시된다.

어쨌든, 마니교의 교의에 현혹되어 성서에 편견을 갖고 있던 아우구스티누스는 새로운 기분으로 그리스도교를 접하게 되었다. 예전에 카르타고에서 본, 성서 해석을 둘러싸고 마니 교도들과 논쟁을 벌여 그리스도교 입장에서의 확고한 논리 전개로 승리를 이끌었던 에르피시우스를 떠올렸다. (^(고백록)
제5권 11장 21절) 또한 자신의 재산을 가난한 사람들에게 나누어 주고 검소하고 금욕적인 생활을 하며, 깊은 학식과 열렬한 신앙만으로 사는 주교 암브로시우스가 마니교의 교사들보다도 더욱 신뢰할 만하다고 생각하기 시작한다.

이때부터 아우구스티누스는 자발적으로 성서를 읽기 시작했다. 그는 암브로시우스로부터 개인적으로 성서를 배우고 그리스도교에 대한 가르침을 얻기를 바라며 몇 번이나 교회를 방문했으나, 그가 손님과 대화하거나 혼자 조용히 독서하거나 (^{고대에는 음독이 일반적}
이었으나 그는 묵독을 했다) 기도하는 모습을 보면, 이야기할 기회를 놓치고 허무하게 집으로 돌아왔다. 그럼에도 때때로 마주하는 암브로시우스의 기도와 독서에 잠겨 있는 모습은 아우구스티누스에게 잊을 수 없는 인상

주교 암브로시우스의 설교를 듣는 아우구스티누스와 어머니 모니카

을 남겼다. 그 활동적이던 교회 정치가와는 또 다른, 경건한 주교로서의 일면을 보게 된 것이다.

(2) 신플라톤 철학과의 만남

신플라톤파의 책들

밀라노는 궁정 소재지로서 정치적으로 중요했을 뿐 아니라 문화적으로도 주목할 만한 곳이었다. 동쪽의 콘스탄티노플에 비견할 수 있을 만큼, 그리스의 사상과 문화를 라틴 어 세계에 이식하려는 노력을 기울이고 있었기 때문이다. 이러한 지적 풍조 속에서 신플라톤 철학이 전해졌으며, 제노비우스, 헤르모게니아누스, 케레시니스, 테오도루스 등이 그 가르침에 공명했다. 이 그룹에는 그리스도교 관계자인 심플리키아누스와 암브로시우스도 속해 있었다.

386년 5월 경, 아우구스티누스는 수사학자인 테오도루스의 추천으로, 마리우스 빅토리누스가 라틴 어로 번역한 '(신)플라톤파의 서적'^{(《고백록》}_{제7권 9장 13절})을 읽었다. 이것이 어떤 책인지에 대해서는 학자들 사이에서 의견이 갈라지지만, 플로티노스의 《에네아데스》의 일부와 포르피리오스의 작품이었음은 확실하다.

아우구스티누스의 초기의 대화편에 플로티노스의 이름이 나오는 것으로 보아(《행복한 생활》 1장 4절, 《아카데미아파 비판》 제3권 18장 41절) 그가 《에네아데스》를 알고 있었음은 틀림없다. 구체적인 부분에 대해서는 결정할 수 없으나 최근의 연구 성과에 근거해 종합하면, 제1권 6편(미에 대해), 제5권 1편(세 개의 원리적인 것), 제3권 2편(신의 섭리에 대해), 제4권 3편(영혼에 대해), 기타 제5권 5편, 제6권 4편, 제6권 5편 등이었다고 할 수 있다. 플로티노스의 저작뿐이었다고 생각(P. 앙리, W. 테일러)하기보다는, J. 오메라가 말한 것처럼, 포르피리오스의 《영혼의 귀환》 같은 문서까지도 읽었다고 보는 것이 좋겠다.

여기서 중요한 것은 밀라노에서의 신플라톤주의는 그리스도교화되어 있었다는 사실이다(P. 크루셸, A. 솔리냑). 이는 P. 애드가 주장하는 것처럼, 플로티노스의 라틴 어 번역자인 빅토리누스가 성서를 신플라톤적 의미로 이해하고 있었기 때문인지도 모른다. 따라서 아우구스티누스가 플로티노스에게서 성서와 공통된 점을 발견한 것도 전혀 이상할 것이 없다(《고백록》 제7권 20장 26절). 그가 들었던 암브로시우스의 설교는 그 용어와 표현, 사상 등이 신플라톤주의와 유사함이 지적되지(크루셸)만, 이는 밀라노에서의 그리스도교가 신플라톤주의의 영향을 강하게 받고 있었던 증거라 할 수 있다.

그럼 문제는, 이러한 신플라톤파로부터 아우구스티누스는 무엇을 배웠는가이다.

신플라톤파의 가르침

아우구스티누스는 지금껏 마니교의 영향으로 가시적, 형체적 존재밖에 믿지 않았으나, 신플라톤주의로 인해 불가시적, 비형체적인 것의 존재를 생각하는 길이 열렸다.

인간은 육체를 소유하고 있으므로 물질적 존재이기는 하나, 동시에 이성과 영혼을 지니고 있으므로 물질을 초월한 것에 대해서도 사유할 수 있다. 진(眞)·선(善)·미(美), 가치나 행복 등이 그것이다. 물질적인 것은 변화하지만 비물질적인 것은 불변한다. 변화하지 않는 것은 변화하는 것보다 우수하다고 신플라톤파는 설명한다. 따라서 진정한 존재는 변하지 않는 것, 영원하고 완전한 것이다.

그러한 것이 존재하는 세계를 '이데아계'라 부르며, 그 안에서 최고 선, 미 자체, 영원한 존재 자체, 만물의 근원은 신으로

〈바울로의 편지〉를 읽고 있는 아우구스티누스

간주된다. 신은 유일자라고도 불린다. 이 세계의 창조자이며, 영적 존재로서 스스로 현상계로 흘러나와 인간의 영혼과 교류한다. 물질적 세계에 매어 있는 인간은 신으로부터 빛을 받아 영적 세계에 눈을 뜨고, 그 영혼은 물질계에서 예지계(叡智界)로 올라가 마지막으로 유일자와의 신비적인 결합에 이른다. 이 결합은 인간이 진정한 자기로 돌아가는 것을 의미하며, 인간에 있어 최고의 기쁨이자 행복이다.

아우구스티누스는 신플라톤주의에 의해 마니교의 유물론을 극복하고 영적 세계와 신의 존재에 대한 새로운 인식을 얻었다. 게다가 그것은 교회에서 들

었던 그리스도교의 가르침, 복음서나 바울로의 글과도 유사했으므로 그의 관심을 불러일으켰다.

그런데 악의 문제에 대해서는 어떻게 생각해야 좋을까. 신플라톤주의는 그리스도교와 마찬가지로 신은 최고선, 가장 높은 존재, 만물의 근원이며, 따라서 그러한 신에 의해 창조되고 존재하는 것은 모두 선하다고 이해한다. 만약 이 세계에 악이 존재한다면 신의 위업은 불완전한 것이 되며, 신은 전능하지도 선하지도 않게 된다.

그러나 세상에는 현실적으로 악이 존재하고 있기 때문에 그 악의 기원이 문제가 된다. 신플라톤주의의 가르침에 의하면, 존재하는 것은 모두 선이므로, 만약 악이 존재한다 해도 그것은 존재하기 때문에 선이라는 이야기가 된다. 따라서 악은 비존재라 생각하지 않을 수 없다. 즉 악은 존재하지만, 그것은 실체로서 존재하는 것이 아니라 선이 결여된 것으로 이해하는 것이다.

악의 문제에 대해 더욱 주목할 부분은, 아우구스티누스가 신플라톤주의를 통해 불의의 원인을 꺾인 의지 속에서 찾도록 배웠다는 점이다.

'나는 무엇이 불의인지 물었다. 그리고 그것은 실체가 아니라, 최고의 실체인 신, 바로 당신에게 등을 돌리고 저급한 것으로 추락하여 내적인 자기를 버리고 외부를 향하는 박약한 의지와 다름없음을 알았다'^(고백록 제7권 16장 22절)고 쓰여 있다. 이 견해는 《에네아데스》 제5권 1편의 내용과 유사함이 종종 지적되지만, 아우구스티누스의 죄에 대한 이해의 근본임은 틀림없다.

이처럼, 아우구스티누스는 신플라톤주의의 가르침을 접하고 몇 가지 문제에 대해 새로운 각도에서 해결의 길을 찾게 되었다. 그리고 바울로를 읽고, ^(고백록 제7권 21장 27절) 신플라톤파의 여러 서적을 통해 더욱 많은 배움을 얻는다. 이때 그는 신플라톤주의와 성서의 교리 사이에는 조화뿐 아니라 상이한 점도 있음을 깨닫게 된다. 그가 말하길, '그 책 속에는 표현은 다르지만 내용적으로 완전히 같은 부분이 수없이 다양한 논거에 의해 납득되도록 서술되어 있다. ^(같은 책 9장 13절) 그러나 예수의 성육신에 관한 기술은 찾을 수 없었다.

지적 회심

신플라톤파의 서적은 아우구스티누스에게 영적인 존재를 가르치고, 마니교적 선악이원론을 극복하게 하고, 불변하는 영원한 진리에의 탐구를 촉진시킨 것만이 아니었다.

아우구스티누스는 자신에게 되돌아가는 것, 자기의 내면 깊숙이 들어가는 것, (같은 책 10장 16절) 그리고 영혼을 지나 지성적 자기 인식에 이르며 빛에 의해 불변하는 존재 자체를 아는 것, (같은 책 17장 23절) 즉 신플라톤적인 의미 (플로티노스 《에네아데스》 제5권 1편 1절, 동 11절, 제6권 9편 4절 참조) 에서의 회심(回心 : 마음을 돌이켜 먹음)을 경험한 것이다. 그러므로 많은 학자들이 지적하는 것처럼, 《고백록》 제7권에 묘사되어 있는 것은 아우구스티누스의 지적 회심이라 봐도 좋을 것이다. 그리고 이 회심이 그의 인생에 있어 결정적인 의미를 가짐은 말할 필요도 없다.

그러나 지적 회심만으로는 충분하지 않았다. 신플라톤 철학에 의한 회심은 아우구스티누스에게 영적 존재에 대한 새로운 인식과 신비적 체험을 야기했으며, 그로 인해 그의 내면에 순수한 행복을 부여했다. 그러나 그의 현실에 작용하여 변혁시키고 새로운 생활 자세를 다지게 할 정도의 힘은 없었다.

이는 성서를 읽고 내용을 이해하는 것이 그 가르침에 따라 실제로 생활하는 것과는 다르며, 신의 영적 존재를 아는 것과 신을 믿고 살아가는 것이 같지 않고, 또한 악의 본성과 기원을 이론적으로 파악하더라도 악에서 벗어날 결심을 하느냐 마느냐는 다른 문제임과 마찬가지이다.

바로 이런 의미에서 아우구스티누스에게는 남겨진 과제가 있었다. 이는 그의 모든 존재를 걸고 맞붙어 해결해야만 하는 것이었다. 그것은 바로 생활 방식을 전향하느냐 마느냐라는 확실한 결단에 관계된 문제였다.

6. 회심

(1) 회심의 경과

《고백록》의 기술에 따르면, 아우구스티누스의 회심은 세 가지 단계를 거쳐 달성되었다.

먼저 제6권에 암브로시우스의 설교를 통해 얻은 성서에 대한 개안(開眼 : ^{그러나 여전히 변하지 않는} 정욕에 탐닉하는 생활), 다음은 제7권에 있는 신플라톤파의 서적으로 인한 지적 회심 (그러나 성육신 예수에 대한 무이해와 겸허한 태도의 결여), 그리고 제8권에 있는 도덕적·영적 회심(모범적 회심자의 예와 사도 바울로의 편지에 의한)이다.

이 마지막의 영적인 회심이 어떻게 일어났는지, 그 외적 내적 경과를 아우구스티누스는 다음과 같이 회고하면서 서술하고 있다. 그가 뒤에 추가한 해석에 속하는 부분은 따로 다룰 것이므로 지금은 제외하고, 여기서는 당시 중요했던 포인트 몇 가지만 찾아보려 한다.

심플리키아누스를 방문하다

386년의 여름, 아우구스티누스는 개인적인 고민을 상담하기 위해 철학과 신학에 정통한 학구파이자, 깊은 신앙과 뛰어난 인격으로 사람들로부터 존경받았던 인물인 심플리키아누스를 방문했다.(《고백록》제8권 1장 1절, 암브로시우스〈편지〉65, 67)

이때 아우구스티누스는 이미 불멸의 실체에 대한 확실한 인식을 갖고 마음속으로 구원을 갈망하고 있었으나, 생활면에서는 명예, 금전, 욕망, 여성 등의 문제에 얽매여 뜻과 현실의 모순에 고뇌하고 있었다. 정신적 편력과 세간의 유혹에 사로잡힌 생활을 털어놓자, 심플리키아누스는 빅토리누스의 회심담을 이야기하기 시작했다.

"마리우스 빅토리누스는 로마에 사는 우수한 수사학자로, 그리스 철학자의 서적을 라틴 어로 번역하거나 철학적 활동을 하는 유명한 학자였다. 그는 오랜 세월 동안 우상 숭배자였으나, 언젠가부터 성서를 읽고 그리스도교의 연구에 전념하게 되었다. 그러나 마음속으로는 신앙인이 되는 것에 동의해도, 실제로 결심을 굳히고 교회에 참가하며 그리스도교인이 되려고는 하지 않았다.

아우구스티누스와 심플리키아누스
파비아의 산 피에트로 성당에 있는 관의 부조 일부

그것은 그가 성서 앞에서 완전히 겸허해질 수 없었기 때문이다. 그러나 마침내 결심했다. 그는 세례를 지원하고, 세간에서 그의 회심을 수군거리며 지켜봄에도 불구하고, 많은 사람들 앞에서 확신을 품고 진실한 신앙을 공개적으로 고백했다. 그 후, 그는 로마의 전통적 종교·문화를 중시하는 율리아누스 황제가 그리스도 교도의 교사 활동을 법령으로 금지 (362) 했으므로, 수사학 교사를 그만두고 성서와 신학의 연구에 몰두했다." $\binom{\text{〈고백록〉 제8권}}{\text{2장 3절~6절}}$

빅토리누스의 회심담을 들은 아우구스티누스는 그를 본받고 싶다는 생각을 하게 된다. 로마의 수사학자는 신에게 되돌아갈 기회를 발견한 행복한 사람이라 생각했다. 그럼에도 불구하고 아우구스티누스는 오랫동안의 나쁜 생활 습관에서 벗어날 수 없었다. 이것은 어쩌면 모든 인간에게 있어 가장 어려운 일일 것이다. 인간은 그리 쉽사리 변하지 않는다. 게다가 아우구스티누스의 경우, 진심으로 변하려는 강력한 의지가 아직 없었다. 회심할 때 '인간의 내면에서 무엇이 일어나는 것일까'(같은 책 1장 6절), '영혼의 속에서 무엇이 일어나는 것인가'(같은 책 1장 7절) 하고 아우구스티누스는 묻는다.

심플리키아누스와 이야기를 나눈 후에도 그는 수사학 교사 일과 궁정 관계자와의 교제에 쫓겨 아주 바쁜 일상을 보내고 있었으나, 가슴의 통증은 점차 커졌으며 답답한 심정은 무거워만 갔다. 교회로 발을 옮겨 암브로시우스의 설교에 귀를 기울이거나 스스로 사도 〈바울로의 편지〉를 펼치고 열심히 읽어보기도 했다. 그리고 거기서 신플라톤파의 책과 일치하는 내용을 발견하고 기뻐하거나, 어릴 적 모니카에게서 배운 신앙을 떠올리기도 했다. (아카데미아파 비판 제2권 2장 5절)

폰티키아누스의 이야기

그러던 어느 날, 아프리카 출신으로 궁정 고관의 지위까지 오른 폰티키아누스가 아우구스티누스와 알리피우스를 찾아왔다. 그는 이야기를 나누던 중에 집주인의 테이블 위에 성서가 놓여 있는 것을 발견하고 깜짝 놀란다. 폰티키아누스는 열렬한 그리스도교 신도였다. 이 같은 고향의 지인은 이집트의 은둔 수도사 안토니우스의 이야기를 시작했다.

안토니우스(251~256)는 신의 가르침에 따라 모든 것을 버리고 세속을 떠났다. 그는 황야에서 20년에 이르는 고독한 금욕 생활로 심신을 단련한 뒤, 뜻을 같이하는 사람들과 함께 수도 생활을 시작했다. 이것이 수도원의 기원이며 안토니우스는 '수도원의 아버지'라 불린다는 설명과 함께 밀라노에도 암브로시우스가 창설한 수도원이 있음을 알려 주었다.

또한 폰티키아누스는 정통 신앙의 옹호자인 아타나시오스가 쓴 《안토니우스전》(370년 경 라틴 어로 번역)을 우연히 구하여 읽고, 트릴에 사는 '회심'한 그의 두 친구의 이야기를 화제로 삼았다.

그들은 로마제국의 비밀조사관 자리에 있었다. 두 사람은 죄의 유혹과 싸우고 영혼의 구제를 갈망하며, 사람들에게 신의 말씀을 전함과 더불어 스스로 수도의 이상 실현을 위해 노력한 안토니우스의 생애에 감동받았다. 그리고 무엇을 위해 일하는가, 무엇을 목표로 사는가를 자문하면서 안토니우스의 생애를 읽어가던 그들은 내면의 변화를 느꼈다. 정신에 있어 무엇이 중요

한가를 깨닫고, 마침내 신을 섬기며 살아가기로 결심을 한다. 《고백록》 제8권
6장 14절~15절

자신을 주시하다

폰티키아누스의 이야기를 듣고 아우구스티누스는 자신의 모습에 눈을 돌렸다. 자신으로부터 도망가려 하는 자신을 느끼고 자기 자신과 직면하도록 노력했다. 그는 자신을 주시하며 '자기 자신에게 돌아갔다.' 《고백록》 7장
16절, 18절

그는 자기의 행보를 회고한다. 키케로의 《호르텐시우스》를 읽고, 정신을 고양시키고, 지혜를 사랑하고, 진리를 추구했다. 불안한 영혼의 편력을 시작한 지 12년 동안 미신과 회의에 이끌리고 육신의 쾌락에 취했으며, 명예를 추구했다. '학문은 있으되 마음은 없는' 《고백록》 생활의 연속이었다. 아우구스티누스의 내면은 다시 동요했고, 생각은 집중되다가도 흩어졌다.

오랜 세월 나쁜 습관의 고리에서 벗어나고 싶은 마음, 새로운 걸음을 내딛기를 원하는 마음, 그리고 그것을 방해하려는 의지, 세속의 쾌락을 그리워하는 몸과 마음……. 아우구스티누스의 내면에는 뒤로 되돌아가려는 의지와 앞으로 나아가려는 의지, 이 세상에 집착하려는 의지와 신을 향하려는 의지가 격렬하게 다투기 시작했다. 그것은 바로 내면의 자신과의 싸움이었다.

아우구스티누스는 고독하고 힘겨운 싸움을 계속하기 위해 정원으로 나와 나무 밑에 몸을 기댔다. 자신의 참담한 상황이 차츰 보이기 시작했다. 오랫동안 욕망을 이기려 하기보다 즐기기를 원했다. 영혼의 깊은 곳에 숨어 있는 자신의 추한 모습을 끌어내어 그 실체를 마주하자 정신이 혼미해지고 눈물이 흘러넘쳤다. 어째서, 지금 여기서, 모든 것을 끊고 새롭게 살아갈 결심을 하지 않는가. 번민으로 마음이 요동쳤다. 그때, '정원'에서 놀고 있는 아이들의 맑은 노랫소리가 들려왔다. '들고 읽어, 들고 읽어.' 아우구스티누스는 서둘러 방으로 돌아가 성서를 손에 들고 읽었다. 그곳에는 '낮에와 같이 단정히 행하고 방탕과 술 취하지 말며, 음란과 호색하지 말며, 쟁투와 시기하지 말고, 오직 주 예수 그리스도로 옷 입고, 정욕을 위하여 육신의 일을 도모하지 말라.' 《로마 인에게 보내는 편지》 13장 13~14절 아우구스티누스의 마음은 떨렸으나 이윽고 진정되었다. 아련한 빛과 평안이 비쳐 들었다.

이상은 아우구스티누스 자신이 《고백록》 제8권 7장 16절부터 12장 29절까지 기록한 문장을 단편적으로 추린 회심의 경과이다. 386년 8월 초, '밀라노의 정

원'에서 32세의 아우구스티누스는 그리스도교 신앙에 입문할 결심을 했다.

(2) 회심의 해석

회심의 문제점과 연구 동향

당시의 아우구스티누스의 회심 체험과 《고백록》에 나타난 회심의 기술 내용을 둘러싸고, 많은 학자들이 종교심리학, 문학, 철학, 신학 등의 입장에서 다양한 해석을 시도하고 여러 흥미로운 견해를 제출하고 있다. 여기서 그 문제점과 연구의 동향을 간단히 정리해 보고자 한다.

하나, 《고백록》의 기술은 역사적으로 신뢰할 수 있으므로 아우구스티누스는 386년 여름 그리스도교로 회심했다. 이러한 견해를 취하는 이는 다음과 같다. F. 웰터, J. 마르탕, P.L. 포르타리에, W. 몽고메리, Ch. 보와이에, P. 몽소, P. 라브리올, J. 마우스바흐, K. 홀, J. 네르갈, P. 가르디니, G. 마톤 외.

둘, 밀라노 사건에서 14년 후, 교회의 주교라는 입장에서 정리된 《고백록》의 회심에 대한 기술은 회심 직후에 집필된 문서의 사상 내용과 현저한 차이를 보인다. 후자에 의하면 아우구스티누스는 그리스도교가 아니라 신플라톤 철학으로 회심하고 있다.

A. 하르나크와 G. 보와시에가 각각, 그러나 같은 1888년에 이 점을 지적한 이래 《고백록》의 아우구스티누스가 아닌 초기 대화편에 나타난 아우구스티누스의 모습에 역사적 가치를 인정하는 경향이 강해졌다. 이하의 사람들이 이에 찬성의 뜻을 표명하고 있다. L. 구르돈, O. 쉘, W. 팀메, H. 베커, P. 아르파리크, P. 앙리, A. 로프스, W. 테일러, F. 마세 외.

아우구스티누스가 그리스도교로 회심한 시기에 대해서도 391년, 396년, 400년 등으로 의견이 분분하다. 또한 아우구스티누스가 접한 것이 플로티노스냐 포르피리오스냐 하는 의논도 있다. 앙리는 플로티노스라 보며 R.R. 오카넬도 입장은 다소 다르지만 이를 지지하고 있다. 테일러는 포르피리오스쪽이라 주장하고 J. 오메라도 이 의견을 중시한다. 단, 그들 간에도 반드시서로를 배제하지는 않는다. 또한, 아우구스티누스는 두 가지를 다 읽었다는

밀라노의 정원에서의 회심 장면
아우구스티누스 뒤에 서 있는 이는 알리피우스이다.

주장도 있으며, 이것이 가장 타당하고 하겠다.

셋, 아우구스티누스의 회심은 그리스도교로 향한 것인가, 신플라톤 철학으로 향한 것인가. 아우구스티누스 학자를 이분하고 있던 이 양자택일적인 논의는 1950년에 공개적으로 간행된 P. 크루셀의 《고백록》 연구로 극복되어 새로운 해결을 모색했다.

크루셀은 암브로시우스 설교의 문헌학적 분석을 통해, 아우구스티누스가 밀라노에서 암브로시우스를 통해 접촉한 것은 플로티노스적 그리스도교였음을 밝혀냈다. 이 점에 관한 크루셀의 연구 성과는 오늘날 가장 널리 인정받고 있다. J.M. 르 블롱, F. 폴리아니, M. 시아카, A. 만두스, R. 로렌츠, A. 솔리냑, R. 오르트, R.R. 오카넬, J. 오메라, J. 페펜 등이다.

신플라톤 철학과 그리스도교가 어떤 형식으로 결합해 있었는가에 대해서,

크루셀, 솔리냑, 오르트 등은 밀라노에 신플라톤 철학을 가까이하던 지식인 그룹이 있었던 점, 이른바 '밀라노 서클'의 존재에 주목한다. 여기에 암브로시우스, 플로티노스의 라틴 어 역자 빅토리누스의 친구 심플리키아누스, 아우구스티누스에게 《에네아데스》를 빌려 주었다고 생각되는 테오도루스 등이 속해 있었다고 본다.

오카넬은 《고백록》 및 초기 문서에 있어서의 아우구스티누스의 사상은 플로티노스의 인간관과 관련시켜 이해해야 한다고 제창한다. 아우구스티누스의 회심은 인간의 혼의 타락과 신에게의 귀환이라는 신플라톤적 도식, 즉 G.N. 크나웰이 밝힌 〈혼의 편력(Peregrinatio animae)〉이라는 도식에 성서를 재료로 살을 붙인 것이라 보고 있다.

이상의 개관에서 알 수 있듯이, 아우구스티누스의 생활과 사상에서 가장 중요한 사건인 회심을 둘러싸고 다양한 해석이 이루어져 왔으나, 오늘날에는 적어도 다음의 두 가지에 의견이 대부분 일치한다. 먼저 《고백록》에 기록되어 있는 것처럼 아우구스티누스의 회심은 386년에 일어난 점, 다음으로 그 회심은 신플라톤 철학의 영향을 받은 그리스도교를 향한 것이었다는 점이다.

회심 직후의 저작

우리도 이러한 의미에서 아우구스티누스의 회심을 이해하려고 한다. 그리고 이를 내용적으로 확인하기 위해 회심 직후의 저작을 간략히 살펴보도록 하자.

Ⅰ. 《행복한 생활》($^{386년}_{11월}$)에 아우구스티누스가 스스로의 정신적 행보를 회고하고 있는 부분이 있다. 그 내용을 조목별로 정리해 보자.

1장 4절. (1)키케로의 《호르텐시우스》에 의해 사랑과 지혜의 마음을 불태우고 철학을 목표로 나아가고 싶다고 생각했다. (2)마니교의 미신에 붙들렸다. (3)아카데미아파 사람들과 교류했다. (4)암브로시우스의 설교를 듣고 영적 실존인 신과 영혼에 대해 배웠다. (5)여자와 명예에 현혹되어 철학에 심취하기를 주저했다. (6)신플라톤파의 책을 읽었다. (7)신의 깊은 뜻을 전하고 있는 사람들의 권위를 알고 도움을 요청한다. (8)가슴앓이를 하다. (9)수사학 교사 직을 사임한다. ⑽영혼이 동경하는 안식을 찾아 새 출발할 것을 결심한다.

Ⅱ.《아카데미아파 비판》(386년/11월)
제2권 2장 4절. 회심 후 옮겨 살았던 카시키아쿰 산장에서의 내적 상태에 대해—(1)욕망의 속박에서 탈출했다. (2)무거운 짐을 버리고 자기로 돌아가기 시작했다. (3)진리 탐구에 열중하며, 진리를 발견하고 최고의 규범에 도달함을 확신하고 있었다.

Ⅲ. 같은 책 2장 5절. (1)철학을 추구하고 있다. (2)자기 자신으로 돌아갔다. (3)어릴 적 마음속에 심어져 있던 그리스도교로 돌아갔다. (4)사도 바울로의 편지를 읽었다. (5)바울로와 신플라톤파의 가르침은 대립하지 않는다.

Ⅳ. 같은 책 9장 22절. (1)인생, 도덕, 정신에 관한 문제가 중요하다. (2)정신에 의해 진리를 파악할 수 있다. (3)자기의 기원으로 되돌아가다. (4)나를 지배하는 하늘로 돌아가다.

Ⅴ. 같은 책 제3권 20장 42절. (1)지혜의 탐구에 전념했다. (2)아카데미아파를 접했다. (3)지혜를 배우기 위해 권위와 이성의 힘이 존재한다. (3)그리스도의 권위에서 멀어지지 않을 결심을 한다. (5)신플라톤파의 설교는 그리스도교의 오의(奧義 : 깊은 뜻)와 모순되지 않는다.

Ⅵ.《질서론》(386년/11월)
제2권 5장 16절. (1)인간은 곤혹스러워지면 이성이 권위에 순종한다. (2)진정한 철학은 만물의 원리, 인간의 구원에 대해 가르친다. (3)숭배할 만한 오의는, 만물의 원리는 전능한 유일신, 부(父)·자(子)·성령의 삼일신(三一神)임을 가르친다. (4)신앙은 인간을 자유롭게 한다.

Ⅶ.《믿음의 효용》(391~393)
서(序) 5절. (1)어릴 적 양친에게서 그리스도교의 가르침을 받았다. (2)마니교의 설교를 들었다. (3)일찍이 교회의 그리스도교 신도였다. (4)오랫동안 구하고 찾다 지쳐도, 다시 그리스도교를 열심히 갈구했다. (5)구제의 희망을 얻었다.

Ⅷ. 같은 책 8장 20절. (1)진정한 종교를 계속하여 추구했다. (2)무엇을 지니고 무엇을 포기해야 하는지 망설였다. (3)마니교의 가르침을 접했다. (4)아카데미아파의 입장에 동조했다. (5)진리 탐구의 방법은 종교적 권위에서 얻어야 함을 깨달았다. (6)암브로시우스와 만났다. (7)성서 연구를 시작했다. (8)모친이 알려 준 교회에 들어가 세례 지원을 위해 머물기로 결심.

위에 열거한 8곳은 아우구스티누스의 회심 후의 심정을 알기 위한 중요한 자료이다. 단 이 중에 Ⅶ과 Ⅷ은 그가 아프리카로 돌아가 히포 레기우스 교회의 사제로 서품되고 난 후의 것이므로 성격이 다르지만 일단 참고 자료로 열거해 보았다.

회심―《고백록》과 초기 저작의 비교

그런데 이러한 내용을 읽어 보면, 밀라노 정원(庭園)에서의 회심을 직접 언급하는 부분이 없음을 알 수 있다. 그러나 열거한 상황은 모두 후에 나오는 《고백록》의 회심 묘사와 내용적으로 공통된 면이 많다. 따라서 초기의 저작은 아우구스티누스의 회심이 일어난 사실을 뒷받침한다고 보아도 좋을 것이다.

《고백록》에서의 회심에 관한 기술과 위의 초기 대화편 사이에는 공통점뿐만 아니라 상이점도 적지 않다. 그 예로, 후자에서는 빅토리누스와 암브로시우스의 이름을 찾을 수 없다. 그 정원에서의 내면의 갈등극, 어린아이의 노랫소리도 적혀 있지 않다. 그리고 이러한 상이점은 《고백록》의 묘사가 문자적 허구를 포함하고 있음을 암시하는 것으로 받아들일 수도 있다. 밀라노 사건으로부터 14년이 지난 후의 아우구스티누스가 카시키아쿰의 아우구스티누스가 아닌 것만은 확실하다.

그는 회심을 비롯한 자기의 반생을 이야기하면서, 일정한 시점 혹은 사상을 기초로 고찰을 추가하여 구성하고 있다. 예를 들어, 회심 이야기는 자기 죄의 깊음, 결단의 어려움, 모범의 등장, 성서 낭독, 결심, 치유라는 문학적 구조를 지니고 있다. 그리고 이것은 체험의 조직화, 생애의 범례화, 회심의 전형화라는 의도를 따르고 있기 때문이라 생각해도 좋을 것이다.

그럼 밀라노 정원에서의 회심극은 모두 픽션인가 하면 그렇지는 않다. 아우구스티누스는 실제로 모범을 따라 즉 빅토리누스를 본받아 신앙 고백을 결심하고 수사학 교사직을 그만두었다. 또한 안토니우스 및 다른 수도사를 본받아 세속을 떠나 금욕 생활

수도원 수도자 독방에서 저작에 힘쓰는 아우구스티누스

을 시작했다. 아우구스티누스는 회심 후에 밀라노 교외로 떠나 친한 사람들과 수도원적 공동 생활을 시도한 후, 387년에 세례를 받았다. 그리고 그때 밀라노에서는 물론 다음 해인 388년에 다시금 로마에 체재했을 때에도 수도원을 방문하여 그 생활 양식을 현지에서 직접 견문했다. 그리고 아프리카로 귀향한 후에는 타가스테와 히포 레기우스에 수도원을 설립하고 스스로도 그 안에서 일생을 보냈다.

이런 의미에서, 비록 초기 대화편에 언급되어 있지 않다 하더라도 아우구스티누스의 회심에 대한 안토니우스의 영향은 매우 컸다. 아우구스티누스가 세속의 직업을 사임한 것은 병이 원인이었을 수도 있으나, 그보다도 철학적 사색과 금욕 생활을 실천하려는 의도가 강했음이 틀림없다. 아우구스티누스의 회심을 수도원을 향한 것이라고 보는 시선도 반드시 틀렸다고는 할 수 없을 것이다.

어쨌든 아우구스티누스 자신이 스스로의 회심을 '신체의 더러움과 부정', 악과 오류에서 멀어져 선으로, 신을 향하는 것이라 이해하고 있음을 잊어서

는 안 된다.

회심과 신플라톤 철학의 영향

한편, 아우구스티누스의 회심이 신플라톤 철학과 결합한 그리스도교를 향한 것이었다는 점은, 초기의 저작은 물론 《고백록》에서도 명확하게 알 수 있다.

또한, 회심 자체의 이해에서도 아우구스티누스에게는 신플라톤 철학과 그리스도교의 두 요소가 모두 인정된다. 그는 회심을 '철학의 품'으로 들어간다, '자기에게 돌아간다'고 부른다.

이로써 용어와 사상을 서로 공유하고 있음을 알 수 있다. 플로티노스는 '모든 외적인 것에서 몸을 빼내고 내면으로의 모든 회심'에 대해 말하며, 모든 사악함을 멀리하고 영혼의 안식처로 올라가는 혼의 회심을 주장하고 있다.

아우구스티누스는 철학과 그리스도교를 따로 구별하지 않으며, 이성과 권위가 함께 인간을 구원으로 인도하는 작용을 한다고 생각한다. 여기에도 그리스도교와 신플라톤 철학의 조화가 나타나 있다.

흥미로운 것은 《아카데미아파 비판》에서 '하늘로 돌아간다'라고 표현한 것에 대해, 아우구스티누스는 만년의 저작 《재고록》에서 '신에게'로 하는 편이 좋았을 것이라고 쓰고 있다. 그 이유는 혼이 죄의 심판으로 인해 하늘에서 떨어져 육신 속에 갇혀 있다고 생각하는 신플라톤 철학과 혼동되기 때문이라고 설명한다. 또한 388년에 나온 《혼의 위대함》 속에서 '자신에게로 돌아간다'고 쓴 것에 대해서도 마찬가지이다. 《재고록》에서는 '신에게 돌아간다'고 정정하고 싶다고 자기 비판적으로 기술하고 있다. 이는 모두 아우구스티누스의 당초의 회심 이해(回心理解)가 신플라톤 철학의 영향을 받았다는 증거라 할 수 있다.

회심의 의미

우리는 《고백록》에 의거한 아우구스티누스의 회심의 외적 내적 과정을 따라가며, 그 의미를 다양한 해석을 통해 살펴보았다. 그로 말미암아 그의 생애 자체에 대한 서술에서는 조금 멀어졌으나, 적어도 그의 생활의 일대 전환점이자 사상의 토대가 되는 회심에 대한 기본적인 고찰은 어느 정도 필요하다고 판단했기 때문이다.

덧붙여, 마지막으로 묻고 싶다. 한 인간이 회심한다는 것은 어떠한 의미를 지니는 것일까. 종교심리학자 W. 제임스의 절묘한 표현을 빌리자면 '회심하다……, 안심을 얻다 등의 표현은 지금까지 분열되어 있었으며, 자신은 틀렸고 하등하며 불행하다고 인식하고 있던 자기가 종교적인 실재자를 확실히 붙잡은 결과로 통일되어 자신은…… 행복하다고 인식하게 되는…… 과정……'을 나타낸다. 또한 회심했다는 것에 대해 제임스는 다음과 같이 말한다. '……인간의 의식 주변에 있던 종교적 관념이 그 중심된 장소를 점유하기에 이르는 것, 종교적인 목적이 그 인간의 에너지의 습관적인 중심을 형성하기에 이르는……' 것을 의미한다.

아우구스티누스의 경우, 자기의 내면을 마주하고 신을 지향하며 살아가기 위해 정욕의 습관에서 벗어났다. 그리고 암브로시우스의 설교와 신플라톤파의 서적에 인도되어, 마지막에는 어린시절 마음속에 심어져 있던 예수 그리스도로 돌아갔다. 살이 된 신의 말씀, 신플라톤파의 책에서 찾아낼 수 없던 예수 그리스도를 겸허하게 받아들이고 그 권위에 순종하며 그를 따라 새로운 걸음을 내딛게 된 것이다. 그 걸음은 방법적으로는 키케로를 통해 배운 진리 탐구였으며, 내용적으로는 신플라톤 철학과 그리스도교의 조화, 신앙적으로는 종래의 가톨릭 교회의 전통과 성서의 중시, 실천적으로는 수도원적인 경건한 생활이었다.

이것들을 본인의 인격과 생활, 사상에서 하나로 모으려는 것에서 회심 후 아우구스티누스의 새로운 걸음이 시작되었다. 그리고 그것은 '역사에서도 새로운 걸음'이었다.

7. 카시키아쿰에서 로마로

(1)산장에서의 공동 생활

카시키아쿰으로

아우구스티누스는 32세가 되자 인생의 큰 전기를 맞이했다. 오랜 사상 편력 끝에 하나의 결착점을 본 것이다. 그것은 외적으로나 내적으로나 우여곡절이 많고 시행착오적인 탐구 생활을 거듭해 온 결과였다.

그의 영혼은 가까스로 평온을 얻었다. 그러나 그의 육체는 길고 심각한 내적 싸움 끝에 쇠약해져 가슴앓이를 하고 있었다. 새로운 생활 방식의 시작과 건강상의 이유로, 아우구스티누스는 가을에 학교 휴가를 계기삼아 교사직을 사임할 결심을 했다. 그의 회심이 8월 1일쯤이라 하면 약 3주 후에는 휴가로 들어간다. 이제까지 해 온 일이라는 것이, 허무한 변설을 늘어놓고 말만 번지르르 하게 하는 것이었다. 이제 수사(修辭)의 기술을 파는 일은 더 이상 참을 수 없었다.

그리스도교 신앙을 수용하기로 태도를 명확히 밝힌 이상 거기에 모든 것을 거는 것이 당연하다고 생각되었다. 내년 봄에 대기하고 있는 세례의 준비와 병의 회복을 위해, 그리고 가까이에 있는 청년들의 교육을 어떠한 형식으로든 계속하기 위해 어딘가 다른 장소로 옮길 필요를 느꼈다. 다행히 지인인 베레쿤두스가 카시키아쿰에 있는 산장을 제공해 주기로 하였다.

카시키아쿰은 밀라노에서 북쪽으로 약 30km, 코모 호에서 겨우 18km 정도 떨어진 곳에 위치해 있었다. 그 장소에 대해서는 현재의 '바레제의 카시야고'와 '브리안자의 카사고'로 의견이 나뉜다. 나도 두 지역을 방문하여 조사해 보았으나 어디라고 정하기가 쉽지 않다. 굳이 말하자면, 브리안자의 카사고 쪽이었을 가능성이 높다. 이곳에는 로마 시대의 유적이 많이 있으며, 아우구스티누스의 기술과 일치하는 점이 많기 때문이다. 카사고에는 베레쿤두스의 산장 유적처럼 보이는 장소 근처에 1758년에 세워진 '아우구스티누스 기념교회당'이 있다. 또한 카시야고에도 마찬가지의 것이 세워져 있기는 하다.

동지와 함께

카시키아쿰에는 다음 사람들과 같이 갔다. 어머니 모니카는 밀라노에 와서 암브로시우스의 지도를 받아 더욱 신앙에 힘을 쏟았으며, 특히 아들의 신앙 입문 후에는 기쁨에 차 있었다. 모니카는 새로운 생활 터전에서 기거하는 사람들을 위해 가사를 담당하면서 아우구스티누스의 강의나 토론에도 자주 참가했다.

동료들에게 둘러싸인 아우구스티누스

이미 13세가 된 아들 아데오다투스도 밀라노에서 아버지의 회심을 목격하였다. 그리하여 스스로도 신앙을 고백하고 세례를 받을 날을 손꼽아 기다리고 있었다. 소년이 된 그는 아버지의 지도를 받아 학문을 쌓고 점차 재능을 계발해 가는 중이었다. 아우구스티누스의 동생이자 학생이기도 한 나비기우스도 이 그룹에 속해 있었다.

아우구스티누스의 동향인이자 최초의 제자이면서 친구이기도 한 알리피우스는 법률가로, 지방재무관의 고문을 맡고 있었으나 이때 기쁘게 동행했다. 그는 당시 관리라면 으레 따르기 마련인 다양한 수단에 의한 뇌물의 유혹에 지지 않고, 상반되는 입장의 사람들의 사회적 사상적 협박에도 굴하지 않는 고결한 정신의 소유자였다. 알리피우스는 아우구스티누스를 존경했으며, 밀라노 이후 함께 생활했고, 동시에 그리스도교 신앙에 입문하여 지금은 동지의 일원이었다. 산장에서는, 나비기우스와 함께 공동 생활을 위한 장보기 일을 담당하고 있었다.

리켄티우스와 트리게티우스라는 두 제자도 가담했다. 앞 사람은 아우구스티누스의 후원자인 로마니아누스의 아들로 감동하기 쉽고 활발한 성격이었으며, 뒷사람은 지성적으로는 예리하지 않으나 성실한 성격과 유머 정신이 풍부한 호인이었다. 이 두 사람은 스승 아우구스티누스와 함께 매일 로마의 국가적 시인 베르길리우스의 작품을 읽으며 공부를 계속했다. 그밖에도 소극적인 루스티쿠스와 얌전한 라스티니아누스 등도 아우구스티누스의 지도를 청하며 모여들었다. 둘은 그의 사촌들이다.

산장 생활

이들은 어떤 때는 숲 속의 나무 그늘에 앉아, 어떤 때는 부근을 산책하면서, 또한 욕장에서나 식사 중에도 다양한 문제에 대해 이야기하며 의견을 나누었다. 근처 농민들의 수확을 다 같이 거들기도 하고, 조금 떨어진 호수나 산, 들로 피크닉을 가기도 했다. 아무튼 이들은 기거를 함께하며 온화한 분위기 속에서 진지한 토론을 반복하고, 문학과 철학, 노동과 휴양, 교우 관계를 쌓고, 식사와 입욕, 그리고 기도와 찬미, 성서 연구도 빼놓지 않았다. 연령과 교육 정도는 물론, 성격과 관심도 다른 사람들이 아우구스티누스를 중심으로 모여 조용하고 알찬 나날을 보냈다. 이것이 산장의 생활이었다.

그런데 이 생활에 대해 E. 테셀은 '철학하기 위한 여가'로 보며 키케로가 장려한 철학적 생을 실천한 것이라 생각한다. 이에 반해, A. 신트라는 '그리스도교 생활을 위한 여가'라 해석한다. 또는 신플라톤주의자가 추구했던 '플라톤 향(鄕)'을 모방한 것이라 해석할 수도 있다.

'한가롭게 사는' 것은 고대 철학자들의 이상이었다. 아우구스티누스 자신도 이 표현을 즐겨 사용했다. 그리고 그럴 때마다 그가 바라던 것은 '자신에게 돌아가는' 것이었다. '자신에게 돌아간다'는 것은 신플라톤 철학의 중심 사상의 하나이며, 아우구스티누스도 거기서 배운 것이다.

그러나 그의 경우에는, 단순한 철학적 사색뿐 아니라 성서에서 배운다는 자세도 동시에 의도하고 있다. 그리고 실제로 아우구스티누스는—암브로시우스는 〈이사야서〉를 추천했으나 내용이 어려웠으므로—〈시편〉을 공부하며 기도에 마음을 집중시켰다.

카시키아쿰에서 얻은 수확

겨우 5개월에 불과한 카시키아쿰 체류였으나, 여기서의 공동 생활은 아우구스티누스의 생애 중에서 가장 조용하고 충실했던 시기라 할 수 있다. 19세에 키케로의 《호르텐시우스》에 촉발되어 사랑과 지혜의 정열에 마음 설렌 이래, 끊임없이 진리 탐구의 여행을 계속해 온 아프리카의 청년은, 여기서 처음으로 이성과 영혼의 휴식을 발견했다. 그의 지적 활동은 새로운 에너지를 얻은 것처럼 활발해졌으며, 공동의 생활과 사색, 토론을 통해 《아카데미아파 비판》, 《행복한 생활》, 《질서론》, 《독어록》이라는 4편의 아름다운 작품을 탄생시켰다.

386년 11월, 아우구스티누스의 32세의 생일(13일) 전후에 완성된 최초의 세 편의 대화집(독어록을 제외한 앞의 3종)을 읽어 보면, 대화 형식으로 저작되었다는 점이나 내용 자체에서도 그리스 철학의 영향을 받았음을 알 수 있다. 또한 키케로를 본떠서, 청년들에게 철학을 추천한다는 교육상의 목적으로 저술된 부분도 많다. 그러나 전체적으로는 회심 직후의 아우구스티누스에게 가장 중요했던 문제들이 다루어져 있다. 그는 신앙의 결단을 내리고 교회에 가입할 준비를 하고 있던 상황이었으므로, 어쨌거나 신앙적인 문제가 있었던 것은 아니라고 볼 수 있다.

그런데―아우구스티누스의 전 생애를 통틀어 말하자면―그에게 신앙이란 '나는 진정한 것이란 무엇인가에 대해 단순한 믿음에 의해서만이 아니라 이해를 통해서도 파악하고 싶다'는 그 자신의 말처럼, 단지 믿는 것에 머물지 않고 신앙 내용의 이해를 추구하는 것이다. 동시에 실생활 속에서 활용하고 체험해야 하며, 그 체험은 사색과 명상에 의해 더욱 깊어진다. 더욱, 다른 입장을 취하는 사상과의 대결을 시도하고, 자기 이해를 논리적으로 확립하려는 노력을 포함한다.

따라서 신을 믿고, 교회와 성서의 가르침이야말로 진리라고 생각하는 아우구스티누스에게는 자기의 입장을 반성하고 음미해 볼 필요가 있었다. 그리고 이러한 태도가 그의 회심을 일시적인 결심이나 감격으로 끝나는 것이 아니라, 언제나 현실 속에 살아 있으며 작용을 계속하는 신앙으로 깊어지고, 높아지고, 강화되었다고 할 수 있다. 그럼, 그는 무엇을 문제시한 것인가.

세 편의 저작 의도

여기서는 간단히 추려 아우구스티누스의 생애와 사상의 흐름 속에서의 위치를 명확히 밝히려고만 한다.

신만을 진리라 믿고 인식하며, 신앙적인 삶에서 행복을 찾는 그리스도교인은, 인간의 진리 파악을 의심하고 개연성에 기초한 생활 방식을 현명하다고 설명하는 사람들에게 어떻게 대처해야 하는가.

《아카데미아파 비판》에서는 이 주제를 다룬다. 회의주의자는, 인간은 현명하며 행복을 추구한다고 주장하면서도, 인간은 또한 아무런 확실한 진리도 알 수 없다는 입장을 취한다. 이에 대해, 진정한 지혜를 소유할 수 없다면 인간은 현명하지도 행복할 수도 없다고 반론한다. 그리고 그리스도교의 권위를 인정하고, 진리를 신앙 속에서뿐 아니라 이성에 의해서도 인식할 필요가 있다고 설명하며, 신과 인간에 관한 지식이 인간을 행복하게 하는 진정한 지혜라고 결론을 짓는다.

다음으로, 인간의 행복을 추구하는 노력은 실현되는가, 행복한 생활이란 어떠한 것인가라는 테마를 둘러싼 대화에서 《행복한 생활》이 편찬되었다. 인간은 누구나 행복을 추구한다. 은혜로운 신을 발견하고 소유하는 자는 진리를 가진 자이므로 행복하다. 신을 소유한 자는 그에 어울리도록 살아야 한다. 신은 그러한 사람에게 행복이 가득한 삶을 부여한다.

창조자인 신에 의해 만들어진 것이 모두 선이라면, 이 세계의 악이나 멸망하는 것의 존재는 어떻게 이해해야 하는가. 이 문제를 논한 것이 《질서론》이다. 그러나 이 책에서는 신의 섭리와의 관계에서 악의 문제를 생각하고, 악의 상대성과 그 신의 질서 내에서의 위치에 대해 설명하는 데 그쳤으며, 세계 속에 있는 악의 존재와 신의 질서 관계를 충분히 다루지 못하고 끝났다.

또 하나의 의도

이 세 저작에 실려 있는 대화가 회의주의와 마니교를 논박하려는 의도를 지니고 있음은 명백하다. 아우구스티누스는 스스로 관계를 맺었던 두 가르침에 대해 새롭게 선택한 그리스도교의 입장에서 검토를 시도하고 있으나, 반드시 성공적이었다고는 말할 수 없다.

왜냐하면, 첫째로 아우구스티누스 당시 성서나 그리스도교의 사상에 관해 잘 몰랐기 때문이며—성서의 인용이 매우 적음—또한 문제 자체가 어려웠다는 것도 하나의 원인이라 할 수 있다. 그러나 간과해서는 안 될 것은 바로 아우구스티누스의 정신적 상황이다. 그는 정말로 '나는 그리스도의 권위에서 결코 멀어지지 않을 것임을 확신하고 있다'고 말하고, 또한, '신을 소유하는 것은 ……행복이다'라고도 말한다.

그러나 387년에 친구 네브리티우스에게 쓴 편지에서, 자신은 행복하다고도 불행하다고도 말할 수 없다며 불안정한 심경을 전하고 있으며, 전해에 완성한 《독어록》에서는 '우리들이 알고 있는 것을 모두 알고 있지는 않다'고 말한다. 따라서 아우구스티누스는 스스로를 항구를 떠나 불안한 항로를 향해 노를 젓는 배에 비유한다. 파도치는 거친 바다 위에서 언제나 목표를 확인하며, 진중하고 끈기 있게 배를 젓는 것 이외에 방법이 없음을 자각하는 것이다. 믿으면서도 한편으로는 불안했기 때문에 '철학에 구원을 요청하는' 기분으로, 아우구스티누스는 대화편의 주제와 씨름한 것이다. 그러므로 굳이 논쟁 상대를 반박하는 것이 주요 관심이 아니라 오히려 스스로의 입장의 검토를 시도한 것이라 할 수 있다.

이러한 심경에서 쓴 것이 바로 《독어록》이다. 아우구스티누스는 언젠가 잠 못 드는 밤을 보낸다. 그 때 혼자 조용히 자기와 대화를 시작한다. 《재고록》에 의하면, '나는 나에게 질문을 건네고 내가 대답했다. 나는 혼자였으나 이성과 내가 둘 있는 것처럼' 느꼈으므로 이 책을 '솔리로키아(獨語)'라 명명했다고 설명하고 있다. 따라서 독백이면서 대화의 형식을 취하고 있다. 아우구스티누스가 자기 자신과 이야기 하는 자문자답인 것이다. 무엇에 대해서일까. 진리의 인식을 주제로, 신과 혼의 인식 문제에 대해 이야기하고 있다. 그것이 아우구스티누스가 혼자일 때 몰두한 문제였다.

이 책에는 진리 인식과 관계되어 신앙, 희망, 사랑이라는 그리스도교의 세 가지 덕도 나오나, 신에게의 혼의 상승이라는 신플라톤적 도식도 볼 수 있다. 결론은 가능한 한 모든 것을 신에게 맡길 결심을 하는 수밖에 없다고 자각하는 것뿐으로, 명확한 해답은 없다. 따라서 여기서도 믿음을 결심하면서도 불안해하는 모습을 발견할 수 있다. 이러한 심경을 잘 표현하고 있는 것이 이 책 제1권 첫머리에 있는 긴 기도이다. 그리스도교와 신플라톤 철학이 조화된 내용의 이 기도는 경건한 신앙과 깊은 사색으로 가득한 아름다운 영혼의 고백이라 할 수 있다.

(2)어머니 모니카의 죽음

세례를 받다

아우구스티누스와 그를 둘러싼 한 무리가 카시키아쿰의 산장에서 조용히 대화와 사색과 기도 생활을 보내는 사이에, 알프스가 바라보이는 북이탈리아의 기후는 가을에서 겨울을 지나, 다시 봄을 맞이할 준비를 하고 있었다.

서로 친밀한 사이인 이 무리는 세례 지원 등록을 하기 위해 387년 2월 무렵 밀라노로 돌아가기로 했다. 봄의 부활제 때 거행되는 세례식까지는 아직 조금 여유가 있었으므로, 아우구스티누스는 《독어록》 제2권에서 다 논하지 못했던 영혼의 문제에 관한 책을 완성하고, ^(《혼의 불멸》) 새로이 《음악론》의 집필에도 착수했다.

4월 24일 밤부터 다음 날인 25일에 걸쳐 밀라노의 대성당에서 거행되는 부활절 예배에서 아우구스티누스는 아들 아데오다투스, 그리고 친구 알리피우스와 함께 암브로시우스 주교로부터 세례를 받았다. 조용하고 엄숙한 순간이었다. 새하얀 삼베옷을 걸치고 맨발에 샌들을 신고, 램프의 빛을 받으며 세례소에서 성당으로 들어오는 아들과 손자의 환한 모습을 보자, 모니카의 가슴은 감동으로 벅차올라 신에게 감사의 기도를 올렸음이 틀림없다.

밀라노에서의 생활을 정리한 아우구스티누스는 친한 사람들과 함께 아프리카로 돌아가기로 했다. 고향 타가스테에서, 카시키아쿰에서의 공동 생활을 연장하여 더욱 본격적인 수도원적 공동 생활을 실현하기 위해서였다. 이 계획을 가장 기뻐한 이는 모니카였다. 지금의 모니카는 아프리카로 돌아가 남은 생애를 신과 사람들에게 봉사하며 보내기를 바라고 있었다. 하루빨리 고향으로 돌아가 신앙에 의한 가족적 공동 생활을 보내고, 그 땅에서 마침내 남편의 옆에 묻히는 것이 모니카의 소망이었다.

어머니와 아들의 종교적 대화

일행은 387년 여름 밀라노에서 남하하여 로마로 옮겼다. 그리고 아프리카 행 배를 타기 위해 티베르 하구의 항구 오스티아까지 왔다. 그런데 마침 그

세례 받는 아우구스티누스

때는 황제 테오도시우스 1세와 찬탈 황제 막시무스가 대립하던 중이어서, 항구가 봉쇄되어 있었다. 일행은 우선 머무르며 기다리는 것 외에 달리 방도가 없었다.

이때도 그들은 오스티아의 그리스도교인과 교류하거나 서로 철학, 문학, 신앙에 대한 대화를 나누었다.

모니카와 아우구스티누스는 함께 같은 신에게 기도하고, 조용히 명상하기를 즐겼다.

……신을 믿으며 살아가는 것은 실로 굉장하다. 이 세상의 어떠한 쾌락보다도 뛰어나다. 창조자인 신, 최고의 진·선·미인 신을 기리며, 신과 교류하고, 신의 말씀에 복종하며 사는 것이야말로 진실로 행복한 삶일 것이다. 인간은 죄인이지만, 신은 자비로운 구세주로서 언제나 인간을 사랑하고 위로하며 희망을 주신다. 이러한 신의 은혜를 느끼고, 신성으로 충만한 삶을 사는 것이야말로 인간 최고의 기쁨이다……

어머니와 아들은 오스티아의 임시 거처 창가에 앉아 넓은 바다를 바라보기도 하고, 밤하늘의 별을 올려다보기도 하면서 황홀 상태에 들어 천상(天上)의 대화를 나누었다. 모니카는 단지 신과 함께 하기를 바라고 신의 곁에 머물기를 동경하며, 영적 생각으로 충만했다.

이 부분, (《고백록》 제9권 10장 23절~26절) 곧 모니카와 아우구스티누스의 대화는 깊은 종교체험을 나타낸 것이라 할 수 있다. 오스티아에서의 이 체험은 '관조', '황홀', '환상' 등으로 불리는 것처럼 아우구스티누스의 사상이 지니는 신비주의적 성격을 암시하고 있다.

13년 후에 이 387년의 일을 회상하며 《고백록》을 집필할 당시, 아우구스티누스는 성서와 신플라톤주의 사상을 구별하지 않는 관점에서 그 내용을 해석, 묘사하고 있다. 따라서 바울로와 유사한 점이 있을 뿐 아니라, 플로티노스와의 연관성도 인정된다.

'우리들은 매우 성숙한 감정으로 '그 자체인 것'을 향해 고양되어 가며……하늘까지도 지나……', '자신을 잊고, 자신을 뛰어넘어……', 직관에 마음을 빼앗기고, '깊은 내적 환희'를 맛보았다고 아우구스티누스는 묘사한다.

그것은 '……영혼은, 그것이 선천적인 상태를 유지하고 있다면 신과 일체가 되기를 욕망하'고, 그 일체화는 탈아(脫我)이며, 지혜를 통해 이 관조에 이르는 자는 행복한 인간 생활을 누릴 수 있다. '이는 즉, 이 세상의 모든 것에서의 해탈이며, 이 세상의 쾌락을 뒤돌아보지 않는 생활'이라 말하는 플로티노스의 입장과 상통한다.

더욱, 인간의 혼이 감각적, 물질적 세계에서 점차 상승하여 신에게 이른다는 사상은 《고백록》 속에서도 나타난다. 이는 신플라톤 철학이 풍부한 종교성을 갖추고 있는 점, 그리고 아우구스티누스의 사상이 그에 깊이 영향받았다는 증거라 말할 수 있다.

《고백록》에서 가장 감동적인 부분—모니카의 죽음

모자의 즐거운 대화로부터 며칠 지나지 않은 어느 날, 모니카는 열병으로 인해 의식을 잃고 몸져눕고 말았다. 병상에 누운 지 9일째, 모니카는 하늘의 부름을 받았다. 어머니 모니카는 56세, 아우구스티누스는 33세였다.

아우구스티누스는 어머니의 죽음에 대해 《고백록》 제9권 11장 27절~13장

모니카의 죽음

37절에 상세하게 기록하고 있다.

……아우구스티누스는 어머니의 눈을 감겨 드렸다. 슬픔이 북받쳐 올랐으나 결사적으로 참았다. 아들인 아데오다투스는 그 자리에서 통곡하였으나, 모두의 제지로 겨우 울음을 그쳤다. 슬픔의 구렁텅이에 빠져 있던 일동은 모니카의 장례를 비탄의 눈물로 거행하는 것은 어머니에게 어울리지 않는다고 생각하여, 신앙에 의해 진행하기로 했다. 친구 에보디우스가 구약성서의 시편을 꺼내 노래하기 시작했다. 모두가 그를 따라 불렀다. '주여, 나는 당신을 향해 사랑과 의를 읊는다……'. 신앙인 모니카에게 걸맞는 애도였다.

모여드는 사람들 응대하면서도, 아우구스티누스는 북받치는 슬픔의 눈물을 흘리지 않았다. 그러나 가슴 속은 깊은 탄식으로 말미암아 착란 상태가 되어 있었다. 필사적으로 기도를 계속했으나 평안을 얻을 수가 없었다. 입욕은 근심을 해소시킨다는 그리스의 속담대로 실행해 보았으나, 여전히 마음의 통증은 사라지지 않았다.

밤이 되어 아우구스티누스는 잠자리에 들었다. 바로 얼마 전, 간병하고 있을 때 자신을 '다정한 아이'라 부른 어머니의 모습이 떠올랐다. 어느 새 잠에 빠져들고 말았다. 한밤중에 문득 눈을 떴을 때는 슬픔이 어느 정도 누그러져 있었다. 그는 눈을 감은 채, 밀라노 교회에서 암브로시우스로부터 배워 모니카와 함께 노래했던 찬미가를 낮게 읊조리기 시작했다.

'신이여, 만물의 창조주, ……당신은 의기소침해진 마음, 번민과 통증을 거두어 주시고……'

아우구스티누스의 마음은 다시 모니카의 일로 가득해졌다.

신에 대한 믿음으로 생애를 일관하신 어머니, 자신을 위해 끊임없이 기도하신 어머니, 그런 어머니를 몇 번씩이나 상처 입히고 괴롭힌 자신! 그래도 상냥하기만 하셨던 어머니……. 아우구스티누스는 갑자기 울음을 터뜨렸다. 눈물을 억제할 수 없어 흐르는 대로 두었다. 조용한 밤, 침대 속에서 그는 언제까지나 울음을 멈추지 않았다.

모니카의 죽음을 기술한 문장은 《고백록》 중에서도 가장 감동적인 부분이다. 아우구스티누스에게 인간의 죽음은 언제나 고통스러운 체험이었으며, 마음속에 깊은 상처를 남겼다. 디도의 죽음, 친구의 죽음, 어머니의 죽음, 그는 눈물 속에서 죽음의 의미에 대해 물었다. 죽음과 직면하는 데서 아우구스티누스는 인간이 인간임을 자각하는 중요성을 배웠다.

1945년 11월, 우연히도 옛 오스티아에서 모니카의 묘비명 일부가 발굴되었다. 그것은 오스티아의 성 아우레아 교회당 내에 보존되어 있었으며, 모니카의 묘는 로마의 성 아고스티노 교회에 있다.

로마에 머무를 때의 수확

387년 가을, 아우구스티누스 일행은 아프리카행을 잠시 보류하고, 다시 로마로 돌아가서 1년 정도 머물기로 했다.

로마 체재는 헛되지 않았다. 아우구스티누스는 교회에 출석하여 그리스도교의 교리와 의례를 배우거나, 수도원을 방문하여 그 실태를 접했다. 귀향 후에 그와 같은 생활을 꾸릴 의도를 가지고 있었기 때문이다. 그는 아마도 로마 교황 시리키우스의 권유로, 마니교 반박론을 쓰기 시작했을 것이다.

아우구스티누스는 388년부터 405년 사이에 12편의 마니교 반박서를 출간

▲ 모니카의 묘
로마, 성 아우구스티누스 교회

▶ 모니카 묘의 비문
고대 오스티야에서 발견된 모니카 묘비의
비문 일부(5세기)

했는데, 그 중 최초의 세 편이 로마에서 집필되었다. 로마는 일찍이 마니 교도의 지원을 얻어 교사 활동에 종사했던 곳이다. 9년 간 깊은 관계를 가졌던 마니교와 현재 소속해 있는 그리스도 교회와의 차이를 명확히 할 필요가 있었다. 특히 마니 교도가 주장하는 금욕이, 가톨릭교의 수사나 수도사들의 진지한 생활 방식에 비해 허위로 가득함을 밝히려 했다. 그래서 《가톨릭 교회의 도덕과 마니 교도의 도덕》이란 책을 완성했다. 이것은 마니교 논쟁의 발단이 되었다.

카시키아쿰에서의 공동 생활에서 시도된 철학적 대화는 로마에서도 계속되었다. 아우구스티누스는 에보디우스와 악의 기원에 대해 토론하고 그 결과를 《자유 의지론》이란 제목 아래 정리하였다. 3권으로 된 이 책은 제1권만이 때에 완성되었으며, 뒤의 두 권은 몇 년 늦게 출간되었다. 선과 악을, 각각 선과 악이라는 두 개의 영원히 다른 원리로 돌려 이원론적으로 설명하는 마니교에 맞서, 유일한 선인 신을 믿는 아우구스티누스에게는 악의 기원을 다시 물어볼 필요가 있었다. '신은 악의 창조자인가 아닌가'라는 에보디우스의 질문으로 제1권의 토론이 시작된다.

《질서론》(386)에서는 악의 문제를 세계 질서 속에서 문제시했으나, 여기에서는 악을 인간의 자유 의지와 연관시켜 고찰하고 있다는 점에서 사상의 심화와 발전을 볼 수 있다. '자유 의지가 죄의 원인이라면 신의 창조와 어떻게 관계하는가'라는 질문에 대해서는 제2, 제3권에서 다루고 있다.

로마에서는 일에 쫓기지 않는 느긋한 생활을 보낸 듯하다. 그래서 에보디우스는 관심 있는 테마에 대한 토론에 아우구스티누스를 끌어들였다. 그 결과로 《혼의 위대함》이 탄생했다. 영혼의 기원과 본성 등에 관한 6개의 질문을 둘러싸고 두 사람은 대화를 이어간다. 이 책에는 혼의 정의, 혼의 7개 단계 등이 기술되어 있으므로, 아우구스티누스의 심리학을 이해하는 데는 더없이 귀중한 문헌이다.

아우구스티누스는 이미 세례를 받기 전인 밀라노 체재 당시에 《혼의 불멸》(387)이란 제목의 짧은 책을 썼다. 그리고 아프리카에 돌아가서도, 마니교나 펠라기우스파에 맞서 영혼에 대해 논하였다. 이로 볼 때, 인간의 정신적, 이성적 작용을 하는 실체로서의 혼의 문제는, 그의 사상 속에서 매우 중요한 위치를 점유하고 있었다.

이 무렵의 아우구스티누스는 수사학 교사라는 입장에서 벗어나, 자유로운 교육과 사색과 명상에 정신을 집중시켜 수도사적 생활을 영위할 결심을 하고 있었다. 그래도 아직 일반 학예에 대한 관심을 잃지는 않았다. 387년에 밀라노에서 《문법론》의 집필에 몰두했으며, 로마에서 자유 학예의 한 분야인 음악에 대한 저작에 착수한 것이 그 발로라 할 수 있다.

8. 교회의 교사

(1) 타가스테의 수도사

수도원의 건설

로마에서 일 년이 채 안 되는, 짧지만 실속 있는 시간을 보낸 아우구스티누스 일행은 388년 가을에 이탈리아를 뒤로 하고 염원하던 아프리카 귀향을 이룰 수 있었다. 이탈리아에 침입해 왔던 막시무스가 아쿠일레이아에서 처형되고 얼마 지나지 않은 무렵이었다.

청년시절 정욕의 노예가 되었던 향락의 마을 카르타고에 도착했을 때도 아우구스티누스의 마음과 생활에는 흔들림이 없었다. 회심으로 얻은 것은 거짓이 아니었다. 진정한 지혜와 행복을 추구하며 그리스도가 가리키는 길을 나아갈 뿐이다.

아우구스티누스는 카르타고에서 옛 친구를 방문했다. 특히 예전의 학생이자 지금은 수사학 교사로 일하고 있는 에우로기우스와의 재회를 기뻐했다. 새로운 사람들과도 사귀었다. 인노켄티우스의 집에서 사투르니우스와 아우렐리우스도 만났다. 사투르니우스는 훗날 우잘라의 주교가 되었다. 아우렐리우스는 391년 카르타고의 주교가 되며, 아우구스티누스와 협력하여 아프리카의 교회를 위해 활약했던 인물이다.

아우구스티누스, 에보디우스, 아데오다투스, 나비기우스는 타가스테에서 공동 생활을 시작하기로 했다. 이를 위해 아우구스티누스는 부친의 유산을 처분하고 수도원을 만들었으며, 남은 돈은 가난한 사람들에게 나누어 주었다. 포시디우스에 의하면 '아우구스티누스는 ……친한 사람들과 함께 아프리카의 집과 토지가 있는 곳으로 돌아갈 결심을 했다. 그는 귀향 후 약 3년간을 그곳에서 지냈다. 그 후, 집과 밭을 버리고 함께 한 사람들과 신을 위해 살았다. 밤낮으로 명상하고 단식과 기도와 선한 행위에 힘쓰며 신을 섬겼다.'

아우구스티누스를 중심으로 생긴 아프리카 최초의 수도원에서는 기도와 연구로 일상을 보냈다. 그러나 꼭 조용한 생활만은 아니었다. 이웃 사람들의 생활과 신앙, 학문의 상담 상대를 하지 않으면 안 되었기 때문이다.

아들과 친구의 죽음과 집필 활동

390년, 아우구스티누스에게 가슴 아픈 사건이 일어났다. 아들 아데오다투스가 세상을 떠나고, 친구 네브리디우스도 불귀의 몸이 되었다. 아우구스티누스는 재능을 타고 나고서도 요절한, 사랑하는 아들을 기념하여, 그와 진리 인식의 문제를 둘러싸고 토론한 기록을 기초로 하여 《교사론》이란 책을 썼다.

네브리디우스는 카르타고의 유복한 집안 출신으로 아우구스티누스를 스승 삼아 배움을 구했으며, 함께 이탈리아로 건너가 밀라노에서 그리스도교에 입신했다. 철학적 사색을 즐겼던 그는 아우구스티누스와의 지적 대화를 무엇보다도 원했다. 그러나 그럼에도 불구하고 외적 사정으로 인해 카시키아쿰은 물론, 타가스테에서도 공동 생활에는 참가할 수 없었다. 아우구스티누스는 최초의 대화편을 그에게 보내거나, 서신을 통해 친분을 유지했다. 두 사람의 편지 왕래의 내용을 보면 심리학, 문법학, 철학, 종교를 둘러싼 의견 교환이 이루어졌음을 알 수 있어 매우 흥미롭다.

아들과 친구를 잃은 아우구스티누스는 비통한 마음에 잠겼다. 그러나 이전처럼 탄식과 눈물로 나날을 보내지는 않았다. 그는 이 해에 최초의 신학적 저작인 《진정한 종교》를 완성했으며, 2년 전 《마니 교도에 대한 창세기 주해》를 쓰기 시작했다. 이 두 책은 반 마니교적 의도로 쓰인 것이나, 타가스테 시대의 아우구스티누스의 사상을 알기 위해 극히 중요한 자료이다.

당시의 아우구스티누스는 아직 일개 신도에 불과했지만, 《진정한 종교》에서는 그리스도교가 진정한 종교임을 철학과 성서, 교회의 가르침을 근거로 고찰하고 있다. 그리고 《마니 교도에 대한 창세기 주해》에서 아우구스티누스는 창세기의 연구를 통해 마니교의 구약성서 비판에 해답하려 한다. 또한 창조의 근원은 신의 의지임을, 죄의 근원은 인간의 의지에 있음을 명확히 했다.

타가스테에서의 생활과 집필 활동을 통해 아우구스티누스는 이웃 사람들에게 알려지게 되었다. 일찍이 공부했던 마을 마다우라에 사는 문법교사 막시무스는 아우구스티누스에게 편지를 보내어 그리스도교의 신에 대해 질문했다. 같은 390년경의 것으로 생각되는 3통의 편지(편지 18, 19, 20)도 그리스도교의 지도자로 간주된 아우구스티누스가 미지의 사람들을 위해 마니교나 도나투스파에 대한 가톨릭 교회의 입장을 설명하고 있다.

그러나 사람들 사이에 이름이 알려지는 것은, 명상과 학구에 집중하고 싶

아우구스티누스의 카르타고 귀환

었던 아우구스티누스에게 결코 반가운 일이 아니었다. 따라서 그는 교회 지도자로 추대받는 것을 남몰래 꺼려했던 것이다.

(2) 히포 레기우스의 사제

민중의 요청에 의해 사제로

391년을 맞이하고 얼마 지나지 않아, 수도 생활에 관심을 보인 한 관리와 이야기를 나누기 위해 아우구스티누스는 항구 마을 히포 레기우스를 방문했다.

히포는 타가스테에서 북방으로 95㎞ 떨어진, 지중해와 접한 인구 3만 정도의 큰 마을이었다. 페니키아 인에 의해 세워졌으며, 로마 시대에는 자치 시로 번영한, 카르타고에 버금가는 아프리카 제2의 도시였다. 일찍이 누미디아의 왕이 살고 있었으므로 히포 레기우스라 불렸다. 오늘날에는 알제리에 속하며, 현재의 마을 안나바에서 북쪽으로 2㎞ 떨어진 곳에 25헥타르에 이르는 고대의 도시 유적이 발굴되고 있다. 이곳은 지금도 히포라 불리고 있다.

아우구스티누스는 히포에 머물면서 신의 말씀으로 이 세상의 욕망과 유혹을 극복한 경험에 대해 관리와 이야기를 나누었다. 그리고 겸사겸사 발레리우스 주교의 교회에 출석했다. 발레리우스는 그리스계로, 라틴 어를 자유로이 구사하지 못해 보좌의 필요성을 느끼고 있었다. 이 날 집회에 참석한 사람들은 타가스테의 수도사 아우구스티누스를 발견하자 억지로 앞으로 내세워 입을 모아 외쳤다. '아우구스티누스를 사제로, 아우구스티누스를 사제로' 주교는 즉시 이에 동의하고 아우구스티누스에게 사제 취임을 요청했다.

이리하여 그는 전혀 생각지도 못하게, 거의 강제적으로 교회에 종사할 결단을 내려야 했다. 그러나 아우구스티누스는 이때 교직자가 될 의사가 전혀 없었다. 그리하여 다시 깊이 생각해 보기로 하고 일단 타가스테로 돌아왔다.

아우구스티누스는 자신이 앞으로 나아가야 할 길에 대해 생각하고 고민했다. 자신의 생애에 대한 신의 뜻을 구하며 기도했다. 며칠 후 그는 다음과 같은 글을 써서 발레리우스에게 보낸다.

……이처럼 혼란한 시대일수록 사제의 임무는 어려우며, 그렇기 때문에 더욱, 신의 눈으로 보아 축복으로 가득한 자는 없다고 생각합니다. 죄 많고 나약한 저는 도저히 그 책무를 견뎌낼 수 없을 뿐 아니라, 사제가 갖춰야 할 모든 조건도 결여되어 있습니다. 만약 신이 심판으로써가 아니라 연민에 의해 저를 이 직무에 임하게 해 주신다면, 저는 성서를 열심히 배우고 이 위험한 직무를 견딜 수 있도록 기도와 독서에 매진하며, 스스로를 교육할 의무가 있다고 생각합니다. 그러나 저 같은 보잘 것 없는 그릇이 개인적으로는 신의 구원을 완전히 신뢰한다고 해도, 다른 사람들의 구원을 위해 과연 어떤 봉사가 가능하겠습니까. 부디 이 종을 불쌍히 여기시어 부활제까지 성서를 공부할 시간적 여유를 주십시오. 신의 말씀이 제게 필요한 것을 모두 갖추어 주시리라 믿습니다…….

391년, 부활절 전의 단식 기간에 아우구스티누스는 히포 레기우스 교회의 사제직에 취임했다. 외적으로는 수사학 교사, 철학자, 수도사에서 교회의 지도자로 옮겨앉은 것이다. 또한 내적으로는 마니교, 회의주의, 신플라톤 철학을 거쳐 그리스도교 사상가의 길을 걷기로 결심한 것이라 할 수 있다. 이후, 430년의 죽음에 이르기까지 40년간 아우구스티누스는 히포에서 교회를 위해 일했다.

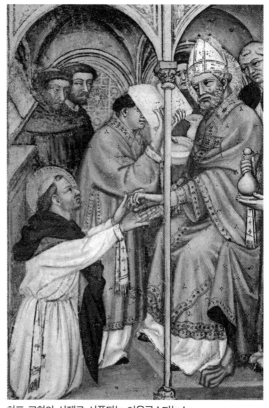

히포 교회의 사제로 서품되는 아우구스티누스

역사적·사회적 상황

아우구스티누스가 교회의 지도자가 된 것은 단순히 한 개인의 생애의 전환을 의미하는 것이 아니라, 당시의 역사적·사회적 정황을 반영한 하나의 사건이라 볼 수 있다.

먼저, 교회의 주교 선출이 민중들에 의해 직접 이루어졌던 점에 주목해야 한다. 로마 제국 말기, 특히 그 속주의 시민 조직은 실질적으로 붕괴되고 있었다. 시민권은 납세 의무를 의미할 뿐으로, 노예에게도 부여되었던 점에서 알 수 있듯 사회 생활의 권리를 보장하는 것이 아니었다. 시민의 보호자여야 할 관리는 제국 관료정치의 꼭두각시가 되어 있고, 도시의 귀족 계급은 그 경제적 지반을 대지주에게 빼앗겨, 사회 전체가 예전 도시국가로서의 기능을 잃어 버렸다. 관리나 대지주의 압제에 대한 민중의 저항이 끊이지 않았음은, 앞에서 얘기한 피르무스의 봉기($^{372}_{~375}$)와 지르드의 반란($^{397}_{~398}$), 키르쿠므케리오네스의 과격한 사회 운동으로 이어졌던 점으로 알 수 있다.

열악한 입장에 있는 사람들은 압제와 빈곤에 괴로워했으며, 일반 민중은 쾌락에 빠지고 유물주의에 마음을 빼앗겼다. 아우구스티누스는 여흥과 음주, 포식과 방탕, 사치와 부도덕이 만연해 있다고 했으며, 또한 로마 시대의 도시 팀가드에서 발굴된 비문에는 '사냥, 입욕, 유희, 살육, 그것이 생활이었다'고 기록되어 있다.

이러한 상황 속에서, '주교 선거는 민중이 소유하고 있던 최후의 권리'(C. 도순)였다. 그리고 사람들은 이 권리를 행사하는 데 열심이었다. 그 예로, 밀라노 민중이 정치가로서의 재능과 지도력을 기대하며 세례조차 받지 않은 암브로시우스를 주교로 선임한 사건, 리비아 프톨레마이스의 주교로 천거된 신플라톤파의 학자 시네시우스의 경우를 들 수 있다. 아우구스티누스가 민중의 요청으로 갑자기 주교직을 떠맡게 된 것도 이러한 경향을 나타내고 있다.

민중이 주교 선출에 열심인 데는 이유가 있었다. 당시의 '주교는 그저 그리스도 교회의 수장으로서 막대한 종교적 위신을 지니고 있었을 뿐 아니라, 사회적으로도 민중의 지도자였다. 주교는 호민관의 지위를 차지하고 있었으며, 그 임무는 가난한 자와 핍박받는 자를 옹호하고 강자가 권리를 남용하지 않도록 감시하는 것이었다. 주교야말로 민중과 관료정치의 압제 사이에 서 있는 유일한 조정자였다. 주교는 부정한 법률에 반대하거나 압제적인 지배자를 파문하는 일에 결코 주저하지 않았다.'(아우구스티누스 / C. 도순 저작)

물론 이것은 민중의 기대이자 이상이었다. 그리고 암브로시우스나 아우구스티누스는 시대의 요청에 부응하기 위해 최선의 노력을 아끼지 않았다.

히포의 수도원

아우구스티누스는 히포에 부임하자 바로, 주교 발레리우스의 동의를 얻어 교회 내에 수도원을 설립했다. 이곳에서의 생활에 대해, 같이 생활했던 사람 중 한 명인 포시디우스는 상세하게 기록하고 있다.

의식주는 같은 재원으로 유지되었으며, 너무 사치스럽거나 지나치게 빈약하지도 않았다. 손님과 환자는 우대받았다. 야채 외에 고기도 제공되었으며, 포도주가 마련되기도 했다. 일동이 둘러싼 식탁은 단순한 음식뿐만 아니라 낭독과 토론의 장이었다. 인간의 악습, 여성 문제, 타인의 중상 모략에 지지 않도록 주의를 기울였다. 부인이 이 집에 머무는 일도, 부인과 혼자 만나는 일도 금지되어 있었다. 식탁에는 '자리를 함께 하지 않은 이의 명예를 손상시키는 자는 이곳에 어울리지 않음을 명심하라'고 쓰여 있었다. 이 경구를 잊고 타인을 중상하는 화제가 나오면, 아우구스티누스는 식사 도중 혼자 자리를 떠나 자신의 방으로 돌아갔다.

히포의 수도원은 교육의 장이기도 했다. 이곳에서 덕과 학식을 겸비한 열 명 가량의 교직자가 성장했다. 알리피우스는 타가스테의 주교(393), 에보디우스는 우자라의 주교(396), 세베루스는 밀레베의 주교(396), 프로호투루스는 395년에 키르다의 주교가 되었으나 2년 후 사망하여 포르투나투스가 그 뒤를 이었다. 이밖에도 우라바누스는 시카, 레포리우스는 카르타고, 노바투스는 시티피스에서 각각 주교로 취임하여 아우구스티누스와 함께 아프리카의 교회를 위해 활약했다.

사제로서의 설교

항구 마을 히포에는 그리스 어를 사용하는 사람들도 있었다. 이 때문에 발레리우스는 주교로서 일할 수 있었으나, 라틴 어에 정통하지 못했기 때문에 불편을 느끼고 있었다. 따라서 사제로 아우구스티누스를 얻은 것은 큰 도움이 되었다.

당시의 교회에서 설교는 주교의 권리에 속해 있었다. 그러나 발레리우스는 아프리카 교회의 관습을 어겨 가면서도, 아우구스티누스에게 설교할 것을 특별히 허락했다. 391년 3월 15일에 아우구스티누스는 사제로서 최초의 설교를 했다. 이에 대해 몇몇 주교로부터 비난이 일었으나, 동방교회에서 이미 실시되고 있음을 알고 있는 발레리우스는 전혀 개의치 않았다.

아우구스티누스는 설교자로서 성서 연구에 몰두한다. 구약성서의 〈창세기〉와 〈시편〉, 바울로 서간 〈로마 인에게 보내는 편지〉와 〈갈라디아 인에게 보내는 편지〉 등을 텍스트로 강해 설교를 시도했으나, 어느 것도 첫 부분을 조금 다루었을 뿐 미완으로 끝났다. 성서 해석의 방법이 확실하지 않았고, 그리스도교의 기본적 입장에 대한 신학적 이해가 불충분했기 때문이다.

그러나 이 시기에 완성시킨 설교도 있다. 〈마태복음서〉 5장부터 7장에 있는 유명한 산상 설교의 해석으로 《주의 산상 설교》(394~396)라는 제목이었다. 도합 48장으로 된 이 책은 예수 그리스도의 가르침에 근거하여, 그리스도교인의 도덕 생활 규범을 명확히 제시하고 있다. 인간의 목표는 행복한 생활이다. 주의 산상에서의 가르침에는 그리스도교적 행복관이 나타나 있다. 행복한 생활은 행동, 지식, 명상을 통해 탐구된다.

이 책에서 아우구스티누스는 암브로시우스에게서 배운 동방교회 교부의 비유적 해석 방법을 이용한다. 그러면서 특히 '7'이란 숫자에 주목하고, 이 것을 열쇠로 산상의 설교를 설명해 간다. 예를 들어, 7개의 행복, 7개의 성 령의 선물, 7개의 기원이 그것이다.

사제시절의 사상적 입장

아우구스티누스의 최초의 설교집은 이를 통해 사제시절의 사상적 입장을 알 수 있어 흥미롭다.

먼저, 행복의 탐구가 중시되어 있다. 이는 키케로와의 만남 이래 항상 추 구했던 주제였다. 행복한 생활이란 진리를 발견하고 소유하는 것이다. 여기 서는 행복의 내용을 성서의 말씀에 의거하여 논하는 점이 특징이다. 인간에 게 진리를 가르치는 것은 인간의 유일한 교사인 예수 그리스도라는 《교사론》 에 입각하여, 주의 말씀에 의한 그리스도교인의 행복한 생활을 논하고 있다.

다음으로, 이 책에는 진리의 탐구, 발견, 소유뿐 아니라 진리의 길을 따라 살아갈 것이 강조되어 있다. 즉 그리스도교 도덕을 권장한다고 볼 수 있다. 아우구스티누스는, 성서의 가르침은 단순한 지식이 아니라 인간의 생활 방 식을 문제시하는 것이라 생각한다. 앞에서 언급한 《가톨릭 교회의 도덕과 마 니 교도의 도덕》은 물론, 이 시기에 집필된 《거짓말에 대해》, 《절제에 대해》 등은 아우구스티누스가 윤리 문제에 관심을 기울이고 있었음을 나타낸다. 그리고 이러한 태도가 자신의 회심 체험 및 그리스도교 이해와 연결되어 있 음은 말할 필요도 없다.

아무튼, 당시의 아우구스티누스가 그리스도교인의 생활 방식 문제에 관심 을 갖고 있었음은, 그가 392년에 카르타고의 주교 아우렐리우스 앞으로 보 낸 편지를 통해서도 알 수 있다. 두 주교는 아프리카 교회의 악습인, 순교자 를 기리며, 음주를 동반하는 제사 의식을 만류하기 위해 노력하고 있었다.

셋째, 이 설교집에는 성서 해석에 대한 고찰이 충분히 이루어져 있지 않 다. 391년의 《믿음의 효용》, 미완으로 끝난 《미완의 창세기 축어 풀이》 등을 보면, 아우구스티누스 자신도 이 점에 관해 문제가 있음을 느끼고 있었다.

인간 이성과 성서의 권위에 기초한 아우구스티누스의 설교를, 민중들은 호의적으로 받아들였다. 사람들은 속기사를 고용해 그의 설교를 베껴 쓸 정도로 열심히 경청했다.

393년 12월 3일, 히포에서 전 아프리카 교회의 주교 회의가 열렸을 때 그는 사제가 된 지 얼마 지나지 않았음에도 불구하고 신조(信條)에 대해 강연을 의뢰받았다. 이는 이례적인 것으로, 아우구스티누스에 대한 아프리카 교회의 기대가 표출된 사건이다. 이 강연을 '……열심인 사람들의 요구에 응하여 한 권의 책으로 정리한' 것이 바로 《신앙과 신조》이다.

고대 교회에서는 세례 지원자의 교육과 신자들에게 정통적 그리스도 교회의 입장을 명확히 알리기 위해 신앙에 관한 기본 조항을 정리하여 신조로 전승하는 습관이 있었다. 히포의 교회에도 계승된 신조가 있었다.

아우구스티누스는 이 '히포 신조'를 기초로 강연을 했다. 당시에는 신조의 악용과 오해를 피하기 위해 신조를 자구 그대로 필기하는 것을 금지하고 있었으므로 모든 조항이 기록되어 있지는 않다. '의인은 신앙에 의해 산다'는 성서 구절로 시작하는 이 강연은 높은 격조를 갖추고 있으며, 믿고 해석하고 인식하자는 태도로 일관하고 있다.

마니교에 대한 반박

사제시절의 아우구스티누스가 정력적으로 몰두한 과제로, 마니교 반박이 있다. 그는 스스로가 예전에 마니교에 이끌렸을 뿐 아니라, 마니교의 선교 활동에 종사하여 사람들을 개종시킨 일도 있었다. 그 때의 친구인 호노라투스는 여전히 마니교에 몸담고 있었다. 아우구스티누스는 먼저 그를 위해 한 권의 책을 써서 보냈다. 《믿음의 효용》이라는 제목의 이 책에서 호노라투스를 '가장 사랑하는 친구'라 부르며 마니교의 오류를 차례차례 설명하고, 성서 해석 문제, 종교의 본질, 신앙과 이성의 관계, 교회의 권위에 대해 논했다.

또한, 이 시기에 《두 개의 영혼—마니 교도에 대해》, (391~392) 《마니의 제자 아디만투스 비판》(394) 등 마니교 반박서를 공간하고, 《자유 의지론》을 완성했다. (395) 사제로서 분주한 속에서도 마니교 문제를 중요시하며 진지하게 고민하는 모습을 엿볼 수 있다.

뿐만 아니라, 마니교와 공개 토론을 벌이기도 했다. 392년 8월 28일, 29일의 이틀간, 아우구스티누스는 마니교의 학자 포르투나투스와 히포 시내의 욕장에서 토론을 가졌다. 논쟁에 흥미를 보인 사람들이 많이 모였다. 토론은 속기사에 의해 공식적으로 기록되었으며, 《마니 교도 포르투나투스와의 토론기록》으로 남아 있다. 마니교의 진리성 주장은 물론, 그리스도교 논파에도 성공하지 못한 포르투나투스는 히포를 떠나야 했다. 그러나 이것으로 마니교 문제가 해결된 것은 아니었으며, 오히려 아우구스티누스는 앞으로 10년에 걸쳐 논쟁을 계속했다.

히포의 주교로

395년, 주교 발레리우스는 노령으로 몸이 쇠약해짐을 느끼고, 아우구스티누스를 주교 보좌로 앉혀 주교직을 대행하게 하기를 원했다.

그래서 아프리카의 대주교 아우렐리우스에게 그 뜻을 써서 보내고 동의를 얻었다. 얼마 후, 발레리우스의 요청으로 누미디아 대표인 칼라마의 주교 메가리스가 히포를 방문하여 교직자와 여러 사람들 앞에서 아우구스티누스를 주교로 임명했다. 서품 후 아우구스티누스는, 주교가 생존해 있는데 다른 인물에게 주교 서품을 하는 것은 니케아 회의(325)의 결정 사항 제8조에 위배됨을 알고 몹시 곤혹스러워했다.

발레리우스는 아우구스티누스에게 주교관으로 이주하도록 권했으나, 그는 주교 서품을 사퇴하고 수도원 내에서 다른 사람들과 함께 생활했다. 396년에 발레리우스가 서거하자, 아우구스티누스는 히포의 주교 자리를 이어받게 되었다.

(3)주교의 임무

시민의 상담 상대

주교로서 아우구스티누스는 해야 할 업무가 많았다. 교회의 책임자로서의 일뿐 아니라 일반 시민 생활에 관계된 사항까지 담당했으므로, 상담에 관여하는 경우도 드물지 않았다.

고대 말기의 로마제국에서는, 그리스도 교회가 사회 기구에 편입된 이후부터 주교에게 재판할 권리를 부여했다. 시민은 국가 행정관의 재판보다 주교에 의한 조정을 신뢰하는 경향이 강했다. 아우구스티누스도 종종 소송을 집행했다. 그는 소송된 사건을 자세히 조사하고 올바른 판결을 내리기 위해

주교로 서품되는 아우구스티누스

노력했다. 사람들의 하소연을 듣느라 식사 시간을 건너뛰기도 했다.

사람들이 직접 혹은 편지로 주교에게 판정을 부탁하는 사건은 실로 다양했다. 금전 문제, 토지 분쟁, 가축에 관한 일 등이었다. 라틴계의 사람들과 아프리카 토착민들 사이에 발생하는 상거래 분쟁도 있었다.

히포의 이웃 마을 칼라마에 사는 넥타리우스라는 사람이 이교의 예배금지령 실시와 위범자의 처벌을 완화하도록 호소해 왔다. 아우구스티누스는 칼라마를 방문하여 실태를 조사하고, 법에 의거하기보다 대화로 평화롭게 처리하는 방법을 택했다.

프그리코라라는 사람은, 이제 갓 주교가 된 아우구스티누스에게 18가지의 질문을 가지고 와 해답을 구했다. 그 중에 가령 '살인하는 것은 용서받을 일인가 아닌가'란 질문이 있다. 아우구스티누스는 전쟁터에서 가족을 위해 싸우는 병사의 경우를 제외하고, 인간이 인간을 죽이는 것은 인정받지 못한다고 응답했다.

당시의 교회는 성역이었다. 즉 범죄자가 교회당 내로 도망쳐 오면 교회는 피난처가 되어 그 사람을 비호했다. 주교는 도움을 요청하러 온 사람들을 위해 문제 해결 도모와 중재자 역할을 하는 관습이 있었다. 히포의 시민 파스키우스는 세금을 체납하자 징세관의 제재가 두려워 교회로 피신해 왔다. 관리는 파스키우스를 인도하든지 아니면 세금을 지불하라고 주교를 다그쳤다. 아우구스티누스는 동료 마케도니우스의 도움을 얻어 세를 지불하고 파스키우스의 어려움을 구해 주었다.

언젠가, 카르타고에서 공부하고 있는 그리스 인 디오스코로스는 키케로의 철학에 대해 아우구스티누스에게 문의해 왔다. 주교는 히포에서 키케로의 사본을 구하지 못했으나, 그리스 철학에 대해 논하고 플라톤 철학의 우수함, 신플라톤주의와 그리스도교의 유사성 등을 써서 보냈다.

《83개의 문제집》

아우구스티누스는 389년부터 396년 사이에 다루었던 문제에 해답을 달아 《83개의 문제집》이란 제목의 책을 냈다. '질문과 대답' 형식으로 작품을 쓰는 방법은 아리스토텔레스 이후 전해졌으며, 대화 형식과 더불어 아우구스티누스도 자주 사용했다.

이 책은 표제대로 다양한 사람들로부터 모인 문제 83개를 열거하고 있는데, 편지에서와는 달리 책이라는 특성 때문인지 혹은 저자의 주교라는 입장에서 인지 사상 및 신학적 주제가 많이 포함되어 있다.

C.J. 페를에 따르면 대략 다음과 같이 분류할 수 있다. 1~15문제는 영혼, 자유 의지, 감각, 지성 등 심리학에 관한 문제, 16~28문제는 신과 그리스도 등 신학 문제, 29~40문제는 윤리 영역, 41~65문제는 성서 해석, 66~74문제는 사도 바울로의 편지와 관련된 문제이다.

아우구스티누스는 사람들의 질문을 단서로 본인이 관심 있는 문제를 게재하고, 그에 대한 해답을 모색하고 고찰하여 스스로의 견해를 다듬어 공개했다. 따라서 이 책은 당시 사람들의 관심 분야를 알 수 있다기보다, 여러 주제에 대한 저자의 사상을 탐색할 수 있어 흥미로운 작품이라 하겠다.

그런데 분쟁은 민중의 상담역인 주교의 신변에서 일어나기도 했다. 히포의 수도원에 거주하는 보니파티우스와 스페스가 서로 동료의 부정을 폭로하고 다투었다. 그런데 그것이 히포 시민들에게까지 알려져 큰 소동으로 번졌다. 아우구스티누스는 두 사람이 양심에 근거하여 신 앞에서 자발적으로 해결할 것을 권했다.

칼라마의 주교 메가리스가 증오심 때문에 히포의 주교에 대한 거짓 소문을 흘린 적이 있다. 아우구스티누스는 어떤 귀부인과의 사이가 의심된다는 스캔들에 휘말려, 한때는 친한 친구들로부터 버림받았던 경험도 있다.

암브로시우스의 죽음

394년 4월 4일, 밀라노에서 암브로시우스가 타계했다. 암브로시우스는 아우구스티누스가 가장 존경하던 주교였다. 암브로시우스와의 만남은 아우구스티누스의 인생에 결정적인 영향을 끼쳤을 뿐 아니라, 그를 통해 주교의 본분과 생활 태도를 배웠다. 아우구스티누스는 《고백록》과 편지에서 자주 암브로시우스에 대해 언급하고 있다.

암브로시우스의 후임으로 밀라노의 주교가 된 것은 심플리키아누스였다. 그는 암브로시우스의 스승에 해당하며, 밀라노에서 아우구스티누스를 신앙으로 인도한 인물이었다. 노년에 들어 주교직에 오른 심플리키아누스는 멀리 히포의 아우구스티누스에게 편지로 성서 해석에 관한 질문을 해 왔다. 아우구스티누스는 '질문과 대답'이란 형식을 여기서도 사용했으며, 책으로 정리하여 밀라노로 보냈다.

'나의 아버지 심플리키아누스여, 당신의 질문장을 매우 기쁘게, 그리고 명예로 생각합니다. 만약 내가 질문에 대답하지 않으면, 나는 거드름쟁이일 뿐 아니라 배은망덕한 자가 되겠지요'라고, 아우구스티누스는 이 책《심플리키아누스에 대한 대답—여러 종류의 문제에 대해》($^{2권}_{396}$)에서 기술하고 있다. 이 책은 아우구스티누스의 깊은 성서 이해를 담고 있다.

카르타고의 사제 데오크라티아누스는, 신앙에 갓 입문한 사람들에게 그리스도교를 어떻게 가르치면 좋을지에 대한 아우구스티누스의 조언을 구했다. 이에 대한 대답이 바로《초심자의 교도(敎導)》($^{400년}_{경}$)이다. 그는 길고 짧은 두 편의 이야기를 제시하며 상대편에 맞춰 알기 쉽게, 애정을 품고 성서를 가르쳐야 한다고 대답했다.

마니 교도와의 대결

이렇듯 아우구스티누스는 바쁜 일상을 보내고 있었다. 397년, 결국 그는 병으로 쓰러졌다. 그러나 느긋하게 휴양할 새도 없이 같은 해 8월에 카르타고에서 개최되는 주교 회의에 출석해야 했다. 아프리카 교회가 직면한 어려움인, 도나티스트 문제를 논의하기 위해서였다.

아우구스티누스는 일상적인 업무 이외에도, 히포의 그리스도교인 증가로 새로운 교회당 건설에 착수하는 등 많은 일을 끌어안고 있었으나, 지금은 아프리카 전체의 교회를 위해 기여하지 않으면 안 되었다. 설교나 재판 등의 업무를 비롯하여 회의나 강연도 많아졌다. 더욱이, 사상적으로 몰두해야 할 문제도 있었다. 마니교 또한 여전히 당면한 과제였다.

마니교는 금지되어 있었음에도 불구하고 아프리카에서 여전히 세력을 유지하고 있었다. 히포에서 활동하는 마니 교도도 있었으며, 교회 안까지 들어와 있는 마니교 신도도 있었다. 과거에 마니 교도였던 주교 아우구스티누스는 그 학설의 장점은 물론 단점도 알고 있었다. 또한, 그들을 반박하는 것은 자기를 되돌아봄을 뜻하며, 그들의 오류를 지적하는 것은 동시에 진리 추구의 길을 명확하게 하기 위함이었다. 일찍이 회심 직후부터 골몰해 왔으며, 특히 사제에 취임하고부터는 적극적으로 논박을 반복해 왔다. 주교가 되어서도 여전히 많은 마니교 반박서를 공개하는 데는 바로 이와 같은 뜻이 있었기 때문이다.

398년 12월, 아우구스티누스는 마니교의 교사 페리쿠스와 히포의 교회에서 공개 토론을 가졌다. 페리쿠스는 404년에도 히포를 방문하여 가톨릭 주교와 논쟁을 벌인다. 그들은 마니교의 활동, 악의 기원으로서의 자유 의지, 신의 불변성, 그리스도에 의한 구제에 대해 토론했다고 기록되어 있다.

400년에는 《마니 교도 파우스투스 비판》과 《기본서라 불리는 마니의 편지 비판》이란 두 책을 집필했다. 전자는 밀레베의 우수한 마니교 학자 파우스투스의 33권으로 된 저작 《신앙과 진리》를 하나하나 비판한 것이며, 후자는 마니교 경전의 하나인 《기본 서간》의 처음 부분에 논박을 가한 것으로, 모두 마니교의 입장을 이해할 수 있고, 그리스도교와의 차이를 명확히 밝히고 있다는 점에서 귀중한 문헌 들이다.

키르다에 주재하는 도나투스파 주교 페리티아누스가 아우구스티누스를 마니 교도라 공격했다. 이를 들은 아우구스티누스는 《페리티아누스의 편지 비판》을 써서 반론했다. 402년경의 일이다. 또한, 언젠가 아우구스티누스의 책을 읽은 마니 교도 세쿤디누스는 주교를 다시 마니교로 끌어들이려 시도했다. 405년, 아우구스티누스는 《마니 교도 세쿤디누스 비판》을 써서 이에 답했다. 뿐만 아니라, 이 무렵에 《선의 본성》이란 책을 집필하여 신과 선악 문제에 대해, 마니 교도에 맞서 논의를 전개하고 있다.

오랜 세월을 방황하다 겨우 공허한 가르침으로부터 벗어난 아우구스티누스는, '어떠한 고생을 통해 진리가 발견되며, 오류를 피하는 것이 얼마나 어려운지'를 잘 알고 있었다. 이 체험을 극명하게 풀어 놓은 것이 바로 《고백록》이다. 이 책에서 아우구스티누스는 자신이 왜 마니교에 끌렸는가, 그리고 어떻게 거기서 빠져 나왔는가를 상세하게 기술하고 있다. 400년에 완성된 이 책은 그의 마니교에 대한 견해를 자세히 나타내고 있는 자료이다.

아우구스티누스의 정력적인 활동으로 인해 아프리카의 마니교는 점차 세력을 잃어 가고 있었다.

설교에 정력을 쏟다

교회 내에서의 주교의 임무로는 설교가 가장 중요했다. 고대, 특히 서방교회에서 설교는 주교의 권리(의무가 아니라)로, 사제가 이 업무를 맡는 경우는 없었다. 그러나 앞에서 기술한 것처럼, 아우구스티누스는 391년의 사제 취임과 동시에 예외적으로 강단에 오르는 것을 허락받았다.

그리고 앞에서 언급한 대로, 2년 후인 393년, 역시 사제 신분인 그는 히포에서 개최된 교회 회의에서 많은 주교들을 앞에 두고 신앙과 신조에 대해 긴 설교(강연)를 할 정도로 널리 인정받게 되었다. 이러한 사실들은 아우구스티누스가 뛰어난 설교자라는 점이 당시 사람들 사이에서도 이미 유명했음을 나타낸다.

그러나 그 자신은 종종 '나는 설교하는 것이 부담스럽다'고 말했으며, '나는 스스로 만족할 만한 설교를 한 적은 한 번도 없습니다'라 기록했다. 진정한 설교자였던 그는, 설교라는 임무의 훌륭함과 어려움을 절실히 느끼고 있었다.

그는 40년간을 히포 레기우스에서 교회의 목자로서 설교에 종사하며 보냈다. 시편 전체를 200회 이상 이야기했으며, 그 분량은 대형 저작인 《신국》의 두 배에 맞먹는다. 요한복음서 강해 설교는 214회에 이르며 이것은 《삼위일체론》의 약 두 배에 해당한다. 아우구스티누스가 설교할 때 다루지 않은 구신약성서는 없었으며, 복음서에 있는 예수의 가르침, 예화, 기적 이야기 등도 모두 한 번 이상 텍스트로 선택되었다. 일생 동안 약 4,000번의 설교를 했다고 전해지나, 현재 그의 이름으로 전해지고 있는 것은 1,100여 개이다. 그러나 진정한 것은 이 반수 정도에 지나지 않는다.

아우구스티누스는 부탁받으면 사정이 허락하는 한 어디로든 설교하러 나섰다. 당나귀를 타고 북아프리카를 동서남북으로 다니며 선교를 위해 힘썼다. 노년이 되자 추운 계절에는 요청을 거절할 수밖에 없었으나, 그런 경우에는 정중하게 사과했다.

아우구스티누스는 주교로서 초심자 및 교직자의 교육과 재판의 책무는 물론 마니교·도나투스파·펠라기우스파 등의 이교도들과의 끊임없는 논쟁 등으로 다망한 가운데서도 수많은 저서들을 남겼다. 그러나 그가 가장 정력을 쏟았던 부분은 바로 설교였다.

이교도 도나투스파와 논쟁하는 아우구스티누스(오른쪽 인물)

설교의 태도

아우구스티누스는 어떻게 설교를 했을까. 그는 보통은 교회력에 따라 성일 또는 여러 성도의 축제일마다 성서 한 권을 연속적으로 강해하거나, 여러 가지 다른 성경 구절을 선택했다. 또는 신조를 교리적으로 해설하기도 했으며, 매번 다양한 주제에 대해 자유롭게 설교했다.

고대 교회에서는 설교 전에 먼저 낭독자가 성서를 읽었다. 시편 같은 경우에는 선창자인 변성기 전의 소년이 고음으로 노래하고, 그것을 회중이 따라 하는 습관이 있었다.

가끔 낭독자가 실수로 지정된 곳이 아닌 다른 구절을 읽기도 했다. 그러면 아우구스티누스는 '지금 읽은 곳은 내가 선택하고 준비한 구절과는 다릅니다. 그러나 신의 뜻이 작용했을지도 모르므로, 내 뜻이 아닌 신의 인도에 복종하여 여기부터 이야기하겠습니다'고 말하고는, 실제로 예상하지 않았던 새로운 곳에 대해 설교하기도 했다.

그는 또한 이러한 경우 외에도, 준비해 온 것과 다른 주제의 이야기를 시도하기도 했다. 예를 들어, 예배에 예기치 못한 마니 교도나 도나투스파 사람들이 찾아오거나, 이교도 점술가나 로마의 관리 등이 모습을 나타냈을 경우였다. 이는 설교에 의해 청중 한 사람 한 사람을 그리스도에게 인도하려는 아우구스티누스의 열의의 발로라 할 수 있다.

아우구스티누스의 설교의 내용적 특색 중 하나는, 성서가 중심을 이룬다는 것이다. 실제로 성서 글귀의 인용이 대단히 많은데, 이는 그가 목자란 다른 재료나 주제로 이야기하는 사람이 아니라 성서를 성서에서 풀어내어 설명하는 사람이라고 확신했기 때문이다. 이런 의미에서 그의 청중 또한 잘 훈련되어 있었다. 설교 중에 목자가 그들이 애용하는 성서 구절을 언급하면, 이미 암기하고 있는 내용이므로 후반부를 모두가 소리내어 따라하는 경우가 있었다. 그러면 주교는 '이 구절을 들은 적이 없는 사람도 있을 수 있으므로 한 번 더 반복하겠습니다'라고 말하며, 초심자에 대한 배려를 표시했다.

설교자로서의 특징

설교자 아우구스티누스를 특징짓는 것은, 앞의 예에서도 알 수 있듯 모인 사람들과 대화하는 자세에 있다. 그는 설교할 때 청중을 지배하거나 지도하려는 태도를 취하지 않았다. 청중을 중시하는 태도는 수사학 교사로서의 경력에서 온 것으로, 이야기의 결과를 강조하고 향상시키는 데 중요한 요소였다.

그러나 전통적인 수사학에서는 주로 이야기하는 곳을 계산에 넣는데 반해, 아우구스티누스는 듣는 이의 개인적 상황을 배려했다는 점에서 다소 차이를 보인다. 게다가 청중의 질, 특색 등에 신경을 썼을 뿐 아니라, 이야기 도중에 끊임없이 그들의 반응을 살폈다. 때문에 하나의 문장을 도중에 끊고 반응을 확인한 뒤 다시 이야기를 잇기도 했으며, 중요한 것은 직접 반복하거나, 회중에게 소리내어 반복하도록 호소하기도 했다.

이는 아우구스티누스가 설교에서는 화자와 청중이 친밀한 관계를 만들어내는 것이 중요하다고 생각했기 때문이다. 그런 의미에서 그에게 설교란 일방적인 주장이 아니라 생생한 대화였다. 설교의 대화적 요소를 중시하는 것에서 설교자 아우구스티누스의 가장 중요한 점을 발견할 수 있다.

아우구스티누스의 시대에는 일부 예외를 제외하고, 모인 사람들은 선 채로 예배를 보았으며, 주교는 주교 자리에 앉아 이야기를 했다. 사람들에게 교회당이란 단순히 예배를 보는 장소만이 아니라, 친구들을 만나 이야기를

설교하는 아우구스티누스

나누는 기회를 제공하는 기능도 했다. 그래서 설교자가 어려운 이야기를 하거나, 쓸데없이 길어지면 그들은 정직하게 반응하며 불만을 나타내고 떠들기 시작했다. 따라서 교직자는 여러 차례 '조용히', '이쪽을 향해 주십시오' 등을 외칠 필요가 있었다. 아우구스티누스도 이를 경험했다.

그는 가끔 건강 상태가 좋지 않아서 설교를 매우 짧게 마무리하기도 했으나, 반대로 열심인 청중에 감격하여 자리에서 일어나 장시간 이야기를 이어가기도 했다. 악천후에도 불구하고 예배 출석률이 좋다고 기쁨을 표명하거나, 교회보다 서커스나 극장 쪽으로 사람들의 발걸음이 향하는 것을 슬퍼했다. 모인 사람들이 시장해하는 것을 눈치채고는, 식사를 위해 한 번 중단하지만 뒤에 영혼의 양식을 위해 다시 모이도록 제안하기도 했다.

그런데 아우구스티누스가 설교에서 모인 사람들과의 대화를 중요시한 이유는 이런 외적 상황을 고려했기 때문만이 아니라, 더욱 기본적인 그의 설교관에 의거한 것이었다. 그에 의하면, 설교에서 가장 중요한 점은 모인 사람들에게 이야기를 이해시키는 것이다. 그것이 이야기의 포인트를 명확히 하고, 적절한 표현을 궁리할 뿐 아니라 이야기하면서 청중의 반응에 주의하는 이유이다. 예배는 토론회와 달리 듣는 사람은 질문할 수 없으므로 말하는 사람이 상대에게 통하고 있는지 아닌지를 유념할 필요가 있다. 아우구스티누스가 천천히 이야기했던 이유는 그저 속기사의 편의를 생각해서만이 아니라, 모두에게 충분히 이해시키기 위함이었다. 그는 청중을 이해를 통해 붙잡으려 했다. 예배에서 양자 간의 진정한 교류는, 이야기의 내용에 대해 말하는 사람과 듣는 사람이 함께 생각할 때 발생한다. 게다가, 청중이 설교를 그저 듣고 그 내용을 이해할 뿐 아니라, 말하는 주제에 대해 생각하고, 동조하며 그 내용 자체에 몸과 마음을 다하도록 한다—이것이 아우구스티누스의 설교의 목적이었다.

기록되고 애독된 설교

그런데 설교의 문제는 신의 지혜와 이 세상의 지혜, 신의 말씀(Verbum)과 인간의 말(vervumi), 또는 그리스도교 신앙과 일반 문화의 문제라 할 수 있다. 고대에는 테르툴리아누스, 키프리아누스, 락탄티우스 등은 후자를 너무 경계했으며, 암브로시우스, 히라리우스, 히에로니무스 등은 두 가지 사이에서 망설이고 있었다.

그러나 아우구스티누스는 진리를 섬기게 하기 위해, 사람들을 구원으로 인도하기 위해, 이 세상의 지혜와 인간의 문화를 대담하게 활용했다. 이에 의해 교회는 역사에서 새로이 독자적인 길을 개척하고 발전시키게 되었다. 아우구스티누스가 《그리스도교의 가르침》에서 시도한 일반 문화의 그리스도교적 해석과 그 사용을 위한 이론 부여의 의의는 크다.

이와 관련하여 600년 무렵의 작품이라 생각되는 아우구스티누스의 가장 오래된 초상화 밑에 다음과 같은 문구가 기록되어 있는 것도 우연은 아니다. '교부들은 다양한 이야기를 했다. 그러나 그는 모든 깊은 뜻을 라틴 어로 힘있게 전했다.' 확실히 아우구스티누스는 언제나 이야깃거리를 풍부하게 가지고 있었고, 그것을 아름다운 라틴 어로 말하는 것을 기쁨으로 여겼다. 이는 그의 정신이 풍부함을 뜻한다. 신을 추구하며, 신과의 관계를 중시한 인간이 지니는 풍부함이었다.

아우구스티누스는 심오한 진리를 단순한 형식으로 말하는 것에 뜻을 두었다. 고상하고 훌륭한 말보다, 통속적으로 명쾌하게 말하기를 선호한 아우구스티누스는 진정한 대중 설교가였다. 실제로 히포와 카르타고, 밀레베에서도 많은 민중이 그의 설교에 마음을 빼앗겼다. 다행스럽게도 그의 설교는 속기사가 베낀 것을 서기가 기록했기 때문에, 그 무렵 다른 교직자들에 의해서도 설교되었으며, 많은 사람들 사이에서 애독되었다.

아우구스티누스는 '말하는 사람보다 듣는 사람이 행복하다'고 반복하여 말했다. 또한 그는 이렇게도 말했다. '설교하고, 반박하고, 권하고, 가르치는 것을 전부 만족스럽게 행하는 것은 어려운 일이며, 중대한 임무이자 굉장한 노고이다. 이 어려움에서 도망치고 싶지 않은 자가 있을까.' 이것은 시대의 전환기를 설교자로서 살아간 그의 본심일 것이다.

아프리카 교회의 성장

아우구스티누스의 주교로서의 활동은 히포를 넘어 다른 지역까지 이르렀다. 특히 아프리카 그리스도교의 중심이었던 카르타고에서의 활약은 주교 아우렐리우스와의 협력을 통해 큰 효과를 올렸다. 또한, 서쪽의 카에사리아, 남쪽의 테베스테까지 발걸음을 옮기기도 했다. 뿐만 아니라, 바다를 건너 이스파니아의 오로시우스, 밀라노의 심플리키아누스, 베들레헴의 히에로니무스 등과 문서를 통해 교류했다.

포시디우스에 의하면 '아우구스티누스는 공공의 자리와 사사로운 장소에서도, 집에서도, 교회당에서도, 구원의 말씀을 확신을 가지고 말하고 가르치며, 저작을 통해, 또는 그 자리에서 설교를 하기도 하며 아프리카의 이단, 특히 도나투스파와 마니 교도에 반대했다. ……이와 같이 신의 은총을 받아 아프리카의 교회는 성장하기 시작했다. ……바다 건너편의 교회도 이 소식을 듣고, 기쁨을 함께 나누었다.'

9. 사색에 의한 신학의 형성

주목해야 할 세 가지

아우구스티누스의 교회 교사로서의 초기 행보는 그의 사상 형성면에서 볼 때 어떠한 의미와 내용을 지닐까.

사제에 취임한 391년부터 외적으로 바쁜 업무에 종사하면서도, 아우구스티누스는 교회와 자신에게 중요하다고 생각되는 문제에 관한 사색과 저작에 마음을 쓰고 있었다. 실제로 그가 다양한 동기와 목적으로 상당한 분량의 책을 집필했음은 이미 언급했으며, 이는 그의 지적 활동의 왕성함을 나타내는 것이다. 이 시기의 작품을 읽어보면 아우구스티누스의 사상, 특히 그 신학적 사색이 심화 발전되어 형태를 갖춰 가고 있음을 알 수 있다.

다음 세 가지에 주목하고 싶다.

첫째, 아우구스티누스의 은혜 사상의 토대가 확립된 점.
둘째, 은혜론 및 원죄설에 의한 인간 이해의 심화.
셋째, 아우구스티누스의 성서 해석학이 정립된 점.

(1) 은혜론의 성립

원죄와 신의 은총

먼저, 첫 번째 문제부터 살펴보자.

아우구스티누스의 은혜론의 기본적 양상이 명확히 나타난 것은 《심플리키아누스에 대한 답장—여러 가지 문제에 대해》(396)에서이다.

제1권의 신약성서의 로마 인에게 보내는 편지에 관한 질문의 해답을 보면, 아우구스티누스는 모든 인간이 '죄의 영혼(massa peccati)에 속해 있다고 보았다. 죄는 아담에게서 유래한다는 원죄설을 가리킨다. 따라서 구원에 있어 인간 자유 의지의 자립적 활동은 인정하지 않으며 신의 인간에 대한 기능, 즉 신의 자비가 필요함을 강조한다. 죄인인 인간의 행위는 비록 그것이 선행이라 할지라도 신의 은총을 받는 데는 도움이 되지 않는다. 죄로부터의 구원은 '은총이 첫째이며, 선행은 둘째'라며 행위에 대한 은혜의 우위성을

사색에 잠겨 있는 아우구스티누스

설명했다.

여기에는 이전과는 다른 죄의 이해와 은혜의 중요성에 대한 인식이 나타 난다. 즉, 이전처럼 악을 실체로서 파악하거나 선(善)의 결여로 보지 않으 며, 세계에서의 사악, 악의 힘, 죄의 벌이란 해석에 그치지도 않는다. 그는 바울로를 본받아, 악을 원죄라 규정했다. 그리고 그 죄를 이해하기 위해, 전 처럼 인간의 선성(善性)을 믿거나 의지 결정의 자유를 부르짖는 것이 아니 라, 죄 있는 인간의 무력함에 눈을 돌렸다. 이성(理性)에 의한 구원, 조명 (照明)에 의한 신(神)의 인식, 혼(魂)의 상승에 의한 신에게의 귀환 등으로 는 충분하지 않으며, 신의 자비와 예수 그리스도에 의한 구원의 필요성을 설 명했다.

무엇보다 이러한 은혜론은 심플리키아누스에의 답신에서 갑자기 튀어나온 것이 아니라, 종교직에 종사하면서 서서히 형성된 것이었다. 여기서 잠깐 간 단하게 그 과정을 더듬어 보자.

은혜론의 형성 과정

아우구스티누스는 악에 대한 문제를 둘러싼 마니교와의 논쟁에서 자유 의지를 강조하며, 악을 실체로 간주하는 태도에 반대를 표명하고 자유 의지와의 관계 속에서 파악하려 했다.

처음에는, 390년의 《진실한 종교》(제2권 14장 27절)나 388년의 《자유 의지론》 제1권 (12장 26절)을 보면 인간의 선성과 의지 결정의 힘을 인정하고 있었다. 그런데 396년, 주교가 된 다음에 완성한 제3권에서는 선을 행할 수 없는 무력한 인간의 현실을 기초로 사색하게 된다(18장 51절). 아우구스티누스는 자신의 체험의 반성, 다양한 인간과의 교류, 성서 연구 등을 통해 인간 이해, 특히 그 죄에 대한 통찰을 심화시켜 갔던 것이다.

그 예로, 392년의 시편 제7편을 다룬 설교에서 인간의 무력함을 자각하고 신의 은혜에 대한 신뢰를 이야기했으며, 같은 시기의 다른 설교를 보면 인간은 공덕에 관계없이 은혜에 의해 구원된다고 말하는 부분을 찾을 수 있다.

은혜와 인간의 자유 의지에 대한 이해도 변화했다. 전과 달리, 394년에 쓴 《미완의 로마서 강해》에 의하면 인간은 죄에 빠지기 이전에는 선을 행할 자유(libertas)를 가지고 있었다. 죄인이 된 후에도 의지 결정은 남아 있지만 자유는 잃게 된다. 그렇기 때문에 인간은 죄를 범하지 않도록 노력하는 것은 가능해도, 죄를 짓지 않고 있는 것은 불가능하다는 것이다. 이러한 사상이 사도 바울로의 영향을 받은 것임은 말할 필요도 없다.

이 《미완의 로마서 강해》에는 죄인에 대한 신의 작용으로 '부름'(vocatio)이 언급되고 있는데, 이는 매우 중요한 관점이다. 왜냐하면 부름은 종전의 조명(illuminatio)을 대신하는 작용을 하는 것으로 받아들일 수 있기 때문이다. 인간의 영혼이 신의 빛에 이끌려 진리를 인식하기에 이른다는 사고는 스토아파, 그노시스, 마니교, 신플라톤주의 등 고대 철학과 종교에서 찾아볼 수 있으며, 아우구스티누스의 초기 저작에도 자주 나타나 있다. 그런데 조명설의 문제점은 조명을 받은 인간 의지의 작용을 고려하지 않을 뿐 아니라, 인간의 죄를 묻지 않고 끝나는 경향이 있다. 이런 의미에서 아우구스티누스가 부름이라는 신의 인격적 작용을 주창한 것은 주목받을 가치가 있다.

그런데 보카치오(부름)는 인간이 요구할 수 없는 신의 자비에 의한 행위이다. 이 신의 부름이 그리스도와 결합하면서 신의 은총이 분명해지고, 인간의 죄가 문제시되는 것이다.

이렇게 아우구스티누스는 시편과 바울로 서간의 연구를 거듭하며 은혜 사상을 형성해 간다. 《83개의 문제집》(396)에는 더욱 발전된 죄와 은혜 파악이 드러난다. 〈로마 인에게 보내는 편지〉 9장 20절에 관한 제68문제에, 인간이 죄로 인해 '죄의 영혼(massa peccati, massa luti)이 되었다는 것을 설명하고 있다.

아우구스티누스에 의하면, 신은 죄의 영혼에서 연민의 그릇과 분노의 그릇을 만든다. 연민의 그릇은 일방적인 신의 자비에 의한다. 신의 인간에 대한 부름도 은혜의 행위이다. 이렇듯, 아우구스티누스는 신의 은혜가 인간의 모든 행위에 우선하여 작용하는 것, 인간은 신의 은혜가 없으면 의지하는 것조차 불가능함을 표명하고 있다. 이 사상이 한층 명확하게 정리되어 제시된 것이 심플리키아누스에게 보낸 답신 속에 있는 은혜 사상이다.

이렇게 보자면, 아우구스티누스의 은혜론은 후대의, 인간의 자유 의지와 신의 은총의 작용을 둘러싸고 수도사 펠라기우스와 벌였던 이른바 펠라기우스 논쟁(412년이후)에서 형성된 것이 아니라, 400년 전에 이미 그 기초를 확립한 것이라 볼 수 있다.

또한 심플리키아누스에게 보낸 답신은 물론 《고백록》에서도, 인간은 신의 은혜를 교회가 집행하는 성례전(聖禮典)을 통해 받는다는 견해를 찾을 수 있다. 이것은 아우구스티누스의 은혜론이 교회론적 측면을 지니고 있으며, 그 형성에 당시 가톨릭 교회의 전통적 교리의 영향을 받았음을 나타낸다. 이 점에 관해서는 펠라기우스 논쟁을 거치면서 신의 선택, 신앙의인(信仰義 認 : 신앙에서 하느님이 인간을 의로운 존재로 인정함) 등을 중시하는 입장으로 발전하는 양상을 볼 수 있다.

(2) 《고백록》의 인간관

《고백록》의 구상

400년에 완성한 《고백록》도 이 시기의 신학사상을 알 수 있는 중요한 작품이다. 집필 의도 및 내용은, 단순히 저자 아우구스티누스의 자서전이라기보다, 원죄와 은혜론과의 관계에 대한 것이기 때문이다. 즉 《고백록》은 크게 다음과 같은 구상 아래 성립한다.

집필 중인 아우구스티누스

  인간은 신에 의해 창조되었음에도 불구하고, 창조주를 잊고 그에서 멀어져 스스로의 욕망대로, 즉 죄인으로 살고 있다. 인간은 죄의 일생을 보내면서도 마음속으로 창조주를 그리며 갈구하고 있다. 그러나 그 노력은 부질없으며, 오히려 허위와 불안에 빠져 절망의 구렁텅이를 방황한다. 존재의 근거인 창조자를 잊고 허무에 빠져 구원 없는 생을 보내고 있는 인간의 창조주인 신은 항상 자비로우므로, 인간의 비참한 상황을 돌아보고 죄인을 용서하고 사랑하고 구원의 길을 마련한다. 그러므로 인간은 자신의 비참한 모습을 깨닫고, 신을 향해 스스로의 죄를 고백하고, 신의 곁으로 돌아가 그 은혜와 사랑에 감사하며, 신의 훌륭함을 찬미해야 한다는 것이 《고백록》의 중심 주제이다.

  P. 크루셸의 지적처럼, 이런 점에서 이 책은 아우구스티누스가 주교로서 종사했던 세례 지원자 교육 방법을 자기 자신의 생애에 적용시킨 것이라 할

수 있다. 즉 지도자의 의무 중 하나는 신이 자신을 어떻게 인도했는가를 사람들에게 증명하는 것이었다. 실제로 이 책의 집필 의도는 자신의 선과 악을 고백하고 신의 은혜에 의한 인도를 찬미하며, 사람들에게도 이와 같은 신의 사랑을 알리기 위함이었다. 아우구스티누스는 은혜론이란 관점에서 자신의 반생을 서술함으로써, 인간의 죄의 실태를 드러내고 신의 은총의 작용을 강조한 것이었다.

그런데, 인간이 원죄를 짊어지고 있는 것은 어째서일까. 또 은혜사상이란 무엇인가. 그 사상 구조는 앞에서 서술한 《고백록》의 주제 전개를 통해 인지할 수 있지만, 조금 더 그 내용을 이에 의거하여 고찰해 보고 싶다. 이것은 동시에 《고백록》에 나타난 아우구스티누스의 인간 이해를 탐색하는 것도 된다.

두 개의 주제

《고백록》의 주제는 두 가지이다.

'신이시여, 당신은 내게 어떤 존재인가'와 '신이시여, 나는 당신에게 있어 무엇인가'란 두 가지 질문이 그것이다(제1권 5장 5절).

여기서 주의할 점은, 아우구스티누스는 신이란 무엇인가, 인간이란 무엇인가를 일반적으로 묻는 것이 아니라, 신을 인간과의 관계 속에서, 그리고 인간을 신과의 관계 속에서 문제시하고 있다는 점이다. 이런 의미에서 두 개의 질문이 아니라 한 가지 문제에 대한 탐구인 것이다. 그것도 '당신과 나'라는 인격적인 호응 관계 속에서 바라보고 있다. 신과 인간에 대한 사변(思辨)이 아니라 자신의 실존에 있어서의 양자의 관계인 것이다.

인간을 신과의 관계에서 문제삼기 때문에 인간의 외면이 아닌 내면을 주목하며, 인간의 본성, 존재 그 자체를 음미한다. 신 앞에서—인간의 앞이 아니라—인간을 캐물으면 인간의 죄의 현실이 명백히 드러나게 된다. 그와 동시에 인간이란 존재를 근본적으로 지탱하고 있는 존재, 인간의 존재를 존재하게 하는 존재자, 인간의 존재를 허락하고 받아들이는 신과, 인간에 대한 그 신의 작용, 특히 사랑의 작용과 연민이 나타나게 된다. 아우구스티누스는 이러한 신과 인간의 관계를 스스로의 생활에서 질문하고 찾고, 파악하고, 명백히 밝히려 노력한다. 그 사색의 성과가 바로 《고백록》이다.

원죄에서 벗어날 수 없는 인간

아우구스티누스에 의하면 인간은 '원죄의 사슬에 묶여' 있다. ^(제5권
9장 16절) 이 의미를 파악하기 위해 다음 두 곳을 선택하여 그의 사색을 살펴보자.

제2권 4장 10절 이하에서 아우구스티누스는 유흥을 함께 하던 친구와 배를 훔쳤다고 고백하고 있다. 이 부분은 과하게 죄의식을 표현하는 곳 _(예를 들어,
F. 니체), 혹은 소년의 비행 심리를 나타내는 예로 자주 언급된다. 본래는 에덴 동산의 금단의 과실에 얽힌 인간 타락의 고사와 연관시켜 신학적으로 해석해야 되겠지만, 여기서는 우리의 관심사에 따라 분석하고 싶다.

아우구스티누스는 먼저 사건의 외적 경과를 기술한다. 집 근처의 포도밭에 열매가 영근 배나무가 있었다. 친구와 한밤중에 몰래 숨어들어가 나무를 흔들어 열매를 땄다. 그러나 배는 먹지 않고 돼지에게 던져 주었다.

아우구스티누스는 이 소년시절의 절도 체험을—그것이 사실이든 아니든 일반적으로 인간이라면 누구나 경험할 수 있는 사건을—단서로 인간의 내면을 탐색한다. 어째서 배를 훔쳤는가. 음식이 궁했기 때문은 아니었다. 그렇다면 왜인가. 도둑질 자체를 즐기기 위해서였으며, 금지된 행위를 하는 것이 재미있었기 때문이다.

이것이 동기라면 도둑질이 나쁘다는 것을 알고 있으면서도 행한 것이 된다. 그것은 악을 위해 악을 행한다는 심리 상태를 나타낸다. 악을 알면서도 행하는 태도는 악을 사랑하는 것을 의미하며, 그것은 악의라 불린다. 악의는 추하다. 악을 악인 줄 알면서 행하는 인간 마음의 작용이므로, 악 또한 추하다. 그 추한 악을 사랑하는 마음은 그야말로 악의이기 때문에 추하다. 아우구스티누스는 말한다. '그것이 나의 마음이다.' ^(제2권
4장 9절)

아우구스티누스는 자기 안에 악을 악인 줄 알면서 사랑하는 마음, 악의를 갖고 악을 행하는 마음, 절도를 위해 훔치는 마음, 불의를 기뻐하는 마음이 잠재해 있음을 분명히 한다. 그리고 그 마음에서 나온 다양한 악의 예로 거만, 야심, 권력욕, 아첨, 호기심, 나태, 낭비, 탐욕, 질투, 분노 등의 구체적인 죄의 모습을 든다. 이것이 인간의 실상이다. 이러한 죄로부터 자유로운 인간이 과연 있을까.

인간의 생이 이러한 죄로 가득한 이유는 인간 내면에 악을 사랑하고 불의를 기뻐하는 마음이 잠재해 있기 때문이다. 이 상태를 아우구스티누스는 원

《고백록》 사본 속표지
그리스도를 예배하는 아우구스티누스

죄라 부른다. 인간은 원죄에서 벗어날 수 없다. 이는 아우구스티누스가 스스로의 반생을 돌이키며, 성서 공부를 통해 얻은 인간 이해였다. '오오 퇴폐여, 인생의 기괴함이여, 죽음의 심연이여. 해서는 안 될 짓을 하고도 기뻐하다니⋯⋯이 무슨 일이란 말인가' 하고 자신의 죄의 현실에 탄식한다.

선을 행하지 않고, 악을 행하는 인간의 수수께끼

아우구스티누스는 절도 행위와 그 심리 분석을 통해 원죄를 지닌 인간 실상의 한 면을 제시했다.

확실히 인간은 악을 즐기고 불의를 기뻐하는 마음을 지니고 있다. 그것은 앞에서 거론한 죄의 여러 양상에서 명백히 나타난다. 이런 의미에서 인간은 원죄를 지닌다. 어느 누구도 이를 부정하지는 않을 것이다. 그러나 이것만으로 인간의 마음을 전부 설명할 수 있을까. 악을 미워하고 불의를 꺼리는 마음도 갖고 있는 것은 아닐까. 그 내면에는 선을 즐기고 정의를 기뻐하는 마음도 존재하지 않을까. 만약 그러한 마음이 있다면, 인간을 원죄로 가득한 존재로 간주하는 것은 편파적인 인간 이해가 아닐까.

이 점에 대해 아우구스티누스는 어떻게 생각했을까.

그는 인간이 진리를 추구하고, 선을 원하고, 미를 사랑하는 것을 부정하지 않았다. 아우구스티누스 자신도 19세 때부터 불변의 진리를 추구해 왔다. 지혜로 마음을 충족시키고, 행복하고 평화로운 생활을 보내기를 갈망해 왔다. 그러므로 아우구스티누스는 인간이 이러한 소망을 마음속에 품고 노력하고 있음을 잘 알고 있었다. 충분히 알고 있으면서도 인간의 원죄를 주장했던 것이다. 왜일까.

《고백록》제8권에서 아우구스티누스는 정욕과 야망에 사로잡힌 상태에서 벗어나 진리와 선을 중시하는 생활을 시작하기를 진심으로 원하면서도, 결심을 내리지 못하고 머뭇거리는 자신의 모습을 그렸다. 그는 외적인 명성을 버리고 그리스도와 만나 진실하게 살기로 결심한 빅토리누스 이야기와, 이 세상의 유혹에 지지 않고 신에게 복종하는 생활에 모든 것을 걸며 금욕으로 일관한 안토니우스의 생애를 아는 사람으로부터 듣고, 자신의 내면에 눈을 돌린다.

자신은 정욕으로 가득한 생활에서 벗어나 선(善)을 좋아하는 생활을 원하고 있다. 그런데 현실에서는 원하는 선을 행하지 않고 증오하는 악(惡)을 행하고 있다. 인간은 왜 원하는 선을 행하지 않고, 원하지 않는 악을 행하는가. 불가사의이다. 이것은 인간의 수수께끼가 아닐까. 바로 이것이 아우구스티누스의 문제였다. 그는 이 문제에 대해, 자아성찰을 통해 두 가지 해석에 도달한다.

왜곡된 의지의 습관화

먼저, 아우구스티누스는 이것을 인간의 습관에 따른 문제로 이해했다.

인간은 의지하고, 의지한 것을 행하려 한다. 선(善)을 원하고 선을 행하려 한다. 그런데 원하는 선을 행하지 않고 원하지 않는 악(惡)을 행한다. 그것은 인간에게 깃들어 있는 '정욕(libido)'의 작용 때문이다. 정욕은 인간의 내부에 있으면서 정신이 원하는 것을 거스르는 작용을 한다. 《자유 의지론》제1권 3장 이하, 특히 11장에 리비도의 설명이 되어 있다.

인간은 지성에 의해 선으로 향하려고 하지만 중간에 지치고 좌절한다. 이는 정욕이 인간의 마음을 교란시키며, 공허하고 그릇된 환희로 향하게 하기 때문이다. 정욕의 힘에 지배되면 인간은 야망과 음란, 질투의 노예가 된다. 아우구스티누스가 정욕(리비도)을 욕망(cupiditas)이라 부르는 것은 이 때문이다. 의지는 정욕의 힘에 굴복하고 패배한다. 그러므로 원하는 것을 행하지 못하고, 원하지 않는 것을 행하고 만다. 아우구스티누스는 이러한 인간의 내적 정황을 왜곡되어 있다고 보았다. 인간의 의지는 정욕에 지배되면 왜곡된다. '왜곡된 의지(voluntas perversa)'(고백록 제8권 5장 10절)인 것이다.

의지가 정욕에 계속 지게 되면 왜곡된 상황이 습관이 되어 버린다. 의지의 왜곡이 습관이 되면, 정상으로 되돌리기 위해 저항하는 의지의 작용이 점점 약해져, 결국 의지는 정욕에 완전히 예속되고 만다. 그렇게 되면 왜곡된 의지가 습관화될 뿐 아니라, 필연화의 양상을 띠게 된다. '……왜곡된 의지에서 정욕이 생기고, 정욕에 지배당하는 사이에 습관이 되며, 습관에 저항하지 않으면 그것이 필연이 되어 버리는' 것이다.

아우구스티누스의 경우, 정욕을 즐기느냐 신을 사랑하느냐의 문제였다. 어느 쪽을 선택하느냐는 그의 의지에 달려 있었다. 자신의 의지로 한쪽을 긍정하고 다른 쪽을 부정하면 된다. 그런데 현실에서는 의지하는 바와는 달리, 부정하려는 것을 오히려 더 많이 긍정해 버리고 만다. 어째서인가. 오랜 세월 정욕에 져 왔으므로 그렇게 하는 것이 습관이 되어 버렸기 때문이다. 습관의 힘에 의해 스스로가 원하지 않는 방향으로, 스스로의 의지로 향해 간다. 이것은 '습관의 폭력'이며, '죄의 율법'의 작용이다. 아우구스티누스는 이를 '노예 상태'라 부른다. 자신의 의지로 자신을 속박하여, 스스로 의지하는 것이 불가능하기 때문이다. 이것이 인간이 갖고 있는 죄의 상태인 것이다.

아침에 눈을 뜨고 일어나야 한다고 생각하고 일어나기를 의지함에도 불구하고, 강한 졸음이 신체를 지배하고 의지는 패배하여 원하지 않는 쪽잠을 청하게 되고 그만 깊은 잠에 빠져 그것을 즐기고 만다. 매일 아침 이를 반복하면 습관이 되고 당연한 것이 되어, 극복하기가 매우 어려워지는 상황과 유사하다.

이상의 인간 이해는, '나는 자신이 하고 있는 일을 알지 못한다. 왜냐하면 나는 자신이 원하는 것은 하지 않고, 오히려 싫어하는 것을 하고 있기 때문이다'라는 바울로의 말을 아우구스티누스가 스스로의 체험을 통해 파악한 결과로 발생한 것이다. 그리고 이런 인간의 상태가 바로 죄 있는 인간의 모습인 것이다.

분열된 의지

다음으로, 아우구스티누스는 동일한 문제를 분열된 의지라는 관점에서 분석하고 있으므로, 그 점도 짚어보려 한다.

인간이 원하지 않는 바를 행하는 것은 의지가 왜곡되어 있음과 동시에 분열되어 있기 때문이라고 아우구스티누스는 생각했다.

인간이 무언가를 하고 싶다고 '원할(velle)' 경우, '원하는' 것이 '가능한(posse)'지 아닌지가 문제가 된다. 원한다고 그것이 꼭 가능하다고는 할 수 없다. 먼저 원한다는 것을 원하지 않으면 안 된다. 원하면 원하는 것 자체는 가능하다. 그 다음은, 원하는 바를 '행하는(facere)' 것이 가능한지가 문제이다. 의지한 것을 행하고, 그것이 현실이 되느냐 아니냐이다.

일반적으로 인간은 원하는 것을 행한다. 예를 들어, 사랑하기를 원하는 것은, 현실적으로 사랑하는 것이다. 만약 그렇게 된다면 '원하는' 것을 '행하는' 것이 된다.

이 관계는 인간의 정신이 무언가를 원하여, 그것을 신체에 명령하는 경우에는 곧잘 적용된다. 예를 들어, 정신이 신체에 수족을 움직이도록 명령하면 일반적으로 쉽게 현실이 된다. 어려운 부분은 정신이 정신에 명령할 때이다. 정신이 무언가를 원하여 명령하면, 정신은 그에 따르지 않고 거스르는 경우가 생기기 때문이다. 예를 들어, 정신이 '견실한 사람이고 싶다'고 원하며 정신에 명령해도, 정신이 그것을 따르지 않는 경우가 있다. '저 사람을 용서하라'고 정신이 명령해도, 정신은 그 사람을 용서하지 않는 경우가 있다.

정신이 정신에 명령하는 것은 정신이 원하는 것을 원하기 때문이기는 하나, 그 정신은 명령받은 것을 행하지 않는다. 아우구스티누스의 표현대로, 정말 '기괴(monstrum)'한 노릇이 아닐 수 없다.

정신은 '원하고 있는 것'을 명령한다. 만약 원하지 않는다면 명령하지 않을 것이다. 그런데 정신이 정신에 명령하면 정신은 그것을 행하지 않는다. 예를 들어, 마음으로 공부하고 싶다고 의지를 갖는다. 그 의지를 마음에 전한다. 그런데 명령받은 마음은 그것에 복종하지 않는다. 정신이 공부하고 싶다고 원했으므로 명령했을 터인데, 정신은 그것을 따르지 않는다. 인간은 누구나 이러한 경험을 한다. 인간의 정신은 기괴하며 수수께끼로 가득하다.

분열의 원인은 죄

문제는, 원하고 있는데 그 원하고 있는 것을 왜 못하는가이다. 명령하는 의지와 명령받는 의지는 같은 것이다. 그런데도 명받은 것을 행하지 않는 이유는, 명령하는 의지가 모든 의지를 가지고 명하지 않기 때문이다. 명받은 의지가 그것을 행하는 경우는, 명하는 의지의 의지 정도에 대응하는 경우이다. 명하는 의지가 완전히 의지하고, 전부를 가지고 명령한다면, 명받은 의지도 전체가 명령받고 있으므로 전적으로 그대로 행한다.

그렇다면, 의지가 완전히 의지하지 않음에 문제가 있다는 것이다. 즉 명령하는 의지가 어중간하거나 부분적이라면, 명령받은 의지도 그에 대응하여 그 상태에 따르게 된다. 만약 그렇다면, 스스로 의지하고 명령하여 자신의 의지가 그것에 따르지 않는 사태는 결코 '기괴'하지 않다. 오히려 '정신의 병 (aegritudo animi)'이라 할 수 있다. 의지한 것이 이루어지지 않는 것은 정말로 의지하지 않기 때문이며, 그런 어중간한 의지에 문제가 있는 것이다.

그런데 이 의지의 병을 두 의지의 대립으로 봐서는 안 된다. 의지한 것도 나, 의지하지 않은 것도 나, 어느 쪽도 같은 나인 것이다. 두 사람의 내가 대립하여 존재하는 것은 아니다. 문제는 의지의 방식이 충분하지 않았던 점에 있다. 확실히 분열이 있기는 하나 두 개의 의지, 두 사람의 나, 두 종류의 본성이 분열하는 것은 아니다. 아우구스티누스는 이 점에서 선악을 두 개의 실체로 간주하는 마니교적 이원론에 신중하게 반대한다.

인간의 내부에 분열은 있다. 그러나 그것은 두 개의 본성에 의한 것이 아니라 죄에 의한 것이다. 인간의 정신은 본래 '하나(una anima)'였다. 그런데 죄로 인해 분열되어 버렸다. 아우구스티누스에 의하면, 이는 인간이 죄에 대한 벌을 받고 있음을 의미한다. 인간의 정신은 다양한 대상에 다양한 욕망을 갖기 때문에 분열된다. 서로 다른 많은 의지가 인간 내면에 생기기 때문에 의지가 분열되는 것이다. 인간의 내면은 '복잡다양'하다. '하나(unus)'가 '여럿(plures)'으로 분열되어 있는 상태, 이것이 바로 죄이다. 죄야말로 분열의 원인인 것이다.

자신을 통일시켜 주는 것

인간의 정신이 분열되어 있는 것은, 인간이 본래의 자신을 잃고 현상적이고 일시적인 욕망에 현혹되어 불안과 방황 속에서 사는 것을 의미한다. 선을 원한다 한들, 분열되어 있기 때문에 불가능한 것이다. 여기에 인간의 비참함이 나타난다고 아우구스티누스는 생각한다.

이 비참함은 인간이 그 창조주인 신을 보지 못하고, 자신을 중심으로 생각하고 살아가며 행동하는 한 계속된다. 자기 중심적인 삶은 인간의 정신을 분열시킨다. 스스로의 욕망을 중심으로 살아가기 때문이다. 욕망의 영혼 즉 죄의 영혼인 인간은 분열을 치유하고 자기를 통일시켜 주는 것을 필요로 한다. '당신은 우리를 당신에게 향하도록 만드셨다. 그러므로 우리의 마음은 당신 안에서 휴식하지 않는 한 평온을 얻을 수 없다'는 아우구스티누스의 말은 바로 이것을 가리킨다.

신은 인간의 창조주이다. 신은 인간에게 연민 깊은 구세주이다. 인간은 신의 피조물이다. 인간은 신 앞에서 비참한 죄인이다. 아우구스티누스는 이것을 《고백록》 속에서 반복하고 있다.

습관이라는 무거운 짐에 끌려 의지의 분열에 고민하는 인간을, 신은 동정하고 구원하신다. 이것이 신의 은혜인 것이다. 신의 은혜에 대해서는 펠라기우스 논쟁을 통해 한층 명백해진다. 또한 은혜를 받고 구원받는 것이란 어떤 것인가, 신앙에 의한 삶이란 어떠한 것인가 하는 문제도 그때 묻게 될 것이다.

(3) 성서 해석학

방법론적인 사색을 시도한 이유

다음으로, 주교 취임 이후의 아우구스티누스가 사색한 성과 중의 하나인 성서 해석학을 살펴보자.

아우구스티누스는 397년, 4권으로 된 《그리스도교의 가르침》을 썼다. 정확히는 제1권부터 제3권 25장까지를 이 해에 탈고하고, 제3권의 나머지 부분과 제4권은 427년에 완료했다. 앞의 세 권에는 성서 해석에 대한 원리적 고찰이 담겨져 있다. 제4권은 오늘날 말하는 설교론에 해당한다. 내용으로 들어가기 전에, 이 시기의 아우구스티누스가 성서 해석의 문제에 방법론적 사색을 시도한 이유를 살펴보자.

이미 서술했던 것처럼, 아우구스티누스는 주교로서 사람들이 질문하는 성서의 다양한 의의에 대해 해답하고, 스스로도 설교를 위해 성서를 연구할 필요가 있었다. 그러므로 그는 성서를 보는 방법에 대해 끊임없이 생각했던 것이다. 또한, 적어도 다음 세 가지의 이유도 있었다.

1) 이 책 서론에서 언급했던 것처럼, 그 무렵 그리스도교인 중에는 성서는 신성에 의해 해석해야 한다고 주장하며, 학문적인 취급을 부정하는 열광주의자들이 있었다. 아우구스티누스는 그들에 맞서, 성서 해석의 방법과 규칙의 중요성을 이야기하며, 일반 학문의 필요성을 분명히 밝히려는 의도가 있었다.

2) 마니 교도들이 성서의 기술 내용을 문자대로만 해석하여, 그 내용의 부도덕성, 불합리성을 지적하며 그리스도교를 비판하고 있었다. 일찍이 이런 관점에서 성서를 오해하고 있었던 아우구스티누스는 암브로시우스의 성서 해석을 통해 계몽된 경험이 있기 때문에, 성서 해석의 원리적 고찰의 중요성을 통감하고 있었다. 또한 마니 교도와 맞서기 위해, 암브로시우스에게 배운 비유적 방법을 사용하여 창세기를 해석하려 시도했으나 성공하지 못하고, 의도했던 저작은 미완으로 끝났다. 성서 해석의 방법에 대한 고찰이 결여되어 있었기 때문이다. 그래서 스스로의 수사학 및 일반학예에 관한 지식과 주교로서의 경험을 기초로, 성서 해석에 대한 학문적 검토를 실시했다.

3) 아우구스티누스는 396년 무렵, 북아프리카에서 강한 세력을 떨치고 있던 과격파 그리스도교인 도나투스파의 성서학자 티코니우스가 쓴 《규칙서》를 읽었다. 이에 자극을 받아, 스스로의 성서 해석 원칙을 확립하기 위해 사색하고 그 성과를 정리했다.

아우구스티누스는 《그리스도교의 가르침》에서, 성서에 기록되어 있는 내용과 해석해야 할 사항을 어떻게 발견할까, 그리고 성서의 내용과 자신이 이해한 내용을 전달하기 위해 '어떻게 표현할까'라는 두 개의 주제를 내세우고 하나하나 논술해 간다. 아우구스티누스는 학문으로서 성서를 다룰 때, 키케로의 수사학 방법을 본받아 '발견의 방법(modus inveniendi)'과 '표현의 방법(modus proferendi)'을 채택했다. 성서 해석에서 발견의 방법이 문제가 되는 이유는, 성서 속에 의미가 명료하지 않은 곳이나 다의적으로 받아들여질 수 있는 문장이 있기 때문이다. 그러한 곳은 마음대로 또는 독자의 편의대로 해석하는 것이 아니라, 어떤 원칙 내지는 규칙을 바탕으로 다루어져야 한다. 그렇기 때문에 성서 해석의 규칙이 요구되는 것이다.

아우구스티누스는 이 책의 도입부에, 그가 성서 해석을 위해 이용한 기본적 개념, 즉 기호와 내용, 향유(享有)와 사용이라는 대립되는 두 쌍의 개념에 대해 설명하고 있다.

향유(享有)와 사용

'사물' 또는 실체(res)에 대해 아우구스티누스는 다음과 같이 설명한다.

사물에는, 즐기는 것 즉 향유(frui)의 대상이 되는 것과 이용하는 것 즉 사용(uti)의 대상이 되는 것, 사용하면서 즐기는 것이란 세 가지가 있다. 이 frui-uti라는 표현은 이미 초기의 저작에서 찾아볼 수 있으며, 늘그막의 저작인 《신국(神國)》에서도 언급되고 있음으로 보아, 아우구스티누스의 사상에서 중요한 의미를 지닌다.

이 말의 정의가 《그리스도교의 가르침》에서 처음으로 이루어졌다. '즐긴다는 것은, 어떤 것에 그것 자체를 위해 사랑으로 관여하는 것을 말한다. 사용하는 것이란 생존에 필요한 것을, 사랑의 대상을 획득하기 위해 이용하는 것이다.' 즐기는 것은 목적을 가리키며, 사용하는 것은 수단을 가리킨다고 바꿔 말할 수 있다. 그러므로 향유의 대상은 영원한 것, 사용의 대상은 일시적인 것으로 간주된다. 중요한 점은 두 가지 모두 사랑과 관계되어 있다는 점이다. 어떤 것을 즐기는 것은 그것을 사랑하기 때문이며, 무언가를 사용하는 것은 그것을 통해 사랑하는 것을 획득하기 위해서이다.

그럼, 즐거움의 대상이란 무엇인가. 바로 신이다. 신은 다른 어떤 것을 위해 이용되어서는 안 되며, 그 자체를 위해 사랑으로 관계하고 즐기는 것이다. 신에 관한 실상, 삼위일체(신, 예수, 그리스도, 성령), 신의 말씀의 받아들임, 구원, 평화, 교회 등도 향유의 대상으로 여겨진다. 즉 그리스도교의 전통적인 신앙 고백의 내용을 이루는 것이 포함된다.

성서 해석의 가장 중요한 규칙

아우구스티누스에 의하면 성서의 단어와 표현, 문장을 해석할 때 이 즐거움의 대상인 실체가 중요하다. 이 실체는 성서의 중심적 내용이기 때문이다. 따라서 성서는 이 실체에 근거하여 해석해야 한다. 아우구스티누스는 이것을 '신앙 규칙(regula fidei)'이라 부른다.

'신앙 규칙'의 내용이 삼위일체를 중심으로 한 고대 교회의 교리, 신앙 고백을 가리킨다는 것은 이미 언급했다. 그런데, 이 신앙 규칙의 내용은 무엇을 의미하는 것일까. 바로 신과 인간 사이의 사랑의 관계를 나타낸다. 신을 향해 신앙을 고백하는 것은 인간을 사랑하는 신을 받아들이고, 믿고, 사랑하는 것을 의미한다. 이것이 바로 성서의 중심 내용, 바로 가르침이기도 하다. 즉 "'마음을 다하고 정신을 다하고 뜻을 다하여 주 너의 신을 사랑하라.' 이것이 가장 중요한 첫째 계명이요. 둘째는 다음과 같으니, '자신을 사랑하듯 너의 이웃을 사랑하라.' 이 두 계명이 온 율법과 선지자의 강령이니라."^(〈마태복음〉
22장 37~40절)

아우구스티누스는 이와 관련하여 마찬가지 신약성서의 '이 명령은……사랑을 목표로 한다'는 구절도 언급했다. 신을 사랑하는 것이란 동시에 자신의 이웃을 사랑하는 것이며, 신과 인간을 사랑하는 자는 결국 자기 자신까지도 사랑하는 사람이다. 그리고 사랑을 행하는 사람은 성서의 계명을 지키는 자—라는 것이 아우구스티누스의 해석이다.

이렇게 보면 신뿐 아니라 인간도 즐거움의 대상이 된다. 이웃 사랑이란 이웃을 그 사람을 위해 사랑하는 것이기 때문이다. 단 이웃과 자기애는 그.자체가 목적이 되는 것이 아니며, 어디까지나 신의 사랑과의 관계 속에서 파악해야 한다. 따라서 인간은 즐거움의 대상임과 동시에 사용의 대상으로도 규정되어 있다.

아우구스티누스에 의하면, 가장 먼저 신을 향한 사랑, 다음이 이웃 사랑, 마지막으로 자기애의 순서를 지니지만, 모두 똑같이 중요한 것이다. 이것이 '사랑의 질서(ordo amoris)'이다. 성서의 가르침, 교회의 교리, 신앙 조항은 모두 이 사랑을 목표로 한다. 그러므로 성서는 이 목표에 의거하여 해석하지 않으면 안 된다. 성서의 내용 자체가 성서 해석의 목표를 규정한다고 할 수 있는 것이다. 성서의 올바른 해석은, 그것이 사랑의 질서를 명확히 가리키고, 그곳으로 사람들을 인도하느냐 아니냐에 따라 결정된다. 아우구스티누스가 말하는 성서 해석의 가장 중요한 규칙은 바로 '사랑의 규칙(regula dilectionis)'이다.

실체와 기호

제1권에서 주로 실체를 중심으로 성서 해석을 논했던 아우구스티누스는, 제2권에서는 기호론과의 관계에서 주제를 전개하고 있다.

기호(signum)에는 두 종류가 있다. 하나는 자연적인 기호이다. 이것은 연기가 불의 존재를 나타낸다는 예에서의 연기에 해당한다. 다른 하나는 의도적으로 만들어진 기호이다. 인간은 감정과 의지, 지식 등을 전달하기 위해 기호를 만들어 사용한다. 연기가 단순히 불의 존재를 나타내는 것이 아니라, 적의 습격을 알리는 경우가 그것이다. 이러한 기호 중에 가장 우수한 것이 말(verbum)이다. 아우구스티누스는 문자를 의도적으로 만들어진 기호라 해석했으며, 이것을 단서로 해석학을 구축하려고 했다.

성서는 인간의 말로 쓰여 있다. 말 또는 그것을 표기한 문자는, 만들어진 기호이다. 성서의 말은 신의 의지를 전달하기 위해 쓰인 문자이다. 그러므로 이 문자를 해석하는 것은 거기에 쓰여 있는 내용을 이해하기 위해서이다.

그런데 성서의 해석은 단순하지 않다. 인간은 공통된 언어를 갖고 있지 않기 때문에, 성서를 각자의 모국어로 번역할 필요가 있다. 번역을 할 때는 말의 이해와 해석이 문제가 된다. 게다가, 성서에는 의미가 명확하지 않은 곳이 있으며, 다양한 의미로 해석되는 말도 있다. 따라서 그러한 곳의 본래적인 의미를 찾아내기 위해 해석의 원칙이 필요해진다. 즉 의미가 모호한 문장을 마음대로 해석해서는 안 되므로, 올바른 이해를 위해 번역의 규칙이 요구된다. 기호가 지시하는 실체를 파악하는 작업으로서의 해석이 문제가 되는 이유이다.

이렇듯 아우구스티누스는 기호에서 실체로, 말·문자에서 의미·내용이라는 방향에서 성서 해석에 대해 사색했다. 여기서는, 제1권에 있는 성서의 내용에서 표현으로 향하는 방향과 완전히 반대의 길을 따르게 되는 것이다.

성서에서의 불가해한 것의 해석

만들어진 기호에는 다양한 문제가 있다. 예를 들어, 미지의 기호나 불명료한 기호 등이다. 원래 그 의미를 이해할 수 없는 것과 모호하여 무엇을 의미하는지 알 수 없는 것도 있다. 그러한 경우 어떻게 하면 좋은가.

아우구스티누스는 먼저 자유 학예의 가치에 주목했다. 문법학·수사학·변증론이란 세 과목은 모두 말과 관련된 학문이다. 따라서 미지나 불명료한 말과 문장을 해석할 때 도움이 된다. 그러나 말에 관한 지식만으로는 그 말이 가리키는 내용을 충분히 파악할 수 없다. 그러므로 다양한 사물에 관한 지식을 전달하는 학문, 이를테면 동물·식물·천문·음악·수학 등의 학문이 중요해진다.

이에 관련하여, 일반 학예에 대한 고대 그리스도 교회의 태도를 생각해 볼 필요가 있다. 앞에서 기술했던 것처럼, 고대 그리스도교 사상가 중에는 그리스 로마의 학문을 신앙과는 상이한 것으로 간주하고 배척하는 사람들이 있었다. 혹은 관심이 있어도 적극적으로 사용하기를 주저하는 이들도 있었다. 그러나 아우구스티누스는 일반 학문을 성서 해석에 유용하게 적용할 수 있다고 생각했다. 이유는 학문을 사용의 대상으로 보았기 때문이다. 아우구스티누스는 학문 그 자체를 목적으로 하지 않고, 성서를 해석하기 위한 수단으로 사용했다. 그러므로 성서의 내용 자체를 명백히 하기 위해 다양한 학문을 공부하는 것이 중요함을 강조한다.

그런데 성서를 다룰 때, 의미가 명료하지 않은 말을 과연 무엇을 기준으로 해야 올바르게 해석할 수 있을 것인가란 난관에 직면한다. 다양한 학문에 의한 지식을 이용해도 이 어려움은 해결되지 않는다. 여기서 아우구스티누스는 성서의 한 구절을 인용한다. '문자는 사람을 죽이고, 성령은 사람을 살린다.' _(〈고린토 인에게 보내는 두 번째 편지〉 3장 6절) 밀라노에서 암브로시우스로부터 자주 들었던 바울로의 말씀이었다. _(〈고백록〉 제5권 14장 24절, 제6권 4장 6절) 이 구절에 의해 아우구스티누스는 마니교적 성서 해석의 오류에서 극복할 수 있었던 것이다.

그는 문자와 성령을 말과 실체에 대응시킨다. 말의 배후에 그것이 가리키는 실체가 숨어 있듯이, 문자의 배후에는 사람을 살리는 성령이 있다. 문자나 말에 지나치게 구애되면 그 뒤에 있는 중요한 것을 놓치고 만다. 따라서 문자를 바르게 해석하기 위해서는 문자와 영(靈), 말과 실체의 관계를 올바르게 이해하지 않으면 안 된다. 성서에서 문자와 말 속에 있는 실체란 무엇인가. 무엇이 인간을 살리는 성령인가. 바로 사랑이다.

여기서 이른바 해석학적 순환이 나타난다. 한편으로는 내용에서 문자로, 다른 한편으로는 문자에서 내용으로. 전자의 경우는 신앙 규준에 비추어 성서의 내용을 해석하는 방법이며, 후자는 성서의 문자 검토를 통해 그 실체를 파악하는 길을 찾는다.

이상이 아우구스티누스의 성서 해석학의 기본 구조이며, 종래의 성서 해석 방법과는 다르다는 점이 우리의 주목을 끈다.

사랑—성서 해석의 최고 원리

아우구스티누스 이전의 성서 해석에는 크게 두 가지 흐름이 있었다. 하나는 알렉산드리아 학파로 대표되는 성서의 비유적 해석이며, 또 하나는 안티오키아 학파처럼 글자의 뜻과 문법을 중시하는 경향이 그것이다. 아우구스티누스는 이 두 가지에 대해 알고 있으면서도, 거기서 성서 해석학을 구성하려 하지는 않았다.

그는 스토아파의 논리학에서 기호론을, 로마 사상가 바로($\binom{기원전}{116\sim27}$)에게서 '향유와 사용'이라는 대립 개념을 차용하여, 이를 바탕으로 그 기본구조를 만들었다고 할 수 있다. 또한 전체적으로는 앞에서 이야기한 키케로의 수사학 방법을 모방하고 있다. ($\binom{특히}{제4권에서}$) 그러나 아우구스티누스가 실체와의 관계 속에서 그것들을 이용하고 있음을 잊어서는 안 된다. 그는 향유의 대상인 실체 즉 교회의 가르침, '신앙의 규칙'을 중시한다. 어째서일까.

교회의 교리, 성서의 실체에는 권위(auctoritas)가 있다고 생각했기 때문이다. 권위는 올바른 성서 해석에 중요한 역할을 한다. 게다가 신앙의 규준이 사람들에게 신과 진리를 기뻐하도록 가르친다는 확신이 뒷받침되어 있었다. 그리고 무엇보다, 사람들을 사랑으로 인도하는 것을 중시했기 때문이다. 사랑이야말로 올바른 성서 해석의 최고 원리이다. 사랑은 변하기 쉬운 인간의 주관과 쉽게 변하지 않는 인간의 인식을 결합시키는 원리이다. 아우구스티누스는 성서 해석에 있어, 성서의 중심적 실체를 고수하고 있다고 말할 수 있다.

또한, 아우구스티누스의 성서 해석학에 신플라톤 철학의 영향이 나타난다

성 아우구스티누스
그는 '사랑'이야말로 성서 해석의 최고 원리라고 생각했다.

고 볼 수 있을지도 모른다. 기호에서 실체를 향한 방향으로의 해석이, 감각적인 것에서 영지적인 것으로, 가시적인 것에서 불가시적인 것으로, 가변적인 것에서 불변적인 것으로라는 플라톤적 도식과 유사하다는 것이다. 그러나 아마 아우구스티누스는 바울로의 문자와 성령이란 도식에 의존하고 있었던 것이 아니었을까.

인식된 실체를 전달하는 세 가지 방법

이러나저러나, 수사학 교사로서의 아우구스티누스와 그리스도교 학자로서의 아우구스티누스가 여기서는 완벽하게 결합하여 독자적인 해석학을 창출하고 있다. 이러한 특색이 가장 잘 나타나 있는 것이 이 책 제4권이다.

성서를 해석하고 그 내용을 명확히 하는 것뿐만 아니라, 파악한 실체를 전달할 필요가 있다. 그러기 위해서는 다양한 학문, 특히 수사학이 유용하다. 성서를 해석할 때 언어나 사물에 관한 학문을 사용하는 것처럼, 진리의 전달을 위해서는 문체와 표현 방법에 관한 학문이 도움이 된다. 그러나 설교자 본연의 과제는 달변이 아니라, 먼저 그 실체 자체를 인식하는 것이라고 아우구스티누스는 말한다.

성서 해석에 의해 발견되고 인식된 실체를 전달하기 위해서는 세 가지 방법이 있다.

첫째, 가르친다.
둘째, 즐거움과 위안을 준다.
셋째, 권유를 한다.

이 세 과제를 달성하기 위해 각각에 대응하는 표현과 문체를 고안해야 한다. 가르치기 위해서는 겸허한 태도와 간단명료한 문체가 적절하다. 즐거움과 위안을 주는 경우에는 다채롭고 절도 있는 표현이 어울리며, 권유를 할때에는 정서적이면서도 위엄을 갖춘 문장이 바람직하다. 물론, 상투적인 표현의 사용이나 형식적인 언사로 빠져서는 안 되며, 어떠한 경우라도 상대의 내면을 향해 이야기하는 자세를 취하는 것이 중요하다. 즉 상호 관계를 만들어내는 사랑으로 대화가 이루어지는 것이 중요하며, 사랑이야말로 화자와 청자를 내적으로 결합시키는 것임을 잊어서는 안 된다.

다음으로, 언변에서 요구되는 것은 명료함이다. 이것은 성서 해석은 물론 설교에 있어서도 기본적인 조건이다. 이야기의 의도나 내용을 명확한 표현으로 옮기지 못하면 사람들을 이해시킬 수 없다. 이해하지 못하는 것을 이야기해도 의미가 없으며, 차라리 침묵하는 쪽이 낫다. 이야기가 명료하려면, 화자가 스스로 이야기하는 실체를 확실하게 이해하고 동시에 그것을 능숙하게 표현하는 능력이 필요하지만, 그렇다고 그것이 다는 아니다. 설교는 상대가 가능한한 자발적으로 경청하도록 해야 한다.

아우구스티누스에 의하면, 설교에서 이야기되는 실체는 설교자 본인의 생활에 의해 뒷받침되는 것이 바람직하다. 그럴 때 설교는 청중에 의해 수용된다. 왜냐하면 화자의 진실함은 듣는 사람에게 자발적 경청을 환기시키기 때문이다. 따라서 설교자에게는 아름다운 말보다 진리를 추구하는 정열과 성실하게 살아가는 모습이 요구된다.

그렇다고는 하나, 설교는 인간의 말이므로 외적 도움에 지나지 않는다. 청중은 밖으로 인간의 말을 듣고, 안으로는 신의 목소리를 들어야 한다. 모인 청중은 각자의 내면에서 작용하는 교사인 예수 그리스도로부터 직접 배워야 하며, 지상의 강단뿐 아니라 천상의 강단에서 내려오는 신의 이야기에 귀를 기울여야 한다. 틀림없이 이는 성령의 행위이다.

아우구스티누스는 설교의 실천은 물론 이론에 있어서도 끊임없이 노력하고 사색을 계속했다. 그리하여 스스로의 실천을 통해 스스로의 사상을 창출한 것이다. 그의 성서 해석론 속에서, 설교론 속에서 우리는 아우구스티누스의 인격과 사상의 깊이를 엿볼 수 있다. 또한 그 내용이 단순히 성서의 해석이나 설교 문제에 그치는 것이 아니라, 인간의 생활과 사상에 있어 근본적인 것을 시사하고 있다는 점에 《그리스도교의 가르침》의 의의가 있다고 할 수 있다.

10. 사상가의 늘그막과 죽음

(1)로마의 위기

로마 겁략과 그리스도교를 향한 비난

아우구스티누스의 늘그막 20년간을 간단히 살펴보자.

410년 8월, 알라리크가 이끄는 서고트족이 로마를 함락시킨 사건은 아우구스티누스의 인생 막판에 다양한 형태로 영향을 주었다.

그는 이미 408년에 로마가 외래 부족에 의해 포위당하자 이탈리아에 편지를 보내, 다양한 풍설이 있으니 자세한 실정을 보고해 달라고 부탁했다. 기아와 역병으로 로마는 위기에 처했으며, 매장되지 못한 사체에서 악취가 풍기고, 인육을 먹는 자가 생길 정도로 비참하기 그지없었다. 아우구스티누스는 아무리 슬픈 정보라도 사람들이 괴로워하고 울고 있다면 함께 괴로워하고 울기 위해 정확히 전해 달라고 부탁했다.

410년 8월 24일 밤, 서고트족은 알라리크의 지휘 아래 로마로 쳐들어갔다. 3일 밤낮에 걸쳐 파괴와 약탈을 하며 시민을 공포로 몰아넣었다. 영원한 도시 로마의 함락 통지는 제국 전체로 퍼졌으며, 사람들은 경악과 불안에 사로잡혔다. 이때, 로마에 왜 화가 닥쳤는가. 전통적인 신들을 버리고 그리스도교를 수용했기 때문은 아닌가. 로마 재난의 책임은 그리스도 교도에게 있다는 이교도들의 비난이 사람들 사이로 번져 나갔다.

당시 일반 사람들은 물론 그리스도 교회조차도 영원한 도시 로마의 안전과 번영을 믿어 의심하지 않았다. 토리노의 주교 막시무스나 그리스도교 시인 프루덴티우스는 제국의 승리를 기원하고 있었을 정도였다. 따라서 이교도의 비난이 높아지는 가운데, 교회는 곤혹스러움에 변명조차 할 수 없었다. '일찍이 세계를 정복했던 도시 로마가 정복당하다니……'라며 히에로니무스는 놀라서 부르짖을 뿐이었다. 성서에 예언되어 있는 세계 종말이 도래했다고 보는 그리스도 교도도 있었다.

《신국》의 집필

새로이 로마에서 파견된 아프리카의 호민관 마르켈리누스는 410년 카르타

《신국》 세밀화　프랑스 사본

고에 갓 부임한 직후였다. 가톨릭 교도인 그는 도나투스파 문제를 해결하기 위해 아우렐리우스나 아우구스티누스와 협력하여 일했다.

412년, 마르켈리누스는 아우구스티누스가 보르시아누스에게 보낸 편지를 언급하며, 이 세상에서의 신의 섭리 문제에 대해 더욱 논하도록 권했다. 아우구스티누스는 이 두 사람의 권유에 응하여 《신국》의 집필 구상을 짜고, 제1권부터 제3권까지를 413년에 공간했다. 로마 문제에 대해 논함과 동시에, 역사 속에서의 신의 행위, 신의 나라와 땅의 나라 역사를 서술하는 '어려운 대사업'에 착수한 것이었다.

그런데, 마침 그 무렵 마르켈리누스가 정쟁에 휘말려 죽임을 당할 운명에 놓였다. 아우구스티누스는 6월과 8월, 9월에 카르타고로 가서 그를 구명하기 위해 갖은 노력을 다했다. 그러나 아무런 보람도 없이 그는 9월 13일 처형된다. 친구의 죽음에 대한 뼈아픈 슬픔과 부조리한 정치에 화가 난 아우구스티누스는, 매년 몇 번씩 방문하던 카르타고를 혐오하며 413년부터 약 3년간 이곳과 인연을 끊었다.

로마에서 난을 피해 아프리카로 건너오는 사람들도 적지 않았다. 펠라기우스와 그 제자 카엘레스티우스에 대해서는 앞에서 언급했다. 그들은 늘그막의 아우구스티누스를 오랜 논쟁에 말려들게 했다. 마찬가지로 410년 로마에서 피난 온 멜라니아와 피니아누스 부부와 아우구스티누스가 만나게 된다. 히포 교회의 신도들은, 열렬한 금욕주의자였던 피니아누스를 사제로 임명하도록 아우구스티누스에게 부탁했다. 그러나 그와 교회 사이의 오해로 말미암아, 이 일은 끝내 주교의 마음을 어지럽히는 결과가 되고 말았다.

(2) 늘그막의 사상

《삼위일체론》의 사상

이미 앞에서 본 것처럼 410년 이후에도 도나투스파와의 논쟁은 여전히 계속되고 있었으며, 412년부터는 마르켈리누스의 요청으로 펠라기우스주의자의 비판과 은혜론 확립에 힘썼다. 게다가 《신국》 집필에 착수하는 등 다망한 날들이 이어졌다. 이런 와중에도 그는 《요한복음서 강해 124강》($^{414}_{\sim417}$)과 《시편 강해》($^{392}_{\sim420}$)를 완성했다. 이 두 책은 제목에서 알 수 있듯이 설교집으로,

아우구스티누스의 깊은 성서 이해와 경건한 신앙을 나타내는 귀중한 작품이다.

Ⅴ. 바크는 늘그막의 성숙한 아우구스티누스의 사상을 나타내는 작품으로, 신과 영혼을 주제로 한 《삼위일체론》($^{400}_{\sim 419}$), 신과 피조물의 세계를 논한 《창세기 축어 강해》($^{401}_{\sim 421}$), 신과 사회의 관계를 다룬 《신국》($^{413}_{\sim 427}$)을 꼽는다. 이 세 작품에는 아우구스티누스가 오랜 세월 동안 관심을 가져왔던 주제에 대한 사색이 정리되어 있다.

여기서는 《삼위일체론》을 통해 만년의 아우구스티누스의 사상 일부를 접해 보고자 한다. 《삼위일체론》을 집필한 계기는 친구의 요청과 아리우스

아우구스티누스 앞에 나타난 삼위일체 비의

파에 대한 변증적 의도도 있었으나, 그보다는 저자 자신의 내면적 요소가 더 큰 비중을 차지하고 있다.

아우구스티누스는 《삼위일체론》의 도입부에서, '우리에게 이러한 주제에 대해 사색하는 습관이 없다고 한다면, 그것은 진실이 아니다. 우리는 진리 탐구의 사랑에 불타고 있으므로, 이 주제가 우리의 사색 속에 언제나 존재하고 있음을 인정한다. ……질문하는 사람들에게 답하려다 보면, 나 자신, 스스로가 구하고 있던 것을 발견할 수 있을 것이다'고 말한다. 그리고 그는 '신앙은 질문하며, 지성은 발견한다. ……또한, 지성은 발견한 것을 질문한다. ……그러므로 인간은 신을 찾기 위해, 신을 지적으로 이해하는 존재가 되어야 한다'고 기술하고, 탐구와 이해, 신앙과 지성에 의해 사색하는 자세를 보였다.

아우구스티누스는 일생을 신과 혼에 대해 알기를 원해 왔다. 그에게 있어 신앙이란 모르는 것을 추구하는 것, 이성이란 모르는 것을 발견하려고 하는 것이었다. 이러한 태도는 일생 동안 변하지 않았다. 그는 삼위일체의 신을 믿고 있었다. 또한 삼위일체의 신이 신플라톤 철학 등의 신과는 다른 그리스도교 고유의 것임을 자각하고 있었다. 특히《시편 강해》에서 아우구스티누스는 삼일(三一)의 신을 명백히 나타내고, 이 신에 대한 신앙의 의미를 명백히 밝히려고 노력했다.《삼위일체론》에서는 신적 삼일성의 깊은 의미가 인간의 내면성에 반영되어 있다고 보고, 인간의 불가사의한 정신을 탐구하려 노력함으로써 신의 신비에 다가가려 했다.

인간에게 내재하는 신의 삼일성

아우구스티누스는《고백록》에서 이미 인간에게 내재하는 삼일성을 서술했다. 신의 삼위일체를 인간의 내면에 나타나는 '존재하다(esse)' '알다(nosse)' '의식하다(velle)'와 관련시켜 고찰했다. 인간은 존재, 지(知), 의식이란 세 가지를 갖고 있으면서 하나인 것, '하나의 생(生, una vita)' '하나의 정신(una mens)' '하나의 존재(una essentia)'라고 말했다. 이 인간의 내면적인 삼일성과의 유사성에 의해 신의 삼일성에 접근하려 한 것이 삼위일체론이었다.

아우구스티누스는 이 책의 후반에서, 신의 닮은꼴인 인간의 내면에는 신의 삼일성 투영 혹은 잔상이 있다는 견해를 펼치고 있다. 신은 본질적으로 삼일적인 존재로, 그 속에 삼일적 관계를 지닌다. 바로 부(父)·자(子)·성령의 관계이다. 이 삼일적 관계는 다른 삼일적 관계로 바꾸어 설명된다. 예를 들어 영원·지혜·축복이다.

인간의 정신 구조 속에서 이에 대응하는 세 가지는 기억, 지적 이해, 의지이다. 기억(memoria)이란 과거에 경험한 것을 축적하고 있는 것, 또는 신앙을 유지함으로서 영원한 존재인 신에게 통한다. 지적 이해(intelligentia)는 현재의 사실을 파악하고 진리를 직관하려는 행위로 지혜에 대응한다. 의지(voluntas)는 장래의 목표를 향해 노력하는 것, 또는 신에게 귀의하려는 작용으로, 신적 축복 및 구원을 야기하는 성령과 연관된다.

아우구스티누스는 더욱 인간의 정신·인식·사랑이라는 삼일성, 사랑의 삼일성 등을 거론하며 논했다. 그는 관계라는 개념을 아리스토텔레스로부터 차용하고, 테르툴리아누스나 나지안조스의 그레고리우스 등을 통해 배움을 얻었으나, 신과 인간의 삼일성을 관련시켜 파악하고, 둘을 대비하여 비교를 통해 그 내면 이해를 시도한 것은 그가 처음이었다. 이것이 아우구스티누스의 삼위일체론이 지닌 독자성과 역사적 의의이다.

아우구스티누스는 신의 삼일성을 신에게 내재하는 관계로서 파악하고, 독자적인 삼위일체론을 제시했지만, 문제점도 있었다. 신의 삼일성을 내재적 관계로 간주하면, 각 신격의 인격적인 면이 약해지고 신비적인 색채가 강해진다. 또한 삼일성이라는 신의 본질에 관계된 깊은 의미를 과연 인간의 정신구조와의 대비에 의해 설명할 수 있을까.

신과 인간의 절대적 차이를 통해

실은, 아우구스티누스 스스로가 그 삼위일체론이 지닌 문제점을 깨닫고 있었다. 그는 인간이 신의 닮은꼴임에 착안하고, 둘 사이의 삼일성의 관계를 비유에 의해 설명했지만, 이 시도가 결국은 유사하지 않음을 명확히 하는 비교에 지나지 않음을 알고 있었다.

그럼 아우구스티누스의 사색은 헛된 것이었을까. 그는 이 사태를 사랑과 그 표현의 관계에 비유한다. 사랑을 표현하기 위해 인간은 선물을 한다. 선물은 사랑 그 자체는 아니므로, 선물과 보낸 이와는 구별되어야 한다. 그러나 선물은 사랑을 나타낸다. 즉 사람은 선물을 통해 보낸 사람의 사랑이 확실히 존재하고 있음을 알 수 있다.

마찬가지로, 피조물인 인간에게 내재하는 삼일적 구조는 창조주인 신의 삼일성과는 다르지만, 그것을 매개로 인간과 신을 더욱 깊이 알 수 있는 실마리는 될 수 있다. 이는 거울을 통한 것처럼 희미하며, 인간의 지적 이해와 말에 의해 불완전한 것이다. 따라서 전체를 포괄하는 것은 불가능하므로 아날로기아(유사)에 의한 설명은 부분적인 것에 지나지 않는다. 오히려 비유에 의해 신과 인간의 절대적 차이가 분명해진다.

그럼에도 아우구스티누스는 회심 직후부터 생의 마지막까지 신과 인간, 신과 자신에 대해 알기를 원했으며, 그것을 위한 노력을 멈추지 않았다. 그가 분주한 생활 속에서도 20년 이상의 세월을 투자하여 대작 《삼위일체론》

을 집필한 것도 그 노력의 결과라 할 수 있다. 이 책에서 우리는, 신을 인간과의 관계에서 얼마나 깊이 논하고 있는가, 그리고 인간의 정신이 신과의 관계에서 얼마나 날카롭게 분석되어 있는가를 볼 수 있다. 인간의 이성, 의지, 지적 이해력, 특히 기억, 시간, 말, 사랑에 대한 깊은 통찰과 뛰어난 해석을 접할 수 있다.

제15권의 마지막을 아우구스티누스는 긴 기도로 마무리한다. '……나의 신, 주여, 당신을 추구할 힘을 주시옵소서. ……나의 힘과 무력, 지식과 무지는 모두 당신에 의한 것입니다. 문을 열어 주옵소서. 당신을 사랑하는 사랑이 커지도록 해 주옵소서. ……하나이자 셋인 신이시여……나를 당신 곁에 머물게 해 주옵소서. 아멘'

'고고(孤高)한 노신학자'

아우구스티누스의 신에 대한 사색은 명상과 관조, 신을 향한 기도로 고조되어 간다.

아우구스티누스는 이 책에서 영원한 것의 관조(contemplatio, 제12권 14장)에 대해 말하며, '마음의 이야기(locutio cordis)'(제15권 10장), '사유의 직관(visio cognitationis)'을 중시했다. 이러한 태도는, 《창세기 축어 강해》 제12권에 나오는 세 개의 직관(visio)에 대한 고찰이나 413년에 쓴 이른바 '견신(見神)의 편지(de videndo deo)'와 관련시켜 읽어 볼 때, 늘그막의 아우구스티누스의 사상적 위치를 알 수 있다.

펠라기우스 논쟁을 통해 신의 은혜에 대한 완전한 신뢰를 표명하고, 신의 자유로운 예정과 굳은 인내의 행위를 설명했던 아우구스티누스였다. 그러나 '그럼에도 불구하고 그는, 종말에 예정된 교회에 구원될 수 있는 사람이 누구인지는 오직 신만이 알고 있으며, 인간은 그 누구도 자부할 만한 인식의 힘이 없음을 강조할 뿐 아니라, 어느 교회에도 잡초로서 걸러져야 할 사람이 있음을 경고하는 데 한 치의 망설임도 없었다. 아니, 그 자신도 잡초가 아니라고 말하지 않았으며, 겸허해지면 해질수록 더욱 이를 입에 올릴 수 없었다.'

이러한 아우구스티누스를 '고고한 노신학자'라 부른다. 신과 인간의 영혼에 대해 사색을 계속한 아우구스티누스는 고고했을지도 모른다. 신을 구하면 구할수록 신으로부터 멀리 떨어진 자신의 모습이 명확해지기 때문이다.

그는 신의 직관을 원했다. 따라서 신앙과 희망과 사랑을 강조하고, 신과 인간을 연결하는 이 세 원리에 대해 정열을 다해 설명했다. 우리는 《신앙·희망·사랑》$\binom{421}{\sim 423}$ 속에서 원숙한 아우구스티누스의 사상을 볼 수 있다.

조

은퇴 뒤의 활동

아우구스티누스는 426년 9월 26일, 히포 교회의 여러 청중 앞에서 젊은 사제 에라클리우스를 후임 주교로 임명한다는 뜻을 발표했다. 에라클리우스는 424년 히포에 '순교자 성 스테파누스 기념회당'을 세웠으며, 그 풍부한 재능을 높이 평가받고 있었다.

이를 기회로 아우구스티누스는 은퇴하고 교회의 일에서 해방되었다. 그리고 오래 동안 집필을 중단했던 《그리스도교의 가르침》$\binom{397}{\sim 427}$을 마무리하고, 《신국》의 마지막 네 권도 완성했다. (427) 뿐만 아니라, 아우구스티누스는 이때까지 쓴 글들을 전부 검토하고 저작 의도를 다시 확인하며, 부적절한 표현과 내용에 비판을 추가하여 정정하는 작업을 시도했다. 이는 본인의 사색 흔적을 뒤돌아보고, 스스로를 더욱 전진시키기 위한 자기 검토였다. 이런 의미에서 두 권으로 이루어진 《재고록》(426)은 진정으로 아우구스티누스다운 작품이라 할 수 있다. 단, 한 가지 아쉬움은 편지와 설교를 다룰 예정이던 제3권은 완성되지 못했다는 점이다.

아우구스티누스는 저작 활동에만 전념한 것은 아니었다. 427년, 아프리카의 대신 시기스부르토가 아리우스파의 주교 막시미누스와 함께 히포에 왔다. 아우구스티누스는 막시미누스와 공개 토론을 벌였다. 426년부터 시작된 세미펠라기우스주의자 문제의 처리와 더불어, 428년부터는 율리아누스와의 논쟁이 한층 격렬해졌다. 그와는 죽을 때까지 문서를 통한 응전을 반복하였다.

(3) 죽음

교회의 교사는 무엇을 해야 하는가

429년 5월, 남 이스파니아에 있던 가이세리크가 이끄는 반달족(총세 약 8만 명, 그중 병사 2만 명)은 지브롤터 해협을 건너 로마의 곡창 아프리카로 왔다. 가이세리크의 성공은 동쪽의 메시나 해협을 건너 아프리카 진입을 기도하던 서고트족이 두 번의 실패를 되풀이한 뒤인 만큼 사람들을 더욱 놀라게 했다. 반달족은 탄지르에서 카르타고를 향해 이동을 시작했다. 그것이 해상이었는지 육로였는지에 대해서는 의견이 분분하다.

그들은 가는 곳마다 폭거를 일삼았고, 그 잔혹함 앞에 사람들은 전율했다. 강탈, 폭행, 살상, 방화, 파괴가 반복되었다. 그들이 동쪽으로 이동함에 따라 피해는 점차 확대되었다.

이러한 상황 속에서 티아바의 주교 호노라투스는 히포의 주교에게 편지를 보냈다. 이 위기의 순간에 교회의 주교는 무엇을 해야 하는가. 다른 민족에게 허무하게 살해당하기보다는 신도와 교회를 위해 도피하는 것이 좋은가라고 물었다. 아우구스티누스는 곧바로 답신에 다음과 같이 기술했다.

……주교는 어떠한 상황에서도 주민을 버리거나 교회를 방치해서는 안 됩니다. 고난과 위험이 임박한 때일수록 주교된 자는 사람들을 위해 고뇌를 짊어지고 생명을 바쳐 일해야 합니다. 그렇지 않으면 그리스도인이라는 사실도, 그리스도인으로서 살아가는 의미도 없습니다. 비록 민중을 위해 순교하더라도 사랑으로 살고, 사랑으로 죽어야 합니다. 당신은 눈앞에서 남자가 살해되고, 여자가 능욕당하며, 교회가 불에 타고, 약탈이 행해지고 있으니, 다른 민족의 칼날과 고문으로 무참하게 생명을 잃는 것보다 도망치는 쪽이 좋겠다고 말합니다. 당신은 우려하고 있는 재난보다도 더욱 무서운 재난, 재난을 무서워하는 두려움에 빠진 것입니다. 왜 신의 연민에 의해, 두려움에 맞서 용감하게 싸우려고 하지 않습니까. 육체적인 위해나 굴욕보다 영혼의 결백을 잃는 것을 더욱 두려워하시오. 진정한 순결은 마음에 보전되는 것으로, 폭력으로 범할 수 있는 것이 아닙니다. 육체가 칼날 아래 죽는 것보다, 마음이 악령의 검에 살해당하는 것을 두려워합시다. 외적 건물이 불타는 것보다 성령의 궁전이 멸망하는 것을 더욱 두려워합시다. 일시적인 죽음이 아닌 영원한 죽음의 공포를 생각하십시오. 사람이 단 한 명이라도 마을에 남아 있는 한, 그곳에 머물며 주의 힘으로 그 사람에게 죄의 용서를 이야기하고 위로와 격려를 줄 수 있도록 노력하십시오. 최후의 일인이 될 때까지 사랑으로 봉사하고, 사랑에 의해 사십시오. 어떠한 위험과 조우하더라도 은혜로우신 신께서 힘과 사랑을 갖춰 주

실 것을 믿고 기도합시다.

아우구스티누스는 또한 '……형제들이여, 이 재난이 우리를 교시해 주는 것처럼. 신의 말씀과 사람들의 재난에 대해 우리는 무관심해서는 안 된다'고 설교했다.

이는 410년, 로마가 위기에 처했을 때 《신국》에서 강조한 것과 같은 취지이다. 이 책 제1권에서 오욕과 살해당하는 것이 두려워 자살하는 사람들에 대해, 자기 자신에 대한 죄를 범해서는 안 되며 '살인하지 말라'는 신의 계율에는 자살도 포함되어 있다고 말했다. 어떤 일이 있어도 살아가는 것을 무거운 짐으로 여기지 말고, 역경 속에서도 참고 견디며 영원한 나라를 목표로 살아가도록 권장했다.

역사의 거센 파도 속에서 죽음과 멸망의 공포에 떠는 인간, 고난을 사랑으로 참고 견디는 사람들, 이것이 바로 신의 나라 백성의 현실이다. 자기애에 기인한 땅의 나라는 끊임없이 세력을 확대하며 사람들을 혼란에 빠뜨린다. 신국의 백성은 그 속을 순례자처럼 방황한다. 그러나 결코 절망하지 않는다. 아무리 상황이 어려워도 최후까지 꿋꿋이 살아간다. 아우구스티누스는 역사 속에 신이 계속하여 작용하고 있음을 믿는다. 그것이 어떠한 것인지는 알 수 없어도, 오직 신을 믿고, 사람을 사랑하며 살아갈 것을 장려했다.

멀리 반달족의 목소리를 들으며

아프리카의 마을은 반달족에 의해 차례차례로 파괴되어 갔다. 사람들은 마을을 버리고 도망다녔다. 키르다(롱스 당틴), 히포 레기우스, 카르타고 세 도시만이 간신히 남아 있었다.

430년 5월, 반달족은 히포를 포위했다. 사람들은 주야로 끊임없이 들리는 이민족의 외침 소리에 떨고 기아로 고민하며, 공포와 죽음의 불안에 휩싸인 날들을 보냈다.

시의 정황은 절망적이라 생각된다. 시는 피난민으로 넘쳐나고, 바다로부터는 단절되었다. 아우구스티누스는 병에 걸렸음에도 불구하고 신자들과 함께 머물기를 원했다. 닥쳐오는 시련은 당연한 벌이라 생각했다. ……그러나 동

성 아우구스티누스의 죽음

시에 그는 눈물을 흘리며, 자비로운 신에게 시련을 경감해 주십사 간원했다.

아우구스티누스는 시내에서 사람들과 고뇌를 함께 하며, 모두를 격려하고 있는 힘을 다해 일했다. 이 재난으로 외적인 육체의 파멸뿐 아니라 영혼이 황폐해짐을 우려했으며, 신을 향한 마음의 평안을 잃지 않도록 계속하여 신의 말씀을 이야기했다.

여름을 맞아 더위가 심해지자 상황은 더욱 곤궁에 빠졌다. 8월, 아우구스티누스는 열병으로 쓰러졌다. 병상에 눕고부터 죽기 전까지의 10일 동안, 그는 죄를 회개하는 시편을 벽에 붙이고 혼자서 종일 그것을 읽고, 눈물 흘리며 기도에 잠겼다. 430년 8월 28일, 반달족의 외침을 멀리 들으며 아우구스티누스는 76세의 생애를 마감했다. 죄의 참회와 신에 대한 찬미 이외에는 아무것도 입에 올리지 않고 숨을 거두었다.

포위 14개월째에 반달족은 히포에 밀어닥쳐 마을을 점거하고 파괴했다. 아우구스티누스가 40년에 걸쳐 쌓은 것이 무로 돌아갔다. 그러나 다행히도 아우구스티누스가 세운 수도원과 도서관은 파괴되지 않았다.

반달족은 히포를 거점으로 아프리카 정복을 계속하여 439년 9월에는 카르타고를 함락시켰다. 그 후 한층 세력을 늘려 455년에 로마를 공략했으나, 533년에 동로마제국에 멸망당하고 아프리카에서 모습을 감추었다.

아우구스티누스의 유체는 6세기 초에 사르디니아 섬으로 옮겨졌으며, 8세기에 다시 북이탈리아의 파비아로 운반되었다. 그리고 오늘날, 이 마을의 '산 피에트로 인 첼도로 교회'에서 묘가 발견되었다.

성 아우구스티누스의 묘 산 피에트로 인 첼도로 교회

또한, 알제리의 안나바 시 교외에 있는 히포에는, 고대 유적이 내려다보이는 언덕 위에 '성 아우구스티누스 교회'가 있다. 그 앞에는 '심장'을 손에 들고 있는 아우구스티누스 상도 세워져 있다.

아우구스티누스는 죽었다. 서로마제국도 멸망했다. (476) 현재 북아프리카에는 이슬람이 보급되었으므로 그리스도 교도는 없다. 그러나 인간이 지상에 존재하고 살아 있는 한, 인간의 문제는 남아 있다. 인간이 인간으로서의 자신을 문제삼을 때, 아우구스티누스의 생애와 사상을 떠올리게 될 것이다.

아우구스티누스의 죽음에 입회하고 사후에 전기를 썼던 포시디우스는, 아우구스티누스는 그 저작 속에 영원히 살아 있다고 기술했다.

성 아우구스티누스 관련 지도

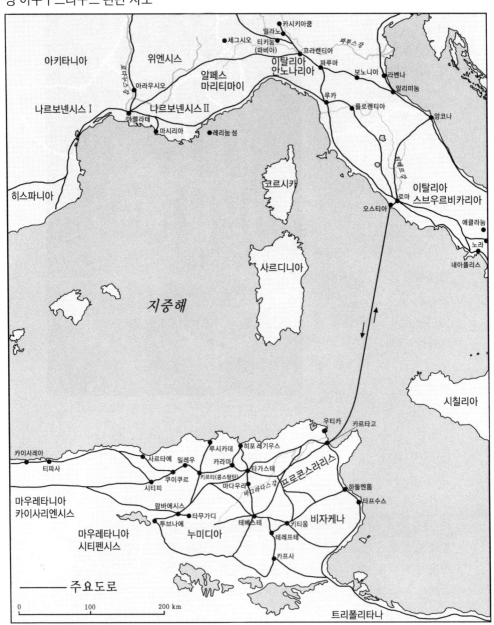

아우구스티누스 연보

354년	11월 13일에 북아프리카의 소도시 타가스테에서 중산계급인 지주의 장남으로 태어남. 부친 파트리키우스, 어머니 모니카.
355년(1세)	이 무렵 마리우스 빅토리누스 그리스도교로 개종.
361년(7세)	타가스테의 초등학교에 입학.
365년(11세)	이웃 마을 마다우라의 학교에 다님.
369년(15세)	여름, 집안 형편으로 공부를 중단하고 타가스테로 돌아옴. 방종한 생활이 시작됨.
370년(16세)	로마니아누스의 학비 원조를 받아 카르타고에 유학.
371년(17세)	아버지가 타가스테에서 사망.
372년(18세)	한 여성과 동거 생활을 시작하다.
373년(19세)	키케로의 《호르텐시우스》를 읽고 마니 교도가 된다. 성서의 소박한 문체에 실망. 삼위일체론의 옹호자로 유명한 동방의 교부 아타나시우스 서거. 아들 아데오다투스 태어남.
374년(20세)	카르타고에서 학업을 끝내고 타가스테로 돌아와 문법 교사가 된다. 동거하는 여자와 종교 문제로 인한 모친과의 불화 시작됨. 아리스토텔레스의 《범주론》을 혼자의 힘으로 읽고 이해함. 암브로시우스, 34세로 밀라노의 주교가 됨.
375년(21세)	서고트족이 훈족의 압박으로 도나우 강을 건너 로마제국 영내로 이동. 민족의 대이동 개시.
376년(22세)	친구의 죽음. 타가스테에서 카르타고로 옮겨 수사학 교사가 된다. 마니교에 열중함. 자연철학자나 점성가의 책을 연구함.
377년(23세)	카르타고에서 열린 시 콩쿠르에서 우승.
380년(26세)	《미와 적합》 저술.
381년(27세)	테오도시우스 황제의 명령으로 콘스탄티노폴리스의 공회의가

열림. 그리스도의 신상이라는 교리가 확립되어 아리우스파와의 논쟁에 종지부가 찍힘.

382년(28세) 여름, 마니교의 교사 파우스투스와 만남. 그라티아누스 황제는 원로원에서 '승리의 여신상'을 철거시켜 로마 전통종교 교도들의 분노를 삼.

383년(29세) 카르타고에서 로마로 떠나 수사학 교사로 근무. 마니교에 대한 의혹이 깊어짐. 로마에서 중병에 걸림. 진리 발견의 가능성에 절망하고 신아카데미아파의 회의주의에 빠진다. 그라티아누스 황제 암살됨.

384년(30세) 가을, 로마 시의 장관 심마쿠스의 추천으로 밀라노의 국립학교의 수사학 교사로 임명되어 로마에서 밀라노로 떠난다. 암브로시우스를 방문. 성서의 비유적 해석에 감동하여 가톨릭 교회를 다시 보게 됨. 세례 지원자가 되기로 결심. '승리의 여신상'의 존폐를 둘러싸고 암브로시우스와 심마쿠스 사이에 논쟁이 생김.

385년(31세) 늦봄, 모니카가 밀라노로 옴. 아들 아데오다투스를 낳아 기른 동거녀와 헤어지고 모니카의 뜻에 따라 다른 여자와 약혼. 2월 22일에 발렌티니아누스 2세 황제에게 송사를 지어 바침. 황태후 유스티나 및 그 일파에 의한 밀라노 교회 박해사건이 일어남.

386년(32세) 신플라톤파의 서적을 읽고 영적 세계에 눈을 떴다. 암브로시우스의 설교를 듣고 큰 영향을 받는다. 〈사도 바울로의 편지〉를 읽고 그 깊은 의미를 이해함. 암브로시우스의 스승 심플리키아누스와의 대화로 빅토리누스가 회심했던 이야기를 들음. 8월, 폰티키아누스의 방문을 받고, 밀라노의 정원에서 회심함. 모든 것을 바쳐 신에게 봉사할 결심을 한다. 10월 15일, 정식으로 수사학 교사를 사임하고, 밀라노의 근교인 카시키아쿰으로 옮긴다. 《아카데미아파 비판》, 《행복한 생활》, 《질서론》, 《독백록》을 저술.

387년(33세) 1~2월, 밀라노로 돌아와 세례받을 준비를 하고, 4월 24일인 부활제의 밤, 아들 아데오다투스와 친구 알리피우스와 함께 암브로시우스에게서 세례를 받음. 귀국을 결심하고 여름, 로마를 경유하여 오스티아에 체류한다. 그 곳에서 어머니 모니카 사망. 귀국을 이듬해로 연기하고 다시 로마로 돌아가서 체재함. 《영혼의 불멸》, 《영혼의 크기에 대하여》를 집필. 《음악론》을 쓰기 시작한다.

388년(34세) 8～9월, 카르타고를 경유하여 타가스테로 귀향하여 공동 생활을 시작한다. 《영혼의 위대함》을 저술. 《가톨릭 교회의 도덕과 마니 교도의 도덕》, 《마니 교도에 대한 창세기론》, 《자유 의지론》, 《교사론》을 집필하기 시작한다.

389년(35세) 아들과의 대화편 《교사론》을 씀.

390년(36세) 친구 네브리디우스를 방문. 카르타고로 여행한다. 아들 아데오다투스와 네브리디우스 사망. 《진실한 종교》를 저술.

391년(37세) 봄, 히포 레기우스를 방문. 사제로 서품되다. 《믿음의 효용》을 씀. 《두 개의 영혼―마니 교도에 대하여》, 《시편 강해》를 쓰기 시작한다.

392년(38세) 8월 28～29일, 히포 레기우스에서 마니 교도 포르투나투스와 공개 토론을 갖다. 《마니 교도 포르투나투스와의 토론기록》을 저술. 테오도시우스 황제는 그리스도교를 국교로 함.

393년(39세) 10월 8일, 히포 레기우스에서 평화회당 착공식을 거행함. 12월 3일, 제1회 히포 회의에서 설교를 함. 도나투스파와의 논쟁을 시작한다. 《신앙과 교리》를 저술. 《미완의 창세기 축어해석》을 쓰기 시작한다.

394년(40세) 《주의 산상 설교》, 《도나투스파 비판의 노래》, 《마니의 제자 아디만투스 비판》, 《갈라티아서 강해》, 《미완의 로마서 강해》를 저술한다. 알리피우스가 타가스테의 주교가 됨.

395년(41세) 5～6월, 히포 레기누스 교회의 주교로 서품되다. 포르투나투스와 다시 논쟁을 벌임. 누미디아의 토브루시크, 키르다, 티아바로 여행. 《거짓말에 관하여》, 《절제에 관하여》를 저술. 《자유 의지론》의 집필을 끝냄. 테오도시우스 1세 황제가 서거하자 동부는 장남 아르카디우스, 서부는 차남 호노리우스가 통치하게 되어 로마제국은 동서로 분열된다.

396년(42세) 히포의 주교 발레리우스 사망, 그의 후계자가 된다. 도나투스 파의 주교 포르투니우스와의 공개 토론. 《심플리키아누스에의 반서(返書) — 여러 가지 문제에 관해》를 쓴다.

397년(43세) 4월 4일 암브로시우스 서거. 후임은 심플리키아누스. 4월 26일 제2회 카르타고 회의, 8월 28일의 제3회 카르타고 회의에 출석. 《그리스도교의 가르침》, 《고백록》을 쓰기 시작함.

399년(45세) 4월 27일, 제4회 카르타고 회의에 출석. 《선의 본성》, 《초심 자 교도》를 쓰기 시작한다.

400년(46세) 《세례론 — 도나투스파에 대하여》, 《마니 교도 파우스투스 비 판》, 《복음서기자의 일치》, 《파르메니아누스의 편지 비판》을 쓴다. 《삼위일체론》을 집필 시작하다. 《고백록》 완성.

401년(47세) 6월 15일의 제5회 카르타고 회의, 9월 13일에 제6회 카르타고 회의에 출석. 《결혼의 선》, 《성스러운 처녀성에 대해》 저술하 다. 《창세기 축어 강해》를 쓰기 시작하다. 서고트 왕 알라리 크 제1차 이탈리아 침략.

402년(48세) 심플리키아누스 사망. 8월 7일, 밀레베에서의 제7차 교회 회 의에 출석. 아브단티우스와 문제를 일으킴.

403년(49세) 8월 25일, 제8회 카르타고 회의 출석. 카르타고의 도나투스파 주교 프리니아누스와 논쟁하다.

404년(50세) 6월 26일, 제9회 카르타고 회의 출석. 황제에게 도나티스트 문제 개입을 요청. 히에로니무스의 《불가타》 완성.

405년(51세) 8월 23일, 제10회 카르타고 회의에 출석. 도나투스파의 문법 학자 크레스코니우스와 논쟁. 《도나투스파의 문법학자 크레스 코니우스에 대하여》를 쓰기 시작한다. 마니 교도 펠릭스와의 공개 토론. 《마니 교도 펠릭스 비판》을 저술함.

407년(53세) 6월 말, 토브르시크에서 열린 제11회 교회 회의 출석. 도나투 스파에 대한 황제의 정치적 개입을 지지. 《악령의 예언》을 쓰 기 시작. 반달족과 알라니족, 수에비족, 갈리아를 돌파하여 이스파니아로 침입.

408년(54세) 6월 16일에 제12회 카르타고 회의, 10월 13일에 제13회 카르타고 회의 출석함.

409년(55세) 6월 15일, 제14회 카르타고 회의 출석. 히포 레기우스 근교에서 도나티스트 다툼이 일어남.

410년(56세) 6월 14일, 제15회 카르타고 회의 출석. 9월 11일 우티카로 향함. 겨울, 히포 레기우스 근교에서 휴양. 서고트족 로마에 침입하여 약탈 자행. 펠라기우스 아프리카에 옴. 서고트 왕 알라리크가 로마 점령.

411년(57세) 1~3월, 카르타고에서 설교. 4~6월, 키르다 및 카르타고에서 도나투스파에게 설교. 6월 1일, 도나투스파와의 회의 출석.

412년(58세) 1월, 황제의 명령으로 카르타고에 가톨릭과 도나투스파의 주교가 모여 토론한 끝에 도나투스파는 이단 선고를 받음. 6월 14일, 키르다의 주교회의 출석. 에스파냐의 주교 오로시우스가 아우구스티누스 밑에서 공부하기 위해 히포 레기우스로 옴. 《죄의 응보와 용서 및 유아 세례에 관해》를 쓰기 시작하다. 펠라기우스와의 논쟁이 시작됨. 《신약성서의 은총에 대해》, 《영혼과 문자》를 저술함.

413년(59세) 6~9월, 카르타고로 향하여 마르켈리누스 구제를 시도하나 9월 13일 처형됨. 《자연과 은혜》, 《신앙과 업에 대해》를 쓰다. 《신국》을 집필하기 시작하다.

414년(60세) 《과부의 선에 대하여》를 집필. 《요한복음서 강해》를 쓰기 시작함.

416년(62세) 9월, 카르타고 교회 회의에 출석. 9~10월, 아프리카의 주교 61명이 밀레베에 모여 펠라기우스주의자들의 단죄를 인노켄티우스 1세에게 요구. 《요한의 편지 강해 10강》 저술하다.

417년(63세) 9월 중순, 카르타고에서 펠라기우스주의자들에게 설교. 《요한복음서 강해》, 《요한서 강해》 집필 마침.

418년(64세) 5월 1일, 제16회 카르타고 회의에 출석하여 5월 중순까지 체재. 펠라기우스에 대하여 《그리스도교의 은혜와 원죄》를 쓰다. 9월 20일, 카에사리아로 여행하여 도나투스파의 주교 에메리투스와 만난다. 이 무렵 《시편 강해》를 완료.

419년(65세) 5월 25일, 제17회 카르타고 회의 출석. 《결혼과 정욕》, 《영혼과 그 기원》, 《품행이 나쁜 사람의 결혼》을 쓰기 시작하다. 《삼위일체론》 집필 완료.

420년(66세) 《거짓말에 대하여》, 《펠라기우스파의 두 편지 비판》을 저술. 히에로니무스 사망함.

421년(67세) 에크라눔의 펠라기우스파 주교 율리아누스와의 논쟁을 시작하다. 《율리아누스 비판》, 《신앙·희망·사랑》을 저술.

422년(68세) 6월 13일, 제18회 카르타고 회의에 출석함.

424년(70세) 에라클리우스가 히포 레기누스에 성 스테파누스 기념회당 건립.

425년(71세) 전년 12월부터 1월에 걸쳐, 히포 레기누스 스캔들 일어남.

426년(72세) 9월 26일, 에라클리우스를 히포 교회의 주교로 임명. 밀레베의 주교 세베루스의 후임을 정함. 사제 이아누아리우스가 아우구스티누스의 수도원을 떠남. 세미 펠라기우스주의자 문제 일어남. 《재고록》을 쓰기 시작하다. 《은혜와 자유 의지》, 《장려와 은혜》를 쓰다. 《신국》 완성.

428년(74세) 아리우스파 주교 막시미누스와 논쟁. 《아리우스파의 주교 막시미누스 비판》, 《성자의 예정》, 《견인의 결과》 저술.

429년(75세) 5월, 반달족의 북아프리카 침입. 수많은 주교가 교회를 떠나나 아우구스티누스는 남는다. 《율리아누스 비판—미완》을 쓰다.

430년(76세) 5월에 반달족, 히포 시를 포위한다. 8월 28일, 아우구스티누스 사망.

김희보(金禧寶)

중앙대학교 국문학과를 졸업하고, 연세대 교육대학원(언어교육)을 이수했으며, 장로회신학대 신학대학원을 졸업하였다. 미국 샌프란시스코 신학대 목회학 박사과정을 이수했다. 명예문학 박사. 서울장로회신학교 학장 역임. 지은책으로는 평론 《세계문예사조사》《한국문학과 기독교》, 창작집 《소설 창세기》《소설 아포크리파》《오계》, 편저 《한국의 명시》《세계의 명시》《중국의 명시》《현대한국문학 작은사전》《세계문학 작은사전》《세계사 101장면》《한국명작 111선》《한국문학 앤솔러지(전2권)》《그림으로 읽는 세계사 이야기(전3권)》 등 다수가 있다.

강경애(姜敬愛)

수필가. 시인. 경북 영천에서 태어나다. 동국대학교 문화예술대학원 석사 졸업하다. 1992년 〈시와 비평〉에서 수필 신인상 수상. 국제펜클럽한국본부, 한국문인협회, 가톨릭문인회 한국여성문학인회 동국문인회 회원. 청시 동인. 지은책 산문집 《바람은 바람을 일으킨다》《그래 우리가 진정 사랑한다면》《삭제하시겠습니까?》《긴 악수를 나누다》 등이 있다.

세계사상전집006
Aurelius Augustinus
CONFESSIONS
고백록
아우구스티누스/김희보 강경애 옮김
동서문화사창업60주년특별출판
1판 1쇄 발행/2016. 6. 9
1판 2쇄 발행/2022. 8. 1
발행인 고윤주
발행처 동서문화사
창업 1956. 12. 12. 등록 16-3799
서울 중구 마른내로 144(쌍림동)
☎ 546-0331~2 Fax. 545-0331
www.dongsuhbook.com
＊
사업자등록번호 211-87-75330
ISBN 978-89-497-1414-1 04080
ISBN 978-89-497-1408-0 (세트)